MÉMOIRES D'UN MÉDECIN

LA COMTESSE
DE CHARNY

LAGNY — TYPOGRAPHIE DE VIALAT

MÉMOIRES D'UN MÉDECIN

LA COMTESSE
DE
CHARNY

PAR

ALEXANDRE DUMAS

TOME PREMIER

PARIS

DUFOUR, MULAT ET BOULANGER, ÉDITEURS

6, rue de Beaune, près le Pont-Royal

(ANCIEN HÔTEL DE NESLE)

1858

ANDRÉE ET LA REINE.

MÉMOIRES D'UN MÉDECIN

LA COMTESSE DE CHARNY

INTRODUCTION

Ceux de nos excellents lecteurs qui se sont inféodés en quelque sorte à nous, ceux qui nous suivent partout où nous allons, ceux pour lesquels il est curieux de ne jamais abandonner, même dans ses écarts, un homme qui, comme nous, a entrepris cette tâche immense, de dérouler feuille à feuille chacune des pages de la monarchie, ont bien dû comprendre, en lisant le mot FIN au bas du dernier feuilleton d'*Ange Pitou*, qu'il y avait là quelque monstrueuse erreur qui lui serait un jour ou l'autre expliquée par nous.

En effet, comment supposer qu'un auteur dont la prétention, prétention peut-être fort déplacée, est avant tout de savoir faire un livre avec toutes les conditions de ce livre, comme un architecte a la prétention de savoir faire une maison avec toutes les conditions d'une maison, va laisser son livre au milieu de son intérêt, sa maison abandonnée au troisième étage.

Voilà pourtant ce qu'il en serait du pauvre Ange Pitou, si le lecteur avait pris au sérieux le mot FIN placé justement à l'endroit le plus intéressant du livre : c'est-à-dire quand le roi et la reine s'apprêtent à quitter Versailles pour Paris; quand Charny commence à s'apercevoir qu'une femme charmante à laquelle depuis cinq ans il n'a pas fait la moindre attention, rougit dès que son regard rencontre ses yeux, dès que sa main touche sa main; quand Gilbert et Billot plongent un œil sombre mais résolu dans l'abîme révolutionnaire qui s'ouvre devant eux, creusé par les mains monarchiques de Lafayette et de Mirabeau qui représentent bien, l'un la popularité, l'autre le génie de l'époque; enfin, quand le pauvre Ange Pitou, l'humble héros de cette humble histoire, tient en travers de ses genoux, sur le chemin de Villers-Cotterets à Pisseleux, Catherine évanouie au dernier adieu de son amant, lequel à travers champs, au galop de son cheval, regagne avec son domestique le grand chemin de Paris.

Et puis, il y a encore d'autres personnages dans ce roman, personnages secondaires, c'est vrai, mais auxquels nos lecteurs ont bien voulu, nous en sommes certains, accorder leur part d'intérêt; et nous, on le sait, notre habitude est, dès que nous avons mis un drame en scène, d'en suivre, jusqu'au lointain le plus vaporeux du théâtre, non-seulement les héros principaux, mais encore les personnages secondaires, mais encore jusqu'aux moindres comparses.

Il y a l'abbé Fortier, ce monarchiste rigide qui, bien certainement, ne se prêtera pas à se transformer en prêtre constitutionnel, et qui préférera la persécution au serment.

Il y a ce jeune Gilbert, composé de deux natures en lutte à cette époque, des deux éléments en fusion depuis dix ans, de l'élément démocratique auquel il tient par son père, de l'élément aristocratique d'où il sort par sa mère.

Il y a madame Billot, pauvre femme, mère avant tout, et qui, aveugle comme une mère, vient de laisser sa fille sur le chemin par lequel on a passé et qui rentre seule à la ferme déjà si esseulée elle-même depuis le départ de Billot.

Il y a le père Clouï, avec sa hutte au milieu de la forêt, et qui ne sait encore si avec le fusil que vient de lui donner Pitou, en échange de celui qui lui a emporté deux ou trois doigts de la main gauche, il tuera, comme avec le premier, cent quatre-vingt-deux lièvres et cent quatre-vingt-deux lapins dans les années ordinaires, et cent quatre-vingt-trois lièvres et cent quatre-vingt-trois lapins dans les années bissextiles.

Enfin, il y a Claude Tellier et Désiré Maniquet, ces révolutionnaires de village qui ne demandent pas mieux que de marcher sur les traces des révolutionnaires de Paris, mais auxquels l'honnête Pitou, leur capitaine, leur commandant, leur colonel, leur officier supérieur, enfin, servira, il faut l'espérer, de guide et de frein.

Tout ce que nous venons de dire ne peut que renouveler l'étonnement du lecteur à l'endroit de ce mot FIN, si bizarrement placé au bout du chapitre qu'il termine, qu'il ressemble au sphinx antique accroupi à l'entrée de son antre, sur la route de Thèbes, et proposant une insoluble énigme aux voyageurs béotiens.

Eh bien! Pitou n'était pas mort le moins du monde, mais il avait totalement disparu.

Il va donc reparaître, et moi je vous prie, au milieu de ces temps de troubles et de révolutions qui allument tant de torches et qui éteignent tant de bougies, de ne tenir mes héros pour trépassés que lorsque vous aurez reçu un billet de faire part signé de ma main.

Et encore!...

LA
COMTESSE DE CHARNY

I

LE CABARET DU PONT DE SÈVRES

Si le lecteur veut bien se reporter un instant à notre roman d'*Ange Pitou*, et jeter un instant les yeux sur le chapitre intitulé *la Nuit du 5 au 6 octobre*, il y retrouvera quelques faits qu'il n'est point sans importance qu'il se remette en mémoire avant de commencer ce livre, qui s'ouvre lui-même dans la matinée du 6 du même mois.

Après avoir cité quelques lignes importantes de ce chapitre, nous résumerons les faits qui doivent précéder la reprise de notre récit dans le moins de paroles possibles.

Ces lignes, les voici :

« A trois heures, comme nous l'avons dit, tout était tranquille à Versailles; l'Assemblée elle-même, rassurée par le rapport de ses huissiers, s'était retirée.

« On comptait bien que cette tranquillité ne serait point troublée.

« On comptait mal.

« Dans presque tous les mouvements populaires qui préparent les grandes révolutions, il y a un temps d'arrêt pendant lequel on croit que tout est fini et que l'on peut dormir tranquille.

« On se trompe.

« Derrière les hommes qui font les premiers mouvements, il y a ceux qui attendent que les premiers mouvements soient faits, et que, fatigués ou satisfaits, et dans l'un ou l'autre cas ne voulant pas aller plus loin, ceux qui ont accompli ce premier mouvement se reposent.

« C'est alors qu'à leur tour ces hommes inconnus, mystérieux, agents des passions fatales, se glissent dans les ténèbres, reprennent le mouvement où il a été abandonné et le poursuivent jusqu'à ses dernières limites, épouvantent à leur réveil ceux qui leur ont ouvert le chemin et qui s'étaient couchés à la moitié de la route, croyant le but atteint. »

Nous avons nommé trois de ces hommes dans le livre auquel nous empruntons les quelques lignes que nous venons de citer.

Qu'on nous permette d'introduire sur notre scène, c'est-à-dire à la porte du cabaret du pont de Sèvres, un personnage qui, pour n'avoir pas été nommé par nous, n'en avait pas moins joué pour cela un moindre rôle dans cette nuit terrible.

C'était un homme de quarante-cinq à quarante-huit ans, vêtu en ouvrier, c'est-à-dire d'une culotte de velours, garantie par un tablier de cuir à poches comme les tabliers des maréchaux-ferrants et des serruriers; il était chaussé de bas gris et de souliers à boucles de cuivre, coiffé d'une espèce de bonnet de poil, ressemblant à un bonnet dit hulan, coupé par la moitié; une forêt de cheveux grisonnants s'échappaient de dessous ce bonnet pour se joindre à d'énormes sourcils et ombragés de compte à demi avec eux; de grands yeux à fleur de tête, vifs et intelligents, dont les reflets étaient si rapides et les nuances si changeantes, qu'il était difficile d'arrêter s'ils étaient verts ou gris, bleus ou noirs; le reste de la figure se composait d'un nez plutôt fort que moyen, de grosses lèvres, de dents blanches, et d'un teint hâlé par le soleil.

Sans être grand, il était admirablement pris dans sa taille, avait les attaches fines, le pied petit, et l'on eût pu voir aussi qu'il avait la main petite et même délicate, si sa main n'eût eu cette teinte bronzée des ouvriers habitués à travailler le fer.

Mais en remontant de cette main au coude, et du coude jusqu'à l'endroit du bras où la chemise retroussée laissait voir le commencement d'un biceps vigoureusement dessiné, on eût pu voir que malgré la vigueur du muscle la peau qui le couvrait était fine, presqu'aristocratique.

Cet homme, debout, comme nous l'avons dit, à la porte du cabaret du pont de Sèvres, avait à portée de sa main un fusil à deux coups, richement incrusté d'or, sur le canon duquel on pouvait lire le nom de Leclerc, armurier, qui commençait à avoir une grande vogue dans l'aristocratie des chasseurs parisiens.

Peut-être nous demandera-t-on comment une si belle arme se trouvait entre les mains d'un simple ouvrier. A ceci nous répondrons qu'au jour des émeutes, et nous en avons vu quelques-unes, ce n'est pas toujours aux mains les plus blanches que l'on voit les plus belles armes.

Cet homme était arrivé de Versailles il y avait une heure à peu près, et savait parfaitement ce qui s'était passé, car aux questions que lui avait faites l'aubergiste en lui servant une bouteille de vin qu'il n'avait pas même entamée, il avait répondu :

Que la reine venait avec le roi et le dauphin.

Qu'elle était partie à midi à peu près.

Qu'elle s'était enfin décidée à habiter le palais des Tuileries. Ce qui faisait qu'à l'avenir Paris ne manquerait probablement plus de pain, puisqu'il allait posséder le boulanger, la boulangère et le petit mitron.

Et que lui attendait pour voir passer le cortége.

Cette dernière assertion pouvait être vraie, et cependant il était facile de remarquer que son regard se tournait plus curieusement du côté de Paris que du côté de Versailles; ce qui donnait lieu de croire qu'il ne s'était pas cru obligé de rendre un compte bien exact de son intention au digne aubergiste qui s'était permis de la lui demander.

Au bout de quelques instants, au reste, son attente fut satisfaite; un homme vêtu à peu près comme lui et paraissant exercer une profession analogue à la sienne parut au haut de la montée qui bornait l'horizon de la route.

Cet homme marchait d'un pas alourdi, et comme un voyageur qui a déjà fait un long chemin.

A mesure qu'il approchait on pouvait distinguer ses traits et son âge.

Son âge pouvait être celui de l'inconnu, c'est-à-dire que l'on pouvait affirmer hardiment, comme disent les gens du peuple, qu'il était du mauvais côté de la quarantaine.

Quant à ses traits, c'étaient ceux d'un homme du commun, aux inclinations basses, aux instincts vulgaires.

L'œil de l'inconnu se fixa curieusement sur lui avec une expression étrange, et comme s'il eut voulu mesurer par un seul regard tout ce que l'on pouvait tirer d'impur et de mauvais du cœur de cet homme.

Quand l'ouvrier venant du côté de Paris ne fut plus qu'à vingt pas de l'homme qui attendait sur la porte, celui-ci entra, versa le premier vin de la bouteille dans un des deux verres placés sur la table, et revenant à la porte, ce verre à la main et levé :

— Eh, camarade! dit-il, le temps est froid et la route longue, est-ce que nous ne prenons pas un verre de vin pour nous soutenir et nous réchauffer?

L'ouvrier venant de Paris regarda autour de lui comme pour voir si c'était bien à lui que s'adressait l'invitation.

— Est-ce à moi que vous parlez? demanda-t-il. — A qui donc, s'il vous plaît, puisque vous êtes seul. — Et vous m'offrez un verre de vin? — Pourquoi pas. — Ah! — Est-ce qu'on n'est pas du même métier ou à peu près?

L'ouvrier regarda une seconde fois l'inconnu.

— Tout le monde, dit-il, peut être du même métier, le tout est de savoir si dans le métier on est compagnon ou maître. — Eh bien! c'est ce que nous vérifierons tout à l'heure en prenant un second verre de vin et en causant. — Allons, soit! dit l'ouvrier en s'acheminant vers la porte du cabaret.

L'inconnu lui montra la table et lui tendit le verre.

L'ouvrier prit le verre, en regarda le vin comme s'il eût conçu pour lui une certaine défiance, qui disparut lorsque l'inconnu se fût versé un second verre de liquide bord à bord comme le premier.

— Eh bien! demanda-t-il, est-ce qu'on est trop fier pour trinquer avec celui que l'on invite? — Non, ma foi, et au contraire : A la nation!

Les yeux gris de l'ouvrier se fixèrent un moment sur celui qui venait de porter ce toast.

Puis il répéta :

— Eh! ma foi oui, vous dites bien : A la nation!

Et il avala le contenu du verre tout d'un trait.

Après quoi il essuya ses lèvres avec sa manche.

— Eh! eh! c'est du bourgogne. — Et du chenu, hein? On m'a recommandé le bouchon en passant, j'y suis venu et je ne m'en repens pas; mais asseyez-vous donc, camarade, il y en a encore dans la bouteille, il y en aura encore dans la cave. — Ah çà! dit l'ouvrier, qu'est-ce que vous faites donc là? — Vous le voyez, je viens de Versailles, et j'attends le cortége pour l'accompagner à Paris. — Quel cortége? — Eh! parbleu, du roi, de la reine et du dauphin, pour revenir à Paris en compagnie des dames de la halle et de deux cents membres de l'Assemblée, et sous la protection de la garde nationale et de monsieur de Lafayette. — Il s'est donc décidé à aller à Paris, le bourgeois? — Il a bien fallu. — Je me suis douté de cela cette nuit, à trois heures du matin, quand je suis parti pour Paris. — Ah! ah! vous êtes parti cette nuit à trois heures du matin, et vous avez quitté Versailles comme cela, sans curiosité de savoir ce qui allait s'y passer? — Si fait, j'avais quelque envie de savoir ce que deviendrait le bourgeois, d'autant plus que, sans me vanter, c'est une connaissance; mais, vous comprenez, l'ouvrage avant tout : on a une femme et des enfants, faut nourrir tout cela, surtout maintenant qu'on n'aura plus la forge royale.

L'inconnu laissa passer les deux allusions sans les relever.

— C'était donc de la besogne pressée que vous êtes allé faire à Paris? insista l'inconnu. — Ma foi oui, à ce qu'il paraît, et bien payée, ajouta l'ouvrier en faisant sonner quelques écus dans sa poche, quoiqu'elle m'ait été payée tout simplement par un domestique, ce qui n'est pas poli, et encore par un domestique allemand, ce qui fait qu'on n'a pas causé le moindre brin. — Et vous ne détestez pas causer, vous. — Dam! quand on ne dit pas du mal des autres, ça distrait. — Et même quand on en dit, n'est-ce pas?

Les deux hommes se mirent à rire, l'inconnu en montrant des dents blanches, l'autre en montrant des dents gâtées.

— Ainsi donc, reprit l'inconnu comme un homme qui avance pas à pas, c'est vrai, mais que rien ne peut empêcher d'avancer, vous avez été faire de la besogne pressée et bien payée? — Oui. — Parce que c'était de la besogne difficile sans doute? — Difficile, oui. — Une serrure à secret, hein? — Une porte invisible. Imaginez-vous une maison dans une maison, quelqu'un qui aurait intérêt à se cacher, n'est-ce pas? eh bien, il y est et il n'y est pas; on sonne, le domestique ouvre la porte : — Monsieur? — Il n'y est pas. — Si fait, il y est. — Eh bien, cherchez. On cherche, bonsoir; je défie bien qu'on trouve Monsieur. Une porte en fer, comprenez-vous, qu'emboîte une moulure, ric à rac; on va passer une couche de vieux chêne par-dessus tout cela, impossible de distinguer le bois du fer. — Oui, mais en frappant dessus? — Bah! une couche de bois sur le fer mince d'une ligne, juste assez épaisse pour que le son soit le même partout. Tac, tac, tac, tac, voyez-vous, la chose finie, moi-même je m'y trompais. — Et où diable avez-vous été faire cela? — Ah! voilà... — Ce que vous ne voulez pas dire. — Ce que je ne peux pas dire, attendu que je ne le sais pas. — On vous a donc bandé les yeux? — Justement; j'étais attendu avec une voiture à la barrière. On m'a dit : Êtes-vous un tel? J'ai dit oui. — Bon, c'est vous que nous attendons, montez. — Il faut que je monte? — Oui. Je suis monté, on m'a bandé les yeux, la voiture a roulé une demi-heure à peu près, puis une porte s'est ouverte, une grande porte; j'ai heurté la première marche d'un perron, j'ai monté dix degrés, je suis entré dans un vestibule, là, j'ai trouvé un domestique allemand qui a dit aux autres : — Zet bien, allez-fous-zen, on n'a blus pesoin te fous. Les autres se sont en allés; il m'a défait mon bandeau, et il m'a montré ce que j'avais à faire. Je me suis mis à la besogne en bon ouvrier, à une heure c'était fait. On m'a payé en beaux louis d'or, on m'a rebandé les yeux, remis dans la voiture, descendu au même endroit où j'étais monté, on m'a souhaité bon voyage, et me voilà. — Sans que vous ayez rien vu, même du coin de l'œil; que diable! un bandeau n'est pas si bien serré qu'on ne puisse guigner à droite ou à gauche. —

Heu! heu! — Allons donc, allons donc, avouez que vous avez vu, dit vivement l'étranger. — Voilà. Quand j'ai fait un faux pas contre la première marche du perron, j'ai profité de cela pour faire un geste, en faisant ce geste, j'ai un peu dérangé le bandeau. — Et en dérangeant le bandeau, dit l'inconnu avec la même vivacité. — J'ai vu une ligne d'arbres à ma gauche, ce qui m'a fait croire que la maison était sur le boulevard; mais voilà tout. — Voilà tout? — Ah! ça, parole d'honneur! — Ça ne dit pas beaucoup. — Attendu que les boulevards sont longs et qu'il y a plus d'une maison avec grand'porte et perron, du café Saint-Honoré à la Bastille. — De sorte que vous ne reconnaîtriez pas cette maison?

Le serrurier réfléchit un instant.

— Non, ma foi, dit-il, je n'en serais pas capable.

L'inconnu, quoique son visage ne parût dire d'habitude que ce qu'il voulait bien lui laisser dire, parut assez satisfait de cette assurance.

— Ah çà! mais, dit-il tout à coup comme passant à un autre ordre d'idées, il n'y a donc plus de serruriers à Paris, que les gens qui y font faire des portes secrètes envoient chercher des serruriers à Versailles.

En même temps il versa un plein verre de vin à son compagnon en frappant sur la table avec la bouteille vide, afin que le maître de l'établissement apportât une bouteille pleine.

II

MAITRE GAMAIN

Le serrurier leva son verre à la hauteur de son œil, mira le vin avec complaisance.

Puis, le goûtant avec satisfaction.

— Si fait, dit-il, il y a des serruriers à Paris.

Il but encore quelques gouttes.

— Eh bien? — Il y a même des maîtres.

Il but encore.

— C'est ce que je me disais. — Oui, mais il y a maître et maître. — Ah! ah! fit l'inconnu en souriant, je vois que vous êtes comme saint Éloi, non-seulement maître, mais maître sur maître. — Et maître sur tous. Vous êtes de l'état? — Mais, à peu près. — Qu'êtes-vous? — Je suis armurier. — Avez-vous là de votre besogne? — Voyez ce fusil.

Le serrurier prit le fusil des mains de l'inconnu, l'examina avec attention, fit jouer les ressorts, approuva d'un mouvement de tête le claquement sec des batteries, puis lisant le nom inscrit sur le canon et sur la platine.

— Leclerc, dit-il, impossible, l'ami; Leclerc a vingt-huit ans tout au plus, et nous marchons tous deux vers la cinquantaine; soit dit sans vous être désagréable. — C'est vrai, dit-il, je ne suis pas Leclerc, mais c'est tout comme. — Comment, c'est tout comme? — Sans doute, puisque je suis son maître. — Ah! bon, s'écria en riant le serrurier, c'est comme si je disais : moi, je ne suis pas le roi, mais c'est tout comme. — Comment! c'est tout comme, répéta l'inconnu. — Eh oui! puisque je suis son maître, fit le serrurier. — Oh! oh! fit l'inconnu en se levant et en parodiant le salut militaire, serait-ce à monsieur Gamain que j'ai l'honneur de parler?
— A lui-même en personne, et pour vous servir si j'en étais capable, fit le serrurier, enchanté de l'effet que son nom avait produit. — Diable! fit l'inconnu, je ne savais pas avoir affaire à un homme si considérable.
— Hein? — A un homme si considérable, répéta l'inconnu. — Si conséquent, vous voulez dire. — Eh, oui! Pardon, reprit en riant l'inconnu; mais, vous le savez, un pauvre armurier ne parle pas français comme un maître, et quel maître! le maître du roi de France.

Puis, reprenant la conversation sur un autre ton :

— Dites donc, ça ne doit pas être amusant d'être le maître d'un roi?
— Pourquoi cela? — Dam! quand il faut prendre éternellement des mitaines pour dire bonjour ou bonsoir. — Mais, non. — Quand il faut dire : Votre Majesté, prenez cette clé de la main gauche; sire, prenez cette lime de la main droite; cela ne doit pas finir. — Aussi nous avions simplifié la chose : je l'appelais bourgeois, et il m'appelait Gamain; seulement je ne le tutoyais pas et il me tutoyait. — Oui, mais lorsqu'arrivait l'heure du déjeuner ou du dîner, on envoyait Gamain dîner à l'office avec les gens, avec les laquais. — Non pas; oh! non pas, il ne m'a jamais fait cela, au contraire; il me faisait apporter une table toute servie dans la forge, et souvent, au déjeuner surtout, il se mettait à table avec moi et disait : Bah! je n'irai pas déjeuner chez la reine, cela fait que je n'aurai pas besoin de me laver les mains. — Je ne comprends pas bien. — Vous ne comprenez pas bien que quand le roi venait de travailler avec moi, de manier le fer, pardieu! il avait les mains comme nous les avons, quoi! ce qui ne nous empêche pas d'être d'honnêtes gens, de sorte que la reine lui disait, avec son petit air bégueule : « Fi! sire, vous avez les mains sales. » Comme si on pouvait avoir les mains propres quand on vient de travailler à la forge. — Ne m'en parlez pas, dit l'inconnu, ça fait pleurer. — Voyez-vous, en somme, il ne se plaisait que là, cet homme, ou dans son ca-

CAGLIOSTRO ET GAMAIN AU CABARET DU PONT DE SÈVRES.

binet de géographie, avec moi ou avec son bibliothécaire ; mais je crois que c'était encore moi qu'il aimait le mieux. — N'importe, il n'est pas amusant d'être le maître d'un mauvais élève. — D'un mauvais élève ! s'écria Gamain ; oh ! non, il ne faut pas dire cela : il est bien malheureux, voyez-vous, qu'il soit venu au monde roi et qu'il ait eu à s'occuper d'un tas de bêtises comme celles dont il s'occupe, au lieu de continuer à faire des progrès dans son art. Ça ne fera jamais qu'un roi ordinaire, et ç'aurait fait un excellent serrurier. Il y en a un, par exemple, que j'exécrais pour le temps qu'il lui faisait perdre : c'était monsieur Necker. Lui en a-t-il fait perdre du temps, mon Dieu ! lui en a-t-il fait perdre. — Avec ses comptes, n'est-ce pas ? — Oui, avec ses comptes bleus, ses comptes en l'air, comme on disait. — Eh bien ! mais, mon ami, dites donc ? — Quoi ? — Ça devait être une fameuse pratique pour vous qu'un élève de ce calibre-là. — Eh bien ! non, justement, voilà ce qui vous trompe, voilà ce qui fait que je lui en veux, à votre Louis XVI, à votre père de la patrie, à votre restaurateur de la nation française, comme on l'appelle sur les médailles, c'est que je devrais être riche comme un Crésus et que je suis pauvre comme un Job. — Vous êtes pauvre ? mais son argent, qu'en faisait-il donc ? — Bon ! il en donnait la moitié aux pauvres et l'autre moitié aux riches, de sorte qu'il n'avait jamais le sou. Les Coigny, les Vaudreuil et les Polignac le rongeaient, pauvre cher homme. Un jour il a voulu réduire les appointements de monsieur de Coigny, monsieur de Coigny est venu l'attendre à la porte de la forge; de sorte qu'après être sorti cinq minutes, le roi est rentré tout pâle, en disant : « Ah ! ma foi, j'ai cru qu'il me battrait. » — Et les appointements, sire ! que je lui ai demandé. — Je les lui ai laissés, m'a-t-il répondu ; le moyen de faire autrement ? Une autre fois, il a voulu faire des observations à la reine sur une layette de madame de Polignac, une layette de trois cent mille francs, dites donc. — C'est joli. — Eh bien ! ce n'était pas assez, la reine lui en a fait donner une de cinq cent mille; aussi, voyez, ces Polignac qui il y a dix ans n'avaient pas le sou, les voilà qui viennent de quitter la France avec des millions. Si ç'avait des talents, encore ! Mais donnez-moi à tous ces gaillards-là une enclume et un marteau, ils ne seront point capables de forger un fer à cheval; donnez-leur une lime et un étau, ils ne sont pas capables de fabriquer une vis de serrure; mais, en échange, des beaux parleurs, des chevaliers, comme ils disent, qui ont poussé le roi en avant, et qui, aujourd'hui, le laissent se tirer de là comme il pourra, avec monsieur Bailly, monsieur Lafayette et monsieur Mirabeau, tandis que moi, moi qui lui eusse donné de si bonnes leçons, s'il eût voulu les écouter, il me laisse-là avec quinze cents livres de rentes qu'il m'a faites ; moi, son maître ; moi, son ami ; moi qui lui ai mis la lime à la main. — Oui, mais quand vous travaillez avec lui, il y a toujours quelque revenant bon. — Allons, est-ce que je travaille avec lui, maintenant ; d'abord, ça serait me compromettre. Depuis la prise de la Bastille, je n'ai pas mis le pied au palais ; une fois ou deux je l'ai rencontré : la première fois il y avait du monde dans la rue, il s'est contenté de me saluer ; la seconde fois c'était sur la route de Satory, nous étions seuls ; il a fait arrêter sa voiture. — Eh bien ! mon pauvre Gamain, bonjour, a-t-il dit avec un soupir. — Eh ! oui, n'est-ce pas, ça ne va pas comme vous voulez ? mais ça vous apprendra... — Et ta femme et tes enfants ? a-t-il interrompu, tout cela se porte-t-il bien ? — Parfaitement ; des apprentis d'enfer, voilà tout. — Tiens ! a dit le roi, tu leur feras ce cadeau de ma part ; et il a fouillé dans ses poches, dans toutes, et il a réuni neuf louis. — C'est tout ce que j'ai sur moi, mon pauvre Gamain, a-t-il dit, et je suis tout honteux de te faire un si triste présent. — En effet, vous en conviendrez, il y a de quoi être honteux : un roi qui n'a que neuf louis dans ses poches, un roi qui fait à un camarade, à un ami, un cadeau de neuf louis !... aussi... — Aussi vous avez refusé. — Non, j'ai dit : faut toujours prendre, il en rencontrerait un autre moins honteux que moi, qui les prendrait ; mais c'est égal, il peut bien être tranquille, je ne remettrai pas le pied à Versailles qu'il ne m'envoie chercher, et encore et encore. — Cœur reconnaissant ! murmura l'inconnu. — Vous dites ? — Je dis que c'est attendrissant, maître Gamain, de voir un dévouement comme le vôtre survivre à la mauvaise fortune. Un dernier verre de vin à la santé de votre élève. — Ah ! ma foi ! il ne le mérite guère ; mais n'importe ! à sa santé tout de même.

Il but.

— Et quand je pense, continua-t-il, qu'il en avait dans ses caves plus de dix mille bouteilles de vin, dont le moins bon valait dix fois mieux que celui-ci, et qu'il n'a jamais dit à un valet de pied : Un tel, prenez un panier de vin et portez-le chez mon ami Gamain ! Ah bien oui ! il a bien mieux aimé le faire boire par ses gardes du corps, par ses Suisses et par ses soldats du régiment de Flandres ; ça lui a bien réussi. — Que voulez-vous, dit l'inconnu en vidant son verre à petits coups, les rois sont ainsi ; mais, chut ! nous ne sommes plus seuls.

En effet, trois individus, deux hommes du peuple et une poissarde venaient d'entrer dans le même cabaret et s'étaient assis à la même table, faisant le pendant de celle où l'inconnu achevait de vider sa seconde bouteille avec maître Gamain.

Le maître serrurier jeta les yeux sur eux, et les examina avec une attention qui fit sourire l'inconnu. En effet, ces trois nouveaux personnages semblaient dignes de quelque attention.

Des deux hommes l'un était tout torse, l'autre était toutes jambes; quant à la femme, il était difficile de savoir ce qu'elle était.

L'homme qui était tout torse ressemblait à un nain : à peine atteignait-il à la taille de cinq pieds; peut-être aussi perdait-il un pouce ou deux de sa hauteur au fléchissement de ses genoux qui, lorsqu'il était debout, se touchaient à l'intérieur malgré l'écartement de ses pieds. Son visage, au lieu de relever cette difformité, semblait la rendre plus sensible encore; ses cheveux gras et sales s'aplatissaient sur un front déprimé; ses sourcils, mal dessinés, semblaient avoir été rassortis par hasard; ses yeux étaient vitreux dans l'état habituel, ternes et sans flammes, comme ceux du crapaud; seulement, dans ses moments d'irritation, ils jetaient une étincelle pareille à celle qui jaillit de la prunelle contractée d'une vipère furieuse; son nez était aplati, et déviant de la ligne droite, faisait d'autant plus ressortir la proéminence des pommettes de ses joues; enfin, complétant ce hideux ensemble, sa bouche tordue recouvrait, de ses lèvres jaunâtres, quelques dents branlantes et noires.

Cet homme, au premier abord, semblait avoir dans les veines du fiel au lieu de sang.

Le second, l'opposé du premier dont les jambes étaient courtes et tortues, semblait, au contraire, comme un héron monté sur une paire d'échasses; sa ressemblance avec l'oiseau auquel nous venons de le comparer était d'autant plus grande que, bossu comme lui, sa tête, complétement perdue entre ses deux épaules, ne se faisait distinguer que par deux yeux qui semblaient deux taches de sang, et par un nez long et pointu comme un bec. Comme un héron encore, on eût cru, au premier moment, qu'il avait la faculté de distendre son cou comme un ressort, et d'aller éborgner à distance l'individu auquel il aurait voulu rendre ce mauvais office; mais il n'en était rien, ses bras seuls semblaient doués de cette élasticité refusée à son cou, et ainsi comme il était il n'eut qu'à allonger le doigt sans incliner le moins du monde son corps, pour ramasser un mouchoir qu'il venait de laisser tomber, après avoir essuyé son front mouillé à la fois de sueur et de pluie.

Le troisième ou la troisième, comme on voudra, était un être amphibie dont on pouvait bien reconnaître l'espèce, mais dont il était difficile de distinguer le sexe; c'était un homme ou une femme de trente à trente-quatre ans, portant un élégant costume de poissarde avec chaîne d'or et boucles d'oreilles, bavolet et mouchoir de dentelle. Ses traits, autant qu'on pouvait les distinguer à travers la couche de blanc et de rouge qui les couvrait, à travers les mouches de toute forme qui constellaient cette couche de rouge et de blanc, étaient légèrement effacés, comme on les voit chez les races abâtardies. Une fois qu'on l'avait vue, une fois qu'à son aspect on était entré dans le doute que nous venons d'exprimer, on attendait avec impatience que sa bouche s'ouvrît pour prononcer quelques paroles, car on espérait que le son de sa voix donnerait à toute sa personne douteuse un caractère à l'aide duquel il serait possible de le reconnaître; mais il n'en était rien : sa voix, qui semblait celle d'un soprano, laissait le curieux et l'observateur plus profondément encore plongés dans le doute éveillé par sa personne; l'oreille n'expliquait point l'œil ; l'ouïe ne complétait pas la vue.

Les bas et les souliers des deux hommes, les souliers de la femme, indiquaient que ceux qui les portaient traînaient depuis longtemps dans la rue.

— C'est étonnant, dit Gamain, il me semble que voilà une femme que je connais. — Soit; mais du moment où ces trois personnes sont ensemble, mon cher monsieur Gamain, dit l'inconnu, en prenant son fusil et en enfonçant son bonnet sur l'oreille, c'est qu'elles ont quelque chose à faire, et du moment où elles ont quelque chose à faire, il faut les laisser ensemble. — Mais vous les connaissez donc? demanda Gamain. — Oui, de vue, répondit l'inconnu. Et vous? — Moi, je répondrais que j'ai vu la femme quelque part. — A la cour, probablement, dit l'inconnu. — Ah bien, oui! une poissarde. — Elles y vont beaucoup depuis quelque temps. — Si vous les connaissez, nommez-moi donc les deux hommes, cela m'aidera bien certainement à reconnaître la femme. — Les deux hommes? — Oui. — Lequel voulez-vous que je vous nomme le premier? — Le bancal. — Jean-Paul Marat. — Ah! ah! — Après? — Le bossu. — Prosper Verrières. — Ah! ah? — Eh bien! cela vous met-il sur la trace de la poissarde? — Ma foi non. — Cherchez! — Je donne ma langue aux chiens. — Eh bien, la poissarde... — Attendez. Mais non... mais si... mais non... — Si fait. — C'est... impossible! — C'est vrai, cela a l'air d'être impossible au premier abord. — C'est... — Allons, je vois bien que vous ne le nommerez jamais et qu'il faut que je le nomme. La poissarde, c'est le duc d'Aiguillon.

A ce nom prononcé, la poissarde tressaillit et se retourna ainsi que les deux autres hommes.

Tous trois firent un mouvement pour se lever, comme on ferait devant un chef à qui l'on voudrait marquer sa déférence.

Mais l'inconnu mit son doigt sur ses lèvres et passa.

Gamain le suivit croyant qu'il rêvait.

A la porte, il fut heurté par un individu qui semblait fuir, poursuivi par des gens qui criaient :

— Le coiffeur de la reine! le coiffeur de la reine!

Parmi ces gens qui couraient et qui criaient, il y en avait deux qui portaient chacun une tête sanglante au bout d'une pique.

C'étaient les deux têtes des deux malheureux gardes, Varicourt et Deshuttes qui, séparées du corps par un modèle, nommé le Grand Nicolas, avaient été placées chacune au bout d'une pique.

Ces têtes, nous l'avons dit, faisaient partie de la troupe qui courait après le malheureux qui venait de heurter Gamain.

— Tiens, monsieur Léonard, dit celui-ci. — Silence! ne me nomme pas! s'écria celui-là en se précipitant dans le cabaret. — Que lui veulent-ils donc? demanda le serrurier à l'inconnu. — Qui sait, répondit celui-ci, ils veulent peut-être lui faire friser les têtes de ces pauvres diables. On a de si singulières idées en temps de révolution.

Et il se confondit dans la foule, laissant Gamain, dont, selon toute probabilité, il avait tiré tout ce dont il avait besoin, regagner, comme il l'entendait, son atelier de Versailles.

III

CAGLIOSTRO

Il était d'autant plus facile à l'inconnu de se confondre dans cette foule, que cette foule était nombreuse.

C'était l'avant-garde du cortége du roi, de la reine et du dauphin.

On était parti de Versailles, comme l'avait dit le roi, vers une heure de l'après-midi.

La reine, monsieur le dauphin, madame Royale, monsieur le comte de Provence, madame Élisabeth et Andrée étaient montés dans le carrosse du roi.

Cent voitures avaient reçu les membres de l'Assemblée Nationale, qui s'étaient déclarés inséparables du roi.

Le comte de Charny et Billot étaient restées à Versailles pour rendre les derniers devoirs au baron Georges de Charny, tué, comme nous l'avons dit, dans cette terrible nuit du cinq au six octobre, et pour empêcher qu'on ne mutilât son corps comme on avait mutilé ceux des gardes du corps Varicourt et Deshuttes.

Cette avant-garde dont nous avons parlé, qui était partie de Versailles deux heures avant le roi, et qui le précédait d'un quart d'heure à peu près, était ralliée en quelque sorte aux deux têtes des gardes qui leur servaient de drapeau. Les têtes s'étant arrêtées au cabaret du pont de Sèvres, l'avant-garde s'était arrêtée avec elle et en même temps qu'elle.

Cette avant-garde se composait de misérables déguenillés et à moitié nus, écume flottant à la surface de toute inondation, que l'inondation soit d'eau ou de lave.

Tout à coup il se fit dans cette foule un grand tumulte; on venait d'apercevoir les baïonnettes de la garde nationale et le cheval blanc de Lafayette qui précédaient immédiatement la voiture du roi.

Lafayette aimait fort les rassemblements populaires, c'était au milieu du peuple de Paris, dont il était l'idole, qu'il régnait véritablement.

Mais il n'aimait pas la populace.

Paris avait, comme Rome, son plèbe et sa plébicula.

Il n'aimait pas surtout ces sortes d'exécutions que la populace faisait elle-même; on a vu qu'il avait fait tout ce qu'il avait pu pour sauver Flesselles, Foulon et Berthier de Sauvigny.

C'était donc à la fois pour lui cacher son trophée et conserver les insignes sanglants qui constataient sa victoire que cette avant-garde avait pris les grands devants.

Mais il paraît que renforcés sans doute du triumvirat qu'ils avaient eu le bonheur de rencontrer dans le cabaret, les porte-étendards avaient trouvé un moyen d'éluder Lafayette, car ils refusèrent de partir avec leurs compagnons, et décidèrent que, Sa Majesté ayant déclaré qu'elle ne voulait pas se séparer de ses fidèles gardes, ils attendaient Sa Majesté pour lui faire cortége.

En conséquence, l'avant-garde ayant pris des forces se mit en chemin.

Cette foule qui s'écoulait sur la grande route de Versailles à Paris, pareille à cet égout débordé qui après un orage entraîne dans ses flots noirs et boueux les habitants d'un palais qu'il a trouvé sur son chemin et renversé dans sa violence, avait de chaque côté de la route une espèce de remous formé par la population des villages environnant cette route, et accourant pour voir ce qui se passait. Parmi ceux qui accouraient ainsi, quelques-uns, c'était le petit nombre, se mêlaient à la foule, faisant cortége au roi, jetant son cri et ses clameurs au milieu de toutes ces clameurs et de tous ces cris, mais le plus grand nombre restait aux deux côtés du chemin immobile et silencieux.

Dirons-nous pour cela qu'ils étaient bien sympathiques au roi et à la reine? Non, car à moins d'appartenir à la classe aristocratique de la société, tout le monde, même la bourgeoisie, souffrait de cette effroyable famine qui venait de s'étendre sur la France; donc, ils n'insultaient pas le roi, la reine et le dauphin, ils se taisaient, et le silence de la foule est peut-être pis encore que son insulte.

En échange, au contraire, cette foule cria de tous ses poumons, vive Lafayette, lequel ôtait de temps en temps son chapeau de la main gauche et saluait avec son épée de la main droite, et vive Mirabeau, lequel passait de temps en temps aussi sa tête par la portière du carrosse où il était entassé, lui sixième, afin d'aspirer à pleine poitrine l'air extérieur nécessaire à ses larges poumons.

Ainsi, le malheureux Louis XVI, pour qui tout était silence, entendait applaudir devant lui la chose qu'il avait perdue, la popularité, et celle qui lui avait manqué toujours, le génie.

Gilbert, comme il avait fait au voyage du roi, seul, marchait, confondu avec tout le monde, à la portière droite du carrosse du roi, c'est-à-dire du côté de la reine.

Marie-Antoinette, qui n'avait jamais pu comprendre cette espèce de stoïcisme de Gilbert, auquel la roideur américaine avait ajouté une nouvelle âpreté, regardait avec étonnement cet homme qui, sans amour et sans dévouement pour ses souverains, remplissant simplement près d'eux ce qu'il appelait un devoir, était prêt à faire pour eux, cependant, tout ce que l'on fait par dévouement et par amour.

Plus; car il était prêt à mourir, et beaucoup de dévouements et d'amours n'allèrent point jusque-là.

Des deux côtés de la voiture du roi et de la reine, outre cette espèce de file de gens à pied qui s'étaient emparés de ce poste, les uns par curiosité, les autres pour être prêts à secourir, en cas de besoin, les augustes voyageurs, très-peu, dans de mauvaises intentions, marchaient sur les deux revers de la route, pataugeant dans une boue de six pouces de hauteur, les dames et les forts de la halle qui semblaient rouler de temps en temps au milieu de leur fleuve bigarré de bouquets et de rubans un flot plus compacte.

Ce flot, c'était quelques canons ou quelques caissons chargés de femmes chantant à haute voix et criant à tue-tête.

Ce qu'ils chantaient, c'était notre vieille chanson populaire :

> La boulangère a des écus
> Qui ne lui coûtent guère...

Ce qu'ils disaient, c'était cette nouvelle formule de leur espérance :

— Nous ne manquerons plus de pain maintenant, nous ramenons le boulanger, la boulangère et le petit mitron.

La reine semblait écouter tout cela sans y rien comprendre; elle tenait debout, entre ses jambes, le petit dauphin, qui regardait cette foule de cet air effaré dont les enfants regardent la foule à l'heure des révolutions.

Le roi, de son côté, regardait tout cela avec son regard terne et alourdi : il avait à peine dormi la nuit précédente, il avait mal mangé à son déjeuner, le temps lui avait manqué pour rajuster et repoudrer sa coiffure, sa barbe était longue, son linge fripé, toutes choses infiniment à son désavantage. Hélas! le pauvre roi n'était pas l'homme des circonstances difficiles.

Madame Élisabeth était cet ange de douceur et de résignation que Dieu avait mis près de ces deux créatures condamnées, qui devait consoler le roi au Temple de l'absence de la reine, consoler la reine à la Conciergerie de la mort du roi.

Monsieur de Provence, là comme toujours, avait son regard oblique et faux; il savait bien que, pour le moment du moins, lui ne courait aucun danger. C'était en ce moment-là, pourquoi? on n'en sait rien, la popularité de la famille; peut-être était-ce parce qu'il était resté en France, quand son frère le comte d'Artois était parti.

Mais, si le roi eût pu lire au fond du cœur de monsieur de Provence, reste à savoir si ce qu'il y eût lu lui eût laissé bien intacte cette reconnaissance qu'il lui avait vouée pour ce qu'il regardait comme du dévouement.

Andrée semblait de marbre, elle! Elle n'avait pas mieux dormi que la reine, pas mieux mangé que le roi, mais les besoins de la vie ne semblaient point faits pour cette nature exceptionnelle; elle n'avait pas eu plus de temps pour soigner sa coiffure ou changer d'habits, et cependant pas un cheveu de sa coiffure n'était dérangé, pas un pli de sa robe n'indiquait un froissement inaccoutumé : comme une statue, ces flots qui s'écoulaient autour d'elle, sans qu'elle parût y faire attention, semblaient la rendre plus lisse et plus blanche. Il était évident que cette femme avait au fond de la tête et du cœur une pensée unique et lumineuse pour elle seule, où tendait son âme, comme tend à l'étoile polaire l'aiguille aimantée, espèce d'ombre parmi les vivants. Une chose seule indiquait qu'elle vécût, c'était l'éclair involontaire qui s'échappait de son regard, chaque fois que son œil rencontrait l'œil de Gilbert.

A cent pas à peu près, avant d'arriver au petit cabaret dont nous avons parlé, le cortége fit halte.

Les cris redoublèrent sur toute la ligne.

La reine se pencha légèrement en dehors de la portière, et ce mouvement, qui ressemblait à un salut, fit courir dans la foule un long murmure.

— Monsieur Gilbert! dit-elle.

Gilbert s'approcha de la portière. Comme depuis Versailles il tenait son chapeau à la main, il n'eut point besoin de l'ôter pour donner une marque de respect à la reine.

— Madame! dit-il.

Ce seul mot, par l'intonation précise avec laquelle il fut prononcé, indiquait que Gilbert était tout aux ordres de la reine.

— Monsieur Gilbert, reprit-elle, que chante donc, que dit donc, que crie donc votre peuple ?

On voit, par la forme même de cette phrase, que la reine l'avait préparée d'avance, et que, depuis longtemps sans doute, elle l'avait mâchée entre ses dents avant de la cracher par la portière à la face de cette foule.

— Toujours la même.

Puis avec une profonde expression de mélancolie :

— Hélas ! Madame, dit-il, ce peuple que vous appelez mon peuple, a été le vôtre autrefois ; et voilà un peu moins de vingt ans que monsieur de Brissac, un charmant courtisan que je cherche vainement ici, vous montrait du balcon de l'hôtel de ville, ce même peuple, criant : Vive la dauphine, et vous disait : Madame, vous avez là deux cent mille amoureux.

La reine se mordit les lèvres ; il était impossible de prendre cet homme en défaut de répartie ou en faute de respect.

— Oui, c'est vrai, dit la reine, cela prouve seulement que les peuples changent.

Cette fois Gilbert s'inclina, mais ne répondit pas.

— Je vous avais fait une question, monsieur Gilbert, dit la reine, avec cet acharnement qu'elle mettait à pousser à bout les choses même qui devaient lui être désagréables. — Oui, Madame, dit Gilbert, et je vais y répondre, puisque Votre Majesté insiste.

Le peuple chante :

> La boulangère a des écus
> Qui ne lui coûtent guère...

Vous savez qui le peuple appelle la boulangère ?

— Oui, Monsieur, je sais qu'il me fait cet honneur ; je suis déjà habituée à ces sobriquets, il m'appelait madame Déficit. Y a-t-il quelque analogie entre ce premier surnom et le second ? — Oui, Madame, et vous n'aurez, pour vous en assurer, qu'à peser les deux premiers vers que je viens de vous dire :

> La boulangère *a des écus*
> *Qui ne lui coûtent guère...*

La reine répéta.

— A des écus qui ne lui coûtent guère... Je ne comprends pas, Monsieur.

Gilbert se tut.

— Eh bien, reprit la reine avec impatience, n'avez-vous point entendu que je ne comprends pas ? — Et Votre Majesté continue d'insister sur une explication ? — Sans doute. — Cela veut dire, Madame, que Votre Majesté a eu des ministres très-complaisants, des ministres des finances surtout, monsieur de Calonne par exemple; le peuple sait que Votre Majesté n'avait qu'à demander pour qu'on lui donnât, et comme cela ne coûte pas grand'peine de demander quand on est reine, attendu qu'en demandant on ordonne, le peuple chante :

> La boulangère *a des écus*
> Qui ne lui coûtent guère...

C'est-à-dire, qui ne lui coûtent que la peine de les demander.
La reine crispa sa main blanche posée sur le velours rouge de la portière.
— Bien. Soit, dit-elle, voilà pour ce qu'il chante; maintenant, s'il vous plaît, monsieur Gilbert, puisque vous expliquez si bien sa pensée, passons à ce qu'il dit. — Il dit, Madame : Nous ne manquerons plus de pain, maintenant que nous tenons *le boulanger, la boulangère et le petit mitron*. — Vous allez m'expliquer cette seconde insolence aussi clairement que la première, n'est-ce pas, j'y compte? — Madame, dit Gilbert avec sa même douceur mélancolique, si vous vouliez bien peser, non pas les mots, peut-être, mais l'intention de ce peuple, vous verriez que vous n'avez pas tant à vous en plaindre que vous le croyez. — Voyons cela, dit la reine avec un sourire nerveux, vous savez que je ne demande pas mieux que d'être éclairée, monsieur le docteur; voyons donc, j'écoute, j'attends. — A tort ou à raison, Madame, on lui a dit à ce peuple qu'il se faisait à Versailles un grand commerce de farine, et que c'était pour cela que les farines n'arrivaient plus à Paris. Qui nourrit ce pauvre peuple? le boulanger et la boulangère du quartier; vers qui le père, le mari, le fils tournent-ils leurs mains suppliantes, quand, faute d'argent, l'enfant, la femme ou le père meurent de faim? vers ce boulanger et cette boulangère; qui supplie-t-il après Dieu qui fait pousser les moissons? ceux-là qui distribuent le pain. N'êtes-vous pas, Madame, le roi n'est-il pas, cet auguste enfant n'est-il pas lui-même, n'êtes-vous pas tous trois, enfin, les distributeurs du pain de Dieu? Ne vous étonnez donc pas du doux nom que ce peuple vous donne, et remerciez-le de cette espérance qu'il a, qu'une fois que le roi, la reine et monsieur le dauphin seront au milieu de douze cent mille affamés, ces douze cent mille affamés ne manqueront plus de rien.

La reine ferma un instant les yeux, et on lui vit faire un mouvement.
— Et ce qu'il crie, ce peuple, ce qu'il crie, là-bas, devant nous et derrière nous, devons-nous le remercier? comme des sobriquets qu'il nous donne, comme des chansons qu'il nous chante? — Oh! oui, Madame, et plus sincèrement encore, car cette chanson qu'il chante n'est que l'expression de sa bonne humeur, car ces sobriquets qu'il vous donne ne sont que la manifestation de ses espérances; mais ces cris qu'il pousse,

c'est l'expression de son désir — Ah! le peuple désire que messieurs Lafayette et Mirabeau vivent.

Comme on le voit, la reine avait parfaitement entendu, les chants, les dire et même les cris.

— Oui, Madame, dit Gilbert, car en vivant, monsieur Lafayette et monsieur Mirabeau, qui sont séparés comme vous le voyez en ce moment, séparés par l'abîme au-dessus duquel vous êtes suspendus, car, en vivant, monsieur Lafayette et monsieur Mirabeau peuvent se réunir, et en se réunissant, sauver la monarchie. — C'est-à-dire, alors, Monsieur, s'écria la reine, que la monarchie est si bas qu'elle ne peut être sauvée que par ces deux hommes.

Gilbert allait répondre, quand des cris d'épouvante mêlés d'atroces éclats de rire se firent entendre, et quand on vit s'opérer dans la foule un grand mouvement qui, au lieu d'éloigner Gilbert, le rapprocha de la portière où il se cramponna, devinant que quelque chose se passait ou allait se passer qui allait peut-être nécessiter pour la défense de la reine l'emploi de sa parole et de sa force.

C'étaient les deux porteurs de têtes qui, après avoir fait poudrer et friser ces têtes par le malheureux Léonard, voulaient se donner l'horrible plaisir de présenter ces deux têtes à la reine, comme ils s'étaient donné, les mêmes peut-être, celui de présenter à Berthier la tête de son beau-père Foulon.

Ces cris, c'étaient ceux que faisaient pousser la vue de ces deux têtes; cette foule qui s'écartait, se refoulant d'elle-même, s'ouvrait épouvantée pour les laisser passer.

— Au nom du ciel, Madame, dit Gilbert, ne regardez pas à droite.

La reine n'était pas femme à obéir à une pareille injonction sans s'assurer de la cause pour laquelle elle lui était faite.

En conséquence, son premier mouvement fut de tourner les yeux vers le point que lui interdisait Gilbert.

Elle jeta un cri terrible!

Mais tout à coup ses yeux se détachèrent de l'horrible spectacle, comme s'ils venaient de rencontrer un spectacle plus horrible encore, et, rivés à une tête de Méduse, ne pouvaient plus s'en détacher.

Cette tête de Méduse, c'était celle de l'inconnu que nous avons vu causant et buvant avec maître Gamain au cabaret du pont de Sèvres, et qui se tenait debout, les bras croisés et appuyé contre un arbre.

La main de la reine se détacha de la portière de velours, et s'appuyant sur l'épaule de Gilbert, elle s'y crispa un instant à enfoncer les ongles dans la chair.

Gilbert se retourna.

Il vit la reine pâle, les lèvres blêmes et frémissantes, les yeux fixes.

Peut-être eût-il attribué cette surexcitation nerveuse à la présence des deux têtes, si sa vue eût été arrêtée sur l'une ou sur l'autre.

Mais le regard plongeait horizontalement devant lui à hauteur d'homme.

Gilbert suivit la direction du regard, et comme la reine avait poussé un cri de terreur, il en poussa, lui, un d'étonnement.

Puis tous deux murmurèrent en même temps :

— Cagliostro !

L'homme appuyé contre l'arbre voyait parfaitement la reine et Gilbert.

Il fit de la main un signe à ce dernier comme pour lui dire viens.

En ce moment les voitures firent un mouvement pour se remettre en route.

Par un mouvement machinal, instinctif, la reine poussa Gilbert pour qu'il ne fût point écrasé par la roue.

Il crut qu'elle le poussait vers cet homme.

D'abord, la reine ne l'eût-elle point poussé, une fois qu'il l'avait reconnu pour ce qu'il était, il n'était, en quelque sorte, plus maître de ne pas aller à lui.

En conséquence, immobile, il laissa défiler le cortége, puis, suivant le faux ouvrier qui de temps en temps se retournait pour voir s'il était suivi, il entra dans une petite ruelle, monta vers Bellevue par une pente assez rapide et disparut derrière un mur, juste au moment où, du côté de Paris, disparaissait le cortége, aussi complétement caché par la déclivité de la montagne que s'il se fût enfoncé dans un abîme.

IV

LA FATALITÉ

Gilbert suivit son guide qui le précédait à vingt pas de distance à peu près jusqu'à la moitié de la montée. Là, comme on se trouvait en face d'une grande et belle maison, celui qui marchait le premier tira une clé de sa poche et ouvrit une petite porte destinée à donner passage au maître de cette maison, quand celui-ci voulait entrer et sortir sans mettre ses domestiques dans la confidence de sa sortie ou de sa rentrée.

Il laissa la porte entre-bâillée, ce qui signifiait aussi clairement que possible que le premier entré invitait son compagnon à le suivre.

Gilbert entra et repoussa doucement la porte, qui, si doucement repoussée qu'elle fût, tourna silencieusement sur ses gonds et se referma sans qu'on entendît claquer le pêne.

Une pareille serrure eût fait l'admiration de maître Gamain.

Une fois entré, Gilbert se trouva dans un corridor, à la double muraille duquel étaient incrustés à hauteur d'homme, c'est-à-dire de manière à ce que l'œil ne perdît aucun de leurs merveilleux détails, des panneaux de bronze moulés sur ceux dont Ghiberti a enrichi la porte du baptistaire de Florence.

Les pieds s'enfonçaient dans un moelleux tapis de Turquie.

A gauche était une porte ouverte.

Gilbert pensa que c'était à son intention encore que cette porte était ouverte, et entra dans un salon tendu de satin de l'Inde avec des meubles de la même étoffe que la tapisserie. Un de ces oiseaux fantastiques, comme en peignent ou en brodent les Chinois, couvrait le plafond de ses ailes d'or et d'azur, et soutenait entre ses serres le lustre, qui, avec des candélabres d'un travail magnifique représentant des touffes de lis, servaient à éclairer le salon.

Un seul tableau ornait le salon et faisait pendant à la glace de la cheminée.

Il représentait une vierge de Raphaël.

Gilbert était occupé à admirer ce chef-d'œuvre, lorsqu'il entendit ou plutôt lorsqu'il devina qu'une porte s'ouvrait derrière lui.

Il se retourna et reconnut Cagliostro sortant d'un cabinet de toilette.

Un instant lui avait suffi pour effacer les souillures de ses bras et de son visage, pour donner à ses cheveux encore noirs le tour le plus aristocratique, et pour changer complétement d'habit.

Ce n'était plus l'ouvrier aux mains noires, aux cheveux plats, aux chaussures souillées de boue, à la culotte de velours grossier et à la chemise de toile cirée.

C'était le seigneur élégant que déjà deux fois nous avons présenté à nos lecteurs, dans *Joseph Balsamo* d'abord, ensuite dans *le Collier de la Reine*.

Son costume couvert de broderies, ses mains étincelantes de diamants, contrastaient avec le costume noir de Gilbert et le simple anneau d'or, présent de Washington, qu'il portait au doigt.

Cagliostro s'avançait la figure ouverte et riante, il tendit ses bras à Gilbert.

Gilbert s'y jeta.

— Cher maître! s'écria-t-il. — Ah! un instant, dit en riant Cagliostro, vous avez fait, mon cher Gilbert, depuis que nous nous sommes quittés, de tels progrès, en philosophie surtout, que c'est vous qui aujourd'hui êtes le maître, et moi qui suis à peine digne d'être l'écolier. — Merci du compliment, dit Gilbert; mais en supposant que j'eusse fait de pareils progrès, comment le savez-vous? il y a huit ans que nous ne nous sommes vus. — Croyez-vous donc, cher docteur, que vous soyez de ces hommes qu'on ignore parce qu'on cesse de les voir; je ne vous ai pas vu depuis huit ans, c'est vrai; mais depuis huit ans je pourrais presque vous dire, jour par jour, ce que vous avez fait. — Ah! par exemple! — Doutez-vous donc toujours de ma double vue? — Vous savez que je suis mathématicien. — C'est-à-dire incrédule. Voyons donc alors. Vous êtes venu une première fois en France, rappelé par vos affaires de famille; les affaires de famille ne me regardent pas, et par conséquent... — Non pas, fit Gilbert, croyant embarrasser Cagliostro, dites, cher maître. — Eh bien! cette fois il s'agissait pour vous de vous occuper de l'éducation de votre fils Sébastien, de le mettre en pension dans une petite ville à dix-huit ou vingt lieues de Paris, et de régler vos affaires avec votre fermier, un brave homme que vous retenez à Paris bien contre son gré, et qui pour mille raisons aurait bien besoin à sa ferme. — En vérité, mon maître, vous êtes prodigieux. — Oh! attendez donc. La seconde fois vous êtes revenu en France, parce que les affaires politiques vous y ramenaient, comme elles y ramènent bien d'autres; puis, vous aviez fait certaine brochure que vous aviez envoyée au roi Louis XVI, et comme il y a encore un peu de vieil homme en vous, comme vous êtes plus orgueilleux de l'approbation d'un roi que vous ne le seriez peut-être de mon prédécesseur en éducation près de vous, Jean-Jacques Rousseau, s'il vivait encore, vous étiez désireux de savoir ce que pensait du docteur Gilbert le petit-fils de Louis XIV, de Henri IV et de saint Louis. Par malheur, il existait une vieille petite affaire à laquelle vous n'aviez pas songé, et à laquelle cependant j'ai dû de vous trouver un beau jour tout sanglant dans une grotte des îles Açores, où mon bâtiment faisait relâche par hasard, la poitrine trouée d'une balle; cette petite affaire concernait mademoiselle Andrée de Taverney, devenue comtesse de Charny, en tout bien tout honneur, et pour rendre service à la reine. Or, comme la reine n'avait rien à refuser à la femme qui avait épousé le comte de Charny, la reine demanda et obtint à votre intention une lettre de cachet : vous fûtes arrêté sur la route du Havre à Paris et conduit à la Bastille, où vous seriez encore, cher docteur, si le peuple un jour ne l'avait renversée d'un revers de sa main; aussitôt, en bon royaliste que vous êtes, mon cher Gilbert, vous vous êtes rallié au roi, dont vous voilà le médecin par quartier. Hier, ou plutôt ce matin, vous avez puissamment contribué au salut de la famille royale en courant réveiller ce bon Lafayette, qui dormait du sommeil du juste, et tout à l'heure, quand vous m'avez vu, croyant que la reine, qui, soit dit entre parenthèse, mon cher Gilbert, vous déteste, était en péril, vous vous apprêtiez à faire à votre souveraine un rempart de votre corps. Est-ce bien cela? ai-je oublié quelque particularité de peu d'importance, comme une séance de magnétisme en présence du roi, le retrait de certaine cassette de certaines mains qui s'en étaient emparées par le ministère d'un certain Pasdeloup. Voyons, dites, et si j'ai commis une erreur ou un oubli, je suis prêt à faire amende honorable.

Gilbert était demeuré stupéfait devant cet homme singulier qui savait si bien préparer ses moyens d'effet, que celui sur lequel il opérait était tenté de croire que, pareil à un Dieu, il avait le don d'embrasser à la fois l'ensemble du monde et ses détails, de lire dans le cœur des hommes et dans les desseins de Dieu.

— Oui, c'est bien cela, dit-il, et vous êtes toujours le magicien, le sorcier, l'enchanteur Cagliostro.

Cagliostro sourit avec satisfaction; il était évident qu'il était fier d'avoir produit sur Gilbert l'impression que, malgré lui, Gilbert laissait paraître sur son visage.

Gilbert continua.

— Et maintenant, dit-il, comme je vous aime certes autant que vous m'aimez, mon cher maître, et que mon désir de savoir ce que vous êtes devenu depuis notre séparation est au moins aussi grand que celui qui vous a fait vous informer de ce que j'étais devenu moi-même, voulez-vous me dire, s'il n'y a pas d'indiscrétion dans ma demande, en quel lieu du monde vous avez répandu votre génie et exercé votre pouvoir?

Cagliostro sourit.

— Oh! moi, dit-il, j'ai fait comme vous, j'ai vu des rois, beaucoup même, mais dans un autre but: vous vous approchez d'eux pour les soutenir, moi, je m'approche d'eux pour les renverser; vous essayez de faire un roi constitutionnel, et vous n'y arrivez pas, moi, je fais des empereurs, des rois, des princes, des philosophes, et j'y arrive. — Ah! vraiment, interrompit Gilbert d'un air de doute. — Parfaitement. Il est vrai qu'ils avaient été admirablement préparés par Voltaire, d'Alembert et Diderot, ces nouveaux Mécènes, ces sublimes contempteurs des dieux, et aussi par l'exemple de ce cher roi Frédéric, que nous avons eu le malheur de perdre; mais enfin, vous le savez, excepté ceux qui ne meurent pas, comme moi et le comte de Saint-Germain, nous sommes tous mortels. Tant il y a que les reines sont belles, mon cher Gilbert, et qu'elles recrutent des soldats qui combattent contre eux-mêmes, des rois qui poussent au renversement des trônes plus fort que les Boniface VIII, les Clément VII et les Borgia n'ont jamais poussé au renversement de l'autel. Ainsi, nous avons d'abord l'empereur Joseph II, le frère de notre bien-aimée reine, qui supprime les trois quarts des monastères, qui s'empare des biens ecclésiastiques, qui chasse de leurs cellules jusqu'aux carmélites, et qui envoie à sa sœur Marie-Antoinette des gravures représentant des religieux décapuchonnés essayant des modes nouvelles, et des moines défroqués se faisant friser. Le roi de Danemark, qui a commencé par être le bourreau de son médecin Struensée, et qui, philosophe précoce, disait à dix-sept ans : « C'est monsieur de Voltaire qui m'a fait homme et qui m'a appris à penser. » Nous avons l'impératrice Catherine qui fait de si grands pas en philosophie, tout en démembrant la Pologne bien entendu, que Voltaire lui écrivait : « Diderot, d'Alembert et moi, nous vous dressons des autels. » Nous avons la reine de Suède, nous avons enfin beaucoup de reines de l'empire et toute l'Allemagne. — Il ne vous reste plus qu'à convertir le pape, mon cher maître, et comme je crois que rien ne vous est impossible, je crois que vous y arriverez. — Ah! quant à celui-là ce sera difficile, je sors de ses griffes : il y a six mois que j'étais au château Saint-Ange, comme il y a trois mois que vous étiez à la Bastille. — Bah! et les Transtéverains ont-ils aussi renversé le château Saint-Ange, comme le peuple du faubourg Saint-Antoine a renversé la Bastille? — Non, mon cher docteur, le peuple romain n'en est pas là. — Mais je croyais qu'une fois entré au château Saint-Ange on n'en sortait pas? — Bah! et Benvenuto Cellini? — Vous êtes-vous fait comme lui une paire d'ailes, et, nouvel Icare, vous êtes-vous envolé par-dessus le Tibre? — Ç'eût été fort difficile, attendu que j'étais logé, pour plus grande précaution évangélique, dans un cachot très-profond et très-noir. — Enfin, vous en êtes sorti? — Vous le voyez, puisque me voilà. — Vous avez, à force d'or, corrompu votre geôlier? — J'avais du malheur, j'étais tombé sur un geôlier incorruptible. — Incorruptible! diable! — Oui! mais par bonheur il n'était pas immortel : le hasard, un plus grand que moi dirait la Providence, fit qu'il mourut le lendemain du troisième refus qu'il fit de m'ouvrir les portes de la prison. — Subitement? — Oui. — Ah! — Il fallut le remplacer, on le remplaça. — Et celui-là n'était pas incorruptible? — Celui-là, le jour même de son entrée en fonctions, en m'apportant mon souper, me dit : Mangez bien, prenez des forces, car nous aurons du chemin à faire cette nuit. Pardieu! le brave homme ne mentait pas, la même nuit nous crevâmes chacun trois chevaux et nous fîmes cent milles. — Et que dit le gouverneur quand il s'aperçut de votre fuite? — Il ne dit rien : il revêtit le cadavre de l'autre geôlier qui n'était pas encore inhumé des habits que j'avais laissés, il lui tira un coup de pistolet au beau milieu du visage, il laissa tomber le pistolet à côté de lui, déclara que m'étant procuré une arme, il ne savait comment, je m'étais brûlé la cervelle, fit constater ma mort et fit enterrer le geôlier sous mon nom, de sorte que je suis bel et bien trépassé, mon cher Gilbert, que j'aurais beau dire que je suis vivant, qu'on me répondrait par mon acte de décès, et que l'on me prouverait que je suis mort; mais on n'aura pas besoin de me prouver cela, il m'allait assez bien pour le moment de disparaître de ce monde : j'ai donc fait un plongeon jusqu'au sombre bord, comme dit l'illustre abbé Delille, et j'ai reparu sous un autre nom. — Et comment vous appelez-vous, que je ne commette pas d'indiscrétion?— Mais, je m'appelle le baron Zannone, je suis banquier génois, j'escompte les valeurs de Monsieur, frère du roi : bon papier, n'est-ce pas? dans le genre de celui de monsieur le cardinal de Rohan. Mais par bonheur, dans mes prêts, ce n'est pas sur l'intérêt que je me retire. Vous savez que ma science, mon cœur et ma bourse, aujourd'hui comme toujours, sont à votre service. — Merci! — Ah! parce que vous croyez me gêner, peut-être, parce que vous m'avez rencontré sous un pauvre costume d'ouvrier. Oh! ne vous préoccupez point de cela, c'est un de mes déguisements. Vous savez mes idées sur la vie, c'est un long carnaval, où l'on est toujours un peu plus ou un peu moins masqué : en tous cas, tenez, mon cher Gilbert, si jamais vous avez besoin d'argent, voici dans ce secrétaire ma caisse particulière, particulière, vous entendez, la grande caisse est à Paris, rue Saint-Claude, au Marais. Si donc vous avez besoin d'argent, que j'y sois ou que je n'y sois pas, vous entrerez; je vous montrerai à ouvrir ma petite porte, vous pousserez le ressort; tenez, voilà comment on le pousse, et vous trouverez là toujours à peu près un million.

Cagliostro poussa le ressort, le devant du secrétaire s'abaissa de lui-même et mit à jour un amas d'or et plusieurs liasses de billets de caisse.

— Vous êtes en vérité un homme prodigieux, dit en riant Gilbert, mais, vous le savez, avec mes vingt mille livres de rente, je suis plus riche que le roi; et maintenant, ne craignez-vous point d'être inquiété à Paris? — Moi! à cause de l'affaire du collier? Allons! je n'aurais, avec l'état où en sont les esprits, je n'aurais qu'à dire un mot pour faire une émeute. Vous oubliez que je suis un peu l'ami de tout ce qui est populaire : de Lafayette, de monsieur de Necker, du comte de Mirabeau, de vous-même. — Et qu'êtes-vous venu y faire à Paris? — Qui sait! ce que vous avez été faire aux États-Unis, peut-être, une république.

Gilbert secoua la tête.

— L'esprit de la France n'est point républicain, dit-il. Le roi restera.
— C'est possible. — La noblesse prendra les armes. Alors, que ferez-vous? — Alors nous ne ferons pas une république, nous ferons une révolution.

Gilbert laissa retomber sa tête sur sa poitrine.

— Si nous en arrivons-là, Joseph, ce sera terrible, dit-il. — Terrible, si nous rencontrons sur notre route beaucoup d'hommes de votre force, Gilbert. — Je ne suis pas fort, mon ami, dit Gilbert, je suis honnête, voilà tout. — Hélas! c'est bien pis, aussi voilà pourquoi je voudrais vous convaincre, Gilbert. — Je suis convaincu. — Que vous nous empêcherez de faire notre œuvre? — Ou du moins que nous vous arrêterons en chemin. — Vous êtes fou, Gilbert, vous ne comprenez pas la mission de la France : la France est le cerveau du monde, il faut que la France pense, et pense librement, pour que le monde agisse, comme elle pensera librement aussi. Savez-vous ce qui a renversé la Bastille, Gilbert? — C'est le peuple. — Vous ne m'entendez pas : vous prenez l'effet pour la cause. Pendant cinq cents ans, mon ami, on a enfermé à la Bastille des comtes, des seigneurs, des princes, et la Bastille est restée debout. Un jour un roi insensé eut l'idée d'y renfermer la pensée : la pensée à qui il faut l'espace, l'étendue, l'infini; la pensée a fait éclater la Bastille et le peuple est entré par la brêche. — C'est vrai, murmura Gilbert. — Vous rappelez-vous ce qu'écrivait Voltaire à monsieur de Chauvelin, le 2 mars 1764, c'est-à-dire voilà près de vingt-sept ans? — Dites toujours. — Voltaire écrivait :

« Tout ce que je vois jette les semences d'une révolution qui arrivera immanquablement, et dont je n'aurai pas le plaisir d'être le témoin. Les Français vont tard à tout, mais ils arrivent. La lumière est tellement répandue de proche en proche qu'elle éclatera à la première occasion, et alors ce sera un beau tapage.

« Les jeunes gens sont bien heureux, ils verront de belles choses. »

— Que dites-vous du tapage d'hier et d'aujourd'hui, hein? — Terrible. — Que dites-vous des choses que vous avez vues? — Effroyables. — Eh bien! vous n'êtes qu'au commencement, Gilbert. — Prophète de malheur! — Tenez, j'étais il y a trois jours chez un médecin de beaucoup de mérite, un philanthrope : savez-vous à quoi il s'occupe en ce moment-ci? — Il cherche un remède à quelque grande maladie réputée incurable. — Ah! bien oui, il cherche à guérir, non pas de la mort, mais de la vie. — Que voulez-vous dire? — Je veux dire, épigramme à part, qu'il trouve, ayant la peste, le choléra, la fièvre jaune, la petite vérole, les apoplexies foudroyantes, cinq cents et quelques maladies réputées mortelles, mille ou douze cents qui peuvent le devenir quand elles sont bien soignées; je veux dire qu'ayant le canon, le fusil, l'épée, le sabre, le poignard, l'eau et le feu, la chute du haut des toits, la potence, la roue, il trouve qu'il n'y a pas encore assez de moyens de sortir de la vie, quand il n'y en a qu'un seul pour y entrer; et il invente en ce moment-ci une machine fort ingénieuse, ma foi, dont il compte faire hommage à la nation, et avec laquelle la nation pourra mettre à mort cinquante, soixante, quatre-vingts personnes en moins d'une heure. Eh bien! mon cher Gilbert, je la connaissais, cette machine, d'autant plus que ce n'était pas une chose nouvelle, mais seulement inconnue ; et la preuve, c'est qu'un jour que je me trouvais chez le baron de Taverney, eh! pardieu! vous devez vous souvenir de cela, car vous y étiez aussi, mais alors vous n'aviez des yeux que pour une petite fille nommée Nicole ; la preuve, c'est que la reine étant venue là par hasard, elle n'était encore que dauphine, ou plutôt elle n'était pas dauphine ; enfin, la preuve est que je lui fis voir cette machine dans une carafe, et que la chose lui fit si grand'peur, qu'elle jeta un cri et perdit connaissance. Eh bien! mon cher, cette machine, qui était encore dans les limbes à cette époque, si vous voulez la voir fonctionner, un jour on l'essaiera. Ce jour-là je vous ferai prévenir. — Comte, vous étiez plus consolant que cela en Amérique. — Je le crois pardieu bien : j'étais au milieu d'un peuple qui se lève. En France, c'est autre chose ; la vieille société finit ; une autre commence. Que dites-vous de cela, docteur? — Je dis, cher sorcier, dit Gilbert en se levant et en reprenant son chapeau, je dis que votre idée m'effraie, et me fait d'autant plus penser que ma place est auprès du roi.

Gilbert fit quelques pas vers la porte.

Cagliostro l'arrêta.

— Écoutez, Gilbert, lui dit-il, vous savez si pour vous épargner une douleur je suis capable de m'exposer moi-même à mille douleurs, eh bien, croyez-moi, un conseil. — Lequel? — Que le roi se sauve, que le roi quitte la France, pendant qu'il en est temps encore, dans trois mois, dans un an, dans six mois peut-être il sera trop tard. — Comte, dit Gilbert, conseilleriez-vous à un soldat d'abandonner son poste parce qu'il y aurait du danger à rester? — Si ce soldat était tellement pris, enveloppé, serré, désarmé, qu'il ne pût se défendre, si surtout sa vie exposée compromettait la vie d'un demi-million d'hommes, oui, je lui dirais de fuir, et vous-même, vous-même, Gilbert, vous le direz au roi, le roi voudra vous écouter alors, mais il sera trop tard, n'attendez donc pas à demain, dites-le-lui aujourd'hui, n'attendez pas à ce soir ; dites-le-lui dans une heure. — Comte, vous savez que je suis de l'école fataliste, arrive que pourra : tant que j'aurai un pouvoir quelconque sur le roi, le roi restera en France et je resterai près du roi ; adieu, comte, nous nous reverrons dans le combat, et peut-être dormirons-nous côte à côte sur le champ de bataille. — Allons, murmura Cagliostro, il sera donc dit que l'homme, si intelligent qu'il soit, ne saura jamais échapper à son mauvais destin, je ne vous avais cherché que pour vous dire ce que je vous ai dit. Vous l'avez entendu : comme la prédiction de Cassandre, la mienne est inutile; adieu. — Voyons, franchement, comte, dit Gilbert, s'arrêtant sur le seuil du salon et regardant fixement Cagliostro, avez-vous, ici comme en Amérique, cette prétention de me faire accroire que vous lisez l'avenir des hommes sur leur figure. — Gilbert, dit Cagliostro, aussi sûrement que tu lis au ciel le chemin que décrivent les astres, tandis que le commun des hommes les croit immobiles ou errants au hasard. — Eh bien! tenez, quelqu'un frappe à la porte. — C'est vrai. — Dites-moi le sort de celui qui frappe à cette porte, quel qu'il soit, dites-moi de quelle mort il doit mourir, et quand il mourra. — Soit, dit Cagliostro, allons ouvrir nous-mêmes.

Gilbert s'avança vers l'extrémité du corridor dont nous avons parlé, avec un battement de cœur qu'il ne pouvait réprimer, quoiqu'il se dît tout bas qu'il était absurde à lui de prendre au sérieux ce charlatanisme.

La porte s'ouvrit.

Un homme d'une tournure distinguée, haut de taille et dont la figure était empreinte d'une forte expression de volonté, parut sur le seuil et jeta sur Gilbert un regard rapide et qui n'était pas exempt d'inquiétude.

— Bonjour marquis, dit Cagliostro. — Bonjour baron, répondit celui-ci.

Puis, comme Cagliostro s'aperçut que le regard du nouveau venu se reportait sur Gilbert.

— Marquis, dit-il, monsieur le docteur Gilbert, un de mes amis; mon cher Gilbert, monsieur le marquis de Favras, un de mes clients.

Les deux hommes se saluèrent.

— Marquis, dit-il, veuillez passer au salon et m'y attendre un instant, dans cinq secondes je suis à vous.

Le marquis salua une seconde fois en passant devant les deux hommes et disparut.

— Eh bien! demanda Gilbert. — Vous voulez savoir de quelle mort mourra le marquis? — Ne vous êtes-vous pas engagé à me le dire?

Cagliostro sourit d'un singulier sourire, puis après s'être penché pour voir si on ne l'écoutait pas.

— Avez-vous jamais vu pendre un gentilhomme, dit-il. — Non. — Eh bien! comme c'est un spectacle curieux, trouvez-vous sur la place de Grève le jour où l'on pendra le marquis de Favras.

Puis conduisant Gilbert à la porte de la rue.

— Tenez, dit-il, quand vous voudrez venir chez moi sans sonner, sans être vu et sans voir un autre que moi, poussez ce bouton de droite à gauche, et de bas en haut, ainsi. Adieu, excusez-moi; il

MARIE-ANTOINETTE.

ne faut pas faire attendre ceux qui n'ont pas un long temps à vivre.

Et il rentra, laissant Gilbert étourdi de cette assurance qui pouvait exciter son étonnement, mais non vaincre son incrédulité.

V

LES TUILERIES

Pendant ce temps, le roi, la reine et la famille royale continuaient leur route vers Paris.

La marche était si lente, retardée comme elle l'était par ces gardes du corps marchant à pied, par ces poissardes cuirassées montées sur leur chevaux, par ces hommes et par ces femmes de la halle, à cheval sur les canons enrubanés, par les cent voitures de députés, par ces deux ou trois cents voitures de grains et de farines pris à Versailles et couverts des feuillages jaunissants de l'automne, que ce fut à six heures seulement que le carrosse royal, qui contenait tant de douleurs, tant de haines, tant de passions et tant d'innocences arriva à la barrière.

Pendant la route le jeune prince avait eu faim et avait demandé à manger; la reine alors avait regardé autour d'elle, rien n'était plus facile que de se procurer un peu de pain pour le dauphin, chaque homme du peuple portait un pain au bout de sa baïonnette.

Elle chercha des yeux Gilbert.

Gilbert, on le sait, avait suivi Cagliostro.

Si Gilbert eût été là, la reine n'eût pas hésité à lui demander un morceau de pain pour le dauphin.

Mais la reine ne voulut point faire une pareille demande à l'un de ces hommes du peuple qu'elle avait en horreur, de sorte que pressant le dauphin sur sa poitrine :

— Mon enfant, lui dit-elle en pleurant, nous n'avons pas de pain, attends ce soir, et ce soir nous en aurons peut-être.

Le dauphin étendit sa petite main vers les hommes qui portaient du pain au bout de leur baïonnette.

— Ces gens-là en ont, dit-il. — Oui, mon enfant, mais ce pain-là est à eux et non à nous, et ils sont venus le chercher à Versailles, parce que, disent-ils, ils n'en avaient plus à Paris depuis trois jours. — Depuis trois jours! dit l'enfant; ils n'ont donc pas mangé depuis trois jours, maman?

Ordinairement l'étiquette voulait que le dauphin appelât sa mère madame; mais le pauvre enfant avait fait comme un simple enfant de pauvre, et, ayant faim, il l'appelait sa mère.

— Non, mon fils, répondit la reine. — En ce cas, répondit l'enfant avec un soupir, ils doivent avoir bien faim.

Et, cessant de se plaindre, il essaya de dormir.

Pauvre enfant royal! qui plus d'une fois avant de mourir devait, comme il venait de le faire, demander inutilement du pain.

A la barrière on s'arrêta de nouveau, cette fois non plus pour se reposer, mais pour célébrer l'arrivée.

Cette arrivée devait être célébrée par des chants et par des danses.

Halte étrange! presque aussi menaçante dans sa joie que les autres l'avaient été dans leur terreur.

En effet, les poissardes descendirent de leurs chevaux, c'est-à-dire des chevaux des gardes, en attachant aux arçons de la selle les sabres et les carabines. Les dames et les forts de la halle descendirent de leurs canons qui apparurent dans leur terrible nudité.

Alors on forma une ronde qui enveloppa le carrosse du roi, en le séparant de la garde nationale et des députés, emblème formidable de ce qui devait arriver plus tard.

Cette ronde, à bonne intention et pour montrer sa joie à la famille royale, chantait, criait, hurlait. Les hommes embrassant les hommes, les femmes faisant sauter les femmes comme dans les cyniques kermesses de Téniers.

Ceci se passait à la nuit presque tombée, par un jour sombre et pluvieux, de sorte que la route, éclairée seulement par des mèches de canon et des pièces d'artifice, prenait, dans ses nuances d'ombre et de lumière, des teintes fantastiques presque infernales.

Après une demi-heure à peu près de cris, de clameurs, de chants, de danses dans la boue, le cortége poussa un immense hourra! Tout ce qui avait un fusil chargé, hommes, femmes et enfants, le déchargea en l'air sans s'inquiéter des balles qui retombaient au bout d'un instant en clapotant dans les flaques d'eau comme une grêle puissante.

Les enfants pleuraient et avaient si peur qu'ils n'avaient plus faim.

On suivit la ligne des quais et l'on arriva à la place de l'hôtel de ville.

Là un carré de troupes était formé pour empêcher toute autre voiture que celle du roi, toutes autres personnes que celles appartenant à la famille royale ou à l'Assemblée nationale d'entrer dans l'hôtel de ville.

La reine aperçut alors Weber, son valet de chambre de confiance, son frère de lait, un Autrichien qui l'avait suivie de Vienne, lequel faisait tous ses efforts pour passer par-dessus la consigne et entrer avec elle à l'hôtel de ville.

Elle l'appela.

Weber accourut.

Voyant, à Versailles, que la garde nationale avait les honneurs de la journée, Weber, pour se donner une importance à l'aide de laquelle il pût être utile à la reine, Weber s'était habillé en garde national, et à son costume de simple volontaire avait ajouté les décorations d'officier d'état-major.

L'écuyer cavalcadour de la reine lui avait prêté un cheval pour ne point éveiller les soupçons tout le long de la route et s'était tenu à l'écart avec l'intention, bien entendu, de se rapprocher si la reine avait besoin de lui.

Reconnu et appelé par la reine, il accourut donc aussitôt.

— Pourquoi essayes-tu de forcer la consigne? lui demanda la reine qui avait conservé l'habitude de le tutoyer. — Mais, Madame, pour être près de Votre Majesté. — Tu me seras très-inutile à l'hôtel de ville, Weber, dit la reine, tandis que tu peux m'être très-utile ailleurs. — Où cela, Madame? — Aux Tuileries, mon cher Weber, aux Tuileries, où personne ne nous attend et où, si tu ne nous précèdes pas, nous ne trouverons ni un lit, ni une chambre, ni un morceau de pain. — Ah! dit le roi, voilà une excellente idée que vous avez là, Madame.

La reine avait parlé en allemand : le roi, qui comprenait l'allemand mais ne le parlait pas, avait répondu en anglais.

Le peuple aussi avait entendu, mais il n'avait pas compris cette langue étrangère pour laquelle il avait une horreur instinctive, ce qui fit pousser autour de la voiture un murmure qui menaçait de passer au rugissement, lorsque le carré s'ouvrit devant la voiture de la reine et se referma derrière elle.

Bailly, l'une des trois popularités de l'époque, Bailly que nous avons vu déjà apparaître au premier voyage du roi, cette fois où les baïonnettes des fusils et les bouches des canons disparaissaient sous des bouquets de fleurs, oubliées au second voyage; Bailly attendait le roi et la reine au pied d'un trône improvisé pour les recevoir.

Trône mal affermi, mal joint, craquant sous le velours qui le recouvrait, véritable trône de circonstance.

Le maire de Paris dit à peu près à ce second voyage au roi ce qu'il lui avait dit au premier.

Le roi lui répondit :

— C'est toujours avec plaisir *et confiance* que je viens au milieu des habitants de ma bonne ville de Paris.

Le roi avait parlé bas, d'une voix éteinte par la fatigue et par la faim. Bailly répéta la phrase tout haut, afin que chacun put l'entendre.

Seulement, soit volontairement, soit involontairement, il oublia les deux mots :

« Et confiance. »

La reine s'en aperçut.

Son amertume était heureuse de trouver un passage par où se faire jour.

— Pardon ! monsieur le maire, dit-elle assez haut pour que ceux qui l'entouraient ne perdissent pas un mot de la phrase, ou vous avez mal entendu, ou votre mémoire est courte. — Plaît-il? Madame, balbutia Bailly en tournant vers la reine cet œil d'astronome qui voyait si bien au ciel et qui voyait si mal sur la terre.

Toute révolution, chez nous, a son astronome, et sur la route de cet astronome creuse traîtreusement le puits où il doit tomber.

La reine reprit :

— Le roi a dit, Monsieur, que c'était toujours avec *plaisir* et confiance qu'il venait au milieu des habitants de sa bonne ville de Paris. Or, comme on peut douter qu'il y vienne avec plaisir, il faut que l'on sache au moins qu'il y vient avec confiance.

Puis elle monta les trois degrés du trône et s'y assit près du roi pour écouter les discours des électeurs.

Pendant ce temps, Weber, devant le cheval duquel la foule s'ouvrait, grâce à son uniforme d'officier d'état-major, parvenait jusqu'au palais des Tuileries.

Depuis longtemps le logis royal des Tuileries, comme on l'appelait autrefois, logis bâti par Catherine de Médicis, un instant habité par Catherine de Médicis, puis abandonné par Charles IX, par Henri III, par Henri IV, par Louis XIII, pour le Louvre; par Louis XIV, par Louis XV et par Louis XVI, pour Versailles, n'était plus qu'une succursale de palais royaux, où habitaient des gens de la cour, mais où jamais peut-être, ni le roi, ni la reine n'avaient mis le pied.

Weber visita les appartements, et connaissant les habitudes du roi et de la reine, il choisit celui qu'habitait la comtesse de Lamark, sœur de messieurs les maréchaux de Noailles et de Mouchy.

L'occupation de cet appartement, qu'abandonna aussitôt madame de Lamark, eut son beau côté, c'est qu'il se trouva tout prêt pour recevoir la reine, avec ses meubles, son linge, ses rideaux, ses tapis que Weber acheta.

Vers dix heures, on entendit le bruit de la voiture de Leurs Majestés qui rentrait.

Tout était prêt, et en courant au-devant de ses augustes maîtres, Weber cria :

— Servez le roi !

Le roi, la reine, madame Royale, le dauphin, madame Élisabeth et Andrée entrèrent.

Monsieur de Provence était retourné au château du Luxembourg.

Le roi jeta avec inquiétude les yeux de tous côtés ; mais en entrant dans le salon, il vit par une porte entr'ouverte et donnant sur une galerie le souper préparé au bout de cette galerie.

En même temps la porte s'ouvrit, et un huissier parut, disant :

— Le roi est servi ! — Ah ! que ce Weber est un homme de ressources, dit le roi avec une exclamation de joie ; Madame, vous lui direz de ma part que je suis très-content de lui. — Je n'y manquerai pas, sire, dit la reine.

Et, avec un soupir qui répondait à l'exclamation joyeuse du roi, elle entra dans la salle à manger.

Le couvert du roi, de la reine, de madame Royale, du dauphin et de madame Élisabeth étaient mis.

Il n'y avait pas de couvert pour Andrée.

Le roi, pressé par la faim, n'avait pas remarqué cette omission, qui du reste n'avait rien de blessant, parce qu'elle était faite selon les lois de la plus stricte étiquette.

Mais la reine, à qui rien n'échappait, s'en aperçut au premier coup d'œil.

— Le roi permettra que la comtesse de Charny soupe avec nous, dit la reine ; n'est-ce pas, sire ? — Comment donc ! s'écria le roi, aujourd'hui nous dînons en famille, et la comtesse est de la famille. — Sire, dit la comtesse, est-ce un ordre que le roi me donne ?

Le roi regarda la comtesse avec étonnement.

— Non, Madame, dit-il, c'est une prière que le roi vous fait. — En ce cas, dit la comtesse, je prie le roi de m'excuser, mais je n'ai pas faim. — Comment ! vous n'avez pas faim ! s'écria le roi qui ne comprenait pas que l'on n'eût point faim à dix heures du soir, après une journée si fatigante, et quand on n'avait pas mangé depuis dix heures du matin, heure à laquelle on avait si mal mangé. — Non, sire, dit Andrée. — Ni moi, dit la reine. — Ni moi, dit madame Élisabeth. — Oh ! vous avez tort, Mesdames, dit le roi : du bon état de l'estomac dépend le bon état du reste du corps et même de l'esprit ; il y a là-dessus une fable de Tite-Live, de Shakspeare et de La Fontaine que je vous engage à méditer. — Nous le savons, Monsieur, dit la reine ; c'est une fable qui fut dite un jour de révolution par le vieux Ménénius au peuple romain; ce jour-là le peuple romain était révolté, comme l'est aujourd'hui le peuple français; vous avez donc raison, sire, oui cette fable est tout à fait de circonstance. — Eh bien ! dit le roi en tendant son assiette pour qu'on lui servît une seconde fois du potage, la similitude historique vous décide-t-elle, comtesse?

— Non, sire, et je suis vraiment honteuse de dire à Votre Majesté que lorsque je voudrais lui obéir je ne le pourrais pas. — Vous avez tort, comtesse, ce potage est vraiment parfait; pourquoi est-ce la première fois qu'on m'en sert un pareil? — Mais parce que vous avez un cuisinier nouveau, sire, celui de la comtesse de Lamark, dont nous occupons les appartements. — Je le retiens pour mon service, et désire qu'il fasse partie de ma maison. Que ce Weber est véritablement un homme miraculeux, Madame! — Oui, murmura tristement la reine, quel malheur qu'on ne puisse pas le faire ministre.

Le roi n'entendit point ou ne voulut point entendre; seulement, comme il vit Andrée debout et très-pâle, tandis que la reine et madame Élisabeth, quoiqu'elles ne mangeassent pas plus qu'Andrée, étaient assises à table, il se retourna vers la comtesse de Charny :

— Madame, dit-il, si vous n'avez pas faim, vous ne direz pas que vous n'êtes pas fatiguée. Si vous refusez de manger, vous ne refuserez pas de dormir.

Puis à la reine :

— Madame, dit-il, donnez je vous prie congé à madame la comtesse de Charny; à défaut de la nourriture, le sommeil.

Puis se retournant du côté de son service :

— J'espère qu'il n'est pas du lit de madame la comtesse de Charny comme de son couvert, et qu'on n'a pas oublié de lui préparer une chambre. — Oh! sire, dit Andrée, comment voulez-vous qu'on se soit occupé de moi dans un pareil trouble : un fauteuil suffira. — Non pas, non pas, dit le roi, vous avez déjà peu ou pas dormi la nuit dernière, il faut que vous dormiez bien cette nuit; la reine a non-seulement besoin de ses forces, mais encore de celles de ses amis.

Pendant ce temps, le valet de pied qui avait été s'informer rentra.

— Monsieur Weber, dit-il, sachant la grande faveur dont la reine honore madame la comtesse, a cru entrer dans les intentions de Sa Majesté en faisant réserver à madame la comtesse une chambre attenante à celle de la reine.

La reine tressaillit, car elle songea que s'il n'y avait qu'une chambre pour madame la comtesse de Charny, il n'y avait par conséquent qu'une chambre pour la comtesse et pour le comte.

Andrée vit ce frisson qui passait dans les veines de la reine.

Aucune des sensations qui atteignait une de ces deux femmes n'échappait à l'autre.

— Pour cette nuit, mais pour cette nuit seulement, dit-elle, j'accepterai, Madame. L'appartement de Sa Majesté est trop restreint pour que j'accepte une chambre aux dépens de sa commodité ; il y aura bien, dans les combles du château, quelque petit coin pour moi.

La reine balbutia quelques mots inintelligibles.

— Comtesse, dit le roi, vous avez raison, on cherchera tout cela demain, et l'on vous logera du mieux qu'il sera possible.

La comtesse salua respectueusement le roi et la reine, et madame Élisabeth, et sortit précédée par un valet de pied.

Le roi la suivit un instant des yeux, tenant sa fourchette suspendue à la hauteur de sa bouche.

— C'est en vérité une charmante créature que cette femme, dit-il, et que monsieur le comte de Charny est heureux d'avoir trouvé un pareil phénix à la cour !

La reine se renversa sur le dos de son fauteuil pour cacher sa pâleur, non pas au roi, qui ne l'eût point vue, mais à madame Élisabeth, qui s'en fût effrayée.

Elle était près de se trouver mal.

VI

LES QUATRE BOUGIES

Aussi, dès que les enfants eurent mangé, la reine demanda-t-elle au roi la permission de rentrer dans sa chambre.

— Bien volontiers, Madame, dit le roi, car vous devez être fatiguée ; seulement, comme il est impossible que vous n'ayez pas faim d'ici à demain, faites-vous préparer un en cas.

La reine, sans répondre au roi, sortit emmenant ses deux enfants.

Le roi resta à table pour achever son souper ; madame Élisabeth, dont la vulgarité même du roi en certaines occasions ne pouvait altérer le dévouement, demeura près du roi pour lui rendre les petits soins qui échappent aux domestiques les mieux dressés.

La reine une fois dans sa chambre respira ; aucune de ses femmes ne l'avait suivie, la reine leur ayant ordonné de ne point quitter Versailles qu'elles n'eussent reçu un avis.

Elle s'occupa donc de chercher un grand canapé ou un grand fauteuil pour elle-même ; comptant coucher les deux enfants dans son lit.

Le petit dauphin dormait déjà. A peine le pauvre enfant avait-il apaisé sa faim, que le sommeil l'avait pris.

Madame Royale ne dormait pas, et, s'il eût fallu, n'eût pas dormi de la nuit. Il y avait beaucoup de la reine dans madame Royale ; aussi, le petit prince déposé dans un fauteuil, madame Royale et la reine se mirent-elles en quête des ressources qu'ils pouvaient trouver.

La reine s'approcha d'abord d'une porte ; elle allait l'ouvrir, lorsque de l'autre côté de cette porte elle entendit un léger bruit ; elle écouta et entendit un second soupir : elle se baissa à la hauteur de la serrure, et par le trou de la clé aperçut Andrée à genoux sur une chaise basse, et priant.

Elle recula sur la pointe du pied, et regardant toujours cette porte avec une étrange expression de douleur.

En face de cette porte il y en avait une autre, la reine l'ouvrit et se trouva dans une chambre doucement chauffée et éclairée par une veilleuse, à la lueur de laquelle, avec un tressaillement de joie, elle aperçut deux lits frais et blancs comme deux autels : alors son cœur se dégonfla, une larme vint mouiller sa paupière aride et brûlée.

— Oh ! Weber, Weber, murmura-t-elle, la reine a dit au roi qu'il était malheureux qu'on ne pût pas faire de toi un ministre, mais la mère te dit à toi que tu mérites mieux que cela ! Puis, comme le petit dauphin dormait, elle voulut commencer par mettre madame Royale au lit, mais celle-ci, avec le respect qu'elle avait toujours eu pour sa mère, lui demanda la permission de l'aider, afin qu'elle-même à son tour pût se mettre au lit plus promptement.

La reine sourit tristement : sa fille pensait qu'elle pourrait dormir après une pareille nuit d'angoisses, après une pareille journée d'humiliations ; elle voulut la laisser dans cette douce croyance.

On commença donc par coucher monsieur le dauphin ; puis, madame Royale, selon son habitude, se mit à genoux et fit sa prière au pied de son lit.

— Il me semble que ta prière dure plus longtemps que d'habitude, Thérèse, dit la reine à la jeune princesse. — C'est que mon frère s'est endormi sans songer à faire la sienne. Pauvre enfant ! dit madame Royale, et comme chaque soir il était accoutumé à prier pour vous et pour le roi, je dis sa petite prière après la mienne, afin qu'il ne manque rien à ce que nous avons à demander à Dieu.

La reine prit madame Royale et la pressa sur son cœur. Cette source de larmes déjà ouverte par les soins du bon Weber et ravivée par la piété de madame Royale, s'élança de ses yeux vive et abondante, et des pleurs profondément tristes, mais sans amertume, coulèrent de ses yeux.

Elle resta près du lit de madame Royale debout et immobile comme l'ange de la maternité, jusqu'au moment où elle vit se fermer les yeux de la jeune princesse, jusqu'au moment où elle sentit se détendre, relâchés par le sommeil, les muscles de ces mains qui serraient les siennes avec un si tendre et si profond amour filial.

Alors, elle posa doucement les mains de sa fille près d'elle, les recouvrit du drap, afin qu'elle ne souffrît pas du froid si la chambre se rafraîchissait pendant la nuit ; puis, posant sur le front endormi de la future martyre un baiser léger comme un souffle et doux comme un rêve, elle rentra dans sa chambre.

Cette chambre était éclairée par un candélabre portant quatre bougies.

Ce candélabre était posé sur une table.

Cette table était recouverte d'un tapis rouge.

La reine alla s'asseoir devant cette table, et, les yeux fixés, elle laissa tomber ses deux poings fermés sans rien voir autre chose que ce tapis rouge étendu devant elle.

Deux ou trois fois elle secoua machinalement la tête à ce sanglant reflet ; il lui semblait que ses yeux s'injectaient de sang, que ses tempes battaient la fièvre, et que ses oreilles bruissaient.

Puis, comme dans un brouillard nouveau, toute sa vie repassait devant elle.

Elle se rappelait qu'elle était née le 2 novembre 1755, jour du tremblement de terre de Lisbonne, qui avait tué plus de cinquante mille personnes et renversé deux cents églises.

Elle se rappelait que dans la première chambre où elle avait couché, à Strasbourg, la tapisserie représentait le massacre des Innocents ; et cette même nuit, à la lueur vacillante de la veilleuse, il lui avait semblé que le sang coulait des plaies de tous ces pauvres enfants, tandis que la figure des massacreurs prit une expression si terrible qu'épouvantée, elle avait appelé au secours et avait ordonné que l'on partît avec l'aube naissante de cette ville, qui devait lui laisser un si triste souvenir de la première nuit qu'elle avait passée en France.

Elle se rappelait qu'en continuant son chemin vers Paris elle s'était arrêtée dans la maison du baron de Taverney, que là elle avait rencontré pour la première fois ce misérable Cagliostro, qui avait eu depuis l'affaire du Collier une si terrible influence sur sa destinée, et que dans cette halte, si présente à sa mémoire qu'il lui semblait que cet événement fût de la veille, quoique depuis cet événement vingt ans s'étaient écoulés, il lui avait, sur ses instances, fait voir dans une carafe quelque chose de monstrueux, une machine de mort terrible et inconnue, et au bas de cette machine, une tête roulant détachée du corps, et qui n'était autre que la sienne.

Elle se rappelait que madame Lebrun avait fait son portrait, portrait charmant de jeune femme belle et heureuse encore! elle lui avait, par mégarde sans doute, mais présage terrible, donné la pose que madame d'Angleterre, la femme de Charles Ier, a dans son portrait.

Elle se rappelait que le jour où pour la première fois elle entrait à Versailles, au moment où, descendue de sa voiture, elle mettait le pied sur le funèbre pavage de cette cour de marbre où la veille elle avait vu couler tant de sang, un terrible coup de tonnerre avait retenti pendant la chute de la foudre qui avait sillonné l'air à sa gauche, et tout cela d'une si effrayante façon que le maréchal de Richelieu, qui n'était pas facile à effrayer cependant, avait secoué la tête en disant : Un mauvais présage.

Et elle se rappelait tout cela, en voyant tourbillonner devant ses yeux cette vapeur rougeâtre qui lui semblait devenue plus épaisse.

Cette espèce d'assombrissement était si sensible, que la reine leva les yeux jusqu'au candélabre et s'aperçut que sans motif aucun une des bougies venait de s'éteindre.

Elle tressaillit, la bougie fumait encore et rien ne donnait une cause à cette extinction.

Tandis qu'elle regardait le candélabre avec étonnement, il lui sembla que la bougie voisine de la bougie éteinte pâlissait lentement, et peu à peu la flamme de blanche devenait rouge et de rouge bleuâtre, puis la flamme s'anima et s'allongea, puis elle sembla quitter la mèche et s'envoler, puis enfin elle se balança un instant comme agitée par une haleine invisible, puis elle s'éteignit.

La reine avait regardé l'agonie de cette bougie avec des yeux hagards; sa poitrine haletant de plus en plus, ses mains étendues se rapprochaient du candélabre au fur et à mesure que la bougie allait expirant; enfin, quand elle s'était éteinte, elle avait fermé les yeux, s'était renversée en arrière sur son fauteuil et avait passé ses mains sur son front, qu'elle avait trouvé ruisselant de sueur; elle était restée ainsi les yeux fermés pendant dix minutes à peu près, et quand elle les avait rouverts elle s'était aperçue avec terreur que la lumière de la troisième bougie commençait à s'altérer comme celle des deux premières.

Marie-Antoinette crut d'abord que c'était un rêve et qu'elle était sous le poids de quelque hallucination fatale; elle essaya de se lever, mais il lui sembla qu'elle était enchaînée sur son fauteuil; elle essaya d'appeler madame Royale, que, dix minutes avant, elle n'eût pas réveillée pour une seconde couronne, mais sa voix s'éteignit dans sa gorge; elle essaya

LES QUATRE BOUGIES.

de tourner la tête, mais sa tête resta fixe et immobile, comme si cette troisième bougie mourante eut attiré à elle son regard et son haleine; enfin, de même que la seconde avait changé de couleur, la troisième prit des tons différents, pâlit, s'allongea, flotta de droite à gauche, puis de gauche à droite et s'éteignit.

Alors, l'épouvante fit faire un tel effort à la reine, qu'elle sentit que la parole lui revenait, et qu'à l'aide de cette parole elle voulut se rendre le courage qui lui manquait.

— Je ne m'inquiète pas, dit-elle tout haut, de ce qui vient d'arriver aux trois bougies; mais, si la quatrième s'éteint comme les autres, oh! malheur! malheur à moi!

Tout à coup, sans passer par les préparations qu'avaient subies les autres, sans que la flamme changeât de couleur, sans qu'elle parût ni s'allonger ni se balancer, comme si l'aile de la mort l'eut touchée en passant, la quatrième bougie s'éteignit.

La reine jeta un cri terrible, se leva, fit deux tours sur elle-même, battant l'air et l'obscurité de ses bras, et tomba évanouie.

Au moment où le bruit de son corps retentissait sur le parquet, la porte de communication s'ouvrit, et Andrée, vêtue d'un peignoir de batiste, parut sur le seuil, blanche et silencieuse comme une ombre.

Elle s'arrêta un instant, comme si au milieu de cette obscurité elle voyait passer dans la nuit quelque chose comme une vapeur; elle écouta, comme si elle avait entendu s'agiter dans l'air les plis d'un suaire.

Puis, abaissant son regard, elle aperçut la reine à terre, étendue sans connaissance.

Elle fit un pas en arrière comme si son premier mouvement eut été de s'éloigner; mais aussitôt, se commandant à elle-même, sans dire une seule parole, sans demander, demande qui au reste eût été bien inutile, à la reine ce qu'elle avait, elle la souleva entre ses bras, et, avec une force dont on l'eût crue incapable, guidée seulement par deux bougies qui éclairaient sa chambre et dont la lueur se projetait à travers la porte jusque dans la chambre de la reine, elle la porta sur son lit.

Puis, tirant un flacon de sels de sa poche, elle l'approcha des narines de Marie-Antoinette.

Malgré l'efficacité de ces sels, l'évanouissement de Marie-Antoinette était si profond, que ce ne fut qu'au bout de dix minutes qu'elle poussa un soupir.

A ce soupir, qui annonçait le retour à la vie de sa souveraine, Andrée fut encore tentée de s'éloigner; mais cette fois comme la première le sentiment de son devoir, si puissant sur elle, la retint.

Elle retira seulement son bras de dessous la tête de Marie-Antoinette, qu'elle avait soulevée pour qu'aucune goutte de ce vinaigre corrosif, dans lequel ces sels étaient baignés, ne pût couler sur le visage ou sur la poitrine de la reine.

Le même mouvement lui fit éloigner le bras qui tenait le flacon.

Mais alors la tête retomba sur l'oreiller; le flacon éloigné, la reine sembla plongée dans un évanouissement plus profond encore que celui dont elle avait paru vouloir sortir.

Andrée, toujours froide, presqu'immobile, la souleva de nouveau, approcha d'elle une seconde fois le flacon de sels qui produisit son effet.

Un léger frissonnement courut par tout le corps de la reine; elle soupira, son œil s'ouvrit, elle rappela ses pensées, se souvint de l'horrible présage, et, sentant une femme près d'elle, elle lui jeta les deux bras au cou en lui criant :

— Oh! défendez-moi! sauvez-moi! — Votre Majesté n'a pas besoin qu'on la défende, étant au milieu de ses amis, répondit Andrée, et elle me paraît sauvée maintenant de l'évanouissement dans lequel elle était tombée. — La comtesse de Charny! s'écria la reine, lâchant Andrée qu'elle tenait embrassée, et que, dans un premier mouvement, elle repoussa presque.

Ni ce mouvement ni le sentiment qui l'avait inspiré n'échappèrent à Andrée.

Mais, sur le premier moment, elle resta immobile jusqu'à l'impassibilité; puis faisant un pas en arrière :

— La reine ordonne-t-elle que je l'aide à se dévêtir? demanda-t-elle.

— Non, comtesse, merci, répondit la reine d'une voix altérée, je me déferai seule, rentrez chez vous, vous devez avoir besoin de dormir. — Je vais rentrer chez moi, non pas pour dormir, Madame, répondit Andrée, mais pour veiller sur le sommeil de Votre Majesté.

Et après avoir salué respectueusement la reine, elle se retira chez elle de ce pas lent et solennel qui serait celui des statues, si les statues marchaient.

VI

LA ROUTE DE PARIS

Le soir même où s'étaient accomplis les événements que nous venons de raconter, un événement non moins grave avait mis en rumeur tout le collége de l'abbé Fortier.

Sébastien Gilbert avait disparu vers les six heures du soir, et à minuit, malgré les recherches minutieuses par toute la maison, exécutées par l'abbé Fortier et par mademoiselle Alexandrine Fortier, sa sœur, il n'avait point été retrouvé.

On s'était informé à tout le monde, et tout le monde ignorait ce qu'il était devenu.

La tante Angélique, seule, sortant de l'église où elle était allée ranger ses chaises, vers huit heures du soir, croyait l'avoir vu prendre la petite rue qui passe entre l'église et la prison et gagner tout courant le manége.

Ce rapport, au lieu de rassurer l'abbé Fortier, avait ajouté à ses inquiétudes; il n'ignorait pas les étranges hallucinations qui parfois s'emparaient de Gilbert quand cette femme, qu'il appelait sa mère, lui apparaissait, et plus d'une fois, en promenade, l'abbé, qui était prévenu de cette espèce de vertige, l'avait suivi des yeux quand il l'avait vu par trop s'enfoncer dans le bois, et au moment où il craignait de le voir disparaître avait lancé après lui les meilleurs coureurs de son collége.

Ces coureurs avaient toujours retrouvé l'enfant haletant, presqu'évanoui, adossé à quelque arbre ou couché tout de son long sur cette mousse, tapis verdoyant de ces magnifiques futaies.

Mais jamais pareils vertiges n'avaient pris Sébastien le soir, jamais pendant la nuit on n'avait été obligé de courir après lui.

Il fallait donc qu'il fût arrivé quelque chose d'extraordinaire; mais l'abbé Fortier avait beau se creuser la tête, il ne pouvait deviner ce qui était arrivé.

Pour arriver à un plus heureux résultat que l'abbé Fortier, nous allons suivre Sébastien Gilbert, nous qui savons où il est allé.

La tante Angélique ne s'était pas trompée; c'était bien Sébastien Gilbert qu'elle avait vu en effet se glissant dans l'ombre, et gagnant à toutes jambes cette portion du parc qu'on appelle le parterre.

Arrivé dans le parterre, il avait gagné la faisanderie, puis en sortant de la faisanderie, il s'était lancé de cette petite haie qui conduit droit à Haramont.

En trois quarts d'heure il avait été au village.

Du moment où nous savons que le but de la course de Sébastien était le village d'Haramont, il ne nous est point difficile de savoir qui Sébastien avait été chercher dans le village.

Sébastien était allé chercher Pitou.

Car Pitou, on se le rappelle, à la suite du festin que s'était donné elle-même la garde nationale d'Haramont, après être, comme un lutteur antique, resté debout quand tous les autres avaient été terrassés, Pitou s'était mis à courir après Catherine, et, on se le rappelle encore, ne l'avait retrouvée qu'évanouie sur le chemin de Villers-Cotterets à Pisseleux, et ne conservant de chaleur que celle du dernier baiser que lui avait donné Isidore.

Gilbert ignorait tout cela, il alla droit à la chaumière de Pitou dont il trouva la porte ouverte.

Pitou, dans la simplicité de sa vie, ne croyait pas qu'il eût besoin de tenir sa porte fermée, présent à la maison comme absent ; mais d'ailleurs eût-il eu l'habitude de fermer scrupuleusement sa porte, que ce soir-là il était sous le poids de préoccupations telles, qu'il eût bien certainement oublié de prendre cette précaution.

Sébastien connaissait le logis de Pitou comme le sien propre : il chercha l'amadou et la pierre à feu, trouva le couteau qui servait de briquet à Pitou, alluma l'amadou, avec l'amadou alluma la chandelle et attendit.

Mais Sébastien était trop agité pour attendre tranquillement, et surtout pour attendre longtemps.

Il allait incessamment de la cheminée à la porte, de la porte à l'angle de la rue ; puis, comme sœur Anne, ne voyant rien venir, il retournait vers la maison pour s'assurer qu'en son absence Pitou n'y était pas rentré.

Enfin, voyant que le temps s'écoulait, il s'approcha d'une table boiteuse sur laquelle il y avait de l'encre, des plumes et du papier.

Sur la première page de ce papier étaient scrupuleusement inscrits les noms, prénoms et âge de trente-trois hommes formant l'effectif de la garde nationale d'Haramont, et marchant sous les ordres de Pitou.

Il enleva soigneusement cette première feuille, chef-d'œuvre de calligraphie du commandant, qui ne rougissait pas, pour que la besogne fût mieux faite, à descendre parfois au grade subalterne de fourrier.

Puis il écrivit sur la seconde :

« Mon cher Pitou,

« J'étais venu pour te dire que j'ai entendu, il y a huit jours, une conversation entre monsieur l'abbé Fortier et le vicaire de Villers-Cotterets; il paraît que l'abbé Fortier a des connivences avec les aristocrates de Paris, il disait qu'il se préparait à Versailles une contre-révolution.

« C'était ce que nous avons appris depuis, à l'endroit de la reine, qui a mis la cocarde noire et foulé aux pieds la cocarde tricolore.

« Cette menace de contre-révolution, ce que nous avons appris ensuite des événements qui ont suivi le banquet, m'avaient déjà fort inquiété pour mon père, qui, comme tu le sais, est l'ennemi des aristocrates; mais ce soir, mon cher Pitou, cela a été bien pis.

« Le vicaire est revenu voir le curé, et comme j'avais peur pour mon père, je n'ai point cru qu'il y ait du mal à écouter exprès la suite de ce que l'autre jour j'avais entendu par hasard.

« Il paraît, mon cher Pitou, que le peuple s'est porté sur Versailles et a massacré beaucoup de personnes, et, entre ces personnes-là, monsieur Georges de Charny.

« L'abbé Fortier ajoutait :

« Parlons bas, pour ne pas inquiéter le petit Gilbert dont le père était à Versailles, et pourrait bien avoir été tué comme les autres.

« Tu comprends bien, cher Pitou, que je n'en ai pas entendu davantage.

« Je me suis glissé tout doucement hors de ma cachette, sans que personne m'entendît ; j'ai pris par le jardin, je me suis trouvé sur la place du château, et tout courant je suis arrivé chez toi pour te demander, mon cher Pitou, de me reconduire à Paris, ce que tu ne manquerais pas de faire et de grand cœur même, si tu y étais.

« Mais comme tu n'y es pas, comme tu peux tarder à revenir, étant probablement allé tendre des collets dans la forêt de Villers-Cotterets, comme dans ce cas-là tu ne rentreras qu'au jour, mon inquiétude est trop grande et je ne saurais attendre jusque-là.

« Je pars donc tout seul ; sois tranquille, je sais le chemin ; d'ailleurs, sur l'argent que mon père m'a donné, il me reste encore deux louis, et je prendrai une place dans la première voiture que je rencontrerai sur la route.

« Ton Sébastien qui t'aime.

« *P. S.* J'ai fait la lettre bien longue, d'abord pour t'expliquer la cause de mon départ, et ensuite parce que j'espérais toujours que tu reviendrais avant qu'elle ne fût finie.

« Elle est finie, tu n'es pas revenu, je pars, adieu ou plutôt au revoir ; s'il n'est rien arrivé à mon père et s'il ne court aucun danger je reviendrai.

« Sinon, je suis bien décidé à lui demander instamment de me garder auprès de lui.

« Tranquillise l'abbé Fortier sur mon départ, mais surtout ne le tranquillise que demain, afin qu'il soit trop tard pour faire courir après moi.

« Décidément, puisque tu ne reviens pas, je pars. Adieu ou plutôt au revoir. »

Sur quoi Sébastien Gilbert, qui connaissait l'économie de son ami Pitou, éteignit sa chandelle, tira la porte et partit.

Dire que Sébastien Gilbert n'était pas un peu ému en entreprenant de nuit un si long voyage, ce serait mentir certainement, mais cette émotion n'était point ce qu'elle eût été chez un autre enfant, de la peur ;

c'était purement et simplement le sentiment complet de l'action qu'il entreprenait, lequel était une désobéissance aux ordres de son père, mais en même temps une si grande preuve d'amour filial, que par tous les pères cette désobéissance devait être pardonnée.

D'ailleurs Gilbert, depuis que nous nous occupons de lui, avait grandi; Gilbert, un peu pâle, un peu frêle, un peu nerveux pour son âge, allait avoir quinze ans. A cet âge, avec le tempérament de Sébastien, et quand on est le fils de Gilbert et d'Andrée, on est bien près d'être un homme.

Sébastien, sans autre sentiment que cette émotion inséparable de l'action qu'il commettait, se mit donc à courir vers Largny, qu'il découvrit bientôt « à la pâle clarté qui tombe des étoiles, » comme dit le vieux Corneille. Il longea le village, gagna le grand ravin qui s'étend de ce village à celui de Vauciennes et qui encaisse les étangs de Wualu à Vauciennes, retrouva la grande route et se mit à marcher tranquillement en se retrouvant sur le chemin du Roi.

D'ailleurs Sébastien, qui était un garçon plein de sens et qui était venu en parlant latin de Paris à Villers-Cotterets, et qui avait mis trois jours pour venir, comprenait bien qu'on ne retourne pas à Paris en une nuit, ne perdît-on son souffle à parler aucune langue.

Il descendit donc la première et remonta donc la seconde montagne de Vauciennes au pas; puis, arrivé sur un terrain plat, se remit à marcher un peu plus vivement.

Peut-être cette vivacité dans la marche de Sébastien était-elle excitée par l'approche d'un assez mauvais pas qui se trouve sur la route et qui, à cette époque, avait une réputation d'embuscade complétement perdue aujourd'hui. Ce mauvais pas s'appelle *la Fontaine Eau-Claire*, parce qu'une source limpide coule à vingt pas de deux carrières, qui, pareilles à deux antres de l'enfer, ouvrent leur gueule sombre sur la route.

Sébastien eut-il ou n'eut-il pas peur en traversant cet endroit, c'est ce que l'on ne saurait dire, car il ne pressa point le pas, car, pouvant passer sur le revers opposé de la route, il ne s'écarta point du droit et du milieu chemin, ralentit son pas un peu plus loin, mais sans doute parce qu'il était arrivé à une petite montée, et enfin arriva à l'embranchement des deux routes de Paris et de Cressy.

Mais arrivé là, il s'arrêta tout à coup : en venant de Paris, il n'avait pas remarqué quelle route il suivait; en retournant à Paris, il ignorait quelle route il devait suivre.

Était-ce celle de gauche, était-ce celle de droite?

Toutes deux étaient bordées d'arbres pareils; toutes deux étaient pavées également.

Personne n'était là pour répondre à la question de Gilbert.

Les deux routes, partant d'un même point, s'éloignaient l'une de l'autre véritablement et promptement ; il en résultait que si Gilbert, au lieu de prendre la bonne route, prenait la mauvaise, il serait le lendemain, au jour, bien loin de son chemin.

Gilbert s'arrêta indécis.

Il cherchait, par un indice quelconque, à reconnaître celle des deux routes qu'il avait suivies ; mais cet indice, qui lui eût manqué pendant le jour, lui manquait bien autrement dans l'obscurité.

Il venait de s'asseoir, découragé, à l'angle des deux routes, moitié pour se reposer, moitié pour réfléchir, lorsqu'il lui sembla entendre dans le lointain, venant du côté de Villers-Cotterets, le galop d'un ou deux chevaux.

Il prêta l'oreille en se soulevant.

Ce n'était pas une erreur : le bruit des fers des chevaux, retentissant sur la route, devenait de plus en plus distinct.

Gilbert allait donc avoir le renseignement qu'il attendait.

Il s'apprêta à arrêter les cavaliers au passage et à leur demander ce renseignement.

Bientôt il vit poindre leur ombre dans la nuit, tandis que sous les pieds ferrés de leurs chevaux de nombreuses étincelles jaillissaient ; alors il se leva tout à fait, traversa le fossé et attendit.

La cavalcade se composait de deux hommes, dont l'un galopait à trois ou quatre pas en avant de l'autre.

Gilbert pensa avec raison que le premier de ces deux hommes était un maître, le second un domestique.

Il fit donc trois pas pour s'adresser au premier.

Celui-ci, qui vit un homme saillir en quelque sorte du foin, crut à quelque guet-apens et mit la main à ses fontes.

Sébastien vit le mouvement.

— Monsieur, dit-il, je ne suis pas un voleur, je suis un enfant que les derniers événements arrivés à Versailles attirent à Paris pour y chercher son père ; je ne sais laquelle de ces deux routes prendre, indiquez-moi celle qui conduit à Paris et vous m'aurez rendu un grand service.

La distinction des paroles de Sébastien, l'éclat juvénile de sa voix qui ne semblait pas inconnue au cavalier fit que, si pressé qu'il parût être, il arrêta son cheval.

— Mon enfant, demanda-t-il avec bienveillance, qui êtes-vous et comment vous hasardez-vous à une pareille heure sur une grande route ? — Je ne vous demande pas qui vous êtes, Monsieur ; je vous demande ma route, la route au bout de laquelle je saurai si mon père est mort ou vivant.

Il y avait dans cette voix, presque enfantine encore, un accent de fermeté qui frappa le cavalier.

— Mon ami, la route de Paris est celle que nous suivons, dit-il ; je la connais mal moi-même, n'ayant été à Paris que deux fois, mais je n'en suis pas moins sûr que celle que nous suivons est la bonne.

Sébastien fit un pas en arrière en remerciant.

Les chevaux avaient besoin de souffler, le cavalier qui paraissait le maître reprit sa course, mais d'une allure moins vive.

Son laquais le suivit.

— Monsieur le vicomte, dit-il, a-t-il reconnu cet enfant ? — Non ; mais il me semble cependant... — Comment ! monsieur le vicomte n'a pas reconnu le jeune Sébastien Gilbert, qui est en pension chez l'abbé Fortier ? — Sébastien Gilbert ? — Mais oui, qui venait de temps en temps à la ferme de mademoiselle Catherine, avec le grand Pitou. — Tu as raison, en effet.

Puis arrêtant son cheval et se retournant :

— Est-ce donc vous, Sébastien ? demanda-t-il. — Oui, monsieur Isidore, répondit l'enfant qui, lui, avait parfaitement reconnu le cavalier. — Mais alors, venez donc, mon jeune ami, dit le cavalier, et apprenez-moi comment il se fait que je vous trouve seul sur cette route à une pareille heure. — Je vous l'ai dit, monsieur Isidore, je vais à Paris m'assurer si mon père a été tué ou vit encore. — Hélas ! pauvre enfant, dit Isidore avec un profond sentiment de tristesse, je vais à Paris pour une cause pareille ; seulement je ne doute plus, moi ! — Votre frère ? — Un de mes frères, mon frère Georges a été tué hier matin à Versailles. — Oh ! monsieur de Charny ?

Sébastien fit un mouvement en avant, tendant ses deux mains à Isidore. Isidore les lui prit et les lui serra.

— Eh bien ! mon cher enfant, lui dit Isidore, puisque notre sort est pareil, il ne faut pas nous séparer : vous devez être comme moi pressé d'arriver à Paris ? — Oh ! oui, Monsieur. — Vous ne pouvez aller à pied ? — J'irais bien à pied, mais ce serait long ; aussi je compte demain payer ma place à la première voiture que je rencontrerai sur ma route, faisant le même trajet que moi, et aller avec elle le plus loin que je pourrai vers Paris. — Et si vous n'en rencontrez pas ? — J'irai à pied. — Faites mieux que cela, mon cher enfant, montez en croupe derrière mon laquais. — Sébastien retira ses deux mains de celles d'Isidore. — Merci, monsieur le vicomte, dit-il.

Ces paroles furent prononcées avec un timbre si expressif, qu'Isidore comprit qu'il avait blessé l'enfant en lui offrant de monter en croupe derrière son laquais.

— Ou plutôt, dit-il, j'y pense, montez à sa place, lui nous rejoindra à Paris; en s'informant aux Tuileries, il saura toujours où je suis. — Merci encore! Monsieur, dit Sébastien d'une voix plus douce, car il avait compris la délicatesse de cette nouvelle proposition; merci, je ne veux pas vous priver de ses services.

Il n'y avait plus qu'à s'entendre, les préliminaires de paix étaient posés.

— Eh bien! faites mieux encore que tout cela, Sébastien : montez derrière moi. Voilà le jour qui vient, à dix heures du matin nous serons à Dammartin, c'est-à-dire à moitié route; nous laisserons les deux chevaux, qui ne doivent pas nous conduire plus loin, à Baptiste, et nous prendrons une voiture de poste qui nous mènera à Paris; c'est ce que je comptais faire. Vous ne changez donc rien à mes dispositions. — Est-ce bien vrai, monsieur Isidore? — Parole d'honneur. — Alors, fit le jeune homme hésitant, mais mourant d'envie d'accepter. — Descends, Baptiste, et aide Sébastien à monter. — Merci! c'est inutile, monsieur Isidore, dit Sébastien, qui, agile comme un écolier, sauta ou plutôt bondit en croupe.

Puis les trois hommes et les deux chevaux repartirent au galop et disparurent bientôt de l'autre côté de la montée de Goudreville.

VIII

L'APPARITION

Les trois cavaliers avaient continué leur chemin comme il était convenu, à cheval jusqu'à Dammartin.

Ils arrivèrent à Dammartin à dix heures.

Tout le monde avait besoin de prendre quelque chose; d'ailleurs il fallait s'enquérir d'une voiture et de chevaux de poste.

Pendant qu'on servait à déjeuner à Isidore et à Sébastien, qui, en proie, Sébastien à l'inquiétude, Isidore à la tristesse, n'avaient pas échangé une parole, Baptiste faisait panser les chevaux et s'occupait de trouver une carriole et des chevaux de poste.

A midi, le déjeuner était fait et les chevaux et la carriole attendaient à la porte.

Seulement, Isidore, qui avait toujours couru la poste avec sa voiture, ignorait que lorsqu'on voyageait avec des voitures d'administration, il fallait changer de voiture à chaque relais.

TOME I. 4

Il en résulta que les maîtres de poste, qui faisaient observer strictement les règlements, mais qui se gardaient bien de les observer eux-mêmes, n'avaient pas toujours des voitures sous leurs remises et des chevaux dans leurs écuries.

En conséquence, partis à midi de Dammartin, les voyageurs ne furent à la barrière qu'à quatre heures et demie et aux portes des Tuileries qu'à cinq heures.

Là il fallut encore se faire reconnaître : monsieur de Lafayette s'était emparé de tous les postes, et, dans ces temps de trouble, ayant répondu à l'Assemblée de la personne du roi, il gardait le roi avec conscience.

Cependant, lorsque Charny se nomma, lorsqu'il invoqua le nom de son frère, les difficultés s'applanirent et l'on introduisit Isidore et Sébastien dans la cour des Suisses d'où ils passèrent dans la cour du milieu.

Sébastien voulait se faire conduire à l'instant même rue Saint-Honoré, au logement qu'habitait son père ; mais Isidore lui fit observer que le docteur Gilbert étant médecin du roi par quartier, on saurait mieux chez le roi assurément que partout ailleurs ce qui lui était arrivé.

Sébastien, dont l'esprit était parfaitement juste, s'était rendu à ce raisonnement.

En conséquence il suivit Isidore.

On était déjà parvenu, quoiqu'arrivé de la veille, à introduire une certaine étiquette dans le palais des Tuileries. Isidore fut introduit par l'escalier d'honneur, et un huissier le fit attendre dans un grand salon tendu de vert, faiblement éclairé par deux candélabres.

Le reste du palais lui-même était plongé dans une demi-obscurité ; ayant été habité par des particuliers, les grands éclairages qui font partie du luxe royal avaient été négligés.

L'huissier devait s'informer à la fois et de monsieur le comte de Charny et du docteur Gilbert.

L'enfant s'assit sur un canapé. Isidore se promena de long en large.

Au bout de dix minutes l'huissier reparut.

Monsieur le comte de Charny était chez la reine.

Quant au docteur Gilbert il ne lui était rien arrivé : on croyait même, mais sans pouvoir en répondre, qu'il était chez le roi, le roi étant enfermé, avait répondu le valet de service, avec son médecin.

Seulement, comme le roi avait quatre médecins par quartier et son médecin ordinaire, on ne savait pas bien précisément si le médecin enfermé avec Sa Majesté était monsieur Gilbert.

Si c'était lui, on le préviendrait à sa sortie que quelqu'un l'attendait dans les antichambres de la reine.

Sébastien respira librement; il n'avait donc plus rien à craindre: son père vivait et était sain et sauf.

Il alla à Isidore pour le remercier de l'avoir amené.

Isidore l'embrassa en pleurant.

Cette idée que Sébastien venait de retrouver son père lui rendait plus cher encore ce frère qu'il avait perdu et ne retrouverait pas.

En ce moment la porte s'ouvrit, un huissier cria:

— Monsieur le vicomte de Charny! — C'est moi, répondit Isidore en s'avançant. — On attend monsieur le vicomte chez la reine, dit en s'effaçant l'huissier. — Vous m'attendrez, n'est-ce pas, Sébastien? dit Isidore, à moins que monsieur le docteur Gilbert ne vienne vous chercher; songez que je réponds de vous à votre père. — Oui, Monsieur, dit Sébastien, et en attendant recevez de nouveau mes remerciements.

Isidore suivit l'huissier et la porte se referma.

Sébastien reprit sa place sur le canapé.

Alors tranquille sur la santé de son père, tranquille sur lui-même, bien sûr qu'il était d'être pardonné par le docteur en faveur de l'intention, son souvenir se reporta sur l'abbé Fortier, sur Pitou et sur l'inquiétude qu'allait causer à l'un sa fuite, à l'autre sa lettre.

Il ne comprenait même pas comment, avec tous les retards qu'ils avaient éprouvés en route, Pitou, qui n'avait qu'à déployer le compas de ses longues jambes pour marcher aussi vite que la poste, ne les avait pas rejoints.

Et tout naturellement et par le simple mécanisme des idées, en pensant à Pitou, il pensait à son encadrement ordinaire, c'est-à-dire à ces grands arbres, à ces belles routes ombreuses, à ces lointains bleuâtres qui terminent les horizons des forêts; puis, par un enchaînement graduel d'idées, il se rappelait ces visions étranges qui parfois lui apparaissaient sous ces grands arbres, dans la profondeur de ces immenses routes.

A cette femme qu'il avait vue tant de fois en rêve et une fois seulement, il le croyait du moins, en réalité, le jour où il se promenait dans les bois de Satory, et où cette femme vint passer et disparut comme un nuage, emportée dans une magnifique calèche par le galop de deux superbes chevaux.

Et il se rappelait l'émotion profonde que lui faisait toujours cette vue, et à moitié plongé dans ce songe, il murmurait tout bas:

— Ma mère! ma mère! ma mère!

Tout à coup la porte qui s'était fermée derrière Isidore de Charny se rouvrit de nouveau; cette fois ce fut une femme qui apparut.

Par hasard, les yeux de l'enfant étaient fixés sur cette porte au moment de l'apparition.

L'apparition était si bien en harmonie avec ce qui ce passait dans sa pensée, que voyant son rêve s'animer d'une créature réelle l'enfant tressaillit.

Mais ce fut bien autre chose encore quand, dans cette femme qui venait d'entrer, il vit tout à la fois l'ombre et la réalité.

L'ombre de ses rêves, la réalité de Satory.

Il se dressa debout comme si un ressort l'eut mis sur ses pieds.

Ses lèvres se desserrèrent, son œil s'agrandit, sa pupille se dilata.

Sa poitrine haletante essaya inutilement de former un son.

La femme passa majestueuse, fière, dédaigneuse, sans faire attention à lui.

Toute calme qu'elle parût intérieurement, cette femme aux sourcils froncés, au teint pâle, à la respiration sifflante, devait être sous le coup d'une grande irritation nerveuse.

Elle traversa diagonalement la salle, ouvrit la porte opposée à celle à laquelle elle avait apparu, et s'éloigna dans le corridor.

Cette fois Sébastien comprit qu'elle allait encore lui échapper s'il ne se hâtait ; il regarda d'un air effaré, comme pour s'assurer de la réalité de son passage, la porte par laquelle elle était entrée, la porte par laquelle elle avait disparu, et s'élança sur sa trace avant que le pan de sa robe soyeuse se fût effacé à l'angle du corridor.

Mais elle, entendant un pas derrière elle, marcha plus vite, comme si elle eut crainte d'être poursuivie.

Sébastien hâta sa course le plus qu'il put : le corridor était sombre, il craignait, cette fois encore, que la chère vision ne s'envolât.

Elle, entendant une marche toujours plus rapprochée pour sa marche, se retourna.

Sébastien poussa un faible cri de joie. C'était bien elle, toujours elle.

La femme, de son côté, voyant un enfant qui la suivait les bras tendus, ne comprenant rien à cette poursuite, arriva au haut d'un escalier et se lança par les degrés.

Mais à peine avait-elle descendu un étage que Sébastien apparut à son tour au bout du corridor, en criant :

— Madame, Madame !

Cette voix produisit une sensation étrange dans tout l'être de cette femme ; il lui sembla qu'un coup la frappait au cœur, moitié douloureux, moitié charmant, et du cœur courant avec le sang par les veines répandait un frisson par tout son corps.

Et cependant, ne comprenant rien à cet appel ni à l'émotion qu'elle éprouvait, elle doubla le pas, et de la course passa en quelque sorte à la fuite.

Mais elle n'avait plus assez d'avance sur l'enfant pour lui échapper.

Ils arrivèrent presqu'ensemble au bas de l'escalier.

La jeune femme se lança dans la cour; une voiture l'y attendait, un domestique tenait ouverte la portière de la voiture.

Elle y entra rapidement et s'y assit.

Mais, avant que la portière se fut refermée, Sébastien s'était glissé entre les domestiques et la portière, et ayant saisi le bas de la robe de la fugitive, il la baisait avec passion en s'écriant :

— Oh! Madame! oh! Madame!

La jeune femme regarda alors ce charmant enfant qui l'avait effrayée d'abord, et d'une voix plus douce qu'elle n'avait l'habitude, quoique cette voix eût encore conservé un mélange d'émotion et de frayeur :

— Eh bien! dit-elle, mon ami, pourquoi courez-vous après moi, pourquoi m'appelez-vous, que me voulez-vous? — Je veux, dit l'enfant d'une voix haletante, je veux vous voir, je veux vous embrasser; puis, d'une voix assez basse pour que la jeune femme seule pût l'entendre, je veux vous appeler *ma mère!*

La jeune femme jeta un cri, prit la tête de l'enfant dans ses deux mains, et, comme par une révélation subite, l'approchant vivement d'elle, colla ses deux lèvres ardentes sur son front.

Puis, comme si elle eut craint à son tour que quelqu'un ne vînt et ne lui enlevât cet enfant qu'elle venait de retrouver, elle l'attira à elle jusqu'à ce qu'il fût tout entier dans la voiture; elle le poussa du côté opposé, tira elle-même la portière, et abaissant la glace qu'elle releva aussitôt :

— Chez moi, dit-elle, rue Coq-Héron, numéro 9, à la première porte cochère, en partant de la rue Plastrière.

Puis, se retournant vers l'enfant :

— Ton nom? demanda-t-elle. — Sébastien. — Ah! viens, Sébastien, viens là, là, là, sur mon cœur.

Puis, se renversant en arrière, comme si elle était prête à s'évanouir :

— Oh! murmura-t-elle, qu'est-ce donc que cette sensation inconnue, serait-ce ce qu'on appelle le bonheur?

IX

LE PAVILLON D'ANDRÉE

La route ne fut qu'un long baiser échangé entre la mère et le fils.

Ainsi cet enfant, car son cœur n'avait pas douté un instant que ce fût lui, cet enfant qui lui avait été enlevé dans une nuit terrible, nuit d'angoisse et de déshonneur; cet enfant qui avait disparu sans que son ravisseur laissât d'autre trace que l'empreinte de ses pas sur la neige; cet enfant qu'elle avait détesté, maudit d'abord, tant qu'elle n'avait pas entendu son premier cri, recueilli son premier vagissement; cet enfant qu'elle avait appelé, cherché, redemandé, que son frère avait poursuivi dans la personne de Gilbert jusque sur l'Océan; cet enfant qu'elle avait regretté quinze ans, qu'elle avait désespéré de revoir jamais, auquel elle ne songeait plus que comme on songe à un mort bien-aimé, à une ombre chérie; cet enfant, voilà que tout à coup, là où elle devait le moins s'attendre à le rencontrer, il la trouve par miracle, par miracle la reconnaît, court après elle à son tour, la poursuit, l'appelle sa mère; cet enfant, voilà que sans l'avoir jamais vue, il l'aime d'un amour filial comme elle l'aime d'un amour maternel; voilà que sa lèvre, pure de tout baiser, retrouve toutes les joies de sa vie perdue dans le premier baiser qu'elle donne à son enfant!

Il y avait donc au-dessus de la tête des hommes quelque chose de plus que ce vide où roulent les mondes; il y avait donc dans la vie autre chose que le hasard et la fatalité.

« Rue Coq-Héron, numéro 9, à la première porte cochère en partant de la rue Plastrière, » avait dit la comtesse de Charny.

Étrange coïncidence, qui ramenait, après quatorze ans passés, l'enfant dans la même maison où il était né, où il avait aspiré les premiers souffles de la vie, et d'où il avait été enlevé par son père.

Cette petite maison, achetée autrefois par le père Taverney, lorsqu'avec cette grande faveur dont la reine avait honoré sa famille un peu d'aisance était rentrée dans l'intérieur du baron, était habitée par un vieux concierge qui semblait, par les anciens propriétaires, avoir été vendu avec la maison : elle servait de pied à terre au jeune homme quand il revenait de ses voyages, ou à la jeune femme quand elle touchait à Paris.

Après cette dernière scène qu'Andrée avait eue avec la reine, après la nuit passée auprès d'elle, Andrée s'était résolue à s'éloigner de cette rivale, qui lui renvoyait le contre-coup de chacune de ses douleurs, et chez laquelle les malheurs de la reine, si grands qu'ils fussent, restaient toujours au-dessous des angoisses de la femme.

Aussi, dès le matin, elle avait envoyé sa femme de chambre dans la petite maison de la rue Coq-Héron, avec ordre de préparer le petit pavillon qui, comme on se le rappelle, se composait d'une antichambre, d'une petite salle à manger, d'un salon et d'une chambre à coucher.

Autrefois, Andrée avait fait, pour loger Nicole auprès d'elle, du salon une seconde chambre à coucher; mais depuis, cette nécessité ayant disparu, chaque pièce avait été rendue à sa destination première, et la femme de chambre, laissant le bas entièrement libre à sa maîtresse qui, d'ailleurs, n'y venait que bien rarement et toujours seule, s'était accommodée d'une petite mansarde pratiquée dans les combles.

Puis elle s'était excusée près de la reine de ne point garder cette chambre voisine de la sienne, sur ce que la reine étant si étroitement logée, avait plutôt besoin près d'elle d'une de ses femmes de chambre que d'une personne qui *n'était point particulièrement attachée à son service.*

La reine n'avait point insisté pour garder Andrée, ou plutôt n'avait insisté que selon les strictes convenances, et, vers quatre heures de l'après-midi, la femme de chambre d'Andrée étant venue lui dire que le pavillon était prêt, elle avait ordonné à sa femme de chambre de partir à l'instant même pour Versailles, de réunir ses effets que, dans la précipitation du départ, elle avait laissés dans l'appartement qu'elle occupait au château, et de lui rapporter le lendemain ces effets à la rue Coq-Héron.

A cinq heures, la comtesse de Charny avait en conséquence quitté les Tuileries, regardant comme un adieu suffisant le peu de mots qu'elle avait dits le matin à la reine, en lui rendant la facilité de disposer de la chambre qu'elle avait occupée une nuit.

C'était en sortant de chez la reine, ou plutôt de la chambre attenante à celle de la reine, qu'elle avait traversé le salon vert où attendait Sébastien, et que, poursuivi par lui, elle avait fui à travers les corridors, jusqu'au moment où Sébastien s'était précipité après elle dans le fiacre qui, commandé d'avance par la femme de chambre, l'attendait à la porte des Tuileries, dans la cour des Princes.

Ainsi, tout concourait à faire pour Andrée de cette soirée une soirée heureuse et que rien ne devait troubler. Au lieu de son appartement de Versailles ou sa chambre de Paris, où elle n'eût pas pu recevoir cet enfant si miraculeusement retrouvé, où elle n'eût pas pu du moins se livrer à toute l'expansion de son amour maternel, une maison à elle seule, un pavillon isolé, sans domestique, sans femme de chambre, sans un seul regard interrogateur enfin.

Aussi, était-ce avec une expression de joie bien sentie qu'elle avait donné l'adresse que nous avons inscrite plus haut, et qui a donné matière à toute cette digression.

Six heures sonnaient comme la porte cochère s'ouvrait à l'appel du cocher, et comme le fiacre s'arrêtait devant la porte du pavillon.

Andrée n'attendit pas même que le cocher descendît de son siége, elle ouvrit la portière, sauta sur la première marche du perron, tirant Sébastien après elle.

Puis, donnant vivement au cocher une pièce de monnaie, qui faisait le double à peu près de ce qui lui revenait, elle s'élança, toujours tenant Gilbert par la main, dans l'intérieur du pavillon, après avoir fermé avec soin la porte de l'antichambre.

Arrivée au salon, elle s'arrêta.

Le salon était éclairé seulement par le feu brûlant dans l'âtre, et par deux bougies allumées sur la cheminée.

Andrée entraîna son fils sur une espèce de causeuse, où se concentrait la double lumière des bougies et du feu.

Puis avec une explosion de joie dans laquelle tremblait encore un dernier doute.

— Oh! mon enfant, mon enfant, dit-elle, c'est donc bien toi? — Ma mère! répondit Gilbert avec un épanouissement de cœur qui se répandit comme une rosée adoucissante sur le cœur bondissant et dans les veines fiévreuses d'Andrée. — Et ici, ici! s'écria Andrée en regardant autour d'elle et en se retrouvant dans le même salon où elle avait donné le jour à Sébastien, et en jetant avec terreur les yeux vers cette même chambre d'où il avait été enlevé. — Ici? répéta Sébastien, que veut dire cela, ma mère? — Cela veut dire, mon enfant, que voilà bientôt quinze ans, tu naquis dans cette même chambre où nous sommes, et que je bénis la miséricorde du Seigneur tout-puissant qui, au bout de quinze ans, t'y a miraculeusement ramené. — Oh! oui, miraculeusement, dit Gilbert, car si je n'eusse pas craint pour la vie de mon père, je ne fusse point parti seul et n'eusse point été embarrassé de savoir celle des deux routes qu'il fallait prendre; je n'eusse point attendu sur le grand chemin, je n'eusse point interrogé monsieur Isidore de Charny en passant, il ne m'eût point reconnu, ne m'eût point offert de venir à Paris avec lui, ne m'eût point conduit au palais des Tuileries, et ainsi je ne vous eusse pas vue au moment où vous traversiez le salon vert, je ne vous eusse pas reconnue,

LA MÈRE ET LE FILS.

je n'eusse point couru après vous, je ne vous eusse pas rejoint, je ne vous eusse point enfin appelé ma mère, ce qui est un mot bien doux et bien tendre à prononcer.

A ces mots de Sébastien, « si je n'eusse pas craint pour la vie de mon père », André avait senti un serrement de cœur aigu, elle avait fermé les yeux et renversé sa tête en arrière.

— A ceux-ci : « monsieur Isidore de Charny ne m'eût point reconnu et ne m'eût point offert de venir à Paris avec lui, ne m'eût point conduit au palais des Tuileries », ses yeux se rouvrirent, son cœur se desserra, son regard remercia le ciel, car en effet c'est bien un miracle qui lui ramenait Sébastien conduit par le frère de son mari.

Enfin, à ceux-ci : « je ne vous eusse point appelée ma mère, ce qui est un mot bien doux et bien tendre à prononcer », rappelée au sentiment de son bonheur, elle serra de nouveau Sébastien sur sa poitrine.

— Oh! oui, tu as raison, mon enfant, dit-elle, bien doux, il n'y en a qu'un plus doux et plus tendre peut-être, c'est celui que je dis en te pressant sur mon cœur : mon fils! mon fils!

Puis il y eut un instant de silence pendant lequel on n'entendait que le doux frémissement des lèvres maternelles errant sur le front de l'enfant.

— Mais enfin, s'écria tout à coup Andrée, il est impossible que tout reste ainsi toujours mystérieux en moi et autour de moi; tu m'as bien expliqué comment tu étais là, mais tu ne m'as pas expliqué comment tu m'avais reconnue, comment tu avais couru après moi, comment tu m'avais appelée ta mère. — Comment vous dirais-je cela? répondit Sébastien en regardant Andrée avec une indicible expression d'amour, je ne le sais pas moi-même; vous parlez de mystères, tout est mystérieux en moi comme en vous. — Mais enfin, quelqu'un t'a donc dit au moment où je passais : enfant, voilà ta mère. — Oui, mon cœur! — Ton cœur?...
— Écoutez, ma mère, et je vais vous dire une chose qui tient du prodige...

Andrée s'approcha encore de l'enfant tout en jetant un regard au ciel, comme pour le remercier de ce qu'en lui rendant son fils il le lui rendait ainsi.

— Il y a dix ans que je vous connais, ma mère.

Andrée tressaillit.

Tout en regardant, Andrée secoua la tête.

— Laissez-moi vous dire, j'ai parfois des rêves étranges que mon père appelle des hallucinations.

Au souvenir de Gilbert il passa comme une pointe d'acier des lèvres de l'enfant à son cœur. Andrée frissonna.

— Vingt fois déjà, je vous ai vue, ma mère. — Comment cela? — Dans ces rêves dont je vous parlais tout à l'heure.

Andrée pensa de son côté à ces rêves terribles qui avaient agité sa vie et à l'un desquels l'enfant devait sa naissance.

— Imaginez-vous, ma mère, continua Sébastien, que tout enfant, lorsque je jouais avec les enfants du village et que je restais dans le village, mes impressions étaient celles des autres enfants et rien ne m'apparaissait que les objets réels et véritables. Mais dès que j'avais quitté le village, dès que je passais les derniers jardins, dès que j'avais franchi la lisière de la forêt, je sentais passer près de moi comme le frôlement d'une robe. J'étendais les bras pour la saisir. Mais je ne saisissais que l'air, alors le fantôme s'éloignait; mais d'invisible qu'il était d'abord il se faisait visible peu à peu, c'était une vapeur, d'abord transparente comme un nuage, semblable à celle dont Virgile enveloppe la mère d'Énée quand elle apparaissait à son fils sur la montagne de Carthage; peu à peu cette vapeur s'épaississait et prenait une forme humaine. Cette forme humaine qui était celle d'une femme glissait sur le sol plutôt qu'elle ne marchait sur la terre. Alors un pouvoir inconnu, étrange, irrésistible, m'entraînait après elle; elle s'enfonçait dans les endroits les plus sombres de la forêt et je l'y poursuivais les bras tendus, muet comme elle; car quoique j'essayasse de l'appeler, jamais ma voix n'est parvenue à articuler un son, et je la poursuivais ainsi sans qu'elle s'arrêtât, sans que je pusse la joindre, jusqu'à ce que le prodige qui m'avait annoncé sa présence me signalât son départ. La forme humaine s'effaçait peu à peu; mais elle semblait autant souffrir que moi de cette volonté du ciel qui nous séparait l'un de l'autre, car elle s'éloignait en me regardant, et moi, écrasé de fatigue comme si je n'eusse été soutenu que par sa présence, je tombais à l'endroit même où elle avait disparu.

Cette espèce de seconde existence de Sébastien, ce rêve vivant dans sa vie, ressemblait trop à ce qui était arrivé à Andrée elle-même pour qu'elle ne se reconnût pas dans son enfant.

— Pauvre ami, dit-elle, en le serrant sur son cœur, c'était donc inutilement que la haine t'avait éloigné de moi : Dieu nous avait rapprochés sans que je m'en doutasse. Seulement moins heureux que toi, mon cher enfant, je ne te voyais ni en rêve, ni en réalité; et cependant, quand je suis passée dans ce salon vert, un frissonnement m'a prise; quand j'ai entendu tes pas derrière les miens, quelque chose comme un vertige a passé entre mon esprit et mon cœur; quand tu m'as appelée madame, j'ai failli m'arrêter; quand tu m'as appelée ma mère, j'ai failli m'évanouir; quand je t'ai touché, je t'ai reconnu. — Ma mère, ma mère, ma mère, répéta trois fois Sébastien, comme s'il eut voulu consoler Andrée d'avoir été si longtemps sans entendre prononcer ce doux nom. — Oui, oui, ta mère, répéta la jeune femme avec un transport d'amour impossible à décrire. — Et maintenant que nous nous sommes retrouvés, dit l'enfant, puisque tu es si contente et si heureuse de me revoir, nous ne nous quitterons plus, n'est-ce pas?

Andrée tressaillit; elle avait saisi le présent au passage, en fermant à moitié les yeux sur le passé, en les fermant tout à fait sur l'avenir.

— Mon pauvre enfant, murmura-t-elle avec un soupir, comme je te bénirais, si tu pouvais opérer un pareil miracle. — Écoute, dit Sébastien, laisse-moi faire, et j'arrangerai tout cela, moi. — Et comment? demanda Andrée. — Je ne connais point les causes qui t'ont séparée de mon père. Andrée pâlit. Mais si graves que soient ces causes, elles s'effaceront devant mes prières et devant mes larmes, s'il le faut.

Andrée secoua la tête.

— Jamais! jamais! dit-elle. — Écoute, dit Sébastien, qui, d'après ces mots que lui avait dits Gilbert : *Enfant, ne me parle jamais de ta mère!* avait dû croire que les torts de la séparation étaient à celle-ci, écoute. Mon père m'adore.

Les mains d'Andrée qui tenaient celles de son fils se desserrèrent; l'enfant ne parut point y faire, et peut-être n'y fit point attention. Il continua.

— Je le préparerai à te revoir, je lui raconterai tout le bonheur que tu m'as donné; puis un jour, je te prendrai par la main, je te conduirai à lui, et je lui dirai : « la voilà, » regarde, père, comme elle est belle.

Andrée repoussa Gilbert et se leva.

L'enfant la regarda; elle était si pâle, qu'elle lui fit peur.

— Jamais, répéta-t-elle, jamais!

Et cette fois son accent exprimait quelque chose de plus que l'effroi, il exprimait la menace.

A son tour l'enfant se recula sur son canapé. Il venait de découvrir dans ce visage de femme ces lignes terribles que Raphaël donne aux anges irrités.

— Et pourquoi, demanda-t-il d'une voix sourde, refuses-tu de voir mon père?

A ces mots, comme au choc de deux nuages pendant une tempête, la foudre éclata.

— Pourquoi? dit Andrée, tu me demandes pourquoi? en effet, pauvre enfant, tu ne sais rien. — Oui, dit Sébastien avec fermeté, je demande pourquoi? — Eh bien! répéta Andrée, incapable de contenir plus longtemps toutes les morsures du serpent haineux qui lui rongeait le cœur... parce que ton père est un misérable!... parce que ton père est un infâme!

Sébastien bondit du meuble où il était accroupi, et se trouva devant Andrée.

— C'est de mon père que vous dites cela, Madame! s'écria-t-il, de mon père! c'est-à-dire du docteur Gilbert, de celui qui m'a élevé, de celui à qui je dois tout, de celui que seul je connais. Je me trompais, Madame, vous n'êtes pas ma mère.

L'enfant fit un mouvement pour s'élancer vers la porte. Andrée l'arrêta.

— Écoute, dit-elle, tu ne peux savoir, tu ne peux comprendre, tu ne peux juger. — Non, mais je puis sentir, et je sens que je ne vous aime plus.

Andrée jeta un cri de douleur.

Mais au même instant un bruit extérieur vint faire diversion à l'émotion qu'elle éprouvait, quoique cette émotion l'eût momentanément envahie tout entière.

Ce bruit, c'était celui de la porte de la rue qui s'ouvrait, et d'une voiture qui s'arrêtait devant le perron.

Il courut à ce bruit un tel frisson dans les membres d'Andrée que ce frisson passa de son corps dans celui de l'enfant.

— Écoute, lui dit-elle, écoute et tais-toi.

L'enfant subjugué obéit.

On entendit s'ouvrir la porte de l'antichambre et des pas s'approcher de celle du salon.

Andrée se redressa immobile, muette, les yeux fixés sur la porte, pâle et froide comme la statue de l'Attente.

— Qui annoncerai-je à madame la comtesse, demanda la voix du vieux concierge. — Annoncez le comte de Charny, et demandez à la comtesse si elle veut me faire l'honneur de me recevoir. — Oh! s'écria Andrée, dans cette chambre, enfant, dans cette chambre, il ne faut pas qu'il te voie, il ne faut pas qu'il sache que tu existes.

Et elle poussa l'enfant effaré dans la chambre voisine.

Puis en refermant la porte sur lui :

— Attends là, dit-elle, et quand il sera parti, je te dirai, je te raconterai... non, non, rien de tout cela... je t'embrasserai, et tu comprendras que je suis bien réellement ta mère.

Sébastien ne répondit que par une espèce de gémissement.

En ce moment, la porte de l'antichambre s'ouvrit, et le vieux concierge, son bonnet à la main, s'acquitta de la commission dont il était chargé. Derrière lui, dans la pénombre, l'œil perçant d'Andrée devinait une forme humaine.

— Faites entrer monsieur le comte de Charny, dit-elle de la voix la plus ferme qu'elle pût trouver.

Le vieux concierge se retira en arrière, et le comte de Charny, la tête découverte, parut à son tour sur le seuil.

X

MARI ET FEMME

En deuil de son frère, tué deux jours auparavant, le comte de Charny était tout vêtu de noir.

Puis comme ce deuil, pareil à celui d'Hamlet, était non-seulement sur les habits, mais au cœur, son visage pâli attestait des larmes qu'il avait versées et des douleurs qu'il avait souffertes.

La comtesse embrassa tout cet ensemble d'un rapide regard; jamais les belles figures ne sont si belles qu'après les larmes, jamais Charny n'avait été si beau.

Elle ferma un instant les yeux, renversa légèrement sa tête en arrière, comme pour donner à sa poitrine la faculté de respirer, et appuya sa main sur son cœur, qu'elle sentait prêt à se briser.

Quand elle rouvrit les yeux, et ce fut une seconde après les avoir fermés, elle retrouva Charny à la même place.

Le geste et le regard d'Andrée lui demandèrent en même temps et si visiblement pourquoi il n'était pas entré, qu'il répondit tout naturellement à ce geste et à ce regard:

— Madame, j'attendais.

Il fit un pas en avant.

— Faut-il renvoyer la voiture de Monsieur? demanda le concierge, visiblement sollicité à cette interrogation par le domestique du comte.

Un regard d'une indicible expression jaillit de la prunelle du comte et se porta sur Andrée, qui, comme éblouie, ferma les yeux une seconde fois et resta immobile, la respiration suspendue, comme si elle n'eut point entendu l'interrogation, comme si elle n'eut pas vu le regard.

L'une et l'autre cependant avaient pénétré tout droit jusqu'à son cœur.

Charny chercha par toute cette statue vivante un signe qui lui indiquât ce qu'il avait à répondre; puis, comme le frissonnement qui échappa à Andrée pouvait être aussi bien de la crainte que le comte ne s'en allât point que du désir qu'il restât.

— Dites au cocher d'attendre, répondit-il.

La porte se referma, et, pour la première fois peut-être depuis leur mariage, le comte et la comtesse se trouvaient seuls. Ce fut le comte qui rompit le premier le silence.

— Pardon, Madame, dit-il, mais ma présence inattendue serait-elle encore indiscrète? Je suis debout, la voiture est à la porte, et je repars comme je suis venu. — Non, Monsieur, dit vivement Andrée, au contraire. Je vous savais sain et sauf, mais je n'en suis pas moins heureuse de vous revoir, après les terribles événements qui se sont passés. — Vous avez donc eu la bonté de vous informer de moi, Madame? demanda le comte. — Sans doute, hier et ce matin, on m'a répondu que vous étiez à Versailles; ce soir, et l'on m'a répondu que vous étiez près de la reine.

Ces derniers mots avaient-ils été prononcés simplement ou contenaient-ils un reproche?

Il est évident que le comte lui-même, ne sachant point à quoi s'en tenir, s'en préoccupa un instant.

Mais presque aussitôt, laissant probablement à la suite de la conversation le soin de relever le voile un instant abaissé sur son esprit :

— Madame, répondit-il, un soin triste et pieux me retenait hier et aujourd'hui à Versailles; un devoir que je regarde comme sacré, dans la situation où la reine se trouve, m'a conduit, aussitôt mon arrivée à Paris, chez Sa Majesté.

A son tour, Andrée essaya visiblement de saisir, dans tout son réalisme, l'intention des dernières paroles du comte.

Puis, pensant qu'elle devait surtout une réponse aux premières :

— Oui, Monsieur, dit-elle, j'ai su la perte terrible que...

Elle hésita un instant.

— Que *vous* avez faite.

Andrée avait été sur le point de dire que *nous* avons faite, elle n'osa point et continua :

— Vous avez eu le malheur de perdre *votre* frère, le baron Georges de Charny.

On eût dit que Charny attendait au passage les deux mots que nous avons soulignés, car il tressaillit au moment où chacun d'eux fut prononcé.

— Oui, Madame, répondit-il, c'est, comme vous le dites, une perte terrible pour moi que celle de ce jeune homme, une perte que, par bonheur, vous ne pouvez apprécier, ayant si peu connu le pauvre Georges.

Il y avait un doux et mélancolique reproche dans ce mot, *par bonheur*.

Andrée le comprit, mais aucun signe extérieur ne manifesta qu'elle y eut fait attention.

— Au reste, une chose me consolerait de cette perte si je pouvais en être consolé, reprit Charny, c'est que le pauvre Georges est mort comme mourra Isidore, comme je mourrai probablement, en faisant son devoir.

MARI ET FEMME.

Ces mots : comme je mourrai probablement, atteignirent profondément Andrée.

— Hélas! Monsieur, demanda-t-elle, croyez-vous donc les choses si désespérées qu'il y ait encore besoin, pour désarmer la colère céleste, de nouveaux sacrifices de sang? — Je crois, Madame, que l'heure des rois est, sinon arrivée, du moins arrivera bientôt. Je crois qu'il y a un mauvais génie qui poursuit la monarchie vers l'abîme. Je pense enfin que, si elle y tombe, elle doit être accompagnée dans sa chute de tous ceux qui ont eu part à sa splendeur. — C'est vrai, dit Andrée, et quand le jour sera venu, croyez qu'il me trouvera comme vous, Monsieur, prêt à tous les dévouements. — Ah! Madame, dit Charny, vous avez donné trop de preuves de ce dévouement dans le passé, pour que qui que ce soit, et moi moins que personne, doute de ce dévouement dans l'avenir; et peut-être ai-je d'autant moins le droit de douter du vôtre, que le mien, pour la première fois peut-être, vient de reculer devant un ordre de la reine. — Je ne comprends pas, Monsieur, dit Andrée. — En arrivant de Versailles, Madame, j'ai trouvé l'ordre de me présenter à l'instant même chez Sa Majesté. — Ah! fit Andrée en souriant tristement.

Puis après un instant de silence.

— Cela est tout simple, dit-elle, la reine voit comme vous l'avenir mystérieux et sombre, et veut réunir autour d'elle les hommes sur lesquels elle sait pouvoir compter. — Vous vous trompez, Madame, répondit Charny, ce n'était point pour me rapprocher d'elle que la reine m'appelait, c'était pour m'en éloigner. — Vous éloigner d'elle? dit vivement Andrée en faisant un pas vers le comte.

Puis après un moment, s'apercevant que le comte était depuis le commencement de la conversation demeuré debout près de la porte.

— Pardon, dit-elle en lui indiquant un fauteuil, je vous tiens debout, monsieur le comte.

Et en disant ces mots elle retomba elle-même, incapable de se soutenir plus longtemps, sur le canapé où, un instant auparavant, elle était assise avec Sébastien.

— Vous éloigner, répéta-t-elle avec une émotion qui n'était pas exempte de joie, en pensant que Charny et la reine allaient être séparés; et dans quel but? — Dans le but d'aller remplir à Turin une mission près de messieurs le comte d'Artois et le duc de Bourbon qui ont quitté la France. — Et vous avez accepté?

Charny regarda fixement Andrée.

— Non, Madame, dit-il.

Andrée pâlit tellement que Charny fit un pas vers elle, comme pour lui porter secours; mais à ce mouvement du comte elle rappela ses forces et revint à elle.

— Non, balbutia-t-elle, vous avez répondu *non* à un ordre de la reine; vous, Monsieur!...

Et les deux derniers mots furent prononcés avec un accent de doute et d'étonnement impossible à rendre.

— J'ai répondu, Madame, que je croyais ma présence, en ce moment surtout, plus nécessaire à Paris qu'à Turin, que tout le monde pouvait remplir la mission dont on voulait bien me faire l'honneur de me charger, et que j'avais là justement un second frère à moi, arrivé à l'instant même de province pour se mettre aux ordres de Sa Majesté et qui était prêt à partir à ma place. — Et sans doute, Monsieur, la reine a accepté la substitution avec transport, s'écria Andrée avec une expression d'amertume qu'elle ne put contenir et qui parut ne pas échapper à Charny. — Non, Madame, au contraire, car ce refus parut la blesser profondément; j'eusse donc été forcé de partir, si par bonheur le roi n'était entré dans ce moment, et si je ne l'eusse fait juge. — Et le roi vous donna raison, Monsieur, reprit Andrée avec un sourire ironique, et le roi fut comme vous d'avis que vous deviez rester aux Tuileries. Oh! que Sa Majesté est bonne!

Charny ne sourcilla point.

— Le roi dit, reprit-il, qu'en effet mon frère Isidore était tout à fait convenable pour cette mission, d'autant plus convenable que, venant pour la première fois à la cour et presque pour la première fois à Paris, son absence ne serait point remarquée, et il ajouta qu'il était cruel à la reine d'exiger que dans un pareil cas je m'éloignasse de vous. — De moi, s'écria Andrée, le roi a dit de moi? — Je vous répète ses propres paroles, Madame. Alors cherchant des yeux autour de la reine et s'adressant à moi : — Mais, en effet, où donc est la comtesse de Charny? demanda-t-il, je ne l'ai pas vue depuis hier au soir.

Comme c'était surtout à moi que la question était adressée, ce fut moi qui y fis droit.

— Sire, répondis-je, j'ai si peu le bonheur de voir madame de Charny, qu'il me serait impossible de vous dire en ce moment où est la comtesse; mais si Votre Majesté désire être informée à ce sujet, qu'elle s'adresse à la reine, la reine le sait, la reine répondra.

Et j'insistais parce que, voyant le sourcil de la reine se froncer, je pensais que quelque chose d'ignoré par moi s'était passé entre vous et elle.

Andrée paraissait si ardente à écouter, qu'elle ne songea pas même à répondre.

Alors Charny continua.

— Sire, répondit la reine, madame la comtesse de Charny a quitté les

Tuileries il y a une heure. — Comment, demanda le roi, madame la comtesse de Charny a quitté les Tuileries? — Oui, sire. — Mais pour y revenir bientôt? — Je ne crois pas. — Vous ne croyez pas, Madame, reprit le roi; mais quel motif a donc madame de Charny, votre meilleure amie, Madame?

La reine fit un mouvement.

— Oui, je dis votre meilleure amie, pour quitter les Tuileries dans un pareil moment? — Mais, dit la reine, je crois, sire, qu'elle se trouve mal logée. — Mal logée, sans doute, si notre intention eût été de la laisser dans cette chambre attenante à la nôtre; mais nous lui eussions trouvé un logement, pardieu! un logement pour elle et pour le comte; n'est-ce pas, comte? et vous ne vous seriez pas montré trop difficile, j'espère! — Sire, répondis-je, le roi sait que je me tiendrai toujours pour satisfait du poste qu'il m'assignera, pourvu que ce poste me donne occasion de le servir. — Eh! je le savais bien, reprit le roi. De sorte que madame de Charny s'est retirée, où cela, Madame, savez-vous? — Non, sire, je ne sais. — Comment! votre amie vous quitte et vous ne lui demandez point où elle va? — Quand mes amis me quittent, je les laisse libres d'aller où ils veulent, et n'ai point l'indiscrétion de leur demander où ils vont. — Bon! me dit le roi, bouderie de femme, monsieur de Charny; j'ai quelques mots à dire à la reine, allez m'attendre chez moi, et me présentez votre frère : ce soir même il partira pour Turin. Je suis de votre avis, monsieur de Charny, j'ai besoin de vous et je vous garde.

J'envoyai chercher mon frère qui venait d'arriver, et qui, me l'ayant fait dire, m'attendait dans le salon vert.

A ces mots, *dans le salon vert*, Andrée qui avait presque oublié Sébastien, tant elle semblait attacher d'intérêt au récit de son mari, se reporta en pensée à tout ce qui venait de se passer entre elle et son fils, et jeta les yeux avec angoisse sur la porte de la chambre à coucher où elle l'avait enfermé.

— Mais, pardon, Madame, dit Charny, je vous entretiens, j'en ai peur, de choses qui vous intéressent médiocrement, et sans doute vous vous demandez comment je suis ici et ce que j'y viens faire? — Non, Monsieur, dit Andrée, tout au contraire, ce que vous me faites l'honneur de me raconter, est pour moi du plus grand intérêt, et quant à votre présence chez moi, vous savez qu'à la suite des craintes que j'ai éprouvées sur votre compte, cette présence qui prouve qu'à vous personnellement il n'est rien arrivé de fâcheux, cette présence ne peut que m'être agréable; continuez donc, je vous prie : le roi venait de vous dire de l'aller attendre chez lui, et vous aviez fait prévenir votre frère. — Nous nous rendîmes chez le roi, Madame; dix minutes après nous, il revint. Comme la mission pour les princes était urgente, ce fut par elle que le roi commença : elle avait pour but d'instruire Leurs Altesses des événements qui venaient de se passer. Un quart d'heure après le retour de Sa Majesté, mon frère partait pour Turin. Nous restâmes seuls.

Le roi se promena un instant tout pensif.

Puis tout à coup, s'arrêtant devant moi :

— Monsieur le comte, me dit-il, savez-vous ce qui s'est passé entre la reine et la comtesse? — Non, sire, répondis-je. — Il faut cependant qu'il se soit passé quelque chose, ajouta-t-il, car j'ai trouvé la reine d'une humeur massacrante, et même, à ce qu'il m'a paru, injuste pour la comtesse, ce qui n'est point son habitude à l'endroit de ses amis, qu'elle défend, même quand ils ont tort. — Je ne puis que répéter à Votre Majesté ce que j'ai eu l'honneur de lui dire, repris-je, j'ignore complétement ce qui s'est passé entre la comtesse et la reine, et même s'il s'est passé quelque chose. En tout cas, sire, j'ose affirmer d'avance que s'il y a eu des torts d'un côté ou de l'autre, en supposant qu'une reine puisse avoir des torts, ces torts ne viennent que du côté de la comtesse. — Je vous remercie, Monsieur, dit Andrée, d'avoir si bien présumé de moi.

Charny s'inclina.

— En tout cas, reprit le roi, si la reine ne sait pas où est la comtesse, vous devez le savoir, vous?

Je n'étais guère plus instruit que la reine, cependant je repris :

— Sire, je sais que madame la comtesse a un pied à terre rue Coq-Héron, c'est là, sans doute, qu'elle se sera retirée. — Eh! oui, sans doute, c'est là, dit le roi; allez-y, comte, je vous donne congé jusqu'à demain, pourvu que demain vous nous rameniez la comtesse.

Le regard de Charny, en prononçant ces mots, s'était arrêté si fixement sur Andrée, que celle-ci, mal à l'aise et sentant qu'elle ne pouvait éviter ce regard, ferma les yeux.

— Vous lui direz, continua Charny, toujours parlant au nom du roi, que nous lui trouverons ici, dussé-je le chercher moi-même, un logement moins grand que celui qu'elle avait à Versailles, bien certainement, mais enfin suffisant pour un mari et une femme. Allez, monsieur de Charny, allez; elle doit être inquiète de vous et vous inquiet d'elle, allez.

Puis me rappelant, comme j'avais déjà fait quelques pas vers la porte :

— A propos, monsieur de Charny, dit-il en me tendant sa main que je baisai, en vous voyant vêtu de deuil, c'est par là que j'eusse dû commencer, vous avez eu le malheur de perdre votre frère. On est impuissant, fût-on roi, à consoler ces malheurs-là; mais roi, on peut dire, votre frère était-il marié? avait-il une femme, des enfants? Cette femme et ces enfants peuvent-ils être adoptés par moi? En ce cas, Monsieur, s'ils existent, amenez-les-moi, présentez-les-moi, la reine se chargera de la mère et moi des enfants.

Et comme en disant ces mots des larmes apparaissaient au bord des paupières de Charny.

— Et, sans doute, lui demanda Andrée, le roi ne faisait que vous répéter ce que vous avait dit la reine. — La reine, Madame, répondit Charny d'une voix tremblante, ne m'avait pas même fait l'honneur de m'adresser la parole à ce sujet, et voilà pourquoi ce souvenir du roi me toucha si profondément que, me voyant éclater en larmes, il me dit : Allons, allons, monsieur de Charny, j'ai eu tort peut-être de vous parler de cela, mais j'agis presque toujours sous l'inspiration de mon cœur, et mon cœur m'a dit de faire ce que j'ai fait. Retournez près de notre chère Andrée, comte, car si les gens que nous aimons ne peuvent pas nous consoler, ils peuvent pleurer avec nous et nous pleurer avec eux, ce qui est toujours un grand allégement. Et voilà comment, continua Charny, je suis venu, par ordre du roi, Madame, ce qui fait que vous m'excuserez, peut-être. — Ah ! Monsieur, s'écria Andrée en se levant vivement et en tendant ses deux mains à Charny, en doutez-vous ?

Charny saisit vivement ses deux mains entre les siennes, et y porta ses lèvres.

Andrée jeta un cri comme si ces lèvres eussent été un fer rouge, et retomba sur le canapé.

Mais comme ses mains crispées s'étaient attachées à celles du comte de Charny, en retombant sur le canapé, elle entraîna Charny qui, sans qu'elle l'eût voulu, sans qu'il l'eût voulu lui-même, se trouva auprès d'elle.

Mais en ce moment Andrée, ayant cru entendre du bruit dans la chambre voisine, s'éloigna si vivement de Charny, que celui-ci ne sachant à quel sentiment attribuer, et ce cri poussé par la comtesse et ce brusque mouvement qu'elle avait fait, se releva vivement et se retrouva debout devant elle.

XI

LA CHAMBRE A COUCHER

Charny s'appuya sur le dossier du canapé en poussant un soupir.

Andrée laissa tomber sa tête sur sa main.

Le soupir de Charny ayant refoulé le sien au plus profond de sa poitrine, ce qui se passait en ce moment dans le cœur de la jeune femme est tout simplement une chose impossible à décrire.

Depuis quatre ans mariée à un homme qu'elle adorait, sans que cet homme, occupé sans cesse d'une autre femme, eût jamais eu l'idée du terrible sacrifice qu'elle avait fait en l'épousant, elle avait, avec l'abnégation de son double devoir de femme et de sujette, tout vu, tout supporté, renfermé tout en elle-même. Enfin, depuis quelque temps, il lui semblait à quelques regards plus doux de son mari, à quelques mots plus durs de la reine, il lui semblait que son dévouement n'était pas tout à fait stérile. Pendant les jours qui venaient de s'écouler, jours terribles, pleins d'angoisses incessantes pour tout le monde, seule peut-être au milieu de tous ces courtisans et parmi ces serviteurs effarés, Andrée avait ressenti des commotions joyeuses et de doux frémissements : c'était quand, dans les moments suprêmes, un geste, un regard, un mot de Charny paraissait s'occuper d'elle, la cherchant avec inquiétude, la retrouvant avec joie. C'était une légère pression de main à la dérobée, communiquant un sentiment inaperçu à cette foule qui les entourait, et faisant vivre pour eux seuls une pensée commune. Enfin, c'étaient des sensations délicieuses, inconnues à ce corps de neige et à ce cœur de diamant, qui n'avait jamais connu de l'amour que ce qu'il a de douloureux, c'est-à-dire la solitude.

Et voilà que tout à coup, au moment où la pauvre créature isolée venait de retrouver son enfant et de redevenir mère, voilà que quelque chose comme une aube d'amour s'élevait à son horizon triste et sombre jusque-là ; seulement, coïncidence étrange, et qui prouvait bien que le bonheur n'était point fait pour elle, ces deux événements se combinaient de telle façon que l'un détruisait l'autre, et qu'inévitablement le retour du mari écartait l'amour de l'enfant, ou que la présence de l'enfant tuait l'amour naissant du mari.

Voilà ce que ne pouvait deviner Charny, dans ce cri échappé à la bouche d'Andrée, dans cette main qui l'avait repoussé, et dans ce silence plein de tristesse qui succédait à ce cri si semblable à un cri de douleur et qui cependant était un cri d'amour, et à ce mouvement qu'on eût cru inspiré par la répulsion et qui ne l'était que par la crainte.

Charny contempla un instant Andrée avec une expression à laquelle la jeune femme ne se fût point trompée, si elle eût levé les yeux sur son mari. Charny poussa un soupir, et reprenant la conversation où il l'avait abandonnée.

— Que dois-je reporter au roi, Madame? demanda-t-il.

Andrée tressaillit au son de cette voix, puis relevant sur le comte son œil clair et limpide :

— Monsieur, dit-elle, j'ai tant souffert depuis que j'habite la cour, que, la reine ayant la bonté de me donner mon congé, j'accepte ce congé avec reconnaissance ; je ne suis point née pour vivre dans le monde, et j'ai toujours trouvé dans la solitude, sinon le bonheur, du moins le repos ; les jours les plus heureux de ma vie, sont ceux que j'ai passés jeune fille au château de Taverney, et, plus tard, ceux pendant lesquels j'ai vécu en retraite au couvent de Saint-Denis, près de cette sainte fille de France que l'on appelait Madame Louise. Mais, avec votre permission, Monsieur, j'habiterai ce pavillon, plein pour moi de souvenirs qui, malgré leur tristesse, ne sont point sans quelque douceur.

A cette permission qui lui était demandée par Andrée, Charny s'inclina en homme prêt, non-seulement à se rendre à une prière, mais encore à obéir à un ordre.

— Ainsi, Madame, dit-il, c'est une résolution prise ? — Oui, Monsieur, répondit doucement, mais fermement Andrée.

Charny s'inclina de nouveau.

— Et maintenant, Madame, dit-il, il ne me reste à vous demander qu'une chose, c'est s'il me sera permis de venir vous y visiter ?

Andrée fixa sur Charny son grand œil limpide, ordinairement calme et froid, mais cette fois, au contraire, plein d'étonnement et de douceur.

— Sans doute, Monsieur, dit-elle ; et comme je ne verrai personne, lorsque les devoirs que vous avez à remplir aux Tuileries vous permettront de perdre quelques instants, je vous serai toujours reconnaissante de me les consacrer, si courts qu'ils soient.

Jamais Charny n'avait vu tant de charme dans le regard d'Andrée, jamais il n'avait remarqué cet accent de tendresse dans sa voix.

Quelque chose courut dans ses veines pareil à ce frisson velouté que donne une première caresse. Il fixa son regard sur cette place qu'il avait occupée près d'Andrée, et qui était restée vide lorsqu'il s'était relevé.

Charny eût donné une année de sa vie pour s'y asseoir sans qu'Andrée le repoussât comme elle avait fait la première fois.

Mais, timide comme un enfant, il n'osait se permettre cette hardiesse sans y être encouragé.

De son côté, Andrée eût donné, non pas une année, mais dix années pour sentir là, à ses côtés, celui qui, si longtemps, avait été éloigné d'elle.

Mais chacun d'eux ignorait l'autre, et chacun d'eux se tenait immobile et dans une attente presque douloureuse.

Charny rompit encore une fois le premier ce silence, auquel celui à qui il est permis de lire dans les cœurs pouvait donner sa véritable interprétation.

— Vous dites que vous avez beaucoup souffert depuis que vous habitez la cour, Madame? dit-il; le roi n'a-t-il pas toujours eu pour vous un respect qui allait jusqu'à la vénération, et la reine une tendresse qui allait jusqu'à l'idolâtrie? — Oh! si fait, Monsieur, dit Andrée; le roi a toujours été parfait pour moi. — Vous me permettrez de vous faire observer, Madame, que vous ne répondez qu'à une partie de ma question. La reine aurait-elle été moins parfaite pour vous que ne l'a été le roi?

Les mâchoires d'Andrée se serrèrent, comme si la nature révoltée se refusait à une réponse. Mais enfin avec un effort :

— Je n'ai rien à reprocher à la reine, dit-elle, et je serais injuste si je ne rendais pas toute justice à Sa Majesté. — Je vous dis cela, Madame, insista Charny, parce que, depuis quelque temps, je me trompe sans doute, mais il me semble que cette amitié qu'elle vous portait a reçu quelque atteinte. — C'est possible, Monsieur, dit Andrée, et voilà pourquoi, comme j'avais l'honneur de vous le dire, je désire quitter la cour. — Mais enfin, Madame, vous serez bien seule, bien isolée? — Ne l'ai-je pas toujours été, Monsieur? répondit Andrée avec un soupir, comme enfant, comme jeune fille... et comme...

Andrée s'arrêta et vit qu'elle allait aller trop loin.

— Achevez, Madame, dit Charny. — Oh! vous m'avez devinée, Monsieur; j'allais dire... et comme femme! — Aurais-je le bonheur que vous daigneriez me faire un reproche? — Un reproche! Monsieur, reprit vivement Andrée. Et quel droit aurais-je, grand Dieu! de vous faire un reproche? Croyez-vous que j'aie oublié les circonstances dans lesquelles nous avons été unis? Tout au contraire de ceux qui se jurent, aux pieds des autels, amour réciproque, protection mutuelle, nous nous sommes jurés, nous, indifférence éternelle, séparation complète; nous n'aurions donc de reproche à nous faire que si l'un de nous avait oublié son serment.

Un soupir refoulé par les paroles d'Andrée retomba sur le cœur de Charny.

— Je vois que votre résolution est arrêtée, Madame, dit-il; mais, au moins, me permettrez-vous de m'inquiéter de la façon dont vous allez vivre ici. Ne serez-vous pas bien mal?

Andrée sourit tristement.

— La maison de mon père était si pauvre, dit-elle, que, près d'elle, ce pavillon, tout dénué qu'il vous paraisse, est meublé avec un luxe auquel je n'ai point été habituée. — Mais, cependant, cette charmante retraite de Trianon, ce palais de Versailles? — Oh! je savais bien, Monsieur, que je ne faisais qu'y passer. — Aurez-vous au moins tout ce qui vous est nécessaire? — J'y retrouverai tout ce que j'avais autrefois. — Voyons, dit Charny qui voulait se faire une idée de cet appartement qu'allait habiter Andrée, et qui commençait à regarder autour de lui. —

Que voulez-vous voir, Monsieur? demanda Andrée en se levant vivement et en jetant un regard rapide et inquiet vers la chambre à coucher. — Mais si vous ne mettez pas trop d'humilité dans vos désirs, ce pavillon n'est vraiment pas une demeure, Madame; j'ai traversé une antichambre, me voici dans le salon; cette porte, et il ouvrit une porte latérale, oui, cette porte donne dans une salle à manger. Et celle-ci?

Andrée s'élança entre le comte de Charny et la porte vers laquelle il s'avançait et derrière laquelle, en pensée, elle voyait Sébastien.

— Monsieur, s'écria-t-elle, je vous supplie, pas un pas de plus. — Et ses bras étendus fermaient le passage. — Oui, je comprends, dit Charny avec un soupir, celle-ci est celle de votre chambre à coucher. — Oui, Monsieur, balbutia Andrée d'une voix étouffée.

Charny regarda la comtesse, elle était tremblante et pâle; jamais l'effroi ne s'était manifesté par une expression plus réelle que celle qui venait de se répandre sur son visage.

— Ah! Madame, murmura-t-il avec une voix pleine de larmes, je savais que vous ne m'aimiez pas, mais j'ignorais que vous me haïssiez tant.

Et comme s'il eut été incapable de rester plus longtemps près d'Andrée sans éclater, il chancela un instant comme un homme ivre, et, rappelant toutes ses forces, il s'élança hors de l'appartement avec un cri de douleur qui retentit jusqu'au fond du cœur d'Andrée.

Andrée le suivit des yeux jusqu'à ce qu'il eût disparu; Andrée demeura l'oreille tendue tant qu'elle pût entendre le bruit de sa voiture qui allait s'éloignant, perdu dans le lointain; puis, comme elle sentait son cœur prêt à se briser et qu'elle comprenait qu'elle n'avait pas trop de l'amour maternel pour combattre cet autre amour, elle s'élança dans la chambre à coucher en criant :

— Sébastien! Sébastien!

Mais aucune voix ne répondit à la sienne, et à ce cri de douleur elle demanda en vain un écho consolant.

A la lueur de la veilleuse qui éclairait la chambre, elle regarda anxieusement autour d'elle, et elle s'aperçut que la chambre était vide.

Et cependant elle avait peine à en croire ses yeux.

Une seconde fois elle appela :

— Sébastien! Sébastien!

Même silence.

Ce fut alors seulement qu'elle reconnut que la fenêtre était ouverte et que l'air extérieur, en pénétrant dans la chambre, faisait trembler la flamme de la veilleuse.

C'était cette même fenêtre qui avait déjà été trouvée ouverte lorsque, quinze ans auparavant, l'enfant avait disparu pour la première fois.

— Ah ! c'est juste, s'écria-t-elle, ne m'a-t-il pas dit que je n'étais pas sa mère !

Alors, comprenant qu'elle perdait tout à la fois enfant et mari, au moment où elle avait failli tout retrouver, Andrée se jeta la face sur son lit, les bras étendus, les mains crispées. Elle était à bout de sa force, à bout de sa résignation, à bout de ses prières.

Elle n'avait plus que des cris, des larmes, des sanglots, et un immense sentiment de sa douleur.

Une heure à peu près se passa dans cet anéantissement profond, dans cet oubli du monde entier, dans ce désir de destruction universelle qui vient aux malheureux, dans l'espérance qu'en rentrant dans le néant le monde les y entraînera avec eux.

Tout à coup il sembla à Andrée que quelque chose de plus terrible encore que sa douleur se glissait entre cette douleur et ses larmes ; une sensation qu'elle n'avait éprouvée que trois ou quatre fois encore, et qui avait toujours précédé les crises suprêmes de son existence, envahit lentement tout ce qui restait de vivant en elle. Par un mouvement presque indépendant de sa volonté, elle se redressa lentement : sa voix, frémissante dans sa gorge, s'éteignit ; tout son corps, comme attiré involontairement, pivota sur lui-même ; ses yeux, à travers l'humide brouillard de ses larmes, crurent distinguer qu'elle n'était plus seule ; son regard, en se séchant, se fixa et s'éclaircit. Un homme, qui paraissait avoir franchi l'appui de la croisée pour pénétrer dans la chambre, était debout devant elle. Elle voulut appeler, crier, étendre la main vers le cordon d'une sonnette, mais ce fut chose impossible, elle venait de ressentir cet engourdissement invincible qui, autrefois, lui signalait la présence de Balsamo ; enfin, dans cet homme debout devant elle et la fascinant du regard, elle avait reconnu Gilbert. Comment Gilbert, ce père exécré, se trouvait-il à la place du fils bien-aimé qu'elle y cherchait ?

C'est ce que nous allons tâcher d'expliquer au lecteur.

XII

UN CHEMIN CONNU

C'était bien le docteur Gilbert qui était enfermé avec le roi au moment où, d'après l'ordre d'Isidore et sur la demande de Sébastien, l'huissier s'était informé.

Au bout d'une demi-heure à peu près, Gilbert sortit. Le roi prenait de plus en plus confiance en lui. Le cœur droit du roi appréciait ce qu'il y avait de loyauté dans le cœur de Gilbert.

En sortant, l'huissier lui annonça qu'il était attendu dans l'antichambre de la reine.

Il venait de s'engager dans le corridor qui y conduisait, lorsqu'il vit une porte de dégagement s'ouvrir et se refermer à quelques pas de lui en donnant passage à un jeune homme qui, sans doute ignorant des localités, hésitait à prendre à droite ou à gauche.

Il vit Gilbert venir à lui et s'arrêta pour l'interroger.

Tout à coup Gilbert s'arrêta lui-même, la flamme d'un quinquet frappait droit sur la figure du jeune homme.

— Monsieur Isidore de Charny! s'écria Gilbert. — Le docteur Gilbert! répondit Isidore. — Était-ce vous qui me faisiez l'honneur de me demander? — Justement, oui, docteur, moi, et puis quelqu'un encore. — Qui cela? — Quelqu'un, continua Isidore, que vous aurez plaisir à revoir, du moins. — Serait-il indiscret de vous demander qui cela? — Non, mais ce serait cruel de vous arrêter plus longtemps. Venez ou plutôt conduisez-moi dans cette partie des antichambres de la reine qu'on appelle le salon vert. — Ma foi, dit Gilbert en souriant, je ne suis guère plus fort que vous sur la topographie des palais, et surtout sur celle du palais des Tuileries; mais je vais essayer cependant d'être votre guide.

Gilbert passa le premier, et, après quelques tâtonnements, poussa une porte.

Cette porte donnait dans le salon vert.

Seulement le salon vert était vide.

Isidore chercha des yeux autour de lui et appela un huissier; la confusion était si grande encore au palais, que, contre toutes les règles d'étiquette, il n'y avait pas d'huissier dans l'antichambre.

— Attendons un instant, dit Gilbert, cet homme ne peut être loin, et, en attendant, Monsieur, à moins que quelque chose ne s'oppose à cette confidence, dites-moi, je vous prie, qui m'attendait.

Isidore regarda avec inquiétude autour de lui.

— Ne devinez-vous pas? dit-il. — Non. — Quelqu'un que j'ai rencontré sur la route, qui, inquiet de ce qui pouvait vous être arrivé, venait à pied à Paris, que j'ai pris en croupe et que j'ai amené ici. — Vous ne voulez point parler de Pitou? — Non, docteur, je veux parler de votre fils, de Sébastien. — De Sébastien! s'écria Gilbert, eh bien! mais où est-il?

Et son œil parcourut rapidement tous les angles du vaste salon.

— Il était ici, il avait promis de m'attendre; sans doute l'huissier à qui je l'avais recommandé, ne voulant pas le laisser seul, l'aura emmené avec lui.

En ce moment l'huissier rentra; il était seul.

— Qu'est devenu le jeune homme que j'avais laissé ici? demanda Isidore. — Quel jeune homme? fit l'huissier.

Gilbert avait une énorme puissance sur lui-même; il se sentit frissonner, mais se contint.

Il s'approcha à son tour.

— Ah! mon Dieu! ne put s'empêcher de murmurer le baron de Charny en proie à un commencement d'inquiétude. — Voyons, Monsieur, dit Gilbert d'une voix ferme, rappelez bien tous vos souvenirs; cet enfant, c'est mon fils, il ne connaît point Paris, et si par malheur il est sorti du château, comme il ne connaît point Paris, il court risque de se perdre. — Un enfant? dit un second huissier en entrant. — Oui, un enfant, déjà presque un jeune homme. — D'une quinzaine d'années? — C'est cela. — Je l'ai aperçu par les corridors suivant une dame qui sortait de chez Sa Majesté. — Et cette dame, savez-vous qui elle était? — Non; elle portait sa mante rabattue sur ses yeux. — Mais enfin, que faisait-elle? — Elle paraissait fuir, et l'enfant la poursuivait en criant: Madame! — Descendons, dit Gilbert, le concierge nous dira s'il est sorti.

Isidore et Gilbert s'engagèrent dans le même corridor où, une heure auparavant, avait passé Andrée, poursuivie par Sébastien.

On arriva à la porte de la cour des Princes.

On interrogea le concierge.

— Oui, en effet, répondit-il, j'ai vu une femme qui marchait si rapiment qu'elle semblait fuir; un enfant venait après elle; elle a monté en voiture, l'enfant s'est élancé et l'a rejoint. — Eh bien! après? demanda Gilbert. — Eh bien! la dame a attiré l'enfant dans la voiture, l'a embrassé ardemment, a donné son adresse, a refermé la portière, et la voiture est partie. — Avez-vous retenu cette adresse? demanda avec anxiété Gilbert. — Oui, parfaitement, rue Coq-Héron, numéro 9, la première porte cochère en partant de la rue Plastrière.

Gilbert tressaillit.

— Eh mais! dit Isidore, cette adresse est celle de ma belle-sœur, la comtesse de Charny. — Fatalité! murmura Gilbert.

A cette époque-là, on était trop philosophe pour dire Providence!

Puis, tout bas il ajouta :

— Il l'aura reconnue. — Eh bien! dit Isidore, allons chez la comtesse de Charny.

Gilbert comprit dans quelle situation il allait mettre Andrée, s'il se présentait chez elle avec le frère de son mari.

— Monsieur, dit-il, du moment où mon fils est chez madame la comtesse de Charny, il est en sûreté; et comme j'ai l'honneur de la connaître, je crois qu'au lieu de m'accompagner, il serait plus à propos que vous vous missiez en route; car, d'après ce que j'ai entendu dire chez le roi, je présume que c'est vous qui partez pour Turin. — Oui, Monsieur. — Eh bien! alors, recevez mes remercîments de ce que vous avez bien voulu faire pour Sébastien, et partez sans perdre une minute. — Cependant... docteur. — Monsieur, du moment où un père vous dit qu'il est sans inquiétude, partez; quelque part que se trouve maintenant Sébastien, soit chez la comtesse de Charny, soit ailleurs, soyez tranquille, Sébastien se retrouvera. — Allons, puisque vous le voulez, docteur. — Je vous en prie.

Isidore tendit la main au docteur, qui la lui serra avec plus de cordialité qu'il n'avait coutume de le faire aux hommes de sa caste; et tandis qu'Isidore rentrait au château, il gagna la place du Carrousel, s'engagea dans la rue de Chartres, traversa diagonalement la place du Palais-Royal, longea la rue Saint-Honoré, et, perdu un instant dans ce dédale de petites rues qui aboutissent à la halle, il se retrouva à l'angle de deux rues.

C'étaient la rue Plastrière et la rue Coq-Héron.

Ces rues avaient toutes deux pour Gilbert de terribles souvenirs : là, bien souvent, à cet endroit même où il était, son cœur avait battu peut-être plus violemment encore qu'il ne battait à cette heure; aussi parut-il hésiter un instant entre les deux rues, mais il se décida promptement et prit la rue Coq-Héron.

La porte d'Andrée, cette porte cochère du numéro 9, lui était bien connue; aussi ne fut-ce point parce qu'il craignait de se tromper qu'il ne s'y arrêta point; non, il était évident qu'il cherchait un prétexte pour pénétrer dans cette maison, et que, n'ayant point trouvé ce prétexte, il cherchait un moyen.

La porte qu'il avait poussée pour voir si, par un de ces miracles que fait parfois le hasard en faveur des gens embarrassés, elle n'était pas ouverte, avait résisté.

Il longea le mur.

Le mur avait dix pieds de haut.

Cette hauteur, il la connaissait bien; mais il cherchait si quelque charrette, oubliée par un voiturier le long de ce mur, ne lui donnait pas un moyen de gagner le faîte.

Une fois arrivé au faîte, leste et vigoureux comme il était, il eût facilement sauté à l'intérieur.

Il n'y avait point de charrette contre la muraille.

Par conséquent aucun moyen d'entrer.

Il se rapprocha de la porte, étendit la main sur le marteau, souleva ce marteau, mais, secouant la tête, il le laissa retomber doucement et sans qu'aucun bruit s'éveillât sous main.

Il était évident qu'une idée nouvelle, ramenant une espérance presque perdue, venait de jeter une lueur dans son cerveau.

— Au fait, murmura-t-il, c'est possible.

Et il remonta vers la rue Plastrière, dans laquelle il s'engagea à l'instant même.

En passant, il jeta un regard et un soupir sur cette fontaine où, seize ans auparavant, il était venu plus d'une fois tremper le pain noir et dur qu'il tenait de la générosité de Thérèse et de l'hospitalité de Rousseau.

Rousseau était mort, Thérèse était morte; lui avait grandi, lui était arrivé à la considération, à la réputation, à la fortune. Hélas! était-il plus heureux, moins agité, moins plein d'angoisses présentes et à venir qu'il ne l'était au temps où, brûlé d'une folle passion, il venait tremper son pain à cette fontaine?

Il continua son chemin.

Enfin il s'arrêta sans hésitation devant une porte d'allée dont la partie supérieure était grillée.

Il paraissait être arrivé à son but.

Un instant cependant il s'appuya contre la muraille, soit que la somme de souvenirs que lui rappelait cette petite porte fût prête à l'écraser, soit qu'arrivé à cette porte avec une espérance, il craignît d'y trouver une déception.

Enfin il promena la main sur cette porte, et, avec un sentiment inexprimable de joie, il sentit, à l'orifice d'un petit trou rond, poindre le cordonnet à l'aide duquel, dans la journée, on ouvrait cette porte.

Gilbert se rappelait que parfois, la nuit, on oubliait de tirer ce cordonnet en dedans, et qu'un soir qu'attardé il venait hâtivement à la mansarde qu'il occupait chez Rousseau, il avait profité de cet oubli pour rentrer et regagner son lit.

Comme autrefois, la maison, à ce qu'il paraissait, était occupée par des gens assez pauvres pour ne pas craindre les voleurs. La même insouciance avait amené le même oubli.

Gilbert tira le cordonnet : la porte s'ouvrit, et il se trouva dans l'allée noire et humide au bout de laquelle, comme un serpent se tenant debout sur sa queue, se dressait l'escalier glissant et visqueux.

Gilbert referma la porte avec soin, et, en tâtonnant, gagna les premières marches de cet escalier.

Quand il eut monté dix marches, il s'arrêta.

Une faible lueur, pénétrant à travers une vitre sale, indiquait que la muraille était percée à cet endroit, et que la nuit, bien sombre cependant, était moins sombre dehors que dedans.

A travers cette vitre, si ternie qu'elle fût, on voyait briller les étoiles dans une éclaircie du ciel.

Gilbert chercha le petit verrou qui fermait la vitre, l'ouvrit, et, par le même chemin qu'il avait déjà suivi deux fois, il descendit dans le jardin.

Malgré les quinze ans écoulés, le jardin était si présent à la mémoire de Gilbert, qu'il reconnut tout, allées, arbres, plates-bandes, et jusqu'à l'angle garni d'une vigne, où le jardinier posait son échelle.

Il ignorait si, à cette heure de la nuit, les portes étaient fermées, il ignorait si monsieur de Charny était près de sa femme, ou, à défaut de monsieur de Charny, quelque domestique ou quelque femme de chambre.

Résolu à tout pour retrouver Sébastien, il n'en avait pas moins arrêté dans son esprit qu'il ne compromettrait Andrée qu'à la dernière extrémité, qu'il ferait d'abord tout ce qu'il pourrait pour la voir seule.

Son premier essai fut sur la porte du perron; il pressa le bouton de la porte et la porte céda.

Il en augura que puisque la porte n'était point fermée, Andrée ne devait point être seule.

A moins de grande préoccupation, une femme qui habite seule un pavillon ne néglige point d'en fermer la porte.

Il la tira doucement et sans bruit, heureux de savoir cependant que cette entrée lui restait comme dernière ressource.

Il descendit les marches du perron et alla appliquer son œil à cette persienne qui, quinze ans auparavant, s'ouvrant tout à coup sous la main d'Andrée, était venue le heurter au front cette nuit où, les cent mille écus de Balsamo à la main, il venait offrir à la hautaine fille de l'épouser.

Cette persienne était celle du salon.

Le salon était éclairé.

Mais comme des rideaux tombaient devant les vitres, il était impossible de rien voir à l'intérieur.

Gilbert continua sa ronde.

Tout à coup il lui sembla voir trembler sur la terre et sur les arbres une faible lueur venant d'une fenêtre ouverte.

Cette fenêtre ouverte, c'était celle de la chambre à coucher; cette fenêtre, il la reconnaissait aussi, car c'était par elle qu'il avait enlevé cet enfant qu'aujourd'hui il venait chercher.

Il s'écarta afin de sortir du cercle de lumière projeté par la fenêtre et de pouvoir, perdu dans l'obscurité, voir sans être vu.

Arrivé sur une ligne qui lui permettait de plonger son regard dans l'intérieur de la chambre, il vit d'abord la porte du salon ouverte, puis dans le cercle que parcourut son œil, son œil rencontra le lit.

Sur le lit était une femme raidie, échevelée, mourante; des sons rauques et gutturaux, comme ceux d'un râle mortel, s'échappaient de sa bouche, interrompus de temps en temps par des cris et des sanglots.

Gilbert s'approcha lentement en contournant cette ligne lumineuse dans laquelle il hésitait à entrer de peur d'être vu.

Il finit ainsi par appuyer sa tête pâle à l'angle de cette fenêtre.

Il n'y avait plus de doute pour Gilbert, cette femme était Andrée, et Andrée était seule.

Mais comment Andrée était-elle seule, pourquoi Andrée pleurait-elle? c'était ce que Gilbert ne pouvait savoir qu'en l'interrogeant.

Ce fut alors que sans bruit il franchit la fenêtre et se trouva derrière elle au moment où cette attraction magnétique, à laquelle Andrée était si accessible, la força de se retourner.

Les deux ennemis se retrouvaient donc encore une fois en présence.

XIII

CE QU'ÉTAIT DEVENU SÉBASTIEN

Le premier sentiment d'Andrée, en apercevant Gilbert, était non-seulement une terreur profonde, mais une répugnance invincible.

Pour elle, le Gilbert américain, le Gilbert de Washington et de Lafayette, aristocratisé par la science, par l'étude et par le génie, était toujours ce misérable petit Gilbert, gnome terreux perdu dans les massifs de Trianon.

Au contraire, de la part de Gilbert, il y avait pour Andrée, malgré les mépris, malgré les injures, malgré les persécutions mêmes de celle-ci, non plus cet amour ardent qui avait fait commettre un crime au jeune homme, mais cet intérêt tendre et profond qui eût poussé l'homme à lui rendre un service, même au péril de sa vie.

C'est que dans ce sens intime dont la nature avait doué Gilbert, dans cette justice immuable qu'il avait reçue de l'éducation, il s'était jugé lui-même, il avait compris que tous les malheurs d'Andrée venaient de lui, et qu'il ne serait quitte avec elle que lorsqu'il lui aurait rendu une somme de félicité égale à la somme d'infortune qu'elle lui devait.

Or, en quoi et comment Gilbert pouvait-il d'une façon bienfaisante influer sur l'avenir d'Andrée?

C'est ce qu'il lui était impossible de comprendre.

En trouvant donc cette femme, qu'il avait vue en proie à tant de désespoir, en proie à un désespoir nouveau, tout ce qu'il y avait de fibres miséricordieuses dans son cœur s'émut pour cette grande infortune.

Aussi, au lieu d'user subitement de cette puissance magnétique dont une fois déjà il avait fait l'essai sur elle, il essaya de lui parler doucement, quitte, s'il trouvait Andrée rebelle, comme toujours, à revenir à ce moyen correctif qui ne pouvait lui échapper.

Il en résulta qu'Andrée, enveloppée tout d'abord du fluide magnétique, sentit que peu à peu, par la volonté, et nous dirons presque avec la permission de Gilbert, ce fluide se dissipait pareil à un brouillard qui s'évapore et qui permet aux yeux de plonger dans de lointains horizons.

Ce fut elle la première qui prit la parole.

— Que me voulez-vous, Monsieur? dit-elle; comment êtes-vous ici, par où êtes-vous venu? — Par où je suis venu? Madame, répondit Gilbert, par où je venais autrefois; ainsi soyez donc tranquille, personne ne m'a vu, personne ne soupçonne ma présence ici. Pourquoi je suis venu? je suis venu parce que j'avais à vous réclamer un trésor, indifférent à vous, précieux à moi, mon fils. Ce que je veux? je veux que vous me disiez où est ce fils que vous avez entraîné à votre suite, emporté dans votre voiture et amené ici. — Ce qu'il est devenu? reprit Andrée, le sais-je; il m'a fui, vous l'avez si bien habitué à haïr sa mère. — Sa mère! Madame, êtes-vous réellement sa mère? — Oh! s'écria Andrée, il voit ma douleur, il a entendu mes cris, il a contemplé mon désespoir, et il me demande si je suis sa mère! — Alors vous ignorez donc où il est? — Mais puisque je vous dis qu'il a fui, qu'il était dans cette chambre, que j'y suis rentrée croyant l'y rejoindre, et que j'ai trouvé cette fenêtre ouverte et la chambre vide. — Oh! mon Dieu! s'écria Gilbert, où sera-t-il allé! Le malheureux ne connaît point Paris et il est minuit passé? — Oh! s'écria à son tour Andrée, en faisant un pas vers Gilbert, croyez-vous qu'il lui soit arrivé malheur? — C'est ce que nous allons savoir, dit Gilbert; c'est ce que vous allez me dire.

Et il étendit sa main vers Andrée.

— Monsieur, Monsieur! s'écria celle-ci en reculant pour se soustraire à l'influence magnétique. — Madame, dit Gilbert, ne craignez rien, c'est une mère que je vais interroger sur ce qu'est devenu son fils, vous m'êtes sacrée.

Andrée poussa un soupir et tomba sur un fauteuil en murmurant le nom de Sébastien.

— Dormez, dit Gilbert ; mais toute endormie que vous êtes, voyez avec le cœur. — Je dors, dit Andrée. — Dois-je employer toute la force de ma volonté, demanda Gilbert, ou êtes-vous disposée à répondre volontairement? — Direz-vous encore à mon enfant que je ne suis pas sa mère? — C'est selon; l'aimez-vous? — Oh! il demande si je l'aime, cet enfant de mes entrailles! Oh! oui, je l'aime et ardemment. — Alors vous êtes sa mère comme je suis son père, Madame, puisque vous l'aimez comme je l'aime. — Ah! fit Andrée respirant. — Ainsi, reprit Gilbert, vous allez répondre volontairement? — Me permettrez-vous de le revoir quand vous l'aurez retrouvé? — Ne vous ai-je pas dit que vous étiez sa mère comme j'étais son père. Vous aimez votre enfant, Madame, vous reverrez votre enfant. — Merci, dit Andrée avec une indicible expression de joie et en frappant ses mains l'une contre l'autre, maintenant interrogez. Je vois seulement... — Quoi? — Suivez-le depuis son départ, afin que je sois plus sûre de ne pas perdre sa trace. — Soit; où vous a-t-il vue? — Dans le salon vert. — Où vous a-t-il suivie? — A travers les corridors. — Où vous a-t-il rejoint? — Au moment où je montais en voiture. — Où l'avez-vous conduit? — Dans le salon, le salon à côté. — Où s'est-il assis? — Près de moi, sur le canapé. — Y est-il resté longtemps? — Une demi-heure à peu près. — Pourquoi vous a-t-il quittée? — Parce que le bruit d'une voiture s'est fait entendre. — Qui était dans cette voiture?

Andrée hésita.

— Qui était dans cette voiture? répéta Gilbert d'un ton plus ferme et avec une volonté plus forte. — Le comte de Charny. — Où avez-vous caché l'enfant? — Je l'ai poussé dans cette chambre. — Que vous a-t-il dit en y entrant? — Que je n'étais plus sa mère. — Et pourquoi vous a-t-il dit cela?

Andrée se tut.

— Pourquoi vous a-t-il dit cela? Parlez, je le veux. — Parce que je lui ai dit... — Que lui avez-vous dit?... — Parce que je lui ai dit...

Andrée fit un effort.

— Que vous étiez un misérable et un infâme! — Regardez au cœur du pauvre enfant, Madame, et rendez-vous compte du mal que vous lui avez fait. — Oh! mon Dieu! mon Dieu! murmura Andrée; pardon, mon enfant, pardon! — Monsieur de Charny se doutait-il que l'enfant fût ici? — Non. — Vous en êtes sûre? — Oui. — Pourquoi n'est-il pas resté, alors? — Parce que monsieur de Charny ne reste pas chez moi. — Que venait-il y faire, alors?

Andrée demeura un instant pensive, les yeux fixes, comme si elle essayait de voir dans l'obscurité.

— Oh! dit-elle, mon Dieu! mon Dieu! Olivier, cher Olivier.

Gilbert la regarda avec étonnement.

— Oh! malheureuse que je suis, murmura Andrée... il revenait à moi; c'était pour rester près de moi qu'il avait refusé cette mission; il m'aime! il m'aime!...

Gilbert commençait à lire confusément dans ce drame terrible, où son œil pénétrait le premier.

— Et vous, demanda-t-il, l'aimez-vous?

Andrée soupira.

— L'aimez-vous? répéta Gilbert. — Pourquoi me faites-vous cette question? demanda Andrée. — Lisez dans ma pensée. — Ah! oui, je le vois, votre intention est bonne, vous voudriez me rendre assez de bonheur pour me faire oublier le mal que vous m'avez fait; mais je refuserais le bonheur s'il devait me venir par vous : je vous hais et je veux continuer de vous haïr. — Pauvre humanité! murmura Gilbert, t'est-il donc départi une si grande somme de félicité que tu puisses choisir ceux dont tu dois la recevoir! — Ainsi vous l'aimez? ajouta Gilbert. — Oui. — Depuis quand? — Depuis le moment où je l'ai vu, depuis le jour où il est revenu de Paris à Versailles dans la même voiture que la reine et moi. — Ainsi, vous savez ce que c'est que l'amour, Andrée? murmura tristement Gilbert. — Je sais que l'amour a été donné à l'homme, répondit la jeune femme, pour qu'il ait la mesure de ce qu'il peut souffrir. — Eh bien! vous voilà femme, vous voilà mère. Diamant brut, vous vous êtes façonnée aux mains de ce terrible lapidaire qu'on appelle la douleur. Revenons à Sébastien. — Oui, oui, revenons à lui; défendez-moi de penser à monsieur de Charny, cela me trouble, et au lieu de suivre mon enfant, je suivrais peut-être le comte. — C'est bien! Épouse, oublie ton époux; mère, ne pense qu'à ton enfant.

Cette expression de moite douceur qui s'était un instant emparée, non-seulement de la physionomie, mais encore de toute la personne d'Andrée, disparut pour faire place à son expression habituelle.

— Où était-il pendant que vous causiez avec monsieur de Charny? — Il était ici, écoutant. Là, là, à la porte. — Qu'a-t-il entendu de cette conversation? — Toute la première partie. — A quel moment s'est-il décidé à quitter cette chambre? — Au moment où monsieur de Charny...

Andrée s'arrêta.

— Au moment où monsieur de Charny? répéta impitoyablement Gilbert. — Au moment où monsieur de Charny m'ayant baisé la main, je jetai un cri. — Vous le voyez bien, alors? — Oui. Je le vois avec son front plissé, ses lèvres crispées, un de ses poings fermés sur sa poitrine. — Suivez-le donc des yeux, et à partir de ce moment ne songez plus qu'à lui et ne le perdez pas de vue. — Je le vois, je le vois, dit Andrée. —

Que fait-il? — Il regarde autour de lui s'il n'existe pas une porte donnant sur le jardin, puis, comme il n'en voit pas, il va à la fenêtre, l'ouvre, regarde une dernière fois du côté du salon, franchit l'appui de la fenêtre, et disparaît. — Suivez-le dans l'obscurité. — Je ne puis pas.

Gilbert s'approcha d'Andrée et passa la main devant ses yeux.

— Vous savez bien qu'il n'y a pas de nuit pour vous, dit-il : voyez.
— Ah! le voici, courant par l'allée qui longe le mur; il gagne la grande porte, l'ouvre sans que personne le voie, s'élance vers la rue Plastrière... Ah! il s'arrête, il parle à une femme qui passe. — Écoutez bien, dit Gilbert, et vous entendrez ce qu'il demande. — J'écoute. — Et que demande-t-il? — Il demande la rue Saint-Honoré. — Oui; c'est là où je demeure. Il sera rentré chez moi, il m'attend. Pauvre enfant!

Andrée secoua la tête.

— Non, dit-elle avec une expression visible d'inquiétude, non, il n'est pas rentré, non, il n'attend pas. — Mais où est-il, alors? — Laissez-moi donc le suivre, ou je vais le perdre. — Oh! suivez-le, suivez-le! s'écria Gilbert, comprenant qu'Andrée devinait quelque malheur. — Ah! dit-elle, je le vois. — Bien. — Le voilà qui entre dans la rue Grenelle... le voilà qui entre dans la rue Saint-Honoré... il traverse, toujours courant, la place du Palais-Royal; il demande de nouveau son chemin... de nouveau il s'élance... le voilà à la rue Richelieu... le voilà à la rue des Frondeurs... le voilà à la rue Saint-Roch... Arrête-toi, enfant, arrête-toi, malheureux! Sébastien, Sébastien! ne vois-tu pas cette voiture qui vient par la rue de la Sourdière. Je la vois, moi, je la vois... les chevaux... Ah!...

Andrée jeta un cri terrible, se dressa tout debout, l'angoisse maternelle peinte sur son visage, où roulaient à la fois en larges gouttes la sueur et les larmes.

— Oh! s'écria Gilbert, s'il lui arrive malheur, souviens-toi que ce malheur retombera sur ta tête! — Ah! fit Andrée respirant, sans écouter, sans entendre ce que disait Gilbert; ah! Dieu du ciel, soyez loué!... la poitrine du cheval l'a heurté et l'a jeté de côté, hors du rayon de la roue... Le voilà là, tombé, étendu sans connaissance, mais il n'est pas mort, oh! non, non, il n'est pas mort... Du secours!... du secours!... C'est mon enfant!... c'est mon enfant!...

Et avec un cri déchirant, Andrée retomba presque évanouie elle-même sur son fauteuil.

Quel que fût le désir de Gilbert d'en savoir davantage, il accorda à Andrée, haletante, ce repos d'un instant dont elle avait tant besoin.

Il craignait qu'en la poussant plus loin, une fibre se rompît dans son cœur ou qu'une veine éclatât dans son cerveau.

Mais dès qu'il pensa pouvoir l'interroger sans danger :

— Eh bien? lui demanda-t-il. — Attendez, attendez! repondit Andrée; il s'est fait un grand cercle autour de lui. Oh! par grâce, laissez-moi passer, laissez-moi voir! C'est mon fils! c'est mon Sébastien! Oh! mon Dieu! n'y a-t-il point parmi vous tous un chirurgien ou un médecin? — Oh! j'y cours! s'écria Gilbert. — Attendez, attendez! dit Andrée, l'arrêtant par le bras. Voici la foule qui s'écarte; sans doute c'est celui qu'on appelle, sans doute c'est celui qu'on attend. Venez, venez! Monsieur; vous voyez bien qu'il n'est pas mort! vous voyez bien qu'on peut le sauver! Ah!...

Et poussant une exclamation qui ressemblait à un cri d'effroi :

— Oh! s'écria-t-elle. — Qu'y a-t-il? mon Dieu! demanda Gilbert. — —Je ne veux pas que cet homme touche mon enfant! criait Andrée. Ce n'est pas un homme, c'est un nain, c'est un gnome, c'est un vampire! Oh! hideux! hideux! — Madame, Madame! murmura Gilbert tout en frissonnant; au nom du ciel, ne perdez point Sébastien de vue. — Oh! répondit Andrée l'œil fixe, la lèvre frémissante, le doigt tendu, soyez tranquille, je le suis, je le suis! — Qu'en fait-il, cet homme? — Il l'emporte, il remonte la rue de la Sourdière, il entre à gauche dans l'impasse Saint-Hyacinthe; il s'approche d'une porte basse restée entr'ouverte, il la pousse, il se courbe, il descend un escalier et le couche sur une table, où il y a une plume, de l'encre, des papiers manuscrits et imprimés; il lui ôte son habit, il relève sa manche et lui serre le bras avec des bandes que lui apporte une femme sale et hideuse comme lui; il ouvre une trousse, il en tire une lancette, il va le saigner. Oh! je ne veux pas voir cela, je ne veux pas voir le sang de mon fils! — Eh bien! remontez, dit Gilbert, et comptez les marches de l'escalier. — J'ai compté; il y en a onze. — Examinez avec soin la porte, et dites-moi si vous y voyez quelque chose de remarquable. — Oui, un petit jour carré fermé par un barreau en croix. — C'est bien; voilà tout ce qu'il me faut. — Courez, courez! et vous le retrouverez où j'ai dit. — Voulez-vous vous réveiller tout de suite et vous souvenir? voulez-vous ne vous réveiller que demain matin et avoir tout oublié? — Réveillez-moi tout de suite et que je me souvienne.

Gilbert passa, en suivant leur courbe, ses deux pouces sur les sourcils d'Andrée, lui souffla sur le front et prononça ces seuls mots :

— Réveillez-vous!

Aussitôt les yeux de la jeune femme s'animèrent, ses membres s'assouplirent; elle regarda Gilbert presque sans terreur, et continuant, éveillée, les recommandations de son sommeil :

— Oh! courez, courez, dit-elle, et tirez-le des mains de cet homme qui me fait peur.

XIV

L'HOMME DE LA PLACE LOUIS XV

Gilbert n'avait pas besoin d'être encouragé dans ses recherches; il s'élança hors de la chambre, et comme il eût été trop long de reprendre le chemin par lequel il était venu, il courut droit à la porte de la rue Coq-Héron, l'ouvrit sans le secours du concierge, la tira derrière lui, et se trouva sur le pavé du roi.

Il avait parfaitement retenu l'itinéraire tracé par Andrée et s'élança sur les traces de Sébastien.

Comme l'enfant, il trouva la place du Palais-Royal et longea la rue Saint-Honoré, devenue déserte, car il était près d'une heure du matin; arrivé au coin de la rue de la Sourdière, il appuya à droite, puis à gauche, et se trouva dans l'impasse Saint-Hyacinthe.

Là commença de sa part une inspection plus approfondie des localités.

Dans la troisième porte à droite, il reconnut à son ouverture carrée, fermée en croix par un barreau, la porte désignée par Andrée.

La désignation était si positive, qu'il n'y avait point à se tromper; il frappa.

Personne ne répondit; il frappa une seconde fois.

Alors il lui sembla entendre ramper le long de l'escalier et s'approcher de lui un pas craintif et soupçonneux.

Il heurta une troisième fois.

— Qui frappe? demanda une voix de femme. — Ouvrez! répondit Gilbert, et ne craignez rien, je suis le père de l'enfant blessé que vous avez recueilli. — Ouvre, Albertine, dit une autre voix. C'est le docteur Gilbert. — Mon père! mon père! cria une troisième voix, dans laquelle Gilbert reconnut celle de Sébastien.

Gilbert respira.

La porte s'ouvrit. Gilbert, en balbutiant un remerciement, se précipita par les degrés.

Arrivé au bas du dernier, il se trouva dans une espèce de cave éclairée par une lampe posée sur cette table chargée de papiers et de manuscrits qu'Andrée avait vus.

Dans l'ombre et couché sur une espèce de grabat, Gilbert aperçut son fils, qui l'appelait, les bras tendus. Si puissante que fut la force de Gilbert

MARAT.

sur lui-même, l'amour paternel l'emporta sur le décorum philosophique, et il s'élança vers l'enfant, qu'il pressa contre son cœur, tout en ayant soin de ne pas froisser son bras saignant ni sa poitrine endolorie.

Puis, lorsque dans un long baiser paternel, lorsque par ce doux murmure de deux bouches qui se cherchent ils se furent tout dit sans prononcer une parole, Gilbert se retourna vers son hôte qu'il avait à peine entrevu.

Il se tenait debout, les jambes écartées, une main appuyée sur la table, l'autre sur la hanche ; éclairé par la lumière de la lampe dont il avait enlevé l'abat-jour pour mieux jouir de la scène qui se passait sous ses yeux :

— Regarde, Albertine, dit-il, et remercie avec moi le hasard qui m'a permis de rendre ce service à l'un de mes frères.

Au moment où le chirurgien prononçait ces paroles, quelque peu emphatiques, Gilbert se retournait, comme nous l'avons dit, et jetait un premier regard sur l'être informe qu'il avait devant les yeux.

C'était quelque chose de jaune et de vert avec des yeux gris qui lui sortaient de la tête, un de ces paysans poursuivis par la colère de Latone, et qui, en train d'accomplir leur métamorphose, ne sont déjà plus hommes, mais ne sont pas encore crapauds.

Gilbert frissonna malgré lui ; il lui semblait comme dans un rêve hideux, comme à travers un voile de sang, avoir déjà vu cet homme.

Il se rapprocha de Sébastien et le pressa plus tendrement encore contre lui.

Cependant Gilbert triompha de ce premier mouvement, et allant à l'homme étrange qu'Andrée avait vu dans son sommeil magnétique et qui l'avait si fort épouvantée :

— Monsieur, dit-il, recevez tous les remerciements d'un père à qui vous avez conservé son fils, ils sont sincères et partent du fond du cœur. — Monsieur, répondit le chirurgien, je n'ai fait que le devoir qui m'était à la fois inspiré par mon cœur et recommandé par la science. Je suis homme, et, comme dit Térence, rien de ce qui est humain ne m'est étranger ; d'ailleurs j'ai le cœur tendre, et je ne puis voir souffrir un insecte, et par conséquent et à bien plus forte raison mon semblable. — Aurais-je l'honneur de savoir à quel respectable philanthrope j'ai l'honneur de parler ? — Vous ne me connaissez pas, confrère ? dit le chirurgien en riant d'un rire qu'il voulait rendre bienveillant et qui n'était que hideux, eh bien ! moi, je vous connais : vous êtes le docteur Gilbert, l'ami de Washington et de Lafayette ; il appuya d'une façon étrange sur ce dernier nom; l'homme de l'Amérique et de la France, l'homme utopiste qui a fait sur la royauté constitutionnelle de magnifiques mémoires que vous avez adressés d'Amérique à sa majesté Louis XVI.

mémoires dont sa majesté Louis XVI vous a récompensé en vous envoyant à la Bastille au moment où vous touchiez le sol de la France : vous avez voulu le sauver en lui déblayant d'avance le chemin de l'avenir, il vous a ouvert celui d'une prison.

Et cette fois le chirurgien se mit à rire de nouveau, mais d'un rire terrible et menaçant.

— Si vous me connaissez, Monsieur, raison de plus pour que j'insiste sur ma demande, et que j'aie l'honneur de faire votre connaissance à mon tour. — Oh! il y a longtemps que nous avons fait connaissance, Monsieur, dit le chirurgien, il y a vingt ans, et cela dans une nuit terrible, dans la nuit du 30 mai 1770, vous aviez l'âge de cet enfant; vous me fûtes apporté comme lui, blessé, mourant, écrasé; vous me fûtes apporté par mon maître, Rousseau, et je vous saignai sur une table, tout entouré de cadavres et de membres coupés. Oh! dans cette nuit terrible, et c'est un bon souvenir pour moi, j'ai, grâce au fer, qui sait jusqu'où il faut entrer pour guérir, jusqu'où il faut couper pour cicatriser, j'ai sauvé bien des existences. — Oh! s'écria Gilbert, alors, Monsieur, vous êtes Jean-Paul Marat, et malgré lui il recula d'un pas. — Tu le vois, Albertine, dit Marat, mon nom fait son effet.

Et il éclata dans un rire sinistre.

— Mais, reprit vivement Gilbert, pourquoi ici, pourquoi dans cette cave, pourquoi éclairé par cette lampe fumeuse? Je vous croyais médecin de monsieur le comte d'Artois? — Vétérinaire de ses écuries, vous voulez dire? répondit Marat, mais le prince a émigré; plus de prince plus d'écuries, plus d'écuries plus de vétérinaire; d'ailleurs j'avais donné ma démission.

Et le nain se redressa de toute la hauteur de sa petite taille.

— Mais enfin, dit Gilbert, pourquoi ici dans ce trou, dans cette cave? — Pourquoi, monsieur le philosophe? parce que je suis patriote, parce que je suis pour dénoncer les ambitieux, parce que Bailly me craint, parce que Necker m'exècre, parce que Lafayette me traque, parce qu'il me fait traquer par sa garde nationale, parce qu'il a mis ma tête à prix, l'ambitieux dictateur; mais je le brave du fond de mon caveau, je le poursuis, je le dénonce, le dictateur; vous savez ce qu'il vient de faire? — Non, fit vivement Gilbert. — Il vient de faire fabriquer au faubourg Saint-Antoine quinze mille tabatières avec son portrait; il y a là-dessous quelque chose, à ce que je crois, hein? Aussi je prie les bons citoyens de les briser quand ils pourront se les procurer, ils y trouveront le mot du grand complot royaliste; car, vous ne l'ignorez pas, tandis que le pauvre Louis XVI pleure à chaudes larmes les sottises que lui fait faire l'Autrichienne, Lafayette conspire avec la reine. — Avec la reine? répéta Gilbert, pensif. — Oui, avec la reine; vous ne direz point qu'elle ne conspire pas celle-là, elle a distribué ces jours derniers tant de cocardes blanches, que le ruban blanc en a enchéri de trois sous l'aune; la chose est sûre, je le tiens d'une des filles de la Bertin, la marchande de modes de la reine, son premier ministre, celle qui dit : j'ai travaillé ce matin avec Sa Majesté. — Et où dénoncez-vous tout cela? demanda Gilbert. — Dans mon journal, dans le journal que je viens de fonder et dont j'ai déjà fait paraître vingt numéros; dans *l'Ami du Peuple* ou le publiciste parisien, journal politique et impartial. Pour payer le papier et l'impression des premiers numéros, tenez, regardez derrière vous, j'ai vendu jusqu'aux draps et aux couvertures du lit où votre fils est couché.

Gilbert se retourna et vit qu'en effet le petit Sébastien était étendu sur le coutil éraillé d'un matelas absolument nu, où, rassuré par la présence de son père, il venait de s'endormir, vaincu par la douleur et la fatigue.

Le docteur s'approcha de lui pour s'assurer si ce sommeil n'était pas un évanouissement; mais rassuré par sa respiration douce et égale, il revint à cet homme qui, sans qu'il pût s'en défendre, lui inspirait à peu près le même intérêt de curiosité que lui eût inspiré un animal sauvage, un tigre ou une hyène.

— Et quels sont vos collaborateurs dans cet ouvrage gigantesque? — Mes collaborateurs, dit Marat, ah! ah! ah! ce sont les dindons qui vont par troupes : l'aigle marche seul. Mes collaborateurs, les voilà.

Marat montra sa tête et sa main.

— Voyez-vous cette table? continua-t-il, c'est l'atelier où Vulcain, la comparaison est bien trouvée, n'est-ce pas? où Vulcain forge la foudre. Chaque nuit j'écris huit pages in-octavo qu'on vend le matin; huit pages, souvent cela ne me suffit pas et je double la livraison. Seize pages, c'est trop peu encore parfois; ce que j'ai commencé en gros caractère, presque toujours je l'achève en petit. Les autres journalistes paraissent par intervalles, se relaient, se font aider, moi pas. *L'Ami du Peuple*, vous pouvez voir, la copie est là, *l'Ami du Peuple* est tout entier de la même main; aussi ce n'est pas simplement un journal, non, c'est un homme, non, c'est une personnalité, non, c'est moi! — Mais, demanda Gilbert, comment suffisez-vous à ce travail énorme? — Ah! voilà, voilà le secret de la nature : c'est un pacte entre la mort et moi; je lui donne dix ans de ma vie, et elle m'accorde des jours qui n'ont pas besoin de repos, des nuits qui n'ont pas besoin de sommeil.

J'écris : j'écris la nuit, j'écris le jour; la police de Lafayette me force de vivre caché, enfermé, elle me livre corps et âme au travail, elle double mon activité; cette vie m'a pesé d'abord, aujourd'hui elle me plaît. Il me plaît de voir le monde misérable à travers le jour étroit et oblique de ma cave, par ce soupirail humide et sombre. Du fond de ma nuit je règne sur le monde des vivants; je juge sans appel la science et la politique; d'une main je démolis Newton, Francklin, Laplace, Monge, Lavoisier, de l'autre j'ébranle Bailly, Necker, Lafayette; je renverserai tout cela; oui, comme Samson a renversé le temple, et sous les débris qui m'écraseront peut-être moi-même, j'ensevelirai la royauté.

Gilbert frissonna malgré lui, cet homme lui répétait dans une cave et sous les haillons de la misère à peu près ce que Cagliostro, sous ses habits brodés, lui avait dit dans un palais.

— Mais, dit-il, pourquoi, populaire comme vous l'êtes, n'avez-vous pas essayé de vous faire nommer à l'Assemblée nationale? — Parce que le jour n'est pas encore venu, dit Marat.

Puis exprimant un regret.

— Oh! si j'étais tribun du peuple, ajouta-t-il presque aussitôt, si j'étais soutenu par quelques milliers d'hommes déterminés, je réponds que sous six semaines la constitution serait parfaite, que la machine politique marcherait au mieux, qu'aucun fripon n'oserait la déranger, que la nation serait libre et heureuse; qu'en moins d'une année elle redeviendrait florissante et redoutable, et qu'elle resterait ainsi tant que je vivrais.

Et la vaniteuse créature se transformait sous le regard de Gilbert, son œil s'infiltrait de sang, sa peau jaune luisait de sueur; il était grand de sa hideur, comme un autre est grand de sa beauté.

— Oui, mais, continua-t-il, reprenant sa pensée où l'enthousiasme l'avait interrompue, oui, mais je ne suis pas tribun, mais je n'ai pas ces quelques milliers d'hommes dont j'aurais besoin. Non, mais je suis journaliste, non, mais j'ai mon écritoire, mon papier, mes plumes; non, mais j'ai mes abonnés, j'ai mes lecteurs pour qui je suis un oracle, un prophète, un devin; j'ai mon peuple dont je suis l'ami et que je mène tout tremblant de trahison en trahison, de découverte en découverte, d'épouvante en épouvante. Dans le premier numéro de *l'Ami du Peuple* je dénonçai les aristocrates, je disais qu'il y avait six cents coupables en France, que six cents bouts de corde suffiraient. Ah! ah! ah! je me trompais un peu il y a un mois; les 5 et 6 octobre ont eu lieu et m'ont un peu éclairci la vue; aussi ce n'est pas six cents coupables qu'il faut juger, c'est dix mille, c'est vingt mille aristocrates qu'il faut pendre.

Gilbert sourit; la fureur arrivée à ce point lui paraissait de la folie.

— Prenez garde! dit-il, il n'y aura point en France assez de chanvre pour ce que vous voulez faire, et les cordes vont devenir hors de prix.
— Aussi, dit Marat, trouvera-t-on, je l'espère, des moyens nouveaux et plus expéditifs. Savez-vous qui j'attends, ce soir? qui, d'ici à dix minutes, va frapper à cette porte? — Non, Monsieur. — Eh bien! j'attends un

de vos confrères, un membre de l'Assemblée nationale que vous connaissez : le citoyen Guillotin. — Oui, dit Gilbert ; celui qui a proposé aux députés de se réunir au Jeu de Paume, lorsqu'on les a chassés de la salle des séances. Un homme fort savant. — Eh bien ! savez-vous ce qu'il vient de trouver, le citoyen Guillotin ? Il vient de trouver une machine merveilleuse, une machine qui tue sans faire souffrir ; car il faut que la mort soit une punition et non une souffrance ; il vient de trouver cette machine-là, et un de ces matins nous l'essayons.

Gilbert frissonna ; c'était la seconde fois que cet homme, dans sa cave, lui rappelait Cagliostro. Cette machine, c'était sans doute la même dont Cagliostro lui avait parlé.

XV

CATHERINE

De la rue de la Sourdière à la maison qu'habitait Gilbert, rue Saint-Honoré, il n'y avait qu'un pas.

Cette maison était située un peu plus loin que l'Assomption, sur le côté opposé de la rue, en face d'un menuisier nommé Duplay.

Le froid et le mouvement avaient réveillé Sébastien ; il avait voulu marcher, mais son père s'y était opposé et continuait de le porter entre ses bras.

Le docteur, arrivé à la porte, posa un instant Sébastien sur ses pieds et frappa assez fort pour que, si endormi que soit le concierge, il n'eût point à attendre longtemps dans la rue.

— Est-ce vous, monsieur Gilbert ? demanda une voix. — Tiens, dit Sébastien, c'est la voix de Pitou. — Ah ! Dieu soit loué ! s'écria Pitou en ouvrant la porte, Sébastien est retrouvé !

Puis se retournant vers l'escalier, dans les profondeurs duquel on commençait à apercevoir les lueurs d'une bougie.

— Monsieur Billot ! monsieur Billot ! cria Pitou, Sébastien est retrouvé, et sans accident, j'espère. N'est-ce pas, monsieur Gilbert ? — Sans accident grave, du moins, dit le docteur. Viens, Sébastien, viens.

Et laissant à Pitou le soin de fermer la porte, il enleva de nouveau, aux yeux du concierge ébahi, qui paraissait sur le seuil de sa loge en bonnet de coton et en chemise, Sébastien entre ses bras et commença de monter l'escalier.

Billot marcha le premier, éclairant le docteur; Pitou suivit.

Le docteur demeurait au second. Les portes toutes grandes ouvertes annonçaient qu'il était attendu; il entra et déposa Sébastien sur son lit.

Pitou suivait, inquiet et timide. A la boue qui couvrait ses souliers, ses bas, sa culotte, et qui mouchetait le reste de ses vêtements, il était facile de voir qu'il était tout frais arrivé d'une longue route.

En effet, après avoir reconduit Catherine éplorée chez elle, après avoir appris de la bouche même de la jeune fille, frappée trop profondément pour cacher sa douleur, que cette douleur venait du départ de monsieur Isidore pour Paris, Pitou, à qui l'expression de cette douleur brisait doublement le cœur, et comme amant et comme ami, Pitou avait pris congé de Catherine, couchée, de la mère Billot, pleurant au pied de son lit, et s'était, d'un pas bien autrement tardif que celui qui l'avait amené, acheminé vers Haramont.

La lenteur de ce pas, la quantité de fois qu'il se retourna pour regarder tristement la ferme dont il s'éloignait, le cœur gros à la fois et de la douleur de Catherine et de sa propre douleur à lui, firent qu'il n'arriva à Haramont qu'au point du jour.

La préoccupation qui le tenait fit que, comme Sextus retrouvant sa femme morte, il alla s'asseoir sur son lit, les yeux fixes et les mains croisées sur ses genoux.

Enfin il se leva, et, pareil à un homme qui s'éveille, non pas de son sommeil, mais de sa pensée, il jeta les yeux autour de lui et vit, près de la feuille de papier écrite de sa main, une autre feuille de papier couverte d'une écriture différente.

Il s'approcha de la table et lut la lettre de Gilbert.

Il faut le dire à la louange de Pitou, il oublia à l'instant même ses chagrins personnels pour ne songer qu'aux dangers que pouvait courir Sébastien pendant le voyage qu'il venait d'entreprendre.

Puis, sans s'inquiéter de l'avance que l'enfant, parti de la veille, pouvait avoir sur lui, Pitou, confiant dans ses longues jambes, se mit à sa poursuite, espérant bien le rejoindre si Sébastien, ne trouvant pas de moyen de transport, avait été forcé de continuer sa route à pied.

D'ailleurs il faudrait bien que Sébastien s'arrêtât, tandis que lui, Pitou, marcherait toujours.

Pitou ne s'inquiéta point d'un bagage quelconque, il ceignit ses reins d'une ceinture de cuir, comme il avait l'habitude d'en user quand il avait une longue route à faire; il prit sous son bras un pain de quatre livres dans lequel il introduisit un saucisson, à la main son bâton de voyage, et se mit en chemin. Pitou, de son pas ordinaire, faisait une lieue et demie à l'heure; en pressant un peu son pas il en fit deux.

PITOU EN VOYAGE.

Cependant comme il lui fallait s'arrêter pour boire, pour renouer les cordons de ses souliers et pour demander des nouvelles de Sébastien, il mit dix heures à venir de l'extrémité de la rue de Laigny à la barrière de La Villette.

Une heure, à cause des embarras de voiture, à venir de la barrière de La Villette à la maison du docteur Gilbert, cela fait onze heures ; il était parti à neuf heures du matin, il était arrivé à huit heures du soir.

C'était, on se le rappelle, juste le moment où Andrée enlevait Sébastien des Tuileries, et où le docteur Gilbert causait avec le roi. Il ne trouva donc ni le docteur Gilbert, ni Sébastien.

Mais il trouva Billot.

Billot n'avait aucunement entendu parler de Sébastien, et ne savait pas à quelle heure Gilbert rentrerait.

Le malheureux Pitou était si inquiet qu'il ne songea point à parler à Billot de Catherine ; toute sa conversation ne fut qu'un long gémissement sur le malheur qu'il avait eu de ne pas se trouver dans la chambre lorsque Sébastien y était venu.

Puis, comme il avait emporté la lettre de Sébastien pour se justifier au besoin près du docteur, il relisait cette lettre ; chose bien inutile, car il l'avait déjà lue et relue tant de fois qu'il la savait par cœur.

Le temps avait passé aussi lent et triste pour Pitou et Billot, depuis huit heures du soir jusqu'à deux heures du matin.

C'était bien long, six heures. Il n'avait pas fallu à Pitou la moitié de ce temps-là pour venir de Villers-Cotterets à Paris ; à deux heures du matin, le bruit du marteau avait retenti pour la dixième fois depuis l'arrivée de Pitou.

A chaque fois Pitou s'était précipité par les degrés, et malgré les quarante marches qu'il y avait à descendre, il était toujours arrivé au moment où le concierge tirait le cordon.

Mais son espérance avait toujours été trompée, ni Gilbert, ni Sébastien n'avaient paru, et chaque fois il était remonté près de Billot lentement et tristement.

Enfin, nous avons dit comment une dernière fois, étant descendu plus précipitamment encore que les autres, son attente avait été comblée en voyant reparaître à la fois le père et le fils, le docteur Gilbert et Sébastien.

Gilbert remercia Pitou comme le brave garçon devait être remercié, c'est-à-dire par une poignée de main ; puis, comme il pensait qu'après un voyage de dix-huit lieues et une attente de six heures le voyageur devait avoir besoin de repos, il lui souhaita une bonne nuit et l'envoya se coucher.

Mais tranquille à l'endroit de Sébastien, Pitou avait maintenant ses confidences à faire à Billot, il fit donc signe à Billot de le suivre et Billot le suivit.

Quant à Gilbert, il ne voulut s'en rapporter à personne, de coucher et de veiller Sébastien. Il examina lui-même l'ecchymose empreinte sur la poitrine de l'enfant, appliqua son oreille sur plusieurs endroits du torse, puis s'étant assuré que la respiration était parfaitement libre, il se coucha sur une chaise longue, près de l'enfant, qui malgré une fièvre assez forte s'endormit aussitôt.

Mais bientôt pensant à l'inquiétude que devait éprouver Andrée, d'après celle qu'il avait éprouvée lui-même, il appela son valet de chambre, et lui ordonna d'aller à l'instant même jeter à la plus prochaine poste, afin qu'elle parvînt à son adresse, à la première levée, une lettre dans laquelle étaient ces seules paroles :

« Rassurez-vous, l'enfant est retrouvé et n'a aucun mal. »

Le lendemain, Billot fit demander dès le matin à Gilbert la permission d'entrer chez lui, permission qui lui fut accordée.

La bonne figure de Pitou apparut souriante à la porte, derrière celle de Billot, dont Gilbert remarqua l'expression triste et grave.

— Qu'y a-t-il donc, mon ami, et qu'avez-vous? demanda le docteur.

— J'ai, monsieur Gilbert, que vous avez bien fait de me retenir ici, puisque je puis vous être utile à vous et au pays. Mais tandis que je reste à Paris, tout va mal là-bas.

Que l'on n'aille cependant pas croire, d'après ces paroles, que Pitou ait révélé les secrets de Catherine et parlé des amours de la jeune fille avec Isidore; non, l'âme honnête du brave commandant de la garde nationale se refusait à une délation. Il avait seulement dit à Billot que la récolte avait été mauvaise, que les seigles avaient manqué, qu'une partie des blés avait été couchée par la grêle, que les granges étaient au tiers pleines, et qu'il avait trouvé Catherine évanouie sur le chemin de Villers-Cotterets à Pisseleux.

Or, Billot s'était assez peu inquiété du manque des seigles et du versement des blés; mais il avait failli se trouver mal lui-même en apprenant l'évanouissement de Catherine.

C'est qu'il savait, le brave père Billot, qu'une jeune fille, du tempérament et de la force de Catherine, ne s'évanouit pas sans raison sur les grands chemins.

D'ailleurs, il avait fort interrogé Pitou, et quelque réserve que Pitou eût mise dans ses réponses, plus d'une fois Billot avait secoué sa tête en disant :

— Allons, allons, je crois qu'il est temps que je retourne là-bas.

Gilbert qui venait d'éprouver lui-même ce qu'un cœur de père peut souffrir, comprit cette fois ce qui se passait dans celui de Billot, lorsque Billot lui eût dit les nouvelles apportées par Pitou.

— Allez donc, mon cher Billot, lui dit-il, puisque ferme, terre et famille vous réclament; mais n'oubliez pas qu'au nom de la patrie, dans un cas pressant, je dispose de vous. — Un mot, monsieur Gilbert, répondit le brave fermier, et douze heures après je suis à Paris.

Alors, ayant embrassé Sébastien, qui après une nuit heureusement passée se trouvait complétement hors de danger, ayant serré la main fine et délicate de Gilbert dans ses deux larges mains, Billot prit deux heures après le chemin de sa ferme, qu'il avait quitté pour huit jours et dont il était absent depuis trois mois.

Pitou le suivit, emportant, offrande du docteur Gilbert, vingt-cinq louis, destinés à aider à l'habillement et à l'équipement de la garde nationale d'Haramont.

Gilbert resta avec son père.

XVI

TRÊVE

Quelques jours s'étaient écoulés entre les événements que nous venons de raconter et celui où nous allons de nouveau prendre le lecteur par la main et le conduire au château des Tuileries, désormais le théâtre principal des grandes catastrophes qui vont s'accomplir.

C'est ainsi qu'après cette marche terrible du 6 octobre, au milieu de la boue, et du sang, et des cris, le pâle soleil du lendemain trouva en se levant la cour des Tuileries pleine d'un peuple ému du retour de son roi et affamé de le voir.

Pendant toute cette journée, Louis XVI avait reçu les corps constitués; pendant ce temps, la foule attendait au dehors, le cherchait, l'épiait à travers les vitres; celui qui croyait l'apercevoir jetait un cri de joie et le montrait à son voisin, en disant:

— Le voyez-vous, le voyez-vous, le voilà!

A midi il fallut qu'il se montrât au balcon, et ce furent des bravos et des applaudissements unanimes.

Le soir, il fallut qu'il descendît au jardin, et ce furent plus que des bravos et des applaudissements, ce furent des attendrissements et des larmes.

Madame Élisabeth, cœur pieux et naïf, montrait ce peuple à son frère en lui disant :

— Il me semble pourtant qu'il n'est pas difficile de régner sur de pareils hommes.

Son logement était au rez-de-chaussée ; le soir, elle fit ouvrir les fenêtres et soupa devant tout le monde.

Hommes et femmes regardaient, applaudissaient et saluaient par les ouvertures, les femmes surtout ; elles faisaient monter leurs enfants sur l'appui des fenêtres, ordonnant à ces petits innocents d'envoyer des baisers à cette grande dame et de lui dire qu'elle était bien belle.

Et les petits enfants répétaient : Vous êtes bien belle, Madame, et de leurs petites mains potelées lui envoyaient des baisers sans nombre et sans fin.

Chacun disait la révolution finie : voilà le roi délivré de son Versailles, de ses courtisans et de ses conseillers ; l'enchantement qui tenait loin de sa capitale la royauté captive dans ce monde d'automates, de statues et d'ifs taillés qu'on appelle Versailles, est rompu ; grâce à Dieu, le roi est replacé dans la vie et la vérité, c'est-à-dire dans la nature réelle de l'homme. Venez, sire, venez parmi nous ; jusqu'à ce jour vous n'aviez, entouré comme vous l'étiez, que la liberté de faire le mal ; aujourd'hui, au milieu de nous, au milieu de votre peuple, vous avez toute liberté de faire le bien.

Souvent les masses et les individus même se trompent sur ce qu'ils sont, ou plutôt sur ce qu'ils vont être ; la peur éprouvée pendant les journées des 5 et 6 octobre avait ramené au roi non-seulement une foule de cœurs, mais encore beaucoup d'esprits, beaucoup d'intérêts : ces cris dans l'obscurité, ce réveil au milieu de la nuit, ces feux allumés dans la cour de marbre et éclairant les grands murs de Versailles de leurs funèbres reflets, tout cela avait frappé fortement toutes les imaginations honnêtes. L'Assemblée avait eu grand'peur, plus peur quand le roi avait été menacé que lorsqu'elle avait été menacée elle-même ; alors il lui semblait encore qu'elle dépendait du roi : six mois ne s'écouleront pas sans qu'elle sente au contraire que c'est le roi qui dépend d'elle. Cent cinquante de ses membres prirent des passe-ports : Mounier et Lally, le fils du Lally mort en Grève, se sauvèrent.

Les deux hommes les plus populaires en France, Lafayette et Mirabeau, revenaient royalistes à Paris.

Mirabeau avait dit à Lafayette : unissons-nous et sauvons le roi.

Par malheur, Lafayette, honnête homme par excellence, mais esprit borné, méprisait le caractère de Mirabeau, et ne comprenait pas son génie.

Il se contenta d'aller trouver le duc d'Orléans et l'invita à quitter Paris. Le duc d'Orléans discuta, lutta, se raidit; mais Lafayette était tellement roi, qu'il lui fallut obéir.

— Mais quand reviendrai-je? demanda-t-il à Lafayette. — Quand je vous dirai qu'il est temps de revenir, mon prince, répondit celui-ci. — Et si je m'ennuie et que je revienne sans votre permission, Monsieur? demanda hautainement celui-ci. — Alors, répondit Lafayette, j'espère que, le lendemain de son retour, Votre Altesse me fera l'honneur de se battre avec moi.

Le duc d'Orléans partit et ne revint que rappelé.

Lafayette était peu royaliste avant le 6 octobre; mais, après le 6 octobre, il le devint réellement, sincèrement; il avait sauvé la reine et protégé le roi.

On s'attache par les services qu'on rend bien plus qu'on n'est attaché par les services qu'on reçoit. C'est qu'il y a dans le cœur de l'homme bien plus d'orgueil que de reconnaissance.

Le roi et madame Élisabeth, tout en reconnaissant qu'il y avait au-dessous, et peut-être au-dessus de tout ce peuple, un élément fatal qui ne voulait pas se mêler à lui, quelque chose de haineux et de vindicatif comme la colère du tigre qui rugit tout en caressant; le roi et madame Élisabeth avaient été réellement touchés.

Mais il n'en était pas de même pour Marie-Antoinette : la mauvaise disposition où était le cœur de la femme nuisait à l'esprit de la reine; ses larmes étaient des larmes de dépit, de douleur, de jalousie; de ces larmes qu'elle versait, il y en avait autant pour Charny, qu'elle sentait échapper de ses bras, que pour ce sceptre qu'elle sentait s'échapper de sa main.

Aussi voyait-elle tout ce peuple, entendait-elle tous ces cris avec un cœur sec et un esprit irrité. Elle était plus jeune en réalité que madame Élisabeth, ou plutôt du même âge à peu près; mais la virginité d'âme et de corps avaient fait à celle-ci une robe d'innocence et de fraîcheur qu'elle n'avait pas encore dévêtue, tandis que les ardentes passions de la reine, haine et amour, avaient jauni ses mains pareilles à de l'ivoire, avaient serré sur ses dents ses lèvres blêmes, et avaient étendu au-dessous de ses yeux ces nuances nacrées et violâtres qui révèlent un mal profond, incurable, constant.

La reine était malade, profondément malade, malade d'un mal dont on ne guérit pas, car son seul remède est le bonheur et la paix, et la pauvre Marie-Antoinette sentait que c'en était fait de sa paix et de son bonheur.

Aussi, au milieu de tous ces élans, au milieu de tous ces cris et de tous ces vivats, quand le roi tend les mains aux hommes, quand madame

Élisabeth sourit et pleure à la fois aux femmes et aux petits enfants, la reine sent son œil, mouillé des larmes de sa propre douleur, à elle, redevenir sec devant la joie publique.

Les vainqueurs de la Bastille s'étaient présentés chez elle, et elle avait refusé de les recevoir.

Les dames de la halle étaient venues à leur tour ; elle avait reçu les dames de la halle, mais à distance, séparée d'elles par d'immenses paniers ; en outre, ses femmes, comme une avant-garde destinée à la défendre de tout contact, s'étaient jetées au-devant d'elles.

C'était une grande faute que faisait Marie-Antoinette : les dames de la halle étaient royalistes ; beaucoup avaient désavoué le 6 octobre.

Ces femmes alors lui avaient adressé la parole ; car dans ces sortes de groupes il y a toujours des orateurs.

Une femme, plus hardie que les autres, s'était érigée en conseiller :

— Madame la reine, avait dit cette femme, voulez-vous me permettre de vous donner un avis ; mais là, un avis à la grosse morguenne, c'est-à-dire venant du cœur.

La reine avait fait de la tête un signe si imperceptible, que la femme ne l'avait pas vu.

— Vous ne répondez pas, avait-elle dit ; n'importe ! je vous le donnerai tout de même. Vous voilà parmi nous, au milieu de votre peuple, c'est-à-dire au sein de votre vraie famille, il faut maintenant éloigner de vous tous ces courtisans qui perdent les rois, et aimer un peu ces pauvres Parisiens qui, depuis vingt ans que vous êtes en France, ne vous ont pas vue quatre fois. — Madame, répondit sèchement la reine, vous parlez ainsi parce que vous ne connaissez pas mon cœur : je vous ai aimé à Versailles, je vous aimerai de même à Paris.

Ce n'était pas beaucoup promettre.

Aussi un autre orateur reprit :

— Oui, oui, vous nous aimiez à Versailles : c'était donc par amour que, le 14 juillet, vous vouliez assiéger la ville et la faire bombarder ; c'était donc par amour que, le 6 octobre, vous vouliez vous enfuir aux frontières, sous le prétexte d'aller au milieu de la nuit à Trianon. — C'est-à-dire, reprit la reine, que l'on vous a rapporté cela et que vous l'avez cru ; c'est ce qui fait à la fois le malheur du peuple et celui du roi.

Et cependant, pauvre femme, ou plutôt pauvre reine, au milieu des résistances de son orgueil et des déchirements de son cœur, elle trouva une heureuse inspiration. Une de ces femmes, Alsacienne de naissance, lui adressa la parole en allemand.

— Madame, lui répondit la reine, je suis devenue tellement Française, que j'ai oublié ma langue maternelle.

C'était charmant à dire; malheureusement ce fut mal dit.

Les dames de la halle pouvaient s'éloigner en criant à plein cœur : Vive la reine !

Elles s'éloignèrent en criant du bout des lèvres et en grognant entre leurs dents.

Le soir, quand, réunis, le roi et madame Élisabeth, sans doute pour se consoler, pour se raffermir l'un l'autre, se rappelaient tout ce qu'ils avaient trouvé de bon et de consolant dans ce peuple; la reine ne trouva qu'un fait à ajouter à tout cela : c'était un mot du dauphin qu'elle répéta plusieurs fois ce jour-là et les jours suivants.

Au bruit qu'avaient fait les dames de la halle en entrant dans les appartements, le pauvre petit était accouru près de sa mère et s'était serré contre elle, s'écriant :

— Bon Dieu ! maman, est-ce qu'aujourd'hui est encore hier?...

Le petit dauphin était là, il entendit ce que sa mère disait de lui, et fier comme tous les enfants qui voient qu'on s'occupe d'eux.

Il s'approcha du roi et le regarda d'un air pensif.

— Que veux-tu, Louis? demanda le roi. — Je voudrais, répondit le dauphin, vous demander quelque chose de très-sérieux, mon père. — Eh bien ! dit le roi en l'attirant entre ses jambes, que veux-tu me demander? voyons, parle. — Je désirerais savoir, continua l'enfant, pourquoi votre peuple qui vous aimait tant s'est tout à coup fâché contre vous, et ce que vous avez fait pour le mettre si fort en colère. — Louis, murmura la reine avec l'accent du reproche. — Laissez-moi lui répondre, dit le roi.

Madame Élisabeth souriait à l'enfant.

Louis XVI prit son fils sur ses genoux, et mettant la politique du jour à portée de l'intelligence de l'enfant :

— Mon fils, lui dit-il, j'ai voulu rendre le peuple encore plus heureux qu'il ne l'était; j'ai eu besoin d'argent pour payer les dépenses occasionnées par les guerres, j'en ai demandé à mon peuple comme l'ont toujours fait les rois mes prédécesseurs; des magistrats qui composent mon parlement s'y sont opposés et ont dit que mon peuple seul avait le droit de me voter cet argent. J'ai assemblé à Versailles les premiers de chaque ville par leur naissance, leur fortune et leur talent, voilà ce que l'on appelle les *états généraux*; quand ils ont été assemblés, ils m'ont demandé des choses que je ne puis faire ni pour moi ni pour vous, qui serez mon successeur... Il s'est trouvé des méchants qui ont soulevé le peuple, et les excès où il s'est porté ces jours derniers sont leur ouvrage. Mon fils, il ne faut pas en vouloir au peuple.

Le lendemain la ville de Paris et la garde nationale envoyèrent prier la

reine de paraître au spectacle et de constater ainsi par sa présence et par celle du roi qu'ils résidaient avec plaisir dans la capitale.

La reine répondit qu'elle aurait grand plaisir à se rendre à l'invitation de la ville de Paris, mais qu'il lui fallait le temps de perdre le souvenir des journées qui venaient de se passer.

Le peuple avait déjà oublié; il fut étonné qu'on se souvînt.

Lorsqu'elle apprit que son ennemi, le duc d'Orléans, était éloigné de Paris, elle eut un moment de joie, mais elle ne sut point gré à Lafayette de cet éloignement, elle crut que c'était une affaire personnelle entre le prince et Lafayette.

Elle le crut, ou fit semblant de le croire.

Elle ne voulait rien devoir à Lafayette : véritable princesse de la maison de Lorraine, pour la rancune et la hauteur, elle voulait vaincre et se venger.

— Les reines ne peuvent pas se noyer, avait dit madame Henriette d'Angleterre, au milieu d'une tempête, et elle était de l'avis de madame Henriette d'Angleterre.

D'ailleurs Marie-Thérèse n'avait-elle pas été plus près de mourir qu'elle, quand elle avait pris son enfant entre ses bras et l'avait montré à ses fidèles Hongrois.

Ce souvenir héroïque de la mère influa sur la fille; ce fut un tort, le tort terrible de ceux qui comparent les situations sans les juger.

Marie-Thérèse avait pour elle le peuple, Marie-Antoinette avait contre elle tous ceux qu'on avait égarés, et ils étaient nombreux.

Et puis elle était femme avant tout; et peut-être, hélas! eût-elle mieux jugé la situation, si son cœur eût été plus en paix.

Voilà donc ce qui se passait aux Tuileries pendant ces quelques jours où la révolution faisait halte, où les passions exaltées se refroidissaient, et où, comme pendant une trêve, amis et ennemis se reconnaissaient pour recommencer, à la première déclaration d'hostilité, un nouveau combat plus acharné, une nouvelle bataille plus meurtrière.

Ce combat est d'autant plus probable, cette bataille est d'autant plus instante, que nous avons mis nos lecteurs non-seulement au courant de ce qu'ils peuvent voir à la surface de la société, mais encore de tout ce qui se trame dans ses profondeurs.

XVII

LE PORTRAIT DE CHARLES Ier

Pendant les quelques jours qui s'étaient écoulés et pendant lesquels les nouveaux hôtes des Tuileries s'y étaient établis et y avaient pris leurs habitudes, Gilbert n'ayant point été appelé près du roi, n'avait pas jugé à propos de s'y rendre; mais enfin son jour de visite venu, il crut que son devoir lui serait une excuse qu'il n'avait point osé emprunter à son dévouement.

C'était le même service d'antichambre qui avait suivi le roi de Versailles à Paris, Gilbert était donc connu aux antichambres des Tuileries comme à celles de Versailles.

D'ailleurs le roi, pour n'avoir pas eu recours au docteur, ne l'avait point oublié. Louis XVI avait l'esprit trop juste pour ne pas facilement reconnaître ses amis et ses ennemis.

Et Louis XVI sentait bien jusqu'au plus profond de son cœur, quelles que fussent les préventions de la reine contre Gilbert, que Gilbert était, sinon l'ami du roi, du moins, ce qui valait tout autant, l'ami de la royauté.

Il s'était donc rappelé que c'était le jour de service de Gilbert, et il avait donné son nom pour qu'aussitôt son apparition Gilbert fût introduit près de lui.

Il en résulta qu'à peine eût-il franchi le seuil de la porte, le valet de chambre de service se leva, alla au-devant de lui, et l'introduisit dans la chambre à coucher du roi.

Le roi se promenait de long en large, si préoccupé qu'il ne fit point attention à l'entrée du docteur, qu'il n'entendit point l'annonce qui le précédait.

Gilbert s'arrêta sur la porte, immobile et silencieux, attendit que le roi remarquât sa présence et lui adressât la parole.

Ce qui préoccupait le roi, et il était facile de le voir, car de temps en temps il s'arrêtait pensif devant lui, c'était un grand portrait en pied de Charles Ier, peint par Van-Dyck.

Le même qui est aujourd'hui au palais du Louvre, et qu'un Anglais a proposé de couvrir entièrement de pièces d'or si l'on consentait à le lui vendre.

Vous le connaissez ce portrait, n'est-ce pas, sinon par la toile du moins par la gravure?

Charles Ier est à pied, sous quelques-uns de ces arbres grêles et rares comme ceux qui poussent sur les plages; un page tient son cheval tout caparaçonné; la mer fait l'horizon.

La tête du roi est toute empreinte de mélancolie. A quoi pense ce Stuart, qui a eu pour prédécesseur la belle et infortunée Marie, et qui aura pour successeur Jacques II?

Ou, plutôt, à quoi pensait le peintre, ce grand génie, qui en avait assez pour douer la physionomie du roi du superflu de sa pensée?

A quoi pensait-il en le peignant d'avance comme aux derniers jours de sa fuite, en simple *cavalier*, prêt à se mettre en campagne contre les têtes rondes?

A quoi pensait-il en le peignant ainsi acculé à la mer orageuse du Nord, avec son cheval à ses côtés, tout prêt pour l'attaque, mais aussi tout prêt pour la fuite?

Est-ce que si l'on retournait ce tableau où Van-Dyck a mis cette profonde teinte de tristesse, est-ce que sur l'envers de cette toile, on ne trouverait pas quelque ébauche de l'échafaud de Wite-Hall?

Il fallait que cette voix de la toile parlât bien haut pour s'être fait entendre à cette nature toute matérielle, dont, pareille à un nuage qui passe et qui rejette son reflet sombre sur les prés verts et sur les moissons dorées, elle avait rembruni le front.

Trois fois Louis XVI interrompit sa promenade pour s'arrêter devant ce portrait, et trois fois, avec un soupir, il reprit cette promenade qui semblait toujours et fatalement aboutir en face de ce tableau.

Enfin, Gilbert comprit qu'il y a des circonstances où un spectateur est moins indiscret en annonçant sa présence qu'en restant muet.

Il fit un mouvement; Louis XVI tressaillit et se retourna.

— Ah! c'est vous, docteur? dit-il. Venez, venez, je suis heureux de vous voir.

Gilbert s'approcha en s'inclinant.

— Depuis combien de temps étiez-vous là, docteur? — Depuis quelques minutes, sire. — Ah! fit le roi redevenant pensif.

Puis après une pause, conduisant Gilbert devant le chef-d'œuvre de Van-Dyck.

— Docteur, demanda-t-il, connaissez-vous ce portrait? — Oui, sire. — Où donc l'avez-vous vu? — Enfant, chez madame Dubarry; mais, tout enfant que je fusse à cette époque, il m'avait profondément frappé.

— Oui, chez madame Dubarry; c'est bien cela, murmura Louis XVI.

Puis après une nouvelle pause de quelques secondes :

LE PORTRAIT DE CHARLES 1er.

— Connaissez-vous l'histoire de ce portrait, docteur? demanda-t-il. — Sa Majesté parle-t-elle de l'histoire du roi qu'il représente ou de l'histoire du portrait lui-même? — Je parle de l'histoire du portrait. — Non, sire ; je sais seulement qu'il a été peint à Londres en 1645 ou 1646, voilà tout ce que je puis dire ; mais j'ignore comment il a passé en France, et comment il se trouve à cette heure dans la chambre de Votre Majesté. — Comment il a passé en France? je vais vous le dire ; comment il se trouve dans ma chambre? je l'ignore moi-même.

Gilbert regarda Louis XVI avec étonnement.

— Comment il se trouve en France? répéta Louis XVI, le voici. Je ne vous apprendrai rien de nouveau sur le fond, mais beaucoup sur les détails ; vous comprendrez alors pourquoi je m'arrêtais devant ce portrait, et ce à quoi je pensais en m'y arrêtant.

Gilbert s'inclina en signe qu'il écoutait attentivement.

— Il y eut, voilà trente ans de cela, à peu près, dit Louis XVI, un ministère fatal à la France, et à moi surtout, ajouta-t-il en poussant un soupir qui lui rappelait la mort de son père, qu'il avait toujours cru empoisonné par l'Autriche ; c'est le ministère de monsieur de Choiseul.

Ce ministère, on résolut de le remplacer par le ministère d'Aiguillon et Maupeou, en brisant du même coup les parlements.

Mais briser les parlements, c'était une action qui épouvantait fort mon aïeul, le roi Louis XV ; pour briser les parlements, il lui fallait une volonté qu'il avait perdue. Avec les débris du vieil homme, il fallait refaire un homme nouveau, et, pour refaire de ce vieil homme un homme nouveau, il n'y avait qu'un moyen, c'était de fermer ce honteux harem qui, sous le nom de Parc-aux-Cerfs, a coûté tant d'argent à la France et tant de popularité à la monarchie ; il fallait, au lieu de ce monde de jeunes filles où s'épuisait le reste de sa virilité, donner à Louis XV une seule maîtresse qui lui tînt lieu de toutes, qui n'eût pas assez d'influence pour lui faire suivre une ligne politique, mais qui eût assez de mémoire pour lui répéter à chaque instant une leçon bien apprise.

Le vieux maréchal de Richelieu savait où chercher ces sortes de femmes ; il la chercha où elles se trouvent et il la trouva.

Vous l'avez connue, docteur, car tout à l'heure vous m'avez dit avoir vu ce portrait chez elle.

Gilbert s'inclina.

— Nous ne l'aimions pas, la reine ni moi, cette femme ; la reine moins que moi, peut-être, car la reine, Autrichienne, instruite par Marie-Thérèse à cette grande politique européenne dont l'Autriche serait le centre, voyait, dans l'avénement de monsieur d'Aiguillon, la chute de son ami, monsieur de Choiseul. Nous ne l'aimions pas, dis-je ; et cependant je dois lui rendre cette justice, qu'en détruisant ce qui était, elle agissait selon mes désirs particuliers, et, je le dirai en conscience, selon le bien général. C'était une habile comédienne ; elle joua son rôle à merveille ; elle surprit Louis XV par une familière audace, inconnue jusque-là à la royauté ; elle l'amusa en le raillant ; elle le fit homme en lui faisant croire qu'il l'était.

Le roi s'arrêta tout à coup, comme s'il se reprochait cette imprudence de parler ainsi de son aïeul devant un étranger ; mais en jetant un regard sur la figure franche et ouverte de Gilbert, il vit qu'à cet homme, qui savait si bien tout comprendre, il pouvait tout dire.

Gilbert comprit ce qui se passait dans l'esprit du roi, et sans impatience, sans interrogation même, ouvrant son œil tout entier à l'œil scrutateur de Louis XVI, il attendit.

— Ce que je vous dis, Monsieur, reprit Louis XVI avec une certaine noblesse de geste et de tête qui ne lui était pas habituelle, je ne devrais peut-être pas vous le dire, car c'est ma pensée intime, et un roi ne doit laisser voir le fond de son cœur qu'à ceux au fond du cœur desquels il doit lire. Me rendrez-vous la pareille ? monsieur Gilbert, et si le roi de France vous dit toujours ce qu'il pense, lui direz-vous, vous-même, tout ce que vous pensez ? — Sire, répondit Gilbert, je vous jure que si Votre Majesté me fait cet honneur, je lui rendrai, moi, ce service. Le médecin a charge de corps, comme le prêtre a charge d'âme ; mais, muet et impénétrable pour les autres, je regarderais comme un crime de ne pas dire la vérité au roi qui me fait l'honneur de me la demander. — Ainsi, monsieur Gilbert, jamais une indiscrétion... — Sire, vous me diriez à moi-même que dans un quart d'heure, et par votre ordre, je vais être mis à mort, que je ne me croirais pas le droit de fuir, si vous n'ajoutiez : Fuyez ! — Vous faites bien de me dire cela, monsieur Gilbert. Avec mes meilleurs amis, avec la reine elle-même, souvent je ne parle que tout bas. Avec vous, je penserai tout haut.

Il continua :

— Eh bien ! cette femme qui savait que l'on ne pouvait guère compter avec Louis XV que sur des velléités royales, ne le quittait guère, afin de mettre à profit les moindres de ses velléités. Au conseil, elle le suivait et se penchait sur son fauteuil ; devant le chancelier, devant ces graves personnages, devant ces vieux magistrats, elle se couchait à ses pieds, minaudant comme un singe, bavardant comme une perruche, lui soufflant enfin la royauté nuit et jour. Mais ce n'était point assez ; et l'étrange Égérie y eût peut-être perdu son temps, si à ces paroles insaisissables, monsieur de Richelieu n'eût eu l'idée d'ajouter un corps qui rendît matérielle la leçon qu'elle répétait. Sous le prétexte que le page que l'on voit dans ce tableau se nommait Barry, on acheta ce tableau pour elle, comme si c'était un tableau de famille. Ce visage mélancolique qui devint le 30 janvier 1648, placé dans le boudoir de cette fille, entendit ses éclats de rire effrontés, vit ses lascifs ébats, car voici ce à quoi il lui servait : tout en riant, elle prenait Louis XV par la tête et lui montrait Charles Ier. — Vois-tu, La France, disait-elle, voilà un roi à qui on a coupé le cou parce qu'il était faible pour son parlement ; ménage donc encore le tien.

Louis XV cassa son parlement et mourut tranquillement sur le trône.

Alors nous exilâmes cette femme, pour laquelle nous eussions dû peut-être être plus indulgents.

Le tableau resta dans les mansardes de Versailles, et je ne songeai jamais même à demander ce qu'il était devenu.

Maintenant, comment se fait-il que je le trouve ici ? qui a ordonné qu'il fût apporté ? pourquoi me suit-il ? ou plutôt pourquoi me poursuit-il ?

Il secoua tristement la tête.

— Docteur, dit-il, n'y a-t-il point une fatalité là-dessous ? — Une fatalité si ce portrait ne vous dit rien, sire, mais une Providence s'il vous parle. — Comment voulez-vous qu'un pareil portrait ne parle pas à un roi dans ma situation, docteur ? — Après m'avoir permis de lui dire la vérité, Votre Majesté permet-elle que je l'interroge ?

Louis XVI sembla hésiter un instant.

— Interrogez, docteur, dit-il. — Que dit ce portrait à Votre Majesté, sire ? — Il me dit que Charles Ier a perdu la tête pour avoir fait la guerre à son peuple, et que Jacques II a perdu le trône pour avoir délaissé le sien. — En ce cas, ce portrait est comme moi, sire, il dit la vérité. — Eh bien ? demanda le roi sollicitant Gilbert du regard. — Eh bien ! puisque le roi m'a permis de l'interroger, je lui demanderai ce qu'il répond à ce portrait qui lui parle si loyalement ? — Monsieur Gilbert, dit le roi, je vous donne ma foi de gentilhomme que je n'ai encore rien résolu ; je prendrai conseil des circonstances. — Le peuple a peur que le roi ne songe à lui faire la guerre.

Louis XVI secoua la tête.

— Non, Monsieur, non, dit-il, je ne puis faire la guerre à mon peuple qu'avec l'appui de l'étranger, et je connais trop bien l'état de l'Europe pour m'y fier. Le roi de Prusse m'offre d'entrer en France avec cent mille hommes, mais je connais trop bien l'esprit intrigant et ambitieux de cette petite monarchie qui tend à devenir un grand royaume, qui pousse partout au trouble, espérant que dedans ce trouble elle aura quelque Silésie nouvelle à accaparer. L'Autriche, de son côté, met cent autres mille hommes à ma disposition, mais je n'aime pas mon beau-frère Léopold, Janus à deux faces. Mon frère d'Artois me propose l'appui de la Sardaigne et de l'Espagne, mais je ne me fie pas à ces deux puissances conduites par mon frère d'Artois. Il a près de lui monsieur de Calonne, c'est-à-dire le plus cruel ennemi de la reine, celui-là même qui a annoté, j'ai vu le manuscrit, le pamphlet de madame Lamotte contre nous dans cette vilaine affaire du collier. Je sais tout ce qui se passe là-bas. Dans le dernier conseil il a été question de me déposer et de nommer un régent qui serait probablement mon autre très-cher frère, monsieur le comte de Provence. Dans le dernier, monsieur de Condé, mon cousin, a proposé d'entrer en France et de marcher sur Lyon, *quoi qu'il puisse arriver au roi*.

Quant à la grande Catherine, c'est autre chose ; elle se borne aux conseils, elle. Vous concevez bien qu'elle est à table, occupée à dévorer la Pologne, et qu'elle ne peut pas se lever avant d'avoir fini son repas. Elle me donne un conseil qui vise au sublime et qui n'est que ridicule, surtout après ce qui s'est passé ces jours derniers. « Les rois, dit-elle, doivent suivre leur marche sans s'inquiéter des cris du peuple, comme la lune suit son cours sans s'inquiéter des aboiements des chiens. » Il paraît que les chiens russes se contentent d'aboyer ; qu'elle envoie demander à Deshuttes et à Varicourt si les nôtres ne mordent pas. — Le peuple a peur que le roi ne songe à fuir, à quitter la France.

Le roi hésita à répondre.

— Sire, dit Gilbert en souriant, on a toujours tort de prendre au pied de la lettre une permission donnée par un roi. Je vois que je suis indiscret, et de mon interrogation je fais purement et simplement l'expression d'une plainte.

Le roi posa la main sur l'épaule de Gilbert.

— Monsieur, dit-il, je vous ai promis la vérité, je vous la dirai tout entière. Oui, il a été question de cela ; oui, la chose m'a été proposée ; oui, c'est l'avis de beaucoup de loyaux serviteurs qui m'entourent que je dois fuir. Mais dans la nuit du 6 octobre, au moment où pleurant dans mes bras et serrant ses deux enfants dans les siens, la reine attendait comme moi la mort, elle m'a fait jurer que je ne fuirais jamais seul ; que nous partirions tous ensemble, afin d'être sauvés ou de mourir ensemble. J'ai juré, Monsieur, et je tiendrai ma parole. Or, comme je ne crois pas qu'il soit possible que nous fuyions tous ensemble sans être arrêtés dix fois avant d'arriver à la frontière, nous ne fuirons pas. — Sire, dit Gilbert, vous me voyez en admiration devant la justesse d'esprit de Votre Majesté. Oh ! pourquoi toute la France ne peut-elle pas vous entendre comme je vous ai entendu à cet instant même ! Oh ! combien s'adouciraient les haines qui poursuivent Votre Majesté ! combien s'affaibliraient les dangers qui l'entourent ! — Des haines ! dit le roi, croyez-vous donc que mon peuple me hait ? Des dangers ! En ne prenant pas trop au sérieux les sombres pensées que m'a inspirées ce portrait, je vous dirai que je crois les plus grands passés.

Gilbert regarda le roi avec un profond sentiment de mélancolie.

— N'est-ce donc point votre avis, monsieur Gilbert? demanda Louis XVI. — Mon avis, sire, est que Votre Majesté vient d'entrer seulement en lutte, et que le 14 juillet et le 6 octobre ne sont que les deux premiers actes du drame terrible que la France va jouer à la face des nations.

Louis XVI pâlit légèrement.

— J'espère que vous vous trompez, Monsieur, dit-il. — Je ne me trompe pas, sire. — Comment pouvez-vous, sur ce point, en savoir plus que moi qui ai à la fois ma police et ma contre-police? — Sire, je n'ai, il est vrai, ni police ni contre-police; mais, par ma position, je suis l'intermédiaire naturel entre ce qui touche le ciel et ce qui se cache encore dans les entrailles de la terre. Sire, sire, ce que nous avons éprouvé n'est encore que le tremblement de terre, il nous reste à combattre le feu, la cendre et la lave du volcan. — Vous avez dit à *combattre*, Monsieur; n'auriez-vous pas parlé plus juste en disant à fuir? — J'ai dit à combattre, sire. — Vous connaissez mon opinion à l'égard de l'étranger; je ne l'appellerai jamais en France, à moins, je ne dirai pas que ma vie, que m'importe ma vie, à moi! j'en ai fait le sacrifice; à moins que la vie de ma femme et de mes enfants ne coure un réel danger. — Je voudrais me prosterner à vos pieds, sire, pour vous remercier de pareils sentiments. Non, sire, il n'est point besoin de l'étranger. A quoi bon l'étranger, tant que vous n'aurez pas épuisé vos propres ressources? Vous craignez d'être dépassé par la révolution, n'est-ce pas, sire? — Je l'avoue.

— Eh bien! il y a deux moyens de sauver à la fois le roi et la France. — Dites-les, Monsieur, et vous aurez bien mérité de tous deux. — Le premier, sire, c'est de vous placer à la tête du mouvement et de le diriger. — Ils m'entraîneront avec eux, monsieur Gilbert, et je ne veux pas aller où ils vont. — Le second, est de lui mettre un mors assez solide pour le dompter. — Comment s'appellera ce mors, Monsieur? — La popularité et le génie. — Et quel sera le forgeron? — Mirabeau.

Louis XVI regarda Gilbert en face, comme s'il avait mal compris.

XVIII

MIRABEAU

Gilbert vit que c'était une lutte à soutenir, mais il était préparé.
— Mirabeau, répéta-t-il, oui, sire, Mirabeau.
Le roi se retourna vers le portrait de Charles Ier.
— Qu'eusses-tu répondu, Charles Stuart? demanda-t-il à la poétique toile de Van-Dyck, si, au moment où tu sentais trembler la terre sous tes pieds, on t'eût proposé de t'appuyer sur Cromwell? — Charles Stuart eût refusé et eût bien fait, car il n'y a aucune ressemblance entre Cromwell et Mirabeau. — Je ne sais pas comment vous envisagez les choses, docteur, dit le roi, mais pour moi il n'y a pas de degrés dans la trahison : un traître est un traître, et je ne sais pas faire de différence entre qui l'est un peu et qui l'est beaucoup. — Sire, dit Gilbert avec un profond respect, mais en même temps avec une invincible fermeté, ni Cromwell ni Mirabeau ne sont des traîtres. — Et que sont-ils donc? s'écria le roi.
— Cromwel est un sujet rebelle et Mirabeau un gentilhomme mécontent.
— Mécontent de quoi? — De tout : de son père qui l'a fait enfermer dans le château d'If et au donjon de Vincennes, des tribunaux qui l'ont condamné à mort, et du roi qui a méconnu son génie et qui le méconnaît encore. — Le génie de l'homme politique, monsieur Gilbert, dit vivement le roi, c'est l'honnêteté. — La réponse est belle, sire, digne de Titus, de Trajan ou de Marc-Aurèle; malheureusement l'expérience est là qui lui donne tort. — Comment cela? — Était-ce un honnête homme qu'Auguste, qui partageait le monde avec Lépide et Antoine, et qui exilait Lépide et tuait Antoine pour avoir le monde à lui tout seul? Était-ce un honnête homme que Charlemagne, qui envoyait son frère Carloman dans un cloître, et qui, pour en finir avec son ami Witikind, presque aussi grand homme que lui, faisait couper toutes les têtes de sa race qui dépassaient la hauteur de son épée? Était-ce un honnête homme que Louis XI, qui se révoltait contre son père pour le détrôner, et qui, quoiqu'il échouât, inspirait au pauvre Charles VII une telle terreur que, de peur d'être empoisonné, il se laissait mourir de faim? Et cependant ni les uns ni les autres, Dieu merci! n'ont fait de tort à la royauté? Était-ce un honnête homme que Richelieu, qui faisait sa cour à la femme de son roi, et lâchait un assassin ou un bourreau sur ceux qu'il soupçonnait d'être plus heureux

que lui? Était-ce un honnête homme que Mazarin, qui signait un pacte avec le Protecteur, et qui non-seulement refusait un demi-million et cinq cents hommes à Charles II, mais encore le chassait de France? Était-ce un honnête homme que Colbert, qui trahissait, accusait, renversait Fouquet, son protecteur, et qui, tandis qu'on le jetait vivant dans un cachot dont il ne devait sortir que cadavre, s'asseyait impudemment et superbement dans son fauteuil chaud encore? Et cependant ni les uns ni les autres, Dieu merci! n'ont fait de tort aux rois? — Mais, monsieur Gilbert, vous savez bien que monsieur de Mirabeau ne peut être à moi, puisqu'il est à monsieur le duc d'Orléans. — Eh! sire, puisque monsieur le duc d'Orléans est exilé, monsieur de Mirabeau n'est plus à personne. — Comment voulez-vous que je me fie à un homme à vendre? — En l'achetant; ne pouvez-vous pas lui donner plus que qui que ce soit au monde? — Un insatiable, qui demandera un million. — Si Mirabeau se vend pour un million, sire, il se donnera. Croyez-vous qu'il vaille deux millions de moins qu'un ou qu'une Polignac. — Monsieur Gilbert! — Le roi me retire la parole, dit Gilbert en s'inclinant, je me tais. — Non, au contraire, parlez! — J'ai parlé, sire. — Alors, discutons. — Je ne demande pas mieux; je sais mon Mirabeau par cœur, sire. — Vous êtes son ami? — Je n'ai malheureusement point cet honneur-là. D'ailleurs, monsieur de Mirabeau n'a qu'un ami, qui est en même temps celui de la reine. — Oui, monsieur le comte de Lamarck; je sais cela; nous le lui reprochons assez tous les jours. — Votre Majesté, au contraire, devrait lui défendre, sous peine de mort, de jamais se brouiller avec lui. — Et de quelle importance voulez-vous, Monsieur, que soit dans le poids des affaires un gentillâtre comme monsieur Riquetti de Mirabeau? — D'abord, sire, permettez-moi de vous dire que monsieur de Mirabeau est un gentilhomme, et non pas un gentillâtre; il y a peu de gentilshommes en France qui datent du onzième siècle, puisque, pour en avoir encore quelques-uns autour d'eux, nos rois ont eu l'indulgence de n'exiger de ceux à qui ils accordent l'honneur de monter dans leur carrosse, que des preuves de 1399. Non, sire, on n'est pas un gentillâtre quand on descend des Arrighelli de Florence, qu'on est venu à la suite d'une défaite du parti gibelin s'établir en France. On n'est pas un gentillâtre parce qu'on a eu un aïeul commerçant à Marseille; car vous savez, sire, que la noblesse de Marseille, comme celle de Venise, a le privilége de ne point déroger en faisant du commerce. — Un débauché, interrompit le roi, un bourreau de réputation, un gouffre d'argent. — Ah bien! il faut prendre les hommes comme la nature les a faits; les Mirabeau ont toujours été orageux et désordonnés dans leur jeunesse; mais ils mûrissent en vieillissant : jeunes gens, ils sont malheureusement tels que le dit Votre Majesté;

devenus chefs de famille, ils sont impérieux, hautains, mais austères ; le roi qui les méconnaîtrait serait ingrat, car ils ont fourni à l'armée de terre d'intrépides soldats, à l'armée de mer des marins audacieux. Je sais bien que, dans leur esprit provincial, ils étaient haineux de toute centralisation ; je sais bien que, dans leur opposition semi-féodale et semi-républicaine, ils bravaient, du haut de leur donjon, l'autorité des ministres, parfois même celle des rois ; je sais bien qu'ils ont plus d'une fois jeté dans la Durance les argus du fisc qui voulaient opérer sur leurs terres ; je sais bien qu'ils confondaient dans un même dédain, qu'ils couvraient d'un mépris égal les courtisans et les commis, les fermiers généraux et les lettrés, n'estimant que deux choses au monde, le fer de l'épée et le fer de la charrue ; je sais bien que l'un d'eux a écrit : « Le valetage est destiné aux gens de cour à visage et à cœur de plâtre, comme le barbotage aux canards ; » mais tout cela, sire, ne sent pas le moins du monde le gentillâtre ; tout cela, au contraire, n'est peut-être pas de la plus honnête morale, mais est, à coup sûr, de la plus haute gentilhommerie. — Allons, allons, monsieur Gilbert, dit avec une espèce de dépit le roi, qui croyait mieux connaître que personne les hommes considérables de son royaume, allons, vous l'avez dit, vous savez votre Mirabeau par cœur ; pour moi, qui ne le sais pas, continuez : avant de se servir des gens, on aime à les apprendre. — Oui, sire, reprit Gilbert, aiguillonné par l'espèce d'ironie qu'il découvrait dans l'intonation avec laquelle le roi lui parlait, et je dirai à Votre Majesté : c'était un Mirabeau, un Bruno de Riquetti qui, le jour où monsieur de La Feuillade inaugurait sur la place de la Victoire la statue de la Victoire avec ses quatre nations enchaînées, passant avec son régiment, le régiment des gardes, sire, sur le Pont-Neuf, s'arrêta et fit arrêter son régiment devant la statue de Henri IV, et dit, en ôtant son chapeau : « Mes amis, saluons celui-ci, car celui-ci en vaut bien un autre. » C'était un Mirabeau, ce François de Riquetti qui, à l'âge de dix-sept ans, revient de Malte, trouve sa mère Anne de Pontèves en deuil, et lui demande pourquoi ce deuil, puisque depuis dix ans son père est mort. — Parce que j'ai été insultée, répondit la mère. — Par qui, Madame ? — Par le chevalier de Griasque. — Et vous ne vous êtes pas vengée ? demanda François qui connaissait sa mère. — J'en ai eu bonne envie ; un jour, je l'ai trouvé seul ; je lui ai appliqué un pistolet chargé contre la tempe, et je lui ai dit : Si j'étais seule, je te brûlerais la cervelle, comme tu vois que je puis le faire ; mais j'ai un fils qui me vengera plus honorablement. — Vous avez bien fait, ma mère répond le jeune homme ; et, sans se débotter, il reprend son chapeau, receint son épée, va trouver le chevalier de Griasque, un spadassin, un bretailleur, le provoque, s'enferme avec lui dans un jardin, jette les clés par-dessus les murs et le tue. C'était un Mirabeau, ce marquis Jean-Antoine qui avait six pieds, la beauté d'Antinoüs, la force de Milon, à qui cependant sa grand'-mère disait dans son patois provençal : « Vous n'êtes plus des hommes, vous autres, vous êtes des diminutifs d'hommes; » et qui, élevé par cette Virago, avait, comme l'a dit depuis son petit-fils, le ressort et l'appétit de l'impossible; qui, mousquetaire à dix-huit ans, toujours au feu, aimant le danger avec passion, comme d'autres aiment le plaisir, commandait une légion d'hommes terribles, acharnés, indomptables comme lui; si bien que les autres soldats disaient en les voyant passer : « Vois-tu ces parements rouges? ce sont les *Mirainbeaux*, c'est-à-dire une légion de diables commandés par Satan. » Et il se trompait sur le commandant en l'appelant Satan, car c'était un homme fort pieux, si pieux, qu'un jour le feu ayant pris dans un de ses bois, au lieu de donner des ordres pour qu'on essayât de l'éteindre par les moyens ordinaires, il y fit porter le Saint-Sacrement, et le feu s'éteignit. Il est vrai que cette piété était celle d'un vrai baron féodal, et que le capitaine trouvait parfois moyen de tirer le dévot d'un grand embarras, comme il lui arriva, un jour que des déserteurs qu'il voulait faire fusiller s'étaient réfugiés dans l'église d'un couvent italien : il ordonna à ses hommes d'enfoncer les portes, et ils allaient obéir, quand les portes s'ouvrirent d'elles-mêmes, et quand l'abbé apparut sur le seuil *in pontificalibus*, le Saint-Sacrement entre les mains. — Eh bien? demanda Louis XVI, évidemment captivé par ce récit plein de verve et de couleur. — Il demeura un instant pensif, car la position était embarrassante; puis, illuminé d'une idée subite : — Dauphin, dit-il à son guidon, qu'on appelle l'aumônier du régiment, et qu'il vienne retirer le bon Dieu des mains de ce drôle-là. Ce qui fut précisément fait par l'aumônier du régiment, sire, appuyé par les mousquets de ces diables à parements rouges. — En effet, dit Louis XVI; oui, je me rappelle ce marquis Antoine. N'est-ce pas lui qui disait au lieutenant général Chamillard qui, après une affaire où il s'était distingué, promettait de dire de lui à Chamillard, le ministre : « Monsieur, votre frère est bien heureux de vous avoir; car, sans vous, il serait l'homme le plus sot du royaume? » — Oui, sire; aussi fit-on une promotion de maréchaux de camp où le ministre Chamillard se garda bien de mettre le nom du marquis. — Et comment finit ce héros, qui me paraît être le Condé de la race des Riquetti? demanda en riant le roi. — Sire, qui a belle vie a belle mort, répondit gravement Gilbert. Chargé à la bataille de Cassano de défendre un pont attaqué par les Impériaux, suivant son habitude, il avait fait coucher ses soldats ventre à terre, et lui, géant, se tenait debout, s'offrant comme un point de mire au feu de l'ennemi; il en résulta que les balles commencèrent à siffler autour de lui comme grêle, mais lui ne bougeait pas plus qu'un poteau à indiquer le chemin. Une de ces balles lui cassa le bras droit d'abord, mais ce n'était rien que cela, vous comprenez, sire. Il prit son mouchoir, mit son bras droit en écharpe, et saisit de sa main gauche une hache, son arme ordinaire, méprisant le sabre et l'épée comme portant de trop petits coups ; mais à peine avait-il accompli cette manœuvre, qu'un second coup de feu, lui traversant la gorge, lui coupa la jugulaire et les nerfs du cou. Cette fois, c'était plus grave ; cependant, malgré l'horrible blessure, le colosse resta encore un instant debout ; puis, étouffé par le sang, il s'abattit sur le pont comme un arbre qu'on déracine. A cette vue, le régiment se décourage et s'enfuit ; avec son chef, il venait de perdre son âme. Un vieux sergent, qui espère qu'il n'est pas tout à fait mort, lui jette en passant une marmite sur le visage, et à la suite de son régiment toute l'armée du prince Eugène, infanterie et cavalerie, lui passe sur le corps. La bataille finie, il s'agit d'enterrer les cadavres : le magnifique habit du marquis fait qu'on le remarque ; un de ses soldats, prisonnier, le reconnaît ; le prince Eugène, voyant qu'il souffle ou plutôt qu'il râle encore, ordonne de le reporter au camp du duc de Vendôme. L'ordre est exécuté ; on dépose le corps du marquis sous la tente du prince, où se trouve par hasard le fameux chirurgien Dumoulin ; c'était un homme plein de fantaisie : il lui prend celle de rappeler ce cadavre à la vie ; la cure le tente d'autant plus, qu'elle lui paraît plus impossible. Outre cette blessure qui, sauf l'épine dorsale et quelques lambeaux de chair, lui séparait à peu près la tête des épaules, tout son corps, sur lequel trois mille chevaux et six mille fantassins avaient passé, n'était qu'une plaie ; pendant trois jours on doute s'il reprendra même connaissance ; au bout de trois jours il ouvre un œil, deux jours après il remue un bras ; enfin, il seconde l'acharnement de Dumoulin d'un acharnement égal, et après trois mois, on voit reparaître le marquis Jean-Antoine avec un bras cassé enveloppé dans une écharpe noire, vingt-sept blessures éparpillées sur tout son corps, cinq de plus que César, et la tête soutenue par un col d'argent. Sa première visite fut pour Versailles, où le conduisit monsieur le duc de Vendôme, et le roi lui demanda comment ayant fait preuve d'un tel courage il n'était pas encore maréchal de camp. — « Sire, répondit le marquis Antoine, si au lieu de rester à défendre le pont de Cassano j'étais venu à la cour purger quelques coquins, j'aurais eu mon avancement et moins de blessures. » Ce n'était point ainsi que Louis XIV aimait qu'on lui répondît, aussi tourna-t-il les talons au marquis. — « Jean-Antoine, mon ami, lui dit en sortant monsieur de Vendôme, désormais je te présenterai à l'ennemi, mais jamais au roi. » Quelques mois après, le marquis, avec ses vingt-sept blessures, son bras cassé et son collier d'argent, épousa mademoiselle de Castellane-

Norante, à laquelle il fit sept enfants entre sept nouvelles campagnes. Parfois, mais rarement, comme les vrais braves, il parlait de cette fameuse affaire de Cassano; et, quand il en parlait, il avait l'habitude de dire : « C'est la bataille où je fus tué. » — Vous me dites bien, reprit Louis XVI, qui s'amusait visiblement à cette énumération des ancêtres de Mirabeau, vous me dites bien, mon cher docteur, comment le marquis Jean-Antoine *fut tué,* mais vous ne me dites pas comment il est *mort.* — Il mourut dans le donjon de Mirabeau, âpre et dure retraite située sur un roc escarpé, barrant une double gorge, sans cesse battue du vent du nord ; et il est mort avec cette écorce impérieuse et qui se fait sur la peau des Riquetti au fur et à mesure qu'ils vieillissent, élevant ses enfants dans la soumission et le respect, et les tenant à une telle distance, que l'aîné de ses fils disait : « Je n'ai jamais eu l'honneur de toucher ni de la main ni des lèvres la chair de cet homme respectable. » Cet aîné, sire, c'était le père du Mirabeau actuel, oiseau hagard dont le nid fut fait entre les quatre tourelles ; qui n'a jamais voulu s'enversailler, comme il dit, ce qui fait sans doute que Votre Majesté, ne le connaissant pas, ne lui rend pas justice. — Si fait, Monsieur, dit le roi, si fait ! je le connais, au contraire : c'est un des chefs de l'école économiste ; il a eu sa part dans la révolution qui s'accomplit en donnant le signal des réformes sociales et en popularisant beaucoup d'erreurs et quelques vérités, ce qui est d'autant plus coupable de sa part, qu'il prévoyait la situation, lui qui a dit : « Il n'est aujourd'hui ventre de femme qui ne porte un Arteveld ou un Masaniello. » Il ne se trompait pas, et le ventre de la sienne a porté pis que tout cela. — Sire, s'il y a dans Mirabeau quelque chose qui répugne à Votre Majesté ou qui l'effraie, laissez-moi lui dire que c'est le despotisme paternel et le despotisme royal qui ont fait tout cela. — Le despotisme royal! s'écria le roi. — Sans doute, sire, car sans le roi le père ne pouvait rien. Car, enfin, quel crime si grave avait donc commis le descendant de cette grande race, pour qu'à quatorze ans son père l'envoie dans une école de correction où il est inscrit, pour l'humilier, non pas sous son nom de Riquetti de Mirabeau, mais sous le nom de Ruffières? Qu'avait-il fait pour qu'à dix-huit ans son père obtînt une lettre de cachet contre lui, et l'enfermât dans l'île de Rhé? Qu'avait-il fait pour qu'à vingt ans il l'envoie faire, avec un bataillon disciplinaire, la guerre en Corse, avec cette prédiction de son père : « Il s'embarquera le 16 avril prochain sur une plaine qui se sillonne toute seule, Dieu veuille qu'il n'y rame pas un jour? » Qu'avait-il fait pour qu'au bout d'un an de mariage son père l'exile à Mayorque? Qu'avait-il fait pour qu'au bout de six mois à Mayorque son père le fasse transférer au fort de Loux? Qu'avait-il fait enfin pour être, après sa fuite de sa prison, arrêté à

Amsterdam et enfermé dans le donjon de Vincennes où, pour tout espace, à lui qui étouffe dans le monde, la clémence paternelle, réunie à la clémence royale, lui donne un cachot de dix pieds carrés, où cinq ans s'agite sa jeunesse, rugit sa passion, mais où en même temps s'agrandit son esprit et se fortifie son cœur. Ce qu'il avait fait, je vais le dire à Votre Majesté : il avait séduit son professeur, Poisson, par sa facilité à tout apprendre et à tout comprendre ; il avait mordu de travers à la science économique ; il avait, ayant pris la carrière militaire, désiré la continuer ; il avait, réduit à six mille livres de rentes lui, sa femme et un enfant, fait pour une trentaine de mille francs de dettes ; il avait rompu son ban de monarque pour venir bâtonner un insolent gentilhomme qui a insulté sa sœur ; il avait enfin, et c'est là son plus grand crime, en cédant aux séductions d'une jeune et jolie femme, enlevé cette femme à un vieux mari caduc, morose et jaloux.

— Oui, Monsieur, et pour l'abandonner ensuite, dit le roi ; de sorte que la malheureuse madame de Monnier, restée seule avec son crime, se donna la mort.

Gilbert leva les yeux au ciel et poussa un soupir.

— Voyons, dites, qu'avez-vous à répondre à cela, Monsieur, et comment défendrez-vous votre Mirabeau ? — Par la vérité, sire, par la vérité qui pénètre si difficilement jusqu'aux rois que vous, qui la cherchez, qui la demandez, qui l'appelez, vous l'ignorez presque toujours. Non, madame de Monnier, sire, n'est point morte de l'abandon de Mirabeau, car, en sortant de Vincennes, la première visite de Mirabeau est pour elle ; il entre déguisé en colporteur dans le couvent de Gien, où elle a été demander un asile ; il trouve Sophie froide, contrainte ; une explication a lieu ; Mirabeau s'aperçoit que non-seulement madame Monnier ne l'aime plus, mais encore qu'elle en aime un autre, le chevalier de Baucourt. Cet autre, devenue libre par la mort de son mari, elle va l'épouser. Mirabeau est sorti trop tôt de prison. On comptait sur sa captivité ; il faudra se contenter de son honneur. Mirabeau cède la place à son rival. Mirabeau se retire. Madame de Monnier va épouser monsieur de Baucourt, monsieur de Baucourt meurt subitement. Elle avait mis, la pauvre créature, tout son cœur et toute sa vie dans ce dernier amour. Il y a un mois, le 9 septembre, elle s'enferme dans sa chambre et s'asphyxie ; alors les ennemis de Mirabeau de crier qu'elle meurt de l'abandon de son premier amant, quand elle meurt d'amour pour un second. Oh ! l'histoire, l'histoire ! voilà cependant comment on l'écrit. — Ah ! dit le roi, voilà donc pourquoi il a reçu cette nouvelle avec une si grande indifférence. — Comment il l'a reçue, je puis encore dire cela à Votre Majesté, sire, car je connais celui qui la lui a annoncée : c'est un des membres de l'Assemblée ; interrogez-le lui-

LOUIS XVI.

même, il n'osera mentir, car c'est un prêtre, c'est le curé de Gien, l'abbé Vallet; il siége sur les bancs opposés à ceux où siége Mirabeau, il traversa la salle, et au grand étonnement du comité, il vint s'asseoir près de lui. — Que diable venez-vous faire ici? demanda Mirabeau. Sans lui répondre, l'abbé Vallet lui remit la lettre qui annonçait dans tous ses détails la fatale nouvelle. Il l'ouvrit et fut longtemps à la lire, car sans doute ne pouvait-il pas y croire; puis il la relut une seconde fois, et pendant cette seconde lecture son visage pâlissait, se décomposait. De temps en temps il passait ses mains sur son front, s'essuyant les yeux du même coup, toussant, crachant, essayant de redevenir maître de lui-même; enfin, il lui fallut céder, il se leva, sortit précipitamment, et de trois jours ne reparut pas à l'Assemblée. Oh! sire, sire, pardonnez-moi d'entrer dans tous ces détails. Voyez-vous, mais il suffit d'être un homme de génie ordinaire pour être calomnié en tout point et sur toute chose, à plus forte raison l'homme du génie est un géant. — Pourquoi donc en est-il ainsi, docteur, et quel intérêt a-t-on près de moi de calomnier monsieur de Mirabeau? — L'intérêt qu'on a, sire? l'intérêt qu'a toute médiocrité à garder sa place près du trône. Mirabeau n'est point un de ces hommes qui puisse entrer dans le temple sans en chasser tous les vendeurs; Mirabeau près de vous, sire, c'est la mort des petites intrigues, c'est l'exil des petits intrigants; Mirabeau près de vous, c'est le génie traçant le chemin à la probité. Et que vous importe, sire, que Mirabeau ait mal vécu avec sa femme; que vous importe que Mirabeau ait enlevé madame de Monnier; que vous importe que Mirabeau ait un demi-million de dettes; payez ce demi-million de dettes, sire; ajoutez à ces cinq cent mille francs un million, deux millions, dix millions, s'il le faut. Sire, Mirabeau est libre, ne laissez pas échapper Mirabeau, prenez-le, faites-en un conseiller, faites-en un ministre, écoutez ce que vous dira sa voix puissante, et ce qu'il vous aura dit, redites-le à votre peuple, à l'Europe, au monde. — Monsieur de Mirabeau! qui s'est fait marchand de drap à Aix, pour être nommé par le peuple!... Monsieur de Mirabeau ne peut pas mentir à ses commettants en quittant le parti du peuple pour celui de la cour. — Sire, sire, je vous le répète, vous ne connaissez pas Mirabeau; Mirabeau est un aristocrate, un noble, un royaliste avant tout; il s'est fait élire par le peuple, parce que la noblesse le dédaignait, parce qu'il y avait dans Mirabeau ce sublime besoin d'arriver au but par quelque moyen que ce soit qui tourmente les hommes de génie; il n'eût été nommé ni par la noblesse, ni par le peuple, qu'il fût entré au parlement comme Louis XIV, botté et éperonné, arguant du droit divin. Il ne quittera point le parti du peuple pour le parti de la cour, dites-vous? eh! sire, pourquoi y a-t-il un parti du peuple et un parti de la cour, pourquoi ces deux partis n'en font-ils pas un seul? eh bien! c'est ce que Mirabeau fera; oui, prenez Mirabeau, sire; demain, Mirabeau, rebuté par vos dédains, se tournera peut-être contre vous, et alors, sire, alors, c'est moi qui vous le dis, et c'est ce tableau de Charles Ier qui vous le dira après moi, comme il vous l'a dit avant moi, alors tout sera perdu!...

— Mirabeau tournera contre moi, dites-vous? n'est-ce point déjà fait, Monsieur? — Oui, en apparence, peut-être, mais au fond Mirabeau est à vous, sire; demandez au comte de Lamarck ce qu'il lui a dit après cette fameuse séance du 21 juin, car Mirabeau seul lit dans l'avenir avec une effrayante sagacité. — Eh bien! que dit-il? — Il se tord les mains de douleur, sire, et s'écrie : « C'est ainsi que l'on mène les rois à l'échafaud. » Et trois jours après : « Ces gens ne voient pas les abîmes qu'ils creusent sous les pas de la monarchie; le roi et la reine y périront, et le peuple battra des mains sur leurs cadavres. »

Le roi frissonna, pâlit, regarda le portrait de Charles Ier, parut un instant prêt à se décider, mais tout à coup :

— Je parlerai de cela à la reine, dit-il; peut-être se décidera-t-elle à parler à monsieur de Mirabeau; mais, moi, je ne lui parlerai pas; j'aime à pouvoir serrer la main aux gens à qui je parle, monsieur Gilbert, comme je serre en ce moment la vôtre, et je ne voudrais pas, au prix de mon trône, de ma liberté, de ma vie, serrer la main à monsieur de Mirabeau.

Gilbert allait répliquer peut-être, peut-être Gilbert allait-il insister encore, mais en ce moment un huissier entra.

— Sire, dit-il, la personne que Votre Majesté doit revoir ce matin est arrivée et attend dans les antichambres.

Louis XVI fit un mouvement d'inquiétude en regardant Gilbert.

— Sire, dit celui-ci, si je ne dois pas voir la personne qu'attend Votre Majesté, je passerai par une autre porte. — Non, Monsieur, dit Louis XVI, passez par celle-ci; vous savez que je vous tiens pour mon ami et que je n'ai point de secret pour vous; d'ailleurs, la personne que j'attends est un simple gentilhomme qui a autrefois été attaché à la maison de mon frère, et qui vient recommandé par lui; c'est un fidèle serviteur, et je vais voir s'il est possible de faire quelque chose, sinon pour lui, du moins pour sa femme et ses enfants. Allez, monsieur Gilbert, vous savez que vous serez toujours bien venu à me venir voir, quand même vous viendriez pour me parler de monsieur Riquetti de Mirabeau. — Sire, demanda Gilbert, dois-je donc me regarder complétement battu? — Je vous ai dit, Monsieur, que j'en parlerais à la reine, et que j'y réfléchirais; plus tard, nous verrons. — Plus tard, sire; d'ici à ce moment je prierai Dieu qu'il soit encore assez tôt. — Oh! oh! croyez-vous donc le péril si urgent?

— Sire, dit Gilbert, ne faites jamais enlever de votre chambre le portrait de Charles Stuart; c'est un bon conseiller.

Et, s'inclinant, il sortit juste au moment où la personne attendue par le roi se présentait à la porte pour entrer.

Gilbert ne put retenir un cri de surprise; ce gentilhomme, qui avait audience de Sa Majesté, était ce même marquis de Favras que, huit à dix jours auparavant, il avait rencontré chez Cagliostro, et dont celui-ci lui avait annoncé la mort fatale et prochaine.

XIX

FAVRAS

Tandis que Gilbert s'éloignait, en proie à une terreur inconnue que lui inspirait, non pas le côté réel, mais le côté invisible et mystérieux des événements, le marquis de Favras était, comme nous l'avons dit dans le chapitre précédent, introduit près du roi Louis XVI.

Ainsi que l'avait fait le docteur Gilbert, il s'arrêta à la porte; mais le roi, l'ayant vu dès son entrée, lui fit signe d'approcher.

Favras s'avança et s'inclina, attendant respectueusement que le roi lui adressât la parole.

Louis XVI fixa sur lui ce regard investigateur qui semble faire partie de l'éducation des rois, et qui est plus ou moins superficiel, plus ou moins profond, selon le génie de celui qui l'emploie et qui l'applique.

Thomas Mahi, marquis de Favras, était un gentilhomme de haute taille, âgé de quarante-cinq ans, de tournure élégante et ferme à la fois, avec une physionomie franche et un visage ouvert.

L'examen lui fut donc favorable, et quelque chose comme un sourire passa sur les lèvres du roi, s'entr'ouvrant déjà pour l'interroger.

— Vous êtes le marquis de Favras, Monsieur? demanda le roi. — Oui, sire, répondit le marquis. — Vous avez désiré m'être présenté? — J'ai exprimé à Son Altesse Royale monsieur le comte de Provence mon vif désir de déposer mes hommages aux pieds du roi. — Mon frère a grande confiance en vous? — Je le crois, sire, et j'avoue que mon ardente ambition est que cette confiance soit partagée par Votre Majesté. — Mon frère vous connaît depuis longtemps, monsieur de Favras... — Tandis que Votre Majesté ne me connaît pas... je comprends; mais que Votre Majesté daigne m'interroger, et dans dix minutes elle me connaîtra aussi bien que me connaît son auguste frère. — Parlez, marquis, dit Louis XVI en jetant un regard de côté sur le portrait de Charles Stuart, qui ne pouvait ni sortir entièrement de sa pensée ni s'écarter tout à fait du rayon de son œil ; parlez, je vous écoute. — Votre Majesté désire savoir ?... — Qui vous êtes, et ce que vous avez fait. — Qui je suis, sire ? l'annonce seule de mon nom vous l'a dit : je suis Thomas, marquis de Favras ; je suis né à Blois, en 1745 ; je suis entré aux mousquetaires à quinze ans, et j'ai fait, dans ce corps, la campagne de 1761. Je fus ensuite capitaine et aide-major dans le régiment de Belzunce ; puis lieutenant des suisses de la garde de monsieur le comte de Provence. — Et c'est en cette qualité que vous avez connu mon frère ? demanda le roi. — Sire, j'avais eu l'honneur de lui être présenté un an auparavant ; de sorte qu'il me connaissait déjà. — Et vous avez quitté son service ? — En 1775, sire, pour me rendre à Vienne, où j'ai fait reconnaître ma femme comme fille unique et légitime du prince d'Anhalt-Schauenbourg. — Votre femme n'a jamais été présentée, Monsieur ? — Non, sire ; mais elle a l'honneur en ce moment même d'être chez la reine avec mon fils.

Le roi fit un mouvement d'inquiétude qui semblait dire : Ah ! la reine en est donc ?

Puis après un moment de silence qu'il employa à se promener de long en large, et à jeter furtivement un nouveau regard sur le portrait de Charles Ier :

— Et ensuite ? demanda Louis XVI. — Ensuite, sire, j'ai, il y a trois ans, lors de l'insurrection contre le Stathouder, commandé une légion, et contribué pour ma part au rétablissement de l'autorité ; puis, jetant les yeux sur la France, et voyant le mauvais esprit qui commençait à y tout désorganiser, je suis revenu à Paris pour mettre mon épée et ma vie au service du roi. — Eh bien, Monsieur ! vous avez vu en, effet, de tristes choses, n'est-ce pas ? — Sire, j'ai vu les journées des 5 et 6 octobre.

Le roi sembla vouloir détourner la conversation.

— Et vous dites donc, monsieur le marquis, continua-t-il, que mon frère, monsieur le comte de Provence, a si grande confiance en vous, qu'il vous a chargé d'un emprunt considérable ?

A cette question inattendue, celui qui eût été là en tiers eût pu voir trembler d'une secousse nerveuse le rideau qui fermait à moitié l'alcôve du roi, comme si quelqu'un eût été caché derrière ce rideau, et tressaillir monsieur de Favras, ainsi que le fait un homme préparé à une demande, et auquel on en adresse tout à coup une autre.

— Oui, sire, en effet, dit-il ; si c'est une marque de confiance que de remettre à un gentilhomme des intérêts d'argent, cette marque de confiance, Son Altesse Royale m'a fait l'honneur de me la donner.

Le roi attendit la suite, regardant Favras, comme si la direction qu'il venait de faire prendre à l'instruction offrait à sa curiosité un plus grand intérêt que celle qu'elle avait d'abord.

Le marquis continua donc, mais en homme désappointé.

— Son Altesse Royale étant privée de ses revenus par suite des différentes opérations de l'Assemblée, et pensant que le moment était venu où, pour la cause même de leur propre sûreté, il était bon que les princes eussent une forte somme à leur disposition, Son Altesse Royale, dis-je, m'a remis des contrats... — Sur lesquels vous avez trouvé à emprunter, Monsieur? — Oui, sire. — Une somme considérable, comme vous disiez? — Deux millions. — Et chez qui?

Favras hésita presque à répondre au roi, tant la conversation lui semblait sortir de la voie, et, passant des grands intérêts généraux à la connaissance des intérêts particuliers, descendre enfin de la politique à la police.

— Je vous demande chez qui vous avez emprunté? répéta le roi. — Sire, je m'étais d'abord adressé aux banquiers Schaumel et Sartorius; mais la négociation ayant échoué, j'ai eu recours à un banquier étranger qui, ayant eu connaissance du désir de Son Altesse Royale, m'a le premier, dans son amour pour nos princes et dans son respect pour le roi, fait faire des offres de service. — Ah!... Et vous nommez ce banquier?... — Sire, dit en hésitant Favras. — Vous comprenez bien, Monsieur, insista le roi, qu'un pareil homme est bon à connaître, et que je désire savoir son nom, ne fût-ce que pour le remercier de son dévouement, si l'occasion s'en présente. — Sire, dit Favras, il se nomme le baron Zannone. — Ah! dit Louis XVI, c'est un Italien? — Un Génois, sire. — Et il demeure? — Il demeure à Sèvres, sire... juste en face de l'endroit, continua Favras, où la voiture de Vos Majestés était arrêtée, le 6 octobre, pendant le retour de Versailles, quand ces égorgeurs, conduits par Marat, Verrières et monsieur le duc d'Aiguillon, faisaient, dans le petit cabaret du pont de Sèvres, friser par le coiffeur de la reine les deux têtes coupées de Varicourt et de Deshuttes!...

Le roi pâlit, et si, à ce moment, il eût tourné les yeux vers l'alcôve, il eût vu le rideau mobile s'agiter plus nerveusement encore cette seconde fois que la première.

Il était évident que cette conversation lui pesait, et qu'il eût voulu pour beaucoup ne pas l'avoir engagée.

Aussi résolut-il de la terminer au plus tôt.

— C'est bien, Monsieur, dit-il, je vois que vous êtes un fidèle serviteur de la royauté, et je vous promets de ne pas l'oublier dans l'occasion.

Et il fit ce geste de la tête qui, chez les princes, signifie : Il y a assez longtemps que je vous fais l'honneur de vous écouter et de vous répondre; vous êtes autorisé à prendre congé.

Favras comprit parfaitement.

— Pardon, sire, dit-il, mais je croyais que Votre Majesté avait encore autre chose à me demander... — Non, dit le roi en secouant la tête, comme s'il eut en effet cherché dans son esprit quelles nouvelles questions il avait à faire; non, marquis, et c'est bien là tout ce que je désirais savoir. — Vous vous trompez, Monsieur, dit une voix qui fit détourner le roi et le marquis du côté de l'alcôve, vous désiriez savoir comment l'aïeul de monsieur le marquis de Favras s'y était pris pour faire sauver le roi Stanislas de Dantzig; et le conduire sain et sauf jusqu'à la frontière prussienne.

Tous deux jetèrent un cri de surprise. Cette troisième personne qui apparaissait tout à coup se mêlant à la conversation; c'était la reine.

La reine, pâle et les lèvres crispées et tremblantes; la reine, qui ne se contentait pas des quelques renseignements fournis par Favras, et qui, se doutant que le roi abandonné à lui-même n'oserait aller jusqu'au bout, était venue, par l'escalier dérobé et le corridor secret, pour reprendre l'entretien au moment où le roi aurait la faiblesse de le laisser tomber.

Au reste, cette intervention de la reine et cette façon dont elle relevait la conversation en la rattachant à la fuite du roi Stanislas, permettait au roi de tout entendre sous le voile transparent de l'allégorie, même les offres que venait lui faire Favras sur sa propre fuite, à lui Louis XVI.

Favras, de son côté, comprit à l'instant même le moyen qui lui était offert de développer son plan, et, quoique aucun de ces ancêtres ni de ses parents n'eût concouru à la fuite du roi de Pologne; il se hâta de répondre en s'inclinant :

— Votre Majesté veut sans doute parler de mon cousin le général Steinflicht, qui doit l'illustration de son nom à cet immense service rendu à son roi; service qui a eu cette heureuse influence sur le sort de Stanislas, de l'arracher d'abord aux mains de ses ennemis, et ensuite, par un concours providentiel de circonstances, de faire de lui l'aïeul de Votre Majesté. — C'est cela! c'est cela, Monsieur! dit vivement la reine, tandis que Louis XVI regardait, en poussant un soupir, le portrait de Charles Stuart. — Eh bien! dit Favras, Votre Majesté sait... Pardon, sire!... Vos Majestés savent que le roi Stanislas, libre dans Dantzig, mais cerné de tous côtés par l'armée moscovite, était à peu près perdu, s'il ne se décidait à une prompte fuite... — Oh! tout à fait perdu! interrompit la reine, vous pouvez dire tout à fait perdu, monsieur de Favras. — Madame, dit Louis XVI avec une certaine sévérité, la Providence, qui veille sur les rois, fait qu'ils ne sont jamais tout à fait perdus. — Eh! Monsieur, dit la reine, je crois être tout aussi religieuse et tout aussi croyante que vous dans la Providence; mais cependant mon avis est qu'il faut l'aider un peu. — C'était aussi l'avis du roi de Pologne, sire, ajouta Favras; car il déclara positivement à ses amis que, ne regardant plus la position comme tenable et croyant sa vie en danger, il désirait qu'on lui soumît plusieurs projets de fuite. Malgré la difficulté, trois projets lui furent présentés... Je dis malgré la difficulté, sire, parce que Votre Majesté remarquera qu'il était bien autrement difficile au roi Stanislas de sortir de Dantzig qu'il ne le serait à vous, par exemple, si la fantaisie en prenait à Votre Majesté, de sortir de Paris. Avec une voiture de poste, si Votre Majesté voulait partir sans bruit et sans esclandre, avec une voiture de poste, Votre Majesté pourrait, en un jour et une nuit, gagner la frontière, ou bien, si elle voulait quitter Paris en roi, donner ordre à un gentilhomme qu'elle honorerait de sa confiance de réunir trente mille hommes et de la venir prendre au palais même des Tuileries... Dans l'un ou l'autre cas, la réussite serait sûre, l'entreprise certaine. — Sire, reprit la reine, ce que monsieur de Favras dit là, Votre Majesté sait que c'est l'exacte vérité. — Oui, dit le roi; mais ma situation, à moi, Madame, est loin d'être aussi désespérée que l'était celle du roi Stanislas. Dantzig était entouré par les Moscovites, comme le disait le marquis; le fort de Weschselmand, son dernier rempart, venait de capituler, tandis que moi... — Tandis que vous, interrompit la reine avec impatience, vous êtes au milieu des Parisiens qui ont pris la Bastille le 14 juillet; qui, dans la nuit du 5 au 6 octobre, ont voulu vous assassiner, et qui, dans la journée du 6, vous ont ramené de force à Paris en vous insultant, vous et votre famille, pendant tout le temps qu'a duré le voyage... Ah! le fait est que la situation est belle et mérite qu'on la préfère à celle du roi Stanislas! — Cependant, Madame... — Le roi Stanislas ne risquait que la prison, la mort peut-être; tandis que nous...

Un regard du roi l'arrêta.

— Au reste, continua la reine, vous êtes le maître, sire; c'est donc à vous de décider.

Et elle alla, impatiente, s'asseoir en face du portrait de Charles Ier.

— Monsieur de Favras, dit-elle; je viens de causer avec la marquise et avec son fils; je les ai trouvés tous deux pleins de courage et de résolution, comme il convient à la femme et au fils d'un brave gentilhomme; quelque chose qu'il arrive, en supposant qu'il arrive quelque chose, ils peuvent compter sur la reine de France; la reine de France ne les abandonnera pas : elle est fille de Marie-Thérèse et sait apprécier et récompenser le courage.

Le roi reprit, comme stimulé par cette boutade de la reine :

— Vous dites, Monsieur, que trois moyens d'évasion avaient été proposés au roi Stanislas? — Oui, sire. — Et ces moyens étaient?... — Le premier, sire, était de se déguiser en paysan. La comtesse de Chapska, palatine de Poméranie, qui parlait l'allemand comme sa langue maternelle, lui offrait, se fiant à un homme qu'elle avait éprouvé, et qui connaissait parfaitement le pays, de se déguiser en paysanne, et de le faire passer pour son ami. C'était le moyen dont je parlais tout à l'heure au roi de France, en lui disant quelle facilité il y aurait pour lui, dans le cas où il voudrait fuir incognito et nuitamment... — Le second? dit Louis XVI, comme s'il voyait avec une certaine impatience faire à sa propre situation une application quelconque de celle où s'était trouvé Stanislas. — Le second, sire, était de prendre mille hommes, et de risquer avec eux une trouée à travers les Moscovites... C'est aussi celui que je présentais tout à l'heure au roi de France, en lui faisant observer qu'il avait, lui, non pas mille hommes à sa disposition, mais trente mille... — Vous avez vu à quoi m'ont servi ces trente mille hommes le 14 juillet, monsieur de Favras, répondit le roi ; passons au troisième moyen. — Le troisième, celui que Stanislas accepta, fut de se déguiser en paysan, et de sortir de Dantzig, non pas avec une femme qui pouvait être un embarras dans la route, non pas avec mille hommes qui pouvaient être tués, depuis le premier jusqu'au dernier, sans parvenir à faire une trouée, mais seulement avec deux ou trois hommes sûrs qui passent toujours partout: Ce troisième moyen était proposé par monsieur Monti, l'ambassadeur de France, et appuyé par mon parent, le général Steinflicht. — Ce fut celui qui fut adopté? — Oui, sire ; et si un roi, se trouvant ou croyant se trouver dans la situation du roi de Pologne, s'arrêtait à ce parti, et daignait m'accorder, à moi, la même confiance que votre auguste aïeul accordait au général Steinflicht, je croirais pouvoir répondre de lui sur ma tête, surtout si les chemins étaient aussi libres que les chemins de France, et si ce roi était aussi bon cavalier que Votre Majesté. — Certes! dit la reine. Mais dans la nuit du 5 au 6 octobre, le roi m'a juré, Monsieur, de ne jamais partir sans moi, et même de ne jamais faire un projet de départ où je ne fusse de moitié... La parole du roi est engagée, Monsieur, et le roi n'y manquera pas. — Madame, dit Favras, cela rend le voyage plus difficile, mais ne le rend pas impossible, et, si j'avais l'honneur de conduire une pareille expédition, je répondrais de porter la reine, le roi et la famille royale sains et saufs à Montmédy où à Bruxelles, comme le général Steinflicht a rendu le roi Stanislas sain et sauf à Marienwerder.

— Vous entendez, sire? s'écria la reine ; je crois, moi, qu'il y a tout à faire, et rien à craindre avec un homme comme monsieur de Favras. — Oui, Madame, répondit le roi, c'est aussi mon avis; seulement, le moment n'est pas encore arrivé... — C'est bien, Monsieur, dit la reine, attendez, comme a fait celui dont le portrait nous regarde, et dont la vue, je l'avais cru du moins, vous devait donner un meilleur conseil... attendez que vous soyez forcé d'en venir à une bataille... attendez que cette bataille soit perdue! attendez que vous soyez prisonnier! attendez que l'échafaud se dresse sous votre fenêtre! et, alors, vous qui dites aujourd'hui : Il est trop tôt! vous serez bien forcé de dire : Il est trop tard! — En tout cas, sire, à quelque heure que ce soit, et à son premier mot, le roi me trouvera prêt, dit Favras en s'inclinant; car il craignait que sa présence, qui avait amené cette espèce de conflit entre la reine et lui, ne fatiguât le roi. Je n'ai que mon existence à offrir à mon souverain, et je ne dirai pas que je la lui offre, je dirai que de tout temps il a eu et aura le droit d'en disposer, cette existence étant à lui. — C'est bien, Monsieur, dit le roi, et, le cas échéant, je vous renouvelle, à l'endroit de la marquise et de votre fils, la promesse que vous a faite la reine.

Cette fois, c'était un vrai congé ; le marquis fut obligé de le prendre, et, quelque envie qu'il eût peut-être d'insister, ne trouvant d'autre encouragement que le regard de la reine, il se retira à reculons.

La reine le suivit des yeux jusqu'à ce que la tapisserie fût retombée devant lui.

— Ah! Monsieur, dit-elle en étendant la main vers la toile de Van-Dyck, quand j'ai fait pendre ce tableau dans votre chambre, j'avais cru qu'il vous inspirerait mieux!

Et, hautaine, et comme dédaignant de poursuivre la conversation, elle s'avança vers la porte de l'alcôve ; puis, s'arrêtant tout à coup :

— Sire, avouez, dit-elle, que le marquis de Favras n'est point la première personne que vous ayez reçue ce matin. — Non, Madame, vous avez raison ; avant le marquis de Favras, j'ai reçu le docteur Gilbert.

La reine tressaillit.

— Ah! dit-elle, je m'en doutais... Et le docteur Gilbert, à ce qu'il paraît... — Est de mon avis, Madame; que nous ne devons pas quitter Paris, la France. — Mais, n'étant point d'avis que nous devons la quitter, Monsieur, sans doute donne-t-il un conseil qui nous en rend le séjour possible? — Oui, Madame, il en donne un... malheureusement je le trouve, sinon mauvais, du moins impraticable. — Enfin, quel est ce conseil? — Il veut que nous achetions Mirabeau pour un an. — Et à quel prix? demanda la reine. — Avec six millions... et un sourire de vous.

La physionomie de la reine prit un caractère profondément pensif.

— Au fait, dit-elle, peut-être serait-ce un moyen... — Oui, mais un moyen auquel vous vous refuseriez pour votre part, n'est-ce pas, Madame ? — Je ne réponds ni oui ni non, sire, fit la reine avec une expression sinistre ; c'est à y songer...

Puis, plus bas, en se retirant :

— Et j'y songerai ! ajouta-t-elle.

XX

OU LE ROI S'OCCUPE D'AFFAIRES DE FAMILLE

Le roi, resté seul, demeura debout et immobile un instant; puis, comme s'il eut craint que la retraite de la reine ne fût que simulée, il alla à la porte par où elle était sortie, l'ouvrit et plongea son regard dans les antichambres et les corridors.

N'apercevant que les gens de service :

— François ! fit-il à demi voix :

Un valet de chambre qui s'était levé quand la porte de l'appartement royal s'était ouverte, et qui se tenait debout attendant les ordres, s'approcha aussitôt, et, le roi étant rentré dans sa chambre, il y entra derrière lui.

— François, dit Louis XVI, connaissez-vous les appartements de monsieur de Charny ? — Sire, répondit le valet de chambre, lequel n'était autre que celui qui, appelé près du roi après le 10 août, a laissé des mémoires sur la fin de son règne, sire, monsieur de Charny n'a point d'appartements, il a seulement une mansarde dans les combles du pavillon de Flore. — Et pourquoi une mansarde, à un officier de cette importance ? — On a voulu donner mieux à monsieur le comte, sire ; mais il a refusé, disant que cette mansarde lui suffirait. — Bien, fit le roi. Vous savez où est cette mansarde ? — Oui, sire. — Eh bien ! allez me quérir monsieur de Charny ; je désire lui parler.

Le valet de chambre sortit, tirant la porte derrière lui, et monta à la mansarde de monsieur de Charny, qu'il trouva appuyé à la barre de sa fenêtre, les yeux fixés sur cet océan de toits qui se perd à l'horizon en flots de tuiles et d'ardoises.

Deux fois le valet frappa, sans que monsieur de Charny, plongé dans ses réflexions, l'entendît, ce qui le détermina, la clé étant à la porte, à entrer de lui-même, fort qu'il était de l'ordre du roi.

Au bruit qu'il fit en entrant, le comte se retourna.

— Ah! c'est vous, monsieur Hue, dit-il; vous venez me chercher de la part de la reine? — Non, monsieur le comte, répondit le valet de chambre, mais de la part du roi. — De la part du roi! reprit monsieur de Charny avec un certain étonnement. — De la part du roi, insista le valet de chambre. — C'est bien, monsieur Hue; dites à Sa Majesté que je suis à ses ordres.

Le valet de chambre se retira avec la raideur commandée par l'étiquette, tandis que monsieur de Charny, avec cette courtoisie qu'avait l'ancienne et vraie noblesse pour tout homme venant de la part du roi, portât-il au cou la chaîne d'argent, ou fût-il couvert de la livrée, le reconduisait jusqu'à la porte.

Quand il fut seul, monsieur de Charny resta un moment la tête serrée entre ses deux mains, comme pour forcer ses idées confuses et agitées à reprendre leur place; puis, l'ordre rétabli dans son cerveau, il ceignit son épée, jetée sur un fauteuil, prit son chapeau sous son bras et descendit.

Il trouva Louis XVI dans sa chambre à coucher, le dos tourné au tableau de Van-Dyck, venant de se faire servir à déjeuner.

Le roi leva la tête en apercevant monsieur de Charny.

— Ah! c'est vous, comte, dit-il; fort bien... Voulez-vous déjeuner avec moi? — Sire, je suis obligé de refuser cet honneur; ayant déjeuné, fit le comte en s'inclinant. — En ce cas, dit Louis XVI, comme je vous ai prié de passer chez moi pour parler d'affaires, et même d'affaires sérieuses, attendez un instant... Je n'aime point à parler d'affaires sérieuses quand je mange. — Je suis aux ordres du roi, répondit Charny. — Alors, au lieu de parler d'affaires, nous parlerons d'autre chose... de vous, par exemple. — De moi, sire? Et en quoi puis-je mériter que le roi s'occupe de ma personne? — Quand j'ai demandé, tout à l'heure, où était votre appartement aux Tuileries, savez-vous ce que m'a répondu François, mon cher comte? — Non, sire. — Il m'a répondu que vous aviez refusé l'appartement qu'on vous offrait et n'aviez accepté qu'une mansarde. — C'est vrai, sire. — Pourquoi cela, comte? — Mais, sire, parce que, seul et n'ayant d'autre importance que celle que la faveur de Leurs Majestés veut bien me donner, je n'ai pas jugé utile de priver monsieur le gouverneur du palais d'un appartement, lorsqu'une simple mansarde était tout ce qu'il me fallait. — Pardon, mon cher comte, vous répondez à votre point de vue et comme si vous étiez toujours simple officier et garçon... Mais vous avez, et au jour du danger vous ne l'oubliez pas, Dieu merci! vous avez une charge importante près de nous... En outre, vous êtes marié... Que ferez-vous de la comtesse dans votre mansarde?

— Sire, répondit Charny avec un accent de mélancolie qui n'échappa point au roi, si peu accessible qu'il fût à ce sentiment, je ne crois pas que madame de Charny me fasse l'honneur de partager mon appartement, soit-il grand, soit-il petit. — Mais enfin, monsieur le comte, madame de Charny, sans avoir de charge près de la reine, est son amie; la reine, vous le savez, ne peut se passer de madame de Charny, quoique, depuis quelque temps, j'aie cru remarquer qu'il existait entre elles un certain refroidissement... Quand madame de Charny viendra au palais, où logera-t-elle? — Sire, je ne pense pas que, sans un ordre exprès de Votre Majesté, madame de Charny revienne jamais au palais. — Ah bah!

Charny s'inclina.

— Impossible! dit le roi. — Que Sa Majesté me pardonne, fit Charny; mais je crois être sûr de ce que j'avance. — Eh bien! cela m'étonne moins que vous ne pourriez le supposer, mon cher comte... Je viens de vous dire, il me semble, que je m'étais aperçu d'un refroidissement entre la reine et son amie... — En effet, Sa Majesté a bien voulu le remarquer. — Bouderies de femmes! Nous tâcherons de raccommoder tout cela... Mais, en attendant, il paraît que, bien sans le savoir, je me conduis d'une façon tyrannique envers vous, mon cher comte? — Comment cela, sire? — Mais en vous forçant de demeurer aux Tuileries, quand la comtesse demeure... où cela, comte? — Rue Coq-Héron, sire. — Je demande, par l'habitude qu'ont les rois d'interroger et peut-être aussi un peu par le désir que j'ai de savoir l'adresse de la comtesse; car, ne connaissant pas plus Paris que si j'étais un Russe de Moscou ou un Autrichien de Vienne, j'ignore si la rue Coq-Héron est proche ou éloignée des Tuileries. — Elle est proche, sire. — Tant mieux! Cela m'explique que vous n'ayez qu'un pied à terre aux Tuileries. — La chambre que j'ai aux Tuileries, sire, répondit Charny avec ce même accent mélancolique que le roi avait déjà pu remarquer dans sa voix, n'est point un simple pied à terre; mais, tout au contraire, c'est un logement fixe où l'on me trouvera à quelque heure du jour ou de la nuit que Sa Majesté me fasse l'honneur de m'envoyer chercher. — Oh! oh! dit en se renversant dans son fauteuil le roi, dont le déjeuner tirait à sa fin; que veut dire cela, monsieur le comte? — Le roi m'excusera, mais je ne comprends pas très-bien l'interrogation qu'il me fait l'honneur de m'adresser... — Bah! vous ne savez pas que je suis un bon homme, n'est-ce pas? un père, un mari avant tout, et que je m'inquiète presque autant de l'intérieur de mon palais que de l'extérieur de mon royaume?... Que veut dire cela, mon cher comte? Après trois ans de mariage à peine, monsieur le comte de Charny a un logement *fixe* aux Tuileries, et madame la comtesse de Charny un logement *fixe* rue Coq-Héron! — Sire, je ne saurais répondre à Votre

Majesté autre chose que ceci : Madame de Charny désire habiter seule.
— Mais, enfin, vous l'allez voir tous les jours !... non ?... deux fois par semaine ?... — Sire, je n'ai pas eu le plaisir de voir madame de Charny depuis le jour où le roi m'a ordonné d'aller prendre de ses nouvelles. — Eh bien ! mais il y a plus de huit jours de cela ! — Il y en a dix, sire, répondit Charny d'une voix légèrement émue.

Le roi comprenait mieux la douleur que la mélancolie, et il saisit, dans l'accent du comte, cette nuance d'émotion qu'il avait laissé échapper.

— Comte, dit Louis XVI avec cette bonhomie qui allait si bien à l'*homme de ménage*, comme il s'appelait parfois lui-même ; comte, il y a de votre faute là-dessous... — De ma faute ? dit Charny avec vivacité et en rougissant malgré lui. — Oui, oui, de votre faute ! insista le roi ; dans l'éloignement d'une femme, et surtout d'une femme aussi parfaite que la comtesse, il y a toujours un peu de la faute de l'homme. — Sire !...
— Vous me direz que cela ne me regarde pas, mon cher comte ; et moi je vous répondrai : si fait, cela me regarde ; un roi peut bien des choses par sa parole... Voyons, soyez franc, vous avez été ingrat envers cette pauvre mademoiselle de Taverney, qui vous aime tant ? — Qui m'aime tant, sire ?... Pardon, Votre Majesté n'a-t-elle pas dit, reprit Charny avec un léger sentiment d'amertume, que mademoiselle de Taverney m'aimait... beaucoup ? — Mademoiselle de Taverney ou madame la comtesse de Charny, c'est tout un, je présume ? — Oui et non, sire.
— Eh bien ! j'ai dit que madame de Charny vous aimait, et je ne m'en dédis pas. — Sire, vous savez qu'il n'est point permis de démentir un roi... — Oh ! démentez tant que vous voudrez, je m'y connais. — Et Sa Majesté s'est aperçue, à certains signes visibles pour elle seule sans doute, que madame de Charny m'aimait... beaucoup ? — Je ne sais si les signes étaient visibles pour moi seul, mon cher comte ; mais ce que je sais, c'est que dans cette terrible nuit du 6 octobre, du moment où elle a été réunie à nous, elle ne vous a pas perdu de vue un instant, et que ses yeux exprimaient toutes les angoisses de son cœur ; à ce point que, lorsque la porte de l'Œil de Bœuf a été près d'être enfoncée, j'ai vu la pauvre femme faire un mouvement pour se jeter entre vous et le danger.

Le cœur de Charny se serra ; il avait cru reconnaître chez la comtesse quelque chose de pareil à ce que venait de dire le roi ; mais chaque détail de sa dernière entrevue avec Andrée était trop présent à son esprit pour ne pas l'emporter sur cette vague affirmation de son cœur et sur cette précise affirmation du roi.

— Et j'y ai d'autant plus fait attention, continua Louis XVI, que déjà, lors de mon voyage à Paris, quand vous m'avez été envoyé par la reine à l'hôtel de ville, la reine m'a positivement dit que la comtesse avait failli mourir de douleur en votre absence, et de joie à votre retour. — Sire, dit Charny en souriant avec tristesse, Dieu a permis que ceux qui sont nés au-dessus de nous aient reçu en naissant, et sans doute comme un des priviléges de leur race, ce regard qui va chercher au fond des cœurs des secrets ignorés des autres hommes... Le roi et la reine ont vu ainsi, cela doit être; mais la faiblesse de ma vue, à moi, m'a fait voir autrement. Voilà pourquoi je prierai le roi de ne pas trop s'inquiéter de ce grand amour de madame de Charny pour moi; donc s'il veut m'employer à quelque mission dangereuse ou éloignée, l'absence ou le danger seront également bien venus, de ma part du moins. — Cependant, lorsque, il y a huit jours, la reine a voulu vous envoyer à Turin, vous avez paru désirer rester à Paris. — J'ai cru mon frère suffisant à cette mission, sire, et je me suis réservé pour une plus difficile ou plus périlleuse. — Eh bien! c'est justement, mon cher comte, parce que le moment est venu de vous confier une mission, aujourd'hui difficile et qui n'est pas sans danger peut-être pour l'avenir, que je vous parlais de l'isolement de la comtesse, et que j'eusse voulu la voir près d'une amie, puisque je lui enlève son mari. — J'écrirai à la comtesse, sire, pour lui faire part des bons sentiments de Votre Majesté. — Comment, vous lui écrirez? Ne comptez-vous donc pas voir la comtesse avant votre départ? — Je ne me suis présenté qu'une fois chez madame de Charny sans lui en demander la permission, sire, et, d'après la façon dont elle m'a reçu, il ne faudrait maintenant, pour que je lui demandasse cette simple permission, rien de moins que l'ordre exprès de Votre Majesté. — Allons, n'en parlons plus... Je causerai de tout cela avec la reine pendant votre absence, dit le roi en se levant de table.

Puis, toussant deux ou trois fois avec la satisfaction d'un homme qui vient de bien manger et qui est sûr de sa digestion :

— Ma foi! observa-t-il, les médecins ont bien raison de dire que toute affaire a deux faces, celles qu'elle présente boudeuse à un estomac vide, et rayonnante à un estomac plein... Passez dans mon cabinet, mon cher comte, je me sens en disposition de vous parler à cœur ouvert.

Le comte suivit Louis XVI, tout en songeant à ce que, parfois, doit faire perdre de majesté à une tête couronnée ce côté matériel et vulgaire que la fière Marie-Antoinette ne pouvait s'empêcher de reprocher à son époux.

XXI

OU LE ROI S'OCCUPE D'AFFAIRES D'ÉTAT

Quoique le roi ne fût installé aux Tuileries que depuis quinze jours à peine, il y avait deux pièces de son appartement qui avaient été mises au grand complet, et où rien ne manquait du mobilier nécessaire.

Ces deux pièces, c'étaient sa forge et son cabinet.

Plus tard, et dans une occasion qui n'eut pas sur la destinée du malheureux prince une influence moindre que celle-ci, nous introduirons le lecteur dans la forge royale; mais, pour le moment, c'est dans son cabinet que nous avons affaire. Entrons donc derrière Charny, qui se tient debout devant le bureau où le roi vient de s'asseoir.

Ce bureau est chargé de cartes, de livres de géographie, de journaux anglais et de papiers, parmi lesquels on distingue ceux de l'écriture de Louis XVI à la multiplicité des lignes qui les couvrent, et qui ne laissent de blanc ni en haut, ni en bas, ni sur la marge.

Le caractère se révèle dans le plus petit détail : le parcimonieux Louis XVI, non-seulement ne laissait pas perdre le moindre morceau de papier blanc, mais encore, sous sa main, ce papier se couvrait d'autant de lettres qu'il en pouvait matériellement contenir.

Charny, depuis trois ou quatre ans qu'il demeurait dans la familiarité des deux augustes époux, était trop habitué à tous ces détails pour faire les remarques que nous consignons ici; c'est pourquoi, sans que son œil s'arrêtât particulièrement sur aucun objet, il attendit respectueusement que le roi lui adressât la parole.

Mais, arrivé où il en était, le roi, malgré la confidence annoncée d'avance, semblait éprouver un certain embarras à entrer en matière.

D'abord, et comme pour se donner du courage, il ouvrit un tiroir de son bureau, et, dans ce tiroir, un compartiment secret d'où il tira quelques papiers couverts d'enveloppes qu'il mit sur la table, et où il posa la main.

— Monsieur de Charny, dit-il enfin, j'ai remarqué une chose...

Il s'arrêta, regardant fixement Charny, lequel attendit respectueusement qu'il plût au roi de continuer.

— C'est que, dans la nuit du 5 au 6 octobre, ayant à choisir entre la garde de la reine et la mienne, vous aviez placé votre frère près de la reine, et que vous étiez resté près de moi. — Sire, dit Charny, je suis le chef de la famille, comme vous êtes le chef de l'État; j'avais donc le droit de mourir près de vous. — Cela m'a fait penser, coutinua Louis XVI, que, si jamais j'avais à donner une mission secrète, difficile et dangereuse, je pouvais à la fois la confier à votre loyauté, comme Français, et à votre cœur, comme ami. — Oh! sire, s'écria Charny, si haut que le roi m'élève, je n'ai pas la prétention de croire qu'il puisse faire de moi autre chose qu'un sujet fidèle et reconnaissant. — Monsieur de Charny, vous êtes un homme grave, quoique vous ayez trente-six ans à peine; vous n'avez point passé à travers tous les événements qui viennent de se dérouler autour de nous, sans en avoir tiré une conclusion quelconque. Monsieur de Charny, que pensez-vous de ma situation, et, si vous étiez mon premier ministre, quels moyens me proposeriez-vous pour l'améliorer? — Sire, dit Charny avec plus d'hésitation que d'embarras, je suis un soldat, un marin... Ces hautes questions sociales dépassent la portée de mon intelligence. — Monsieur, dit le roi en tendant la main à Charny avec une dignité qui semblait jaillir de la situation même où il venait de se placer, vous êtes un homme, et un autre homme qui vous croit son ami vous demande purement et simplement, à vous cœur droit, esprit sain, sujet loyal, ce que vous feriez à sa place. — Sire, dit Charny, dans une situation non moins grave que l'est celle-ci, la reine m'a fait un jour l'honneur, comme le fait le roi en ce moment, de me demander mon avis... C'était le jour de la prise de la Bastille. Elle voulait pousser contre les cent mille Parisiens armés et roulant comme une hydre de fer et de feu sur les boulevards et dans les rues du faubourg Saint-Antoine ses huit ou dix mille soldats étrangers; si j'eusse été moins connu de la reine; si elle eût vu moins de dévouement et de respect dans mon cœur, ma réponse m'eût, sans aucun doute, brouillé avec elle... Hélas! sire, ne puis-je pas craindre aujourd'hui, qu'interrogé par le roi, ma réponse trop franche ne blesse le roi? — Qu'avez-vous répondu à la reine, Monsieur? — Que Votre Majesté n'étant point assez forte pour entrer à Paris en conquérant, devait y entrer en père. — Eh bien! Monsieur, n'est-ce pas le conseil que j'ai suivi? — Si fait, sire. — Maintenant, reste à savoir si j'ai bien fait de le suivre; car, cette fois-ci, dites-le vous-même, y suis-je entré en roi ou en prisonnier? — Sire, dit Charny, le roi me permet-il de lui parler en toute franchise? — Faites, Monsieur; du moment où je vous demande votre avis, je vous demande en même temps votre opinion. — Sire, j'ai désapprouvé le repas de Versailles; sire, j'ai supplié la reine de ne point aller au théâtre en votre absence; sire, j'ai été désespéré quand Sa Majesté a foulé aux pieds la cocarde de la nation, pour arborer la cocarde noire, la cocarde de l'Autriche... —

Croyez-vous, monsieur de Charny, dit le roi, que là ait été la véritable cause des événements des 5 et 6 octobre? — Non, sire; mais là du moins a été le prétexte. Sire, vous n'êtes pas injuste pour le peuple, n'est-ce pas? le peuple est bon, le peuple vous aime, le peuple est royaliste; mais le peuple souffre, mais le peuple a froid, mais le peuple a faim; il a au-dessus de lui, au-dessous de lui, à côté de lui de mauvais conseillers qui le jettent en avant; il marche, il pousse, il renverse, car lui-même ne connaît pas sa force; une fois lâché, répandu, roulant, c'est une inondation ou un incendie, il noie ou brûle! — Eh bien! monsieur de Charny, supposez, ce qui est bien naturel, que je ne veuille être ni noyé ni brûlé; que faut-il que je fasse? — Sire, il faut ne point donner prétexte à l'inondation de se répandre, à l'incendie de s'allumer... Mais, pardon! dit Charny en s'arrêtant, j'oublie que, même sur un ordre du roi... — Vous voulez dire sur une prière... Continuez, monsieur de Charny, continuez; le roi vous prie. — Eh bien, sire, vous l'avez vu, ce peuple de Paris, si longtemps veuf de ses souverains, si affamé de les revoir; vous l'avez vu menaçant, incendiaire, assassin! à Versailles... ou plutôt, vous avez cru le voir tel, car, à Versailles, ce n'était pas le peuple!... Vous l'avez vu, dis-je, aux Tuileries, saluant, sous le double balcon du palais, vous, la reine, la famille royale, pénétrant dans vos appartements par le moyen de ses députations : députations de dames de la halle, députations de gardes civiques, députations de corps municipaux; et ceux qui n'avaient pas le bonheur d'être députés, ceux qui n'avaient pas l'honneur de pénétrer dans vos appartements, d'échanger des paroles avec vous, ceux-là, vous les avez vus se presser aux fenêtres de votre salle à manger, à travers lesquelles les mères envoyaient, douces offrandes! aux illustres convives les baisers de leurs petits enfants?... — Oui, dit le roi, j'ai vu tout cela, et de là vient mon hésitation. Je me demande quel est le vrai peuple, de celui qui assassine et brûle, ou de celui qui caresse et qui acclame. — Oh! le dernier, sire, le dernier! Fiez-vous à celui-là, et il vous défendra contre l'autre. — Comte! vous me répétez, à deux heures de distance, exactement ce que me disait, ce matin, le docteur Gilbert. — Eh bien! sire, comment, ayant pris l'avis d'un homme aussi profond, aussi savant, aussi grave que le docteur, daignez-vous venir me demander le mien, à moi, pauvre officier? — Je vais vous le dire, monsieur de Charny, répondit Louis XVI; c'est qu'il y a, je crois, une grande différence entre vous deux : vous êtes dévoué au roi, vous, et le docteur Gilbert n'est dévoué qu'à la royauté. — Je ne comprends pas bien, sire. — J'entends que, pourvu que la royauté, c'est-à-dire le principe, soit sauf, il abandonnerait volontiers le roi, c'est-à-dire l'homme. — Alors, Votre Majesté dit vrai, reprit Charny; il y a cette différence entre nous deux, que vous êtes en

TOME I. 9

même temps pour moi le roi et la royauté; c'est donc à ce titre que je vous prie de disposer de moi. — Auparavant, je veux savoir de vous, monsieur de Charny, à qui vous vous adresseriez, dans ce moment de calme où nous sommes, entre deux orages peut-être, pour effacer les traces de l'orage passé et conjurer l'orage à venir? — Si j'avais à la fois l'honneur et le malheur d'être roi, sire, je me rappellerais les cris qui ont entouré ma voiture à mon retour de Versailles, et je tendrais la main droite à monsieur de Lafayette, et la main gauche à monsieur de Mirabeau. — Comte! s'écria vivement le roi; comment me dites-vous cela, connaissant la nullité de l'un et méprisant les mœurs de l'autre? — Sire, il ne s'agit point ici de mes sympathies; il s'agit du salut du roi et de l'avenir de la royauté. — Juste ce que m'a dit le docteur Gilbert, murmura le roi comme se parlant à lui-même. — Sire, reprit Charny, en s'inclinant une seconde fois, je suis heureux de me rencontrer d'opinion avec un homme aussi éminent que le docteur Gilbert. — Ainsi, vous croyez, mon cher comte, que de l'union de ces deux hommes pourrait ressortir le calme de la nation et la sécurité du roi? — Avec l'aide de Dieu, sire, j'espérerais beaucoup de l'union de ces deux hommes. — Mais enfin, si je me prêtais à cette union, si je consentais à ce pacte, et que, malgré mon désir, malgré le leur, peut-être, la combinaison ministérielle qui doit les réunir échouât, que pensez-vous qu'il faudrait que je fisse? — Je crois qu'ayant épuisé tous les moyens mis entre ses mains par la Providence, je crois qu'ayant rempli tous les devoirs imposés par sa position, il serait temps que le roi songeât à sa sûreté et à celle de sa famille. — Alors, vous me proposeriez de fuir? — Je proposerais à Votre Majesté de se retirer, avec ceux de ses régiments et de ses gentilshommes sur lesquels elle pourrait compter, dans quelque place forte, comme Metz, Nancy ou Strasbourg.

La figure du roi rayonna.

— Ah! ah! dit-il; et parmi tous les généraux qui m'ont donné des preuves de dévouement, voyons, dites franchement, Charny, vous qui les connaissez tous, auquel confieriez-vous cette dangereuse mission d'enlever ou de recevoir son roi? — Oh! sire, murmura Charny, c'est une grave responsabilité que celle de guider le roi dans un choix pareil... Sire, je reconnais mon ignorance, ma faiblesse, mon impuissance... Sire, je me récuse. — Eh bien! je vais vous mettre à votre aise, Monsieur, dit le roi. Ce choix est fait; c'est près de cet homme que je veux vous envoyer. Voici la lettre tout écrite que vous aurez mission de lui remettre. Le nom que vous m'indiquerez n'aura donc aucune influence sur ma détermination; seulement, il me désignera un fidèle serviteur de plus, lequel, à son tour, aura sans doute occasion de montrer sa fidélité... Voyons, Monsieur de Charny, si vous aviez à confier votre roi au courage,

LOUIS XVI ET CHARNY.

à l'intelligence d'un homme ; quel homme choisiriez-vous ? — Sire, dit Charny, après avoir réfléchi un instant ; ce n'est point, je le jure à Votre Majesté, parce que des liens d'amitié, je dirais presque de famille, m'attachent à lui, mais il y a dans l'armée un homme qui, comme gouverneur des Iles-sous-le-Vent, a, lors de la guerre d'Amérique, efficacement protégé nos possessions des Antilles, et même enlevé plusieurs îles aux Anglais ; qui, depuis, a été chargé de divers commandements importants, et qui, à cette heure, est, je crois, général-gouverneur de la ville de Metz ; cet homme, sire, c'est le marquis de Bouillé. Père, je lui confierais mon fils ; fils, je lui confierais mon père ; sujet, je lui confierais mon roi !

Si peu démonstratif que fût Louis XVI, il suivait avec une évidente anxiété les paroles du comte, et l'on eût pu voir son visage s'éclaircir au fur et à mesure qu'il croyait reconnaître le personnage dont voulait lui parler Charny. Au nom de ce personnage prononcé par le comte, il ne put retenir un cri de joie.

— Tenez, tenez, comte, dit-il, lisez l'adresse de cette lettre, et voyez si ce n'est pas la Providence elle-même qui m'a inspiré l'idée de m'adresser à vous.

Charny prit la lettre des mains du roi, et lut cette suscription :

« A Monsieur François-Claude-Amour, marquis de Bouillé, commandant la ville de Metz. »

Des larmes de joie et d'orgueil montèrent jusqu'aux paupières de Charny.

— Sire ! s'écria-t-il, je ne saurais vous dire après cela qu'une seule chose, c'est que je suis prêt à mourir pour Votre Majesté. — Et moi, Monsieur, je vous dirai qu'après ce qui vient de se passer, je ne me crois plus le droit d'avoir des secrets envers vous, attendu que, l'heure venue, c'est à vous, et à vous seul, entendez-vous bien ? que je confierai ma personne, celle de la reine et celle de mes enfants. Écoutez-moi donc, voici ce que l'on me propose et ce que je refuse.

Charny s'inclina, donnant toute son attention à ce qu'allait dire le roi.

— Ce n'est pas la première fois, vous le pensez bien, monsieur de Charny, que l'idée me vient, à moi ou à ceux qui m'entourent, d'exécuter un projet analogue à celui dont nous nous entretenons en ce moment. Pendant la nuit du 5 au 6 octobre, j'ai songé à faire évader la reine ; une voiture l'eût conduite à Rambouillet ; je l'y eusse jointe à cheval, et, de là, nous eussions facilement gagné la frontière ; car la surveillance qui nous environne aujourd'hui n'était pas encore éveillée. Le projet échoua, parce que la reine ne voulut point partir sans moi, et me fit jurer à mon tour de ne point partir sans elle. — Sire, j'étais là lorsque ce pieux serment fut échangé entre le roi et la reine, ou plutôt entre l'épouse et l'époux. — Depuis, monsieur de Breteuil a ouvert des négociations avec moi, par l'entremise du comte d'Inisdal, et, il y a huit jours, j'ai reçu une lettre de Soleure...

Le roi s'arrêta, et voyant que le comte restait immobile et muet :

— Vous ne répondez pas, comte ! dit-il. — Sire, fit Charny en s'inclinant, je sais que monsieur le baron de Breteuil est l'homme de l'Autriche, et je crains de blesser les légitimes sympathies du roi, à l'endroit de la reine, son épouse, et de l'empereur Joseph II, son beau-frère.

Le roi saisit la main de Charny, et se penchant vers lui :

— Ne craignez rien, comte, dit-il à demi voix, je n'aime pas plus l'Autriche que vous ne l'aimez vous-même.

La main de Charny tressaillit de surprise entre les mains du roi.

— Comte, comte, continua Louis XVI, quand un homme de votre valeur va se dévouer, c'est-à-dire faire le sacrifice de sa vie pour un autre homme qui n'a sur lui que le triste avantage d'être roi, encore faut-il qu'il connaisse celui pour lequel il va se dévouer... Comte, je vous l'ai dit, et je vous le répète, je n'aime pas l'Autriche ; je n'aime pas Marie-Thérèse, qui nous a engagés dans cette guerre de Sept-Ans où nous avons perdu deux cent mille hommes, huit cent millions et dix-sept cents lieues de terrains en Amérique ; je n'aime pas cette impératrice qui appelait madame de Pompadour, une prostituée, sa cousine, et qui faisait empoisonner mon père, un saint, par monsieur de Choiseul ; qui se servait de ses filles comme d'agents diplomatiques ; qui, par l'archiduchesse Caroline, gouverne Naples ; qui, par l'archiduchesse Marie-Antoinette, compte gouverner la France. — Sire, sire, fit Charny, Votre Majesté oublie que je suis un étranger, un simple sujet du roi et de la *reine*...

Et Charny souligna par son accent le mot *reine*, comme nous venons de le souligner avec la plume.

— Je vous l'ai déjà dit, comte, reprit le roi, vous êtes un ami... et je puis vous parler d'autant plus franchement que le préjugé que j'avais contre la reine est, à cette heure, complétement effacé de mon esprit. Mais c'est malgré moi que j'ai reçu une femme de cette maison, deux fois ennemie de la maison de France, ennemie comme Autriche, ennemie comme Lorraine ; c'est malgré moi que j'ai vu venir à ma cour cet abbé de Vermond, précepteur de la dauphine en apparence, espion de Marie-Thérèse en réalité, que je coudoyais deux ou trois fois par jour, tant il avait mission de se fourrer entre mes jambes, et à qui, pendant dix-neuf ans, je n'ai pas adressé une seule parole ; c'est malgré moi qu'après dix années de lutte, j'ai chargé monsieur de Breteuil du département de ma maison et du gouvernement de Paris ; c'est malgré moi que j'ai pris pour premier ministre l'archevêque de Toulouse, un athée ; c'est malgré moi, enfin, que j'ai payé à l'Autriche les millions qu'elle voulait extorquer à la Hollande. Aujourd'hui encore, à l'heure où je vous parle, succédant à Marie-Thérèse morte, qui conseille et dirige la reine? son frère, Joseph II, lequel heureusement se meurt ; par qui la conseille-t-il? vous le savez comme moi, par l'organe de ce même abbé de Vermond, du baron de Breteuil et de l'ambassadeur d'Autriche, Mercy d'Argenteau ; derrière ce vieillard est caché un autre vieillard, Kaunitz, ministre septuagénaire de la centenaire Autriche. Ces deux vieux fats, ou plutôt ces deux vieilles douairières, mènent la reine de France par mademoiselle Bertin, sa marchande de modes, et par monsieur Léonard, son coiffeur, à qui ils font des pensions ; et à quoi la mènent-ils ? à l'alliance de l'Autriche ! de l'Autriche, toujours funeste à la France, comme amie et comme ennemie, qui a mis un couteau aux mains de Jacques Clément, un poignard aux mains de Ravaillac, un canif aux mains de Damiens ! L'Autriche ! l'Autriche, catholique et dévote autrefois, qui abjure aujourd'hui et se fait à moitié philosophe sous Joseph II ! L'Autriche imprudente, qui tourne contre elle sa propre épée, la Hongrie ! L'Autriche imprévoyante, qui se laisse enlever par les prêtres belges la plus belle perle de sa couronne, les Pays-Bas ! L'Autriche vassale, qui tourne le dos à l'Europe, que son regard ne devrait pas perdre de vue, en usant contre les Turcs, nos alliés, ses meilleures troupes au profit de la Russie !... Non, non, non, monsieur de Charny, je hais l'Autriche, et, haïssant l'Autriche, je ne pouvais me fier à elle. — Sire, sire ! murmura Charny, de pareilles confidences sont bien honorables, mais en même temps bien dangereuses pour celui à qui on les fait... Sire, si un jour vous vous repentiez de me les avoir faites ? — Oh ! je ne crains pas cela, Monsieur, et la preuve, c'est que j'achève. — Sire, Votre Majesté m'a ordonné d'écouter, j'écoute. — Cette ouverture de fuite n'est pas la seule qui m'ait été faite... Connaissez-vous monsieur de Favras, comte ? — Le marquis de Favras, l'ancien capitaine au régiment de Belzunce, l'ancien lieutenant aux gardes de Monsieur ? Oui, sire. — C'est cela même, reprit le roi en appuyant sur la dernière qualification, l'ancien *lieutenant aux gardes de Monsieur*. Qu'en pensez-vous ? — Mais c'est un brave soldat, un loyal gentilhomme, sire, ruiné par malheur, ce qui le rend inquiet et le pousse à une foule de tentatives hasardeuses, de projets insensés ; mais homme d'honneur, sire, et qui mourra sans reculer d'un pas, sans jeter une plainte, afin de tenir la parole donnée... C'est un homme à qui Votre Majesté aurait raison de se fier pour un coup de main ; mais qui, j'en ai peur, ne vaudrait rien comme chef d'entreprise. — Aussi, reprit le roi avec une certaine amertume, le chef de l'entreprise, n'est-ce pas lui... c'est Monsieur... oui, c'est Monsieur qui fait l'argent, c'est Monsieur qui prépare tout, c'est Monsieur qui, se dévouant jusqu'au bout, reste quand je serai parti, si je pars avec Favras !

Charny fit un mouvement.

— Eh bien! qu'avez-vous, comte? poursuivit le roi ; cela n'est point le parti de l'Autriche, c'est le parti des princes, des émigrés, de la noblesse. — Sire, excusez-moi... je vous l'ai dit, je ne doute pas de la loyauté ni du courage de monsieur de Favras ; dans quelque lieu que monsieur de Favras promette de conduire Votre Majesté, il la conduira, ou se fera tuer en la défendant en travers du chemin... Mais pourquoi Monsieur ne part-il pas avec Votre Majesté? pourquoi Monsieur reste-t-il? — Par dévouement, je vous l'ai dit... et puis aussi peut-être, dans le cas où le besoin de déposer le roi et de nommer un régent se ferait sentir, pour que le peuple, fatigué d'avoir couru inutilement après le roi, n'ait pas à chercher le régent trop loin. — Sire, s'écria Charny, Votre Majesté me dit là de terribles choses ! — Je vous dis ce que tout le monde sait, mon cher comte, ce que votre frère m'a écrit hier... C'est-à-dire, que dans le dernier conseil des princes, à Turin, il a été question de me déposer et de nommer un régent; c'est-à-dire, que dans ce même conseil monsieur de Condé, mon cousin, a proposé de marcher sur Lyon, quelle que chose qui pût en arriver au roi ! Vous voyez donc bien qu'à moins d'extrémités, je ne puis pas plus accepter Favras que Breteuil, l'Autriche que les princes. Voilà, mon cher comte, ce que je n'ai dit à personne qu'à vous, et je vous le dis, à vous, afin que personne, *pas même la reine*, soit par hasard, soit à dessein, Louis XVI appuya sur les mots que nous soulignons, afin que personne, *pas même la reine*, ne vous ayant montré une confiance pareille à celle que je vous montre, vous ne soyez dévoué à personne comme à moi. — Sire, demanda Charny en s'inclinant, le secret de mon voyage doit-il être gardé devant tout le monde? — Peu importe ! mon cher comte, que l'on sache que vous partez, si l'on ignore dans quel but vous partez. — Et le but doit être révélé à monsieur de Bouillé seul ? — A monsieur de Bouillé seul ! et encore lorsque vous vous serez bien assuré de ses sentiments. La lettre que je vous remets pour lui est une simple lettre d'introduction. Vous savez ma position, mes craintes, mes espérances, mieux que la reine ma femme, mieux que monsieur Necker mon ministre, mieux que monsieur Gilbert mon conseiller; agissez en conséquence... je mets le fil et les ciseaux entre vos mains, déroulez ou coupez.

Puis, présentant au comte la lettre toute ouverte :

— Lisez, dit-il.

Charny prit la lettre, et lut :

« Palais des Tuileries, ce 19 octobre.

« J'espère, Monsieur, que vous continuez à être content de votre position de gouverneur de Metz. Monsieur le comte de Charny, lieutenant de mes gardes, qui passe par cette ville, vous demandera s'il est dans vos désirs que je fasse autre chose pour vous. Je saisirais, en ce cas, l'occasion de vous être agréable, comme je saisis celle de vous renouveler l'assurance de tous les sentiments d'estime que je vous ai voués.

« Louis. »

— Et, maintenant, dit le roi, allez, monsieur de Charny; vous avez plein pouvoir pour les promesses à faire à monsieur de Bouillé, si vous croyez qu'il soit besoin de lui faire des promesses; seulement, ne m'engagez que dans la mesure de ce que je puis tenir.

Et il lui tendit une seconde fois la main.

Charny baisa cette main avec une émotion qui le dispensa de nouvelles protestations, et il sortit du cabinet, laissant le roi convaincu, et cela était en effet, qu'il venait, par cette confiance, de s'acquérir le cœur du comte mieux qu'il n'eût pu faire par toutes les richesses et toutes les faveurs dont il avait disposé aux jours de sa puissance.

XXII

CHEZ LA REINE

Charny sortait de chez le roi plein des sentiments les plus opposés.

Mais le premier de ses sentiments, celui qui montait à la surface de ces flots de pensées roulant tumultueusement dans son cerveau, c'était la reconnaissance profonde qu'il ressentait pour cette confiance sans bornes que le roi venait de lui témoigner.

Cette confiance, en effet, lui imposait des devoirs d'autant plus sacrés, que sa conscience était loin d'être muette au souvenir des torts qu'il avait envers ce digne roi, qui, au moment du danger, posait sa main sur son épaule comme sur un fidèle et loyal appui.

Aussi, plus Charny, au fond du cœur, se reconnaissait de torts envers son maître, plus il était prêt à se dévouer pour lui.

Et plus ce sentiment de respectueux dévouement croissait dans le cœur de Charny, plus décroissait ce sentiment moins pur que, pendant des jours, des mois, des années, il avait voué à la reine.

C'est pourquoi Charny, retenu une première fois par un vague espoir, né au milieu des dangers, comme ces fleurs qui éclosent sur les précipices et qui parfument les abîmes, espoir qui l'avait instinctivement ramené près d'Andrée ; Charny, cet espoir perdu, venait de saisir avec empressement une mission qui l'éloignait de la cour, où il éprouvait ce double tourment d'être encore aimé de la femme qu'il n'aimait plus, et de n'être pas encore aimé, il le croyait du moins, de la femme qu'il aimait déjà.

Profitant donc de la froideur qui depuis quelques jours s'était introduite dans ses relations avec la reine, il rentrait dans sa chambre, décidé à lui annoncer son départ par une simple lettre, lorsqu'à sa porte il trouva Weber qui l'attendait.

La reine voulait lui parler, et désirait le voir à l'instant même.

Il n'y avait pas moyen de se soustraire à ce désir de la reine ; les désirs des têtes couronnées sont des commandements.

Charny donna quelques ordres à son valet de chambre pour qu'on mît les chevaux à sa voiture, et descendit sur les pas du frère de lait de la reine.

La reine était dans une disposition d'esprit toute opposée à celle de Charny. Elle s'était rappelé sa dureté envers le comte, et, au souvenir de ce dévouement qu'il avait montré à Versailles, à la vue, car cette vue lui était toujours présente, à la vue du frère de Charny, étendu sanglant en travers du corridor qui précédait sa chambre, elle sentait quelque chose comme un remords, et elle s'avouait à elle-même qu'en supposant que monsieur de Charny ne lui eût montré que du dévouement, elle avait bien mal récompensé ce dévouement.

Mais aussi, n'avait-elle pas le droit de demander à Charny autre chose que du dévouement ?

Cependant, en y réfléchissant, Charny avait-il envers elle tous les torts qu'elle lui supposait ?

Ne fallait-il pas mettre sur le compte du deuil fraternel cette espèce d'indifférence qu'il avait laissé voir à son retour de Versailles ? D'ailleurs cette indifférence n'était-elle pas toute à la surface, et ne s'était-elle pas trop pressée de condamner Charny lorsqu'elle lui avait fait offrir la mission de Turin pour l'éloigner d'Andrée, et qu'il avait refusée. Sa première pensée, pensée jalouse et mauvaise, avait été que ce refus était causé par le naissant amour du comte pour Andrée, et par son désir de rester près de sa femme ; et, en effet, celle-ci, partant des Tuileries à cinq heures, avait été suivie, deux heures après, par son mari, jusque dans sa retraite de la rue Coq-Héron ; mais l'absence de Charny n'avait pas été longue : à neuf heures sonnant il était rentré au château ; puis, une fois rentré au château, il avait refusé l'appartement composé de trois chambres que, par ordre du roi, on lui avait préparé, et s'était contenté de la mansarde désignée pour son domestique.

D'abord toute cette combinaison avait paru à la pauvre reine une combinaison dans laquelle son amour-propre et son amour avaient tout à souffrir ; mais l'investigation la plus sévère n'avait pu surprendre Charny hors du palais, excepté pour les affaires de son service, et il était bien constaté, aux yeux de la reine, comme aux yeux des autres commensaux du palais, que, depuis son retour à Paris et son entrée au château, Charny avait à peine quitté sa chambre.

Il était bien constaté aussi, d'un autre côté, que, depuis sa sortie du château, Andrée n'y avait pas reparu.

Si Andrée et Charny s'étaient vus, c'était donc une heure seulement, le jour où le comte avait refusé la mission de Turin.

Il est vrai que, pendant toute cette période, Charny n'avait pas cherché non plus à voir la reine ; mais, au lieu de reconnaître dans cette abstention une marque d'indifférence, un regard clairvoyant n'y trouverait-il pas, au contraire, une preuve d'amour ?

Charny, blessé par les injustes soupçons de la reine, n'avait-il pas pu se tenir à l'écart, non point par un excès de froideur, mais bien plutôt par un excès d'amour ?

Car la reine convenait elle-même qu'elle avait été injuste et dure pour Charny : injuste, en lui reprochant d'être, pendant cette nuit du 5 au 6 octobre, resté près du roi au lieu d'être resté près de la reine, et, entre deux regards pour elle, d'avoir eu un regard pour Andrée ; dure, en ne participant pas d'un cœur plus tendre à cette profonde douleur qu'avait éprouvé Charny à la vue de son frère mort.

Il en est ainsi, au reste, de tout amour profond et réel. Présent, celui qui en est l'objet apparaît, aux yeux du celui ou de celle qui croit avoir à s'en plaindre, avec toutes les aspérités de la présence ; à cette courte distance qu'il est de nous, tous les reproches qu'on croit avoir à lui faire semblent fondés : défauts de caractère, bizarreries d'esprit, oublis de cœur, tout apparaît comme à travers un verre grossissant ; on ne comprend pas qu'on ait été si longtemps sans voir toutes ces défectuosités amoureuses et que si longtemps on les ait supportées. Mais l'objet de cette fatale investigation s'éloigne-t-il de sa propre volonté ou par force, à peine éloigné, ces aspérités, qui, de près, blessaient comme des épines, disparaissent, ces contours trop arrêtés, s'effacent, ce réalisme trop rugueux tombe sous le souffle poétique de la distance et au regard caressant du souvenir. On ne juge plus, on compare; on revient sur soi-même avec une rigueur mesurée à l'indulgence qu'on ressent pour cet autre que l'on reconnaît avoir mal apprécié, et le résultat de tout ce travail du cœur, c'est qu'après cette absence de huit ou dix jours, la personne absente nous semble plus chère et plus nécessaire que jamais.

Il est bien entendu que nous supposons le cas où aucun autre amour ne profite de cette absence pour venir prendre dans le cœur la place du premier.

Telles étaient donc les dispositions de la reine à l'égard de Charny lorsque la porte s'ouvrit, et que le comte, qui sortait, comme nous l'avons vu, du cabinet du roi, parut dans l'irréprochable tenue d'un officier de service.

Mais il y avait en même temps dans son maintien, toujours si profondément respectueux, quelque chose de glacé qui sembla repousser ces effluves magnétiques prêtes à s'élancer du cœur de la reine pour aller chercher, dans le cœur de Charny, tous les souvenirs doux, tendres ou douloureux qui s'y étaient entassés depuis quatre ans, au fur et à mesure que le temps, lent ou rapide tour à tour, avait fait du présent le passé et de l'avenir le présent.

Charny s'inclina et demeura presque sur le seuil.

La reine regarda autour d'elle, comme pour se demander quelle cause retenait ainsi le jeune homme à l'autre bout de l'appartement, et, s'étant assurée que la volonté de Charny était la seule cause de son éloignement :

— Approchez, monsieur de Charny, dit-elle; nous sommes seuls.

Charny s'approcha; puis, d'une voix douce, mais en même temps si ferme qu'il était impossible d'y reconnaître la moindre émotion :

— Me voici aux ordres de Votre Majesté, Madame, dit-il. — Comte, reprit la reine avec sa voix la plus affectueuse, n'avez-vous point entendu que je vous ai dit que nous étions seuls? — Si fait, Madame, dit Charny; mais je ne vois pas en quoi cette solitude peut changer la façon dont un sujet doit parler à sa souveraine. — Lorsque je vous ai envoyé chercher, comte, et que j'ai su par Weber que vous le suiviez, j'ai cru que c'était un ami qui venait parler à une amie.

Un sourire amer se dessina légèrement sur les lèvres de Charny.

— Oui, comte, reprit la reine, je comprends ce sourire, et je sais ce que vous vous dites intérieurement. Vous vous dites que j'ai été injuste à Versailles et qu'à Paris je suis capricieuse. — Injustice ou caprice, Madame, répondit Charny, tout est permis à une femme, à plus forte raison à une reine. — Eh! mon Dieu, mon ami, dit Marie-Antoinette avec tout le charme qu'elle put mettre dans ses yeux et dans sa voix, vous savez bien une chose, c'est que le caprice vienne de la femme ou vienne de la reine, la reine ne peut pas se passer de vous comme conseiller, la femme ne peut pas se passer de vous comme ami.

Et elle lui tendit sa main blanche, effilée, un peu maigrie, mais toujours digne de servir de modèle à un statuaire.

Charny prit cette main royale, et après l'avoir baisée respectueusement s'apprêtait à la laisser retomber, quand il sentit que Marie-Antoinette retenait la sienne.

— Eh bien! oui, dit la pauvre femme, répondant par ses paroles au mouvement qu'il avait fait, eh bien! oui, j'ai été injuste, plus qu'injuste, cruelle... Vous avez perdu à mon service, mon cher comte, un frère que vous aimiez d'un amour presque paternel; ce frère étant mort pour moi, je devais le pleurer avec vous... En ce moment-là, la terreur, la colère, la jalousie, que voulez-vous, Charny, je suis femme! ont arrêté les larmes dans mes yeux; mais, restée seule pendant ces dix jours où je ne vous ai pas vu, je vous ai payé ma dette en le pleurant. Et la preuve, tenez, regardez-moi, mon ami, c'est que je le pleure encore.

Et Marie-Antoinette renversa légèrement en arrière sa belle tête, afin que Charny pût voir deux larmes, limpides comme deux diamants, couler dans le sillon que la douleur commençait à creuser sur ses joues.

Ah! si Charny eût pu savoir quelle quantité de larmes devaient suivre celles qui coulaient devant lui, sans doute, qu'ému d'une immense pitié, il fût tombé aux genoux de la reine et lui eût demandé pardon des torts qu'elle avait eus envers lui.

Mais l'avenir, par la permission du Seigneur miséricordieux, est enveloppé d'un voile que nulle main ne peut soulever, que nul regard ne peut percer avant l'heure, et l'étoffe noire dont le destin avait fait celui de Marie-Antoinette, semblait encore enrichi d'assez de broderies d'or pour qu'on ne s'aperçût pas que c'était une étoffe de deuil.

D'ailleurs, il y avait trop peu de temps que Charny avait baisé la main du roi pour que le baiser qu'il venait de déposer sur la main de la reine fût autre chose qu'une simple marque de respect.

— Croyez, Madame, dit-il, que je suis bien reconnaissant de ce souvenir qui s'adresse à moi, et de cette douleur qui s'adresse à mon frère... Par malheur, à peine ai-je le temps de vous en exprimer ma reconnaissance... — Comment cela, et que voulez-vous dire? demanda Marie-Antoinette étonnée. — Je veux dire, Madame, que je quitte Paris dans une heure. — Vous quittez Paris dans une heure? — Oui, Madame. — Oh! mon Dieu, nous quittez-vous comme les autres?... Émigrez-vous, monsieur de Charny? — Hélas! dit Charny, Votre Majesté vient de me prouver, par cette cruelle question, que j'ai eu, sans doute à mon insu, bien des torts envers elle. — Pardon, mon ami, mais vous nous dites que vous nous quittez... Pourquoi nous quittez-vous? — Pour accomplir une mission dont le roi m'a fait l'honneur de me charger. — Et vous quittez Paris? demanda la reine avec anxiété. — Je quitte Paris, oui, Madame. — Pour quel temps? — Je l'ignore. — Mais, il y a huit jours, vous refusiez une mission, ce me semble? — C'est vrai, Madame. — Pourquoi donc, ayant refusé une mission il y a huit jours, en acceptez-vous une aujourd'hui? — Parce qu'en huit jours, Madame, bien des changements peuvent se faire dans l'existence d'un homme, et, par conséquent, dans ses résolutions.

La reine parut faire un effort à la fois sur sa volonté et sur les différents organes soumis à cette volonté et chargés de la transmettre.

— Et vous partez... seul? demanda-t-elle. — Oui, Madame, seul.

Marie-Antoinette respira.

Puis, comme accablée par l'effort qu'elle venait de faire, elle s'affaissa un instant sur elle-même, ferma les yeux, et, passant son mouchoir de batiste sur son front :

— Et où allez-vous ainsi? demanda-t-elle encore. — Madame, répondit respectueusement Charny, le roi, je le sais, n'a point de secrets pour Votre Majesté; que la reine demande à son auguste époux, et le but de mon voyage et l'objet de ma mission, et je ne doute pas un instant qu'il ne le lui dise.

Marie-Antoinette rouvrit les yeux, et fixa sur Charny un regard étonné.

— Mais pourquoi m'adresserai-je à lui, puisque je puis m'adresser à vous? dit-elle. — Parce que le secret que j'emporte en moi est celui du roi, Madame, et non pas le mien. — Il me semble, Monsieur, reprit Marie-Antoinette avec une certaine hauteur, que si c'est le secret du roi, c'est aussi celui de la reine. — Je n'en doute point, Madame, répondit Charny en s'inclinant; voilà pourquoi j'ose affirmer à Votre Majesté que le roi ne fera aucune difficulté de le lui confier. — Mais enfin, cette mission est-elle à l'intérieur de la France ou à l'étranger? — Le roi seul peut donner là-dessus à Sa Majesté l'éclaircissement qu'elle demande. — Ainsi, dit la reine avec le sentiment d'une profonde douleur, qui, momentanément, l'emportait sur l'irritation que lui causait la retenue de Charny; ainsi vous partez, vous vous éloignez de moi, vous allez courir des dangers sans doute, et je ne saurai ni où vous êtes, ni quels dangers vous courez? — Madame, quelque part que je sois, vous aurez là où je serai, je puis en faire serment à Votre Majesté, un sujet fidèle, un cœur dévoué... et, quels que soient les dangers que je m'expose à courir, ils me seront doux, puisque je m'y exposerai pour le service des deux têtes que je vénère le plus au monde.

Et, s'inclinant, le comte parut ne plus attendre, pour se retirer, que le congé de la reine.

La reine poussa un soupir qui ressemblait à un sanglot étouffé, et, pressant sa gorge avec sa main, comme pour aider ses larmes à redescendre dans sa poitrine :

— C'est bien, Monsieur, dit-elle, allez...

Charny s'inclina de nouveau, et, d'un pas ferme, marcha vers la porte.

Mais au moment où le comte mettait la main sur le bouton :

— Charny ! s'écria la reine.

Le comte tressaillit, et se retourna pâlissant.

— Charny ! continua Marie-Antoinette, venez ici.

Il s'approcha chancelant.

— Venez ici, ajouta la reine; regardez-moi en face... Vous ne m'aimez plus, n'est-ce pas ?

Charny sentit tout un frisson courir dans ses veines; il crut un instant qu'il allait s'évanouir.

C'était la première fois que la femme hautaine, que la souveraine orgueilleuse pliait devant lui.

Dans toute autre circonstance, à tout autre moment, il fût tombé aux genoux de Marie-Antoinette, il lui eût demandé pardon; mais le souvenir de ce qui venait de se passer entre lui et le roi le soutint; et, rappelant toutes ses forces :

— Madame, dit-il, après les marques de confiance et de bonté dont vient de me combler le roi, je serais en vérité un misérable si j'assurais, à cette heure, Votre Majesté d'autre chose que de mon dévouement et de mon respect. — C'est bien, comte, dit la reine, vous êtes libre... allez.

Un moment Charny fut pris d'un irrésistible désir de se précipiter aux pieds de la reine; mais cette invincible loyauté qui vivait en lui terrassa, sans les étouffer, les restes de cet amour qu'il croyait éteint, et qui avait été sur le point de se ranimer plus ardent et plus vivace que jamais.

Il s'élança donc hors de la chambre, une main sur son front, l'autre sur sa poitrine, en murmurant des paroles sans suite, mais qui, tout incohérentes qu'elles étaient, eussent changé, si elles les eût entendues, en un sourire de triomphe les larmes désespérées de Marie-Antoinette.

La reine le suivit des yeux, espérant toujours qu'il allait se retourner et venir à elle.

Mais elle vit la porte s'ouvrir devant lui et se refermer sur lui.

Mais elle entendit ses pas s'éloigner dans les antichambres et les corridors.

Cinq minutes après qu'il avait disparu et que le bruit de ses pas s'était éteint, elle regardait et écoutait encore.

Tout à coup son attention fut attirée par un bruit nouveau et qui venait de la cour.

C'était celui d'une voiture.

Elle courut à la fenêtre et reconnut la voiture de voyage de Charny, qui traversait la cour des Suisses et s'éloignait par la rue du Carrousel.

Elle sonna Weber.

Weber entra.

— Si je n'étais point prisonnière au château, dit-elle, et que je voulusse aller rue Coq-Héron, quel chemin faudrait-il que je prisse ? — Madame, dit Weber, il vous faudrait sortir par la porte de la cour des Suisses et tourner par la rue du Carrousel, puis suivre la rue Saint-Honoré jusqu'à... — C'est bien ! assez !... Il va lui dire adieu, murmura-t-elle.

Et après avoir laissé un instant son front s'appuyer sur la vitre glacée :

— Oh ! il faut pourtant que je sache à quoi m'en tenir, continua-t-elle à voix basse, brisant chaque parole entre ses dents serrées.

Puis, tout haut :

— Weber, dit-elle, tu passeras rue Coq-Héron, numéro 9, chez madame la comtesse de Charny, et tu lui diras que je désire lui parler ce soir. — Pardon, Madame, dit le valet de chambre, mais je croyais que Votre Majesté avait disposé de sa soirée en faveur de monsieur le docteur Gilbert ? — Ah ! c'est vrai, dit la reine hésitant. — Qu'ordonne Votre Majesté ? — Contremande le docteur Gilbert, et donne-lui rendez-vous pour demain matin.

Puis, tout bas à elle-même :

— Oui, c'est cela, dit-elle, à demain matin la politique... D'ailleurs la conversation que je vais avoir avec madame de Charny pourra bien avoir quelque influence sur la détermination que je prendrai.

Et, de la main, elle congédia Weber.

XXIII

HORIZONS SOMBRES

La reine se trompait : Charny n'allait point chez la comtesse.

Il allait à la poste royale faire mettre des chevaux de poste à sa voiture.

Seulement, tandis qu'on attelait, il entra chez le maître de poste, demanda plume, encre, papier, et écrivit à la comtesse une lettre qu'il chargea le domestique qui ramenait ses chevaux de porter chez elle.

La comtesse, à demi couchée sur un canapé placé à l'angle de la cheminée du salon, et ayant un guéridon devant elle, était occupée à lire cette lettre lorsque Weber, selon le privilége des gens qui venaient de la part du roi ou de la reine, fut introduit sans annonce préalable.

— Monsieur Weber, dit la femme de chambre en ouvrant la porte.

En même temps Weber parut.

La comtesse plia vivement la lettre qu'elle tenait à la main et l'appuya contre sa poitrine, comme si le valet de chambre de la reine fut venu pour la lui prendre.

Weber s'acquitta de sa commission en allemand. C'était toujours un grand plaisir pour ce brave homme que de parler la langue de son pays, et l'on sait qu'Andrée, qui avait appris cette langue dans sa jeunesse, était arrivée, par la familiarité où dix ans l'avait tenue la reine, à parler cette langue comme sa langue maternelle.

Une des causes qui avait fait regretter à Weber le départ d'Andrée et sa séparation de la reine, c'était cette occasion que perdait le digne Allemand de parler sa langue.

Aussi insista-t-il bien vivement, espérant sans doute que dans l'entrevue sortirait un rapprochement, pour que, sous aucun prétexte, Andrée ne manquât au rendez-vous qui lui était donné ; il lui répéta donc à plusieurs reprises que la reine avait contremandé une entrevue qu'elle devait avoir le soir même avec le docteur Gilbert, afin de se faire maîtresse de sa soirée.

Andrée répondit simplement qu'elle se rendrait aux ordres de Sa Majesté.

Weber sorti, la comtesse se tint un instant immobile et les yeux fermés, comme une personne qui veut chasser de son esprit toute pensée étrangère à celle qui l'occupe ; et, seulement lorsqu'elle eut réussi à bien rentrer en elle-même, elle reprit sa lettre, dont elle continua la lecture.

La lettre lue, elle la baisa tendrement et la mit sur son cœur.

Puis, avec un sourire plein de tristesse :

— Dieu vous garde, chère âme de ma vie! dit-elle. J'ignore où vous êtes ; mais Dieu le sait, et mes prières savent où est Dieu.

Alors, quoiqu'il lui fût impossible de deviner pour quelle cause la reine la demandait, sans impatience comme sans crainte elle attendit le moment de se rendre aux Tuileries.

Il n'en était point de même de la reine ; prisonnière en quelque sorte au château, elle errait, pour user son impatience, du pavillon de Flore au pavillon de Marsan.

Monsieur l'aida à passer une heure ; Monsieur était venu aux Tuileries afin de savoir comment Favras avait été reçu par le roi.

La reine, qui ignorait la cause du voyage de Charny, et qui voulait se garder cette voie de salut, engagea le roi beaucoup plus qu'il ne s'était engagé lui-même, dit à Monsieur qu'il eût à poursuivre, et que, le moment venu, elle se chargeait de tout.

Monsieur, de son côté, était joyeux et plein de confiance. L'emprunt qu'il négociait avec ce banquier génois, que nous avons vu apparaître un instant dans sa maison de campagne de Bellevue, avait réussi, et la veille monsieur de Favras, intermédiaire dans cet emprunt, lui avait remis les deux millions, sur lesquels il n'avait pu, lui, Monsieur, faire accepter à Favras que cent louis dont il avait absolument besoin pour arroser le dévouement de deux drôles sur lesquels Favras lui avait juré qu'il pouvait compter, et qui devaient le seconder dans l'enlèvement royal.

Favras avait voulu donner à Monsieur des renseignements sur ces deux hommes ; mais Monsieur, toujours prudent, avait non-seulement refusé de les voir, mais encore de connaître leur nom.

Monsieur était censé ignorer tout ce qui se passait. Monsieur donnait de l'argent à Favras, parce que Favras avait été autrefois attaché à sa personne ; mais ce que faisait Favras de cet argent, Monsieur ne le savait pas et ne le voulait point savoir.

D'ailleurs, en cas de départ du roi, nous l'avons déjà dit, Monsieur restait ; Monsieur avait l'air d'être en dehors du complot ; Monsieur criait à l'abandon de sa famille, et, comme Monsieur avait trouvé moyen de se faire très-populaire, il était probable, la royauté étant encore enracinée au cœur de la plupart des Français, il était probable, comme l'avait dit Louis XVI à Charny, que Monsieur serait nommé régent.

Dans le cas où l'enlèvement manquait, Monsieur ignorait tout, Monsieur niait tout, ou bien Monsieur, avec les quinze ou dix-huit cent mille francs qui lui restaient d'argent comptant, allait rejoindre à Turin monsieur le comte d'Artois et messieurs les princes de Condé.

Monsieur parti, la reine usa une autre heure chez madame de Lamballe. La pauvre petite princesse, dévouée à la reine jusqu'à la mort, on l'a vu dans l'occasion, n'avait toujours été, cependant, que le pis-aller de Marie-Antoinette, qui l'avait successivement abandonnée pour porter son inconstante faveur sur Andrée et sur mesdames de Polignac ; mais la reine la connaissait : elle n'avait qu'à faire un pas vers cette véritable amie pour que celle-ci, les bras et le cœur ouverts, fît le reste du chemin.

Aux Tuileries, et depuis le retour de Versailles, la princesse de Lamballe habitait le pavillon de Flore, où elle tenait le véritable salon de Marie-Antoinette, comme faisait à Trianon madame de Polignac. Toutes les fois que la reine avait une grande douleur ou une grande inquiétude, c'était à madame de Lamballe qu'elle allait, preuve que là elle se sentait aimée. Alors, sans avoir besoin de rien dire, sans même faire la douce jeune femme confidente de cette inquiétude ou de cette douleur, elle posait sa tête sur l'épaule de cette vivante statue de l'amitié, et les larmes qui coulaient des yeux de la reine ne tardaient pas à se mêler aux pleurs qui coulaient de ceux de la princesse.

O pauvre martyre! qui osera aller chercher si la source de cette amitié était pure ou criminelle, quand l'histoire inexorable, terrible, viendra, les pieds dans ton sang, lui dire de quel prix tu l'as payée!

Puis le dîner fit passer une autre heure. On dînait en famille avec madame Élisabeth, madame de Lamballe et les enfants.

Au dîner, les deux augustes convives étaient préoccupés; chacun des deux avait un secret pour l'autre:

La reine, l'affaire Favras.

Le roi, l'affaire Bouillé.

Tout au contraire du roi, qui préférait devoir son salut à tout, même à la révolution, plutôt qu'à l'étranger, la reine préférait l'étranger à tout.

D'ailleurs, il faut le dire, ce que nous autres Français appelions l'étranger, c'était, pour la reine, la famille. Comment aurait-elle pu mettre dans la balance ce peuple qui tuait ses soldats, ces femmes qui venaient l'insulter dans les cours de Versailles, ces hommes qui voulaient l'assassiner dans ses appartements, cette foule qui l'appelait l'Autrichienne, avec les rois à qui elle demandait secours? avec Joseph II, son frère; avec Ferdinand Ier, son beau-frère; avec Charles IV, son cousin-germain, par le roi, dont il était plus proche parent que le roi ne l'était lui-même des d'Orléans et des Condé!

La reine ne voyait donc pas dans cette fuite qu'elle préparait le crime dont elle fut accusée depuis; elle y voyait le seul moyen, au contraire, de maintenir la dignité royale, et, dans ce retour à main armée qu'elle espérait, la seule expiation à la hauteur des insultes qu'elle avait reçues.

Nous avons montré à nu le cœur du roi: lui se défiait des rois et des princes; il n'appartenait pas le moins du monde à la reine, comme beaucoup l'ont cru, quoiqu'il fût Allemand par sa mère; mais les Allemands ne regardent pas les Autrichiens comme des Allemands.

Contre son habitude, la reine, ce jour-là, resta peu avec ses enfants. Elle sentait bien que, son cœur n'étant pas tout entier au père, elle n'avait pas droit, à cette heure, aux caresses des enfants. Le cœur de la femme, ce viscère mystérieux qui couve les passions et fait éclore le repentir, le cœur de la femme connaît seul ces contradictions étranges.

De bonne heure la reine se retira chez elle et s'enferma : elle dit qu'elle avait à écrire, et mit Weber de garde à sa porte.

D'ailleurs le roi remarqua peu cette retraite, préoccupé qu'il était lui-même des événements, inférieurs il est vrai, mais non sans gravité, dont Paris était menacé, et dont le lieutenant de police, qui l'attendait chez lui, venait l'entretenir.

Ces événements, les voici en deux mots :

L'Assemblée, comme nous l'avons vu, s'était déclarée inséparable du roi ; et, le roi à Paris, elle était venue l'y rejoindre.

En attendant que la salle du Manége, qui lui était destinée, fût prête, elle avait choisi, pour lieu de ses séances, la salle de l'archevêché.

Là, elle avait changé, par un décret, le titre de *roi de France et de Navarre*, en celui de *roi des Français*.

Elle avait proscrit les formules royales : « de notre science certaine, » et « de notre pleine puissance... » et leur avait substitué celle-ci : « Louis, par la grâce de Dieu, et par la loi constitutionnelle de l'État... »

Ce qui prouvait que l'Assemblée nationale, comme toutes les assemblées parlementaires dont elle est la fille ou l'aïeule, s'occupait souvent de choses futiles, quand elle aurait dû s'occuper de choses sérieuses.

Par exemple elle eût dû s'occuper de nourrir Paris, qui mourait littéralement de faim.

Le retour de Versailles et l'installation du *boulanger*, de la *boulangère* et du *petit mitron* aux Tuileries, n'avait pas produit l'effet qu'on en attendait.

La farine et le pain continuaient de manquer.

Tous les jours, il y avait des attroupements à la porte des boulangers, et ces attroupements causaient de grands désordres ; mais comment remédier à ces attroupements?

Le droit de réunion était consacré par la *Déclaration des Droits de l'Homme*.

Mais l'Assemblée ignorait tout cela, ses membres n'étaient pas obligés de faire queue à la porte des boulangers ; et quand par hasard quelqu'un de ses membres avait faim pendant la séance, il était toujours sûr de trouver, à cent pas de là, des petits pains frais chez un boulanger nommé François, qui demeurait rue du Marché-Palu, district de Notre-Dame, et qui, faisant jusqu'à six ou huit fournées par jour, avait toujours une réserve pour *messieurs de l'Assemblée*.

Le lieutenant de police était donc occupé à faire part à Louis XVI de ses craintes relativement à ces désordres, qui pouvaient, un beau matin, se changer en émeutes, lorsque Weber ouvrit la porte du petit cabinet de la reine et annonça à demi voix :

— Madame la comtesse de Charny!

XXIV

LE BOULANGER FRANÇOIS

Nous n'essaierons pas de dire ce qui se passa entre la comtesse de Charny et Marie-Antoinette, ni comment s'écoula cette nuit.

A neuf heures du matin seulement nous retrouverons la reine, les yeux rougis par les larmes, les joues pâlies d'insomnie; à huit heures, c'est-à-dire au jour presque naissant, car on était à cette triste période de l'année où les journées sont courtes et sombres, à huit heures elle avait quitté le lit, où elle avait en vain cherché le repos pendant les premières heures de la nuit, et où, pendant les dernières, elle n'avait trouvé qu'un sommeil fiévreux et agité.

Depuis quelques instants, quoique, d'après l'ordre donné, personne n'osât entrer dans sa chambre, elle entendait autour de son appartement ces allées et venues, ces bruits soudains et ces rumeurs prolongées qui annoncent que quelque chose d'insolite se passe à l'extérieur.

Ce fut à ce moment que, la toilette de la reine achevée, la pendule sonna neuf heures.

Au milieu de tous ces bruits confus qui semblaient courir dans les corridors, elle entendit la voix de Weber qui réclamait le silence.

Elle appela le fidèle valet de chambre.

A l'instant même tout bruit cessa. La porte s'ouvrit.

— Qu'y a-t-il donc, Weber? demanda la reine; que se passe-t-il dans le château, et que signifient toutes ces rumeurs? — Madame, dit Weber, il paraît qu'il y a du bruit du côté de la Cité. — Du bruit! fit la reine, et à quel propos? — On ne sait pas encore, Madame; seulement, on dit qu'il se fait une émeute à cause du pain.

Autrefois, il ne serait pas venu à la reine cette idée qu'il y avait des gens qui mouraient de faim; mais depuis que, pendant le voyage de Versailles, elle avait entendu le dauphin lui demander du pain sans qu'elle pût lui en donner, elle comprenait ce que c'était que la détresse, la misère et la faim.

— Pauvres gens! murmura-t-elle, se rappelant les mots qu'elle avait entendus sur la route, et l'explication que Gilbert avait donnée à ces mots, ils voient bien maintenant que ce n'est la faute ni du *boulanger* ni de la *boulangère*, s'ils n'ont pas de pain.

Puis, tout haut :

— Et craint-on que cela ne devienne grave? demanda-t-elle. — Je ne saurais vous dire, Madame ; il n'y a pas deux rapports qui se ressemblent, répondit Weber. — Eh bien! reprit la reine, cours jusqu'à la Cité, Weber ; ce n'est pas très-loin d'ici; vois par tes yeux ce qui se passe, et viens me le redire. — Et monsieur le docteur Gilbert? demanda le valet de chambre. — Préviens Campan ou Misery que je l'attends, et l'une ou l'autre l'introduira.

Puis, jetant cette dernière phrase au moment où Weber allait disparaître :

— Recommande bien qu'on ne le fasse pas attendre, Weber, dit-elle; lui qui est au courant de tout nous expliquera ce qui se passe.

Weber sortit du château, gagna le guichet du Louvre, s'élança sur le pont, et, guidé par les clameurs, suivant le flot qui roulait vers l'archevêché, il arriva sur la place Notre-Dame.

Au fur et à mesure qu'il s'était avancé vers le vieux Paris, la foule avait grossi, et les clameurs étaient devenues plus vives.

Au milieu de ces cris, ou plutôt de ces hurlements, on entendait de ces voix comme on en entend seulement au ciel les jours d'orage, et, sur la terre, les jours de révolution; on entendait des voix qui criaient :

— C'est un affameur!... à mort! à mort!... à la lanterne! à la lanterne!

Et des milliers de voix qui ne savaient pas même de quoi il était question, et parmi lesquelles on distinguait celles des femmes, répétaient de confiance, et dans l'attente d'un de ces spectacles qui font toujours bondir le cœur des foules :

— C'est un affameur! à mort! à la lanterne!

Tout à coup Weber se sentit frappé d'une de ces violentes secousses comme il s'en fait dans une grande masse d'hommes quand un courant s'établit, et il vit arriver, par la rue Chanoinesse, un flot humain, une cataracte vivante, au milieu de laquelle se débattait un malheureux, pâle et les vêtements déchirés.

C'était après lui que tout ce peuple en avait; c'était contre lui que s'élevaient tous ces cris, tous ces hurlements, toutes ces menaces.

Un seul homme le défendait contre cette foule; un seul homme faisait une digue à ce torrent humain.

Cet homme, qui avait entrepris une tâche de pitié au-dessus des forces

GILBERT ET LE BOULANGER FRANÇOIS.

de dix hommes, de vingt hommes, de cent hommes, c'était Gilbert.

Il est vrai que quelques-uns parmi la foule, l'ayant reconnu, commençaient à crier :

— C'est le docteur Gilbert, un patriote... l'ami de monsieur Lafayette et de monsieur Bailly... Écoutons le docteur Gilbert.

A ces cris, il y eut un moment de halte, quelque chose comme ce calme passager qui s'étend sur les flots entre deux rafales.

Weber en profita pour se frayer un chemin jusqu'au docteur.

Il y parvint à grand'peine.

— Monsieur le docteur Gilbert! dit le valet de chambre.

Gilbert se retourna du côté d'où venait cette voix.

— Ah! dit-il, c'est vous, Weber.

Puis, lui faisant signe d'approcher :

— Allez, dit-il tout bas, annoncer à la reine que je viendrai peut-être plus tard qu'elle ne m'attend : je suis occupé à sauver un homme. — Oui! oui! dit le malheureux entendant ces derniers mots, vous me sauverez n'est-ce pas, docteur?... Dites-leur que je suis innocent; dites-leur que ma jeune femme est enceinte... Je vous jure que je ne cachais pas de pain, docteur !

Mais, comme si cette plainte et cette prière du malheureux eussent remis le feu à la haine et à la colère à moitié éteintes, les cris redoublèrent et les menaces essayèrent de se traduire en voies de fait.

— Mes amis! s'écria Gilbert en luttant avec une force surhumaine contre les furieux, cet homme est un Français, un citoyen comme vous; on ne peut, on ne doit pas égorger un homme sans l'entendre... Conduisez-le au district, et après l'on verra. — Oui, crièrent quelques voix appartenant à ceux qui avaient reconnu le docteur. — Monsieur Gilbert, dit le valet de chambre de la reine, tenez bon; je vais avertir les officiers du district... Le district est à deux pas : dans cinq minutes ils seront ici.

Et il se glissa et se perdit à travers la foule, sans même attendre l'approbation de Gilbert.

Cependant, quatre ou cinq personnes étaient venues en aide au docteur, et avaient fait, avec leur corps, une espèce de retranchement au malheureux que menaçait la colère de la foule.

Ce rempart, tout faible qu'il était, contint momentanément ces meurtriers, qui continuaient à couvrir de leurs clameurs la voix de Gilbert et celle des bons citoyens qui s'étaient ralliés à lui.

Heureusement, au bout de cinq minutes, un mouvement se fait dans la foule; un murmure lui succède, et ce murmure se traduit par ces mots :

— Les officiers du district! les officiers du district!

Devant les officiers du district, les menaces s'éteignent, la foule s'écarte; les assassins n'ont probablement pas encore le mot d'ordre.

On conduit le malheureux à l'hôtel de ville.

Il s'est attaché au docteur, il le tient par le bras, il ne veut pas le lâcher.

Maintenant, qu'est-ce que cet homme?

Nous allons vous le dire.

C'est un pauvre boulanger nommé Denis François, le même dont nous avons déjà prononcé le nom, et qui fournit des petits pains à messieurs de l'Assemblée.

Le matin, une vieille femme est entrée dans son magasin de la rue du Marché-Palu, au moment où il vient de distribuer la sixième fournée de pain, et où il commence à cuire la septième.

La vieille femme demande du pain.

— Il n'y en a plus, dit François; mais attendez ma septième fournée, et vous serez servie la première. — J'en veux tout de suite, dit la femme, voilà de l'argent. — Mais, dit le boulanger, puisque je vous affirme qu'il n'y en a plus. — Laissez-moi voir. — Oh! dit le boulanger, entrez, voyez, cherchez, je ne demande pas mieux.

La vieille entre, cherche, flaire, furette, ouvre une armoire, et, dans cette armoire, trouve trois pains rassis de quatre livres chacun, que les garçons avaient conservés pour eux.

Elle en prend un, sort sans payer, et sur la réclamation du boulanger, elle ameute le peuple en criant que François est un affameur, et qu'il cache la moitié de sa fournée.

Le cri d'affameur désignait à une mort à peu près certaine celui qui en était l'objet.

Un ancien recruteur de dragons, nommé Fleur-d'Épine, qui buvait dans un cabaret en face, sort de ce cabaret, et répète d'une voix avinée le cri poussé par la vieille.

A ce double cri, le peuple accourt hurlant, s'informe de ce dont il est question, répète les cris poussés, se rue dans la boutique du boulanger, force la garde de quatre hommes que la police avait mise à sa porte comme à celle de ses confrères, se répand dans le magasin, et, outre les deux pains rassis laissés et dénoncés par la vieille, trouve dix douzaines de petits pains frais réservés pour les députés, qui tiennent leurs séances à l'archevêché, c'est-à-dire à cent pas de là.

Dès lors, le malheureux est condamné, ce n'est plus une voix, c'est cent voix, mille voix qui crient : A l'affameur!

C'est tout une foule qui hurle : A la lanterne!

En ce moment, le docteur, qui venait de faire visite à son fils, qu'il avait reconduit chez l'abbé Bérardier, au collége Louis-le-Grand, est attiré par le bruit ; il voit tout un peuple qui demande la mort d'un homme, et il s'élance au secours de cet homme.

Là, en quelques paroles, il avait appris de François ce dont il s'agissait ; il avait reconnu l'innocence du boulanger, et il avait essayé de le défendre.

Alors, la foule avait entraîné ensemble et le malheureux menacé et son défenseur, les enveloppant tous deux dans le même anathème et prête à les frapper tous deux du même coup.

C'était en ce moment que Weber, envoyé par la reine, était arrivé sur la place Notre-Dame, et avait reconnu Gilbert.

Nous avons vu qu'après le départ de Weber, les officiers du district étaient arrivés, et que le malheureux boulanger avait été, sous leur escorte, conduit à l'hôtel de ville.

Accusé, garde du district, populace irritée, tout était entré pêle-mêle dans l'hôtel de ville, dont la place s'était à l'instant même encombrée d'ouvriers sans ouvrage et de pauvres diables mourant de faim, toujours prêts à se mêler à toutes les émeutes, et à rendre à quiconque était soupçonné d'être la cause de la misère publique une partie du mal qu'ils ressentaient.

Aussi, à peine l'infortuné François eût-il disparu sous le porche béant de l'hôtel de ville, que les cris redoublèrent.

Il semblait à tous ces hommes qu'on venait de leur enlever une proie qui leur appartenait.

Des individus à figures sinistres sillonnaient la foule en disant à demi voix :

— C'est un affameur payé par la cour ; voilà pourquoi on veut le sauver.

Et ces mots : C'est un affameur ! c'est un affameur ! serpentaient au milieu de cette populace affamée, comme une mèche d'artifice, allumant toutes les haines, mettant le feu à toutes les colères.

Par malheur, il était bien matin encore, et chacun des hommes qui avaient pouvoir sur le peuple, ni Bailly ni Lafayette n'était là.

Ils le savaient bien, ceux qui répétaient dans les groupes : C'est un affameur ! c'est un affameur !

Enfin, comme on ne voyait pas reparaître l'accusé, les cris se changèrent en un immense hourra, les menaces en un hurlement universel.

Ces hommes dont nous avons parlé se glissèrent sous le porche, rampèrent le long de l'escalier, pénétrèrent jusque dans la salle où était le malheureux boulanger, que Gilbert défendait de son mieux,

De leur côté, les voisins de François, accourus au tumulte, constataient qu'il avait donné, depuis le commencement de la révolution, les plus grandes preuves de zèle, qu'il avait cuit jusqu'à dix fournées par jour; que, lorsque ses confrères manquaient de farine, il leur en donnait de la sienne; que, pour servir plus promptement le public, outre son four, il louait celui d'un patissier où il faisait sécher son bois.

A la fin des dépositions, il est démontré qu'au lieu d'une punition, cet homme mérite une récompense.

Mais sur la place, mais dans les escaliers, mais jusque dans la salle, on continue de crier : A l'affameur! et de demander la tête du coupable.

Tout à coup, une irruption inattendue se fait dans la salle, ouvrant la haie de garde nationale qui entoure François, et le séparant de ses protecteurs. Gilbert, refoulé du côté du tribunal improvisé, voit vingt bras s'étendre... Saisi, attiré, harponné par eux, l'accusé crie à l'aide, au secours, tend ses mains suppliantes, mais inutilement!... Inutilement Gilbert fait un effort désespéré pour le rejoindre; l'ouverture par laquelle le malheureux disparaît peu à peu se referme sur lui; comme un nageur aspiré par un tourbillon, il a lutté un instant, ses mains crispées, le désespoir dans les yeux, la voix étranglée dans la gorge; puis le flot l'a recouvert, le gouffre l'a englouti!

A partir de ce moment, il est perdu.

Roulé du haut en bas des escaliers, à chaque marche il a reçu une blessure; lorsqu'il arrive sous le porche, tout son corps n'est qu'une vaste plaie.

Ce n'est plus la vie qu'il demande, c'est la mort!

Où se cachait donc la mort, à cette époque, qu'elle était si prête à accourir quand on l'appelait?

En une seconde, la tête du malheureux François est séparée du corps, et s'élève au bout d'une pique.

Aux cris de la rue, les émeutiers qui sont dans les escaliers et dans les salles se précipitent; il faut voir le spectacle jusqu'au bout.

C'est curieux, une tête au bout d'une pique; on n'en a pas vu depuis le 6 octobre, et l'on est au 21.

— Oh! Billot! Billot! s'écrie Gilbert en s'élançant hors de la salle, que tu es heureux d'avoir quitté Paris!

Il venait de traverser la place de Grève, suivant le bord de la Seine, laissant s'éloigner cette pique, cette tête sanglante, et le convoi hurlant par le pont Notre-Dame, lorsqu'à moitié du quai Pelletier, il sentit qu'on lui touchait le bras.

Il leva la tête, jeta un cri, voulut s'arrêter et parler; mais l'homme qu'il avait reconnu lui glissa un billet dans la main, mit un doigt sur sa bouche, et s'éloigna, allant du côté de l'archevêché.

Sans doute, ce personnage désirait garder l'incognito ; mais une femme de la halle, l'ayant regardé, battit des mains, et s'écria :

— Eh! c'est notre petite mère Mirabeau ! — Vive Mirabeau ! crièrent cinq cents voix ; vive le défenseur du peuple ! vive l'orateur patriote !

Et la queue du cortége qui suivait la tête du malheureux François, entendant ce cri, se retourna, et fit escorte à Mirabeau, qu'une foule immense accompagna, toujours criant, jusqu'à la porte de l'archevêché.

C'était en effet Mirabeau, qui, se rendant à la séance de l'Assemblée, avait rencontré Gilbert et lui avait remis un billet qu'il venait d'écrire pour lui sur le comptoir d'un marchand de vin, et qu'il se proposait de lui faire parvenir à domicile.

XXV

LE PARTI QU'ON PEUT TIRER D'UNE TÊTE COUPÉE

Gilbert avait lu rapidement le billet que lui avait glissé Mirabeau, l'avait relu plus lentement une seconde fois, l'avait mis dans la poche de son habit, et, appelant un fiacre, il avait donné l'ordre au cocher de le conduire aux Tuileries.

En arrivant, il avait trouvé toutes les grilles closes et les sentinelles doublées par ordre de monsieur de Lafayette, qui, sachant qu'il y avait du trouble dans Paris, avait commencé par aviser à la sûreté du roi et de la reine, et s'était porté ensuite au lieu où on lui avait dit que le trouble existait.

Gilbert se fit reconnaître du concierge de la rue de l'Échelle, et entra dans les appartements.

En l'apercevant, madame de Campan, qui avait reçu le mot d'ordre de la reine, vint au-devant de lui et l'introduisit aussitôt. Weber, pour obéir à la reine, était retourné aux nouvelles.

A la vue de Gilbert, la reine jeta un cri.

Une portion de l'habit et du jabot du docteur avait été déchirée dans la lutte qu'il avait soutenue pour sauver le malheureux François, et quelques gouttes de sang mouchetaient sa chemise.

— Madame, dit-il, je demande pardon à Votre Majesté de me présenter ainsi devant elle ; mais je l'avais, malgré moi, déjà fait attendre assez longtemps, et je ne voulais pas la faire attendre davantage. — Et ce malheureux, monsieur Gilbert? — Il est mort, Madame ; il a été assassiné, mis en morceaux ! — Il était coupable? — Il était innocent, Madame. — Oh ! Monsieur, voilà les fruits de votre révolution ! après avoir égorgé les grands seigneurs, les fonctionnaires, les gardes, les voilà qui s'égorgent entre eux !... Mais il n'y a donc pas moyen de faire justice de ces assassins? — Nous y tâcherons, Madame ; mais mieux vaudrait encore prévenir les meurtres que punir les meurtriers. — Et comment arriver là, mon Dieu ? le roi et moi ne demandons pas mieux. — Madame, tous ces malheurs viennent d'une grande défiance du peuple envers les agents du pouvoir. Mettez à la tête du gouvernement des hommes qui aient la confiance du peuple, et rien de pareil n'arrivera plus. — Ah ! oui... monsieur de Mirabeau, monsieur de Lafayette, n'est-ce pas? — J'espérais que la reine m'avait envoyé chercher pour me dire qu'elle avait obtenu du roi qu'il cessât d'être hostile à la combinaison que je lui avais proposée. — D'abord, docteur, dit la reine, vous tombez dans une grande erreur, erreur où, du reste, tombent beaucoup d'autres que vous : vous croyez que j'ai de l'influence sur le roi ; vous croyez que le roi suit mes inspirations ; vous vous trompez... si quelqu'un a de l'influence sur le roi, c'est madame Élisabeth, et non pas moi ; et la preuve, c'est qu'hier encore il a envoyé en mission un de mes serviteurs, monsieur de Charny, sans que je sache ni où il va, ni dans quel but il est parti. — Et cependant, si la reine voulait surmonter sa répugnance pour monsieur de Mirabeau, je lui répondrais bien d'amener le roi à mes désirs. — Voyons, monsieur Gilbert, reprit vivement la reine, me direz-vous, par hasard, que cette répugnance n'est point motivée? — En politique, Madame, il ne doit y avoir ni sympathie ni antipathie ; il doit y avoir des rapports de principes ou des combinaisons d'intérêts ; et je dois dire à Votre Majesté, à la honte des hommes, que les combinaisons d'intérêts sont bien autrement sûres que les rapports de principes. — Docteur, me direz-vous sérieusement que je dois me fier à un homme qui a fait les 5 et 6 octobre, et pactiser avec un orateur qui m'a publiquement insultée à la tribune? — Madame, croyez-moi, ce n'est point monsieur de Mirabeau qui a fait les 5 et 6 octobre ; c'est la faim, la disette, la misère qui ont commencé l'œuvre du jour ; mais c'est un bras puissant, mystérieux, terrible, qui a fait l'œuvre de la nuit... Peut-être, un jour, serai-je à même de vous défendre de ce côté, et de lutter avec cette ténébreuse puissance qui poursuit, non-seulement vous, mais encore toutes les autres têtes couronnées ; non-seulement le trône de France, mais encore tous les trônes de la terre ! Aussi vrai comme j'ai l'honneur de mettre ma vie à vos pieds et à ceux du roi, Madame, monsieur de Mirabeau n'est pour rien dans ces terribles journées, et il a appris à l'Assemblée comme les autres, un peu avant les autres peut-être, par un billet qui lui a été remis, que le peuple marchait sur Versailles. — Nierez-vous aussi ce qui est de notoriété publique, c'est-à-dire l'insulte qu'il m'a faite à la tribune? — Madame, monsieur de Mirabeau est un de ces hommes qui connaissent leur propre valeur, et qui s'exaspèrent quand, voyant à quoi ils sont bons et de quel aide ils peuvent être, les rois s'obstinent à ne pas les employer... Oui, pour que vous tourniez les yeux vers lui, Madame, monsieur de Mirabeau emploiera jusqu'à l'injure; car il aimera mieux que l'illustre fille de Marie-Thérèse, reine et femme, jette sur lui un regard courroucé que de ne pas le regarder du tout. — Ainsi vous croyez, monsieur Gilbert, que cet homme consentirait à être à nous? — Il y est tout entier, Madame. Quand Mirabeau s'éloigne de la royauté, c'est comme un cheval qui fait des écarts et qui n'a besoin que de sentir la bride et l'éperon de son cavalier pour rentrer dans le droit chemin. — Mais, étant déjà à monsieur le duc d'Orléans, il ne peut cependant être à tout le monde? — Voilà où est l'erreur, Madame. — Monsieur de Mirabeau n'est pas à monsieur le duc d'Orléans? répéta la reine. — Il est si peu à monsieur le duc d'Orléans que, lorsqu'il a appris que le prince s'était retiré en Angleterre devant les menaces de monsieur de Lafayette, il a dit, en froissant dans ses mains le billet de monsieur de Lauzun qui lui annonçait ce départ : « On prétend que cet homme-là est mon maître ; je ne voudrais pas de lui pour mon laquais ! » — Allons! voilà qui me raccommode un peu avec lui, dit la reine en essayant de sourire, et si je croyais qu'on pût véritablement compter sur monsieur de Mirabeau... — Eh bien? — Eh bien! peut-être serais-je moins éloignée que le roi de revenir à lui... — Madame, le lendemain du jour où le peuple a ramené de Versailles Votre Majesté, ainsi que le roi et la famille royale, j'ai rencontré monsieur de Mirabeau... — Enivré de son triomphe de la veille? — Épouvanté des dangers que vous couriez et de ceux que vous pouviez courir encore. — En vérité?... Vous êtes sûr? dit la reine d'un air de doute. — Voulez-vous que je vous rapporte les paroles qu'il m'a dites? — Oui, vous me ferez plaisir. — Eh bien! les voici, mot pour mot; je les ai gravées dans ma mémoire, espérant que j'aurais un jour l'occasion de les répéter à Votre Majesté : « Si vous avez quelque moyen de vous faire entendre du roi et de la reine, persuadez-leur que la France et eux sont perdus, si la famille royale ne sort pas de Paris. Je m'occupe d'un plan pour les en faire sortir. Seriez-vous en mesure d'aller leur donner l'assurance qu'ils peuvent compter sur moi? »

La reine devint pensive.

— Ainsi, dit-elle, l'avis de monsieur de Mirabeau est aussi que nous quittions Paris? — C'était son avis à cette époque-là. — Et il a changé depuis? — Oui, si j'en crois un billet que j'ai reçu il y a une demi-heure. — De qui? — De lui-même. — Peut-on voir ce billet? — Il est destiné à Votre Majesté.

Et Gilbert tira le papier de sa poche.

— Votre Majesté excusera, dit-il, mais il a été écrit sur du papier à écolier et sur le comptoir d'un marchand de vins. — Oh! ne vous inquiétez pas de cela... papier et pupitre sont en harmonie avec la politique qui se fait en ce moment-ci.

La reine prit le papier et lut :

« L'événement d'aujourd'hui change les choses de face.

« On peut tirer un grand parti de cette tête coupée.

« L'Assemblée va avoir peur et demandera la loi martiale.

« Monsieur de Mirabeau peut appuyer et faire voter la loi martiale.

« Monsieur de Mirabeau peut soutenir qu'il n'y a de salut qu'en rendant la force au pouvoir exécutif.

« Monsieur de Mirabeau peut attaquer monsieur de Necker sur les subsistances et le renverser.

« Qu'à la place du ministère Necker on fasse un ministère Mirabeau et Lafayette, monsieur Mirabeau répond de tout. »

— Eh bien! dit la reine, ce billet n'est pas signé. — N'ai-je pas eu l'honneur de dire à Votre Majesté que c'était monsieur de Mirabeau lui-même qui me l'avait remis? — Que dites-vous de tout cela? — Mon avis, Madame, est que monsieur de Mirabeau a parfaitement raison, et que l'alliance qu'il propose peut seule sauver la France. — Soit... Que monsieur de Mirabeau me fasse passer par vous un mémoire sur la situation et un projet de ministère, je mettrai le tout sous les yeux du roi. — Et Votre Majesté l'appuiera? — Et je l'appuierai. — Ainsi en attendant, et comme premier gage donné à la royauté, monsieur de Mirabeau peut soutenir la loi martiale et demander que la force soit rendue au pouvoir exécutif? — Il le peut. — En échange, au cas où la chute de monsieur de Necker deviendrait urgente, un ministère Lafayette et Mirabeau ne serait pas défavorablement reçu? — Par moi? non... Je veux prouver que je suis prête à sacrifier tous mes ressentiments personnels au bien de l'État. Seulement, vous le savez, je ne réponds pas du roi. — Monsieur nous seconderait-il dans cette affaire? — Je crois que Monsieur a ses projets à lui qui l'empêcheraient de seconder ceux des autres. — Et... des projets de Monsieur, la reine n'a aucune idée?... — Je crois qu'il est du premier avis de monsieur de Mirabeau, c'est-à-dire que le roi doit quitter Paris. — Votre Majesté m'autorise à dire à monsieur de Mirabeau que ce mémoire et ce projet de ministère sont demandés par Votre Majesté? — Je fais monsieur Gilbert juge de la mesure qu'il doit garder vis-à-vis d'un homme qui est notre ami d'hier, et qui peut redevenir notre ennemi demain. — Ah! sur ce point rapportez-vous-en à moi, Madame; seulement, comme les circonstances sont graves, il n'y a pas de temps à perdre; permettez donc que j'aille à l'Assemblée, et que j'essaie de voir monsieur de Mirabeau aujourd'hui même. Si je le vois, dans deux heures Votre Majesté aura la réponse.

La reine fit de la main un signe d'assentiment et de congé; Gilbert sortit.

Un quart d'heure après, il était à l'Assemblée.

L'Assemblée était en grand émoi, à cause de ce crime commis à ses portes, et sur un homme qui était en quelque sorte son serviteur.

Les membres allaient et venaient de la tribune à leurs bancs, de leurs bancs aux corridors.

Mirabeau seul se tenait immobile à sa place. Il attendait, les yeux fixés sur la tribune publique.

En apercevant Gilbert, sa figure de lion s'éclaira.

Gilbert lui fit un signe auquel il répondit par un mouvement de tête de haut en bas.

Gilbert déchira une page de ses tablettes et écrivit :

« Vos propositions sont accueillies, sinon par les deux parties, du moins par celle que vous croyez et que je crois aussi la plus influente des deux.

« On demande un mémoire pour demain, un projet de ministère pour aujourd'hui.

« *Faites rendre la force au pouvoir exécutif,* et le pouvoir exécutif comptera sur vous. »

Puis, il plia le papier en forme de lettre, écrivit sur l'adresse : A monsieur de Mirabeau, appela un huissier et fit porter le billet à sa destination.

De la tribune où il était, Gilbert vit entrer l'huissier dans la salle; il le vit se diriger droit vers le député d'Aix, et lui remettre le billet.

Mirabeau le lut avec une expression de si profonde indifférence, qu'il eût été impossible à son proche voisin de deviner que le billet qu'il venait de recevoir correspondait à ses plus ardents désirs; et, avec la même indifférence, sur une demi-feuille de papier qu'il avait devant lui, il traça quelques lignes, plia négligemment le papier, et, toujours avec la même insouciance apparente, le donnant à l'huissier :

— A la personne qui vous a remis le billet que vous m'avez apporté, dit-il.

Gilbert ouvrit vivement le papier.

Il contenait ces quelques lignes qui renfermaient peut-être pour la France un autre avenir, si le plan qu'elles proposaient avait pu être mis à exécution :

« Je parlerai.

« Demain, j'enverrai le mémoire.

« Voici la liste demandée. On pourra modifier deux ou trois noms :

« Monsieur Necker, premier ministre... »

Ce nom fit presque douter à Gilbert que ce billet qu'il lisait fût de la main de Mirabeau.

Mais, comme une note prise entre deux parenthèses suivait ce nom ainsi que les autres, Gilbert reprit :

« Monsieur Necker, premier ministre (il faut le rendre aussi impuissant qu'il est incapable, et cependant conserver sa popularité au roi);

« L'archevêque de Bordeaux, chancelier (on lui recommandera de choisir avec soin ses rédacteurs);

« Le duc de Liancourt, à la guerre (il a de l'honneur, de la fermeté, de l'affection personnelle pour le roi, ce qui donnera au roi de la sécurité);

« Le duc de La Rochefoucauld, maison du roi, ville de Paris (Thouret avec lui);

« Le comte de Lamarck, à la marine (il ne peut avoir le département de la guerre, qu'il faut donner à monsieur de Liancourt; monsieur de Lamarck a fidélité, caractère et exécution);

« L'évêque d'Autun, ministre des finances (sa motion du clergé lui a conquis cette place. Laborde avec lui);

« Le comte de Mirabeau, au conseil du roi, sans département (les petits scrupules de respect humain ne sont plus de saison; le gouvernement doit afficher tout haut que ses premiers auxiliaires seront désormais les bons principes, le caractère et le talent);

« Target, maire de Paris (la basoche le conduira toujours);

« Lafayette, au conseil, maréchal de France, généralissime *à terme* pour refaire l'armée;

« Monsieur de Montmorin, gouverneur, duc et pair (ses dettes payées);

« Monsieur de Ségur (de Russie), aux affaires étrangères;

« Monsieur Moussier, la bibliothèque du roi;

« Monsieur Chapellier, les bâtiments. »

Au-dessous de cette première note était écrite cette seconde :

Part de Lafayette :

« Ministre de la justice, le duc de La Rochefoucauld ;
« Ministre des affaires étrangères, l'évêque d'Autun ;
« Ministre des finances, Lambert, Haller ou Clavières ;
« Ministre de la marine..... »

Part de la reine :

« Ministre de la guerre ou de la marine, Lamarck ;
« Chef du conseil d'instruction et d'éducation publiques, l'abbé Sieyès ;
« Garde du sceau privé du roi,..... »

Cette seconde note indiquait évidemment les changements et modifications qui pouvaient se faire à la combinaison proposée par Mirabeau, sans apporter d'obstacle à ses vues, de trouble dans ses projets *.

Tout cela était écrit d'une écriture légèrement tremblée qui prouvait que Mirabeau, indifférent à la surface, ressentait une certaine émotion à l'intérieur.

Gilbert lut rapidement, déchira une nouvelle feuille de papier à ses tablettes, et écrivit dessus les trois ou quatre lignes suivantes, qu'il remit, après les avoir écrites, à l'huissier, qu'il avait prié de ne pas s'éloigner :

« Je retourne chez la maîtresse de l'appartement que nous voulons louer, et lui porte les conditions auxquelles vous consentez à prendre et à réparer la maison.

« Faites-moi connaître, chez moi, rue Saint-Honoré, au-dessus de l'Assomption, en face d'un menuisier nommé Duplay, le résultat de la séance aussitôt qu'elle sera terminée. »

Toujours avide de mouvement et d'agitation, espérant combattre par les intrigues politiques les passions de son cœur, la reine attendait le retour de Gilbert avec impatience en écoutant le nouveau récit de Weber.

Ce récit était le terrible dénouement de la terrible scène dont Weber avait vu le commencement, et dont il venait de voir la fin.

Renvoyé aux informations par la reine, il était arrivé par une extrémité du pont Notre-Dame, tandis qu'à l'autre extrémité de ce pont apparaissait le sanglant cortège portant, comme étendard de meurtre, la tête du bou-

---

* Ces notes, retrouvées dans les papiers de Mirabeau, après sa mort, ont été recueillies depuis, dans l'ouvrage publié par M. Bacourt, et qui jette un si grand jour sur les deux dernières années de la vie de Mirabeau.

langer François, que, par une de ces dérisions populaires qui avaient fait coiffer et raser les têtes des gardes du corps au pont de Sèvres, un assassin, plus facétieux que les autres, avait coiffée d'un bonnet de coton, pris à l'un des confrères de la victime.

Au tiers du pont, à peu près, une jeune femme pâle, effarée, la sueur au front, qui, malgré un commencement de grossesse déjà visible, courait, d'une course aussi rapide que possible, vers l'hôtel de ville, s'arrêta tout à coup.

Cette tête, dont elle n'avait encore pu distinguer les traits, avait cependant, à distance, produit sur elle l'effet du bouclier antique.

Mais, au fur et à mesure que la tête s'approchait, il était facile de voir, par la décomposition des traits de la pauvre créature, qu'elle n'était point changée en pierre.

Quand l'horrible trophée ne fut plus qu'à vingt pas d'elle, elle jeta un cri, étendit les bras avec un mouvement désespéré, et, comme si ses pieds se fussent détachés de la terre, elle tomba évanouie et couchée sur le pont.

C'était la femme de François, enceinte de cinq mois.

On l'avait emportée sans connaissance.

— Oh! mon Dieu! murmura la reine, c'est un terrible enseignement que vous envoyez à votre servante, pour lui apprendre que si malheureux que l'on soit, il existe plus malheureux encore!

En ce moment Gilbert entra, introduit par madame Campan, qui avait remplacé Weber dans la garde de la porte royale.

Il trouva, non plus la reine, mais la femme, c'est-à-dire l'épouse, c'est-à-dire la mère, écrasée sous ce récit qui l'avait frappée deux fois au cœur.

La disposition n'en était que meilleure, puisque Gilbert, à son avis du moins, venait offrir le moyen de mettre un terme à tous ces assassinats.

Aussi la reine, essuyant ses yeux où roulaient des larmes, son front où perlait la sueur, prit-elle des mains de Gilbert la liste qu'il rapportait.

Mais avant de jeter les yeux sur ce papier, si important qu'il fût :

— Weber, dit-elle, si cette pauvre femme n'est pas morte, je la recevrai demain, et si elle est véritablement enceinte, je serai la marraine de son enfant. — Ah! Madame! Madame! s'écria Gilbert, pourquoi tous les Français ne peuvent-ils pas, comme moi, voir les larmes qui coulent de vos yeux, entendre les paroles qui sortent de votre bouche!

La reine tressaillit ; c'était les mêmes mots à peu près, que, dans une circonstance non moins critique, lui avait adressés Charny.

Elle jeta un coup d'œil sur la note de Mirabeau ; mais trop troublée dans ce moment pour faire une réponse convenable :

— C'est bien, docteur, dit-elle, laissez-moi cette note ; je réfléchirai et vous rendrai réponse demain.

Puis, peut-être sans savoir ce qu'elle faisait, elle tendit vers Gilbert une main que celui-ci, tout surpris, effleura du bout des doigts et des lèvres.

C'était déjà une terrible conversion, on en conviendra, pour la fière Marie-Antoinette, que de discuter un ministère dont faisaient partie Mirabeau et Lafayette, et de donner sa main à baiser au docteur Gilbert.

A sept heures du soir, un valet sans livrée remit à Gilbert le billet suivant :

« La séance a été chaude !

« La loi martiale est votée.

« Buzot et Robespierre voulaient la création d'une haute-cour.

« J'ai fait décréter que les crimes de *lèse-nation* (c'est un nouveau mot que nous venons d'inventer) seraient jugés par le tribunal royal du Châtelet.

« J'ai placé sans détour le salut de la France dans la royauté, et les trois quarts de l'Assemblée ont applaudi.

« Nous sommes au 21 octobre, j'espère que la royauté a fait bon chemin depuis le 6.

« *Vale et me ama.* »

Le billet n'était pas signé, mais il était de la même écriture que la note ministérielle et que le billet du matin, ce qui revenait absolument au même, puisque cette écriture était celle de Mirabeau.

XXVI

LE CHATELET

Pour que l'on comprenne toute la portée du triomphe que venait de remporter Mirabeau, et, par contre-coup, la royauté, dont il s'était fait le mandataire, il faut que nous disions à nos lecteurs ce que c'était que le Châtelet.

D'ailleurs, un de ses premiers jugements va donner matière à l'une des plus terribles scènes qui se soient passées en Grève, dans le courant de l'année 1791, scène qui, n'étant pas étrangère à notre sujet, trouvera nécessairement place dans la suite de ce récit.

Le Châtelet, qui, depuis le xiiie siècle, avait une grande importance historique, et comme tribunal et comme prison, reçut la toute-puissance qu'il exerça pendant cinq siècles du bon roi Louis IX.

Un autre roi, Philippe-Auguste, était un roi bâtisseur s'il en fut.

Il bâtit Notre-Dame, ou à peu près.

Il fonda les hôpitaux de la Trinité, de Sainte-Catherine et de Saint-Nicolas-du-Louvre.

Il pava les rues de Paris, qui, couvertes de boues et de vases, l'empêchaient par leur puanteur, dit la chronique, de demeurer à sa fenêtre.

Il avait une grande ressource, à la vérité, pour toutes ces dépenses, ressource que ses successeurs ont malheureusement épuisée : c'étaient les Juifs.

En 1189, il fut atteint de la folie du temps.

La folie du temps, c'était de vouloir reprendre Jérusalem aux soudans d'Asie.

Il s'allia avec Cœur de Lion, et partit pour les lieux saints.

Mais, avant de partir, afin que ces bons Parisiens ne perdissent pas leur temps, et, dans leurs moments perdus, ne songeassent point à se révolter contre lui, comme, à son instigation, s'étaient révoltés plus d'une fois les sujets et même les fils de Henri II d'Angleterre, il leur laissa un plan, et leur ordonna de se mettre à l'exécuter immédiatement après son départ.

Ce plan était une nouvelle enceinte à bâtir à leur ville, enceinte dont, nous venons de le dire, il donnait lui-même le programme, et qui devait se composer d'une muraille solide, d'une vraie muraille du XII° siècle, garnie de tourelles et de portes.

Cette muraille fut la troisième qui enveloppa Paris.

Comme on le comprend bien, les ingénieurs chargés de ce travail ne prirent pas juste la mesure de leur capitale ; elle avait grossi très-vite depuis Hugues-Capet, et elle promettait de faire craquer bientôt sa troisième ceinture, comme elle avait fait craquer les deux premières.

On lui tint donc la ceinture lâche, et, dans cette ceinture, on enferma, par précaution pour l'avenir, une foule de petits hameaux destinés à devenir plus tard des portions de ce grand tout.

Ces hameaux et ces villages, si pauvres qu'ils fussent, avaient chacun sa justice seigneuriale.

Or, toutes ces justices seigneuriales, qui, la plupart du temps, se contredisaient l'une l'autre, enfermées dans la même enceinte, rendirent l'opposition plus sensible, et finirent par se heurter si singulièrement, qu'elles mirent une grande confusion dans cette étrange capitale.

Il y avait, à cette époque, un seigneur de Vincennes qui, ayant à ce qu'il paraît plus à se plaindre de ce conflit qu'aucun autre, résolut d'y mettre fin. Ce seigneur, c'était Louis IX.

Car il est bon d'apprendre ceci aux petits enfants, et même aux grandes personnes, c'est que, lorsque Louis IX rendait justice sous ce fameux chêne devenu proverbial, il rendait justice comme seigneur, et non comme roi.

Il ordonna, en conséquence, comme roi, que toutes les causes jugées par ces petites justices seigneuriales seraient, par voie d'appel, portées devant son Châtelet de Paris.

La juridiction du Châtelet se trouva ainsi toute-puissante, chargée qu'elle était de juger en dernier ressort.

Le Châtelet était donc demeuré tribunal suprême jusqu'au moment où le parlement, empiétant à son tour sur la justice royale, déclara qu'il connaîtrait, par voie d'appel, des causes jugées au Châtelet.

Mais l'Assemblée venait de suspendre les parlements.

— Nous les avons enterrés tout vifs, disait Lameth en sortant de la séance.

Et, à la place des parlements, sur l'insistance de Mirabeau, elle venait de rendre au Châtelet son ancien pouvoir, augmenté de pouvoirs nouveaux.

C'était donc un grand triomphe pour la royauté que les crimes de lèse-nation, ressortant de la loi martiale, fussent portés devant un tribunal lui appartenant.

Le premier crime dont le Châtelet eut à connaître fut celui dont nous venons de faire le récit.

Le jour même de la promulgation de la loi, deux des assassins du malheureux François furent pendus en Grève, sans autre procès que l'accusation publique et la notoriété du crime.

Un troisième, qui était le raccoleur Fleur-d'Épine, dont nous avons prononcé le nom, fut jugé régulièrement, et, dégradé et condamné par le Châtelet, il alla, par la même route qu'ils avaient prise, rejoindre dans l'éternité ses deux compagnons.

Deux causes lui restaient à juger :

Celle du fermier général Augeard ;

Celle de l'inspecteur général des Suisses, Pierre-Victor de Bezenval.

C'étaient deux hommes dévoués à la cour ; aussi s'était-on hâté de transporter leur cause au Châtelet.

Augeard était accusé d'avoir fourni les fonds avec lesquels la camarilla de la reine payait, en juillet, les troupes rassemblées au Champ-de-Mars. Augeard était peu connu ; son arrestation n'avait pas fait grand bruit ; la populace ne lui en voulait donc point.

Le Châtelet l'acquitta sans trop de scandale.

Restait Bezenval.

Bezenval, c'était autre chose ; son nom était on ne peut plus populaire, du mauvais côté du mot.

C'était lui qui avait commandé les Suisses chez Réveillon, à la Bastille et au Champ-de-Mars. Le peuple se souvenait que, dans ces trois circonstances, il l'avait chargé, et il n'était point fâché de prendre sa revanche.

Les ordres les plus précis avaient été donnés par la cour au Châtelet : sous aucun prétexte, le roi ni la reine ne voulaient que monsieur de Bezenval fût condamné.

Il ne fallait pas moins que cette double protection pour le sauver.

Lui-même s'était reconnu coupable, puisqu'après le 14 juillet il avait pris la fuite. Arrêté à moitié chemin de la frontière, il avait été ramené à Paris.

Aussi, lorsqu'il entra dans la salle, des cris de mort le saluèrent presque unanimement.

— Bezenval à la lanterne ! Bezenval à la potence ! hurla-t-on de tous côtés. — Silence ! crièrent les huissiers.

A grand'peine le silence fut obtenu.

Un des assistants en profita.

— Je demande, cria-t-il d'une magnifique voix de basse-taille, qu'on le coupe en treize morceaux, et qu'on en envoie un à chaque canton.

Mais, malgré les charges de l'accusation, malgré l'animosité de l'auditoire, Bezenval fut acquitté.

Indigné de ce double acquittement, un des auditeurs écrivit ces quatre vers sur un morceau de papier qu'il roula en boulette, et envoya au président :

> Magistrats, qui lavez Augeard,
> Qui lavez Bezenval, qui laveriez la peste,
> Vous êtes le papier brouillard :
> Vous enlevez la tache, et la tache vous reste !

Le quatrain était signé. Ce n'est pas tout : le président se retourna pour en chercher l'auteur.

L'auteur était debout sur un banc, sollicitant par ses gestes le regard du président.

Mais le regard du président se baissa devant lui.

On n'osa point le faire arrêter.

Il est vrai que l'auteur était Camille Desmoulins, le motionnaire du Palais-Royal, l'homme à la chaise, au pistolet et aux feuilles de maronnier.

Aussi un de ceux qui sortaient en foule pressée, et qu'à son costume on pouvait prendre pour un simple bourgeois du Marais, s'adressant à un de ses voisins, et lui posant la main sur l'épaule, quoique celui-ci parût appartenir à une classe supérieure de la société, lui dit :

— Eh bien ! monsieur le docteur Gilbert, que pensez-vous de ces deux acquittements ?

Celui auquel il s'adressait tressaillit, regarda son interlocuteur, et, reconnaissant la figure comme il avait reconnu la voix, répondit :

— C'est à vous, et non à moi, qu'il faut demander cela, maître... vous qui savez tout, le présent, le passé, l'avenir !... — Eh bien ! moi, je pense qu'après ces deux coupables acquittés, il faut dire malheur à l'innocent qui viendra en troisième ! — Et pourquoi croyez-vous que ce soit un innocent qui leur succédera ? demanda Gilbert, et qui, leur succédant, sera puni ? — Mais par cette simple raison, répondit son interlocuteur avec cette ironie qui lui était naturelle, qu'il est assez d'habitude en ce monde que les bons pâtissent pour les mauvais... — Adieu, maître ! dit Gilbert en tendant la main à Cagliostro, car, aux quelques mots qu'il a prononcés, on a sans doute déjà reconnu le terrible sceptique. — Et pourquoi adieu ? — Parce que j'ai affaire, répondit Gilbert en souriant. — Un rendez-vous ? — Oui. — Avec qui ?... avec Mirabeau, avec Lafayette ou avec la reine ?

Gilbert s'arrêta, regardant Cagliostro avec une fixité inquiète.

— Savez-vous que vous m'effrayez parfois ! lui dit-il. — Au contraire, je devrais vous rassurer, dit Cagliostro. — Comment cela ? — Ne suis-je pas de vos amis ? — Je le crois... — Soyez en sûr... et si vous en voulez une preuve... — Eh bien ? — Venez avec moi, et je vous donnerai, sur toute cette négociation que vous croyez bien secrète, des détails si secrets en effet, que, vous qui vous imaginez la conduire, vous les ignorez... — Écoutez, dit Gilbert, peut-être vous raillez-vous de moi à l'aide de quelques-uns de ces prestiges qui vous sont familiers ; mais n'importe ! les circonstances dans lesquelles nous marchons sont si graves, qu'un éclaircissement, me fût-il offert par Satan en personne, je l'accepterais... Je vous suis donc partout où vous voudrez me conduire. — Oh ! soyez tranquille, ce ne sera pas bien loin, et ce sera surtout dans un lieu qui ne vous est pas inconnu. Seulement, permettez que j'appelle ce fiacre vide qui passe ; le costume dans lequel je suis sorti ne m'a pas permis de commander ma voiture et mes chevaux.

Et, en effet, il fit un signe au fiacre qui passait de l'autre côté du quai.

Le fiacre s'approcha ; tous deux y montèrent.

— Où faut-il vous conduire, notre bourgeois ? demanda le cocher à

Cagliostro, comme s'il eût compris que, quoique le plus simplement vêtu, celui auquel il s'adressait menait l'autre où sa volonté lui plairait de le conduire. — Où tu sais... dit Balsamo en faisant à cet homme une espèce de signe maçonnique.

Le cocher regarda Balsamo avec étonnement.

— Pardon, Monseigneur, dit-il en répondant à ce signe par un autre, je ne vous avais pas reconnu. — Mais il n'en était pas ainsi de moi, dit Cagliostro d'une voix ferme et hautaine; car, si nombreux qu'ils soient, je connais depuis le premier jusqu'au dernier de mes sujets.

Le cocher referma la portière, monta sur son siége, et, au grand galop de ses chevaux, conduisit la voiture à travers ce dédale de rues qui menait du Châtelet jusqu'au boulevard des Filles-du-Calvaire; puis, de là, continuant sa course vers la Bastille, il ne s'arrêta qu'au coin de la rue Saint-Claude.

La voiture arrêtée, la portière se trouva ouverte avec une rapidité qui témoignait du zèle respectueux du cocher.

Cagliostro fit signe à Gilbert de descendre le premier, et descendant à son tour :

— N'as-tu rien à me dire? demanda-t-il. — Si, Monseigneur, répondit le cocher, et je vous eusse fait mon rapport ce soir, si je n'eusse eu la chance de vous rencontrer. — Parle, alors. — Ce que j'ai à dire à Monseigneur ne doit pas être entendu par des oreilles profanes. — Oh! dit Cagliostro en souriant, celui qui nous a écoutés n'est pas tout à fait un profane.

Ce fut Gilbert, alors, qui s'éloigna par discrétion.

Mais cependant il ne put prendre sur lui de ne pas regarder d'un œil, et de ne pas écouter d'une oreille.

Il vit, au récit du cocher, un sourire errer sur les lèvres de Balsamo.

Il entendit les deux noms de Monsieur et de Favras.

Le rapport terminé, Cagliostro tira un double louis de sa poche, et voulut le donner au cocher.

Mais celui-ci secoua la tête.

— Monseigneur sait bien, dit-il, qu'il nous est défendu par la vente suprême de nous faire payer nos rapports. — Aussi n'est-ce point ton rapport que je te paie, dit Balsamo, mais ta course. — A ce titre-là, j'accepte, dit le cocher.

Et prenant le louis ;

— Merci, Monseigneur, dit-il, voilà ma journée faite!

Et, sautant légèrement sur son siége, il partit au grand trot de ses chevaux, faisant claquer son fouet, et laissant Gilbert tout émerveillé de ce qu'il venait de voir et d'entendre.

— Eh bien! dit Cagliostro, qui tenait la porte ouverte depuis quelques secondes sans que Gilbert songeât à entrer, passez-vous, mon cher docteur? — Me voici, dit Gilbert, excusez-moi.

Et il franchit le seuil tellement étourdi, qu'il chancelait comme un homme ivre.

XXVII

ENCORE LA MAISON DE LA RUE SAINT-CLAUDE

Cependant on sait la puissance qu'avait Gilbert sur lui-même. Il n'eut point traversé la grande cour solitaire qu'il était déjà remis, et qu'il monta les degrés du perron d'un pas aussi ferme que d'un pas chancelant il avait franchi le seuil de la porte.

D'ailleurs, cette maison où il entrait, il la connaissait déjà pour y avoir fait une visite à une époque de sa vie qui avait laissé dans son cœur de profonds souvenirs.

Dans l'antichambre, il rencontra le même domestique allemand qu'il y avait rencontré seize ans auparavant; il était à la même place et portait une livrée pareille; seulement, comme lui Gilbert, comme le comte, comme l'antichambre même, il avait vieilli de seize années.

Fritz, on se rappelle que c'était le nom du digne serviteur, Fritz devina de l'œil l'endroit où son maître voulait conduire Gilbert, et, ouvrant rapidement deux portes, il s'arrêta sur le seuil d'une troisième pour s'assurer si Cagliostro n'avait pas quelque ordre ultérieur à lui donner.

Cette troisième porte était celle du salon.

Cagliostro fit, de la main, signe à Gilbert qu'il pouvait entrer dans ce salon, et, de la tête, signe à Fritz qu'il devait se retirer.

Seulement, il ajouta de la voix et en allemand :

— Je n'y suis pour personne jusqu'à nouvel ordre.

Puis, se retournant vers Gilbert :

— Ce n'est pas pour que vous ne compreniez point ce que je dis à mon domestique que je lui parle allemand, dit-il, je sais que vous parlez cette langue; mais c'est que Fritz, qui est Tyrolien, comprend mieux l'allemand que le français... Maintenant, asseyez-vous, je suis tout vôtre, cher docteur.

Gilbert ne put s'empêcher de jeter un regard curieux autour de lui.

et, pendant quelques instants, ses yeux s'arrêtèrent successivement sur les différents meubles ou tableaux qui ornaient le salon. Chacun de ces objets semblait rentrer un à un dans sa mémoire.

Le salon était bien le même qu'autrefois ; les huit tableaux de maître étaient bien toujours pendus aux murailles ; les fauteuils de lampas cerise brochés d'or faisaient toujours reluire leurs fleurs dans la pénombre que répandaient les épais rideaux ; la grande table de Boule était à sa place, et les guéridons chargés de porcelaine de Sèvres se dressaient encore entre les fenêtres.

Gilbert poussa un soupir et laissa tomber sa tête dans sa main. A la curiosité du présent avait, pour un moment du moins, succédé les souvenirs du passé.

Cagliostro regardait Gilbert comme Méphistophélès devait regarder Faust, quand le philosophe allemand avait l'imprudence de se laisser aller à ses rêves devant lui.

Tout à coup, de sa voix stridente :

— Il paraît, cher docteur, dit-il, que vous reconnaissez ce salon ? — Oui, dit Gilbert, et il me rappelle des obligations que je vous ai. — Ah ! bah ! chimères !... — En vérité, s'écria Gilbert, parlant autant à lui-même qu'à Cagliostro, vous êtes un homme étrange ! et, si la toute-puissante raison me permettait d'ajouter foi à ces prodiges magiques que nous rapportent les poëtes et les chroniqueurs du moyen âge, je serais tenté de croire que vous êtes sorcier, comme Merlin, ou faiseur d'or, comme Nicolas Flamel. — Oui, pour tout le monde, je suis cela, Gilbert ; mais pour vous, non... Je n'ai jamais cherché à vous éblouir par des prestiges ; vous le savez, je vous ai toujours fait toucher le fond des choses, et si parfois vous avez vu, à mon appel, la vérité sortir de son puits un peu plus parée et un peu mieux vêtue qu'elle ne l'est d'habitude, c'est que, en véritable Sicilien que je suis, j'ai le goût des oripeaux. — C'est ici, vous le rappelez-vous, comte, que vous avez donné cent mille écus à un malheureux enfant en haillons avec la même facilité que moi je donnerais un sou à un pauvre ? — Vous oubliez quelque chose de plus extraordinaire, Gilbert, dit Cagliostro d'une voix grave, c'est que, les cent mille écus, cet enfant en haillons me les a rapportés, moins deux louis qu'il avait employés à s'acheter des habits. — L'enfant n'était qu'honnête, tandis que vous aviez été magnifique, vous ! — Et qui vous dit, Gilbert, qu'il n'est pas plus facile d'être magnifique qu'honnête ?... de donner cent mille écus, quand on a des millions, que de rapporter cent mille écus à celui qui vous les a prêtés, quand on n'a pas un sou ? — C'est peut-être vrai, dit Gilbert. — D'ailleurs, tout dépend de la disposition d'esprit où l'on se trouve. Il venait de m'arriver le plus grand malheur

GILBERT CHEZ CAGLIOSTRO.

de ma vie, Gilbert; je ne tenais plus à rien, et vous m'eussiez demandé ma vie, que, je crois, Dieu me pardonne! je vous l'eusse donnée, comme je vous ai donné ces cent mille écus. — Vous êtes donc soumis au malheur aussi bien que les autres hommes? dit Gilbert en regardant Cagliostro avec un certain étonnement.

Cagliostro poussa un soupir.

— Vous parlez des souvenirs que ce salon vous rappelle, à vous, dit-il... si je vous parlais de ce qu'il me rappelle, à moi!... Mais non... avant la fin du récit, le reste de mes cheveux blanchirait... Causons d'autre chose; laissons les événements écoulés dormir dans leur linceul, l'oubli, dans le passé, leur tombe! Causons du présent; causons même de l'avenir, si vous voulez. — Comte, tout à l'heure vous me rameniez vous-même à la réalité; tout à l'heure vous brisiez pour moi, disiez-vous, avec le charlatanisme, et voilà que vous prononcez de nouveau ce mot sonore: l'avenir! comme si cet avenir était dans votre main, et comme si vos yeux pouvaient lire ses indéchiffrables hiéroglyphes! — Et voilà que vous oubliez, vous, qu'ayant à ma disposition plus de moyens que les autres hommes, il n'y a rien d'étonnant à ce que je voie mieux et plus loin qu'eux. — Toujours des mots, comte! — Vous êtes oublieux des faits, docteur. — Que voulez-vous, quand ma raison se refuse à croire... — Vous rappelez-vous ce philosophe qui niait le mouvement. — Oui. — Que fit son adversaire? — Il marcha devant lui... Marchez, je vous regarde... ou plutôt parlez, je vous écoute. — En effet, nous sommes venus pour cela, et voici déjà bien du temps perdu à autre chose... Voyons, docteur, où en sommes-nous de notre ministère de fusion? — Comment de notre ministère de fusion? — Oui, de notre ministère Mirabeau-Lafayette? — Nous en sommes à de vains bruits que vous avez entendu répéter comme les autres, et vous voulez connaître leur réalité en m'interrogeant. — Docteur, vous êtes le doute incarné; et, ce qu'il y a de terrible, c'est que vous doutez, non parce que vous ne croyez pas, mais parce que vous ne voulez pas croire!... Il faut donc vous dire d'abord ce que vous savez aussi bien que moi? Soit! Ensuite je vous dirai ce que je sais mieux que vous. — J'écoute, comte.

— Il y a quinze jours, vous avez parlé au roi de monsieur de Mirabeau, comme du seul homme qui pût sauver la monarchie. Ce jour là, vous en souvient-il? vous sortiez de chez le roi au moment où monsieur de Favras y entrait. — Ce qui prouve qu'il n'était pas encore pendu à cette époque, comte, dit en riant Gilbert. — Oh! vous êtes bien pressé, docteur! je ne vous savais pas si cruel... laissez donc quelques jours au pauvre diable! Je vous ai fait la prédiction le 6 octobre; nous sommes au 6 novembre; il n'y a qu'un mois... Vous accorderez bien à son âme, pour sortir de son corps, le temps qu'on accorde à un locataire pour sortir de son logement, le trimestre ! mais je vous fais observer, docteur, que vous m'écartez du droit chemin. — Rentrez-y comte ; je ne demande pas mieux que de vous y suivre. — Vous avez donc parlé au roi de monsieur de Mirabeau, comme du seul homme qui pût sauver la monarchie. — C'est mon opinion, comte ; voilà pourquoi j'ai présenté cette combinaison au roi. — C'est la mienne aussi, docteur ; voilà pourquoi la combinaison que vous avez présentée au roi échouera. — Échouera ? — Sans doute... Vous savez bien que je ne veux pas que la monarchie soit sauvée, moi ? — Continuez. — Le roi, assez ébranlé par ce que vous lui aviez dit... Pardon, mais je suis obligé de reprendre les choses de haut, pour vous prouver que je n'ignore pas une phase de la négociation ; le roi, dis-je, assez ébranlé par ce que vous lui aviez dit, a parlé de votre combinaison à la reine, et, au grand étonnement des esprits superficiels, quand cette grande bavarde qu'on appelle l'histoire dira tout haut ce que nous disons ici tout bas, la reine fut moins opposée à votre projet que ne l'était le roi ! elle vous envoya donc quérir ; elle discuta avec vous le pour et le contre, et finit par vous autoriser à parler à monsieur de Mirabeau. Est-ce la vérité, docteur ? dit Cagliostro en regardant Gilbert en face. — Je dois avouer, comte, que jusqu'ici vous n'avez pas dévié un instant du droit chemin. — Sur quoi, vous, monsieur l'orgueilleux, vous vous êtes retiré enchanté, et dans la conviction profonde que cette conversion royale était due à votre irréfragable logique et à vos irrésistibles arguments !

A ce ton ironique, Gilbert ne put s'empêcher de se mordre légèrement les lèvres.

— Et à quoi cette conversion était-elle due, si ce n'est à ma logique et à mes arguments ? dites, comte ; l'étude du cœur m'est aussi précieuse que celle du corps... Vous avez inventé un instrument à l'aide duquel on lit dans la poitrine des rois ; passez-moi ce merveilleux télescope, comte ; ce serait d'un ennemi de l'humanité de le garder pour vous tout seul !
— Je vous ai dit que je n'avais pas de secrets pour vous, docteur ; je vais donc, selon votre désir, remettre mon télescope entre vos mains... vous pourrez, à votre gré, regarder par le bout qui diminue et par le bout qui grossit. Eh bien ! la reine a cédé pour deux raisons ; la première, c'est que, la veille, elle avait éprouvé une grande douleur de cœur, et que, lui proposer une intrigue à nouer et à dénouer, c'était lui proposer une distraction ; la seconde, c'est que la reine est femme ; c'est qu'on lui a parlé de monsieur de Mirabeau comme d'un lion, comme d'un tigre, comme d'un ours, et qu'une femme ne sait jamais résister à ce désir si flatteur pour l'amour-propre, d'apprivoiser un ours, un tigre ou un lion. Elle s'est dit : « Il serait curieux que je pliasse à mes pieds cet homme

qui me hait; que je fisse faire amende honorable à ce tribun qui m'a insultée… Je le verrai à mes genoux, ce sera ma vengeance! Puis, si de cette génuflexion, il résulte quelque bien pour la France et pour la royauté, tant mieux! » Mais, vous comprenez, ce dernier sentiment était tout secondaire. — Vous bâtissez sur des hypothèses, comte, et vous aviez promis de me convaincre par des faits. — Vous refusez mon télescope? n'en parlons plus, et revenons aux choses matérielles alors, à celles que l'on peut voir à l'œil nu… aux dettes de monsieur de Mirabeau, par exemple… Ah! voilà de ces choses pour lesquelles il n'est pas besoin de télescope! — Eh bien! comte, vous avez là l'occasion de montrer votre générosité. — En payant les dettes de monsieur de Mirabeau? — Pourquoi pas? Vous avez bien, un jour, payé celles de monsieur le cardinal de Rohan. — Ah! ne me reprochez pas cette spéculation, c'est une de celles qui m'ont le mieux réussi. — Et que vous a-t-elle rapporté? — L'affaire du collier! c'est joli, il me semble… A un prix pareil, je paie les dettes de monsieur de Mirabeau. Mais, pour le moment, vous savez que ce n'est point sur moi qu'il compte; il compte sur le futur généralissime Lafayette, qui le fait sauter après cinquante malheureux mille francs qu'il finira par ne pas lui donner, comme un chien après des macarons. — Oh! comte! — Pauvre Mirabeau! en effet, comme tous ces sots et tous ces fats à qui tu as affaire font payer à ton génie les folies de ta jeunesse! Il est vrai que tout cela est providentiel, et que Dieu est obligé de procéder par des moyens humains. « L'immoral Mirabeau! » dit Monsieur, qui est impuissant; « Mirabeau le prodigue! » dit le comte d'Artois, dont son frère a payé trois fois les dettes. Pauvre homme de génie! oui, tu sauverais peut-être la monarchie; mais, comme la monarchie ne doit pas être sauvée : « Mirabeau, c'est un monstrueux bavard! » dit Rivarol; « Mirabeau, c'est un gueux! » dit Mably; « Mirabeau, c'est un extravagant! » dit La Poule; « Mirabeau, c'est un scélérat! » dit Guillermy; « Mirabeau, c'est un assassin! » dit l'abbé Maury; « Mirabeau, c'est un homme mort! » dit Target; « Mirabeau, c'est un homme enterré! » dit Dupont; « Mirabeau, c'est un orateur plus sifflé qu'applaudi! » dit Pelletier; « Mirabeau, il a la petite vérole à l'âme! » dit Champcenets; « Mirabeau, il faut l'envoyer aux galères! » dit Lambesc; « Mirabeau, il faut le pendre! » dit Marat. Et que Mirabeau meure demain, le peuple lui fera un apothéose, et tous ces nains qu'il dépasse du buste et sur lesquels il pèse tant qu'il vit, suivront son convoi en chantant et en criant : « Malheur

à la France, qui a perdu son tribun! Malheur à la royauté, qui a perdu son appui! » — Allez-vous donc aussi me prédire la mort de Mirabeau? s'écria Gilbert presque effrayé. — Voyons, franchement, docteur, lui croyez-vous une longue vie, à cet homme que son sang brûle, que son

cœur étouffe, que son génie dévore? Croyez-vous que des forces, si gigantesques qu'elles soient, ne s'épuisent pas à lutter éternellement contre le courant de la médiocrité? C'est le rocher de Sysiphe, que l'œuvre entreprise par lui! Depuis deux ans, ne l'écrase-t-on pas sans cesse avec ce mot : *immoralité?* Chaque fois que, après des efforts inouis, il croit l'avoir repoussé au sommet de la montagne, ce mot retombe sur lui plus lourd que jamais! Qu'est-on venu dire au roi, qui avait presque adopté l'opinion de la reine à l'endroit de Mirabeau premier ministre? « Sire! Paris criera à l'immoralité! la France criera à l'immoralité! l'Europe criera à l'immoralité! » comme si Dieu fondait les grands hommes au même moule que le commun des mortels, et comme si, en s'élargissant, le cercle qui embrasse les grandes vertus ne devait pas aussi embrasser les grands vices! Gilbert, vous vous épuiserez, vous et deux ou trois hommes d'intelligence, pour faire Mirabeau ministre, c'est-à-dire ce qu'ont été monsieur de Turgot, un niais, monsieur de Necker, un pédant, monsieur de Calonne, un fat, monsieur de Brienne, un athée, et Mirabeau ne sera pas ministre, parce qu'il a cent mille francs de dettes qui seraient payés s'il était le fils d'un simple fermier général, et parce qu'il a été condamné à mort pour avoir enlevé la femme d'un vieil imbécile, laquelle a fini par s'asphyxier pour un beau capitaine! Quelle comédie que la tragédie humaine, et comme j'en pleurerais, si je n'avais pas pris le parti d'en rire!
— Mais quelle prédiction me faites-vous là? demanda Gilbert, qui, tout en approuvant l'excursion que Cagliostro venait de faire dans le pays de l'imagination, ne s'inquiétait que de la conclusion qu'il en avait rapportée.
— Je vous dis, répéta Cagliostro, de ce ton de prophète qui n'appartenait qu'à lui et qui n'admettait pas de réplique, je vous dis que Mirabeau, l'homme de génie, l'homme d'État, le grand orateur, usera sa vie et abordera la tombe sans arriver à être ce que tout le monde aura été, c'est-à-dire ministre... Oh! c'est une belle protection que la médiocrité, mon cher Gilbert! — Mais enfin, demanda celui-ci, le roi s'oppose donc?
— Peste! il s'en garde bien! il faudrait discuter avec la reine, à laquelle il a presque donné sa parole. Vous savez que la politique du roi est dans le mot *presque* : il est presque constitutionnel, presque philosophe, presque populaire, et même presque fin, quand il est conseillé par Monsieur. Allez demain à l'Assemblée, mon cher docteur, et vous verrez ce qui s'y passera. — Ne pourriez-vous pas me le dire d'avance? — Ce serait vous ôter le plaisir de la surprise. — Demain... c'est bien long! — Alors, faites mieux. Il est cinq heures; dans une heure le club des Jacobins s'ouvrira : ce sont des oiseaux de nuit, vous le savez, que messieurs les Jacobins. Êtes-vous de la société? — Non, Camille Desmoulins et Danton m'ont fait recevoir aux Cordeliers. — Eh bien! comme je vous disais,

dans une heure le club des Jacobins s'ouvrira. C'est une société fort bien composée, et dans laquelle vous ne serez pas déplacé, soyez tranquille. Nous allons dîner ensemble; après dîner, vous prenez un fiacre, ou je vous fais conduire rue Saint-Honoré, et, en sortant du vieux couvent, vous serez édifié. D'ailleurs, prévenu douze heures d'avance, peut-être auriez-vous le temps de parer le coup. — Comment, demanda Gilbert, vous dînez donc à cinq heures? — A cinq heures précises. Je suis un précurseur en toutes choses; dans dix ans, la France ne fera plus que deux repas : un déjeuner à dix heures du matin, et un dîner à six heures du soir. — Et qui amènera ce changement dans ses habitudes? — La famine, mon cher! — Vous êtes, en vérité, un prophète de malheur. — Non, car je vous prédis un bon dîner. — Avez-vous du monde? — Je suis absolument seul; mais vous savez le mot du gastronome antique : « Lucullus dîne chez Lucullus. » — Monseigneur est servi, dit un valet, ouvrant les deux battants d'une porte sur une salle à manger splendidement éclairée et somptueusement servie. — Allons! venez, monsieur le pythagoricien, dit Cagliostro en prenant le bras de Gilbert; bah! une fois n'est pas coutume!

Gilbert suivit l'enchanteur, subjugué qu'il était par la magie de ses paroles, et peut-être aussi entraîné par l'espérance de faire briller dans sa conversation quelque éclair qui pût le guider au milieu de la nuit où il vivait.

XXVIII

LE CLUB DES JACOBINS

Deux heures après la conversation que nous venons de rapporter, une voiture sans livrée et sans armoiries s'arrêtait devant le perron de l'église Saint-Roch, dont la façade n'était pas encore mutilée par les balles du 13 vendémiaire.

De cette voiture descendirent deux hommes vêtus de noir, comme l'étaient alors les membres du *tiers*, et, à la jaune lueur des réverbères qui perçait de loin en loin le brouillard de la rue Saint-Honoré, suivant une espèce de courant tracé par la foule, ils longèrent le côté droit de la rue jusqu'à la petite porte du couvent des Jacobins.

Si nos lecteurs ont deviné, ce qui est probable, que ces deux hommes étaient le docteur Gilbert et le comte de Cagliostro ou le banquier Zannone, comme il se faisait appeler à cette époque, nous n'avons pas besoin de leur expliquer pourquoi ils s'arrêtèrent devant cette petite porte, puisque cette petite porte était le but de leur excursion.

Au reste, nous l'avons dit, les deux nouveaux venus n'avaient qu'à suivre la foule, car la foule était grande.

— Voulez-vous entrer dans la nef, ou vous contenterez-vous d'une place dans les tribunes? demanda Cagliostro à Gilbert. — Je croyais, répondit Gilbert, la nef consacrée aux seuls membres de la société? — Sans doute; mais ne suis-je pas de toutes les sociétés, moi? dit Cagliostro en riant; et puisque j'en suis, mes amis n'en sont-ils pas? Voici une carte pour vous, si vous voulez. Quant à moi, je n'ai qu'à dire un mot. — On nous reconnaîtra comme étrangers, dit Gilbert, et l'on nous fera sortir...

— D'abord, il faut vous dire, mon cher docteur, une chose que vous ne savez point à ce qu'il paraît : c'est que la société des Jacobins, fondée depuis trois mois, compte déjà soixante mille membres à peu près, en France, et en comptera quatre cent mille avant un an. En outre, très-cher, ajouta en souriant Cagliostro, c'est ici le véritable Grand-Orient, le centre de toutes les sociétés secrètes, et non pas chez cet imbécile de Fauchet, comme on le croit. Or, si vous n'avez pas le droit d'entrer ici à titre de jacobin, vous y avez votre place obligée en qualité de rose-croix. — N'importe, dit Gilbert, j'aime mieux les tribunes. Du haut des tribunes, nous planerons sur toute l'assemblée, et, s'il est quelque illustration présente ou future que j'ignore, vous me la ferez connaître. — Aux tribunes donc! dit Cagliostro.

Et il prit, à droite, un escalier de planches qui conduisait à des tribunes improvisées.

Les tribunes étaient pleines; mais, à la première où il s'adressa, Cagliostro n'eut qu'à faire un signe et qu'à prononcer un mot à demi voix, et deux hommes qui se tenaient sur le devant, comme s'ils eussent été prévenus de son arrivée et ne fussent venus là que pour garder sa place et celle du docteur Gilbert, se retirèrent à l'instant même.

Les deux nouveaux venus les remplacèrent.

La séance n'était pas encore ouverte; les membres de l'assemblée étaient confusément répandus dans la sombre nef, les uns causant par groupes, les autres se promenant dans l'étroit espace que leur laissait le grand nombre de leurs collègues; d'autres, enfin, rêvant isolés, soit assis dans l'ombre, soit debout et appuyés à quelque pilier massif.

Des lumières rares épanchaient par bandes demi-lumineuses quelques clartés sur cette foule, dont les individualités ne ressortaient que lorsque leurs visages ou leurs personnes se trouvaient par hasard sous une de ces faibles cascades de flammes.

Seulement, même dans la pénombre, il était facile de voir que l'on était au milieu d'une réunion aristocratique ; les habits brodés et les uniformes des officiers de terre et de mer foisonnaient, mouchetant la foule de reflets d'or et d'argent.

En effet, à cette époque, pas un ouvrier, pas un homme du peuple, nous dirons presque pas un bourgeois, ne démocratisait l'illustre assemblée.

Pour les gens de petit monde, il y avait une autre salle au-dessous de la première. Cette salle s'ouvrait à une autre heure, afin que le peuple et l'aristocratie ne se coudoyassent pas. Pour l'instruction de ce peuple, on avait fondé une société fraternelle.

Les membres de cette société avaient mission de lui expliquer la constitution et de lui paraphraser les droits de l'homme.

Quant aux Jacobins, nous l'avons dit, c'est, à cette époque, une société militaire, aristocratique, intellectuelle, et surtout lettrée et artistique.

En effet, les hommes de lettres et les artistes y sont en majorité.

C'est, en hommes de lettres, La Harpe, l'auteur de *Mélanie;* Chénier, l'auteur de *Charles IX;* Andrieux, l'auteur des *Étourdis*, qui donne déjà, à l'âge de trente ans, les mêmes espérances qu'il donnait encore à l'âge de soixante-dix, et qui est mort ayant toujours promis, n'ayant jamais tenu ; c'est encore Sedaine, l'ancien tailleur de pierres, protégé de la reine, royaliste de cœur, comme la plupart de ceux qui se trouvent là ; Champfort, le poëte lauréat, ex-secrétaire de monsieur le prince de Condé, lecteur de madame Élisabeth ; Laclos, l'homme du duc d'Orléans, l'auteur des *Liaisons dangereuses*, qui tient la place de son patron et qui, selon les circonstances, a mission de le rappeler au souvenir de ses amis ou de le laisser oublier par ses ennemis.

C'est, en artistes, Talma le Romain, qui va, dans son rôle de Titus, faire une révolution : grâce à lui, on coupera les chevelures, en attendant que, grâce à Collot-d'Herbois, son collègue, on coupe les têtes ; c'est David, qui rêve *Léonidas* et les *Sabines;* David, qui ébauche sa grande toile du *Serment du Jeu de Paume*, et qui vient d'acheter peut-être le pinceau avec lequel il fera sa plus belle toile et son plus hideux tableau : *Marat assassiné dans son bain;* c'est Vernet, qui a été reçu de l'Académie, il y a deux ans, sur son tableau du *Triomphe de Paul-Émile*, qui s'amuse à peindre des chevaux et des chiens, sans se douter qu'à quatre pas de lui dans l'assemblée, au bras de Talma, est un jeune lieutenant corse, aux cheveux plats et sans poudre, qui lui prépare cinq de ses plus beaux tableaux : *Le Passage du mont Saint-Bernard*, les *Batailles de Rivoli, de Marengo, d'Austerlitz* et *de Wagram;* c'est Larive, l'héritier de l'école déclamatoire, qui ne daigne pas encore voir dans le jeune

Talma un rival, qui préfère Voltaire à Corneille et Du Belloy à Racine ; c'est Laïs, le chanteur, qui fait les délices de l'Opéra dans les rôles du Marchand dans *la Caravane*, du Consul de *Trajan* et de Cinna de *la Vestale;* c'est Lafayette, Lameth, Dupont, Sieyès, Thouret, Chapellier, Rabaud-Saint-Étienne, Lanjuinais, Montlouis ; puis, au milieu de tout cela, l'air provocateur et le nez au vent, la figure présomptueuse, le député de Grenoble, Barnave, dont les hommes médiocres font le rival de Mirabeau, et que Mirabeau écrase toutes les fois qu'il daigne mettre le pied sur lui !

Gilbert jeta un long regard sur cette brillante assemblée, reconnut chacun, appréciant dans son esprit toutes ces diverses capacités et mal rassuré par elles.

Pourtant, cet ensemble royaliste le réconforta un peu.

— En somme, dit-il tout à coup à Cagliostro, quel homme voyez-vous parmi tous ces hommes qui soit véritablement hostile à la royauté ? — Dois-je regarder avec les yeux de tout le monde, avec les vôtres, avec ceux de monsieur Necker, avec ceux de l'abbé Maury, ou avec les miens ? — Avec les vôtres, dit Gilbert. N'est-il pas convenu que ce sont des yeux de sorcier ? — Eh bien ! il y en a deux. — Oh ! ce n'est pas beaucoup au milieu de quatre cents hommes ! — C'est assez, si l'un de ces deux hommes doit être le meurtrier de Louis XVI, et l'autre son successeur.

Gilbert tressaillit.

— Oh ! oh ! murmura-t-il, nous avons ici un futur Brutus, et un futur César ? — Ni plus ni moins, mon cher docteur. — Vous me les ferez bien voir, n'est-ce pas, comte ? dit Gilbert avec le sourire du doute sur les lèvres. — O apôtre aux yeux couverts d'écaille ! murmura Cagliostro, je ferai mieux, si tu veux ; je te les ferai toucher du doigt. Par lequel veux-tu commencer ? — Mais, il me semble, par le renverseur... J'ai un grand respect pour l'ordre chronologique... Voyons, d'abord Brutus.

— Tu sais, dit Cagliostro s'animant, comme s'il se sentait saisi du souffle de l'inspiration, tu sais que les hommes ne procèdent jamais par les mêmes moyens, fût-ce pour accomplir une œuvre pareille ? Notre Brutus, à nous, ne ressemblera donc en rien au Brutus antique. — Raison de plus pour que je sois curieux de le voir. — Eh bien ! dit Cagliostro, regarde, le voici.

Et il étendit le bras dans la direction d'un homme appuyé contre la chaire, dont la tête seule se trouvait en ce moment dans la lumière, mais dont tout le reste du corps était perdu dans l'ombre.

Cette tête, pâle et livide, semblait, comme aux jours des proscriptions antiques, une tête coupée, clouée à la tribune aux harangues.

Les yeux seuls paraissaient vivre, avec une expression de haine presque

ROBESPIERRE.

dédaigneuse, avec l'expression de la vipère, qui sait que sa dent contient un venin mortel; ils suivaient, dans ses nombreuses évolutions, le bruyant et verbeux Barnave.

Gilbert sentit comme un frisson lui courir par tout le corps.

— En effet, dit-il, vous m'en avez prévenu d'avance, ce n'est ni la tête de Brutus, ni même celle de Cromwell. — Non, dit Cagliostro, mais c'est peut-être celle de Cassius. Vous savez, mon cher, ce que disait César : « Je ne crains pas tous ces hommes gras, tous ces bons vivants qui passent leurs jours à table et leurs nuits en orgies; non; ce que je crains, ce sont ces rêveurs au corps maigre et au visage pâle. » — Celui que vous me montrez là est bien dans les conditions établies par César. — Ne le connaissez-vous donc pas? demanda Cagliostro. — Si fait, dit Gilbert en le regardant avec attention, je le connais, ou plutôt je le reconnais pour un membre de l'Assemblée nationale... — C'est bien cela. — Pour un des plus filandreux orateurs de la gauche... — C'est bien cela. — Que personne n'écoute, quand il parle... — C'est bien cela. — Un petit avocat d'Arras, n'est-ce pas, qu'on appelle Maximilien de Robespierre? — Parfaitement. Eh bien! regardez cette tête avec attention. — Je la regarde. — Qu'y voyez-vous? — Comte, je ne suis pas Lavater. — Non, mais vous êtes son disciple. — J'y vois l'expression haineuse de la médiocrité contre le génie. — C'est-à-dire que, vous aussi, vous le jugez comme tout le monde... Oui, c'est vrai, sa voix faible, un peu aigre; sa hâve et triste figure; la peau de son front, qui semble collée à son crâne comme un jaune et immobile parchemin; son œil vitreux, qui ne laisse échapper qu'un jet de flamme verdâtre, et qui presque aussitôt s'éteint; cette continuelle tension des muscles et de la voix; cette laborieuse physionomie, fatigante par son immobilité même; cet invariable habit olive, habit unique, sec et sévèrement brossé; oui, tout cela, je le comprends, doit faire peu d'impression sur une assemblée riche en orateurs, qui a le droit d'être difficile, habituée qu'elle est à la face léonine de Mirabeau, à la suffisance audacieuse de Barnave, à la répartie acérée de l'abbé Maury, à la chaleur de Cazalès, et à la logique de Sieyès; mais, à celui-là, on ne lui reprochera point, comme à Mirabeau, son immoralité; celui-là, c'est l'honnête homme, et, s'il sort jamais de la légalité, ce sera pour tuer le vieux texte avec la loi nouvelle. — Mais, enfin, demanda Gilbert, qu'est-ce que c'est que ce Robespierre? — Ah! te voilà bien, aristocrate du XVIIe siècle! « Qu'est-ce que c'est que ce Cromwell? » demandait le comte de Strafford, auquel il devait faire couper la tête; « un marchand de bière, je crois? » — Voulez-vous dire que ma tête court les mêmes risques que celle de sir Thomas Wentworth? dit Gilbert en essayant un sourire qui se glaça sur ses lèvres. — Qui sait? dit Cagliostro.

— Alors, raison de plus pour que je prenne des renseignements, dit le docteur. — Ce que c'est que Robespierre? Eh bien! en France, nul ne le sait peut-être que moi. J'aime à connaître d'où viennent les élus de la fatalité; cela m'aide à deviner où ils vont... Les Robespierre sont Irlandais; peut-être leurs aïeux firent-ils partie de ces colonies irlandaises qui, au seizième siècle, vinrent peupler les séminaires et les monastères de nos côtes septentrionales; là, ils auront reçu des jésuites cette forte éducation d'ergoteurs qu'ils donnaient à leurs élèves; ils étaient notaires de père en fils; une branche de la famille, celle d'où descend ce Maximilien, s'établit à Arras, grand centre, comme vous le savez, de noblesse et d'église. Il y avait, dans la ville, deux seigneurs ou plutôt deux rois: l'un, l'abbé de Saint-Waast; l'autre, l'évêque d'Arras, dont le palais met la moitié de la ville dans l'ombre. C'est dans cette ville que celui que vous voyez là est né, en 1758. Ce qu'il a fait jeune homme, ce qu'il fait en ce moment, je vais vous le dire en deux mots; ce qu'il fera, je vous l'ai déjà dit en un seul... Il y avait quatre enfants dans la maison: le chef de la famille perdit sa femme; il était avocat au conseil d'Artois; il tomba dans une sombre tristesse, cessa de plaider, partit pour un voyage de distraction, et ne revint plus. A onze ans, l'aîné, celui-ci, se trouva chef de famille à son tour, tuteur d'un frère et de deux sœurs; à cet âge, chose étrange! l'enfant comprit sa tâche, et se fit homme immédiatement; en vingt-quatre heures, il devint ce qu'il est resté, un visage qui sourit parfois, un cœur qui ne rit jamais! C'était le meilleur élève du collége; on obtint pour lui, de l'abbé de Saint-Waast, une des bourses dont le prélat disposait au collége Louis-le-Grand. Il arriva seul à Paris, recommandé à un chanoine de Notre-Dame: dans l'année, ce chanoine mourut; presque en même temps mourait, à Arras, sa plus jeune sœur, la plus aimée. L'ombre des Jésuites, que l'on venait d'expulser de France, se projetait encore sur les murs de Louis-le-Grand; vous connaissez ce bâtiment où grandit, à cette heure, votre jeune Sébastien; ses cours sombres et profondes comme celles de la Bastille, décolorent les plus frais visages; celui du jeune Robespierre était déjà pâle, elles le firent livide. Les autres enfants sortaient quelquefois; pour eux, l'année avait des dimanches et des fêtes; pour l'orphelin boursier, sans protection, tous les jours étaient les mêmes. Tandis que les autres respiraient l'air de la famille, lui respirait l'air de la solitude, de la tristesse et de l'ennui, trois souffles mauvais qui allument dans les cœurs l'envie et la haine, et qui ôtent à l'âme sa fleur! Cette haleine étiola l'enfant, et en fit un fade jeune homme; un jour, on ne croira pas qu'il y ait un portrait de Robespierre à l'âge de vingt-quatre ans, tenant une rose d'une main, et appuyant l'autre main sur sa poitrine, avec cette devise: *Tout pour mon amie!*

Gilbert sourit tristement en regardant Robespierre.

— Il est vrai, poursuivit Cagliostro, que, lorsqu'il prenait cette devise et se faisait peindre ainsi, la demoiselle jurait que rien au monde ne désunirait leur destinée; lui aussi le jurait, et en homme disposé à tenir son serment; il fit un voyage de trois mois, et la retrouva mariée. Au reste, l'abbé de Saint-Waast était demeuré son protecteur : il avait fait avoir à son frère la bourse du collége Louis-le-Grand, et lui avait donné, à lui, une place de juge au tribunal criminel. Vint un procès à juger, un assassin à punir : Robespierre, plein de remords d'avoir osé, lui troisième, disposer de la vie d'un homme, quoique cet homme fût reconnu coupable, Robespierre donna sa démission. Il se fit avocat, car il fallait vivre et nourrir sa jeune sœur; le frère était mal nourri à Louis-le-Grand; mais enfin il était nourri. A peine venait-il de se faire inscrire sur le tableau, que des paysans le prièrent de plaider pour eux contre l'évêque d'Arras. Les paysans étaient dans leur droit; Robespierre s'en convainquit par l'examen des pièces, plaida, gagna la cause des paysans, et, tout chaud de son succès, fut envoyé à l'Assemblée nationale. A l'Assemblée nationale, Robespierre se trouva placé entre une haine puissante et un mépris profond : haine du clergé pour l'avocat ayant osé plaidé contre l'évêque d'Arras; mépris des nobles de l'Artois pour le robin élevé par charité...
— Mais enfin, interrompit Gilbert, qu'a-t-il fait jusqu'à ce jour? — Oh! mon Dieu! presque rien pour les autres, mais assez pour moi! s'il n'entrait pas dans mes vues que cet homme fût pauvre, demain je lui donnerais un million. — Mais, encore une fois, je vous le demande, qu'a-t-il fait? — Vous rappelez-vous le jour où le clergé vint hypocritement à l'Assemblée prier le tiers, tenu en suspens par le *veto* royal, de commencer ses travaux? — Oui. — Eh bien! relisez le discours que fit, ce jour-là, le petit avocat d'Arras, et vous verrez s'il n'y a pas tout un avenir dans cette aigre véhémence qui le fit presque éloquent. — Mais, depuis?... — Depuis? Ah! c'est vrai! nous sommes obligés de sauter du mois de mai au mois d'octobre... Quand, le 5, Maillard, le délégué des femmes de Paris, vint, au nom de ses clientes, haranguer l'Assemblée, eh bien! tous les membres de cette Assemblée étaient restés immobiles et muets; ce petit avocat ne se montra pas aigre seulement, il se montra plus audacieux qu'aucun. Tous les prétendus défenseurs du peuple se taisaient; il se leva deux fois : la première, au milieu du tumulte; la seconde, au milieu du silence; il appuya Maillard, qui parlait au nom de la famine et qui demandait du pain. — Oui, en effet, dit Gilbert pensif, cela devient plus grave; mais peut-être changera-t-il. — Oh! mon cher docteur, vous ne connaissez pas l'*incorruptible*, comme on l'appellera un jour! D'ailleurs, qui voudrait acheter ce petit avocat dont tout le monde

se rit? Cet homme qui sera plus tard, écoutez bien ce que je vous dis, Gilbert, la terreur de l'Assemblée, en est aujourd'hui le plastron ; il est convenu, entre les nobles Jacobins, que monsieur de Robespierre est l'homme ridicule de l'Assemblée, celui qui amuse et doit amuser tout le monde, celui dont chacun peut et même doit se railler. Les grandes assemblées s'ennuient parfois, il faut bien qu'un niais les égaie... Aux yeux des Lameth, des Cazalès, des Maury, des Barnave, des Duport, monsieur de Robespierre est un niais. Ses amis le trahissent en souriant tout bas ; ses ennemis le huent en riant tout haut ; quand il parle, tout le monde parle ; quand il élève la voix, chacun crie ; puis, quand il a prononcé, toujours en faveur du droit, toujours pour défendre quelque principe, un discours que personne n'a écouté, un membre ignoré sur lequel l'orateur fixe un instant son regard torve demande ironiquement l'impression du discours. Un seul de ses collègues le devine et le comprend ; devinez lequel? Mirabeau ! « Cet homme ira loin, me disait-il avant-hier, car cet homme croit ce qu'il dit ! » Chose qui, vous le comprenez bien, semble singulière à Mirabeau. — Mais, dit Gilbert, j'ai lu les discours de cet homme, et je les ai trouvés médiocres et plats. — Eh! mon Dieu! je ne vous dis pas que ce soit un Démosthène ou un Cicéron, un Mirabeau ou un Barnave ; eh non! c'est tout bonnement monsieur de Robespierre, comme on affecte de l'appeler. D'ailleurs, ses discours, on les traite avec aussi peu de sans façon à l'imprimerie qu'à la tribune ; à la tribune, on les interrompt ; à l'imprimerie, on les mutile. Les journalistes ne l'appellent pas même monsieur de Robespierre, eux ; non, les journalistes ne savent pas son nom : ils l'appellent monsieur B..., monsieur N... ou monsieur ***. Oh! Dieu seul et moi peut-être savons ce qui s'amasse de fiel dans cette poitrine maigre, d'orages dans ce cerveau étroit ; car, pour oublier toutes ces injures, toutes ces insultes, toutes ces trahisons, l'orateur hué, qui sent sa force cependant, n'a ni la distraction du monde, ni le soulagement de la famille. Dans son triste appartement du triste Marais, dans son logis froid, pauvre, démeublé, de la rue Saintonge, où il vit petitement de son salaire de député, il est seul, comme il l'était dans les cours humides de Louis-le-Grand. Jusqu'à l'année dernière, sa figure avait encore été jeune et douce ; voyez, depuis un an, elle a séché comme sèchent ces têtes de chefs caraïbes que rapportent de l'Océanie les Cook, les Lapeyrouse ; il ne quitte pas les Jacobins, et, aux émotions invisibles à tous qu'il y éprouve, il gagne des hémorrhagies qui, deux ou trois fois, l'ont laissé sans connaissance. Vous êtes un grand algébriste, Gilbert, et bien, je vous défie, par les multiplications les plus exagérées, de calculer le sang que coûtera à cette noblesse qui l'insulte, à ces prêtres qui le persécutent, à ces rois qui l'ignorent, le sang que perd Robespierre! — Mais pourquoi vient-il aux Jacobins? — Ah! c'est que, hué à l'Assemblée, aux Jacobins on l'écoute. Les Jacobins, mon cher docteur, c'est le minotaure enfant : il tette une vache; plus tard, il dévorera un peuple. Eh bien! des Jacobins, Robespierre est le type; la société se résume en lui, et lui est l'expression de la société, rien de plus, rien de moins. Il marche du même pas qu'elle, sans la suivre, sans la devancer. Je vous ai promis, n'est-ce pas, de vous faire voir un petit instrument dont on s'occupe en ce moment-ci, et qui a pour but de faire tomber une tête, peut-être deux, par minute; eh bien! de tous les personnages ici présents, celui qui donnera le plus de besogne à cet instrument de mort, c'est le petit avocat d'Arras, monsieur de Robespierre. — En vérité, comte, dit Gilbert, vous êtes funèbre, et, si votre César ne me console pas un peu de votre Brutus, je suis capable d'oublier la cause pour laquelle je suis venu... Pardon, mais où est passé César? — Tenez, le voyez-vous; là-bas? Il cause avec un homme qu'il ne connaît pas encore, et qui aura plus tard une grande influence sur sa destinée; cet homme s'appelle Barras; retenez ce nom, et rappelez-vous-le dans l'occasion. — Je ne sais pas si vous vous trompez, comte, dit Gilbert, mais, en tous cas, vous choisissez bien vos types. Votre César a un véritable front à porter la couronne, et ses yeux, dont je ne puis pas trop saisir l'expression... — Oui, parce qu'ils regardent en dedans; ce sont ces yeux-là qui devinent l'avenir, docteur. — Et que dit-il à Barras? — Il dit que s'il avait défendu la Bastille, on ne l'aurait pas prise. — Ce n'est donc pas un patriote? — Les hommes comme lui ne veulent rien être avant d'être tout. — Ainsi, vous soutenez la plaisanterie à l'endroit de ce petit sous-lieutenant? — Gilbert, dit Cagliostro en étendant la main vers Robespierre, aussi vrai que celui-ci relèvera l'échafaud de Charles Ier, aussi vrai celui-là, et il étendit la main vers le Corse aux cheveux plats, aussi vrai celui-là reconstruira le trône de Charlemagne. — Alors, s'écria Gilbert découragé, notre lutte pour la liberté est donc inutile? — Et qui vous dit que l'un ne fera pas autant pour elle avec son trône, que l'autre avec son échafaud? — Ce sera donc un Titus, un Marc-Aurèle, le Dieu de la paix venant consoler le monde de l'âge d'airain? — Ce sera à la fois Alexandre et Annibal. Né au milieu de la guerre, il grandira par la guerre et tombera par la guerre. — Et que résultera-t-il de ce bruit, de cette fumée, de ce chaos? — Ce qui résulte de toute genèse, Gilbert. Nous sommes chargés d'enterrer le vieux monde; nos enfants verront naître le monde nouveau; cet homme, c'est le géant qui en garde la porte; comme Louis XIV, comme Léon X, comme Auguste, il donnera son nom au siècle qui va s'ouvrir. — Et comment s'appelle cet homme? demanda Gilbert, subjugué par l'air de conviction de Cagliostro. — Il ne s'appelle encore que Bonaparte, répondit le prophète ; mais un jour il s'appellera Napoléon.

Gilbert inclina sa tête sur sa main et tomba dans une rêverie si profonde, qu'il ne s'aperçut point, entraîné qu'il était par le cours de ses pensées, que la séance était ouverte et qu'un orateur montait à la tribune.

Une heure s'était écoulée sans que le bruit de l'assemblée ou des tribunes, si orageuse que fût la séance, eût pu tirer Gilbert de sa méditation, lorsqu'il sentit une main puissante et crispée se poser sur son épaule.

Il se retourna. Cagliostro avait disparu ; mais, à sa place, il trouva Mirabeau.

Mirabeau, le visage bouleversé par la colère !

Gilbert le regarda d'un œil interrogateur.

— Eh bien ! dit Mirabeau. — Qu'y a-t-il ? demanda Gilbert. — Il y a que nous sommes joués, bafoués, trahis ; il y a que la cour ne veut pas de moi, qu'elle vous a pris pour une dupe, et moi pour un sot. — Je ne vous comprends pas, comte. — Vous n'avez donc pas entendu ? — Quoi ? — La résolution qui vient d'être prise ? — Où ? — Ici. — Quelle résolution ? — Alors, vous dormiez donc ? — Non, dit Gilbert, je rêvais ! — Eh bien, demain, en réponse à ma motion d'aujourd'hui qui propose d'inviter les ministres à assister aux délibérations nationales, trois amis du roi vont demander qu'aucun membre de l'Assemblée ne puisse être ministre pendant le cours de la session. Alors, cette combinaison si laborieusement élevée s'écroule au souffle capricieux de Sa Majesté Louis XVI ! Mais, continua Mirabeau en étendant, comme Ajax, son poing fermé vers le ciel, mais, sur mon nom de Mirabeau, je le leur rendrai, et, si leur souffle peut renverser un ministère, ils verront que le mien peut ébranler un trône ! — Mais, dit Gilbert, vous n'en irez pas moins à l'Assemblée ? vous n'en lutterez pas moins jusqu'au bout ? — J'irai à l'Assemblée, je lutterai jusqu'au bout ! Je suis de ceux que l'on n'enterre pas sous des ruines.

Et Mirabeau, à moitié foudroyé, sortit plus beau et plus terrible de ce sillon divin que le tonnerre venait d'imprimer à son front.

Le lendemain, en effet, sur la proposition de Lanjuinais, malgré les efforts d'un génie surhumain déployé par Mirabeau, l'Assemblée nationale, à une immense majorité, adopta cette motion qu'aucun membre de l'Assemblée ne pourrait être ministre pendant tout le cours de la session.

— Et, moi, cria Mirabeau quand le décret fut voté, je propose un amendement qui ne changera rien à votre loi. Le voici : Tous les membres de la présente Assemblée pourront être ministres, excepté monsieur le comte de Mirabeau.

MIRABEAU.

Chacun se regarda, étourdi de cette audace ; puis, au milieu du silence universel, Mirabeau descendit de son estrade de ce pas dont il avait marché à monsieur de Dreux-Brézé quand il lui avait dit :

— Nous sommes ici par la volonté du peuple, nous n'en sortirons que la baïonnette dans le ventre !

Il sortit de la salle.

La défaite de Mirabeau ressemblait au triomphe d'un autre.

Gilbert n'était pas même venu à l'Assemblée. Il était resté chez lui, et rêvait aux étranges prédictions de Cagliostro sans y croire, mais, cependant, sans pouvoir les effacer de son esprit.

Le présent lui paraissait bien petit auprès de l'avenir.

Peut-être me demandera-t-on comment, simple historien du temps écoulé, *temporis acti*, j'expliquerai la prédiction de Cagliostro relative à Robespierre et à Napoléon.

Je demanderai à celui qui me fera cette question de m'expliquer la prédiction de mademoiselle Lenormand à Joséphine.

A chaque pas on rencontre, en ce monde, une chose inexplicable ; c'est pour ceux qui ne peuvent pas les expliquer et qui ne veulent pas y croire que le doute a été inventé.

XXIX

METZ ET PARIS

Comme l'avait dit Cagliostro, comme l'avait deviné Mirabeau, c'était le roi qui avait fait échouer tous les projets de Gilbert.

La reine, qui, dans les ouvertures faites à Mirabeau, avait mis plutôt le dépit d'une amante et la curiosité d'une femme que la politique d'une reine, vit tomber, sans grand regret, tout cet échafaudage constitutionnel qui blessait toujours vivement son orgueil.

Quant au roi, sa politique était d'attendre, de gagner du temps, et de profiter des circonstances. D'ailleurs, deux négociations entamées lui offraient, d'un côté ou de l'autre, cette chance de fuite de Paris, ou de retraite dans une place forte, qui était son plan favori.

Ces deux négociations, nous le savons, étaient celles qui se trouvaient engagées, d'un côté par Favras, l'homme de Monsieur ; de l'autre par Charny, le propre messager de Louis XVI.

Charny avait fait le voyage de Paris à Metz en deux jours. Il avait trouvé monsieur de Bouillé à Metz, et lui avait remis la lettre du roi. Cette lettre, on se le rappelle, n'était qu'un moyen de mettre Charny en relation avec monsieur de Bouillé; aussi, celui-ci, tout en marquant son mécontentement des choses qui se passaient, commença-t-il par se tenir sur une grande réserve.

En effet, l'ouverture faite à monsieur de Bouillé, en ce moment, changeait tous les plans de celui-ci : l'impératrice Catherine venait de lui faire des offres, et il était sur le point d'écrire au roi pour lui demander la permission de prendre du service en Russie, lorsque arriva la lettre de Louis XVI.

Le premier mouvement de monsieur de Bouillé avait donc été l'hésitation; mais, au nom de Charny, au souvenir de sa parenté avec monsieur de Suffren, au bruit qui courait que la reine l'honorait de toute sa confiance, il s'était, en fidèle royaliste, senti pénétré du désir d'arracher le roi à cette liberté factice que beaucoup regardaient comme une captivité réelle.

Cependant, avant de rien décider avec Charny, monsieur de Bouillé, prétendant que les pouvoirs de celui-ci n'étaient pas assez étendus, résolut d'envoyer à Paris, pour s'entretenir directement avec le roi de cet important projet, son fils, le comte Louis de Bouillé.

Charny resterait à Metz pendant ces négociations; aucun désir personnel ne le rappelait à Paris, et son honneur, peut-être un peu exagéré, lui faisait presque un devoir de demeurer à Metz comme une espèce d'otage.

Le comte Louis arriva à Paris vers le milieu du mois de novembre. A cette époque, le roi était gardé à vue par monsieur de Lafayette, et le comte Louis était cousin de monsieur de Lafayette.

Il descendit chez un de ses amis, dont les opinions patriotiques étaient fort connues, et qui voyageait alors en Angleterre.

Entrer au château à l'insu de monsieur de Lafayette était donc, pour le jeune homme, une chose, sinon impossible, du moins très-dangereuse et très-difficile.

D'un autre côté, comme monsieur de Lafayette devait être dans l'ignorance la plus complète des relations nouées par Charny entre le roi et monsieur de Bouillé, rien n'était plus simple, pour le comte Louis, que de se faire présenter au roi par monsieur de Lafayette lui-même.

Les circonstances semblèrent aller d'elles-mêmes au-devant des désirs du jeune officier.

Il était depuis trois jours à Paris, n'ayant rien décidé encore, réfléchissant au moyen de parvenir jusqu'au roi, et se demandant, comme nous venons de le dire, si le plus sûr n'était pas de s'adresser à monsieur de

Lafayette lui-même, lorsqu'un mot de ce dernier lui fut remis, le prévenant que son arrivée à Paris était connue, et l'invitant de le venir voir à l'état-major de la garde nationale ou à l'hôtel de Noailles.

C'était en quelque sorte la Providence répondant tout haut à la prière que lui adresssait tout bas monsieur de Bouillé; c'était une bonne fée, comme il y en a dans les charmants contes de Perrault, prenant le chevalier par la main et le conduisant à son but.

Le comte s'empressa de se rendre à l'état-major.

Le général venait de partir pour l'hôtel de ville, où il avait à recevoir une communication de monsieur Bailly.

Mais, en l'absence du général, il rencontra son aide de camp, monsieur Romeuf.

Romeuf avait servi dans le même régiment que le jeune comte, et quoique l'un appartînt à la démocratie et l'autre à l'aristocratie, il y avait eu entre eux quelques relations; depuis lors, Romeuf, qui avait passé dans un des régiments dissous après le 14 juillet, ne reprit plus de service que dans la garde nationale, où il occupait le poste d'aide de camp favori du général Lafayette.

Les deux jeunes gens, tout en différant d'opinion sur certains points, étaient d'accord sur celui-ci : tous deux aimaient et respectaient le roi.

Seulement, l'un l'aimait à la manière des patriotes, c'est-à-dire à condition qu'il jurerait sur la constitution; l'autre l'aimait à la manière des aristocrates, c'est-à-dire à condition qu'il refuserait le serment, et en appellerait, s'il était nécessaire, à l'étranger pour mettre à la raison les rebelles.

Par les rebelles, monsieur de Bouillé entendait les trois quarts de l'Assemblée, la garde nationale, les électeurs, etc., etc., c'est-à-dire les cinq sixièmes de la France.

Romeuf avait vingt-six ans, et le comte Louis vingt-deux; il était donc difficile qu'ils parlassent longtemps politique. D'ailleurs, le comte Louis ne voulait pas même qu'on le soupçonnât d'être occupé d'une idée sérieuse.

Il confia, en grand secret, à son ami Romeuf, qu'il avait quitté Metz avec une simple permission, pour venir voir à Paris une femme qu'il adorait.

Pendant que le comte Louis faisait cette confidence à l'aide de camp, le général Lafayette apparut sur le seuil de la porte, restée ouverte; mais, quoiqu'il eût parfaitement vu le survenant dans une glace placée devant lui, monsieur de Bouillé n'en continua pas moins son récit; seulement, malgré les signes de Romeuf, auxquels il faisait semblant de ne rien comprendre, il haussa la voix de manière à ce que le général ne perdit pas un mot de ce qu'il disait.

Le général avait tout entendu; c'était ce que voulait le comte Louis.

Il continua de s'avancer derrière le narrateur, et lui posant la main sur l'épaule lorsqu'il eut fini:

— Ah! monsieur le libertin! lui dit-il, voilà donc pourquoi vous vous cachez de vos respectables parents!

Ce n'était pas un juge bien sévère, un mentor bien refrogné, que ce jeune général de trente-deux ans, fort à la mode lui-même parmi toutes les femmes à la mode de l'époque; aussi le comte Louis ne parut pas très-effrayé de la mercuriale qui l'attendait.

— Je m'en cachais si peu, mon cher cousin, qu'aujourd'hui même, j'allais avoir l'honneur de me présenter au plus illustre d'entre eux, s'il ne m'avait pas prévenu par ce message.

Et il montra au général la lettre qu'il venait de recevoir.

— Eh bien! direz-vous que la police de Paris est mal faite, messieurs de la province? dit le général avec un air de satisfaction prouvant qu'il mettait là un certain amour-propre. — Nous savons qu'on ne peut rien cacher, général, à celui qui veille sur la liberté du peuple et le salut du roi!

Lafayette regarda son cousin de côté, et avec cet air à la fois bon, spirituel et un peu railleur que nous-même lui avons connu.

Il savait que le salut du roi importait fort à cette branche de la famille, mais qu'elle s'inquiétait peu de la liberté du peuple.

Aussi ne répondit-il qu'à une partie de la phrase.

— Et mon cousin, monsieur le marquis de Bouillé, dit-il en appuyant sur un titre auquel il avait renoncé depuis la nuit du 4 août, n'a pas chargé son fils de quelque commission pour ce roi sur le salut duquel je veille? — Il m'a chargé de mettre à ses pieds l'hommage de ses sentiments les plus respectueux, répondit le jeune homme, si monsieur de Lafayette ne me jugeait pas indigne d'être présenté à mon souverain. — Vous présenter... et quand cela? — Le plus tôt possible, général, attendu, je crois avoir eu l'honneur de vous le dire, à vous ou à Romeuf, qu'étant ici sans congé... — Vous l'avez dit à Romeuf; mais cela revient au même, puisque je l'ai entendu... Eh bien! voyons, les bonnes choses ne doivent point être retardées: il est onze heures du matin; tous les jours, à midi, j'ai l'honneur de voir le roi et la reine; mangez un morceau avec moi, si vous n'avez fait qu'un premier déjeuner, et je vous conduirai aux Tuileries. — Mais, dit le jeune homme en jetant les yeux sur son uniforme et sur ses bottes, suis-je en costume, mon cher cousin? — D'abord, répondit Lafayette, je vous dirai, mon pauvre enfant, que la grande question d'étiquette, qui a été votre mère nourrice, est bien malade, sinon morte, depuis votre départ. Puis, je vous regarde: votre habit est irréprochable, vos bottes sont de tenue; quel costume convient mieux à un gentilhomme prêt à mourir pour son roi que son uniforme de guerre?.. Allons, Romeuf, voyez si nous sommes servis; je mène monsieur de Bouillé aux Tuileries aussitôt après le déjeuner.

Ce projet correspondait d'une façon trop directe avec les désirs du jeune homme pour qu'il y fît une objection sérieuse; aussi s'inclina-t-il à la fois en signe de consentement, de réponse et de remerciement.

Une demi-heure après, les sentinelles des grilles présentaient les armes au général Lafayette et au jeune comte de Bouillé, sans se douter qu'elles rendaient en même temps les honneurs militaires à la révolution et à la contre-révolution.

XXX

LA REINE

Tous deux montèrent le petit escalier du pavillon Marsan, et se présentèrent aux appartements du premier, qu'habitaient le roi et la reine.

Toutes les portes s'ouvraient devant monsieur de Lafayette; les sentinelles portaient les armes, les valets de pied se courbaient : on reconnaissait facilement le roi du roi, le *maire du palais*, comme l'appelait monsieur Marat.

Monsieur de Lafayette fut introduit d'abord chez la reine; quant au roi, il était à sa forge, et l'on allait prévenir Sa Majesté.

Il y avait trois ans que monsieur de Bouillé n'avait vu Marie-Antoinette.

Pendant ces trois ans, les états généraux avaient été réunis, la Bastille avait été prise, et les journées des 5 et 6 octobre avaient eu lieu. La reine était arrivée à l'âge de trente-quatre ans; « âge touchant, dit Michelet, que tant de fois s'est plu à peindre Van-Dyck; âge de la femme, âge de la mère, et, chez Marie-Antoinette, âge de la reine surtout! »

Depuis ces trois ans, la reine avait bien souffert de cœur et d'esprit, d'amour et d'amour-propre. Les trente-quatre ans apparaissaient donc, chez la pauvre femme, inscrits autour des yeux par ces nuances légères, nacrées et violâtres qui révèlent les yeux pleins de larmes, les nuits vides de sommeil; qui accusent surtout ce mal profond de l'âme dont la femme, femme ou reine, ne guérit plus, dès qu'elle en est atteinte.

C'était l'âge de Marie Stuart prisonnière, l'âge où elle fit ses plus profondes passions; l'âge où Douglas, Mortimer, Norfolk et Babington devinrent amoureux d'elle, se dévouèrent et moururent pour elle.

La vue de cette reine prisonnière, haïe, calomniée, menacée, la journée du 5 octobre avait prouvé que ces menaces n'étaient pas vaines, fit une profonde impression sur le cœur chevaleresque du jeune Louis de Bouillé.

Les femmes ne se trompent point à l'effet qu'elles produisent, et, comme les rois et les reines ont, en outre, une mémoire des visages qui fait en quelque sorte partie de leur éducation, à peine Marie-Antoinette eut-elle aperçu monsieur de Bouillé, qu'elle le reconnut; à peine eut-elle jeté les yeux sur lui, qu'elle fut certaine d'être en face d'un ami.

Il en résulta qu'avant même que le général eût fait sa présentation, qu'avant qu'il fût au pied du divan sur lequel la reine était à demi couchée, celle-ci s'était levée, et, comme on fait à la fois à une ancienne connaissance qu'on a plaisir à revoir, et à un serviteur sur la fidélité duquel on peut compter, elle s'était écriée :

— Ah! monsieur de Bouillé!

Puis, sans s'occuper du général Lafayette, elle avait étendu la main vers le jeune homme.

Le comte Louis avait hésité un instant : il ne pouvait croire à une pareille faveur.

Cependant, la main royale restant étendue, le comte mit un genou en terre, et, de ses lèvres tremblantes, il effleura cette main.

C'était une faute que faisait là la pauvre reine, et elle en fit bon nombre de pareilles à celle-là. Sans cette faveur, monsieur de Bouillé lui était acquis, et, par cette faveur accordée à monsieur de Bouillé devant monsieur de Lafayette, qui, lui, n'avait jamais reçu faveur pareille, elle établissait sa ligne de démarcation, et blessait l'homme dont elle avait le plus besoin de se faire un ami.

Aussi, avec la courtoisie dont il était incapable de se départir un instant, mais avec une certaine altération dans la voix :

— Par ma foi! mon cher cousin, dit Lafayette, c'est moi qui vous ai offert de vous présenter à Sa Majesté; mais il me semble que c'était bien plutôt à vous de me présenter à elle.

La reine était si joyeuse de se trouver en face d'un de ces serviteurs sur lesquels elle savait pouvoir compter, la femme était si fière de l'effet qu'il lui semblait avoir produit sur le comte, que, sentant dans son cœur un de ces rayons de jeunesse qu'elle y croyait éteints, et, tout autour d'elle, comme une de ces brises de printemps et d'amour qu'elle croyait mortes, elle se retourna vers le général Lafayette, et, avec un de ses sourires de Trianon et de Versailles :

— Monsieur le général, dit-elle, le comte Louis n'est pas un sévère républicain comme vous; il arrive de Metz et non pas d'Amérique; il ne vient point à Paris pour travailler sur la constitution, il y vient pour me présenter ses hommages. Ne vous étonnez donc pas que je lui accorde, moi, pauvre reine à moitié détrônée, une faveur qui, pour lui, pauvre provincial, mérite encore ce nom, tandis que, pour vous...

Et la reine fit une charmante minauderie, presque une minauderie de jeune fille, qui voulait dire : Tandis que vous, monsieur le Scipion, tandis que vous, monsieur le Cincinnatus, vous vous moquez bien de pareils marivaudages.

— Madame, dit Lafayette, j'aurai passé respectueux et dévoué près de la reine, sans que la reine ait jamais compris mon respect, ait jamais apprécié mon dévouement. Ce sera un grand malheur pour moi, un plus grand malheur peut-être encore pour elle !

Et il salua.

La reine le regarda de son œil profond et clair. Plus d'une fois, Lafayette lui avait dit de semblables paroles; plus d'une fois, elle avait réfléchi aux paroles que lui avait dites Lafayette; mais, pour son malheur, comme venait de le dire celui-ci, elle avait une répulsion instinctive contre l'homme.

— Allons, général, dit-elle, soyez généreux, pardonnez-moi. — Moi, Madame, vous pardonner ! Et quoi ? — Mon élan vers cette bonne famille de Bouillé, qui m'aime de tout son cœur, et dont ce jeune homme a bien voulu se faire le fil conducteur, la chaîne électrique... C'est son père, ses oncles, toute sa famille que j'ai vu apparaître lorsqu'il est entré, et qui m'a baisé la main avec ses lèvres !

Lafayette fit un nouveau salut.

— Et, maintenant, dit la reine, après le pardon, la paix : une bonne poignée de main, général... à l'anglaise ou à l'américaine !

Et elle lui tendit la main, mais ouverte et la paume en dehors.

Lafayette toucha d'une main lente et froide la main de la reine en disant :

— Je regrette que vous ne veuilliez jamais vous souvenir que je suis Français, Madame. Il n'y a cependant pas bien loin du 6 octobre au 6 novembre... — Vous avez raison, général, dit la reine, faisant un effort sur elle-même et lui serrant la main, c'est moi qui suis une ingrate.

Et, se laissant retomber sur son sofa, comme brisée par l'émotion :

— D'ailleurs, cela ne doit pas vous étonner, dit-elle, vous savez que c'est le reproche qu'on me fait...

Puis, secouant la tête :

— Eh bien ! général, qu'y a-t-il de nouveau dans Paris? demanda-t-elle.

Lafayette avait une petite vengeance à exercer; il saisit l'occasion.

— Ah! Madame, dit-il, combien je regrette que vous n'ayez pas été hier à l'Assemblée! Vous eussiez vu une scène touchante, et qui eût bien certainement ému votre cœur : un vieillard venant remercier l'Assemblée du bonheur qu'il lui devait, à elle et au roi, car l'Assemblée ne peut rien sans la sanction royale... — Un vieillard? répéta la reine distraite. — Oui, Madame; mais quel vieillard! le doyen de l'humanité! un paysan mainmortable du Jura, âgé de cent vingt ans, amené à la barre par cinq générations de descendants, et venant remercier l'Assemblée de ses décrets du 4 août. Comprenez-vous, Madame? un homme qui a été serf un demi-siècle sous Louis XIV, et quatre-vingts ans depuis! — Et qu'a fait l'Assemblée en faveur de cet homme! — Elle s'est levée toute entière, et l'a forcé, lui, de s'asseoir et de se couvrir. — Ah! dit la reine de ce ton qui n'appartenait qu'à elle, ce devait être en effet fort touchant; mais, à mon regret, je n'étais pas là... Vous savez mieux que personne, mon cher général, ajouta-t-elle en souriant, que je ne suis pas toujours où je veux...

Le général fit un mouvement qui signifiait qu'il avait quelque chose à répondre; mais la reine continua, sans lui laisser le temps de rien dire;

— Non, j'étais ici... je recevais la femme François, la pauvre veuve de ce malheureux boulanger de l'Assemblée, que l'Assemblée a laissé assassiner à sa porte... Que faisait donc l'Assemblée ce jour-là, monsieur de Lafayette? — Madame, répondit le général, vous parlez là d'un des malheurs qui ont le plus affligé les représentants de la France. L'Assemblée n'avait pu prévenir le meurtre; elle a, du moins, puni les meurtriers. — Oui, mais cette punition, je vous jure, n'a point consolé la pauvre femme. Elle a manqué devenir folle, et l'on croit qu'elle accouchera d'un enfant mort. Si l'enfant est vivant, je lui ai promis d'en être la marraine, et, pour que le peuple sache que je ne suis pas aussi insensible qu'on le dit aux malheurs qui lui arrivent, je vous demanderai, mon cher général, s'il n'y a pas d'inconvénient, à ce que le baptême se fasse à Notre-Dame.

Lafayette leva la main, comme un homme qui est prêt à demander la parole, et qui est enchanté qu'on la lui accorde.

— Justement, Madame, dit-il, c'est la seconde allusion que vous faites, depuis un instant, à cette prétendue captivité dans laquelle on voudrait faire croire à vos fidèles serviteurs que je vous tiens... Madame, je me hâte de le dire devant mon cousin, je le répèterai, s'il le faut, devant Paris, devant l'Europe, devant le monde; je l'ai écrit hier à monsieur Mounier, qui se lamente, au fond du Dauphiné, sur la captivité royale; Madame, vous êtes libre! et je n'ai qu'un désir, je ne vous adresse même qu'une prière : c'est que vous en donniez la preuve, le roi en reprenant ses chasses et ses voyages, et vous en l'accompagnant.

La reine sourit comme une personne mal convaincue.

— Quant à être la marraine du pauvre orphelin qui va naître dans le deuil, la reine, en prenant cet engagement avec la veuve, a obéi à cet excellent cœur qui la fait respecter et aimer de tout ce qui l'entoure. Lorsque le jour de la cérémonie sera arrivé, la reine choisira l'église où elle désire que cette cérémonie ait lieu ; elle donnera ses ordres, et, selon ses ordres, tout sera fait. Et, maintenant, continua le général en s'inclinant, j'attends ceux dont il plaira à Votre Majesté de m'honorer pour aujourd'hui. — Pour aujourd'hui, mon cher général, dit la reine, je n'ai pas d'autre prière à vous faire que d'inviter votre cousin, s'il reste encore quelques jours à Paris, à vous accompagner à l'un des cercles de madame de Lamballe. Vous savez qu'elle reçoit pour elle et pour moi. — Et moi, Madame, répondit Lafayette, je profiterai de l'invitation pour mon compte et pour le sien, et, si Votre Majesté ne m'a pas vu plus tôt chez madame de Lamballe, je la prie d'être bien persuadée que c'est qu'elle a oublié de me manifester le désir qu'elle avait de m'y voir.

La reine répondit par une inclinaison de tête et par un sourire.

C'était le congé.

Chacun en prit ce qui lui revenait :

Lafayette, le salut ; le comte Louis, le sourire.

Tous deux sortirent à reculons, emportant de cette entrevue, l'un plus d'amertume, l'autre plus de dévouement.

XXXI

LE ROI

A la porte de l'appartement de la reine, les deux visiteurs trouvèrent le valet de chambre du roi, François Hue, qui les attendait.

Le roi faisait dire à monsieur de Lafayette qu'ayant commencé, pour se distraire, un ouvrage de serrurerie très-important, il le priait de monter jusqu'à la forge.

Une forge était la première chose dont s'était informé Louis XVI en arrivant aux Tuileries, et, apprenant que cet objet d'indispensable nécessité pour lui avait été oublié dans les plans de Catherine de Médicis et de Philibert Delorme, il avait choisi au second, juste au-dessus de sa chambre à coucher, une grande mansarde ayant escalier extérieur et escalier intérieur, pour en faire son atelier de serrurerie.

Au milieu des graves préoccupations qui étaient venues l'assaillir depuis cinq semaines à peu près qu'il était aux Tuileries, Louis XVI n'avait pas un instant oublié sa forge; sa forge avait été son idée fixe : il avait présidé à l'aménagement, avait lui-même marqué la place du soufflet, du foyer, de l'enclume, de l'établi et des étaux. Enfin, la forge était installée de la veille; limes rondes, limes bâtardes, limes à refendre, langues-de-carpe et becs-d'âne étaient à leur place; marteaux à devant, marteaux à pleine croix, marteaux à bigorner pendaient à leurs clous; tenailles tricoises, tenailles à chanfrein, mordaches à prisonnier se tenaient à la portée de la main. Louis XVI n'avait pu y résister plus longtemps, et, depuis le matin, il s'était ardemment remis à cette besogne qui était une si grande distraction pour lui, et dans laquelle il fût passé maître si, comme nous l'avons vu, au grand regret de maître Gamain, un tas de fainéants tels que monsieur Turgot, monsieur de Calonne et monsieur Necker, ne l'eussent distrait de cette savante occupation, en lui parlant, non-seulement des affaires de la France, ce que permettait à la rigueur maître Gamain, mais encore, ce qui lui paraissait bien inutile, des affaires du Brabant, de l'Autriche, de l'Angleterre, de l'Amérique et de l'Espagne!

Cela explique donc comment le roi Louis XVI, dans la première ardeur de son travail, au lieu de descendre auprès de monsieur de Lafayette, avait prié monsieur de Lafayette de monter près de lui.

Puis aussi peut-être, après s'être laissé voir au commandant de la garde nationale dans sa faiblesse de roi, n'était-il pas fâché de se montrer à lui dans sa majesté de serrurier.

Comme pour conduire les visiteurs à la forge royale le valet de chambre n'avait pas jugé à propos de traverser les appartements et de leur faire monter l'escalier particulier, monsieur de Lafayette et le comte Louis contournaient ces appartements par les corridors, et montaient l'escalier public, ce qui allongeait fort leur chemin.

Il arriva de cette déviation de la ligne droite que le jeune comte Louis eut le temps de réfléchir.

Il réfléchit donc.

Si plein qu'il eût le cœur du bon accueil que lui avait fait la reine, il ne pouvait méconnaître qu'il ne fût point attendu par elle : aucune parole à double sens, aucun geste mystérieux ne lui avaient donné à entendre que l'auguste prisonnière, comme elle prétendait être, eût connaissance de la mission dont il était chargé, et comptât le moins du monde sur lui pour la tirer de sa captivité. Cela, au reste, se rapportait bien à ce qu'avait dit Charny du secret que le roi avait fait à tous, et même à la reine, de la mission dont il l'avait chargé. Quelque bonheur que le comte Louis

LOUIS XVI RECEVANT MM. DE LAFAYETTE ET DE BOUILLÉ DANS SON ATELIER

eût à revoir la reine, il était donc évident que ce n'était pas près d'elle qu'il devait revenir chercher la solution de son message.

C'était à lui d'étudier si, dans l'accueil du roi, si, dans ses paroles ou dans ses gestes, il n'y avait pas quelque signe compréhensible à lui seul, et qui lui indiquât que Louis XVI était mieux renseigné que monsieur de Lafayette sur les causes de son voyage à Paris.

A la porte de la forge, le valet de chambre se retourna, et, comme il ignorait le nom de monsieur de Bouillé :

— Qui annoncerai-je? demanda-t-il. — Annoncez le général en chef de la garde nationale; j'aurai l'honneur de présenter moi-même Monsieur Sa Majesté. — Monsieur le commandant en chef de la garde civique, dit le valet de chambre.

Le roi se retourna.

— Ah! ah! fit-il, c'est vous, monsieur de Lafayette; je vous demande pardon de vous faire monter jusqu'ici; mais le serrurier vous assure que vous êtes le bienvenu dans sa forge. Un charbonnier disait à mon aïeul Henri IV : « Charbonnier est maître chez soi; » je vous dis, moi, général : Vous êtes maître chez le serrurier comme chez le roi.

Louis XVI, ainsi qu'on le voit, attaquait la conversation de la même façon à peu près que l'avait attaquée Marie-Antoinette.

— Sire, répondit monsieur de Lafayette, en quelque circonstance que j'aie l'honneur de me présenter devant le roi, à quelque étage et sous quelque costume qu'il me reçoive, le roi sera toujours le roi, et celui qui lui offre en ce moment ses humbles hommages sera toujours son fidèle sujet et son dévoué serviteur. — Je n'en doute pas, marquis... mais vous n'êtes pas seul. Avez-vous changé d'aide de camp, et ce jeune officier tient-il près de vous la place de monsieur Gouvion ou de monsieur Romeuf? — Ce jeune officier, sire, et je demande à Votre Majesté la permission de le lui présenter, est mon cousin, le comte Louis de Bouillé, capitaine aux dragons de Monsieur. — Ah! ah! fit le roi en laissant échapper un léger tressaillement que remarqua le jeune homme, ah! oui, monsieur le comte Louis de Bouillé, fils du marquis de Bouillé, commandant à Metz. — C'est cela même, sire, dit vivement le jeune comte. — Ah! monsieur le comte Louis de Bouillé, pardonnez-moi de ne pas vous avoir reconnu : j'ai la vue basse... Et vous avez quitté Metz il y a longtemps? — Il y a cinq jours, sire, et, me trouvant à Paris sans congé officiel, mais avec une permission spéciale de mon père, je suis venu solliciter de mon parent, monsieur de Lafayette, l'honneur d'être présenté à Votre Majesté. — De monsieur de Lafayette?... Vous avez bien fait, monsieur le comte; personne n'était plus à même de vous présenter à toute heure, et de la part de personne la présentation ne pouvait m'être plus agréable.

TOME I. 13

Le *à toute heure* indiquait que monsieur de Lafayette avait conservé les grandes et les petites entrées qui lui avaient été accordées à Versailles.

Au reste, le peu de paroles qu'avait dites Louis XVI avait suffi pour indiquer au jeune comte qu'il eût à se tenir sur ses gardes. Cette question surtout : Y a-t-il longtemps que vous avez quitté Metz? signifiait : Avez-vous quitté Metz depuis l'arrivée du comte de Charny?

La réponse du messager avait dû renseigner suffisamment le roi : J'ai quitté Metz, il y a cinq jours, et suis à Paris sans congé, mais avec une permission spéciale de mon père; cela voulait dire : Oui, sire, j'ai vu monsieur de Charny, et mon père m'a envoyé à Paris pour m'entendre avec Votre Majesté, et acquérir cette certitude que le comte venait bien de la part du roi.

Monsieur de Lafayette jeta un regard curieux autour de lui. Beaucoup avaient pénétré dans le cabinet de travail du roi, dans la salle de son conseil, dans sa bibliothèque, dans son oratoire même; peu avaient eu cette insigne faveur d'être admis dans la forge, où le roi devenait apprenti, et où le véritable roi, le véritable maître, était monsieur Gamain.

Le général remarqua l'ordre parfait avec lequel tous les outils étaient rangés; ce qui n'était pas étonnant, au reste, puisque, depuis le matin seulement, le roi était à la besogne.

Hue lui avait servi d'apprenti et avait tiré le soufflet.

— Et Votre Majesté, dit Lafayette, assez embarrassé du sujet qu'il pouvait aborder avec un roi qui le recevait les manches retroussées, la lime à la main, et le tablier de cuir devant lui; et Votre Majesté, dit Lafayette, a entrepris un ouvrage important? — Oui, général, j'ai entrepris le grand œuvre de la serrurerie : une serrure! Je vous dis ce que je fais, afin que, si monsieur Marat savait que je me suis remis à l'atelier, et qu'il prétendît que je forge des fers pour la France, vous puissiez lui répondre, si toutefois vous mettez la main dessus, que ce n'est pas vrai... Vous n'êtes pas compagnon ni maître, monsieur de Bouillé? — Non, sire; mais je suis apprenti, et si je pouvais être utile en quelque chose à Votre Majesté... — Eh! c'est vrai, mon cher cousin, dit Lafayette, le mari de votre nourrice n'était-il pas serrurier? et votre père ne disait-il pas, quoiqu'il soit assez médiocre admirateur de l'auteur d'*Émile*, que, s'il avait à suivre à votre endroit les conseils de Jean-Jacques, il ferait de vous un serrurier? — Justement, Monsieur, et c'est pourquoi j'avais l'honneur de dire à Sa Majesté que, si elle avait besoin d'un apprenti... — Un apprenti ne me serait pas inutile, Monsieur, dit le roi; mais c'est surtout un maître qu'il me faudrait. — Quelle serrure Sa Majesté fait-elle donc? demanda le jeune comte avec cette quasi familiarité qu'autorisait le costume du roi et le lieu où il se trouvait; est-ce une serrure à vielle, une serrure treffilière, une serrure à pêne dormant, une serrure à houssettes ou une serrure à clanche? — Oh! oh! mon cousin, dit Lafayette, je ne sais pas ce que vous pouvez faire comme homme pratique; mais, comme homme de théorie, vous me paraissez fort au courant, je ne dirai pas du métier, puisqu'un roi l'a ennobli, mais de l'art!

Louis XVI avait écouté avec un plaisir visible la nomenclature de serrures que venait de faire le jeune gentilhomme.

— Non, dit-il, c'est tout bonnement une serrure à secret, ce qu'on appelle une serrure bénarde, s'ouvrant des deux côtés. Mais je crains bien d'avoir trop présumé de mes forces. Ah! si j'avais encore mon pauvre Gamain, lui qui se disait maître sur maître, maître sur tous! — Le brave homme est-il donc mort, sire? — Non, répondit le roi en jetant au jeune homme un coup d'œil qui voulait dire : Comprenez à demi mot; non, il est à Versailles, rue des Réservoirs. Le cher homme n'aura pas osé me venir voir aux Tuileries. — Pourquoi cela, sire? demanda Lafayette. — Mais... de peur de se compromettre. Un roi de France est fort compromettant, à l'heure qu'il est, mon cher général; et, la preuve, c'est que tous mes amis sont, les uns à Londres, les autres à Coblentz ou à Turin. Cependant, mon cher général, continua le roi, si vous ne voyez aucun inconvénient à ce qu'il vienne avec un de ses apprentis me donner un coup de main, je l'enverrai chercher un de ces jours. — Sire, répondit vivement monsieur de Lafayette, Votre Majesté sait bien qu'elle est parfaitement libre de prévenir qui elle veut, de voir qui lui plaît. — Oui, à la condition que vos sentinelles tâteront les visiteurs, comme on fait des contrebandiers à la frontière... C'est pour le coup que mon pauvre Gamain se croirait perdu, si on allait prendre sa trousse pour une giberne, et ses limes pour des poignards! — Sire, je ne sais, en vérité, comment m'excuser auprès de Votre Majesté; mais je réponds à Paris, à la France, à l'Europe, de la vie du roi, et je ne puis prendre trop de précautions pour que cette précieuse vie soit sauve. Quant au brave homme dont nous parlons, le roi peut donner lui-même les ordres qu'il lui conviendra. — C'est bien; merci, monsieur de Lafayette; mais cela ne presse pas; dans huit ou dix jours seulement, j'aurai besoin de lui, ajouta-t-il en jetant un regard de côté à monsieur de Bouillé, de lui et de son apprenti... Je le ferai prévenir par mon valet de chambre Durey, qui est de ses amis.

— Et il n'aura qu'à se présenter, sire, pour être admis auprès du roi; son nom lui servira de laissez-passer. Dieu me garde, sire, de cette réputation qu'on me fait, de geôlier, de concierge, de porte-clés! Jamais le roi n'a été plus libre qu'il ne l'est en ce moment; je venais même supplier Sa Majesté de reprendre ses chasses, ses voyages. — Oh! mes chasses, non, merci... D'ailleurs, pour le moment, vous le voyez, j'ai tout autre chose en tête... Quant à mes voyages, c'est différent : le dernier que j'ai fait, de Versailles à Paris, m'a guéri du désir de voyager... en si grande compagnie du moins.

Et le roi jeta un nouveau coup d'œil au comte de Bouillé, qui, par un simple clignement de paupières, laissa entendre au roi qu'il avait compris.

— Et, maintenant, Monsieur, dit le roi s'adressant au jeune comte, quittez-vous bientôt Paris pour retourner près de votre père? — Sire, répondit le gentilhomme, je quitte Paris dans deux ou trois jours, mais non pour retourner à Metz; j'ai ma grand'mère qui demeure à Versailles, *rue des Réservoirs*, et à laquelle je dois rendre mes hommages ; puis, je suis chargé par mon père de terminer une affaire de famille assez importante, et. d'ici à huit ou dix jours seulement, je puis voir la personne dont je dois prendre les ordres en cette occasion. Je ne serai donc auprès de mon père que dans les premiers jours de décembre, à moins que le roi ne désire, par quelque motif particulier, que je hâte mon retour à Metz. — Non, Monsieur, dit le roi, non, prenez votre temps; allez à Versailles, faites les affaires dont le marquis vous a parlé, et quand elles seront faites, allez lui dire que je ne l'oublie pas, que je le sais un de mes plus fidèles, et que je le recommanderai un jour à monsieur de Lafayette pour que monsieur de Lafayette le recommande à monsieur Duportal.

Lafayette sourit du bout des lèvres en entendant cette nouvelle allusion à son omnipotence.

— Sire, dit-il, j'eusse depuis longtemps recommandé moi-même messieurs de Bouillé à Votre Majesté, si je n'avais l'honneur d'être des parents de ces Messieurs. La crainte que l'on ne dise que je détourne les faveurs du roi sur ma famille m'a seule empêché jusqu'ici de faire cette justice.

— Eh bien! cela tombe à merveille, monsieur de Lafayette, nous en reparlerons, n'est-ce pas? — Le roi me permettra-t-il de lui dire que mon père regarderait comme une défaveur, comme une disgrâce même, un avancement qui lui enlèverait, en tout ou en partie, les moyens de servir Votre Majesté? — Oh! c'est bien entendu, comte, dit le roi; et je ne permettrai qu'on touche à la position de monsieur de Bouillé que pour la faire encore plus selon ses désirs et les miens. Laissez-nous mener cela, monsieur de Lafayette et moi, et allez à vos plaisirs, sans que cela pourtant vous fasse oublier les affaires... allez, Messieurs, allez.

Et il congédia les deux gentilshommes d'un air de majesté qui faisait un assez singulier contraste avec le costume vulgaire dont il était revêtu.

Puis, lorsque la porte fut refermée :

— Allons, dit-il, je crois que le jeune homme m'a compris, et que, *dans huit ou dix jours,* j'aurai maître Gamain et son apprenti pour m'aider à poser ma serrure.

XXXII

D'ANCIENNES CONNAISSANCES

Le soir même du jour où monsieur Louis de Bouillé avait eu l'honneur d'être reçu par la reine d'abord, et par le roi ensuite, entre cinq ou six heures, il se passait, au troisième et dernier étage d'une vieille, petite, sale et sombre maison de la rue de la Juiverie, une scène à laquelle nous prierons nos lecteurs de permettre que nous les fassions assister.

En conséquence, nous les prendrons à l'entrée du Pont-au-Change, soit à la descente de leur carrosse, soit à la descente de leur fiacre, selon qu'ils auront six mille livres à dépenser par an, pour un cocher, deux chevaux et une voiture, ou trente sous à donner par jour pour une simple voiture numérotée. Nous suivrons avec eux le Pont-au-Change; nous entrerons dans la rue de la Pelleterie; nous tomberons dans la rue Saint-Jacques, que nous suivrons jusqu'à la rue de la Juiverie, où nous nous arrêterons en face de la troisième porte à gauche.

Nous savons bien que la vue de cette porte, que les locataires de la maison ne se donnent même pas la peine de fermer, tant ils se croient à l'abri de toute tentative nocturne de la part de messieurs les voleurs de la Cité, n'est pas fort attrayante; mais, nous l'avons déjà dit, nous avons besoin des gens qui habitent dans les mansardes de cette maison, et, comme ils ne viendraient pas nous trouver, c'est à nous, cher lecteur ou bien-aimée lectrice, d'aller bravement à eux.

Assurez donc le plus possible votre marche pour ne pas glisser dans la boue visqueuse qui fait le sol de l'allée étroite où nous nous engageons; serrons nos vêtements le long de notre corps pour qu'ils ne frôlent même pas les parois de l'escalier humide et graisseux qui rampe au fond de cette allée comme les tronçons d'un serpent mal rejoints; approchons un flacon de vinaigre ou un mouchoir parfumé de notre visage, pour que le plus subtil et le plus aristocrate de nos sens, l'odorat, échappe, autant que possible, au contact de cet air chargé d'azote que l'on respire à la fois par la bouche, par le nez et par les yeux, et arrêtons-nous sur le palier du troisième, en face de cette porte où l'innocente main d'un jeune dessinateur a tracé à la craie des figures qu'au premier abord on pourrait prendre pour des signes cabalistiques, et qui ne sont que des essais malheureux dans l'art sublime des Léonard de Vinci, des Raphaël et des Michel-Ange.

Arrivés là, nous regarderons, si vous voulez bien, à travers le trou de la serrure, afin, cher lecteur ou bien-aimée lectrice, que vous reconnaissiez, si vous avez bonne mémoire, les personnages que vous allez rencontrer. D'ailleurs, si vous ne les reconnaissez pas à la vue, vous appliquerez votre oreille à la porte et vous écouterez; il sera bien difficile alors, pour peu que vous ayez lu notre livre du *Collier de la Reine*, que l'ouïe ne vienne pas au secours de la vue. Nos sens se complètent les uns par les autres.

Disons d'abord ce que l'on voit en regardant par le trou de la serrure.

L'intérieur d'une chambre qui indique la misère, et qui est habitée par trois personnes. Ces trois personnes sont un homme, une femme et un enfant.

L'homme a quarante-cinq ans et en paraît cinquante-cinq; la femme en a trente-quatre et en paraît quarante; l'enfant a cinq ans et paraît son âge : il n'a pas encore eu le temps de vieillir deux fois.

L'homme est vêtu d'un ancien uniforme aux gardes françaises, uniforme vénéré depuis le 14 juillet, jour où les gardes françaises se réunirent au peuple pour échanger des coups de fusil avec les Allemands de monsieur de Lambesc et les Suisses de monsieur de Bezenval.

Il tient à la main un jeu de cartes complet, depuis l'as, en passant par le deux, le trois et le quatre de chaque couleur, jusqu'au roi; il essaie, pour la centième fois, pour la millième fois, pour la dix millième fois, une martingale infaillible; un carton piqué d'autant de trous qu'il y a d'étoiles au ciel repose à ses côtés.

Nous avons dit *repose*, et nous nous hâtons de nous reprendre. Repose est un mot bien impropre employé à l'endroit de ce carton; car le joueur, il est incontestable que c'est un joueur, le tourmente incessamment en le consultant de cinq minutes en cinq minutes.

La femme est vêtue d'une ancienne robe de soie. Chez elle, la misère est d'autant plus terrible, qu'elle apparaît avec des restes de luxe. Ses cheveux sont relevés en chignon avec un peigne de cuivre autrefois doré; ses mains sont scrupuleusement propres, et, à force de propreté, ont conservé ou plutôt ont acquis un certain air aristocratique; ses ongles, que monsieur le baron de Taverney, dans son réalisme brutal, appelait de la corne, sont habilement arrondis vers la pointe; enfin, des pantoufles passées de ton, éraillées en certains endroits, qui furent autrefois brodées d'or et de soie, jouent à ses pieds, couverts par des restes de bas à jour.

Quant au visage, nous l'avons dit, c'est celui d'une femme de trente-quatre à trente-cinq ans, qui, s'il était artistement travaillé à la mode du temps, pourrait permettre à celle qui le porte de se donner cet âge auquel pendant un lustre, comme dit l'abbé de Celles, et même pendant deux lustres, les femmes se cramponnent avec acharnement : vingt-neuf ans ; mais qui, privé de rouge et de blanc, dénué, par conséquent, de tout moyen de cacher les douleurs et les misères, cette troisième et quatrième aile du temps, accuse quatre ou cinq années de plus que la réalité.

Au reste, toute dénuée qu'est cette figure, on se prend à rêver en la voyant ; et, sans pouvoir se faire de réponse, tant l'esprit, si hardi que soit son vol, hésite à franchir une pareille distance, on se demande dans quel palais doré, dans quel carrosse à six chevaux, au milieu de quelle poussière royale on a vu un resplendissant visage dont celui-ci n'est que le pâle reflet.

L'enfant a cinq ans, comme nous l'avons dit. Il a les cheveux frisés d'un chérubin, les joues rondes d'une pomme d'api, les yeux diaboliques de sa mère, la bouche gourmande de son père, la paresse et les caprices de tous les deux.

Il est revêtu d'un reste d'habit de velours nacarat, et, tout en mangeant un morceau de pain beurré de confitures chez l'épicier du coin, il effile les débris d'une vieille ceinture tricolore frangée de cuivre dans le fond d'un vieux chapeau de feutre gris perle.

Le tout est éclairé par une chandelle à lumignon gigantesque, à laquelle une bouteille vide sert de chandelier, et qui, tout en plaçant l'homme aux cartes dans la lumière, laisse le reste de l'appartement dans une demi-obscurité.

Cela posé, et comme, selon nos prévisions, l'inspection à l'œil nu ne nous a rien appris, écoutons.

C'est l'enfant qui rompt le premier le silence en jetant par-dessus sa tête sa tartine de pain, qui va retomber sur le pied du lit, réduit à un matelas.

— Maman, dit-il, je ne veux plus de pain et de confitures... pouah !
— Eh bien ! que veux-tu, Toussaint ? — Je veux un bâton de sucre d'orge rouge. — Entends-tu Beausire ? dit la femme.

Puis, voyant qu'absorbé dans ses calculs Beausire ne répond pas :
— Entends-tu ce que dit ce pauvre enfant ? reprend-elle plus haut.
Même silence.

Alors, ramenant son pied à la hauteur de sa main, et prenant sa pantoufle, qu'elle jette au nez du calculateur :

— Eh ! Beausire ! dit-elle. — Eh bien ! qu'y a-t-il ? répondit celui-ci avec un visible accent de mauvaise humeur. — Il y a que Toussaint demande du sucre d'orge rouge, parce qu'il ne veut plus de confitures... pauvre enfant! — Il en aura demain. — J'en veux aujourd'hui, j'en veux ce soir, j'en veux tout de suite, moi! crie l'enfant d'un ton pleureur qui menace de devenir orageux. — Toussaint, mon ami, dit le père, je te conseille de nous accorder du silence, ou tu aurais affaire à papa.

L'enfant jeta un cri, mais qui lui était bien plutôt arraché par le caprice que par l'effroi.

— Touche un peu au petit, ivrogne! et, à ton tour, tu auras affaire à moi, dit la mère en allongeant vers Beausire cette main blanche qui, grâce au soin qu'avait pris la propriétaire d'en effiler les ongles, pouvait, au besoin, servir de griffe. — Et qui diable veut y toucher, à cet enfant? Tu sais bien que c'est une façon de parler, madame Oliva, et que si, de temps en temps, on bat les habits de la mère, on a toujours respecté la casaque de l'enfant... Allons, venez embrasser ce pauvre Beausire, qui, dans huit jours, sera riche comme un roi... Allons, venez, ma petite Nicole. — Quand vous serez riche comme un roi, mon mignon, il sera temps de vous embrasser; mais d'ici là, nenni! — Mais, puisque je te dis que c'est comme si j'avais là un million... Fais-moi une avance; ça nous portera bonheur... le boulanger nous fera crédit. — Un homme qui remue des millions et qui demande au boulanger crédit pour un pain de quatre livres! — Je veux du sucre d'orge rouge, moi! cria l'enfant d'un ton qui devenait de plus en plus menaçant. — Voyons, l'homme aux millions, donne un morceau de sucre d'orge à cet enfant.

Beausire fit un mouvement pour porter la main à sa poche; mais la main n'accomplit pas même la moitié de la route.

— Eh! dit-il, tu sais bien que je t'ai donné hier ma dernière pièce de vingt-quatre sous! — Puisque tu as de l'argent, mère, dit le jeune Toussaint, se retournant vers celle que le respectable monsieur de Beausire venait d'appeler tour à tour Oliva et Nicole, donne-moi un sou pour aller acheter du sucre d'orge rouge. — Tiens, en voilà deux, méchant enfant!... Et prends garde de tomber en descendant par les escaliers. — Merci, petite mère! dit l'enfant en sautant de joie, et en tendant la main. — Allons, viens ici, que je te remette ta ceinture et ton chapeau, petit drôle, afin que l'on ne dise pas que monsieur de Beausire laisse aller son enfant tout déloqueté par les rues; ce qui lui est bien égal, à lui, qui est un sans cœur, mais ce qui me ferait mourir de honte, moi!

L'enfant avait bonne envie, au risque de ce que pourraient dire les voisins sur l'héritier présomptif de la maison Beausire, de se priver de son chapeau de paille et de sa ceinture dont il n'avait reconnu l'utilité que tant que, par leur fraîcheur et leur éclat, ils avaient excité l'admiration des autres enfants; mais, comme ceinture et chapeau étaient une des conditions de la pièce de deux sous, il fallut bien que, tout récalcitrant qu'il était, le jeune matamore passât par là.

Il s'en consola en allant mettre, avant de sortir, sa pièce de dix centimes sous le nez de son père, qui, absorbé dans ses calculs, se contenta de sourire à cette charmante espièglerie.

Puis, on entendit son pas craintif, quoique hâté par la gourmandise, se perdre dans les escaliers.

La femme, après avoir suivi des yeux son enfant, jusqu'à ce que la porte se fût refermée sur lui, ramena son regard du fils au père, et, après un instant de silence :

— Ah çà ! monsieur de Beausire, dit-elle, il faudra pourtant que votre intelligence nous tire de la misérable position où nous sommes ; sans quoi, il faudra que j'aie recours à la mienne.

Et elle prononça ces derniers mots en minaudant comme une femme à qui son miroir a dit, le matin encore : Sois tranquille, avec ce visage-là, on ne meurt pas de faim !

— Aussi, ma petite Nicole, répondit monsieur de Beausire, tu vois que je m'en occupe. — Oui... en remuant des cartes, et en piquant des cartons. — Mais puisque je te dis que je l'ai trouvée ! — Quoi ? — Ma martingale. — Bon ! voilà que ça recommence, monsieur Beausire ? Je vous préviens que je vais chercher de mémoire, parmi mes anciennes connaissances, s'il n'y en aurait pas quelqu'une qui eût le pouvoir de vous faire mettre, comme fou, à Charenton. — Mais puisque je te dis qu'elle est infaillible ! — Ah ! si monsieur de Richelieu n'était pas mort ! murmura la jeune femme à demi voix. — Que dis-tu ? — Si monsieur le cardinal de Rohan n'était pas ruiné ! — Hein ? — Et si madame de La Motte n'était pas en fuite. — Plaît-il ? — On retrouverait des ressources, et l'on ne serait pas obligée de partager la misère d'un vieux reître comme celui-là...

Et, d'un geste de reine, mademoiselle Nicole Legay, dite madame Oliva, désigna dédaigneusement Beausire.

— Mais puisque je te dis, répéta celui-ci avec le ton de la conviction, que demain nous serons riches ! — A millions ? — A millions ! — Monsieur de Beausire, montrez-moi les dix premiers louis d'or de vos millions, et je croirai au reste. — Eh bien ! vous les verrez ce soir, les dix premiers louis d'or ; c'est justement la somme qui m'est promise. — Et tu me les donneras, mon petit Beausire ? dit vivement Nicole. — C'est-à-dire que je t'en donnerai cinq, pour acheter une robe de soie à toi et un habit de velours au petit ; puis, avec les cinq autres... — Et bien, avec les cinq autres ? — Je te rapporterai le million promis. — Tu vas encore jouer, malheureux ? — Mais puisque je te dis que j'ai trouvé une martingale infaillible ! — Oui, la sœur de celle avec laquelle tu as mangé les soixante mille livres qui te restaient de ton affaire sur le Portugal ! — Argent mal acquis ne profite pas, dit sentencieusement Beausire, et j'ai toujours eu idée que c'était la façon dont cet argent nous était venu qui nous avait porté malheur. — Il paraît que celui-ci t'arrive d'héritage, alors?... Tu avais un oncle qui est mort en Amérique ou dans les Indes, et qui te laisse dix louis? — Ces dix louis, mademoiselle Nicole Legay, dit Beausire avec un certain air supérieur, ces dix louis, entendez-vous, seront gagnés, non-seulement honnêtement, mais encore honorablement, et pour une cause dans laquelle je suis intéressé, ainsi que toute la noblesse de France. — Vous êtes donc noble, monsieur Beausire? dit en ricanant Nicole. — Dites *de* Beausire, mademoiselle Legay; *de* Beausire, appuya-t-il, comme le constate l'acte de reconnaissance de votre enfant rédigé dans la sacristie de l'église Saint-Paul, et signé de votre serviteur, Jean-Baptiste-Toussaint *de* Beausire, le jour où je lui ai donné mon nom... — Beau cadeau que vous lui avez fait là ! murmura Nicole. — Et ma fortune, ajouta emphatiquement Beausire. — Si le bon Dieu ne lui envoie pas autre chose, dit Nicole en secouant la tête, le pauvre petit est bien sûr de vivre d'aumône et de mourir à l'hôpital ! — En vérité, mademoiselle Nicole, dit Beausire d'un air dépité, c'est à n'y pas tenir; vous n'êtes jamais contente. — Mais n'y tenez pas, s'écria Nicole, lâchant la digue à sa colère longtemps contenue. Eh! bon Dieu ! qui donc vous prie d'y tenir?... Dieu merci ! je ne suis pas embarrassée de ma personne et de celle de mon enfant, et dès ce soir même je puis, moi aussi, chercher fortune ailleurs.

Et Nicole, se levant, fit trois pas pour marcher vers la porte.

Beausire, de son côté, en fit un vers cette même porte, qu'il barra en ouvrant les deux bras. — Mais puisqu'on te dit, méchante! reprit-il, que cette fortune... — Eh bien? demanda Nicole. — Elle vient ce soir!... Puisqu'on te dit que, la martingale fût-elle fausse, ce qui est impossible d'après mes calculs, ce serait cinq louis de perdus, et voilà tout. — Il y a des moments où cinq louis c'est une fortune, entendez-vous, monsieur le dépensier... Vous ne savez pas cela, vous qui avez mangé de l'or gros comme cette maison. — Cela prouve mon mérite, Nicole ; si j'ai mangé cet or, c'est que je l'avais gagné; et, si je l'avais gagné, c'est que je puis le gagner encore... D'ailleurs, il y a un Dieu pour les gens... adroits. — Ah! oui, comptez là-dessus! — Mademoiselle Nicole, dit Beausire, seriez-vous athée, par hasard?

Nicole haussa les épaules.

— Seriez-vous de l'école de monsieur de Voltaire, qui nie la Providence? — Beausire, vous êtes un sot, dit Nicole. — C'est qu'il n'y aurait rien d'étonnant, sortant du peuple, que vous eussiez de ces idées-là... Je vous préviens que ce ne sont pas celles qui appartiennent à ma caste sociale et à mes opinions politiques. — Monsieur de Beausire, vous êtes un insolent! dit Nicole. — Moi, je crois, entendez-vous? moi, j'ai la foi! et quelqu'un me dirait : « Ton fils, Jean-Baptiste-Toussaint de Beausire, qui est descendu pour acheter du sucre d'orge rouge avec une pièce de dix centimes, va remonter avec une bourse pleine d'or dans la main, » que je répondrais : « Cela peut être, si c'est la volonté de Dieu! »

Et Beausire leva béatement les yeux au ciel.

— Beausire, vous êtes un imbécile! dit Nicole.

Elle n'avait pas achevé ces mots, que l'on entendit dans les escaliers la voix du jeune Toussaint.

— Papa! maman! criait-il.

Beausire et Nicole prêtaient l'oreille à cette voix chérie.

— Papa! maman! répétait la voix en s'approchant de plus en plus. — Qu'est-il arrivé! cria Nicole en ouvrant la porte avec une sollicitude toute maternelle. Viens, mon enfant... viens! — Papa! maman! continua la voix en se rapprochant toujours, comme celle d'un ventriloque qui fait semblant d'ouvrir le panneau d'une cave. — Je ne serais pas étonné, dit Beausire saisissant dans cette voix ce qu'elle avait de joyeux, je ne serais pas étonné que le miracle se réalisât, et que le petit eût trouvé la bourse dont je parlais tout à l'heure.

En ce moment, l'enfant apparaissait sur la dernière marche de l'escalier, et se précipitait dans la chambre tenant à la bouche son morceau de sucre d'orge rouge, serrant, de son bras gauche, un sac de sucreries contre sa poitrine, et montrant dans sa main droite, ouverte et étendue, un louis d'or qui, à la lueur de la maigre chandelle, reluisait comme l'étoile Aldébaran.

— Ah! mon Dieu, mon Dieu! s'écria Nicole laissant la porte se refermer toute seule, que t'est-il donc arrivé, pauvre cher enfant?

Et elle couvrait le visage gélatineux du jeune Toussaint de ces baisers maternels que rien ne dégoûte parce qu'ils semblent tout épurer.

— Il y a, dit Beausire en s'emparant adroitement du louis, et en l'examinant à la chandelle, il y a que c'est un vrai louis d'or valant vingt-quatre livres.

Puis, revenant à l'enfant :

— Où as-tu trouvé celui-là, marmot, que j'aille chercher les autres? — Je ne l'ai pas trouvé, papa, dit l'enfant, on me l'a donné. — Comment! on te l'a donné? s'écria la mère. — Oui, maman... un Monsieur.

Nicole fut tout près, comme Beausire avait fait pour le louis, de demander où était ce Monsieur-là.

Mais, prudente par expérience, car elle savait Beausire susceptible à l'endroit de la jalousie, elle se contenta de répéter :

— Un Monsieur?... — Oui, petite mère, dit l'enfant en faisant craquer son sucre d'orge sous ses dents, un Monsieur. — Un Monsieur? répéta à son tour Beausire. — Oui, petit papa, un Monsieur qui est entré chez l'épicier pendant que j'y étais, et qui a dit : « Monsieur l'épicier, n'est-ce pas un jeune gentilhomme nommé de Beausire, que vous avez l'honneur de servir en ce moment? »

Beausire se rengorgea; Nicole haussa les épaules.

— Et qu'a répondu l'épicier, mon fils? demanda Beausire. — Il a répondu : « Je ne sais pas s'il est gentilhomme ; mais il s'appelle, en effet, Beausire. — Et ne demeure-t-il pas ici tout près? demanda le Monsieur. — Ici, dans la maison à gauche, au troisième, en haut de l'escalier. — Donnez toutes sortes de bonnes choses à cet enfant; je paie, a dit le Monsieur. » Puis, à moi : « Tiens, petit, voilà un louis, a-t-il ajouté; ce sera pour acheter d'autres bonbons, quand ceux-ci seront mangés. » Alors, il m'a mis le louis dans la main, l'épicier m'a mis ce paquet sur le bras, et je suis parti bien content... Tiens! où est donc mon louis?

Et l'enfant, qui n'avait pas vu l'escamotage de Beausire, se mit à chercher son louis de tous les côtés.

— Petit maladroit! dit Beausire, tu l'auras perdu! — Mais non, mais non, mais non ! dit l'enfant.

Cette discussion eût pu devenir plus sérieuse sans l'événement qui va suivre, et qui devait nécessairement y mettre fin.

Tandis que l'enfant, doutant encore de lui-même, cherchait à terre le louis d'or, qui reposait déjà dans le double fond de la poche du gilet de Beausire; tandis que Beausire admirait l'intelligence du jeune Toussaint qui venait de se manifester par la narration que nous avons rapportée, et qui s'est peut-être un peu améliorée sous notre plume; tandis que Nicole, tout en partageant l'enthousiasme de son amant pour cette précoce faconde, se demandait sérieusement quel pouvait être ce donneur de bonbons et ce bailleur de louis d'or, la porte s'ouvrit lentement, et une voix pleine de douceur fit entendre ces mots :

— Bonsoir, mademoiselle Nicole; bonsoir, monsieur de Beausire; bonsoir, jeune Toussaint.

Chacun se retourna vers le côté d'où venait cette voix.

Sur le seuil, la figure rayonnante à ce tableau de famille, se tenait un homme fort élégamment vêtu.

— Ah! le Monsieur aux bonbons! s'écria le jeune Toussaint. — Le comte de Cagliostro! dirent ensemble Nicole et Beausire. — Vous avez là

CAGLIOSTRO CHEZ BEAUSIRE.

un charmant enfant, monsieur de Beausire, dit le comte, et vous devez vous trouver bien heureux d'être père!

XXXIII

OU LE LECTEUR AURA LA SATISFACTION DE RETROUVER MONSIEUR DE BEAUSIRE TEL QU'IL L'A QUITTÉ

Il y eut, après ces gracieuses paroles du comte, un moment de silence pendant lequel Cagliostro s'avança jusqu'au milieu de la chambre, et jeta un regard scrutateur autour de lui, sans doute pour apprécier la situation morale et surtout pécuniaire des anciennes connaissances au milieu desquelles ces menées terribles et souterraines dont il était le centre le ramenaient inopinément.

Le résultat de ce coup d'œil, pour un homme aussi perspicace que l'était le comte, ne pouvait laisser aucun doute.

Un observateur ordinaire eût deviné, ce qui était vrai, que le pauvre ménage en était à sa dernière pièce de vingt-quatre sous.

Des trois personnages au milieu desquels l'apparition du comte avait jeté la surprise, le premier qui recouvrit la parole fut celui auquel sa mémoire ne rappelait que les événements de la soirée, et auquel, par conséquent, sa conscience n'avait rien à reprocher.

— Ah! Monsieur, quel malheur! dit le jeune Toussaint, j'ai perdu mon louis!

Nicole ouvrait la bouche pour rétablir les faits dans leur vérité; mais elle réfléchit que son silence vaudrait peut-être un second louis à l'enfant, et que, ce second louis, ce serait elle qui en hériterait.

Nicole ne s'était pas trompée.

— Tu as perdu ton louis, mon pauvre enfant? dit Cagliostro; eh bien! en voici deux; tâche de ne pas les perdre, cette fois-ci.

Et tirant d'une bourse dont la rotondité attira les regards cupides de Beausire deux autres louis, il les laissa tomber dans la petite main collante de l'enfant.

— Tiens, maman, dit celui-ci courant à Nicole, en voilà un pour toi, et un pour moi.

Et l'enfant partagea son trésor avec sa mère.

Cagliostro avait remarqué la tenacité avec laquelle le regard du faux sergent avait suivi sa bourse, qu'il venait d'éventrer pour donner passage aux quarante-huit livres, dans les différentes évolutions qu'elle avait faite depuis la sortie de sa poche jusqu'à la rentrée.

En la voyant disparaître dans les profondeurs de la veste du comte, l'amant de Nicole poussa un soupir.

— Eh quoi! monsieur de Beausire, dit Cagliostro, toujours mélancolique? — Et vous, monsieur le comte, toujours millionnaire? — Eh! mon Dieu! vous qui êtes un des plus grands philosophes que j'aie connus, tant dans l'âge moderne que dans l'antiquité, vous devez connaître cet axiome qui fut en honneur à toutes les époques : *L'argent ne fait pas le bonheur!* Je vous ai connu riche... relativement. — Oui, répondit Beausire; c'est vrai; j'ai eu jusqu'à cent mille francs. — C'est possible; seulement, à l'époque où je vous ai retrouvé, vous en aviez déjà mangé quarante mille à peu près, de sorte que vous n'en aviez plus que soixante mille; ce qui, vous en conviendrez, était encore une somme assez ronde pour un ancien exempt.

Beausire poussa un soupir.

— Qu'est-ce que soixante mille livres comparées aux sommes dont vous disposez, vous? — A titre de dépositaire, monsieur de Beausire; car, si nous comptions bien, je crois que ce serait vous qui seriez saint Martin et moi qui serais le pauvre, et que vous seriez obligé, pour ne pas me laisser geler de froid, de me donner la moitié de votre manteau. Eh bien! mon cher monsieur de Beausire, rappelez-vous les circonstances dans lesquelles je vous ai rencontré; vous aviez alors, comme je vous le disais tout à l'heure, à peu près soixante mille livres dans votre poche; en étiez-vous plus heureux?

Beausire poussa un soupir rétrospectif qui pouvait passer pour un gémissement.

— Voyons, répondez, insista Cagliostro; voudriez-vous changer votre position actuelle, quoique vous ne possédiez que ce malheureux louis que vous avez pris au jeune Toussaint?... — Monsieur!... interrompit l'ancien exempt. — Ne nous fâchons pas, monsieur de Beausire... Nous nous sommes fâchés une fois, et vous avez été forcé d'aller chercher dans la rue votre épée qui avait sauté par la fenêtre... vous le rappelez-vous?... Vous vous le rappelez, n'est-ce pas? continua le comte, qui s'apercevait que Beausire ne répondait point; c'est déjà quelque chose d'avoir de la mémoire... Eh bien! je vous le demande encore, voudriez-vous changer votre position actuelle, quoique vous ne possédiez que ce malheureux louis que vous avez pris au jeune Toussaint, cette fois, l'allégation passa sans récrimination, contre la position précaire dont je suis heureux d'avoir contribué à vous tirer? — Non, monsieur le comte, dit Beausire; en effet, vous avez raison, je ne changerais pas... Hélas! à cette époque, j'étais séparé de ma chère Nicole! — Et puis légèrement traqué par la police, à propos de votre affaire du Portugal... Que diable est devenue cette affaire?... Vilaine affaire! autant que je puis me le rappeler. — Elle est tombée à l'eau, monsieur le comte, répondit Beausire. — Ah! tant mieux! car elle devait fort vous inquiéter... Cependant, ne comptez pas trop sur cette noyade; il y a de rudes plongeurs dans la police, et, si trouble et si profonde que soit l'eau, une vilaine affaire est toujours plus facile à pêcher qu'une belle perle. — Enfin, monsieur le comte, sauf la misère à laquelle nous sommes réduits... — Vous vous trouvez heureux... De sorte qu'il ne vous faudrait qu'un millier de louis pour que ce bonheur fût complet?

Les yeux de Nicole brillèrent; ceux de Beausire jetèrent des flammes.

— C'est-à-dire, s'écria ce dernier, que si nous avions mille louis, c'est-à-dire que si nous avions vingt-quatre mille livres, nous achèterions une campagne avec la moitié de la somme; avec l'autre, nous nous constituerions quelque petite rente, et je me ferais laboureur... — Comme Cincinnatus! — Tandis que Nicole se livrerait tout entière à l'éducation de notre enfant. — Comme Cornélie!... Mordieu! monsieur de Beausire, non-seulement ce serait exemplaire, mais encore ce serait touchant. Vous n'espérez donc point gagner cela dans l'affaire que vous menez en ce moment?

Beausire tressaillit.

— Quelle affaire? demanda-t-il. — Mais l'affaire où vous vous produisez comme sergent aux gardes; l'affaire, enfin, pour laquelle vous avez rendez-vous ce soir sous les arcades de la Place-Royale.

Beausire devint pâle comme un mort.

— Ah! monsieur le comte! dit-il en joignant les mains d'un air suppliant. — Quoi? — Ne me perdez pas! — Bon! voilà que vous divaguez, à présent! Est-ce que je suis le lieutenant de police, pour vous perdre? — Là, je te l'avais bien dit, s'écria Nicole, que tu te fourrais dans une mauvaise affaire! — Ah! vous la connaissez, cette affaire, mademoiselle Legay? demanda Cagliostro. — Non, monsieur le comte; mais c'est pour cela... Quand il me cache une affaire, c'est qu'elle est mauvaise; je puis être tranquille. — Eh bien! en ce qui concerne celle-ci, chère demoiselle Legay, vous vous trompez; elle est peut-être excellente, au contraire! — Ah! n'est-ce pas? s'écria Beausire; monsieur le comte est gentilhomme, et monsieur le comte comprend que toute la noblesse est intéressée... — A ce qu'elle réussisse... Il est vrai que tout le peuple, de son côté, est intéressé à ce qu'elle échoue. Maintenant, si vous m'en croyez, mon cher monsieur de Beausire, vous comprenez, c'est un conseil que je vous donne, un vrai conseil d'ami; eh bien! si vous m'en croyez, vous ne prendrez parti ni pour la noblesse ni pour le peuple. — Mais pour qui prendrai-je parti, alors? — Pour vous. — Pour moi? — Eh! sans doute, pour toi! dit Nicole. Pardieu! tu as assez pensé aux autres; il est temps de penser à toi. — Vous l'entendez; elle parle comme saint Jean-Bouche-d'Or... Rappelez-vous ceci, monsieur de Beausire : toute affaire a un bon et un mauvais côté; celui qui est bon pour les uns, est mauvais pour les autres; car une affaire, quelle qu'elle soit, ne peut être mauvaise pour tout le monde, ou bonne pour tout le monde; eh bien! il s'agit uniquement de se trouver du bon côté. — Ah! ah! et il paraîtrait que je ne suis pas du bon côté, hein? — Pas tout à fait, monsieur de Beausire; non, il s'en faut du tout au tout. J'ajouterai même que, si vous vous y entêtiez, vous savez que je me mêle de faire le prophète, j'ajouterai même que, si vous vous y entêtiez, cette fois, ce ne serait pas risque de l'honneur, ce ne serait pas risque de la fortune que vous courriez, ce serait risque de la vie... oui, vous seriez probablement pendu! — Monsieur, dit Beausire en tâchant de faire contenance, mais en essuyant la sueur qui roulait sur son front, on ne pend pas un gentilhomme. — C'est vrai; mais, pour obtenir d'avoir la tête tranchée, cher monsieur de Beausire, il faudrait faire vos preuves, ce qui serait long peut-être, assez long pour ennuyer le tribunal, qui pourrait bien ordonner provisoirement que vous fussiez pendu... Après cela, vous me direz que, quand la cause est belle, peu importe le supplice :

Le crime fait la honte, et non pas l'échafaud!

comme a dit un grand poëte. — Cependant, balbutia Beausire, de plus en plus effrayé. — Oui... cependant, vous n'êtes pas tellement attaché à vos opinions, que vous leur sacrifiiez votre vie... Je comprends cela : diable! on ne vit qu'une fois, comme a dit un autre poëte moins grand que le premier, mais qui, néanmoins, pourrait bien avoir raison sur lui. — Monsieur le comte, dit enfin Beausire, j'ai remarqué, pendant le peu de relations que j'ai eu l'honneur d'avoir avec vous, que vous possédiez une façon de parler des choses qui ferait dresser les cheveux sur la tête d'un homme timide. — Diable! ce n'est pas mon intention, dit Cagliostro. D'ailleurs, vous n'êtes pas un homme timide, vous! — Non, répondit Beausire, il s'en faut même... Cependant, il y a certaines circonstances... — Oui, je comprends... par exemple, celles où l'on a derrière soi les galères, pour vol, et, devant soi, la potence, pour crime de lèse-nation, comme on appellerait aujourd'hui un crime qui, je suppose, aurait pour but d'enlever le roi. — Monsieur! monsieur! s'écria Beausire tout épouvanté. — Malheureux! fit Oliva, c'était donc sur cet enlèvement que tu bâtissais tes rêves d'or? — Et il n'avait pas tout à fait tort, ma chère demoiselle ; seulement, comme j'avais l'honneur de vous le dire tout à l'heure, il y a à chaque chose un bon et un mauvais côté, une face éclairée et une face sombre. Monsieur de Beausire a eu le tort de caresser la face sombre, d'adopter le mauvais côté; qu'il se retourne, voilà tout. — Est-il encore temps? demanda Nicole. — Oh! certainement. — Que faut-il que je fasse, monsieur le comte? demanda Beausire. — Supposez une chose, mon cher Monsieur, dit Cagliostro en se recueillant. — Laquelle? — Supposez que votre complot échoue; supposez que les complices de l'homme masqué et de l'homme au manteau brun soient arrêtés; supposez, il faut tout supposer dans le temps où nous vivons, supposez qu'ils soient condamnés à mort... Eh! mon Dieu! on a bien acquitté Bezenval et Augeard! vous voyez qu'on peut tout supposer... Supposez, ne vous impatientez pas : de suppositions en suppositions, nous arriverons à un fait; supposez que vous soyez un de ces complices; supposez que vous ayez la corde au cou, et que l'on vous dise, pour répondre à vos doléances, car, en pareille situation, si courageux qu'il soit, eh! mon Dieu! un homme se lamente toujours un peu, n'est-ce pas?... — Achevez, monsieur le comte, je vous en supplie, il me semble déjà que j'étrangle! — Pardieu! ce n'est pas étonnant, je vous suppose la corde au cou!... Eh bien! supposez qu'on vienne vous dire : « Ah! pauvre monsieur Beausire, cher monsieur Beausire, c'est votre faute! » — Comment cela? s'écria Beausire. — Là, vous voyez bien que, de suppositions en suppositions, nous arrivons à une réalité, puisque vous me répondez, à moi, comme si déjà vous en étiez là. — Je l'avoue. — « Comment cela? vous répondrait la voix; parce que, non-seulement vous pouviez échapper à cette malemort qui vous tient entre ses griffes, mais encore gagner mille louis, avec lesquels vous eussiez acheté cette petite maison aux charmilles vertes où vous deviez vivre, en compagnie de mademoiselle Oliva et du petit Toussaint, des cinq cents livres de rente que vous vous fussiez constituées avec les douze mille livres qui n'eussent point été employées à l'achat de la maison... vivre, comme vous le disiez, en bon cultivateur, chaussé de pantoufles l'été, et de sabots l'hiver... tandis que, au lieu de ce charmant horizon, nous avons là, vous surtout, devant les yeux la place de Grève, plantée de deux ou trois vilaines potences dont la plus haute vous tend les bras... Pouah! mon pauvre monsieur Beausire, la laide perspective! » — Mais enfin, comment aurais-je pu échapper à cette malemort? comment aurais-je pu gagner ces mille louis qui assuraient ma tranquillité, celle de Nicole et celle de Toussaint!... — Demanderiez-vous toujours, n'est-ce pas?... « Rien de plus facile, répondrait la voix. Vous aviez là, près de vous, à deux pas, le comte de Cagliostro... — Je le connais, répondriez-vous ; un seigneur étranger qui habite Paris pour son plaisir, et qui s'y ennuie à pâmer quand il manque de nouvelles. — C'est celá même ! Eh bien , vous n'aviez qu'à aller le trouver et lui dire : « Mon-« sieur le comte... » — Mais je ne savais pas où il demeurait, s'écria Beausire, je ne savais pas qu'il fût à Paris ; je ne savais pas même qu'il vécût encore. — « Aussi, mon cher monsieur Beausire, vous répondrait la voix, c'est pour cela qu'il est venu vous trouver, et, du moment où il est venu vous trouver, convenez-en, là, vous n'avez pas d'excuse... Eh bien ! vous n'aviez qu'à lui dire : « Monsieur le comte, je sais combien « vous êtes friand de nouvelles ; j'en ai, et des plus fraîches : Monsieur, « frère du roi, conspire... — Bah ? — Oui, avec le marquis de Favras... « — Pas possible ! — Si fait ; j'en parle savamment, puisque je suis un « des agents de monsieur de Favras... — Vraiment ! et quel est le but du « complot ? — D'enlever le roi et de le conduire à Péronne... Eh bien ! « monsieur le comte, pour vous distraire, je vais, jour par jour, heure « par heure, si vous le désirez, minute par minute, s'il le faut, vous dire « où en est l'affaire. » Alors, mon cher ami, le comte, qui est un sei-gneur généreux, vous eût répondu : « Voulez-vous réellement faire « cela, monsieur de Beausire ? — Oui. — Eh bien ! comme toute peine « mérite salaire, si vous tenez la parole donnée, j'ai là, dans un coin, « vingt-quatre mille livres que je comptais employer à une bonne action, « ma foi, je les passerai à ce caprice... et, le jour où le roi sera enlevé « ou monsieur de Favras pris, vous viendrez me trouver, et, foi de « gentilhomme ! les vingt-quatre mille livres vous seront remises, *comme* « *vous sont remis ces dix louis, non pas à titre d'avance, non pas à titre* « *de prêt, mais bien à titre de simple don !* »

Et, à ces paroles, comme un acteur qui répète avec les accessoires, le comte de Cagliostro tira de sa poche la pesante bourse, y introduisit le pouce et l'index, et, avec une dextérité qui témoignait de son habi-tude à ce genre d'exercice, il y pinça juste dix louis, ni plus ni moins, que de son côté Beausire, il faut lui rendre cette justice, avança la main pour recevoir.

Cagliostro écarta doucement cette main.

— Pardon, monsieur de Beausire, dit-il, nous faisions, je crois, des suppositions... — Oui, mais, dit Beausire, dont les yeux brillaient comme deux charbons ardents, n'aviez-vous pas dit, monsieur le comte, que, de suppositions en suppositions, nous arriverions au fait ? — Y sommes-nous arrivés ?

Beausire hésita un instant.

Hâtons-nous de dire que ce n'était pas l'honnêteté, la fidélité à la parole donnée, la conscience soulevée qui causaient cette hésitation ;

nous l'affirmerions, que nos lecteurs connaissent trop bien monsieur de Beausire pour ne pas nous donner un démenti.

Non, c'était la simple crainte que le comte ne tînt pas sa promesse.

— Mon cher monsieur de Beausire, dit Cagliostro, je vois bien ce qui se passe en vous. — Oui, répondit Beausire, vous avez raison, monsieur le comte, j'hésite à trahir la confiance qu'un galant homme a mise en moi.

Et, levant les yeux au ciel, il secoua la tête comme quelqu'un qui se dit : Ah! c'est bien dur!

— Non, ce n'est pas cela, reprit Cagliostro, et vous m'êtes une nouvelle preuve de la vérité de cette parole du sage : « L'homme ne se connaît pas soi-même. » — Et qu'est-ce donc? demanda Beausire, un peu ébouriffé de cette facilité qu'avait le comte de lire jusqu'au plus profond des cœurs. — C'est que vous avez peur qu'après vous avoir promis les mille louis, je ne vous les donne pas. — Oh! monsieur le comte! — Et c'est tout naturel, je suis le premier à vous le dire; mais je vous offre une caution... — Une caution? monsieur le comte n'en a certes pas besoin. — Une caution qui répondra de moi corps pour corps! — Et quelle est cette caution? demanda timidement Beausire. — Mademoiselle Nicole Oliva Legay. — Oh! s'écria Nicole, si monsieur le comte nous promet, le fait est que c'est comme si nous tenions, Beausire! — Voyez, Monsieur, voilà ce que c'est que de remplir scrupuleusement les promesses qu'on a faites... Un jour que Mademoiselle était dans la situation où vous êtes, moins le complot, c'est-à-dire un jour où Mademoiselle était fort recherchée par la police, je lui fis une offre; c'était de venir prendre retraite chez moi. Mademoiselle hésitait : elle craignait pour son honneur; je lui donnai ma parole, et, malgré toutes les tentations que j'eus à subir, et que vous comprendrez mieux que personne, je l'ai tenue, monsieur de Beausire. Est-ce vrai, Mademoiselle? — Oh! cela, s'écria Nicole, sur notre petit Toussaint, je le jure! — Vous croyez donc, mademoiselle Nicole, que je tiendrai la parole que j'engage aujourd'hui à monsieur de Beausire, de lui donner vingt-quatre mille livres le jour où le roi aura pris la fuite, ou le jour que monsieur de Favras sera arrêté?... Sans compter, bien entendu, que je desserre le nœud coulant qui vous étranglait tout à l'heure, et qu'il ne sera plus jamais question pour vous ni de corde ni de potence, à propos de cette affaire du moins... Je ne réponds pas au delà, un instant! entendons-nous bien! il y a des vocations... — C'est-à-dire, monsieur le comte, répondit Nicole, que, pour moi, c'est comme si le notaire y avait passé. — Eh bien! ma chère demoiselle, dit Cagliostro en alignant sur la table les dix louis qu'il n'avait point lâchés, faites passer votre conviction dans le cœur de monsieur de Beausire, et c'est une affaire conclue. Et, de la main, il fit signe à Beausire d'aller causer un instant avec Nicole.

La conversation ne dura que cinq minutes, mais il est juste de dire que, pendant ces cinq minutes, elle fut des plus animées.

En attendant, Cagliostro regardait à la chandelle le carton piqué, et faisait des mouvements de tête comme pour saluer une vieille connaissance.

— Ah! ah! dit-il, c'est la fameuse martingale de monsieur Law que vous avez retrouvée là... J'ai perdu un million sur cette martingale!

Et il laissa négligemment retomber la carte sur la table.

Cette observation de Cagliostro parut donner une nouvelle activité à la conversation de Nicole et de Beausire.

Enfin, Beausire parut décidé.

Il vint à Cagliostro la main étendue, comme un maquignon qui veut conclure un indissoluble marché.

Mais le comte se recula en fronçant le sourcil.

— Monsieur, dit-il, entre gentilshommes, la parole vaut le jeu : vous avez la mienne; donnez-moi la vôtre. — Foi de Beausire, monsieur le comte, c'est convenu. — Cela suffit, Monsieur, dit Cagliostro.

Puis, tirant de son gousset une montre sur laquelle était le portrait du roi Frédéric de Prusse enrichi de diamants :

— Il est neuf heures moins un quart, monsieur de Beausire, dit-il; à neuf heures précises, vous êtes attendu sous les arcades de la Place-Royale, du côté de l'hôtel Sully. Prenez ces dix louis, mettez-les dans la poche de votre veste, endossez votre habit, ceignez votre épée, passez le pont Notre-Dame et suivez la rue Saint-Antoine; il ne faut pas vous faire attendre!

Beausire ne se le fit pas dire à deux fois : il prit les dix louis, les mit dans sa poche, endossa son habit et ceignit son épée.

— Où retrouverai-je monsieur le comte? — Au cimetière Saint-Jean, s'il vous plaît... Quand on veut, sans être entendu, causer d'affaires pareilles à celles-ci, mieux vaut en causer chez les morts que chez les vivants. — Et à quelle heure? — Mais à l'heure que vous serez libre; le premier venu attendra l'autre. — Monsieur le comte a quelque chose à faire? demanda Beausire avec inquiétude en voyant que Cagliostro ne s'apprêtait pas à le suivre. — Oui, répondit Cagliostro, j'ai à causer avec mademoiselle Nicole.

Beausire fit un mouvement.

— Oh! soyez tranquille, cher monsieur de Beausire, j'ai respecté son honneur quand elle était jeune fille; à plus forte raison le respecterai-je quand elle est mère de famille... Allez, monsieur de Beausire, allez!

Beausire jeta à Nicole un regard dans lequel il sembla lui dire : Madame de Beausire, soyez digne de la confiance que j'ai en vous! Il embrassa tendrement le jeune Toussaint, salua, avec un respect mêlé d'inquiétude, le comte de Cagliostro, et sortit juste comme l'horloge de Notre-Dame sonnait les trois quarts avant neuf heures.

XXXIV

ŒDIPE ET LOTH

Il était minuit moins quelques minutes, lorsqu'un homme, débouchant par la rue Royale dans la rue Saint-Antoine, suivit cette dernière jusqu'à la fontaine Sainte-Catherine, s'arrêta un instant derrière l'ombre qu'elle projetait, pour s'assurer qu'il n'était point épié, prit l'espèce de ruelle qui conduisait à l'hôtel Saint-Paul, et, arrivé là, s'engagea dans la rue à peu près sombre et tout à fait déserte du Roi de Sicile; puis, ralentissant le pas, à mesure qu'il s'avançait vers l'extrémité de la rue que nous venons de nommer, il entra avec hésitation dans celle de la Croix-Blanche, et s'arrêta, hésitant de plus en plus, devant la grille du cimetière Saint-Jean.

Là, et comme si ses yeux eussent craint de voir sortir un spectre hors de terre, il attendit, essuyant, avec la manche de son habit de sergent aux gardes, la sueur qui coulait sur son front.

Et, en effet, au moment même où commençait de sonner minuit, quelque chose de pareil à une ombre apparut se glissant à travers les ifs et les cyprès. Cette ombre s'approcha de la grille, et bientôt, au grincement d'une clé dans la serrure, on put s'apercevoir que le spectre, si c'en était un, avait, non-seulement la faculté de sortir de son tombeau, mais encore, une fois sorti de son tombeau, celle de sortir du cimetière.

A ce grincement, le militaire se recula.

— Eh bien! monsieur de Beausire, dit la voix railleuse de Cagliostro, ne me reconnaissez-vous point, ou avez-vous oublié notre rendez-vous?
— Ah! c'est vous, dit Beausire, respirant comme un homme dont le cœur est soulagé d'un grand poids; tant mieux! ces diablesses de rues sont si sombres et si désertes, qu'on ne sait pas si mieux vaut y rencontrer âme qui vive qu'y cheminer seul... — Ah bah! fit Cagliostro, vous, craindre quelque chose, à quelque heure du jour ou de la nuit que ce soit? vous ne me ferez pas accroire cela... un brave comme vous! qui chemine avec son épée! Au reste, passez de ce côté-ci de la grille, cher

monsieur de Beausire, et vous serez tranquille, vous n'y rencontrerez que moi.

Beausire se rendit à l'invitation, et la serrure qui avait grincé pour ouvrir la porte devant lui, grinça pour refermer la porte derrière lui.

— Là... maintenant, dit Cagliostro, suivez ce petit sentier, cher Monsieur, et, à vingt pas d'ici, nous trouverons une espèce d'autel ruiné sur les marches duquel nous serons à merveille pour causer de nos petites affaires.

Beausire se mit en devoir d'obéir à Cagliostro ; mais, après un instant d'hésitation :

— Où diable voyez-vous un chemin? dit-il ; je ne vois que des ronces qui me déchirent les chevilles, et des herbes qui me montent jusqu'aux genoux. — Le fait est que ce cimetière est un des plus mal tenus que je connaisse ; mais cela n'est point étonnant ; vous savez que l'on n'y enterre guère que les condamnés qui ont été exécutés en Grève, et, pour ces pauvres diables, on n'y met pas tant de façons... Cependant, mon cher monsieur de Beausire, nous avons ici de véritables illustrations ; s'il faisait jour, je vous montrerais la place où est enterré Bouteville de Montmorency, décapité pour s'être battu en duel ; le chevalier de Rohan, décapité pour avoir conspiré contre le gouvernement ; le comte de Horn, roué pour avoir assassiné un juif ; Damiens, écartelé pour avoir essayé de tuer Louis XV... que sais-je? Oh! vous aviez tort de médire du cimetière Saint-Jean, monsieur de Beausire ! c'est un cimetière mal tenu, mais bien habité.

Beausire suivait Cagliostro, emboîtant son pas dans le sien aussi régulièrement qu'un soldat du second rang a l'habitude de le faire avec son chef de file.

— Ah! dit Cagliostro en s'arrêtant tout à coup, de manière que Beausire, qui ne s'attendait pas à cette halte subite, lui donna du ventre dans le dos ; tenez, voici du tout frais... C'est la tombe de votre confrère Fleur-d'Épine, un des assassins du boulanger François ; qui a été pendu, il y a huit jours, par arrêt du Châtelet. Cela doit vous intéresser, monsieur de Beausire ; c'était, comme vous, un ancien exempt, un faux sergent et un vrai raccoleur?

Les dents de Beausire claquaient littéralement ; il lui semblait que ces ronces, au milieu desquelles il marchait, étaient autant de mains crispées sortant de terre pour le tirer par les jambes, et lui faire comprendre que la destinée avait marqué là la place où il devait dormir du sommeil éternel.

— Ah! dit enfin Cagliostro en s'arrêtant près d'une espèce de ruine, nous sommes arrivés.

Et, s'asseyant sur un débris, il indiqua du doigt à Beausire une pierre qui semblait placée côte à côte de la première pour épargner à Cinna la peine d'approcher son siége de celui d'Auguste.

Il était temps : les jambes de l'ancien exempt flageollaient de telle façon, qu'il tomba sur la pierre plutôt qu'il ne s'y assit.

— Allons, maintenant que nous voici bien à notre aise pour causer, cher monsieur de Beausire, dit Cagliostro, voyons, que s'est-il passé ce soir sous les arcades de la Place-Royale? La séance devait être intéressante! — Ma foi, dit Beausire, je vous avoue, monsieur le comte, que j'ai dans ce moment-ci la tête un peu bouleversée, et, en vérité, je crois que nous gagnerions tous les deux à ce que vous m'interrogeassiez. — Soit, dit Cagliostro, je suis bon prince, et, pourvu que j'arrive à ce que je voulais savoir, peu m'importe la forme. Combien étiez-vous sous les arcades de la Place-Royale? — Six, moi compris. — Six, vous compris, cher monsieur de Beausire? Voyons si ce sont bien les hommes que je pense : *primo*, vous ; cela ne fait pas de doute...

Beausire poussa un soupir indiquant qu'il aurait autant aimé que le doute fût possible.

— Vous me faites bien de l'honneur, dit-il, de commencer par moi, quand il y a de si grands personnages à côté de moi. — Mon cher, je suis les préceptes de l'Évangile. L'Évangile ne dit-il point : « Les premiers seront les derniers? » Si les premiers doivent être les derniers, les derniers se trouveront tout naturellement être les premiers. Je procède donc, comme je vous le dis, selon l'Évangile. Il y avait d'abord vous, n'est-ce pas? — Oui, fit Beausire. — Puis, il y avait votre ami Tourcaty, n'est-il pas vrai? un ancien officier recruteur qui se charge de lever la légion du Brabant? — Oui, fit Beausire, il y avait Tourcaty. — Puis un bon royaliste nommé Marquié, ci-devant sergent aux gardes françaises, maintenant sous-lieutenant d'une compagnie du centre? — Oui, monsieur le comte, il y avait Marquié. — Puis monsieur de Favras? — Puis monsieur de Favras. — Puis l'homme masqué? — Puis l'homme masqué. — Avez-vous quelque renseignement à me donner sur cet homme masqué, monsieur de Beausire?

Beausire regarda Cagliostro si fixement, que ses deux yeux semblèrent s'allumer dans l'obscurité.

— Mais, dit-il, n'est-ce pas?...

Et il s'arrêta, comme s'il eût craint de commettre un sacrilége en allant plus loin.

— N'est-ce pas... qui? demanda Cagliostro. — N'est-ce pas?... — Ah çà! mais vous avez un nœud à la langue, mon cher monsieur de Beausire ; il faut faire attention à cela : les nœuds à la langue amènent quelquefois les nœuds au cou, et ceux-ci, pour être des nœuds coulants, n'en sont que plus dangereux ! — Mais enfin, reprit Beausire, forcé dans ses retranchements, n'est-ce pas... Monsieur? — Monsieur quoi? demanda Cagliostro. — Monsieur... Monsieur, frère du roi? — Ah çà! cher monsieur de Beausire, que le marquis de Favras, qui a intérêt à faire croire qu'il touche la main d'un prince du sang dans toute cette affaire, dise que l'homme masqué est Monsieur, cela se conçoit... Qui ne sait pas mentir, ne sait pas conspirer... Mais que vous et votre ami Tourcaty, deux recruteurs, c'est-à-dire deux hommes habitués à prendre la mesure de leur prochain par pieds, par pouces et par lignes, se laissent tromper de la sorte, ce n'est point probable. — En effet, dit Beausire. — Monsieur a cinq pieds trois pouces sept lignes, dit Cagliostro, et l'homme masqué a près de cinq pieds six pouces. — C'est vrai, dit Beausire, et j'y avais déjà songé ; mais, si ce n'est pas Monsieur, qui donc cela peut-il être ? — Ah! pardieu! je serais heureux et fier, mon cher monsieur de Beausire, dit Cagliostro, d'avoir quelque chose à vous apprendre, quand je croyais avoir à apprendre quelque chose de vous. — Alors, dit l'ancien exempt, qui rentrait peu à peu dans son état naturel, au fur et à mesure que peu à peu il rentrait dans la réalité, alors, vous savez quel est cet homme, vous, monsieur le comte? — Parbleu! — Y aurait-il indiscrétion à vous demander?... — Son nom?

Beausire fit de la tête signe que c'était cela qu'il désirait.

— Un nom est toujours une chose grave à dire, monsieur de Beausire, et, en vérité, j'aimerais mieux que vous devinassiez. — Deviner! il y a quinze jours que je cherche. — Ah! parce que personne ne vous aide! — Aidez-moi, monsieur le comte. — Je ne demande pas mieux... Connaissez-vous l'histoire d'Œdipe? — Mal, monsieur le comte ; j'ai vu jouer la pièce une fois à la Comédie-Française, et, vers la fin du quatrième acte, j'ai eu le malheur de m'endormir... — Peste! je vous souhaite toujours de ces malheurs-là, mon cher Monsieur! — Vous voyez, cependant, qu'aujourd'hui cela me porte préjudice. — Eh bien! en deux mots, je vous dirai ce que c'était qu'Œdipe. Je l'ai connu enfant à la cour du roi Polybe, et vieux à celle du roi Admète; vous pouvez donc croire ce que je vous en dis mieux que vous ne croiriez ce qu'auraient pu vous en dire Eschyle, Sophocle, Sénèque, Corneille, Voltaire ou monsieur Ducis, qui en ont fort entendu parler, c'est possible, mais qui n'ont pas eu l'avantage de le connaître.

Beausire fit un mouvement comme pour demander à Cagliostro une explication sur cette étrange prétention émise par lui d'avoir connu un homme mort il y avait quelque trois mille six cents ans; mais sans doute pensa-t-il que ce n'était pas la peine d'interrompre le narrateur pour si peu. Il arrêta donc son mouvement, et le continua par un signe qui voulait dire : Allez toujours, j'écoute.

Et en effet, comme s'il n'eut rien remarqué, Cagliostro allait toujours.

— J'ai donc connu OEdipe. On lui avait prédit qu'il devait être le meurtrier de son père et l'époux de sa mère. Or, croyant Polybe son père, il le quitta sans rien dire, et partit pour la Phocide; au moment de son départ, je lui donnai le conseil, au lieu de prendre la grande route de Daulis à Delphes, de prendre par la montagne un chemin que je connaissais; mais il s'entêta, et, comme je ne pouvais lui dire dans quel but je lui donnais ce conseil, toutes mes exhortations pour le faire changer de route furent inutiles. Il résulta de cet entêtement que ce que j'avais prévu arriva. A l'embranchement du chemin de Delphes à Thèbes, il rencontra un homme suivi de cinq esclaves; l'homme était monté sur un char, et le char barrait tout le chemin. Tout aurait pu s'arranger si l'homme au char eût consenti à prendre un peu à gauche et OEdipe un peu à droite; mais chacun voulait tenir le milieu de la route. L'homme au char était d'un tempérament colérique; OEdipe était d'un naturel peu patient; les cinq esclaves se jetèrent l'un après l'autre au-devant de leur maître, et l'un après l'autre tombèrent; puis, après eux, leur maître tomba à son tour... OEdipe passa sur six cadavres, et, parmi ces six cadavres, il y avait celui de son père! — Diable! fit Beausire. — Puis, il reprit la route de Thèbes; or, sur la route de Thèbes s'élevait le mont Phicion, et, dans un sentier plus étroit encore que celui où OEdipe tua son père, un singulier animal avait sa caverne. Cet animal avait les ailes d'un aigle, la tête et les mamelles d'une femme, le corps et les griffes d'un lion... — Oh! oh! fit Beausire, croyez-vous, monsieur le comte, qu'il existe de pareils monstres? — Je ne saurais vous l'affirmer, cher monsieur de Beausire, répondit gravement Cagliostro, attendu que, lorsque j'allai à Thèbes par le même chemin, mille ans plus tard, du temps d'Épaminondas, le sphinx était mort. En somme, à l'époque d'OEdipe, il était vivant, et l'une de ses manies était de se tenir sur la route proposant une énigme aux passants, et les mangeant dès qu'ils n'en pouvaient pas donner le mot. Or, comme la chose durait depuis plus de trois siècles, les passants devenaient de plus en plus rares, et le sphinx avait les dents fort longues lorsqu'il aperçut OEdipe. Il alla se mettre au milieu de la route, et levant la patte pour faire signe au jeune homme de s'arrêter : « Voyageur, lui dit-il, je suis le sphinx. — Eh bien, après? demanda OEdipe. — Eh bien! le destin m'a envoyé sur la terre pour proposer une énigme aux mortels; s'ils ne la devinent pas, ils m'appartiennent; s'ils la devinent, j'appartiens à la mort, et je me précipite de moi-même dans l'abîme où, jusqu'à présent, j'ai précipité les cadavres de tous ceux qui ont eu le malheur de me trouver sur leur route. » OEdipe regarda au fond du précipice, et le vit blanc d'ossements. « C'est bien, dit le jeune homme. Quelle est l'énigme? — L'énigme, la voici, dit l'oiseau-lion : *Quel est l'animal qui marche à quatre pattes le matin, sur deux pattes à midi, et sur trois le soir?* » OEdipe réfléchit un instant; puis, avec un sourire qui ne laissa point que d'inquiéter le sphinx : « Et si je devine, dit-il, tu te précipiteras de toi-même dans l'abîme? — C'est la loi, répondit le sphinx. — Eh bien! répondit OEdipe, cet animal, c'est l'homme! » — Comment, l'homme? interrompit Beausire, qui prenait intérêt à la conversation comme s'il se fût agi d'un fait contemporain. — Oui, l'homme... l'homme, qui, dans son enfance, c'est-à-dire au matin de la vie, marche sur ses pieds et sur ses mains; qui, dans son âge mûr, c'est-à-dire à midi, marche sur ses deux pieds, et qui, le soir, c'est-à-dire dans sa vieillesse, s'appuie sur un bâton. — Ah! s'écria Beausire, c'est mordieu vrai! Embêté le sphinx! — Oui, mon cher monsieur de Beausire, si bien embêté, qu'il se précipita la tête la première dans l'abîme, et qu'ayant eu la loyauté de ne point se servir de ses ailes, ce que vous trouverez probablement bien niais de sa part, il se brisa la tête sur les rochers. Quant à OEdipe, il poursuivit son chemin, arriva à Thèbes, trouva Jocaste veuve, l'épousa, et accomplit ainsi la prédiction de l'oracle qui avait dit qu'il tuerait son père et épouserait sa mère. — Mais enfin, monsieur le comte, quelle analogie voyez-vous entre l'histoire d'OEdipe et celle de l'homme masqué? — Oh! une grande! attendez... D'abord, vous avez désiré savoir son nom? — Oui. — Et moi, je vous ai dit que j'allais vous proposer une énigme. Il est vrai que je suis de meilleure pâte que le sphinx, et que je ne vous dévorerai pas si vous avez le malheur de ne pas la deviner... Attention! je lève la patte : *Quel est le seigneur de la cour qui est le petit-fils de son père, le frère de sa mère, et l'oncle de ses sœurs?* — Ah! diable! fit Beausire, tombant dans une rêverie non moins profonde que celle d'OEdipe. — Voyons, cherchez, mon cher Monsieur, dit Cagliostro. — Aidez-moi un peu, monsieur le comte. — Volontiers... Je vous ai demandé si vous connaissiez l'histoire d'OEdipe? — Vous m'avez fait cet honneur-là. — Maintenant, nous allons passer de l'histoire païenne à l'histoire sacrée. Connaissez-vous l'histoire de Loth? — Avec ses filles? — Justement. — Parbleu! si je la connais!... Mais attendez donc... Eh! oui... ce que l'on disait du vieux roi Louis XV et de sa fille madame Adélaïde. — Vous brûlez, mon cher Monsieur... — Alors, l'homme masqué, ce serait?... — Cinq pieds cinq pouces. — Le comte Louis... — Allons donc! — Le comte Louis de... — Chut! — Mais puisque vous disiez qu'il n'y a ici que des morts... — Oui; mais sur leur tombe il pousse de l'herbe; elle y pousse même mieux qu'ailleurs; eh bien! si cette herbe, comme les roseaux du roi Midas... Connaissez-vous l'histoire du roi Midas? — Non, monsieur le comte. — Je vous la raconterai un autre jour; pour le moment, revenons à la nôtre.

Alors, reprenant son sérieux :

— Vous disiez donc? demanda-t-il. — Pardon, mais je croyais que c'était vous qui interrogiez... — Vous avez raison.

Et tandis que Cagliostro préparait son interrogation :

— C'est ma foi vrai! murmurait Beausire; le petit-fils de son père... le frère de sa mère... l'oncle de ses sœurs... c'est le comte Louis de Nar... — Attention! dit Cagliostro.

Beausire s'interrompit dans son monologue, et écouta de toutes ses oreilles.

— Maintenant qu'il ne nous reste plus de doute sur les conjurés, masqués ou non masqués, passons au but du complot.

Beausire fit, de la tête, un signe qui voulait dire qu'il était prêt à répondre.

— Le but du complot est bien d'enlever le roi, n'est-ce pas? — C'est bien le but du complot, en effet. — De le conduire à Péronne? — A Péronne. — A présent, les moyens? — Pécuniaires? — Pécuniaires, oui, d'abord. — On a deux millions... — Que prête un banquier génois... Je connais ce banquier; il n'y en a pas d'autres? — Je ne crois pas. — Voilà qui est bien pour l'argent; mais ce n'est pas assez d'avoir de l'argent, il faut des hommes. — Monsieur de Lafayette vient de donner l'autorisation de lever une légion pour aller au secours du Brabant, qui se révolte contre l'empire. — Oh! ce bon Lafayette, murmura Cagliostro, je le reconnais bien là!

Puis, tout haut :

— Soit, on aura une légion; mais ce n'est pas une légion qu'il faut pour exécuter un pareil projet, c'est une armée. — On a l'armée. — Ah! voyons l'armée. — Douze cents chevaux seront réunis à Versailles; ils en partiront le jour désigné, à onze heures du soir; à deux heures du matin, ils arriveront à Paris sur trois colonnes. — Bon! — La première entrera par la grille de Chaillot; la seconde, par la barrière du Roule; la troisième, par celle de Grenelle. La colonne qui entrera par la barrière de Grenelle égorgera le général Lafayette; celle qui entrera par la grille de Chaillot égorgera monsieur Necker; enfin, celle qui entrera par la barrière du Roule égorgera monsieur Bailly... — Bon! répéta Cagliostro.

— Le coup fait, on encloue les canons; on se réunit aux Champs-Élysées, et l'on marche aux Tuileries, qui sont à nous. — Comment, à vous! et la garde nationale? — C'est là que doit agir la colonne brabançonne, réunie à une partie de la garde soldée, à quatre cents Suisses et à trois cents conjurés de province. Elle s'empare, grâce aux intelligences que nous avons dans la place, des portes extérieures; on entre chez le roi en criant: « Sire! le faubourg Saint-Antoine est en pleine insurrection... Une voiture est tout attelée... il faut fuir! » Si le roi consent à fuir, la chose va toute seule; s'il n'y consent pas, on l'emporte de force, et on le conduit à Saint-Denis. — Bon! — Là, on trouve vingt mille hommes d'infanterie auxquels se joignent les douze cents hommes de cavalerie, la légion brabançonne, les quatre cents Suisses, les trois cents conjurés, dix, vingt, trente mille royalistes que l'on rencontrera sur la route, et, à grande force, on conduira le roi à Péronne. — De mieux en mieux!... Et, à Péronne, que fera-t-on, mon cher monsieur de Beausire? — A Péronne, on trouve vingt mille hommes qui y arrivent en même temps de la Flandre maritime, de la Picardie, de l'Artois, de la Champagne, de la Bourgogne, de la Lorraine, de l'Alsace et du Cambrésis. On est en marché pour vingt mille Suisses, douze mille Allemands et douze mille Sardes, lesquels, réunis à la première escorte du roi, formeront un effectif de cent cinquante mille hommes. — Joli chiffre! dit Cagliostro. — Enfin, avec ces cent cinquante mille hommes, on marchera sur Paris; on interceptera le haut et le bas de la rivière pour lui couper les vivres; Paris affamé capitulera; on dissoudra l'Assemblée nationale, et l'on replacera le roi, véritablement roi, sur le trône de ses pères. — *Amen!* dit Cagliostro.

Et, se levant:

— Mon cher monsieur de Beausire, dit-il, vous avez une conversation des plus agréables; mais, enfin, il en est de vous comme des plus grands orateurs, quand vous avez tout dit, vous n'avez plus rien à dire... et vous avez tout dit, n'est-ce pas? — Oui, monsieur le comte, pour le moment. — Alors, bonsoir, mon cher monsieur de Beausire; lorsque vous aurez besoin de dix louis, toujours à titre de don, bien entendu, venez me trouver à Bellevue. — A Bellevue?... et je demanderai monsieur le comte de Cagliostro? — Le comte de Cagliostro? oh! non! on ne saurait ce que vous voulez dire. Demandez le baron Zannone. — Le baron Zannone? s'écria Beausire, mais c'est le nom du banquier génois qui a escompté les deux millions de traites de Monsieur! — C'est possible, dit Cagliostro. — Comment, c'est possible? — Oui... seulement, je fais tant d'affaires, que celle-là se sera confondue avec les autres... Voilà pourquoi au premier abord je ne me rappelais pas bien; mais, en effet, maintenant, je crois me souvenir.

Beausire était en stupéfaction devant cet homme, qui oubliait ainsi des affaires de deux millions, et il commençait à croire que, ne fût-ce qu'au point de vue pécuniaire, mieux valait être au service du prêteur que de l'emprunteur.

Mais, comme cette stupéfaction n'allait point jusqu'à lui faire oublier le lieu où il se trouvait, aux premiers pas de Cagliostro vers la porte, Beausire retrouva le mouvement, et le suivit d'une allure tellement modelée sur la sienne, qu'à les voir marcher ainsi presque accolés l'un à l'autre, on eût dit deux automates mus par un même ressort.

A la porte seulement, et lorsque la grille fut refermée, les deux corps parurent se séparer d'une manière visible.

— Et maintenant, demanda Cagliostro, de quel côté allez-vous, cher monsieur de Beausire? — Mais, vous-même?... — Du côté où vous n'allez pas. — Je vais au Palais-Royal, monsieur le comte. — Et moi, à la Bastille, monsieur de Beausire.

Sur quoi, les deux hommes se quittèrent, Beausire saluant le comte avec une profonde révérence, Cagliostro saluant Beausire avec une légère inclinaison de tête; et tous deux disparurent presque aussitôt au milieu de l'obscurité, Cagliostro dans la rue du Temple, et Beausire dans la rue de la Verrerie.

XXXV

OU GAMAIN PROUVE QU'IL EST VÉRITABLEMENT MAITRE SUR MAITRE, MAITRE SUR TOUS

On se rappelle le désir qu'avait exprimé le roi devant monsieur de Lafayette et devant le comte Louis de Bouillé, d'avoir près de lui son ancien maître, Gamain, pour l'aider dans un important travail de serrurerie. Il avait même ajouté, et nous ne croyons pas inutile de consigner ici ce détail, il avait même ajouté qu'un apprenti adroit ne serait pas trop pour compléter la trilogie forgeante; le nombre trois, qui plaît aux dieux, n'avait pas déplu à Lafayette, et il avait, en conséquence, donné des ordres pour que maître Gamain et son apprenti eussent leur entrée franche près du roi, et fussent conduits à la forge aussitôt qu'ils se présenteraient.

On ne sera donc point étonné de voir, quelques jours après la conversation que nous avons rapportée, maître Gamain, qui n'est point un étranger pour nos lecteurs, puisque nous avons eu le soin de le leur montrer dans la matinée du 6 octobre, vidant, avec un armurier inconnu, une bouteille de bourgogne au cabaret du pont de Sèvres; on ne sera donc point étonné, disons-nous, de voir, quelques jours après cette conversation, maître Gamain, accompagné d'un apprenti, se présenter, tous deux vêtus de leurs habits de travail, à la porte des Tuileries, et, après leur admission, qui ne souffrit aucune difficulté, contourner les appartements royaux par le corridor commun, monter l'escalier des combles, et, arrivés à la porte de la forge, décliner leurs noms et leurs qualités au valet de chambre de service.

Les noms étaient : Nicolas-Claude Gamain, et Louis Lecomte.

Les qualités étaient : pour le premier, celle de maître serrurier; pour le second, celle d'apprenti.

Quoiqu'il n'y eût rien dans tout cela de bien aristocratique, à peine Louis XVI eut-il entendu noms et qualités, qu'il accourut lui-même vers la porte en criant :

— Entrez! — Voilà, voilà, voilà, dit Gamain se présentant avec la familiarité, non-seulement d'un commensal, mais encore d'un maître.

Soit qu'il fût moins habitué aux relations royales, soit que la nature l'eût doué d'un plus grand respect pour les têtes couronnées, sous quelque costume qu'elles se présentassent à lui, ou sous quelque costume qu'il se présentât à elles, l'apprenti, sans répondre à l'invitation, et après avoir mis un intervalle convenable entre l'apparition de maître Gamain et la sienne, demeura debout, la veste sur le bras et la casquette à la main, près de la porte, que le valet de chambre refermait derrière eux.

Au reste, peut-être était-il mieux là que sur une ligne parallèle à celle de Gamain, pour saisir l'éclair de joie qui brilla dans l'œil terne de Louis XVI, et pour y répondre par un respectueux signe de tête.

— Ah! c'est toi, mon cher Gamain, dit Louis XVI; je suis bien aise de te voir. En vérité, je ne comptais plus sur toi ; je croyais que tu m'avais oublié. — Et voilà pourquoi, dit Gamain, vous avez pris un apprenti... Vous avez bien fait, c'était votre droit, puisque je n'étais pas là; mais, par malheur, ajouta-t-il avec un geste narquois, apprenti n'est pas maître, hein?

L'apprenti fit un signe au roi.

— Que veux-tu, mon pauvre Gamain, dit Louis XVI, on m'avait assuré que tu ne me voulais plus voir, ni de près ni de loin; on disait que tu avais peur de te compromettre. — Ma foi, sire, vous avez pu vous convaincre à Versailles qu'il ne faisait pas bon être de vos amis, et j'ai vu friser près de moi, par monsieur Léonard lui-même, j'ai vu friser, dans le petit cabaret du pont de Sèvres, deux têtes de gardes qui faisaient une vilaine grimace, pour s'être trouvées dans vos antichambres au moment où vos bons amis les Parisiens vous rendaient visite...

Un nuage passa sur le front du roi, et l'apprenti baissa la tête.

— Mais, continua Gamain, on dit que cela va mieux depuis que vous êtes revenu à Paris, et que vous faites maintenant des Parisiens tout ce que vous voulez... Oh! pardieu, ce n'est pas étonnant; vos Parisiens sont si bêtes, et la reine est si enjôleuse, quand cela lui plaît!

Louis XVI ne répondit rien, mais une légère rougeur monta à ses joues.

Quant au jeune homme, il semblait énormément souffrir des familiarités que se permettait maître Gamain.

Aussi, après avoir essuyé son front couvert de sueur avec un mouchoir un peu fin peut-être pour être celui d'un apprenti serrurier, il s'approcha.

— Sire, dit-il, Votre Majesté veut-elle permettre que je lui dise comment maître Gamain a l'honneur de se retrouver en face de Votre Majesté, et comment j'y suis moi-même près de lui? — Oui, mon cher Louis, répondit le roi. — Ah! c'est cela! *mon cher Louis* gros comme le bras! dit Gamain murmurant; *mon cher Louis*, à une connaissance de quinze jours, à un ouvrier, à un apprenti!... Qu'est-ce qu'on me dira donc, à moi, qui vous connais depuis vingt-cinq ans? à moi, qui vous ai mis la lime à la main? à moi, qui suis maître?... Voilà ce que c'est que d'avoir la langue dorée et les mains blanches! — Je te dirai : Mon bon Gamain! J'appelle ce jeune homme mon cher Louis, non pas parce qu'il s'exprime plus élégamment que toi, non pas parce qu'il se lave les mains plus souvent que tu ne le fais toi-même peut-être; j'apprécie assez peu toutes ces mignonneries; mais parce qu'il a trouvé moyen de te ramener près de moi, toi, mon ami, quand on m'avait dit que tu ne voulais plus me voir. — Ah! ce n'était pas moi qui ne voulais plus vous voir; car, moi, malgré tous vos défauts, au bout du compte, je vous aime bien; mais c'était mon épouse, madame Gamain, qui me dit à chaque instant : « Tu as de mauvaises connaissances, Gamain, des connaissances trop hautes pour toi; il ne fait pas bon de voir les aristocrates par ce temps-ci. Nous avons un peu de bien, veillons dessus; nous avons des enfants, élevons-les, et, si le dauphin veut apprendre la serrurerie à son tour, qu'il s'adresse à d'autres que nous... On ne manque pas de serruriers en France. »

Louis XVI regarda l'apprenti, et, étouffant un soupir moitié railleur, moitié mélancolique :

— Oui, sans doute, il ne manque pas de serruriers en France; mais pas de serruriers comme toi! — C'est ce que j'ai dit au maître, sire, quand je me suis présenté chez lui de votre part, interrompit l'apprenti; je lui ai dit : Ma foi, maître, voilà... Le roi est en train de fabriquer une serrure à secret; il avait besoin d'un aide serrurier; on lui a parlé de moi, il m'a pris avec lui... c'était bien de l'honneur! bon! Mais c'est de la fine ouvrage, que celle qu'il fait : ç'a bien été pour la serrure, tant qu'il ne s'est agi que de la cloison, du palastre et des étoquiaux, parce que chacun sait que trois étoquiaux à queue d'aronde dans le rebord suffisent pour assujettir solidement la cloison au palastre; mais, quand il s'est agi du pêne, voilà où l'ouvrier s'embarrasse! — Je le crois bien, dit Gamain, le pêne, c'est l'âme de la serrure! — Et le chef-d'œuvre de la serrurerie, quand il est bien fait, dit l'apprenti; mais il y a pêne et pêne; il y a pêne dormant; il y a pêne à bascule, pour mouvoir le demi-tour; il y a pêne à pignon, pour mouvoir les verroux; eh bien! supposons maintenant que nous ayons une clé forée dont le penneton soit entaillé par une planche avec un pertuis, une fronçure simple et une fronçure hastée en dedans, deux rouets avec un faucillon renversé en dedans et hasté en dehors; quel pêne faudra-t-il pour cette clé-là? Voilà où nous sommes arrêtés. — Le fait est que ce n'est pas donné à tout le monde de se tirer d'une pareille besogne, dit Gamain. — Précisément... C'est pourquoi, continuai-je, je suis venu à vous, maître Gamain. Chaque fois que le roi était embarrassé, il disait avec un soupir : « Ah! si Gamain était là! » Alors, moi, j'ai dit au roi : Eh bien! voyons, faites-lui dire de venir, à votre fameux Gamain, et qu'on le voie à la besogne! Mais le roi répondait : « Inutile, mon pauvre Louis! Gamain m'a oublié! » Oublier Votre Majesté, me suis-je écrié, un homme qui a eu l'honneur de travailler avec elle? impossible! Alors, j'ai dit au roi : Je vais l'aller chercher, ce maître sur maître, maître sur tous! Le roi m'a dit : « Va; mais tu ne le ramèneras pas! » J'ai dit : Je le ramènerai! et je suis parti!... Ah! sire, je ne savais pas de quelle besogne je m'étais chargé, et à quel homme j'avais affaire! D'ailleurs, quand je me suis présenté à lui comme apprenti, il m'a fait subir un examen, que c'était pis que pour entrer à l'école des Cadets. Enfin, bon! me voilà chez lui. Le lendemain, je me hasarde à lui dire que je viens de votre part; cette fois-là, j'ai cru qu'il allait me mettre à la porte. Il m'appelait espion, mouchard... j'avais beau lui assurer que j'étais réellement envoyé par vous, ça n'y faisait rien; il n'y a que quand je lui ai avoué que nous avions commencé, à nous deux, un ouvrage que nous ne pouvions pas finir, qu'il a débouché ses oreilles. Mais tout cela ne le décidait pas; il disait que c'était un piége que ses ennemis lui tendaient; enfin, hier seulement, quand je lui eus remis les vingt-cinq louis que Votre Majesté m'avait fait passer à son intention, il a dit : Ah! ah! en effet, cela pourrait bien être véritablement de la part du roi... Eh bien! soit, a-t-il ajouté, nous irons demain; qui ne risque rien n'a rien! Toute la journée, j'ai entretenu le maître dans ces bonnes dispositions, et ce matin j'ai dit : Voyons, ce n'est pas cela, il faut partir. Il faisait bien encore quelques difficultés; mais enfin, je l'ai décidé; je lui ai noué le tablier autour du corps; je lui ai mis la canne à la main; je l'ai poussé dehors; nous avons pris la route de Paris, et nous voilà! — Soyez les bienvenus, dit le roi en remerciant d'un coup d'œil le jeune homme, qui paraissait avoir eu autant de peine à composer, dans le fond et surtout dans la forme, le récit que l'on vient de lire qu'en eût eu maître Gamain à faire un discours de Bossuet ou un sermon de Fléchier. Et maintenant, Gamain, mon ami, continua le roi, comme tu parais pressé, ne perdons pas de temps. — C'est justement cela, dit le maître serrurier; d'ailleurs, j'ai promis à madame Gamain d'être de retour ce soir. Voyons, où est cette fameuse serrure?

Le roi remit entre les mains du maître une serrure aux trois quarts achevée.

— Eh bien! mais que disais-tu donc, que c'était une serrure bénarde? fit Gamain s'adressant à l'apprenti; une serrure bénarde se ferme des deux côtés, mazette! et celle-ci est une serrure de coffre... Voyons, voyons un peu cela... ça ne marche donc pas, hein? Eh bien! avec maître Gamain, il faudra que ça marche!

Et Gamain essaya de faire tourner la clé.

— Ah! voilà, voilà, dit-il. — Tu as trouvé le défaut, mon cher Gamain? — Parbleu! — Voyons, montre-moi cela. — Ah! ce sera vite fait, regardez : le museau de la clé accroche bien la grande barbe; la grande barbe décrit bien la moitié de son cercle; mais, arrivée là, comme elle n'est pas taillée en biseau, elle ne s'échappe pas toute seule... voilà l'affaire... La course de la barbe étant de six lignes, l'épaulement doit être d'une ligne.

Louis XVI et l'apprenti se regardèrent, comme émerveillés de la science de Gamain.

— Eh! mon Dieu! c'est pourtant bien simple, dit celui-ci, encouragé par cette admiration tacite, et je ne comprends même pas comment vous avez oublié cela. Il faut que vous ayez pensé, depuis que vous ne m'avez vu, à un tas de bêtises qui vous ont fait perdre la mémoire... Vous avez trois barbes, n'est-ce pas? une grande et deux petites, une de cinq lignes, deux de deux lignes... — Sans doute, dit le roi, suivant avec un certain intérêt la démonstration de Gamain. — Eh bien! aussitôt que la clé a lâché la grande barbe, il faut qu'elle puisse ouvrir le pêne qu'elle vient de fermer, n'est-ce pas? — Oui, dit le roi. — Alors, il faut donc qu'elle puisse accrocher en sens inverse, c'est-à-dire en revenant sur ses pas, la seconde barbe, au moment où elle lâche la première! — Ah! oui, oui, dit le roi. — Ah! oui! oui! répéta Gamain d'un ton goguenard; eh bien!

comment voulez-vous qu'elle s'y prenne, cette pauvre clé, si l'intervalle entre la grande et la petite barbe n'est pas égal à l'épaisseur du museau, plus un peu de liberté? — Ah!... — Ah!... répéta encore Gamain, voilà! vous avez beau être roi de France, vous avez beau dire : Je veux! la petite barbe dit : Je ne veux pas! elle, et bonsoir... c'est comme lorsque vous vous chamaillez avec l'Assemblée, c'est l'Assemblée qui est la plus forte! — Et cependant, demanda le roi à Gamain, il y a de la ressource, n'est-ce pas, maître? — Parbleu! dit celui-ci, il y a toujours de la ressource; il n'y a qu'à tailler la première barbe en biseau, creuser l'épaulement d'une ligne, écarter de quatre lignes la première barbe de la seconde, et rétablir à la même distance la troisième barbe, celle-ci, qui fait partie du talon et qui s'arrête sur le picolet, et tout sera dit. — Mais, observa le roi, à tous ces changements, il y a bien une journée de travail, mon pauvre Gamain? — Oh! oui, il y aurait une journée de travail pour un autre; mais, pour Gamain, deux heures suffiront... Seulement, il faut qu'on me laisse seul et qu'on ne m'embête pas d'observations... Gamain par-ci, Gamain par-là... Qu'on me laisse donc seul... la forge me paraît assez bien outillée, et, dans deux heures... eh bien! dans deux heures, si l'ouvrage est convenablement humecté, continua Gamain en souriant, on peut revenir, l'ouvrage sera fini.

Ce que demandait Gamain, c'était tout ce que désirait le roi; la solitude de Gamain lui fournissait l'occasion d'un tête à tête avec l'apprenti.

Cependant, il parut faire des difficultés.

— Mais, si tu as besoin de quelque chose, mon pauvre Gamain?...
— Si j'ai besoin de quelque chose, j'appellerai le valet de chambre, et, pourvu qu'il ait ordre de me donner ce que je lui demanderai... c'est tout ce qu'il me faut.

Le roi alla lui-même à la porte.

— François, dit-il en ouvrant cette porte, tenez-vous là, je vous prie. Voici Gamain, mon ancien maître en serrurerie, qui me corrige un travail manqué... Vous lui donnerez tout ce dont il aura besoin, et particulièrement une ou deux bouteilles d'excellent bordeaux. — Si c'était un effet de votre bonté, sire, de vous rappeler que j'aime mieux le bourgogne... Ce diable de bordeaux, c'est comme si l'on buvait de l'eau tiède! — Ah! oui, c'est vrai, dit Louis XVI en riant; nous avons pourtant trinqué plus d'une fois ensemble, mon pauvre Gamain... Du bourgogne, François, vous entendez, du volnay. — Bien! dit Gamain en passant sa langue sur ses lèvres, je me rappelle ce nom-là. — Et il te fait venir l'eau à la bouche, hein? — Ne parlez pas d'eau, sire... l'eau, je ne sais pas à quoi ça peut servir, si ce n'est pour tremper le fer... mais ceux qui l'ont employée à un autre usage que celui-là l'ont détournée de sa véritable destination... L'eau! pouah!... — Eh bien! sois tranquille, tant que tu seras ici, tu n'entendras point parler d'eau, et, de peur que le mot ne nous échappe à l'un ou à l'autre, nous te laissons seul... Quand tu auras fini, envoie-nous chercher. — Et qu'est-ce que vous allez faire pendant ce temps-là, vous? — L'armoire à laquelle est destinée cette serrure. — Ah! bon! c'est de l'ouvrage comme il vous en faut, celle-là... Bien du plaisir! — Bon courage! répondit le roi.

Et, tout en faisant de la tête un adieu familier à Gamain, le roi sortit avec l'apprenti Louis Lecomte, ou le comte Louis, comme le préférera sans doute le lecteur, à qui nous supposons assez de perspicacité pour croire qu'il a reconnu, dans le faux compagnon, le fils du marquis de Bouillé.

XXXVII

OU L'ON PARLE DE TOUTE AUTRE CHOSE QUE DE SERRURERIE

Cette fois, seulement, Louis XVI ne sortit point de la forge par l'escalier extérieur et commun à tout le service ; il descendit par l'escalier secret réservé à lui seul.

Cet escalier conduisait à son cabinet de travail.

Une table de ce cabinet de travail était couverte par une immense carte de France, laquelle prouvait que le roi avait souvent déjà étudié la route la plus courte ou la plus facile pour sortir de son royaume.

Mais ce ne fut qu'au bas de l'escalier, et la porte refermée derrière lui et le compagnon serrurier, que Louis XVI, après avoir jeté un regard investigateur dans le cabinet, parut reconnaître celui qui le suivait, la veste sur l'épaule et la casquette à la main.

— Enfin, dit-il, nous voilà seul, mon cher comte ; laissez-moi d'abord vous féliciter de votre adresse, et vous remercier de votre dévouement. — Et moi, sire, répondit le jeune homme, permettez que je fasse toutes mes excuses à Votre Majesté d'avoir, même pour son service, osé me présenter devant elle vêtu comme je le suis, et de m'être permis de lui parler comme je l'ai fait. — Vous avez parlé comme un brave gentilhomme, mon cher Louis, et, de quelque façon que vous soyez vêtu, c'est un cœur loyal qui bat sous votre habit... Mais, voyons, nous n'avons pas de temps à perdre ; tout le monde, même la reine, ignore votre présence ici ; personne ne nous écoute ; dites-moi vite ce qui vous amène. — Votre Majesté n'a-t-elle pas fait à mon père l'honneur de lui envoyer un officier de sa maison?

— Oui, monsieur de Charny. — Monsieur de Charny, c'est cela... Il était chargé d'une lettre. — Insignifiante, interrompit le roi, et qui n'était qu'une introduction à une mission verbale. — Cette mission verbale, il l'a remplie, sire, et c'est pour qu'elle ait son exécution certaine que, sur l'ordre de mon père et dans l'espoir de causer seul à seul avec Votre Majesté, je suis parti pour Paris. — Alors, vous êtes instruit de tout? — Je sais que le roi, à un moment donné, voudrait être certain de pouvoir quitter la France. — Et qu'il compte sur le marquis de Bouillé, comme sur l'homme le plus capable de le seconder dans ce projet. — Et mon père est à la fois bien fier et bien reconnaissant de l'honneur que vous lui avez fait, sire. — Mais arrivons au principal. Que dit-il du projet? — Qu'il est hasardeux, qu'il demande de grandes précautions, mais qu'il n'est pas impossible. — D'abord, fit le roi, pour que le concours de monsieur de Bouillé eût toute l'efficacité que promettent sa loyauté et son dévouement, ne faudrait-il pas qu'à son commandement de Metz on joignît celui de plusieurs provinces, et particulièrement celui de la Franche-Comté? — C'est l'avis de mon père, sire, et je suis heureux que le roi ait le premier exprimé son opinion à cet égard ; le marquis craignait que le roi n'attribuât à une ambition personnelle... — Allons donc ! est-ce que je ne connais pas le désintéressement de votre père?... Voyons, maintenant, s'est-il expliqué avec vous sur la route à suivre. — Avant tout, sire, mon père craint une chose. — Laquelle? — C'est que plusieurs projets de fuite ne soient présentés à Votre Majesté, soit de la part de l'Espagne, soit de la part de l'empire, soit de la part des émigrés de Turin, et que tous ces projets se contrecarrant, le sien n'avorte par quelqu'une de ces circonstances fortuites que l'on met sur le compte de la fatalité, et qui sont presque toujours le résultat de la jalousie ou de l'imprudence des partis. — Mon cher Louis, je vous promets de laisser tout le monde intriguer autour de moi ; c'est un besoin des partis, d'abord ; puis, ensuite, c'est une nécessité de ma position ; tandis que l'esprit de Lafayette et les regards de l'Assemblée suivront tous ces fils qui n'auront d'autre but que de les égarer, nous, sans autres confidents que les personnes strictement nécessaires à l'exécution du projet, toutes personnes sur lesquelles nous sommes certains de pouvoir compter, nous suivrons notre chemin avec d'autant plus de sécurité qu'il sera plus mystérieux. — Sire, ce point arrêté, voici ce que mon père a l'honneur de proposer à Votre Majesté. — Parlez, dit le roi en s'inclinant sur la carte de France, afin de suivre des yeux les différents projets qu'allait exposer le jeune comte avec la parole. — Sire, il y a plusieurs points sur lesquels le roi peut se retirer. — Sans doute. — Le roi a-t-il fait son choix?—Pas encore. J'attendais l'avis de monsieur de Bouillé, et je présume que vous me l'apportez.

Le jeune homme fit de la tête un signe respectueux et affirmatif à la fois.

— Parlez, dit Louis XVI.

— Il y a d'abord Besançon, sire, dont la citadelle offre un poste très-fort et très-avantageux pour rassembler une armée, et donner le signal et la main aux Suisses; les Suisses réunis à l'armée, on pourrait s'avancer à travers la Bourgogne, où les royalistes sont nombreux, et, de là, marcher sur Paris.

Le roi fit un mouvement de tête qui signifiait : J'aimerais mieux autre chose.

— Il y a ensuite Valenciennes, sire, ou telle autre place de la Flandre qui aurait une garnison sûre. Monsieur de Bouillé s'y porterait lui-même avec les troupes de son commandement, soit avant, soit après l'arrivée du roi.

Louis XVI fit un second mouvement de tête qui voulait dire : Autre chose, Monsieur.

— Le roi, continua le jeune homme, peut encore sortir par les Ardennes et par la Flandre autrichienne, et rentrer ensuite par cette même frontière, en se portant sur une des places que monsieur de Bouillé livrerait dans son commandement, et où d'avance il serait opéré un rassemblement de troupes. — Je vous dirai tout à l'heure ce qui me fait vous demander si vous n'avez rien de mieux que tout cela. — Enfin, le roi peut se porter directement à Sedan ou à Montmédy; là, le général, se trouvant au centre de son commandement, aurait, pour obéir aux désirs du roi, soit qu'il lui plût de sortir de France, soit qu'il lui convînt de marcher sur Paris, toute sa liberté d'action. — Mon cher comte, dit le roi, je vais vous expliquer en deux mots ce qui me fait refuser les trois premières propositions, et ce qui est cause que je m'arrêterai probablement à la quatrième. D'abord, Besançon est trop loin, et, par conséquent, j'aurais trop de chances d'être arrêté avant d'y arriver. Valenciennes est à une bonne distance et me conviendrait assez en raison de l'excellent esprit de cette ville; mais monsieur de Rochambeau, qui commande dans le Hainaut, c'est-à-dire à ses portes, est entièrement livré à l'esprit démocratique. Quant à sortir par les Ardennes et par la Flandre pour en appeler à l'Autriche, non... Outre que je n'aime pas l'Autriche, qui ne se mêle de nos affaires que pour les embrouiller, l'Autriche a bien assez, à l'heure qu'il est, de la maladie de mon beau-frère, de la guerre des Turcs et de la révolte du Brabant, sans que je lui donne encore un surcroît d'embarras par sa rupture avec la France. D'ailleurs, je ne veux pas sortir de la France; une fois qu'il a le pied hors de son royaume, un roi ne sait jamais s'il y rentrera... Voyez

Charles II, voyez Jacques II; l'un n'y rentre qu'au bout de treize ans, l'autre n'y rentre jamais! Non, je préfère Montmédy; Montmédy est à une distance convenable, au centre du commandement de votre père; dites au marquis que mon choix est fait, et que c'est à Montmédy que je me retirerai. — Le roi a-t-il bien arrêté cette fuite, ou n'est-ce encore qu'un projet en l'air? se hasarda de demander le jeune comte. — Mon cher Louis, répondit Louis XVI, rien n'est arrêté encore, et tout dépendra des circonstances. Si je vois que la reine et mes enfants courent de nouveaux dangers, comme ceux qu'ils ont courus dans la nuit du 5 au 6 octobre, je me déciderai, et dites-le bien à votre père, mon cher comte, une fois la décision prise, elle sera irrévocable. — Maintenant, sire, continua le jeune comte, s'il m'était permis, relativement à la façon dont se fera le voyage, de soumettre à la sagesse du roi l'avis de mon père... — Oh! dites, dites. — Son avis serait, sire, qu'on diminuât les dangers du voyage en les partageant. — Expliquez-vous. — Sire, Votre Majesté partirait d'un côté avec madame Royale et madame Élisabeth, tandis que la reine partirait de l'autre avec monseigneur le dauphin; de sorte que...

Le roi ne laissa pas monsieur de Bouillé achever sa phrase.

— Inutile de discuter ce point, mon cher Louis, dit-il; nous avons, dans un moment solennel, décidé, la reine et moi, que nous ne nous quitterions pas. Si votre père veut nous sauver, qu'il nous sauve tous ensemble ou pas du tout.

Le jeune comte s'inclina.

— Le moment venu, le roi donnera ses ordres, dit-il, et les ordres du roi seront exécutés. Seulement, je me permettrai de faire observer au roi qu'il sera difficile de trouver une voiture assez grande pour que Leurs Majestés, leurs augustes enfants, madame Élisabeth et les deux ou trois personnes de service qui doivent les accompagner puissent y tenir commodément. — Ne vous inquiétez point de cela, mon cher Louis; on la fera faire exprès; le cas est prévu. — Autre chose encore, sire. Deux routes conduisent à Montmédy; il me reste à vous demander quelle est celle des deux que Votre Majesté préfère suivre, afin qu'on puisse la faire étudier par un ingénieur de confiance. — Cet ingénieur de confiance, nous l'avons; monsieur de Charny, qui nous est tout dévoué, a relevé des cartes des environs de Chandernagor avec une fidélité et un talent remarquables. Moins nous mettrons de personnes dans le secret, mieux vaudra. Nous avons dans le comte un serviteur à toute épreuve, intelligent et brave, servons-nous-en. Quant à la route, vous voyez que je m'en suis préoccupé; comme d'avance j'avais choisi Montmédy, les deux routes qui y conduisent sont pointées sur cette carte. — Il y en a même trois, sire, dit respectueusement monsieur de Bouillé. — Oui, je sais, celle qui va de Paris à Metz, que l'on quitte après avoir traversé Verdun, pour prendre le long de la Meuse, la route de Stenay, dont Montmédy n'est distant que de trois lieues... — Il y a celle de Reims, d'Isle, de Rhétel et de Stenay, dit le jeune comte assez vivement pour que le roi vît la préférence que son interlocuteur donnait à celle-là. — Ah! ah! dit le roi, il paraît que c'est la route que vous préférez? — Oh! pas moi, sire... Dieu me garde d'avoir, moi, qui suis presque un enfant, la responsabilité d'une opinion émise dans une affaire si grave! Non, sire, ce n'est point mon opinion, c'est celle de mon père, et il se fonde sur ce que le pays qu'elle parcourt est pauvre, presque désert; que, par conséquent, il exige moins de précautions. Il ajoute que le Royal-Allemand, le meilleur régiment de l'armée, le seul peut-être qui soit resté complétement fidèle, est en quartier à Stenay, et depuis Isle ou Réthel pourrait être chargé de l'escorte du roi. Ainsi, l'on éviterait le danger d'un trop grand mouvement de troupes. — Oui, interrompit le roi, mais on passerait par Reims, où j'ai été sacré, et où le premier venu peut me reconnaître. Non, mon cher comte, sur ce point, ma décision est prise.

Et le roi prononça ces paroles d'une voix si ferme, que, cette décision, le comte Louis ne tenta même point de la combattre.

— Ainsi, demanda-t-il, le roi est décidé?... — Pour la route de Châlons par Varennes en évitant Verdun. Quant aux régiments, ils seront échelonnés dans les petites villes situées entre Montmédy et Châlons. Je ne verrais même pas d'inconvénient, ajouta le roi, à ce que le premier détachement m'attendît dans cette dernière ville. — Sire, quand nous en serons là, dit le jeune comte, ce sera un point à discuter, de savoir jusqu'à quelle ville peuvent se hasarder ces régiments. Seulement, le roi sait qu'il n'y a pas de poste aux chevaux à Varennes? — J'aime à vous voir si bien renseigné, monsieur le comte, dit le roi en riant; cela prouve que vous avez travaillé sérieusement notre projet. Mais ne vous inquiétez point de cela; nous trouverons moyen de faire tenir des chevaux prêts au-dessous ou au-dessus de la ville; notre ingénieur nous dira où ce sera le mieux. — Et maintenant, sire, dit le jeune comte, maintenant que tout est à peu près arrêté, Sa Majesté m'autorise-t-elle à lui citer, au nom de mon père, quelques lignes d'un auteur italien qui lui paraissent tellement appropriées à la situation où se trouve le roi, qu'il m'a ordonné de les apprendre par cœur afin que je pusse les lui dire. — Dites-les, Monsieur. — Les voici : « Le délai est toujours préjudiciable, et il n'y a jamais de circonstances entièrement favorables dans toutes les affaires que l'on entreprend; de sorte que qui attend jusqu'à ce qu'il rencontre une occasion parfaite, jamais n'entreprendra une chose, ou, s'il l'entreprend, en sortira souvent mal. » C'est l'auteur qui parle, sire. — Oui,

Monsieur, et cet auteur est Machiavel. J'aurai donc égard, croyez-le bien, aux conseils de l'ambassadeur de la magnifique République... Mais chut!... j'entends des pas dans l'escalier... c'est Gamain qui descend... Allons au-devant de lui, pour qu'il ne voie pas que nous nous sommes occupés de tout autre chose que de l'armoire.

A ces mots, le roi ouvrit la porte de l'escalier secret.

Il était temps : le maître serrurier était sur la dernière marche, sa serrure à la main.

XXXVIII

OU IL EST DÉMONTRÉ QU'IL Y A VÉRITABLEMENT UN DIEU POUR LES IVROGNES

Le même jour, vers huit heures du soir, un homme vêtu en ouvrier et appuyant avec précaution la main sur la poche de sa veste, comme si cette poche contenait, ce soir-là, une somme plus considérable que n'en contient d'habitude la poche d'un ouvrier, un homme, disons-nous, sortait des Tuileries par le pont Tournant, inclinait à gauche, et suivait d'un bout à l'autre l'allée d'arbres qui prolonge, du côté de la Seine, cette portion des Champs-Élysées qu'on appelait autrefois le Port-au-Marbre, qui, plus tard, s'appela le Port-aux-Pierres, et qu'on nomme aujourd'hui le Cours-la-Reine.

A l'extrémité de cette allée, il se trouva sur le quai de la Savonnerie.

Le quai de la Savonnerie était, à cette époque, fort égayé le jour, fort éclairé le soir par une foule de petites guinguettes où, le dimanche, les bons bourgeois achetaient les provisions liquides et solides qu'ils embarquaient avec eux sur des bateaux nolisés au prix de deux sous par personne, pour aller passer la journée dans l'île des Cygnes; île où, sans cette précaution, ils eussent risqué de mourir de faim, les jours ordinaires de la semaine, parce qu'elle était parfaitement déserte ; les jours de fête et les dimanches, parce qu'elle était trop peuplée.

Au premier cabaret qu'il rencontra sur sa route, l'homme vêtu en ouvrier parut se livrer à lui-même un violent combat, combat duquel il sortit vainqueur, pour savoir s'il entrerait ou n'entrerait pas dans ce cabaret.

Il n'entra point, il passa outre.

Au second, la même tentation le reprit, et, cette fois, un autre homme qui le suivait comme son ombre, sans qu'il s'en aperçût, depuis la hauteur de la Patache, put croire qu'il allait y céder, car, déviant de la ligne droite, il inclina tellement devant cette succursale du temple de Bacchus, comme on disait alors, qu'il en effleura le seuil.

Néanmoins, cette fois encore, la tempérance triompha, et il est probable que, si un troisième cabaret ne se fût pas trouvé sur son chemin, et qu'il lui eût fallu revenir sur ses pas pour manquer au serment qu'il semblait s'être fait à lui-même, il eût continué sa route, non pas à jeun, car le voyageur paraissait avoir déjà pris une honnête dose de ce liquide qui réjouit le cœur de l'homme, mais dans un état de puissance sur lui-même qui eût permis à sa tête de conduire ses jambes dans une ligne suffisamment droite pendant la route qu'il avait à faire.

Par malheur il y avait, non-seulement un troisième, mais encore un quatrième, mais encore un dixième, mais encore un vingtième cabaret sur cette route; il en résulta que, les tentations étant trop souvent renouvelées, la force de résistance ne se trouva point en harmonie avec la puissance de sensation, et que notre homme succomba à la troisième épreuve.

Il est vrai de dire que, par une espèce de transaction avec lui-même, l'ouvrier qui avait si bien et si malheureusement combattu le démon du vin, tout en entrant dans le cabaret, demeura debout près du comptoir, et ne demanda qu'une chopine.

Au reste, le démon du vin, contre lequel il luttait, semblait être victorieusement représenté par cet inconnu qui le suivait à distance, ayant soin de se tenir dans l'obscurité, mais qui, en restant hors de sa vue, ne le perdait cependant pas des yeux.

Ce fut sans doute pour jouir de cette perspective, qui semblait lui être particulièrement agréable, qu'il s'assit sur le parapet, juste en face de la porte où l'ouvrier buvait sa chopine, et qu'il se remit en route cinq secondes après que celui-ci, l'ayant achevée, franchissait le seuil de la porte pour reprendre son chemin.

Mais qui peut dire où s'arrêteront les lèvres qui se sont une fois humectées à la fatale coupe de l'ivresse, et qui se sont aperçues, avec cet étonnement mêlé de satisfaction tout particulier aux ivrognes, que rien n'altère comme de boire?... A peine l'ouvrier eut-il fait cent pas, que sa soif était telle, qu'il lui fallut s'arrêter de nouveau pour l'étancher; seulement, cette fois, il comprit que c'était trop peu d'une chopine, et demanda une demi-bouteille.

L'ombre qui semblait s'être attachée à lui ne parut nullement mécontente des retards que ce besoin de se rafraîchir apportait dans l'accomplissement de sa route; elle s'arrêta à l'angle même du cabaret, et, quoique le buveur se fût assis pour être plus à son aise, et eût mis un bon quart d'heure à siroter sa demi-bouteille, l'ombre bénévole ne donna aucun signe d'impatience, se contentant, au moment de la sortie, de le suivre du même pas qu'elle avait fait jusqu'à l'entrée.

Au bout de cent autres pas, cette longanimité fut mise à une nouvelle et plus rude épreuve ; l'ouvrier fit une troisième halte, et, cette fois, comme sa soif allait en augmentant, il demanda une bouteille entière.

Ce fut encore une demi-heure d'attente pour le patient argus qui s'était attaché à ses pas.

Sans doute, ces cinq minutes, ce quart d'heure, cette demi-heure successivement perdus soulevèrent une espèce de remords dans le cœur du buveur ; car, ne voulant plus s'arrêter, à ce qu'il paraît, mais désirant continuer de boire, il passa avec lui-même une espèce de transaction qui consista à se munir, au moment du départ, d'une bouteille de vin toute débouchée dont il résolut de faire la compagne de sa route.

C'était une résolution sage et qui ne retardait celui qui l'avait prise qu'en raison des courbes de plus en plus étendues, et des zigzags de plus en plus réitérés, qui furent le résultat de chaque rapprochement qui se fit entre le goulot de la bouteille et les lèvres altérées du buveur.

Dans une de ces courbes adroitement combinées, il franchit la barrière de Passy sans empêchement aucun, les liquides, comme on sait, étant affranchis de tout droit d'octroi à la sortie de la capitale.

L'inconnu qui le suivait sortit derrière lui et avec le même bonheur que lui.

Ce fut à cent pas de la barrière que notre homme dut se féliciter de l'ingénieuse précaution qu'il avait prise ; car, à partir de là, les cabarets devinrent de plus en plus rares, jusqu'à ce qu'enfin ils disparussent tout à fait.

Mais qu'importait à notre philosophe ! comme le sage antique, il portait avec lui, non-seulement sa fortune, mais encore sa joie !

Nous disons sa joie, attendu que, vers la moitié de la bouteille, notre buveur se mit à chanter, et personne ne contestera que le chant ne soit, avec le rire, un des moyens donnés à l'homme de manifester sa joie.

L'ombre du buveur paraissait fort sensible à l'harmonie de ce chant, qu'elle avait l'air de répéter tout bas, et à l'expression de cette joie, dont elle suivait les phases avec un intérêt tout particulier ; mais, par malheur, la joie fut éphémère, et le chant de courte durée : la joie ne dura que juste le temps que dura le vin dans la bouteille, et, la bouteille vidée et inutilement pressée entre les deux mains du buveur, le chant se changea en grognements qui, s'accentuant de plus en plus, finirent par dégénérer en imprécations.

Ces imprécations s'adressaient à des persécuteurs inconnus dont se plaignait en trébuchant notre infortuné voyageur.

— Oh ! le malheureux ! disait-il, oh ! la malheureuse ! à un ancien...

ami… à un maître… donner du vin frelaté! pouah! Aussi qu'il m'envoie chercher pour lui repasser ses serrures… qu'il m'envoie chercher par son traître de compagnon, qui m'abandonne… et je lui dirai : Bonsoir, sire!… que ta Majesté repasse ses serrures elle-même. Et nous verrons si, une serrure, ça se fait comme un décret… Ah! je t'en donnerai, des serrures à trois barbes! ah! je t'en donnerai, des pênes à gâchette!… ah! je t'en donnerai, des clés forées… avec un penneton… entaillé… entail… Oh! le malheureux!… oh! la malheureuse!… décidément, ils m'ont empoisonné!…

Et, en disant ces mots, vaincu par la force du poison sans doute, la malheureuse victime se laissa aller tout de son long, pour la troisième fois, sur le pavé de la route, moelleusement recouvert d'une épaisse couche de boue.

Les deux premières fois, notre homme s'était relevé seul; l'opération avait été difficile, mais, enfin, il l'avait accomplie à son honneur. La troisième fois, après des efforts désespérés, il fut obligé de s'avouer à lui-même que sa tâche était au-dessus de ses forces, et, avec un soupir qui ressemblait à un gémissement, il parut se décider à prendre pour couche, cette nuit-là, le sein de notre mère commune, la terre.

C'était sans doute à ce point de découragement et de faiblesse que l'attendait l'inconnu qui, depuis la place Louis XV, le suivait avec tant de persévérance; car, après lui avoir laissé tenter, en se tenant à distance, les efforts désespérés que nous avons essayé de peindre, il s'approcha de lui avec précaution, fit le tour de sa grandeur écroulée, et, appelant un fiacre qui passait :

— Tenez, mon ami, dit-il au cocher, voici mon compagnon qui vient de se trouver mal. Prenez cet écu de six livres; mettez le pauvre diable dans l'intérieur de votre voiture, et conduisez-le au cabaret du pont de Sèvres; je monterai près de vous.

Il n'y avait rien d'étonnant dans cette proposition que celui des deux compagnons resté debout faisait au cocher de partager son siége, attendu qu'il paraissait lui-même un homme de condition assez vulgaire; aussi, avec la touchante confiance que les hommes de cette condition ont les uns pour les autres :

— Six francs! répondit le cocher; et où sont-ils, tes six francs? — Les voilà, mon ami, dit, sans paraître formalisé le moins du monde et en présentant un écu au cocher, celui qui avait offert cette somme. — Et, arrivé là-bas, notre bourgeois, dit l'automédon, adouci par la vue de la royale effigie, il n'y aura pas un petit pourboire? — C'est selon comme nous aurons marché… Charge ce pauvre diable dans ta voiture; ferme consciencieusement les portières; tâche de faire tenir jusque-là tes deux rosses sur leurs quatre pieds, et, arrivés au pont de Sèvres, nous verrons... selon que tu te seras conduit, on se conduira. — A la bonne heure! dit le cocher, voilà ce qui s'appelle répondre; soyez tranquille, notre bourgeois, on sait ce que parler veut dire... Montez sur le siége, et empêchez les poulets d'Inde de faire des bêtises; dam! à cette heure-ci, ils sentent l'écurie, et sont pressés de rentrer; je me charge du reste!

Le généreux inconnu suivit, sans observation aucune, l'instruction qui lui était donnée; de son côté, le cocher, avec toute la délicatesse dont il était susceptible, souleva l'ivrogne entre ses bras, le coucha mollement entre les deux banquettes de son fiacre, referma la portière, remonta sur son siége, où il trouva l'inconnu établi; fit tourner sa voiture et fouetta ses chevaux, qui, avec la mélancolique allure familière à ces infortunés quadrupèdes, traversèrent bientôt le hameau du Point-du-Jour, et, au bout d'une heure de marche, arrivèrent au cabaret du pont de Sèvres.

C'est dans l'intérieur de ce cabaret, qu'après dix minutes consacrées au déballage du citoyen Gamain, que le lecteur a sans doute reconnu depuis longtemps, nous retrouverons le digne maître, maître sur maître, maître sur tous, assis à la même table, et en face du même ouvrier armurier, que nous avons vu assis au premier chapitre de cette histoire.

XXXVIII

CE QUE C'EST QUE LE HASARD

Maintenant, comment ce déballage s'était-il opéré, et comment maître Gamain était-il passé de l'état presque cataleptique où nous l'avons laissé à l'état presque naturel où nous le revoyons?

L'hôte du cabaret du pont de Sèvres était couché, et pas le moindre filon de lumière ne filtrait par la gerçure de ses contrevents, lorsque les premiers coups de poing du philanthrope qui avait recueilli maître Gamain retentirent à sa porte.

Ces coups de poing étaient appliqués de telle façon, qu'ils ne permettaient pas de croire que les hôtes de la maison, si adonnés qu'ils fussent au sommeil, dussent jouir d'un long repos en face d'une pareille attaque.

Aussi, tout endormi, tout trébuchant, tout grommelant, le cabaretier vint-il ouvrir lui-même à ceux qui le réveillaient de la sorte, se promettant de leur administrer une récompense digne du dérangement, si, comme il le disait lui-même, le jeu n'en valait pas la chandelle.

Il paraît que le jeu contre-balançait au moins la valeur de la chandelle, car, au premier mot que l'homme qui frappait de si irrévérente manière glissa tout bas à l'hôte du cabaret du pont de Sèvres, celui-ci ôta son bonnet de coton, et, tirant des révérences que son costume rendait singulièrement grotesques, il introduisit maître Gamain et son conducteur dans le petit cabinet où nous l'avons déjà vu dégustant le bourgogne, sa liqueur favorite.

Mais, cette fois-ci, pour en avoir trop dégusté, maître Gamain était à peu près sans connaissance.

D'abord, comme cocher et chevaux avaient fait chacun ce qu'ils avaient pu, l'un de son fouet, les autres de leurs jambes, l'inconnu commença par s'acquitter envers eux en ajoutant, comme pourboire, une pièce de vingt-quatre sous à l'écu de six livres déjà donné à titre de paiement.

Puis, voyant maître Gamain carrément assis sur une chaise, la tête appuyée au lambris, avec une table devant sa personne, il s'était hâté de faire apporter par l'hôte deux bouteilles de vin et une carafe d'eau, et d'ouvrir lui-même la croisée et les volets, pour changer l'air méphitique que l'on respirait à l'intérieur du cabaret.

Cette dernière précaution, dans une autre circonstance, eût été assez compromettante; en effet, tout observateur sait qu'il n'y a que les gens d'un certain monde qui aient besoin de respirer l'air dans les conditions où la nature le fait, c'est-à-dire composé de soixante-dix-neuf parties d'oxigène et de vingt et une parties d'azote, tandis que les gens du vulgaire, habitués à leurs habitations infectes, l'absorbent sans difficulté aucune, si chargé qu'il soit d'éléments étrangers à sa composition première.

Par bonheur, personne n'était là pour faire cette observation; l'hôte lui-même, après avoir apporté avec empressement les deux bouteilles de vin, et avec lenteur la carafe d'eau, l'hôte lui-même s'était respectueusement retiré, et avait laissé l'inconnu en tête-à-tête avec maître Gamain.

Le premier, comme nous l'avons vu, avait tout d'abord eu soin de renouveler l'air; puis, avant même que la fenêtre fût refermée, il avait approché un flacon des narines dilatées et sifflantes du maître serrurier, en proie à ce dégoûtant sommeil de l'ivresse qui guérirait bien certainement les ivrognes de l'amour du vin, si, par un miracle de la puissance du Très-Haut, il était une seule fois donné aux ivrognes de se voir dormir.

En respirant l'odeur pénétrante de la liqueur contenue dans le flacon, maître Gamain avait rouvert les yeux tout grands et avait immédiatement éternué avec fureur; puis il avait murmuré quelques paroles, inintelligibles pour tout autre sans doute que pour le philologue exercé, qui, en les écoutant avec une profonde attention, parvint à distinguer ces trois ou quatre mots :

— Le... malheureux!... il m'a empoisonné... empoisonné!...

L'armurier parut reconnaître avec satisfaction que maître Gamain était toujours sous l'empire de la même idée. Il rapprocha le flacon de ses narines, ce qui, rendant quelque force au digne fils de Noé, lui permit de compléter le sens de sa phrase, en ajoutant aux paroles déjà prononcées ces deux dernières paroles, accusation d'autant plus terrible qu'elle dénotait à la fois un abus de confiance et un oubli de cœur :

— Empoisonner... un ami... un ami!... — Le fait est que c'est horrible! observa l'armurier. — Horrible!... balbutia Gamain. — Infâme! reprit le numéro un. — Infâme! répéta le numéro deux. — Par bonheur, dit l'armurier, j'étais là, moi, pour vous donner du contre-poison. — Oui... par bonheur... murmura Gamain. — Mais, comme une première dose ne suffit pas pour un pareil empoisonnement, continua l'inconnu, tenez, prenez encore cela.

Et, dans un demi-verre d'eau, il versa cinq ou six gouttes de la liqueur contenue dans le flacon, et qui n'était autre chose que de l'ammoniaque dissous. Puis il approcha le verre des lèvres de Gamain.

— Ah! ah! balbutia celui-ci, c'est à boire par la bouche; j'aime mieux cela que par le nez.

Et il avala avidement le contenu du verre.

Mais à peine eut-il ingurgité la liqueur diabolique, qu'il ouvrit les yeux outre mesure et s'écria entre deux éternuments :

— Ah! brigand! que m'as-tu donné là?... Pouah! pouah!... — Mon cher, répondit l'inconnu, je vous ai donné une liqueur qui vous sauve tout bonnement la vie. — Ah! dit Gamain, si elle me sauve la vie, vous avez eu raison de me la donner; mais si vous appelez cela une liqueur, vous avez tort...

Et il éternua de nouveau, fronçant la bouche et écarquillant les yeux comme le masque de la tragédie antique.

L'inconnu profita de ce moment de pantomime pour aller fermer, non pas la fenêtre, mais les contrevents.

Ce n'était pas sans profit, au reste, que Gamain venait de rouvrir les yeux une deuxième ou troisième fois; pendant ce mouvement, si convulsif qu'il fût, le maître serrurier avait regardé autour de lui, et, avec ce sentiment de profonde reconnaissance qu'ont les ivrognes pour les murs d'un cabaret, il avait reconnu ceux-ci comme lui étant des plus familiers.

En effet, dans les fréquents voyages que son état l'obligeait de faire à Paris, il était rare qu'il ne fît pas une halte au cabaret du pont de Sèvres;

cette halte, à un certain point de vue, pouvait même être regardée comme nécessaire, le cabaret en question marquant à peu près la moitié du chemin.

Cette reconnaissance produisit son effet : elle rendit d'abord une grande confiance au maître serrurier en lui prouvant qu'il était en pays ami.

— Eh! eh! fit-il, bon! j'ai déjà fait la moitié de ma route, à ce qu'il paraît. — Oui, grâce à moi, dit l'armurier. — Comment, grâce à vous? balbutia Gamain, portant ses regards des objets inanimés aux objets vivants; grâce à vous?... Qui est-ce, vous? — Mon cher monsieur Gamain, dit l'inconnu, voilà une question qui me prouve que vous avez la mémoire courte.

Gamain regarda son interlocuteur avec plus d'attention encore que la première fois.

— Attendez donc... attendez donc, dit-il; il me semble, en effet, que je vous ai déjà vu, vous... — Ah! vraiment? c'est bien heureux! — Oui, oui, oui... mais quand cela, et où cela? voilà la chose. — Où cela? En regardant autour de vous, peut-être les objets qui frapperont vos yeux aideront-ils un peu vos souvenirs... Quand cela? c'est autre chose. Peut-être serons-nous obligés de vous administrer une nouvelle dose de contre-poison pour que vous puissiez le dire. — Non, merci, dit Gamain en étendant les bras, j'en ai assez de votre contre-poison, et puisque je suis à peu près sauvé, je m'en tiendrai là... Où je vous ai vu?... où je vous ai vu?... Eh bien, c'est ici! — A la bonne heure! — Quand je vous ai vu?... attendez donc... c'est le jour où je revenais de faire à Paris de l'ouvrage... secrète... Il paraît que décidément, ajouta Gamain en riant, j'ai l'entreprise de ces ouvrages-là! — Très-bien... Et maintenant, qui suis-je? — Qui vous êtes?... Vous êtes un homme qui m'a payé à boire; par conséquent, un brave homme! Touchez là! — Avec d'autant plus de plaisir, dit l'inconnu, que, de maître serrurier à maître armurier, il n'y a que la main. — Ah! bon, bon, bon, je me souviens, maintenant!... Oui, c'était le 6 octobre, le jour où le roi revenait à Paris; nous avons même un peu parlé de lui, ce jour-là. — Et j'ai trouvé votre conversation des plus intéressantes, maître Gamain; ce qui fait que, désirant en jouir encore, puisque la mémoire vous revient, je vous demanderai, si toutefois ce n'est pas commettre une indiscrétion, ce que vous faisiez, il y a une heure, étendu tout de votre long en travers de la route, et à vingt pas d'une voiture de roulage qui allait vous couper en deux si je n'étais intervenu! Avez-vous des chagrins, maître Gamain, et avez-vous pris la fatale résolution de vous suicider? — Me suicider, moi?... ma foi, non!... Ce que je faisais là, au milieu du chemin, couché sur le pavé?... Êtes-vous sûr que j'étais là? — Parbleu! regardez-vous.

Gamain jeta un coup d'œil sur lui-même.

— Oh! oh! fit-il, madame Gamain va un peu crier; elle qui me disait hier : « Ne mets donc pas ton habit neuf; mets donc ta vieille veste; c'est assez bon pour aller aux Tuileries. » — Comment, pour aller aux Tuileries! vous veniez des Tuileries, quand je vous ai rencontré?

Gamain se gratta la tête cherchant à rappeler ses souvenirs encore tout bouleversés.

— Oui, oui... c'est cela, dit-il; certainement que je venais des Tuileries... pourquoi pas? ce n'est pas un mystère, que j'ai été maître serrurier de monsieur Véto. — Comment! monsieur Véto! qui donc appelez-vous monsieur Véto? — Ah! bon! vous ne savez pas que c'est le roi qu'on appelle comme cela? Eh bien! mais d'où venez-vous donc? de la Chine?

— Que voulez-vous, moi, je fais mon état, et ne m'occupe pas de politique. — Vous êtes bien heureux..... Moi, je m'en occupe, malheureusement, ou plutôt on me force de m'en occuper... c'est ce qui me perdra!

Et Gamain leva les yeux au ciel et poussa un soupir.

— Bah! dit l'inconnu, est-ce que vous avez été appelé à Paris pour faire quelque ouvrage dans le genre de celui que vous veniez d'y faire la première fois que je vous ai vu? — Justement... si ce n'est qu'alors je ne savais pas où j'allais et j'avais les yeux bandés, tandis que, cette fois-ci, je savais où j'allais et j'avais les yeux ouverts. — De sorte que vous n'avez pas eu de peine à reconnaître les Tuileries? — Les Tuileries? fit Gamain répétant; qui vous a dit que j'étais allé aux Tuileries? — Mais vous, tout à l'heure, pardieu! Comment saurais-je, moi, que vous sortez des Tuileries, si vous ne me l'aviez pas dit? — C'est vrai! fit Gamain se parlant à lui-même, comment saurait-il cela, au fait, si je ne lui avais pas dit?...

Puis, revenant à l'inconnu :

— J'ai peut-être eu tort de vous le dire; mais, ma foi, tant pis! vous n'êtes pas tout le monde, vous! Eh bien! oui, puisque je vous l'ai dit, je ne m'en dédis pas, j'ai été aux Tuileries. — Et, reprit l'inconnu, vous avez travaillé avec le roi, qui vous a donné les vingt-cinq louis que vous avez dans votre poche? — Hein? dit Gamain; en effet, j'avais vingt-cinq louis dans ma poche... — Et vous les avez toujours, mon ami.

Gamain plongea vivement sa main dans les profondeurs de son gousset et en tira une poignée d'or mêlée à de la menue monnaie d'argent et à quelques gros sous.

— Attendez donc, attendez donc, dit-il; cinq, six, sept... bon! et moi qui avais oublié cela! douze, treize, quatorze... c'est que, vingt-cinq louis, c'est une somme! dix-sept, dix-huit, dix-neuf... une somme qui, par ce temps-ci, ne se trouve pas sous le pied d'un cheval! vingt-trois, vingt-quatre, vingt-cinq!... Ah! continua Gamain en respirant avec plus de liberté, Dieu merci, le compte y est! — Quand je vous le disais, vous pouviez bien vous en rapporter à moi, il me semble. — A vous?... et comment saviez-vous que j'avais vingt-cinq louis sur moi? — Mon cher monsieur Gamain, j'ai déjà eu l'honneur de vous dire que je vous avais rencontré couché au beau travers de la route, à vingt pas d'une voiture de roulage qui allait vous couper en deux; j'ai crié au voiturier d'arrêter; j'ai appelé un fiacre qui passait; j'ai détaché une des lanternes de sa voiture, et, en vous regardant à la lueur de cette lanterne, j'ai aperçu deux ou trois louis d'or qui reluisaient sur le pavé; comme ces louis étaient à portée de votre poche, je présumai qu'ils venaient d'en sortir; j'y introduisis les doigts, et, à une vingtaine d'autres louis que contenait votre poche, je reconnus que je ne me trompais pas. Mais, alors, le cocher secoua la tête et dit : « Non, Monsieur, non! — Comment, non? — Non, je ne prends pas cet homme-là. — Et pourquoi ne le prenez-vous pas? — Parce qu'il est trop riche pour son habit... Vingt-cinq louis en or dans la poche d'un gilet de velours de coton, ça sent la potence d'une lieue, Monsieur! — Comment, dis-je, vous croyez que nous avons affaire à un voleur? » Il paraît que le mot vous frappa. « Voleur? dites-vous; voleur, moi? — Sans doute, voleur, vous! reprit le cocher de fiacre; si vous n'étiez pas un voleur, comment auriez-vous vingt-cinq louis dans votre poche? — J'ai vingt-cinq louis dans ma poche parce que mon élève le roi de France me les a donnés! » répondîtes-vous. En effet, à ces paroles, je crus vous reconnaître; j'approchai la lanterne de votre visage : Eh! m'écriai-je, tout s'explique : c'est monsieur Gamain, maître serrurier à Versailles; il vient de travailler avec le roi, et le roi lui a donné vingt-cinq louis pour sa peine... Allons, j'en réponds. Du moment où je répondais de vous, le cocher ne fit plus de difficulté. Je réintégrai dans votre poche les louis qui s'en étaient échappés; on vous coucha proprement dans la voiture; je montai sur le siége; nous vous descendîmes dans ce cabaret, et vous voilà, ne vous plaignant, Dieu merci, de rien, que de l'abandon de votre apprenti. — Moi, j'ai parlé de mon apprenti? moi, je me suis plaint de son abandon? s'écria Gamain de plus en plus étonné. — Allons, bon! voilà qu'il ne se rappelle plus ce qu'il vient de dire! — Moi? — Comment! vous n'avez pas dit à l'instant même : C'est la faute de ce drôle de... Je ne me rappelle plus le nom que vous avez dit... — Louis Lecomte! — C'est cela... Comment! vous n'avez pas dit à l'instant même : C'est la faute de ce drôle de Louis Lecomte, qui avait promis de revenir avec moi à Versailles, et qui, au moment de partir, m'a brûlé la politesse?

— Le fait est que j'ai bien pu dire tout cela, puisque c'est la vérité. — Eh bien ! alors, puisque c'est la vérité, pourquoi niez-vous ?... Savez-vous qu'avec un autre que moi, toutes ces cachotteries-là, dans le temps où nous vivons, ce serait dangereux, mon cher ? — Oui, mais avec vous... dit Gamain câlinant l'inconnu. — Avec moi... qu'est-ce que ça veut dire ? — Ça veut dire avec un ami ! — Ah ! oui, vous lui marquez grande confiance à votre ami ! Vous lui dites : Oui, et puis vous lui dites : Non ; vous lui dites : C'est vrai, et puis : Ça n'est pas vrai ! C'est comme l'autre fois, ici, parole d'honneur ! vous m'avez conté une histoire, il fallait être de Pézenas pour y croire un seul instant ! — Quelle histoire ? — L'histoire de la porte secrète que vous avez été ferrer chez ce grand seigneur dont vous n'avez pas seulement pu me dire l'adresse. — Eh bien ! vous me croirez si vous voulez, cette fois-ci, il était encore question d'une porte. — Chez le roi ? — Chez le roi... seulement, au lieu d'une porte d'escalier, c'était une porte d'armoire. — Et vous me ferez entendre que le roi, qui se mêle de serrurerie, aura été vous chercher pour lui ferrer une porte ? Allons donc ! — C'est pourtant comme cela. Ah ! le pauvre homme ! il est vrai qu'il se croyait assez fort pour se passer de moi ; il avait commencé la serrure *dardar !* « A quoi bon Gamain ? pour quoi faire Gamain ! est-ce qu'on a besoin de Gamain ! » Oui, mais on s'emberlificote dans les barbes, et il faut en revenir à ce pauvre Gamain. — Alors, il vous a envoyé chercher par quelque valet de chambre de confiance, par Durey ou par Weber ? — Eh bien ! justement voilà ce qui vous trompe. Il avait pris, pour l'aider, un compagnon qui en savait encore moins que lui ; de sorte qu'un beau matin, le compagnon est venu à Versailles, et a dit : « Voilà, père Gamain : nous avons voulu faire une serrure, le roi et moi ; et bonsoir ! la sacrée serrure ne marche pas ! — Que voulez-vous que j'y fasse ? ai-je répondu. — Que vous veniez la mettre en état, parbleu ! » Et, comme je lui disais : Ce n'est pas vrai, vous ne venez pas de la part du roi ; vous voulez m'attirer dans quelque piége ; il m'a dit : « Bon ! à preuve que le roi m'a chargé de vous remettre vingt-cinq louis. — Vingt-cinq louis ! ai-je dit, où sont-ils ? — Les voici ! » Et il me les a donnés. — Alors, ce sont les vingt-cinq louis que vous avez sur vous ? demanda l'armurier. — Non ; ceux-là, c'en est d'autres... les vingt-cinq premiers, ça n'était qu'un à-compte. — Peste ! cinquante louis pour retoucher une serrure ! Il y a du micmac là-dessous, maître Gamain ! — C'est aussi ce que je me dis... d'autant plus, voyez-vous, que le compagnon... — Eh bien ! le compagnon ? — Eh bien ! ça m'a l'air d'un faux compagnon... J'aurais dû le questionner, lui demander des détails sur son tour de France, et comment s'appelle la mère à tous... — Cependant, vous n'êtes pas homme à vous tromper, quand vous voyez un apprenti à l'ouvrage ? — Je ne dis pas... Celui-ci maniait assez bien la lime et le ciseau ; je l'ai vu couper, à chaud, une barre de fer d'un seul coup, et percer un œillet avec une queue-de-rat comme il eût fait avec une vrille dans une latte ; mais, voyez-vous, il y avait, dans tout cela, plus de théorie que de pratique. Il n'avait pas plus tôt fini son ouvrage qu'il se lavait les mains, et il ne se lavait pas plus tôt les mains, qu'elles devenaient blanches... Est-ce que ça blanchit comme ça, des vraies mains de serrurier ?... Ah bien ! bon, j'aurais beau laver les miennes, moi !

Et Gamain montra avec orgueil ses mains noires et calleuses, qui, en effet, semblaient défier toutes les pâtes d'amande et tous les savons de la terre.

— Mais, enfin, reprit l'inconnu ramenant le serrurier au fait qui lui paraissait le plus intéressant, arrivé chez le roi, qu'y avez-vous fait ? — Il paraît, d'abord, que nous y étions attendus... On nous a fait entrer dans la forge ; là, le roi m'a donné une serrure pas mal commencée, ma foi ! mais il s'était embrouillé dans les barbes... Une serrure à trois barbes, voyez-vous ; il n'y a pas beaucoup de serruriers capables de faire cela, et des rois à plus forte raison, comme vous comprenez bien... Je l'ai regardée, j'ai vu le joint, j'ai dit : C'est bon ; laissez-moi seul une heure, et, dans une heure, ça marchera comme sur des roulettes ! Alors, le roi m'a répondu : « Va, Gamain, mon ami, tu es chez toi ; voilà les limes, voilà les étaux : travaille, mon garçon, travaille... nous, nous allons préparer l'armoire. » Sur quoi, il est sorti avec ce diable de compagnon... — Par le grand escalier ? demanda négligemment l'armurier. — Non, par le petit escalier secret qui donne dans son cabinet de travail. Moi, quand j'ai eu fini, je me suis dit : L'armoire est une frime ; ils sont enfermés ensemble à manigancer quelque complot... je vas descendre tout doucement ; j'ouvrirai la porte du cabinet, vlan ! et je verrai un peu ce qu'ils font ! — Et que faisaient-ils ? demanda l'inconnu. — Ah bien ! oui, ils écoutaient probablement... Moi, je n'ai pas le pas d'un danseur, vous comprenez ; j'avais beau me faire le plus léger possible, l'escalier craquait sous mes pieds. Ils m'ont entendu ; ils ont fait comme s'ils venaient au-devant de moi, et, au moment où j'allais mettre la main sur le bouton de la porte, crac ! la porte s'est ouverte... Qui est-ce qui a été enfoncé ? Gamain ! — De sorte que vous ne savez rien ? — Attendez donc... « Ah ! ah ! Gamain, a dit le roi, c'est toi ? — Oui, sire, ai-je répondu, j'ai fini. — Et nous aussi, nous avons fini, a-t-il dit. Viens, je vais te donner maintenant une autre besogne. » Et il m'a fait traverser rapidement le cabinet ; mais pas si rapidement, cependant, que je n'aie vu, étendue tout au long sur une table, une grande carte que je crois être une carte de

France, attendu qu'elle avait trois fleurs de lys à un de ses coins. — Et vous n'avez rien remarqué de particulier à cette carte de France? — Si fait... trois longues files d'épingles qui partaient du centre, et qui, en se côtoyant à quelque distance les unes des autres, s'avançaient vers l'extrémité ; on aurait dit des soldats marchant à la frontière par trois routes différentes. — En vérité, mon cher Gamain, dit l'inconnu jouant l'admiration, vous êtes d'une perspicacité à laquelle rien n'échappe!... Et vous croyez qu'au lieu de s'occuper de leur armoire, le roi et votre compagnon venaient de s'occuper de cette carte? — J'en suis sûr, dit Gamain. — Vous ne pouvez pas être sûr de cela. — Si fait. — Comment? — C'est bien simple : les épingles avaient des têtes en cire, les unes en cire noire, les autres en cire bleue, les autres en cire rouge; eh bien! le roi tenait à la main, et se nettoyait les dents, sans y faire attention, avec une épingle à tête rouge. — Ah! Gamain, mon ami, dit l'inconnu, si je découvre quelque nouveau système d'armurerie, je ne vous ferai pas entrer dans mon cabinet, ne fût-ce que pour le traverser, je vous en réponds... ou je vous banderai les yeux, comme le jour où l'on vous a conduit chez le grand seigneur en question ; et encore, malgré vos yeux bandés, vous êtes-vous aperçu que le perron avait dix marches, et que la maison donnait sur le boulevard! — Attendez donc, dit Gamain, enchanté des éloges qu'il recevait, vous n'êtes pas au bout. Il y avait réellement une armoire. — Ah! ah!... et où cela? — Ah! oui, où cela? Devinez un peu... creusée dans la muraille, mon cher ami! — Dans quelle muraille? — Dans la muraille du corridor intérieur qui communique de l'alcôve du roi à la chambre du dauphin! — Savez-vous que c'est très-curieux, ce que vous me dites là! Et cette armoire était, comme cela, toute ouverte? — Je vous en souhaite! c'est-à-dire que j'avais beau regarder de tous mes yeux, je ne voyais rien, et je disais : Eh bien! cette armoire où est-elle donc? Alors, le roi jeta un coup d'œil autour de lui, et me dit : « Gamain, j'ai toujours eu confiance en toi ; aussi je n'ai pas voulu qu'un autre que toi connût mon secret... Tiens! » Et, en disant ces mots, tandis que l'apprenti nous éclairait, car le jour ne pénètre pas dans ce corridor, le roi leva un panneau de la boiserie, et j'aperçus un trou rond ayant deux pieds de diamètre à peu près à son ouverture. Puis, comme il voyait mon étonnement : « Mon ami, dit-il en clignant de l'œil à notre compagnon, tu vois bien ce trou, je l'ai fait pour y cacher de l'argent ; ce jeune homme m'a aidé pendant les quatre ou cinq jours qu'il a passés au château. Maintenant, il faut appliquer la serrure à cette porte de fer, laquelle doit clore, de manière à ce que le panneau reprenne sa place et la dissimule comme il dissimulait le trou. As-tu besoin d'un aide? ce jeune homme t'aidera; peux-tu te passer de lui? alors, je l'emploierai ailleurs, mais toujours pour mon service. » — Oh ! répondis-je, vous savez bien que, quand je puis faire une besogne tout seul, je ne demande pas d'aide. Il y a ici quatre heures d'ouvrage pour un bon ouvrier, et moi, je suis maître, ce qui veut dire que, dans trois heures, tout sera fini... Allez donc à vos affaires, jeune homme, et, vous, aux vôtres, sire ; et, si vous avez quelque chose à cacher là, revenez dans trois heures. Il faut croire, comme le disait le roi, qu'il avait pour notre compagnon de l'emploi ailleurs, car je ne l'ai pas revu. Le roi seul, au bout de trois heures, est venu me demander : « Eh bien ! Gamain, où en sommes-nous ? » — N. i, ni, c'est fini, sire ! lui ai-je répondu, et je lui ai fait voir la porte, qui marchait que c'était un plaisir, sans jeter le plus petit cri, et la serrure, qui jouait comme un automate de monsieur Vaucanson ! « Bon ! m'a-t-il dit alors, Gamain, tu vas m'aider à compter l'argent que je veux cacher là-dedans. » Et il a fait apporter quatre sacs de doubles louis par le valet de chambre, et il m'a dit : « Comptons ! » Alors, j'en ai compté pour un million et lui pour un million ; après quoi, comme il en restait vingt-cinq de mécompte : « Tiens, Gamain, a-t-il dit, c'est pour ta peine. » Comme si ce n'était pas une honte que de faire compter pour un million de louis à un pauvre homme qui a cinq enfants, et de lui en donner vingt-cinq en récompense !... Hein ! qu'en dites-vous ?

L'inconnu fit un mouvement des lèvres.

— Le fait est que c'est bien mesquin ! dit-il. — Attendez donc, ce n'est pas le tout. Je prends les vingt-cinq louis, je les mets dans ma poche, et je dis : Merci bien, sire ! mais, avec tout cela, je n'ai ni bu ni mangé depuis le matin, et je crève de soif, moi ! Je n'avais pas achevé que la reine entre par une porte masquée ; de sorte que tout d'un coup, comme cela, sans dire gare, elle se trouve devant moi. Elle tenait à la main une assiette sur laquelle il y avait un verre de vin et une brioche. « Mon cher Gamain, me dit-elle, vous avez soif, buvez ce verre de vin ; vous avez faim, mangez cette brioche. » — Ah ! je lui dis en la saluant, madame la reine, il ne fallait pas vous déranger pour moi, ce n'était pas la peine. Dites donc, que pensez-vous de cela ? un verre de vin à un homme qui dit qu'il a soif, et une brioche à un homme qui dit qu'il a faim ! Qu'est-ce qu'elle veut qu'on fasse de ça, la reine ? On voit bien que ça n'a jamais eu faim et jamais eu soif... Un verre de vin ! si cela ne fait pas pitié ! — Alors, vous l'avez refusé ? — J'aurais mieux fait de le refuser... non, je l'ai bu ; quant à la brioche, je l'ai entortillée dans mon mouchoir, et je me suis dit : Ce qui n'est pas bon pour le père est bon pour les enfants ! Puis, j'ai remercié Sa Majesté, comme cela en valait la peine, et je me suis mis en route en jurant qu'ils ne m'y reprendraient plus, aux Tuileries ! — Et pourquoi dites-vous que vous eussiez mieux fait de refuser le vin ? — Parce qu'il faut qu'ils aient mis du poison dedans... A peine ai-je eu dépassé le pont Tournant, que j'ai été pris d'une soif, mais d'une soif... c'est au point qu'ayant la rivière à ma gauche et les marchands de vin à ma droite, j'ai hésité un instant si je n'irais pas à la rivière... Ah! c'est là où j'ai vu la mauvaise qualité du vin qu'ils m'avaient donné! Plus je buvais, plus j'avais soif! Ça a duré comme cela jusqu'à ce que j'aie perdu connaissance. Aussi ils peuvent être tranquilles, si jamais je suis appelé en témoignage contre eux, je dirai qu'ils m'ont donné vingt-cinq louis pour m'avoir fait travailler quatre heures et compter un million, et que, de peur que je ne dénonce l'endroit où ils cachent leur trésor, ils m'ont empoisonné comme un chien *!... — Et moi, mon cher monsieur Gamain, dit en se levant l'armurier qui savait sans doute tout ce qu'il voulait savoir, j'appuierai votre témoignage, en disant que c'est moi qui vous ai donné le contre-poison, grâce auquel vous avez été rappelé à la vie. — Aussi, dit Gamain en prenant les mains de l'inconnu, entre nous deux désormais, c'est à la vie, à la mort!

Et, refusant avec une sobriété toute spartiate le verre de vin que, pour la troisième ou quatrième fois, lui présentait cet ami inconnu auquel il venait de jurer une tendresse éternelle, Gamain, sur lequel l'ammoniaque avait fait son double effet en le dégrisant instantanément et en le dégoûtant pour vingt-quatre heures du vin, Gamain reprit la route de Versailles, où il arriva sain et sauf à deux heures du matin, avec les vingt-cinq louis du roi dans la poche de sa veste, et la brioche de la reine dans la poche de son habit.

Resté derrière lui dans le cabaret, le faux armurier avait tiré de son gousset des tablettes d'écaille incrustée d'or, et y avait crayonné cette double note :

« Derrière l'alcôve du roi, dans le corridor noir conduisant à la cham-
« bre du dauphin : armoire de fer. »

« S'assurer si ce Louis Lecomte, garçon serrurier, ne serait pas tout
« simplement le comte Louis, fils du marquis de Bouillé, arrivé de Metz
« depuis onze jours. »

---

* Ce fut en effet l'accusation que ce misérable porta devant la Convention contre la reine.

XL

LA MACHINE DE MONSIEUR GUILLOTIN

Le surlendemain, grâce aux ramifications étranges que Cagliostro possédait dans toutes les classes de la société, et jusque dans le service du roi, il savait que le comte Louis de Bouillé était arrivé à Paris le 15 ou le 16 novembre; avait été découvert par monsieur de Lafayette, son cousin, le 18; avait été présenté par lui au roi, le même jour; s'était offert comme compagnon serrurier à Gamain, le 22; était resté chez lui trois jours; le quatrième jour, était parti avec lui de Versailles pour Paris; avait été introduit sans difficulté près du roi; était sorti des Tuileries deux heures avant Gamain; était rentré dans le logement qu'il occupait chez son ami Achille de Chasteller; avait immédiatement changé de costume, et, le même soir, était reparti en poste pour Metz.

D'un autre côté, le lendemain de la conférence nocturne qui avait eu lieu dans le cimetière Saint-Jean entre lui et monsieur de Beausire, il avait vu celui-ci accourir tout effaré à Bellevue, chez le banquier Zannone. En rentrant du jeu, à sept heures du matin, après avoir perdu jusqu'à son dernier louis, malgré la martingale infaillible de monsieur Law, maître Beausire avait trouvé la maison parfaitement vide: mademoiselle Oliva et le jeune Toussaint avaient disparu!

Alors, il était revenu dans la mémoire de Beausire que le comte de Cagliostro avait refusé de sortir avec lui, déclarant qu'il avait quelque chose de confidentiel à dire à mademoiselle Oliva. C'était une voie ouverte au soupçon: mademoiselle Oliva avait été enlevée par le comte de Cagliostro! En bon limier, monsieur de Beausire avait mis le nez sur cette voie, et l'avait suivie jusqu'à Bellevue. Là, il s'était nommé, et aussitôt avait été introduit près du baron Zannone, ou du comte de Cagliostro, comme il plaira au lecteur d'appeler pour le moment, sinon le personnage principal, au moins la cheville ouvrière du drame que nous avons entrepris de raconter.

Introduit dans le salon que nous connaissons pour y avoir vu entrer, au commencement de cette histoire le docteur Gilbert et le marquis de Favras, et se trouvant en face du comte, monsieur de Beausire hésita: le comte lui paraissait un si grand seigneur, qu'il n'osait pas même lui réclamer sa maîtresse.

Mais, comme s'il eut pu lire au plus profond du cœur de l'ancien exempt :

— Monsieur de Beausire, lui dit Cagliostro, j'ai remarqué une chose : c'est que vous n'avez au monde que deux passions réelles, le jeu et mademoiselle Oliva. — Oh! monsieur le comte, s'écria Beausire, vous savez donc ce qui m'amène? — Parfaitement. Vous venez me redemander mademoiselle Oliva. Elle est chez moi. — Comment! elle est chez monsieur le comte? — Oui, dans mon logis de la rue Saint-Claude; elle y a retrouvé son ancien appartement; et, si vous êtes bien sage, si je suis content de vous, si vous me donnez des nouvelles qui m'intéressent ou qui m'amusent, eh bien! ce jour-là, monsieur de Beausire, nous vous mettrons vingt-cinq louis dans votre poche pour aller faire le gentilhomme au Palais-Royal, et un bel habit sur le dos pour aller faire l'amoureux rue Saint-Claude.

Beausire avait eu bonne envie d'élever la voix et de réclamer mademoiselle Oliva; mais Cagliostro avait dit deux mots de cette malheureuse affaire de l'ambassade de Portugal, qui était toujours suspendue sur la tête de l'ancien exempt comme l'épée de Damoclès, et Beausire s'était tu.

Alors, sur le doute manifesté par lui que mademoiselle Oliva fût à l'hôtel de la rue Saint-Claude, monsieur le comte avait ordonné d'atteler, était revenu avec monsieur de Beausire à l'hôtel du boulevard, l'avait introduit dans le *sanctum sanctorum*, et là, en déplaçant un tableau, il lui avait fait voir, par une ouverture habilement ménagée, mademoiselle Oliva, mise comme une reine, lisant, dans une grande causeuse, un de ces mauvais livres, si communs à cette époque, et qui faisaient, quand elle avait le bonheur d'en rencontrer, la joie de l'ancienne femme de chambre de mademoiselle de Taverney, tandis que monsieur Toussaint, son fils, vêtu comme un fils de roi, d'un chapeau blanc à la Henri IV retroussé avec des plumes et d'un pantalon-matelot bleu de ciel retenu par une ceinture tricolore frangée d'or, jouait avec de magnifiques joujoux.

Alors, monsieur de Beausire avait senti se dilater son cœur d'amant et de père; il avait promis tout ce qu'avait voulu le comte, et le comte, fidèle à sa parole, avait permis, les jours où monsieur de Beausire apporterait quelque intéressante nouvelle, qu'après en avoir reçu, en or, le paiement de sa main, il allât en chercher le prix, en amour, dans les bras de mademoiselle Oliva.

Tout avait donc marché selon les désirs du comte, et nous dirons presque selon ceux de monsieur de Beausire, quand, vers la fin du mois de décembre, à une heure fort indue pour cette époque de l'année, c'est-à-dire à six heures du matin, le docteur Gilbert, déjà à l'ouvrage depuis une heure et demie, entendit frapper trois coups à sa porte, et reconnut, à la manière dont ils étaient espacés, que celui qui s'annonçait ainsi était un frère en maçonnerie.

En conséquence, il alla ouvrir.

Le comte de Cagliostro, le sourire sur les lèvres, était debout de l'autre côté de la porte.

Gilbert ne se retrouvait jamais en face de cet homme mystérieux sans un certain tressaillement.

— Ah! dit-il, comte, c'est vous!

Puis faisant un effort sur lui-même et lui tendant la main :

— Soyez le bienvenu à quelque heure que vous veniez, et quelle que soit la cause qui vous amène. — La cause qui m'amène, mon cher Gilbert, dit le comte, est le désir de vous faire assister à une expérience philanthropique dont j'ai déjà eu l'honneur de vous parler.

Gilbert chercha à se rappeler, mais inutilement, de quelle expérience le comte l'avait entretenu.

— Je ne me souviens pas, dit-il. — Venez toujours, mon cher Gilbert; je ne vous dérange pas pour rien, soyez tranquille. D'ailleurs, où je vous conduis, vous rencontrerez des personnes de connaissance. — Cher comte, dit Gilbert, partout où vous voulez bien me conduire, je vais pour vous d'abord; le lieu où je vais et les personnes que j'y rencontre, ne sont plus que des choses secondaires. — Alors, venez, car nous n'avons pas de temps à perdre.

Gilbert était tout habillé; il n'eut que sa plume à quitter et son chapeau à prendre.

Ces deux opérations accomplies :

— Comte, dit-il, je suis à vos ordres. — Partons! répondit simplement le comte, et il marcha devant.

Gilbert le suivit.

Une voiture attendait en bas; les deux hommes y montèrent.

La voiture partit rapidement, sans que le comte eût besoin de donner aucun ordre. Il était évident que le cocher savait d'avance où l'on allait.

Au bout d'un quart d'heure de marche, pendant lequel Gilbert remarqua qu'on traversait tout Paris et qu'on franchissait la barrière, on s'arrêta dans une grande cour carrée sur laquelle s'ouvraient deux étages de petites fenêtres grillées.

Derrière la voiture, la porte qui lui avait donné passage s'était refermée.

En mettant pied à terre, Gilbert s'aperçut qu'il était dans la cour d'une prison, et, en examinant cette cour, il reconnut que c'était celle de Bicêtre.

Le lieu de la scène, déjà fort triste par son aspect naturel, était rendu plus triste encore par le jour douteux qui semblait, comme à regret, descendre dans cette cour.

Il était six heures un quart du matin à peu près, heure de malaise l'hiver, car c'est l'heure où le froid est sensible aux plus vigoureuses organisations.

Une petite pluie fine comme un crêpe tombait diagonalement et rayait les murailles grises.

Au milieu de la cour, cinq ou six ouvriers charpentiers, sous la conduite d'un maître et sous la direction d'un petit homme vêtu de noir qui se donnait à lui seul plus de mouvement que tout le monde, dressaient une machine d'une forme inconnue et étrange.

A la vue des deux étrangers, le petit homme noir leva la tête.

Gilbert tressaillit : il venait de reconnaître le docteur Guillotin, qu'il avait rencontré chez Marat; cette machine, c'était, en grand, la même qu'il avait vue en petit dans la cave du rédacteur du journal *l'Ami du Peuple*.

De son côté, le petit homme reconnut Cagliostro et Gilbert.

L'arrivée de ces deux personnages lui parut assez importante pour qu'il quittât un instant la direction de son travail et vînt à eux.

Cependant, ce ne fut pas sans recommander au maître charpentier la plus grande attention dans la besogne dont il s'occupait.

— Là, là, maître Guidon, c'est bien, dit-il; achevez la plate-forme... la plate-forme est la base de l'édifice... puis, la plate-forme achevée, vous dresserez les deux poteaux en remarquant bien les repères, afin qu'ils ne soient ni trop éloignés ni trop proches. D'ailleurs, je suis là, je ne vous perds pas de vue.

Puis, s'approchant de Cagliostro et de Gilbert, qui lui épargnèrent la moitié du chemin :

— Bonjour, baron, dit-il. Ah! c'est bien aimable à vous d'arriver le premier et de nous amener le docteur... Docteur, vous vous rappelez que je vous avais invité, chez Marat, à venir voir mon expérience; seulement, j'avais oublié de vous demander votre adresse. Ah! vous allez voir quelque chose de curieux, la machine la plus philanthropique qui ait jamais été inventée!

Puis, tout à coup, se retournant vers cette machine objet de ses plus chères préoccupations :

— Eh bien! eh bien! Guidon, que faites-vous? dit-il; vous mettez le devant derrière!

Et, s'élançant par l'escalier que deux aides venaient d'appliquer à l'un des carrés, il se trouva en un instant sur la plate-forme, où sa présence

eut pour effet de corriger en quelques secondes l'erreur que venaient de
commettre les ouvriers, encore mal au courant des secrets de cette machine nouvelle.

— Là, là, dit le docteur Guillotin, voyant avec satisfaction que, maintenant qu'il les dirigeait, les choses allaient toutes seules, là, il ne s'agit plus que d'introduire le couperet dans la rainure... Guidon! Guidon! s'écria-t-il tout à coup, comme frappé d'effroi, pourquoi donc la rainure n'est-elle pas garnie de cuivre? — Ah! docteur, voilà : j'ai pensé que, du bon bois de chêne bien graissé, cela valait du cuivre, répondit le maître charpentier. — Oui, c'est cela, dit le docteur d'un air dédaigneux, des économies!... des économies, quand il s'agit du progrès de la science et du bien de l'humanité! Guidon, si notre expérience manque aujourd'hui, je vous en rends responsable. Messieurs, je vous prends à témoin, continua le docteur s'adressant à Cagliostro et à Gilbert, je vous prends à témoin que j'avais demandé les rainures en cuivre, que je proteste contre l'absence du cuivre... Donc, si, maintenant, le couperet s'arrête en route ou glisse mal, ce n'est plus ma faute, je m'en lave les mains!

Et le docteur, à dix-huit cents ans de distance, fit, sur la plate-forme de la machine, le même geste que Pilate avait fait sur la terrasse de son palais.

Cependant, malgré toutes ces petites contrariétés, la machine s'élevait, et, en s'élevant, prenait une certaine tournure homicide qui réjouissait son inventeur, mais qui faisait frissonner le docteur Gilbert.

Quant à Cagliostro, il demeurait impassible. Depuis la mort de Lorenza, on eût dit que cet homme était devenu de marbre.

Voici la forme que prenait la machine :

D'abord, un premier plancher auquel on arrivait par une sorte d'escalier de meunier.

Ce plancher, en manière d'échafaud, offrait une plate-forme de quinze pieds de large par toutes ses faces; sur cette plate-forme, vers les deux tiers de sa longueur, en face de l'escalier, s'élevaient deux poteaux parallèles haut de dix à douze pieds.

Ces deux poteaux étaient ornés de la fameuse rainure pour laquelle maître Guidon avait économisé le cuivre, économie qui venait, comme on l'a vu, de faire jeter les hauts cris au philanthrope docteur Guillotin.

Dans cette rainure glissait, au moyen d'un ressort qui, en s'ouvrant, lui laissait toute liberté de se précipiter avec la force de son propre poids, centuplée par un poids étranger, une espèce de couperet en forme de croissant.

Une petite ouverture était pratiquée entre les deux poteaux; les deux battants de cette ouverture, au travers de laquelle un homme pouvait passer sa tête, se rejoignaient de façon à lui prendre le cou, comme avec un collier.

Une bascule composée d'une planche de la longueur d'un homme de taille ordinaire, jouait à un moment donné, et, en jouant, se présentait d'elle-même à la hauteur de cette fenêtre.

Tout cela, comme on le voit, était du plus grand ingénieux.

Pendant que les charpentiers, maître Guidon et le docteur mettaient la dernière main à l'érection de leur machine; pendant que Cagliostro et Gilbert discutaient sur le plus ou moins de nouveauté de l'instrument, dont le comte contestait l'invention au docteur Guillotin, trouvant des analogues dans la *mannaya* italienne, et surtout dans cette doloire de Toulouse, avec laquelle fut exécuté le maréchal de Montmorency*, de nouveaux spectateurs, convoqués sans doute pour assister aussi à l'expérience, avaient peuplé la cour.

C'était, d'abord, un vieillard de notre connaissance, et qui a joué un rôle actif dans le milieu de cette longue histoire. Atteint de la maladie dont il devait mourir bientôt, le docteur Louis s'était, sur les instances de son confrère Guillotin, arraché à sa chambre, et était venu, malgré l'heure et le mauvais temps, dans l'intention de voir fonctionner la machine.

Gilbert le reconnut et s'avança respectueusement à sa rencontre.

Il était accompagné de monsieur Giraud, architecte de la ville de Paris, qui devait aux fonctions qu'il remplissait la faveur d'une invitation particulière.

Le second groupe, qui n'avait salué personne et qui de personne n'avait été salué, se composait de quatre hommes vêtus tous quatre fort simplement.

A peine entrés, ces quatre hommes avaient gagné l'angle de la cour le plus éloigné de celui où étaient Gilbert et Cagliostro, et se tenaient là, dans cet angle, humblement, parlant bas, et, malgré la pluie, ayant le chapeau à la main.

Celui qui paraissait le chef parmi ces quatre hommes, ou tout au moins celui que les trois autres écoutaient avec déférence lorsqu'il prononçait quelques paroles à voix basse, était un homme de cinquante à cinquante-deux ans, dont la taille était haute, le sourire bienveillant, la physionomie ouverte.

Cet homme s'appelait Charles-Louis Samson; il était né le 15 février 1758; il avait vu écarteler Damiens par son père, et il avait aidé

---

* « En ce pays-là, dit Puységur, on se sert d'une doloire qui est entre deux morceaux de bois; quand on a la tête posée sur le bloc, quelqu'un lâche la corde, et cela descend et sépare la tête du corps. »

celui-ci lorsqu'il avait eu l'honneur de trancher la tête à monsieur de Lally-Tollendal.

On le nommait communément *monsieur de Paris.*

Les trois autres hommes étaient son fils, qui devait avoir l'honneur de l'aider à décapiter Louis XVI, et ses deux aides.

La présence de monsieur de Paris, de son fils et de ses deux aides donnait une terrible éloquence à la machine de monsieur Guillotin, en prouvant que l'expérience qu'il allait faire était tentée, sinon avec *la garantie*, du moins avec l'approbation du gouvernement.

Pour le moment, monsieur de Paris semblait fort triste. Si la machine dont il était appelé à voir l'essai était adoptée, tout le côté pittoresque de sa physionomie se trouvait retranché. L'exécuteur n'apparaissait plus à la foule comme l'ange exterminateur armé du glaive flamboyant; le bourreau n'était plus qu'une espèce de concierge tirant le cordon à la mort.

Aussi, là était la véritable opposition.

Comme la pluie continuait de tomber plus fine peut-être, mais à coup sûr plus serrée, le docteur Guillotin, qui craignait sans doute que le mauvais temps ne lui enlevât quelqu'un de ses spectateurs, s'adressa au groupe le plus important, c'est-à-dire à celui qui se composait de Cagliostro, de Gilbert, du docteur Louis et de l'architecte Giraud, et, comme un directeur qui sent que le public s'impatiente :

— Messieurs, dit-il, nous n'attendons plus qu'une seule personne, monsieur le docteur Cabanis... Monsieur le docteur Cabanis arrivé, l'on commencera.

Il achevait à peine ces paroles, qu'une troisième voiture pénétrait dans la cour, et qu'un homme de trente-huit ou quarante ans, au front découvert, à la physionomie intelligente, à l'œil vif et interrogateur, en descendait.

C'était le dernier spectateur attendu, c'était le docteur Cabanis.

Il salua chacun d'une manière affable, comme doit faire un médecin philosophe, alla tendre la main à Guillotin, qui, du haut de sa plateforme, lui criait : Venez donc, docteur; mais venez donc; on n'attend plus que vous! puis il alla se confondre dans le groupe de Gilbert et de Cagliostro.

Pendant ce temps, sa voiture se rangeait près des deux autres voitures.

— Messieurs, dit le docteur Guillotin, comme nous n'attendons plus personne, nous allons commencer.

Et, sur un signe de sa main une porte s'étant ouverte, on en vit sortir deux hommes vêtus d'une espèce d'uniforme gris, qui portaient sur leurs épaules un sac sous la toile duquel se dessinait vaguement la forme d'un corps humain.

On voyait, derrière les vitres des fenêtres, apparaître les visages pâles des malades, qui, d'un œil effaré, regardaient, sans qu'on eût songé à les y inviter, ce spectacle inattendu et terrible dont ils ne pouvaient comprendre ni les apprêts ni le but.

XLI

UNE SOIRÉE AU PAVILLON DE FLORE

Le soir de ce même jour, c'est-à-dire le 24 décembre, veille de la Noël, il y avait réception au pavillon de Flore.

La reine n'ayant pas voulu recevoir chez elle, c'était la princesse de Lamballe qui recevait pour elle, et qui faisait les honneurs du cercle jusqu'à ce que la reine fût arrivée.

La reine arrivée, toute chose reprenait son cours, comme si la soirée se fût écoulée au pavillon Marsan, au lieu du pavillon de Flore.

Dans le courant de la matinée, le jeune baron Isidore de Charny était revenu de Turin, et, aussitôt son retour, il avait été admis près du roi d'abord, et près de la reine ensuite.

Il avait trouvé chez tous deux une extrême bienveillance; mais, chez la reine surtout, deux raisons rendaient cette bienveillance remarquable.

D'abord, Isidore était le frère de Charny, et, Charny absent, c'était un grand charme pour la reine que de voir son frère.

Puis, Isidore apportait, de la part de monsieur le comte d'Artois et de monsieur le prince de Condé, des paroles qui n'étaient que trop en harmonie avec celles que lui soufflait son propre cœur.

Les princes recommandaient à la reine le projet de monsieur de Favras, et l'invitaient à profiter du dévouement de ce courageux gentilhomme, à fuir et à les venir rejoindre à Turin.

Il était, en outre, chargé d'exprimer au nom des princes, à monsieur de Favras, toute la sympathie qu'ils éprouvaient pour son projet et tous les vœux qu'ils faisaient pour sa réussite.

La reine garda Isidore une heure près d'elle, l'invita à venir le soir au cercle de madame de Lamballe, et ne lui permit de se retirer que parce qu'il lui demanda congé pour aller s'acquitter de sa mission près de monsieur de Favras.

La reine n'avait rien dit de positif à l'endroit de sa fuite; seulement, elle avait chargé Isidore de répéter à monsieur et à madame de Favras ce qu'elle avait dit lorsqu'elle avait reçu madame de Favras chez elle, et qu'elle était entrée chez le roi tandis que monsieur de Favras s'y trouvait.

En quittant la reine, Isidore se rendit immédiatement auprès de monsieur de Favras, qui demeurait Place-Royale, numéro 21.

Ce fut madame de Favras qui reçut le baron de Charny; elle lui dit d'abord que son mari était sorti; mais, lorsqu'elle sut le nom du visiteur, quels augustes personnages il venait de voir il y avait une heure, quels autres il avait quittés cinq ou six jours auparavant, elle avoua la présence de son mari à la maison et le fit appeler.

Le marquis entra, le visage ouvert et l'œil souriant. Il avait été prévenu directement de Turin; il savait donc de quelle part venait Isidore.

Le message dont la reine avait en outre chargé le jeune homme mit le comble à la joie du conspirateur. Tout, en effet, secondait son espérance; le complot marchait à merveille : les douze cents cavaliers étaient rassemblés à Versailles; chacun d'eux devait prendre un fantassin en croupe, ce qui donnait deux mille quatre cents hommes au lieu de douze cents. Quant au triple assassinat de Necker, de Bailly et de Lafayette, qui devait être exécuté simultanément par chacune des trois colonnes entrant dans Paris, l'une par la barrière du Roule, l'autre par la barrière de Grenelle, et la troisième par la grille de Chaillot, on y avait renoncé, pensant qu'il suffirait de se défaire de Lafayette. Or, pour cette expédition, c'était assez de quatre hommes, pourvu qu'ils fussent bien montés et bien armés; ils eussent attendu sa voiture le soir, à onze heures, au moment où monsieur de Lafayette quittait ordinairement les Tuileries; deux auraient longé la rue à droite et à gauche; deux seraient venus au-devant de la voiture; un de ceux-ci, tenant un papier à la main, aurait fait signe au cocher d'arrêter, disant qu'il avait un avis important à communiquer au général. Alors, la voiture se serait arrêtée, le général aurait mis la tête à la portière, et aussitôt on lui aurait brûlé la cervelle d'un coup de pistolet.

C'était là, du reste, le seul changement d'importance qui eut été fait au complot; tout tenait dans les mêmes conditions; seulement, l'argent était versé, les hommes étaient prévenus, le roi n'avait qu'à dire : « Oui! » et, à un signe de monsieur de Favras, l'affaire était enlevée.

Une seule chose inquiétait le marquis : c'était le silence du roi et de la reine à son égard; ce silence, la reine venait de le rompre par l'intermédiaire d'Isidore, et, si vagues que fussent les paroles que celui-ci avait été chargé de transmettre à monsieur et à madame de Favras, ces paroles sortant d'une bouche royale avaient une grande importance.

Isidore promit à monsieur de Favras de reporter, le soir même, à la reine et au roi l'expression de son dévouement.

Le jeune baron était, comme on sait, parti pour Turin le jour de son arrivée à Paris; il n'avait donc d'autre logement que la chambre que son frère occupait aux Tuileries. Son frère absent, il se fit ouvrir cette chambre par le laquais du comte.

A neuf heures du soir, il entrait chez madame la princesse de Lamballe.

Il n'avait pas été présenté à la princesse; celle-ci ne le connaissait pas; mais, prévenue dans la journée par un mot de la reine, à l'annonce de son nom la princesse se leva, et, avec cette grâce charmante qui lui tenait lieu d'esprit, elle l'attira tout de suite dans le cercle des intimes.

Le roi ni la reine n'étaient encore arrivés; Monsieur, qui paraissait assez inquiet, causait dans un coin avec deux gentilshommes de son intimité à lui, monsieur de la Châtre et monsieur d'Avaray.

Le comte Louis de Narbonne allait d'un groupe à l'autre avec l'aisance d'un homme qui se sent en famille.

Le cercle des intimes se composait des jeunes gentilshommes qui avaient résisté à la manie de l'émigration. C'étaient : messieurs de Lameth, qui devaient beaucoup à la reine, et qui n'avaient pas encore pris parti contre elle; monsieur d'Ambly, une des bonnes ou des mauvaises têtes de l'époque, comme on voudra; monsieur de Castries, monsieur de Fersen, Suleau, rédacteur en chef du spirituel journal *les Actes des Apôtres,* tous cœurs loyaux, mais toutes têtes ardentes, quelques-unes même un peu folles!

Isidore ne connaissait aucun de ces jeunes gens; mais, à son nom bien connu, à la bienveillance particulière dont l'avait honoré la princesse, toutes les mains s'étaient tendues vers lui.

D'ailleurs, il apportait des nouvelles de cette autre France qui vivait à l'étranger. Chacun avait un parent ou un ami près des princes; Isidore avait vu tout ce monde-là; c'était une seconde gazette.

Nous avons dit que Suleau était la première.

Suleau tenait la conversation, et l'on riait fort; Suleau avait assisté, ce jour-là, à la séance de l'Assemblée. Monsieur Guillotin était monté à la tribune, avait vanté les douceurs de la machine qu'il venait d'imaginer, avait raconté l'essai triomphant qu'il en avait fait le matin même, et avait demandé qu'on lui fît l'honneur de la substituer à tous les instruments de mort, roue, potence, bûcher, écartellement, qui avaient successivement effrayé la Grève.

L'Assemblée, séduite par le velouté de cette nouvelle machine, était toute prête à l'adopter.

Suleau avait fait, à propos de l'Assemblée, de monsieur Guillotin et de sa machine, sur l'air du menuet d'*Exaudet,* une chanson qui devait paraître le lendemain dans son journal.

Cette chanson, qu'il chantait à demi voix dans le cercle joyeux qui l'entourait, provoquait des rires si francs, que le roi, qui venait avec la reine, les entendit de l'antichambre, et que, comme, pauvre roi! il ne riait plus guère, il se promit à lui-même de s'enquérir du sujet qui pouvait, dans les temps de tristesse où l'on se trouvait, provoquer une telle gaieté.

Il va sans dire que, dès qu'un huissier eut annoncé le roi et un autre la reine, tous les chuchotements, toutes les conversations, tous les éclats de rire cessèrent pour faire place au plus respectueux silence.

Les deux augustes personnages entrèrent.

Plus, à l'extérieur, le génie révolutionnaire dépouillait un à un la royauté de tous ses prestiges, plus, il faut le dire, dans l'intimité s'augmentait, pour les vrais royalistes, ce respect auquel les infortunes donnent une nouvelle force; 89 vit de grandes ingratitudes; mais 93 vit de suprêmes dévouements.

Madame de Lamballe et madame Élisabeth s'emparèrent de la reine.

Monsieur marcha droit au roi pour lui présenter ses respects, et en s'inclinant lui dit :

— Mon frère, ne pourrions-nous point faire un jeu particulier, vous, la reine et quelqu'un de vos intimes, afin que, sous l'apparence d'un wisth, nous puissions causer un peu confidentiellement. — Volontiers, mon frère, répondit le roi ; arrangez cela avec la reine.

Monsieur se rapprocha de Marie-Antoinette, à qui Charny présentait ses hommages et disait tout bas :

— Madame, j'ai vu monsieur de Favras, et j'ai des communications de la plus haute importance à faire à Votre Majesté. — Ma chère sœur, dit Monsieur, le roi désire que nous fassions un wisth à quatre. Nous nous réunissons contre vous, et il vous laisse le choix de votre partner. — Eh bien! dit la reine, qui se douta que cette partie de wisth n'était qu'un prétexte, mon choix est fait. Monsieur le baron de Charny, vous serez de notre jeu, et, tout en jouant, vous nous donnerez des nouvelles de Turin. — Ah! vous venez de Turin, baron, dit Monsieur. — Oui, Monseigneur, et en revenant de Turin, je suis passé par la Place-Royale, où j'ai vu un homme fort dévoué au roi, à la reine et à Votre Altesse.

Monsieur rougit, toussa, s'éloigna. C'était un homme tout d'ambages et de circonspection : cet esprit droit et précis l'inquiétait.

Il jeta un regard à monsieur de la Châtre, qui s'approcha de lui, reçut ses ordres tout bas et sortit.

Pendant ce temps, le roi saluait et recevait les hommages des gentilshommes et des femmes, un peu rares, qui continuaient à fréquenter le cercle des Tuileries.

La reine alla le prendre par le bras et l'attira au jeu.

Il s'approcha de la table, chercha des yeux le quatrième joueur, et n'aperçut qu'Isidore.

— Ah! ah! monsieur de Charny, dit-il, en l'absence de votre frère, c'est vous qui faites notre quatrième!... Il ne pouvait pas être mieux remplacé; soyez le bienvenu.

Et d'un signe, il invita la reine à s'asseoir, s'assit après elle; puis Monsieur après lui.

La reine fit à son tour un geste d'invitation à Isidore, qui prit place le dernier.

Madame Élisabeth s'agenouilla sur une causeuse derrière le roi, et appuya ses deux bras sur le dossier de son fauteuil.

On fit deux ou trois tours de wisth en prononçant seulement les paroles sacramentelles.

Puis enfin, tout en jouant, et après avoir remarqué que le respect tenait tout le monde écarté de la table royale :

— Mon frère, hasarda la reine en s'adressant à Monsieur, le baron vous a dit qu'il arrivait de Turin? — Oui, fit Monsieur, il m'a touché un mot de cela. — Il vous a dit que monsieur le comte d'Artois et monsieur le prince de Condé nous invitaient fort à aller les joindre?

Le roi laissa échapper un mouvement d'impatience.

— Mon frère, murmura madame Élisabeth avec sa douceur d'ange, écoutez, je vous prie! — Et vous aussi, ma sœur? dit le roi. — Moi plus que personne, mon cher Louis, car moi, plus que personne, je vous aime et suis inquiète. — J'ai même ajouté, dit Isidore, que j'étais revenu par la Place-Royale, et que je m'étais arrêté plus d'une heure au numéro 21. — Au numéro 21, demanda le roi, qu'est-ce que cela? — Au numéro 21, sire, reprit Isidore, demeure un gentilhomme fort dévoué à Votre Majesté, comme nous tous, prêt à mourir pour elle, comme nous tous, mais qui, plus actif que nous tous, a combiné un projet... — Quel projet, Monsieur? demanda le roi en levant la tête. — Si je croyais avoir le malheur de déplaire au roi en répétant à Sa Majesté ce que je sais de ce projet, je me tairais à l'instant même. — Non, non, Monsieur, dit vivement la reine, parlez!... Assez de gens font des projets contre nous; c'est bien le moins que nous connaissions ceux qui en font pour nous, afin que, tout en pardonnant à nos ennemis, nous soyons reconnaissants à nos amis... Monsieur le baron, dites-nous comment s'appelle ce gentilhomme. — Monsieur le marquis de Favras, Madame. — Ah! ah! dit la reine, nous le connaissons... Et vous croyez à son dévouement, monsieur le baron? — A son dévouement? oui, Madame.... Non-seulement j'y crois, mais encore j'en suis sûr. — Faites attention, Monsieur,

LE JEU DE LA REINE.

dit le roi, vous vous avancez beaucoup. — Le cœur se juge avec le cœur, sire. Je réponds du dévouement de monsieur de Favras. Quant à la bonté de son projet, quant aux chances qu'il a de réussir, oh! cela c'est autre chose! je suis trop jeune, et, lorsqu'il s'agit du salut du roi et de la reine, je suis trop prudent pour oser émettre une opinion là-dessus. — Et ce projet, voyons, où en est-il? dit la reine. — Madame, il en est à son exécution, et, s'il plaît au roi de dire un mot, de faire un signe ce soir, demain à pareille heure, il sera à Péronne.

Le roi garda le silence; Monsieur tordit les reins à un pauvre valet de cœur qui n'en pouvait mais.

— Sire, fit la reine s'adressant à son mari, entendez-vous ce que le baron vient de dire? — Oui, certes, j'entends, répondit le roi en fronçant le sourcil. — Et vous, mon frère? demanda la reine à Monsieur. — Je ne suis pas plus sourd que le roi. — Eh bien, voyons! qu'en dites-vous? c'est une proposition, ce me semble. — Sans doute, dit Monsieur, sans doute.

Puis, se retournant vers Isidore :

— Allons! baron, dit-il, répétez-nous ce joli couplet.

Isidore reprit :

— Je disais que le roi n'avait qu'un mot à prononcer, qu'un signe à faire, et que, grâce aux mesures prises par monsieur de Favras, il serait, vingt-quatre heures après, en sûreté dans la ville de Péronne. — Eh bien! mon frère, demanda Monsieur, est-ce que ce n'est pas tentant, ce que le baron vous propose là?

Le roi se retourna vivement vers Monsieur, et fixant son regard sur le sien :

— Et, si je pars, dit-il, partez-vous avec moi?

Monsieur changea de couleur; ses joues tremblèrent, agitées par un mouvement qu'il ne fut pas le maître de réprimer.

— Moi? dit-il. — Oui, vous, mon frère? dit Louis XVI; vous qui m'engagez à quitter Paris, je vous demande : Si je pars, partez-vous avec moi? — Mais, balbutia Monsieur, moi, je n'étais pas prévenu; aucun de mes préparatifs n'est fait. — Comment! vous n'étiez pas prévenu, dit le roi, et c'est vous qui fournissez l'argent à monsieur de Favras? Aucun de vos préparatifs n'est fait, et vous êtes renseigné, heure par heure, sur le point où en est le complot?... — Le complot? répéta Monsieur pâlissant. — Sans doute, le complot; car c'est un complot... un complot si réel, que, s'il est découvert, monsieur de Favras sera emprisonné, conduit au Châtelet, et condamné à mort, à moins qu'à force de sollicitations et d'argent vous ne le sauviez, comme nous avons sauvé monsieur de Bezenval. — Mais, si le roi a sauvé monsieur de Bezenval, il sauvera bien aussi monsieur de Favras... — Non... car ce que j'ai pu pour l'un, je ne le pourrai probablement plus pour l'autre... D'ailleurs, monsieur de Bezenval était mon homme, comme monsieur de Favras est le vôtre. Que chacun sauve le sien, mon frère! et nous aurons fait tous deux notre devoir.

Et, en prononçant ces paroles, le roi se leva.

La reine le retint par le pan de son habit.

— Sire, dit-elle, soit pour accepter, soit pour refuser, vous devez une réponse à monsieur de Favras. — Moi? — Oui... Que répondra le baron de Charny au nom du roi? — Il répondra, dit Louis XVI en dégageant son habit des mains de la reine, il répondra que le roi ne peut pas permettre qu'on l'enlève!

Et il s'éloigna.

— Ce qui veut dire, continua Monsieur, que, si le marquis de Favras enlève le roi sans sa permission, il sera le très-bienvenu, pourvu toutefois qu'il réussisse, car quiconque ne réussit pas est un sot, et, en politique, les sots méritent double punition. — Monsieur le baron, dit la reine, ce soir même, sans perdre un instant, courez chez monsieur de Favras, et dites-lui les propres paroles du roi : « Le roi ne peut pas permettre qu'on l'enlève, » c'est à lui de les comprendre ou à vous de les expliquer... Allez.

Le baron, qui regardait avec raison la réponse du roi et la recommandation de la reine comme un double consentement, prit son chapeau, sortit vivement, et s'élança dans un fiacre en criant au cocher :

— Place-Royale, numéro 21.

XLII

CE QUE LA REINE AVAIT VU DANS UNE CARAFE, VINGT ANS AUPARAVANT, AU CHATEAU DE TAVERNEY

Le roi, en se levant de la table de jeu, s'était dirigé vers le groupe de jeunes gens dont les rires joyeux avaient attiré son attention, avant même qu'il fût entré dans le salon.

A son approche, le plus profond silence s'établit.

— Eh bien! Messieurs, demanda-t-il, le roi est-il donc si malheureux, qu'il porte la tristesse avec lui? — Sire... murmurèrent les jeunes gens.

— La gaieté était grande et le rire bruyant quand nous sommes entrés tout à l'heure, la reine et moi...

Puis, secouant la tête :

— Malheur aux rois! dit-il, devant lesquels on n'ose pas rire. — Sire, dit monsieur de Lameth, le respect.... — Mon cher Charles, dit le roi, quand vous sortiez de votre pension, les dimanches ou les jeudis, et que je vous faisais venir en récréation à Versailles, est-ce que vous vous priviez de rire parce que j'étais là? J'ai dit tout à l'heure : Malheur aux rois devant lesquels on n'ose pas rire! Je dis maintenant : Heureux les rois devant lesquels on rit! — Sire, dit monsieur de Castries, c'est que le sujet qui nous mettait en gaieté ne paraîtra peut-être pas des plus comiques à Votre Majesté... — De quoi parliez-vous donc, Messieurs? — Sire, dit Suleau en s'avançant, je livre le coupable à Votre Majesté. — Ah! dit le roi, c'est vous, monsieur Suleau?... J'ai lu votre dernier numéro des *Actes des Apôtres;* prenez garde! prenez garde! — A quoi, sire? demanda le jeune journaliste. — Vous êtes un peu trop royaliste : vous pourrez bien vous attirer de mauvaises affaires avec l'amant de mademoiselle Théroigne. — Avec monsieur Populus! dit en riant Suleau. — Justement... Et qu'est devenue l'héroïne de votre poëme? — Théroigne? — Oui... Je n'entends plus parler d'elle. — Sire, je crois qu'elle trouve que notre révolution ne marche pas assez vite, et qu'elle est allée activer celle du Brabant... Votre Majesté sait probablement que cette chaste amazone est de Liége? — Non, je ne savais pas... Était-ce à propos d'elle que vous riiez tout à l'heure? — Non, sire, c'était à propos de l'Assemblée nationale. — Oh! oh! Messieurs; alors vous avez bien fait de redevenir sérieux en m'apercevant; je ne puis permettre que l'on rie de l'Assemblée nationale chez moi. Il est vrai, ajouta le roi, par manière de capitulation, que je suis, non pas chez moi, mais chez la princesse de Lamballe; ainsi donc, tout en ne riant plus, ou tout en riant bas, vous pouvez me dire ce qui vous faisait rire si haut. — Le roi sait-il de quelle chose il a été question aujourd'hui pendant toute la séance de l'Assemblée nationale? — Oui, et cela m'a même fort intéressé... N'a-t-il pas été question d'une nouvelle machine à exécuter les criminels? — Offerte par monsieur Guillotin à la nation... oui, sire, dit Suleau. — Oh! oh! monsieur Suleau, et vous vous moquiez de monsieur Guillotin, d'un philanthrope?... Ah çà! mais vous oubliez que je suis philanthrope moi-même! — Oh! sire, je m'entends; il y a philanthrope et philanthrope. Il y a, par exemple, à la tête de la nation française, un philanthrope qui a aboli la torture préparatoire; celui-là, nous le respectons, nous le vénérons; nous faisons plus : celui-là, nous l'aimons, sire!

Tous les jeunes gens s'inclinèrent d'un seul mouvement.

— Mais, continua Suleau, il y en a d'autres qui, étant déjà médecins, qui, ayant entre les mains mille moyens plus adroits ou plus maladroits les uns que les autres de faire sortir les malades de la vie, cherchent encore le moyen d'en faire sortir ceux qui se portent bien... Ah! par ma foi, ceux-là, sire, je prierai Votre Majesté de me les abandonner! — Et qu'en ferez-vous, monsieur Suleau? Les décapiterez-vous *sans douleur?* demanda le roi, faisant allusion à la prétention émise par le docteur Guillotin; en seront-ils quittes pour sentir *une légère fraîcheur* sur le cou? — Sire, c'est ce que je leur souhaite, dit Suleau; mais ce n'est pas ce que je leur promets. — Comment, ce que vous leur souhaitez? dit le roi. — Oui, sire, j'aime assez que les gens qui inventent des machines nouvelles les essaient. Je ne plains pas fort maître Aubriot essuyant les murs de la Bastille, et messire Enguerrand de Marigny étrennant le gibet de Montfaucon. Malheureusement, je n'ai pas l'honneur d'être roi; heureusement, je n'ai pas l'honneur d'être juge; il est donc probable que je serai obligé de m'en tenir, vis-à-vis du respectable docteur Guillotin, à ce que j'ai déjà commencé de tenir. — Et qu'avez-vous promis, ou plutôt qu'avez-vous tenu? — Mais il m'est venu dans l'idée, sire, que ce grand bienfaiteur de l'humanité devait tirer sa récompense du bienfait lui-même. Or, demain matin, dans le numéro des *Actes des Apôtres* qu'on imprime cette nuit, le baptême aura lieu... Il est juste que la fille de monsieur Guillotin, reconnue aujourd'hui publiquement par son père en face de l'Assemblée nationale, s'appelle mademoiselle Guillotine.

Le roi lui-même ne put s'empêcher de sourire.

— Et, dit Charles Lameth, comme il n'y a ni noce ni baptême sans chansons, monsieur Suleau a fait, sur sa filleule, deux chansons. — Deux! fit le roi. — Sire, dit Suleau, il en faut pour tous les goûts. — Et sur quel air avez-vous mis ces chansons-là? Je ne vois guère que l'air du *De Profundis* qui leur aille! — Fi donc, sire! Votre Majesté oublie l'agrément qu'on a de se faire couper le cou par la fille de monsieur Guillotin... c'est-à-dire qu'il y aura queue à la porte... Non, sire; l'une de mes chansons est sur un air fort à la mode, celui du menuet d'*Exaudet;* l'autre est sur tous les airs, c'est un pot-pourri. — Et peut-on avoir un avant-goût de votre poésie, monsieur Suleau? demanda le roi.

Suleau s'inclina.

— Je ne suis pas de l'Assemblée nationale, dit-il, pour avoir cette prétention de borner les pouvoirs du roi; non, je suis un fidèle sujet de Sa Majesté, et mon avis est que le roi peut tout ce qu'il veut. — Alors, je vous écoute. — Sire, dit Suleau, j'obéis.

Et il chanta à demi voix, sur l'air du menuet d'*Exaudet,* comme nous l'avons dit, une chanson qui devait peu de temps après obtenir une si terrible popularité!

La chanson finissait à peine, qu'un cri déchirant, un cri d'effroi, pres-

LE DOCTEUR GILBERT.

que de douleur, retentit. Tout le monde se retourna vivement, et on vit la reine pâle, chancelante, éperdue, qui tombait évanouie aux bras du docteur Gilbert.

Poussée comme les autres par la curiosité, elle était entrée au moment même où la chanson décrivait, en s'en moquant, la hideuse machine, et la reine, par un de ces vertiges inexplicables, avait cru voir apparaître devant elle ce même instrument de mort que Cagliostro lui avait fait voir vingt ans auparavant au château de Taverney-Maison-Rouge.

A cette vue, elle n'avait eu de forces que pour jeter un cri terrible, et, la vie l'ayant abandonnée, comme si la fatale machine eût opéré sur elle, elle était, ainsi que nous l'avons dit, tombée évanouie entre les bras de Gilbert qui venait d'entrer.

XLIII

LE MÉDECIN DU CORPS ET LE MÉDECIN DE L'AME

On conçoit qu'après un pareil événement, la soirée se trouva naturellement interrompue.

Quoique personne ne pût se rendre compte des causes qui avaient amené l'évanouissement de la reine, le fait existait.

Voilà le bruit qui circula dans les groupes, et tout ce qui n'était pas de la famille, ou tout au moins de l'intimité, se retira.

Gilbert porta les premiers soins à la reine.

Madame de Lamballe n'avait point voulu qu'on la transportât chez elle; d'ailleurs, c'était chose difficile : madame de Lamballe demeurait au pavillon de Flore ; la reine au pavillon Marsan ; c'était toute la longueur du château à traverser.

L'auguste malade avait, en conséquence, été déposée sur une chaise longue dans la chambre à coucher de la princesse, laquelle, avec cette intuition particulière aux femmes, ayant deviné qu'il y avait quelque sombre mystère caché là-dessous, avait éloigné tout le monde, même le roi, et, debout à la tête de la chaise, l'œil tendrement inquiet, attendait que, grâce aux soins du docteur Gilbert, la reine reprît ses sens.

De temps en temps seulement elle interrogeait d'un mot le docteur, qui, impuissant lui-même à hâter le retour de la vie, ne pouvait tranquilliser la princesse que par de banales assurances.

En effet, pendant quelques instants, la violence du coup porté à tout le système nerveux de la pauvre femme fut si intense, que l'application des flacons de sel sous le nez et les frictions de vinaigre aux tempes furent insuffisantes; enfin, de légères crispations vers les extrémités indiquèrent le retour de la sensibilité ; la reine agita languissamment la tête de droite à gauche comme on fait dans un rêve pénible, poussa un soupir et rouvrit les yeux.

Mais il était évident que, chez elle, la vie venait de se réveiller avant la raison ; aussi, pendant quelques secondes, regarda-t-elle autour de l'appartement de ce regard vague indiquant une personne qui ne sait où elle est, et qui ignore ce qui lui est arrivé ; mais bientôt un léger tremblement courut par tout son corps ; elle poussa un faible cri, et mit la main sur ses yeux, comme pour leur dérober la vue d'un objet terrible.

Elle se souvenait.

Mais la crise était passée. Gilbert, qui ne se dissimulait pas que l'accident avait une cause toute morale, et qui savait le peu d'action qu'a la médecine sur ces sortes de phénomènes, s'apprêtait à se retirer, lorsque, au premier pas qu'il fit en arrière, comme si la reine, par une vue intérieure, eut deviné son intention, elle étendit la main, lui saisit le bras, et, d'une voix aussi nerveuse que le geste qu'elle accompagnait :

— Restez ! dit-elle.

Gilbert s'arrêta tout étonné. Il n'ignorait pas le peu de sympathie que la reine avait pour lui, et cependant, d'un autre côté, il avait remarqué l'influence étrange et presque magnétique qu'il exerçait sur elle.

— Je suis aux ordres de la reine, dit-il ; mais je crois qu'il serait bon de calmer les inquiétudes du roi et des personnes retirées au salon, et, si Votre Majesté le permet... — Thérèse, dit la reine en s'adressant à la princesse de Lamballe, va annoncer au roi que je suis revenue à moi, et veille à ce que je ne sois pas interrompue ; j'ai à causer avec le docteur Gilbert.

La princesse obéit avec cette douceur passive qui était le trait dominant de son caractère et même de sa physionomie.

La reine, appuyée sur son coude, la suivit des yeux, attendit, comme si elle eut voulu lui donner le temps de s'acquitter de sa commission, et, voyant qu'effectivement cette commission accomplie, grâce à la vigilance de madame de Lamballe, elle allait être libre de causer à loisir avec le docteur, elle se retourna de son côté, et fixant ses regards sur le sien :

— Docteur, lui dit-elle, ne vous étonnez-vous point de ce hasard qui vous met presque toujours face à face avec moi dans les crises physiques ou morales de ma vie ? demanda-t-elle. — Hélas ! Madame, répondit Gilbert, je ne sais si je dois remercier ce hasard ou m'en plaindre.

— Pourquoi cela, Monsieur? — Parce que je lis assez profondément dans le cœur pour m'apercevoir que ce n'est ni à votre désir ni à votre volonté que je dois cet honorable contact. — Aussi ai-je dit hasard... Vous savez que je suis franche. Et cependant, docteur, dans les dernières circonstances qui nous ont fait agir de concert, vous m'avez montré un véritable dévouement; je ne l'oublierai pas, et vous en remercie.

Gilbert s'inclina.

La reine suivit le mouvement de son corps et de son visage.

— Moi aussi, je suis physionomiste, dit-elle. Savez-vous ce que vous venez de me répondre, sans prononcer un mot? — Madame, dit Gilbert, je serais désespéré que mon silence fût moins respectueux que mes paroles. — Vous venez de me répondre : « C'est bien, vous m'avez remercié; voilà une affaire réglée; passons à une autre. » — J'ai au moins éprouvé le désir que Sa Majesté mît mon dévouement à une épreuve qui lui permît de se manifester d'une façon plus efficace qu'il ne l'a fait jusqu'à présent... De là l'espèce de désireuse impatience que la reine a peut-être en effet remarquée sur ma physionomie. — Monsieur Gilbert, dit la reine en regardant fixement le docteur, vous êtes un homme tout à fait supérieur, et je fais amende honorable : j'avais des préventions contre vous; ces préventions n'existent plus. — Votre Majesté me permettra de la remercier du plus profond de mon cœur, non du compliment qu'elle daigne me faire, mais de l'assurance qu'elle veut bien me donner. — Docteur, reprit la reine, comme si ce qu'elle allait dire s'enchaînait naturellement à ce qu'elle avait dit, que pensez-vous de ce qui vient de m'arriver? — Madame, dit Gilbert, je suis un homme positif, un homme de science; ayez la bonté de me poser la question d'une façon plus précise. — Je vous demande, Monsieur, si vous croyez que l'évanouissement dont je sors a été causé par une de ces crises nerveuses auxquelles les pauvres femmes sont soumises par la faiblesse de leur organisation, ou si vous soupçonnez à cet accident quelque cause plus sérieuse? — Je répondrai à Votre Majesté que la fille de Marie-Thérèse, que la femme que j'ai vue si calme et si courageuse dans la nuit du 5 au 6 octobre, n'est point une femme ordinaire, et, par conséquent, n'a pu être émue d'un de ces accidents qui ont prise sur les femmes ordinaires. — Vous avez raison, docteur; croyez-vous aux pressentiments? — La science repousse tous ces phénomènes qui tendraient à renverser le cours matériel des choses, et, cependant, parfois les faits sont là qui viennent donner un démenti à la science. — J'aurais dû dire : croyez-vous aux prédictions? — Je crois que la suprême bonté a couvert, pour notre propre bonheur, l'avenir d'un voile impénétrable. Quelques esprits qui ont reçu de la nature une grande justesse mathémathique peuvent arriver, par l'étude profonde du passé, à soulever un coin de ce voile, et à entrevoir, comme à travers un brouillard, les choses futures; mais ces exceptions sont rares, et, depuis que la religion a aboli la fatalité, depuis que la philosophie a mis des limites à la foi, les prophètes ont perdu les trois quarts de leur magie... et cependant... ajouta Gilbert... — Et cependant?... reprit la reine, voyant que, pensif, il s'arrêtait. — Et cependant, Madame, poursuivit-il, comme s'il faisait un effort sur lui-même pour aborder des questions que sa raison reléguait dans le domaine du doute, et cependant il est un homme... — Un homme?... dit la reine, qui suivait avec un intérêt haletant les paroles de Gilbert. — Il est un homme qui a quelquefois confondu par des faits irrécusables tous les arguments de mon intelligence. — Et cet homme... c'est?... — Je n'ose le nommer devant Votre Majesté. — Cet homme, c'est votre maître, n'est-ce pas, monsieur Gilbert? l'homme tout-puissant, l'homme immortel, le divin Cagliostro! — Madame, mon seul, mon unique, mon véritable maître, c'est la nature... Cagliostro n'est que mon sauveur. Percé d'une balle qui me traversait la poitrine, perdant tout mon sang par une blessure que, devenu médecin, et après vingt ans d'études, je regarde comme incurable, en quelques jours, grâce à un baume dont j'ignore la composition, il m'a guéri... De là ma reconnaissance, je dirai presque mon admiration. — Et cet homme vous a fait des prédictions qui se sont accomplies? — D'étranges! d'incroyables, Madame! Cet homme marche dans le présent avec une certitude qui ferait croire à sa connaissance de l'avenir. — De sorte que, si cet homme vous avait prédit quelque chose, à vous, vous croiriez à sa prédiction? — J'agirais, du moins, comme si elle devait se réaliser. — De sorte que, s'il vous avait prédit une mort prématurée, terrible, infamante, vous vous prépareriez à cette mort? — Après toutefois, Madame, dit Gilbert en regardant profondément la reine, après avoir cherché à y échapper par tous les moyens possibles. — Y échapper?... Non, docteur, non, je vois bien que je suis condamnée! dit la reine. Cette révolution est un gouffre qui doit engloutir le trône; ce peuple est un lion qui me dévorera! — Ah! Madame, dit Gilbert, ce lion qui vous épouvante, il dépend de vous de le voir se coucher à vos pieds comme un agneau. — Ne l'avez-vous pas vu à Versailles? — Ne l'avez-vous pas vu aux Tuileries?... C'est l'océan, Madame, battant incessamment, jusqu'à ce qu'il le déracine, le rocher qui s'oppose à sa course, caressant comme une nourrice la barque qui se confie à lui... — Docteur, tout est rompu depuis longtemps entre ce peuple et moi... Il me hait, et je le méprise. — Parce que vous ne vous connaissez réellement ni l'un ni l'autre... cessez d'être pour lui une reine, devenez une mère; oubliez que vous êtes la fille de Marie-Thérèse, notre vieille ennemie; la sœur de Joseph II, notre faux ami; soyez française,

LE MÉDECIN DU CORPS ET LE MÉDECIN DE L'AME.

et vous entendrez les voix de ce peuple s'élever vers vous pour vous bénir, et vous verrez les bras de ce peuple s'étendre vers vous pour vous caresser!

Marie-Antoinette haussa les épaules.

— Oui, je sais cela... Il bénit hier, il caresse aujourd'hui... demain il étouffe ceux-là même qu'il a bénis et caressés! — Parce qu'il sent qu'il y a dans ceux-là une résistance à sa volonté, une haine en opposition avec son amour. — Et sait-il lui-même ce qu'il aime ou ce qu'il hait, ce peuple, élément destructeur... destructeur à la fois comme le vent, l'eau et le feu, et qui a les caprices d'une femme? — Parce que vous le voyez du bord, Madame, comme le visiteur des falaises voit l'océan; parce qu'avançant et reculant sans raison apparente, il brise à vos pieds son écume et vous enveloppe de ses plaintes, que vous prenez pour des rugissements; mais ce n'est point ainsi qu'il faut le voir : il faut le voir poussé par l'esprit du Seigneur, qui plane sur les grandes eaux; il faut le voir comme Dieu le voit, marchant à l'unité et brisant tout ce qui lui est obstacle pour arriver à ce but. Vous êtes reine des Français, Madame, et vous ignorez ce qui se passe à cette heure en France... Levez votre voile, Madame, au lieu de l'abaisser, et vous admirerez au lieu de craindre! — Que verrai-je donc de si beau, de si magnifique, de si splendide? — Vous verrez le nouveau monde éclore au milieu des ruines de l'ancien; vous verrez le berceau de la France venir flotter, comme celui de Moïse, sur un fleuve plus large que le Nil, que la Méditerranée, que l'océan... Dieu te protége, ô berceau! Dieu te garde, ô France!

Et, si peu enthousiaste que fût Gilbert, il leva les bras et les yeux au ciel.

La reine le regardait avec étonnement : elle ne comprenait pas.

— Et où va-t-il aborder ce vaisseau? demanda la reine; est-ce à l'Assemblée nationale, cette réunion de disputeurs, de démolisseurs, de niveleurs? Est-ce la vieille France qui doit guider la nouvelle? Triste mère pour un si bel enfant, monsieur Gilbert! — Non, Madame... Où ce berceau doit aborder un jour ou l'autre, aujourd'hui, demain peut-être, c'est à une terre inconnue jusqu'à cette heure, et qu'on appelle LA PATRIE; là, elle trouvera la vigoureuse nourrice qui fait les peuples forts, la Liberté! — Ah! de grands mots! dit la reine, je croyais que l'abus les avait tués. — Non, Madame, dit Gilbert; de grandes choses! Voyez la France au moment où tout est brisé déjà et où rien n'est reconstruit encore; où elle n'a pas de municipalités régulières, de départements à peine; où elle n'a point de lois, mais où elle se fait sa loi à elle-même; voyez-la franchir, l'œil fixe et la marche assurée, le passage qui la conduit d'un monde à l'autre, ce pont étroit jeté sur l'abîme... Voyez! ce pont, étroit comme celui de Mahomet, elle le traverse sans trébucher! Où va-t-elle, cette vieille France? A l'unité de la patrie. Tout ce qu'elle a cru difficile, pénible, insurmontable jusqu'ici, lui est devenu, non-seulement possible, mais encore facile. Nos provinces étaient un faisceau de préjugés différents, d'intérêts opposés, de souvenirs individuels; rien ne prévaudrait, croyait-on, contre ces vingt-cinq ou trente nationalités repoussant la nationalité générale; le vieux Languedoc, la vieille Toulouse, la vieille Bretagne, consentiront-ils à se faire Bourgogne ou Dauphiné? Non, Madame; mais tous se feront France! Pourquoi étaient-ils ainsi entêtés de leurs droits, de leurs priviléges, de leur législation? C'est qu'ils n'avaient point de patrie. Or, je vous l'ai dit, Madame, la patrie leur est apparue, bien loin encore, dans l'avenir peut-être; mais ils l'ont vue, mère immortelle et féconde, les appelant à elle les bras ouverts; enfants isolés et perdus, celle qui les appelle, c'est la mère commune! Ils avaient l'humilité de se croire Languedociens, Provençaux, Bretons, Normands, Bourguignons, Dauphinois; non, ils se trompaient tous : ils étaient Français! — Mais, à vous entendre, docteur, dit la reine avec un accent d'ironie, la France, cette vieille France, la fille aînée de l'Église, comme l'appellent les papes depuis le neuvième siècle, n'existerait que d'hier? — Et voilà justement où est le miracle, Madame! C'est qu'il y avait une France, et qu'aujourd'hui il y a des Français, non-seulement des Français, mais encore des frères, des frères qui se tiennent tous par la main. Eh! mon Dieu! Madame, les hommes sont moins mauvais qu'on ne le dit; ils tendent à se socialiser; pour les désunir, pour les empêcher de se rapprocher, il a fallu tout un monde d'inventions contre nature : douanes intérieures, péages innombrables, barrières sur les routes, bacs sur les fleuves, diversité de lois, de règlements, de poids, de mesures; rivalités de provinces, de pays, de villes, de villages. Un beau jour, un tremblement de terre arrive qui secoue le trône et qui renverse toutes ces vieilles murailles, qui détruit tous ces obstacles! Les hommes, alors, se regardent à la face du ciel; à cette douce et bonne lumière du soleil, qui féconde non-seulement la terre, mais encore les cœurs; la fraternité pousse comme une moisson sainte, et les ennemis eux-mêmes, étonnés des haines qui les ont agités si longtemps, s'avancent, non pas les uns contre les autres, mais les uns vers les autres; les bras, non pas armés, mais ouverts! Rien d'officiel, rien de commandé! Sous cette marée qui monte, fleuves et montagnes disparaissent; la géographie est tuée; les accents sont encore divers, mais la langue est la même, et l'hymne universel que chantent trente millions de Français se compose de ces quelques mots : « Louons Dieu, qui nous a fait une patrie! » — Eh bien! où voulez-vous en venir, docteur? Croyez-vous me rassurer par la vue de cette fédération universelle de trente mille rebelles contre leur reine et leur roi? — Ah! Madame, détrompez-vous, s'écria Gilbert : ce n'est point le peuple qui est rebelle à sa reine et à son roi; c'est le roi et la reine qui sont rebelles à leur peuple, qui continuent à parler le langage des priviléges et de la royauté, quand on parle autour d'eux la langue de la fraternité et du dévouement. Jetez les yeux sur une de ces fêtes improvisées, Madame, et vous y verrez presque toujours, au milieu d'une vaste plaine ou au sommet d'une colline, un autel, autel pur comme celui d'Abel! Sur cet autel, un petit enfant que tous adoptent, et qui, doté des vœux, des dons et des largesses de tous, devient l'enfant de tous! Eh bien! Madame, la France, cette France née d'hier et dont je vous parle, c'est l'enfant sur l'autel; seulement, autour de cet autel, ce ne sont plus les villes et les villages qui se groupent, ce sont les peuples, ce sont les nations... La France, c'est le Christ qui vient de naître dans une crèche, au milieu des humbles, pour le salut du monde, et les peuples se réjouissent à sa naissance, en attendant que les rois plient les genoux devant elle et lui apportent leur tribut. L'Italie, la Pologne, l'Irlande, l'Espagne, regardent cet enfant né d'hier qui porte leur avenir, et, les yeux en larmes, elles lui tendent leurs mains enchaînées en criant : « France! France! nous sommes libres en toi!... » Madame, Madame, continua Gilbert, il en est temps encore, prenez l'enfant sur l'autel et faites-vous sa mère! — Docteur, répondit la reine, vous oubliez que j'ai d'autres enfants, les enfants de mes entrailles, et qu'en faisant ce que vous dites, je les déshérite pour un enfant étranger. — Alors, s'il en est ainsi, Madame, dit Gilbert avec une profonde tristesse, enveloppez ces enfants dans votre manteau royal, dans le manteau de guerre de Marie-Thérèse, et emportez-les avec vous hors de France; car, vous avez dit vrai, le peuple vous dévorera, et vos enfants avec vous... Seulement, il n'y a pas de temps à perdre; hâtez-vous, Madame, hâtez-vous. — Et vous ne vous opposerez pas à ce départ, Monsieur? — Loin de là, dit Gilbert; maintenant que je sais vos véritables intentions, je vous y aiderai, Madame. — Eh bien! cela tombe à merveille, dit la reine, car il y a un gentilhomme tout prêt à agir, à se dévouer, à mourir... — Ah! Madame, dit Gilbert avec terreur, ne serait-ce point de monsieur de Favras dont vous voulez parler? — Qui vous a dit son nom? qui vous a révélé son projet? — Oh! Madame, prenez garde! Celui-là aussi, une prédiction fatale le poursuit! — Est-ce encore du même prophète? — Toujours, Madame. — Et, selon ce prophète, quel sort attend le marquis? — Une mort prématurée, terrible, infamante, comme celle dont vous parliez tout à l'heure. — Alors, vous aviez raison de le dire, il n'y a pas de temps à perdre pour faire mentir ce prophète de malheur! —

Vous allez prévenir monsieur de Favras que vous acceptez son aide? — On est chez lui à cette heure, monsieur Gilbert, et j'attends sa réponse.

En ce moment, et comme Gilbert, effrayé lui-même des circonstances dans lesquelles il se trouvait engagé, passait sa main sur son front pour y attirer la lumière, madame de Lamballe entra et dit deux mots tout bas à l'oreille de la reine.

— Qu'il entre! qu'il entre! s'écria la reine; le docteur sait tout... Docteur, continua-t-elle, c'est monsieur Isidore de Charny qui m'apporte la réponse du marquis de Favras... Demain, la reine aura quitté Paris; après-demain nous serons hors de France! Venez, baron, venez... Grand Dieu! qu'avez-vous, et pourquoi êtes-vous si pâle? — Madame la princesse de Lamballe m'a dit que je pouvais parler devant le docteur Gilbert? demanda Isidore. — Et elle a dit vrai; oui, oui, parlez... Vous avez vu le marquis de Favras... Le marquis est prêt... nous acceptons son offre... nous allons quitter Paris, quitter la France... — Le marquis de Favras vient d'être arrêté il y a une heure, rue Beaurepaire, et conduit au Châtelet, répondit Isidore.

Le regard de la reine croisa celui de Gilbert, lumineux, désespéré, plein de colère.

Mais toute la force de Marie-Antoinette sembla s'être épuisée dans cet éclair.

Gilbert s'approcha d'elle, et, avec un accent de profonde pitié :

— Madame, lui dit-il, puis-je vous être bon à quelque chose? Disposez de moi; mon intelligence, mon dévouement, ma vie, je mets tout à vos pieds.

La reine leva lentement les yeux sur le docteur.

Puis, d'une voix lente et résignée :

— Monsieur Gilbert, dit-elle, vous qui êtes si savant, êtes-vous d'avis que la mort que donne l'affreuse machine dont parlait la chanson soit aussi douce que le prétend son inventeur?

Gilbert poussa un soupir, et voila ses yeux de ses mains.

En ce moment, Monsieur, qui savait tout ce qu'il voulait savoir, car le bruit de l'arrestation du marquis de Favras s'était en quelques secondes répandu par tout le palais, Monsieur demandait en toute hâte sa voiture et partait, sans s'inquiéter de la santé de la reine et presque sans prendre congé du roi.

Louis XVI lui barra le passage.

— Mon frère, dit-il, vous n'êtes point tellement pressé de rentrer au Luxembourg, je suppose, que vous n'ayez le temps de me donner un conseil. A votre avis, que dois-je faire? — Vous voulez me demander ce que, à votre place, je ferais? — Oui. — Je jurerais fidélité à la constitution. — Comment voulez-vous que je jure fidélité à une constitution qui n'est pas achevée? — Raison de plus, mon frère, dit Monsieur, raison de plus pour ne pas vous croire obligé de tenir votre serment!

Le roi demeura un instant pensif.

— Soit, dit-il; cela n'empêche pas que je n'écrive à monsieur de Bouillé que notre projet tient toujours, mais est ajourné; ce retard donnera le temps au comte de Charny de relever la route que nous devons suivre.

XLIV

MONSIEUR DÉSAVOUE FAVRAS, ET LE ROI PRÊTE SERMENT A LA CONSTITUTION

Le lendemain de l'arrestation de monsieur de Favras, cette singulière circulaire courut par tout Paris :

« Le marquis de Favras (Place-Royale) a été arrêté avec madame son épouse, dans la nuit du 24 au 25, pour un plan qu'il avait fait de soulever trente mille hommes pour faire assassiner monsieur de Lafayette et le maire de la ville, et ensuite nous couper les vivres.

« Monsieur, frère du roi, était à la tête.

« Signé : BARAUZ. »

On comprend la révolution étrange que fit, dans le Paris de 1790, si facile à l'émotion, une pareille circulaire.

Une traînée de poudre allumée n'aurait pas produit une flamme plus rapide que celle qui s'éleva partout où passa le papier incendiaire.

D'abord il fut dans toutes les mains; une heure après, chacun le savait par cœur.

Le 26 au soir, les mandataires de la commune étant rassemblés en conseil à l'hôtel de ville, et lisant l'arrêté du comité des recherches qui venait d'être rendu, l'huissier annonça tout à coup que Monsieur demandait à être introduit.

— *Monsieur!...* répéta le bon Bailly, qui présidait l'assemblée; quel Monsieur? — Monsieur, frère du roi, répondit l'huissier.

A ces mots, les membres de la commune se regardèrent les uns les autres. Le nom de Monsieur était, depuis la veille au matin, dans toutes les bouches.

Mais, en se regardant, ils se levèrent.

Bailly jeta un coup d'œil interrogateur autour de lui, et comme les réponses muettes qu'il lut dans les yeux de ses collègues lui parurent unanimes :

— Allez annoncer à Monsieur, dit-il, que, bien qu'étonnés de l'honneur qu'il nous fait, nous sommes prêts à le recevoir.

Quelques secondes après, Monsieur était introduit.

Il était seul ; son visage était pâle, et sa démarche, d'ordinaire assez mal assurée, était plus chancelante encore ce soir-là que de coutume.

Par bonheur pour le prince, chaque membre de la commune ayant des lumières près de lui, sur l'immense table en fer à cheval où chacun travaillait, le milieu de ce fer à cheval demeurait dans une obscurité relative.

Cette circonstance n'échappa point à Monsieur, qui parut se rassurer.

Il promena un regard timide encore sur cette nombreuse réunion, dans laquelle il trouvait au moins le respect, à défaut de sympathie, et d'une voix tremblante d'abord, mais qui se raffermit par degrés :

— Messieurs, dit-il, le désir de repousser une calomnie atroce m'amène au milieu de vous. Monsieur de Favras a été arrêté avant-hier, par ordre de votre comité des recherches, et l'on répand aujourd'hui avec affectation que j'ai de grandes liaisons avec lui...

Quelques sourires passèrent sur le visage des auditeurs, et des chuchottements accueillirent cette première partie du discours de Monsieur.

Il continua :

— En ma qualité de citoyen de la ville de Paris, j'ai cru devoir vous instruire moi-même des seuls rapports sous lesquels je connaisse monsieur de Favras.

Comme on le devine bien, l'attention de messieurs les membres de la commune redoubla ; on tenait à savoir de la bouche même de Monsieur, quitte à en croire ce que l'on voudrait, quels étaient les rapports de Son Altesse Royale avec monsieur de Favras.

Son Altesse Royale continua en ces termes :

— En 1772, monsieur de Favras est entré dans mes gardes suisses ; il en est sorti en 1775. Je ne lui ai point parlé depuis cette époque...

Un murmure d'incrédulité passa dans l'auditoire ; mais un regard de Bailly comprima ce murmure, et Monsieur put rester dans le doute s'il était approbatif ou improbatif.

Monsieur reprit :

— Privé depuis plusieurs mois de la jouissance de mes revenus, inquiet sur des paiements considérables que j'ai à faire en janvier, j'ai désiré pouvoir satisfaire mes engagements sans être à charge au trésor public ; j'avais résolu, en conséquence, de faire un emprunt. Monsieur de Favras m'a été indiqué, il y a quinze jours environ, par monsieur de La Châtre, comme pouvant effectuer cet emprunt sur un banquier de Gênes, en conséquence, j'ai souscrit une obligation de deux millions, somme nécessaire pour acquitter mes engagements du commencement de l'année et pour payer ma maison. Cette affaire étant purement de finance, j'ai chargé mon intendant de la suivre ; je n'ai pas vu monsieur de Favras ; je ne lui ai point écrit ; je n'ai eu aucune communication avec lui. Ce qu'il a fait, d'ailleurs, m'est parfaitement inconnu*.

Un ricanement parti des rangs du public prouva que tout le monde n'était pas disposé à croire ainsi sur parole à cette étrange assertion d'un prince confiant, sans le voir, deux millions de traites à un intermédiaire, surtout quand cet intermédiaire était un de ses anciens gardes.

Monsieur rougit, et sans doute pressé d'en finir avec la position fausse qu'il s'était faite, il continua vivement :

— Cependant, Messieurs, j'ai appris hier que l'on distribuait avec profusion dans la capitale un papier conçu en ces termes...

Et Monsieur lut alors, ce qui était bien inutile, tout le monde l'ayant dans la main ou dans la mémoire, le bulletin que nous avons cité tout à l'heure.

À ces mots : « Monsieur, frère du roi, était à la tête, » tous les membres de la commune s'inclinèrent.

Voulaient-ils dire qu'ils étaient de l'avis du bulletin ? voulaient-ils dire purement et simplement qu'ils étaient au courant de l'accusation ?

Monsieur poursuivit :

— Vous n'attendez pas de moi sans doute que je descende à me justifier d'un crime aussi bas ; mais, dans un temps où les calomnies les plus absurdes peuvent faire aisément confondre les meilleurs citoyens avec les ennemis de la révolution, j'ai cru, Messieurs, devoir au roi, à vous et à moi-même d'entrer dans tous les détails que vous venez d'entendre, afin que l'opinion publique ne puisse rester un seul moment incertaine. Depuis le jour où, dans la seconde assemblée des notables, je me déclarai sur la question fondamentale qui divisait encore les esprits, je n'ai pas cessé de croire qu'une grande révolution était prête ; que le roi, par ses intentions, ses vertus et son rang suprême, devait en être le chef, puisqu'elle ne pouvait pas être avantageuse à la nation sans l'être également au monarque ; enfin, que l'autorité royale devait être le rempart de la liberté nationale ; et la liberté nationale la base de l'autorité royale.

Quoique le sens de la phrase ne fût pas bien clair, l'habitude qu'on avait d'applaudir certaines combinaisons de mots fit qu'on applaudit à celle-ci.

Encouragé, Monsieur haussa la voix, et ajouta, s'adressant avec un peu plus d'assurance aux membres de l'assemblée :

---

* Nous reproduisons, sans y changer une syllabe, les propres paroles de Monsieur.

— Que l'on cite une seule de mes actions, un seul de mes discours qui ait démenti les principes que je viens d'émettre, qui ait montré que, dans quelque circonstance où j'aie été placé, le bonheur du roi, celui du peuple, ait cessé d'être l'unique objet de mes pensées et de mes vœux; jusque-là, j'ai le droit d'être cru. Je n'ai jamais changé de sentiments ni de principes, je n'en changerai jamais !

Tout romancier que nous nous sommes fait, nous avons momentanément empiété sur l'histoire en donnant le discours filandreux de Son Altesse Royale dans toute son étendue.

Or, comme nous ne voulons pas être plus injuste pour Bailly que pour Son Altesse Royale, nous donnerons la réponse du maire de Paris comme nous avons donné le discours de Monsieur.

Bailly répondit :

— C'est une grande satisfaction pour les représentants de la commune de Paris de voir parmi eux le frère d'un roi chéri, d'un roi le restaurateur de la liberté française. Augustes frères, vous êtes unis par les mêmes sentiments. Monsieur s'est montré le premier citoyen du royaume en votant pour le tiers état dans la seconde assemblée des notables; il a été presque le seul de cet avis avec un très-petit nombre d'amis du peuple, et il a ajouté la dignité de la raison à tous ses autres titres au respect de la nation. Monsieur est donc le premier auteur de l'égalité civile; il en donne un nouvel exemple aujourd'hui en venant se mêler parmi les représentants de la commune, où il semble ne vouloir être apprécié que pour ses sentiments patriotiques; ces sentiments sont consignés dans les explications que Monsieur veut bien donner à l'assemblée. Le prince va au-devant de l'opinion publique; le citoyen met le prix à l'opinion de ses concitoyens, et j'offre à Monsieur, au nom de l'assemblée, le tribut de respect et de reconnaissance qu'elle doit à ses sentiments, à l'honneur de sa présence, et surtout au prix qu'il attache à l'estime des hommes libres.

Alors, comme Monsieur comprit que, malgré le grand éloge que faisait Bailly de sa conduite, cette conduite serait diversement appréciée, il répondit avec cet air paterne qu'il savait si bien prendre dans les circonstances où il pouvait lui être utile :

— Messieurs, le devoir que je viens de remplir a été pénible pour un cœur vertueux; mais j'en suis bien dédommagé par les sentiments que l'assemblée vient de me témoigner, et ma bouche ne doit plus s'ouvrir que pour demander la grâce de ceux qui m'ont offensé.

On le voit, Monsieur ne s'engageait ni n'engageait l'assemblée. Pour qui demandait-il grâce? Ce n'était point pour Favras; car nul ne savait encore si Favras était coupable, et, d'ailleurs, Favras n'avait point offensé Monsieur.

Non, Monsieur demandait tout simplement la grâce de l'auteur anonyme de la circulaire qui l'accusait; mais l'auteur n'avait pas besoin de grâce, puisqu'il était inconnu.

Les historiens passent si souvent sans les relever près des infamies des princes, que c'est à nous autres romanciers à faire dans ce cas-là leur office, au risque de voir pendant un chapitre le roman devenir aussi ennuyeux que l'histoire.

Il va sans dire que, lorsque nous parlons d'historiens aveugles ou d'histoires ennuyeuses, on sait de quels historiens et de quelles histoires nous parlons.

Monsieur avait donc, pour son compte, pratiqué une partie des conseils qu'il avait donnés à son frère Louis XVI.

Il avait renié monsieur de Favras, et, comme on le voit aux éloges que lui avait décernés le vertueux Bailly, la chose avait obtenu un plein succès.

Ce que voyant sans doute le roi Louis XVI, il se décida, de son côté, à jurer fidélité à la constitution.

Un beau matin, l'huissier vint dire au président de l'Assemblée, qui était ce jour-là monsieur Bureaux de Puzy, comme l'huissier de la commune était venu dire au maire pour Monsieur, que le roi, avec un ou deux ministres et trois ou quatre officiers, frappait à la porte du Manége, comme Monsieur avait frappé à la porte de l'hôtel de ville.

Les représentants du peuple se regardèrent étonnés. Que pouvait avoir à leur dire le roi, qui depuis si longtemps marchait séparé d'eux?

On fit entrer Louis XVI, et le président lui céda son fauteuil.

A tout hasard, la salle éclata en acclamations. A part Pétion, Camille Desmoulins et Marat, toute la France était encore ou croyait être encore royaliste.

Le roi avait éprouvé le besoin de venir féliciter l'Assemblée sur ses travaux; il avait à louer cette belle division de la France en départements; mais ce qu'il ne voulait pas tarder à exprimer surtout, car ce sentiment l'étouffait, c'était son amour ardent pour la constitution.

Le commencement du discours, n'oublions pas que, noir ou blanc, royaliste ou constitutionnel, aristocrate ou patriote, pas un seul représentant ne savait où allait le roi; le commencement du discours causa quelques inquiétudes; le milieu prédisposa les esprits à la reconnaissance; mais la fin, oh! la fin! la fin porta les sentiments de l'Assemblée jusqu'à l'enthousiasme!

Le roi ne pouvait résister au désir d'exprimer son amour pour cette pauvre constitution de 1791, qui n'était pas encore née; que serait-ce donc quand elle aurait complétement vu le jour?...

Alors ce ne serait plus de l'amour que le roi aurait pour elle, ce serait du fanatisme !

Nous ne citons pas le discours du roi ; peste ! il a six pages ! c'est bien assez d'avoir cité le discours de Monsieur, qui n'en a qu'une, et qui cependant nous a paru terriblement long.

Tant il y a que Louis XVI ne parut pas trop prolixe à l'Assemblée, qui pleura d'attendrissement en l'écoutant.

Quand nous disons qu'elle pleura, ce n'est point une métaphore : Barnave pleurait, Lameth pleurait, Duport pleurait, Mirabeau pleurait, Barrère pleurait; c'était un véritable déluge !

L'Assemblée en perdit la tête ; elle se leva tout entière ; les tribunes se levèrent ; chacun étendit la main, et fit serment de fidélité à cette constitution qui n'existait pas encore.

Le roi sortit ; mais le roi et l'Assemblée ne pouvaient se quitter ainsi : elle sort derrière lui ; elle se précipite ; elle lui fait cortége... elle arrive aux Tuileries ; la reine la reçoit.

La reine ! elle n'est pas enthousiaste, elle, la fille de Marie-Thérèse ; elle ne pleure pas, la digne sœur de Léopold. Elle présente son fils aux députés de la nation.

— Messieurs, dit-elle, je partage tous les sentiments du roi ; je m'unis de cœur et d'affection à la démarche que sa tendresse pour son peuple vient de lui dicter. Voici mon fils ; je n'oublierai rien pour lui apprendre de bonne heure à imiter les vertus du meilleur des pères, à respecter la liberté publique et à maintenir les lois, dont j'espère qu'il sera le plus ferme soutien.

Il fallait un enthousiasme bien réel pour qu'un pareil discours ne le refroidît point; celui de l'Assemblée était chauffé à blanc. On proposa de prêter à l'instant même le serment; on le formula séance tenante; le premier de tous, le président, fit entendre ces paroles :

« Je jure d'être fidèle à la nation, à la loi et au roi, et de maintenir de tout mon pouvoir la constitution décrétée par l'Assemblée nationale et acceptée par le roi. »

Et tous les membres de l'Assemblée, à l'exception d'un seul, levèrent la main chacun à son tour, et répétèrent : « Je le jure! »

Les dix jours qui suivirent cette bienheureuse démarche, qui venait de rendre la joie à l'Assemblée, le calme à Paris, la paix à la France, s'écoulèrent en fêtes, en bals, en illuminations. On n'entendait de toutes parts que serments prêtés ; on jurait partout : on jurait sur la Grève, à l'hôtel de ville, dans les églises, dans les rues ; sur les places publiques, on dressait des autels à la patrie ; on y conduisait les écoliers, et les écoliers juraient, comme s'ils étaient déjà des hommes, et comme s'ils savaient ce que c'était qu'un serment.

L'Assemblée commanda un *Te Deum* où elle assista en masse. Là, on renouvela sur l'autel, en face de Dieu, le serment déjà fait.

Seulement, le roi n'alla point à Notre-Dame, et, par conséquent, ne jura point.

On remarqua son absence; mais on était si joyeux, on était si confiant, que l'on se contenta du premier prétexte qu'il lui plut de donner.

XLV

UN GENTILHOMME

Cette visite du roi à l'Assemblée avait eu lieu le 4 février 1790.

Douze jours plus tard, c'est-à-dire dans la nuit du 17 au 18 du même mois, en l'absence de monsieur le gouverneur du Châtelet, qui avait demandé et obtenu le jour même un congé pour se rendre à Soissons, près de sa mère mourante, un homme se présenta à la porte de la prison porteur d'un ordre signé de monsieur le lieutenant de police, lequel ordre autorisait le visiteur à conférer sans témoins avec monsieur de Favras.

L'ordre était-il réel ou falsifié? c'est ce que nous n'oserions dire; mais, en tout cas, le sous-gouverneur, que l'on réveilla pour le lui soumettre, le reconnut bon, puisqu'il ordonna aussitôt que, malgré l'heure avancée de la nuit, le porteur de l'ordre fût introduit dans le cachot de monsieur de Favras.

Après quoi, s'en rapportant à la bonne garde de ses porte-clés à l'intérieur et de ses sentinelles à l'extérieur, il alla se remettre au lit pour y achever sa nuit, si malencontreusement interrompue.

Le visiteur, sous prétexte d'avoir, en tirant l'ordre de son portefeuille, laissé tomber un papier important, prit la lampe et chercha à terre, jusqu'à ce qu'il eût vu monsieur le sous-directeur du Châtelet rentrer dans sa chambre. Alors, il déclara qu'il croyait avoir laissé ce papier sur sa table de nuit, et qu'en tout cas, si on le retrouvait, il priait qu'on le lui rendît au moment de son départ.

Puis, donnant la lampe au porte-clés qui attendait, il l'invita à le conduire au cachot de monsieur de Favras.

Le guichetier ouvrit une porte, fit passer l'inconnu, passa à son tour, et referma la porte derrière lui.

Il paraissait regarder cet inconnu avec curiosité, comme s'il s'attendait que, d'un moment à l'autre, celui-ci dût lui adresser la parole pour une importante communication.

On descendit douze marches et l'on s'engagea dans un corridor souterrain.

Puis, une seconde porte se présenta, que le guichetier ouvrit et referma comme la première.

L'inconnu et son guide se trouvèrent alors sur une espèce de palier, ayant devant eux un second étage de marches à descendre; l'inconnu s'arrêta, plongea son regard dans les profondeurs du corridor sombre; et, lorsqu'il se fut bien assuré que l'obscurité était aussi solitaire que muette :

— Vous êtes le porte-clés Louis? demanda-t-il. — Oui, répondit le guichetier. — Frère de la loge américaine? — Oui. — Vous avez été placé ici, il y a huit jours, par une main mystérieuse, pour y accomplir une œuvre inconnue? — Oui. — Vous êtes prêt à accomplir cette œuvre? — Je suis prêt. — Vous devez recevoir des ordres d'un homme? — Oui, du Messie. — A quoi devez-vous reconnaître cet homme? — A trois lettres brodées sur un plastron. — Je suis l'homme, et voici les trois lettres.

Et, à ces mots, le visiteur ouvrit son jabot de dentelle et, sur sa poitrine, montra brodées ces trois lettres, dont nous avons déjà, dans le cours de cette histoire, eu plus d'une fois l'occasion de montrer l'influence : L. P. D.

— Maître, dit le geôlier en s'inclinant, je suis à vos ordres. — Bien. Ouvrez-moi le cachot de monsieur de Favras et tenez-vous prêt à obéir.

Le geôlier s'inclina sans répondre, passa devant pour éclairer la route, et s'arrêtant devant une porte basse :

— C'est ici, murmura-t-il.

L'inconnu fit un signe de la tête; la clé, introduite dans la serrure, grinça deux fois, et la porte s'ouvrit.

Tout en prenant vis-à-vis du prisonnier les plus rigoureuses mesures de sûreté, jusqu'à le mettre dans un cachot enterré de vingt pieds sous le sol, on avait eu quelque attention pour sa qualité. Il avait un lit propre et des draps blancs; près de ce lit était une table chargée de plusieurs livres, et portant de l'encre, des plumes et du papier destiné, sans doute, à préparer un mémoire de défense.

Une lampe éteinte dominait le tout.

Dans un coin brillaient, sur une seconde table, des ustensiles de toilette tirés d'un élégant nécessaire aux armes du marquis; appuyée à la muraille était une petite glace sortant du même nécessaire.

CAGLIOSTRO DANS LA PRISON DE FAVRAS.

Monsieur de Favras dormait si profondément, que la porte s'ouvrit, que l'inconnu s'approcha de lui, que le geôlier posa la seconde lampe près de la première, et sortit, sur un geste du visiteur, sans que le bruit et le mouvement qui avaient été faits pussent le tirer de son sommeil.

L'inconnu considéra un instant cet homme endormi avec un sentiment de profonde mélancolie; puis, comme s'il se fût rappelé que le temps était précieux, quelque regret qu'il parût avoir de troubler ce bon repos, il lui posa la main sur l'épaule.

Le prisonnier tressaillit et se retourna vivement, les yeux tout grands ouverts, comme font d'habitude ceux qui se sont endormis s'attendant à être réveillés par une mauvaise nouvelle.

— Tranquillisez-vous, monsieur de Favras, dit l'inconnu, c'est un ami...

Monsieur de Favras regarda un instant le visiteur nocturne avec un air de doute qui exprimait son étonnement qu'un ami vînt le chercher à dix-huit ou vingt pieds au-dessous du sol.

Puis, tout à coup, rappelant ses souvenirs :

— Ah! ah! dit-il, monsieur le baron Zannone! — Moi-même, cher marquis.

Favras jeta, en souriant, un regard autour de lui, et montrant du doigt au baron un escabeau libre de tous livres et de tous vêtements :

— Donnez-vous donc la peine de vous asseoir, lui dit-il. — Mon cher marquis, dit le baron, je viens vous proposer une chose qui n'admet point une longue discussion; et puis, nous n'avons pas de temps à perdre... — Que venez-vous me proposer, mon cher baron? J'espère que ce n'est pas un emprunt! — Pourquoi cela? — Parce que les garanties que j'aurais à vous donner me paraissent médiocrement sûres... — Ce ne serait point une raison avec moi, marquis, et je serais tout prêt, au contraire, à vous offrir un million. — A moi? dit Favras en souriant. — A vous, oui... Mais comme ce serait à des conditions que vous n'accepteriez pas, je ne vous ferai pas même cette offre. — Alors, comme vous m'avez prévenu que vous étiez pressé, mon cher baron, venez au fait. — Vous savez que c'est demain qu'on vous juge, marquis? — Oui, j'ai entendu dire quelque chose comme cela, répondit Favras. — Vous savez que les juges devant lesquels vous paraissez sont les mêmes qui ont acquitté Augeard et Bezenval? — Oui. — Vous savez que l'un et l'autre n'ont été acquittés que par l'intervention toute-puissante de la cour? — Oui, répondit pour la troisième fois Favras, sans que sa voix eût subi la moindre altération dans ces trois réponses. — Vous espérez, sans doute, que la cour fera pour vous ce qu'elle a fait pour vos devanciers? — Ceux avec lesquels j'ai eu l'honneur d'être en relations pour l'entreprise qui m'a conduit ici savent ce qu'ils doivent faire à mon égard, monsieur le baron... ce qu'ils feront sera bien fait. — Ils ont déjà pris leur parti à cet égard, monsieur le marquis, et je puis vous instruire de ce qu'ils ont fait.

Favras ne témoigna aucune curiosité de le savoir.

— Monsieur, continua le visiteur, s'est présenté à l'hôtel de ville, et a déclaré qu'il vous connaissait à peine; qu'en 1772, vous étiez entré dans ses gardes suisses; que vous en étiez sorti en 1775, et que, depuis cette époque, il ne nous avait pas vu.

Favras inclina la tête en signe d'adhésion.

— Quant au roi, non-seulement il ne pense plus à fuir, mais encore il s'est, le 4 courant, rallié à l'Assemblée nationale, et a juré la constitution.

Un sourire passa sur les lèvres de Favras.

— Vous doutez? demanda le baron. — Je ne dis point cela, répondit Favras. — Ainsi, vous le voyez, marquis, il ne faut pas compter sur Monsieur, il ne faut pas compter sur le roi. — Au fait, monsieur le baron. — Vous allez donc passer demain devant vos juges... — Vous m'avez fait l'honneur de me le dire. — Vous serez condamné... — C'est probable. — A mort. — C'est possible.

Favras s'inclina en homme prêt à recevoir, quel qu'il soit, le coup qui doit le frapper.

— Mais, fit le baron, savez-vous à quelle mort, mon cher marquis? — Y a-t-il deux morts, mon cher baron? — Oh! il y en a dix; il y a le pal, l'écartellement, le lacet, la roue, la potence, la tête tranchée... ou plutôt, la semaine dernière encore, il y avait toutes ces morts-là; aujourd'hui, comme vous dites, il n'y en a plus qu'une, le gibet! — Le gibet?

— Oui, l'Assemblée nationale, après avoir proclamé l'égalité devant la loi, a trouvé juste de proclamer l'égalité devant la mort... Maintenant, nobles et vilains sortent de ce monde par la même porte : ils sont pendus, marquis. — Ah! ah! fit Favras. — Condamné à mort, vous serez pendu; ce sera fort triste pour un gentilhomme qui ne craint pas la mort, j'en suis sûr, mais qui répugne à la potence. — Ah çà! monsieur le baron, dit Favras, êtes-vous venu pour m'annoncer seulement toutes ces bonnes nouvelles, ou vous reste-t-il encore quelque chose de mieux à me dire? — Je suis venu pour vous annoncer que tout était prêt pour votre évasion, et pour vous dire que, dans dix minutes, si vous le voulez, vous pouvez être hors de votre prison, et, dans vingt-quatre heures, hors de France.

Favras réfléchit un instant, sans que l'offre que venait de lui faire le baron parût lui causer une émotion; puis, s'adressant à son interlocuteur :

— Cette offre me vient-elle du roi ou de son Altesse Royale? demanda-t-il. — Non, Monsieur, elle vient de moi.

Favras regarda le baron.

— De vous, Monsieur ! dit-il, et pourquoi de vous? — A cause de l'intérêt que je vous porte, marquis. — Quel intérêt pouvez-vous me porter, Monsieur? dit Favras; vous m'avez vu deux fois. — On n'a pas besoin de voir un homme deux fois pour le connaître, mon cher marquis. Or, les vrais gentilshommes sont rares, et j'en veux conserver un, je ne dirai pas à la France, mais à l'humanité. — Vous n'avez pas d'autre raison? — J'ai celle-ci, Monsieur, qu'ayant négocié avec vous un emprunt de deux millions, et vous ayant versé l'argent, je vous ai donné les moyens de marcher plus avant dans votre complot découvert aujourd'hui, et, par conséquent, j'ai involontairement contribué à votre mort.

Favras sourit.

— Si vous n'avez commis d'autre crime que celui-là, dormez tranquille, dit Favras, je vous absous! — Comment! s'écria le baron, vous refusez de fuir?

Favras lui tendit la main.

— Je vous remercie du plus profond de mon cœur, Monsieur, répondit-il; je vous remercie au nom de ma femme et de mes enfants; mais je refuse. — Parce que vous croyez peut-être nos mesures mal prises, marquis, et que vous craignez qu'une tentative d'évasion avortée n'aggrave votre affaire? — Je crois, Monsieur, que vous êtes un homme prudent, et je dirai plus, aventureux, puisque vous venez vous-même me proposer cette évasion ; mais, je vous le répète, je ne veux pas fuir. — Sans doute, Monsieur, craignez-vous que, forcé de sortir de France, vous n'y laissiez votre femme et vos enfants dans la misère?... J'ai prévu le cas, Monsieur, et puis vous offrir ce portefeuille, dans lequel il y a cent mille francs en billets de caisse.

Favras regarda le baron avec une espèce d'admiration.

Puis, secouant la tête :

— Ce n'est pas cela, Monsieur, dit-il; sur votre parole, et sans que vous eussiez besoin de me remettre ce portefeuille, j'aurais quitté la France si mon intention avait été de fuir; mais, encore une fois, ma résolution est prise, je ne fuirai pas.

Le baron regarda celui qui lui faisait ce refus, comme s'il eut douté qu'il possédât toute sa raison.

— Cela vous étonne, Monsieur, dit Favras avec une singulière sérénité, et vous vous demandez, sans oser me le demander à moi-même, d'où me vient cette étrange résolution d'aller jusqu'au bout, et de mourir, s'il le faut, de quelque mort que ce soit. — Je vous l'avoue, Monsieur. — Eh bien ! je vais vous le dire. Je suis royaliste, Monsieur; mais non pas à la manière de ceux qui émigrent à l'étranger ou qui dissimulent à Paris,

Mon opinion, ce n'est point un fait reposant sur un calcul d'intérêt; c'est un culte, une croyance, une religion, Monsieur, et les rois ne sont pas autre chose pour moi que ce que seraient un archevêque et un pape, c'est-à-dire les représentants visibles de cette religion dont je vous parlais tout à l'heure. Si je fuis, on supposera que c'est ou le roi ou Monsieur qui m'ont fait fuir; or, s'ils m'ont fait fuir, ils sont mes complices, et Monsieur, qui est venu me renier à la tribune, le roi, qui a feint de ne pas me connaître, sont atteints du coup qui frappe dans le vide. Les religions tombent, monsieur le baron, quand elles n'ont plus de martyrs; eh bien ! moi, je relèverai la mienne en mourant pour elle. Ce sera un reproche donné au passé, un avertissement donné à l'avenir.
— Mais pensez donc au genre de mort qui vous attend, marquis ! — Plus la mort sera infâme, Monsieur, plus le sacrifice sera méritoire; le Christ est mort sur une croix entre deux larrons. — Je comprendrais cela, Monsieur, dit le baron, si votre mort devait avoir pour la royauté la même influence que celle du Christ eut pour le monde; mais les péchés des rois sont tels, marquis, que j'ai bien peur, non-seulement que le sang d'un simple gentilhomme, mais encore que celui d'un roi, ne suffise pas à les racheter. — Il en sera ce qu'il plaira à Dieu, monsieur le baron; mais, dans cette époque d'irrésolution et de doute où tant de gens manquent à leur devoir, je mourrai avec la consolation d'avoir fait le mien. — Eh ! non, Monsieur, dit le baron d'un air d'impatience, vous mourrez tout simplement avec le regret d'être mort sans aucune utilité ! — Quand le soldat désarmé ne veut pas fuir, quand il attend l'ennemi, quand il brave la mort, quand il la reçoit, il sait parfaitement que cette mort est inutile; seulement, il s'est dit que la fuite serait honteuse, et il a mieux aimé mourir. — Monsieur, dit le baron, je ne me tiens pas pour battu. Il tira sa montre : elle marquait trois heures du matin. Nous avons encore une demi-heure, continua-t-il; je vais m'asseoir à cette table et lire une demi-heure... Pendant ce temps, réfléchissez. Dans une demi-heure, vous me rendrez une réponse définitive.

Et, prenant une chaise, il s'assit devant la table, le dos tourné au prisonnier, ouvrit un livre, et lut.

— Bonne nuit, Monsieur ! dit Favras; et il se retourna du côté du mur, sans doute pour réfléchir avec moins de distraction.

Le lecteur tira deux ou trois fois sa montre de son gousset, plus impatient que le prisonnier; puis, la demi-heure écoulée, il se leva et s'approcha du lit.

Mais il eut beau attendre, Favras ne se retourna point.

Alors, le baron Zannone se pencha sur lui, et, à sa respiration régulière et calme, il s'aperçut que le prisonnier dormait.

— Allons, dit-il, se parlant à lui-même, je suis battu... Mais le jugement n'est point encore prononcé; peut-être doute-t-il encore...

Et, ne voulant pas réveiller le malheureux qu'un si long et si profond sommeil attendait dans quelques jours, il prit la plume et écrivit sur une feuille de papier blanc :

« Quand le jugement sera prononcé, quand monsieur de Favras sera condamné à mort, quand il n'aura plus d'espoir ni dans ses juges, ni dans Monsieur, ni dans le roi, s'il change d'avis, il n'aura qu'à appeler le guichetier Louis, et lui dire : *Je suis décidé à fuir*, et l'on trouvera moyen de favoriser sa fuite.

« Quand monsieur de Favras sera dans le tombereau fatal, quand monsieur de Favras fera amende honorable devant Notre-Dame, quand monsieur de Favras traversera, pieds nus et les mains liées, le court espace qui sépare les marches de l'hôtel de ville, où il aura été faire son testament de mort, du gibet dressé sur la Grève, il n'aura qu'à prononcer à haute voix ces paroles : *Je veux être sauvé!* et il sera sauvé.

« Cagliostro. »

Sur quoi, le visiteur prit la lampe, s'approcha une seconde fois du prisonnier pour s'assurer s'il était réveillé, et, voyant qu'il dormait toujours, il regagna, non sans se retourner plusieurs fois, la porte de la cellule, derrière laquelle, avec l'impassible résignation de ces adeptes prêts à tous les sacrifices pour arriver à l'accomplissement du grand œuvre qu'ils avaient entrepris, se tenait debout et immobile le guichetier Louis.

— Eh bien! maître, demanda celui-ci, que dois-je faire? — Rester dans la prison, et obéir à tout ce que te commandera monsieur de Favras.

Le guichetier s'inclina, reprit la lampe des mains de Cagliostro, et marcha respectueusement devant lui comme un valet qui éclaire son maître.

XLVI

OU LA PRÉDICTION DE CAGLIOSTRO S'ACCOMPLIT

Le même jour, à une heure de l'après-midi, le greffier du Châtelet descendit avec quatre hommes armés dans la prison de monsieur de Favras, et lui annonça qu'il allait paraître devant ses juges.

Monsieur de Favras avait été prévenu, pendant la nuit, de cette circonstance par Cagliostro, et, vers les neuf heures de la matinée, par le sous-directeur du Châtelet.

Le rapport du procès avait commencé à neuf heures et demie du matin, et, à trois heures de l'après-midi, durait encore.

Depuis neuf heures du matin, la salle était encombrée de curieux qui s'y étaient entassés pour voir celui dont la sentence allait être prononcée.

Nous disons celui dont la sentence allait être prononcée, attendu que personne ne doutait de la condamnation de l'accusé.

Quarante juges étaient rangés en cercle au haut de la salle; le président sous un dais; un tableau représentant Jésus crucifié derrière lui, et devant lui, à l'autre extrémité de la salle, le portrait du roi.

Une haie de grenadiers nationaux garnissait le pourtour du prétoire; intérieurement et extérieurement la porte était gardée par quatre hommes.

A trois heures un quart, les juges donnèrent l'ordre d'aller chercher l'accusé.

Un détachement de douze grenadiers, qui, le fusil au pied, attendaient cet ordre au milieu de la salle, se mit en marche.

Dès lors, toutes les têtes, même celles des juges, se tournèrent vers la porte par laquelle monsieur de Favras devait entrer.

Au bout d'un quart d'heure à peu près, on vit reparaître quatre grenadiers.

Derrière eux marchait le marquis de Favras.

Les huit autres grenadiers le suivaient.

Le prisonnier entra au milieu d'un de ces silences effrayants que savent faire deux mille personnes entassées dans la même chambre, quand apparaît enfin l'homme ou la chose qui est l'objet de l'attente générale.

Sa physionomie était parfaitement calme; sa toilette était faite avec le plus grand soin. Il portait un habit de soie brodé gris clair, une veste de satin blanc, une culotte pareille à l'habit, des bas de soie, des souliers à boucles, et la croix de Saint-Louis à sa boutonnière.

Il était surtout coiffé avec une rare coquetterie, poudré à blanc, et *un cheveu ne dépassait point l'autre*, disent, dans leur *Histoire de la Révolution*, les Deux Amis de la Liberté.

Pendant le court espace de temps que mit monsieur de Favras à franchir l'intervalle qui s'étendait de la porte au banc des accusés, toutes les respirations demeurèrent suspendues.

Quelques secondes s'écoulèrent entre l'arrivée de l'accusé et les premiers mots que lui adressa le président.

Enfin, faisant de la main, ce qui était inutile, le geste habituel aux juges pour recommander le silence ;

— Qui êtes-vous? lui demanda le président d'une voix émue. — Je suis accusé et prisonnier, répondit Favras avec le plus grand calme. — Comment vous nommez-vous? — Thomas de Mahi, marquis de Favras. — D'où êtes-vous? — De Blois.. — Quel est votre état? — Colonel au service du roi. — Où demeurez-vous? — Place-Royale, numéro 21. — Quel âge avez-vous? — Quarante six ans. — Asseyez-vous.

Le marquis obéit.

Alors, seulement, la respiration sembla revenir aux assistants; il passa dans l'air comme un souffle terrible, comme un souffle de vengeance.

L'accusé ne s'y trompa point. Il regarda autour de lui : tous les yeux brillaient du feu de la haine, tous les poings menaçaient; on sentait qu'il fallait une victime à ce peuple, aux mains duquel on venait d'arracher Augeard et Bezenval, et qui demandait tous les jours à grands cris qu'on pendît, en effigie du moins, le prince de Lambesc.

Au milieu de tous ces visages irrités, l'accusé reconnut la figure calme et l'œil sympathique de son visiteur nocturne.

Il le salua d'un geste imperceptible et continua sa revue.

— Accusé, dit le président, tenez-vous prêt à répondre.

Favras s'inclina.

— Je suis à vos ordres, monsieur le président, dit-il.

Alors commença un second interrogatoire, que l'accusé soutint avec le même calme que le premier. Puis vint l'audition des témoins à charge.

Favras, qui refusait de défendre sa vie par la fuite, voulait la défendre par la discussion; il avait fait assigner quatorze témoins à décharge.

Les témoins à charge entendus, il s'attendait à voir venir les siens, lorsque tout à coup le président prononça ces paroles :

— Messieurs, les débats sont clos. — Pardon, Monsieur, dit Favras avec sa courtoisie habituelle, vous oubliez une chose, il est vrai qu'elle est de peu d'importance, vous oubliez de faire déposer les quatorze témoins assignés à ma requête. — La cour, répondit le président, a décidé qu'ils ne seraient point entendus.

Quelque chose comme un nuage passa sur le front de l'accusé, puis un éclair jaillit de ses yeux.

— Je croyais être jugé par le Châtelet de Paris, dit-il; je me trompais : je suis jugé, à ce qu'il paraît, par l'inquisition d'Espagne! — Emmenez l'accusé, dit le président.

Favras fut reconduit à sa prison. Son calme, sa courtoisie, son courage avaient fait une certaine impression sur ceux des spectateurs qui étaient venus là sans préjugés.

Mais, il faut le dire, c'était le petit nombre. La retraite de Favras fut accompagnée de cris, de menaces, de huées.

— Pas de grâce! pas de grâce! criaient cinq cents voix sur son passage.

Ces vociférations le suivirent de l'autre côté des portes de sa prison. Alors, comme se parlant à lui-même :

— Voilà ce que c'est que de conspirer avec les princes! murmura-t-il.

Aussitôt après la sortie de l'accusé, les juges entrèrent en délibération.

A son heure habituelle, Favras se coucha.

Vers une heure du matin on entra dans sa prison et on le réveilla.

C'était le porte-clés Louis.

Il avait pris le prétexte d'apporter au prisonnier une bouteille de vin de Bordeaux, que celui-ci n'avait pas demandée.

— Monsieur le marquis, dit-il, les juges prononcent en ce moment-ci votre jugement. — Mon ami, dit Favras, si c'est pour cela que tu m'as réveillé, tu pouvais me laisser dormir. — Non, monsieur le marquis, je vous ai réveillé pour vous demander si vous n'avez rien à faire dire à la personne qui est venue vous visiter la nuit dernière? — Rien. — Réfléchissez, monsieur le marquis; quand le jugement sera prononcé vous serez gardé à vue, et, si puissante que soit cette personne-là, peut-être sa volonté sera-t-elle enchaînée par l'impossibilité. — Merci, mon ami, dit Favras; mais je n'ai rien à lui demander ni maintenant ni plus tard. — Alors, dit le guichetier, j'ai le regret de vous avoir réveillé; mais vous l'eussiez été dans une heure. — Si bien, dit Favras en souriant, qu'à ton avis ce n'est pas la peine que je me rendorme, n'est-ce pas? — Tenez, dit le porte-clés, jugez-en vous-même.

En effet, on entendait un grand bruit aux étages supérieurs; des portes s'ouvraient et se refermaient, des crosses de fusil frappaient la terre.

— Ah! ah! fit Favras, c'est pour moi toute cette rumeur? — On vient vous lire votre jugement, monsieur le marquis. — Diable! dit Favras, veillez à ce que monsieur le rapporteur me donne le temps de passer ma culotte.

Le guichetier, en effet, sortit et tira la porte derrière lui.

Pendant ce temps, monsieur de Favras mit ses bas de soie, ses souliers à boucles et sa culotte.

Il en était là de sa toilette, lorsque la porte se rouvrit.

Il ne jugea point à propos de la pousser plus loin et attendit; il était vraiment beau, la tête rejetée en arrière, ses cheveux à moitié décoiffés, son jabot de dentelle ouvert sur sa poitrine.

Au moment où le rapporteur entra, il rabattit le col de sa chemise sur ses épaules.

— Vous le voyez, Monsieur, dit-il au rapporteur, je vous attendais, et en tenue de combat.

Et il passa la main sur son cou découvert, prêt à l'épée aristocratique ou au lacet roturier.

— Parlez, Monsieur, dit-il, je vous écoute.

Le rapporteur lut ou plutôt balbutia le jugement.

Le marquis était condamné à mort; il devait faire amende honorable devant Notre-Dame, et ensuite être pendu en Grève.

Favras écouta toute cette lecture avec le plus grand calme, et ne fronça pas même le sourcil à ce mot *pendu*, mot si dur à l'oreille d'un gentilhomme.

Seulement, après un moment de silence, regardant en face le rapporteur :

— Oh! Monsieur, lui dit-il, que je vous plains d'avoir été *obligé* de condamner un homme sur de pareilles preuves!

Le rapporteur éluda la réponse.

— Monsieur, lui dit-il, vous savez qu'il ne vous reste plus d'autres consolations que celles de la religion. — Vous vous trompez, Monsieur, répondit le condamné, il me reste encore celles que je puise dans ma conscience.

Sur quoi monsieur de Favras salua le rapporteur, qui, n'ayant plus rien à faire près de lui, se retira.

Cependant, à la porte, il se retourna.

— Voulez-vous que je vous envoie un confesseur? demanda-t-il au condamné. — Un confesseur de la main de ceux qui m'assassinent?... non, Monsieur, il me serait suspect. Je veux bien vous livrer ma vie, mais je réserve mon salut. Je demande le curé de Saint-Paul.

Deux heures après le vénérable ecclésiastique qu'il avait demandé était près de lui.

XLVII

LA PLACE DE GRÈVE

Ces deux heures avaient été bien employées.

Derrière le rapporteur, deux hommes étaient entrés, à la figure sombre, à la mine patibulaire.

Favras avait compris qu'il avait affaire aux précurseurs de la mort, à l'avant-garde du bourreau.

— Suivez-nous, avait dit un de ces deux hommes.

Favras s'était incliné en signe d'assentiment.

Puis, montrant de la main le reste de ses vêtements qui attendait sur une chaise :

— Me donnez-vous le temps de m'habiller? demanda-t-il. — Prenez-le, dit un des hommes.

Favras, alors, s'avança vers la table où étaient étalées les différentes pièces de son nécessaire, et, à l'aide de la petite glace qui ornait la muraille, il boutonna le col de sa chemise, fit prendre un pli convenable à son jabot, et donna le tour le plus aristocratique qu'il put au nœud de sa cravate.

Puis, il passa sa veste et son habit.

— Dois-je prendre mon chapeau, Messieurs? demanda le prisonnier.

— C'est inutile, répondit le même homme qui avait déjà parlé.

Celui des deux qui s'était tu avait regardé Favras avec une fixité qui avait attiré l'attention du marquis.

Il lui semblait même que cet homme lui avait fait de l'œil un signe imperceptible.

Mais ce signe avait été si rapide, que monsieur de Favras était resté dans le doute. D'ailleurs, qu'avait à lui dire cet homme?

Il ne s'en occupa pas davantage, et faisant de la main au guichetier Louis un geste amical :

— C'est bien, Messieurs, dit-il; marchez devant, je vous suis.

A la porte attendait un huissier.

L'huissier marcha le premier, puis Favras, puis vinrent les deux hommes funèbres.

Le sinistre cortége se dirigea vers le rez-de-chaussée.

Entre les deux guichets, un peloton de garde nationale attendait.

Alors, l'huissier se sentant soutenu.

— Monsieur, dit-il au condamné, remettez-moi votre croix de Saint-Louis. — Je croyais être condamné à la mort et non à la dégradation, dit Favras. — C'est l'ordre, Monsieur, répondit l'huissier.

Favras détacha sa croix, et, ne voulant pas la remettre à cet homme de justice, il la déposa entre les mains du sergent-major qui commandait le peloton de garde nationale.

— C'est bien, dit l'huissier, sans insister autrement pour que la croix lui fût personnellement remise; maintenant, suivez-moi.

On monta une vingtaine de marches, et l'on s'arrêta devant une porte de chêne toute bardée de fer; une de ces portes qui font, lorsqu'ils les regardent, froid jusqu'au fond des veines des condamnés; une de ces portes comme il y en a deux ou trois sur le chemin du sépulcre, derrière lesquelles, sans savoir quelle chose vous attend, on devine que c'est une chose terrible.

La porte s'ouvrit.

On ne laissa pas même à Favras le temps d'entrer, on le poussa.

Puis la porte se referma soudain, comme sous l'impression d'un bras de fer.

Favras se trouva dans la chambre de torture.

— Ah! ah! Messieurs, dit-il en pâlissant légèrement, quand on conduit les gens dans ces endroits-là, que diable! on les prévient.

Il n'avait pas achevé ces mots, que les deux hommes qui le suivaient se jetèrent sur lui, lui arrachèrent son habit et son gilet, dénouèrent sa cravate si artistement mise, et lui lièrent les mains derrière le dos.

Seulement, en remplissant son office de compte à demi avec son camarade, le tortureur qu'il avait cru lui voir faire un signe murmura tout bas à son oreille :

— Voulez-vous être sauvé? il en est temps encore.

Cette offre ramena le sourire sur les lèvres de Favras en lui rappelant la grandeur de sa mission.

Il secoua doucement et négativement la tête.

Un chevalet était là tout prêt : on étendit le condamné sur ce chevalet.

Le tortureur s'approcha avec des coins de chêne plein son tablier, et un maillet de fer à la main.

Favras tendit de lui-même à cet homme sa jambe fine, chaussée de son soulier à talon rouge et de son bas de soie.

Mais alors l'huissier étendit la main.

— Cela suffit, dit-il : la cour fait grâce au condamné de la torture. — Ah! dit Favras, il paraît que la cour a peur que je ne parle... je ne l'en remercie pas moins; je marcherai à la potence sur deux bonnes jambes, ce qui est quelque chose... Et maintenant, Messieurs, vous savez que je suis à votre disposition. — Vous devez passer une heure dans cette salle, répondit l'huissier. — Ce n'est pas récréatif, mais c'est curieux, dit Favras.

Et il commença à faire le tour de la salle, examinant, les uns après les autres, tous ces hideux instruments semblables à de colossales araignées de fer, à de gigantesques scorpions.

On sentait qu'à un moment donné, et aux ordres d'une voix fatale, tout cela s'animait, prenait vie, et mordait cruellement.

Il y en avait de toutes les formes et de tous les temps, depuis Philippe-Auguste jusqu'à Louis XVI : il y avait les crocs avec lesquels on avait déchiré les Juifs au XIIIe siècle, il y avait les roues avec lesquelles on avait broyé les protestants au XVIIe.

Favras s'arrêta devant chaque trophée, demandant le nom de chaque instrument.

Ce sang-froid finit par étonner jusqu'aux tortureurs eux-mêmes, gens qui, comme on sait, ne s'étonnent pas facilement.

— Dans quel but faites-vous toutes ces questions? demanda l'un d'eux à Favras.

Celui-ci le regarda de cet air goguenard familier aux gentilhommes.

— Monsieur, lui dit-il, il se peut que je rencontre Satan sur la route que je vais accomplir, et je ne serais pas fâché de m'en faire un ami en lui indiquant, pour torturer ses damnés, des machines qu'il ne connaît pas.

Le prisonnier avait justement achevé sa tournée comme cinq heures sonnaient à l'horloge du Châtelet.

Il y avait deux heures qu'il était sorti de son cachot.

On l'y ramena.

Il y trouva le curé de Saint-Paul qui l'attendait.

On a pu voir qu'il n'avait pas perdu ses deux heures d'attente, et que, si quelque chose pouvait convenablement le disposer à la mort, c'était le spectacle qu'il venait de contempler.

En l'apercevant, le curé lui ouvrit ses bras.

— Mon père, lui dit Favras, excusez-moi si je ne puis vous ouvrir que mon cœur; ces Messieurs ont mis bon ordre à ce que je ne vous ouvrisse que lui.

Et il montra ses mains garrotées derrière son dos.

— Ne pouvez-vous, demanda le prêtre, pour le temps qu'il sera avec moi, délier les bras du condamné? — Cela n'est pas en notre pouvoir, répondit l'huissier. — Mon père, dit Favras, demandez-leur s'ils ne pourraient pas me les lier devant au lieu de les lier derrière; ce serait autant de fait pour le moment où j'aurai un cierge à tenir et mon jugement à lire.

Les deux aides regardèrent l'huissier, lequel fit de la tête un signe qui voulait dire qu'il n'y voyait aucun inconvénient, et la faveur demandée fut accordée au marquis.

Puis on le laissa seul avec le prêtre.

Ce qui se passa dans ce tête à tête suprême de l'homme du monde avec l'homme de Dieu, c'est ce que nul ne sait. Devant la sainteté de la religion, Favras descella-t-il son cœur, qui était resté fermé devant la majesté de la justice? Devant les consolations que lui offrait cet autre monde dans lequel il allait entrer, ses yeux, séchés par l'ironie, se mouillèrent-ils d'une de ces larmes que son cœur avait amassées, et devait avoir besoin de répandre sur les objets chéris qu'il allait laisser seuls et abandonnés dans ce monde qu'il quittait? C'est ce que ne purent révéler ceux qui entrèrent, vers trois heures de l'après-midi, dans son cachot, et qui le trouvèrent la bouche souriante, les paupières sèches et le cœur fermé.

On venait lui annoncer qu'il était l'heure de mourir.

— Messieurs, dit-il, je vous en demande pardon, mais c'est vous qui m'avez fait attendre.

Alors, comme il était déjà sans habit et sans veste, et qu'il avait les mains liées, on lui enleva ses souliers et ses bas, et on lui passa une chemise blanche par-dessus le reste de ses vêtements.

Puis on lui mit sur la poitrine un écriteau portant ces mots :

CONSPIRATEUR CONTRE L'ÉTAT.

A la porte du Châtelet un tombereau entouré d'une garde nombreuse l'attendait.

Il y avait dans ce tombereau une torche allumée.

En apercevant le condamné la multitude battit des mains.

Depuis six heures du matin, le jugement était connu, et la multitude trouvait qu'il se passait un temps bien long entre le jugement et le supplice.

Des gens couraient par les rues réclamant des *pourboire* aux passants.

— Et à quel propos des *pourboire?* demandaient ceux-ci. — A propos de l'exécution de monsieur de Favras, répondaient les mendiants de la mort.

Favras monta d'un pas ferme dans le tombereau ; il s'assit du côté où la torche était appuyée, comprenant bien que cette torche était là à son intention.

Le curé de Saint-Paul monta ensuite, et s'assit à sa gauche.

L'exécuteur monta le dernier, et s'assit derrière lui.

C'était ce même homme au regard triste et doux que nous avons vu assister, dans la cour de Bicêtre, à l'essai de la machine de monsieur Guillotin.

Nous l'avons vu, nous le voyons, nous aurons l'occasion de le revoir : c'est le véritable héros de l'époque dans laquelle nous entrons.

Avant de s'asseoir, le bourreau passa au cou de Favras la corde avec laquelle celui-ci devait être pendu.

Il en conserva le bout dans sa main.

Au moment où le tombereau se mettait en marche, il y eut un mouvement dans la foule. Favras porta naturellement son regard vers l'endroit où ce mouvement avait lieu.

Il vit des gens qui se poussaient pour arriver au premier rang et être mieux placés sur son passage.

Tout à coup il tressaillit malgré lui, car au premier rang, au milieu de cinq ou six de ses compagnons qui venaient de faire une trouée dans la foule, il reconnut, sous le costume d'un fort de la halle, le visiteur nocturne qui lui avait dit que, jusqu'au dernier moment, il veillerait sur lui.

Le condamné lui fit de la tête un signe, mais signe de reconnaissance et n'ayant pas d'autre signification.

Le tombereau continua sa route et ne s'arrêta que devant Notre-Dame.

La porte du milieu était ouverte et laissait voir, au fond de l'église sombre, le maître autel flamboyant sous ses cierges allumés.

Il y avait une telle affluence de curieux, que la charrette était obligée de s'arrêter à tout instant, et ne se remettait en route que lorsque la garde était parvenue à rouvrir le chemin, incessamment refermé par un flot de peuple rompant la faible digue qui lui était opposée.

Là, sur cette place du Parvis, à force de luttes, on parvint à opérer un vide.

— Il faut descendre et faire amende honorable, Monsieur, dit l'exécuteur au condamné.

Favras obéit sans répondre.

Le prêtre descendit le premier, puis le condamné, puis l'exécuteur tenant toujours le bout de la corde.

Les bras étaient liés aux poignets, ce qui laissait au marquis l'exercice de ses mains.

Dans sa main droite on mit la torche; dans sa main gauche, le jugement.

Le condamné s'avança jusque sur le parvis, et s'agenouilla.

Au premier rang de ceux qui l'entouraient, il reconnut ce même fort de la halle et ses compagnons qu'il avait déjà vus en sortant du Châtelet.

Cette persistance parut le toucher; mais pas une parole d'appel ne sortit de sa bouche.

Un greffier du Châtelet semblait l'attendre là.

— Lisez, Monsieur, lui dit-il tout haut.

Puis, tout bas :

— Monsieur le marquis, ajouta-t-il, vous savez que, si vous voulez être sauvé, vous n'avez qu'un mot à dire?

Sans répondre, le condamné commença sa lecture.

Cette lecture fut faite à haute voix, et rien, dans l'accent de cette voix, ne trahit la moindre émotion.

Puis, la lecture achevée, s'adressant à la foule qui l'entourait :

— Prêt à paraître devant Dieu, dit le condamné, je pardonne aux hommes qui, contre leur conscience, m'ont accusé de projets criminels. J'aimais mon roi, je mourrai fidèle à ce sentiment. C'est un exemple que je donne, et qui, je l'espère, sera suivi par quelques nobles cœurs. Le peuple demande ma mort à grands cris; il lui faut une victime; soit! j'aime mieux que le choix de la fatalité tombe sur moi que sur quelque autre au cœur faible que la présence d'un supplice non mérité jetterait dans le désespoir. Donc, si je n'ai point autre chose à faire ici que ce qui vient d'être fait, continuons notre route, Messieurs.

On continua la route.

Il n'y a pas loin du porche de Notre-Dame à la place de Grève, et cependant le tombereau mit une bonne heure à faire le chemin.

En arrivant sur la place :

— Messieurs, demanda Favras, ne pourrais-je pas monter quelques instants à l'hôtel de ville? — Avez-vous des révélations à faire, mon fils? demanda vivement le prêtre. — Non, mon père; mais j'ai mon testament de mort à dicter. J'ai entendu dire qu'on ne refusait jamais à un condamné pris à l'improviste cette dernière grâce de faire son testament de mort.

Le tombereau, au lieu de marcher droit au gibet, se dirigea vers l'hôtel de ville.

Une grande clameur s'éleva dans le peuple.

— Il va faire des révélations! il va faire des révélations! s'écria-t-on de tous côtés.

A ce cri, on eût pu voir pâlir un beau jeune homme vêtu tout de noir, comme un abbé, et qui se tenait debout sur une borne, au coin du quai Pelletier.

— Oh! ne craignez rien, monsieur le comte Louis, dit près de lui une voix railleuse, le condamné ne dira pas un mot de ce qui s'est passé Place-Royale!

Le jeune homme vêtu de noir se retourna vivement. Les paroles qui venaient de lui être adressées avaient été dites par un fort de la halle dont il ne put pas voir la figure, attendu qu'en achevant la phrase il avait rabattu sur ses yeux son large chapeau.

D'ailleurs, s'il restait quelque doute au beau jeune homme, ce doute fut bientôt dissipé.

Arrivé au haut du perron de l'hôtel de ville, Favras fit signe qu'il voulait parler.

A l'instant même les rumeurs s'éteignirent, comme si la bouffée de vent d'ouest qui passait en ce moment les eût emportées avec elle.

— Messieurs, dit Favras, j'entends répéter autour de moi que je monte à l'hôtel de ville pour faire des révélations; il n'en est rien; et, dans le cas où il y aurait parmi vous, comme c'est possible, un homme qui eût quelque chose à craindre si des révélations étaient faites, qu'il se tranquillise, je monte à l'hôtel de ville pour dicter mon testament de mort.

Et il s'engagea d'un pas ferme sous la voûte sombre, monta l'escalier, entra dans la chambre où on conduisait d'habitude les condamnés, et que l'on nommait à cause de cela la chambre des révélations.

Là, trois hommes vêtus de noir attendaient, et, parmi ces trois hommes, monsieur de Favras reconnut le greffier qui lui avait parlé sur le parvis Notre-Dame.

Alors, le condamné, qui, les mains liées, ne pouvait écrire, se mit à dicter son testament de mort.

On a beaucoup parlé du testament de Louis XVI, parce qu'on parle beaucoup du testament des rois ; nous avons le testament de monsieur de Favras sous les yeux, et nous dirons cette seule chose au public : Lisez et comparez.

Le testament dicté, monsieur de Favras demanda à le lire et à le signer. On lui délia les mains ; il lut le testament, corrigea trois fautes d'orthographe qu'avait faites le greffier, et signa au bas de chaque page : « Mahi de Favras. »

Après quoi, il tendit ses mains, afin qu'on les lui liât de nouveau ; opération dont s'acquitta le bourreau, qui ne s'était pas éloigné de lui un seul instant.

Cependant, la dictée de ce testament avait pris plus de deux heures. Le peuple qui attendait depuis le matin s'impatientait fort ; il y avait là beaucoup de braves gens qui étaient venus l'estomac vide, comptant déjeuner après l'exécution, et qui étaient encore à jeun.

De sorte que l'on murmurait de ce murmure menaçant et terrible qu'on avait déjà entendu sur la même place le jour de l'assassinat de de Launay, de la pendaison de Foulon et de l'éventrement de Berthier.

D'ailleurs, le peuple commençait à croire qu'on avait fait évader Favras par quelque porte de derrière.

Dans cette conjoncture, quelques-uns proposaient déjà de pendre les municipaux à la place de Favras et de démolir l'hôtel de ville.

Heureusement, vers neuf heures du soir, le condamné reparut. On avait distribué des torches aux soldats qui faisaient la haie ; on avait illuminé toutes les fenêtres de la place ; le gibet seul était resté dans une mystérieuse et terrible obscurité.

L'apparition du condamné fut saluée par un cri unanime et par un grand mouvement qui se fit parmi les cinquante mille personnes qui encombraient la place.

Cette fois, on était bien sûr, non-seulement qu'il ne s'était pas échappé, mais encore qu'il ne s'échapperait pas.

Favras jeta les yeux autour de lui.

Puis, se parlant à lui-même avec ce sourire ironique qui lui était particulier :

— Pas un carrosse! murmura-t-il; ah! la noblesse est oublieuse; elle a été plus polie pour le comte de Horn que pour moi. — C'est que le comte de Horn était un assassin, et que toi tu es un martyr, répondit une voix.

Favras se retourna; il reconnut le fort de la halle qu'il avait déjà rencontré deux fois sur son chemin.

— Adieu, Monsieur, lui dit Favras; j'espère qu'au besoin vous rendrez témoignage pour moi.

Et, d'un pas ferme, il descendit les degrés et marcha vers l'échafaud.

Au moment où il posait le pied sur le premier échelon de la potence, une voix cria :

— Saute, marquis!

La voix grave et sonore du condamné répondit :

— Citoyens, je meurs innocent... Priez Dieu pour moi!

Au quatrième échelon, il s'arrêta encore, et, d'un ton aussi ferme et aussi élevé que la première fois :

— Citoyens, répéta-t-il, je vous demande le secours de vos prières... Je meurs innocent!

Au huitième échelon, c'est-à-dire à celui d'où il devait être précipité :

— Citoyens, redit-il pour la troisième fois, je meurs innocent... Priez Dieu pour moi! — Mais, lui dit un des deux aides du bourreau qui montait l'échelle près de lui, vous ne voulez donc pas être sauvé? — Merci, mon ami, dit Favras; Dieu vous paye de vos bonnes intentions!

Puis, levant la tête vers le bourreau, qui semblait attendre des ordres au lieu d'en donner :

— Faites votre devoir, dit-il.

A peine avait-il prononcé ces mots, que le bourreau le poussa et que son corps se balança dans le vide.

Pendant qu'un immense mouvement se produisait à cette vue sur la place de Grève, tandis que quelques amateurs battaient des mains et criaient bis, comme ils eussent fait après un couplet de vaudeville ou un grand air d'opéra, le jeune homme vêtu de noir se laissait glisser de la borne sur laquelle il était monté, fendait la foule, et, au coin du Pont-Neuf, montait vivement dans une voiture sans livrée et sans armoiries en criant au cocher :

— Au Luxembourg! et à fond de train!

La voiture partit au galop.

Trois hommes, en effet, attendaient avec grande impatience l'arrivée de cette voiture.

Ces trois hommes étaient monsieur le comte de Provence et deux de ses gentilshommes que nous avons déjà nommés dans le courant de cette histoire, mais que nous croyons inutile de nommer ici.

On en était donc à ce moment suprême, quand on entendit enfin le roulement d'une voiture dans l'intérieur des cours.

Le comte de Provence se précipita vers la fenêtre; mais il ne put voir qu'une ombre sautant du dernier degré du marchepied de la voiture sur le premier degré des marches du palais.

En conséquence, il quitta la fenêtre et courut du côté de la porte; mais avant que, dans sa marche toujours un peu gênée, il l'eût atteinte, cette porte s'ouvrit et donna passage au jeune homme vêtu de noir.

— Monseigneur, dit-il, tout est fini... Monsieur de Favras est mort sans prononcer une parole... Oh! Monseigneur... c'était, par ma foi, un digne gentilhomme que celui-là! — Je suis de votre avis, mon cher, dit Son Altesse Royale.

XLVIII

LA MONARCHIE EST SAUVÉE

Quelques jours après l'exécution que nous venons de raconter, un homme monté sur un cheval gris-pommelé gravissait lentement l'avenue de Saint-Cloud.

Cette lenteur, il ne fallait l'attribuer ni à la lassitude du cavalier, ni à la fatigue du cheval; l'un et l'autre avaient fait une faible course, c'était chose facile à voir, car l'écume qui s'échappait de la bouche de l'animal venait de ce qu'il avait été, non poussé outre mesure, mais retenu avec obstination. Quant au cavalier qui était, cela se voyait au premier coup d'œil, un gentilhomme, tout son costume exempt de souillure attestait la précaution prise par lui pour sauvegarder ses vêtements de la boue qui couvrait le chemin.

Ce qui retardait le cavalier, c'était la pensée profonde dans laquelle il était visiblement absorbé; puis encore peut-être le besoin de n'arriver qu'à une certaine heure, laquelle n'était pas encore sonnée.

C'était un homme de quarante ans à peu près, dont la puissante laideur ne manquait pas d'un grand caractère. Une tête trop grosse, des joues bouffies, un visage labouré de petite vérole, un teint facile à l'animation, des yeux prompts à lancer l'éclair, une bouche habituée à mâcher et à cracher le sarcasme, tel était l'aspect de cet homme que l'on sentait au premier abord destiné à occuper une grande place et à faire un grand bruit.

Seulement, toute cette physionomie semblait couverte d'un voile jeté sur elle par une de ces maladies organiques contre lesquelles se débattent en vain les plus vigoureux tempéraments. Un teint obscur et gris, des yeux fatigués, rougis, des joues affaissées, un commencement de pesanteur et d'obésité malsaine, ainsi apparaissait l'homme que nous venons de mettre sous les yeux de nos lecteurs.

Arrivé au haut de l'avenue, il franchit sans hésitation la porte donnant dans la cour du palais, sondant des yeux les profondeurs de cette cour.

A droite, entre deux bâtiments formant une espèce d'impasse, un autre homme attendait.

Il fit signe au cavalier de venir.

Une porte était ouverte; l'homme qui attendait s'engagea sous cette porte; le cavalier le suivit, et, toujours le suivant, se trouva dans une seconde cour.

Là, l'homme s'arrêta; il était vêtu d'un habit, d'une culotte et d'un gilet noirs; puis, regardant autour de lui, et voyant que cette cour était bien déserte, il s'approcha du cavalier le chapeau à la main.

Le cavalier vint en quelque sorte au-devant de lui, car, s'inclinant sur le cou de son cheval :

— Monsieur Weber! dit-il à demi-voix. — Monsieur le comte de Mirabeau? répondit celui-ci. — Lui-même, fit le cavalier, et, plus légèrement qu'on n'eût pu le supposer, il mit pied à terre. — Entrez, dit vivement Weber, et veuillez bien attendre que j'aie mis moi-même le cheval à l'écurie.

En même temps, il ouvrit la porte d'un salon dont les fenêtres et un seconde porte donnaient sur le parc.

Mirabeau entra dans le salon et employa les quelques minutes pendan lesquelles Weber le laissa seul à déboucler des espèces de bottes de cuir qui mirent à jour des bas de soie intacts et des souliers d'un vernis irréprochable.

Weber, comme il l'avait promis, rentra au bout de cinq minutes.

— Venez, monsieur le comte, dit-il, la reine vous attend. — La reine m'attend? répondit Mirabeau. Aurais-je eu le malheur de me faire attendre? Je croyais cependant avoir été exact. — Je veux dire que la reine est impatiente de vous voir... venez, monsieur le comte.

Weber ouvrit la fenêtre donnant sur le jardin, et s'engagea dans ce labyrinthe d'allées qui conduit à l'endroit le plus solitaire et le plus élevé du parc.

Là, au milieu des arbres, étendant leurs branches désolées et sans feuillage, apparaissait, dans une atmosphère grisâtre et triste, une espèce de pavillon connu sous le nom du kiosque.

Les persiennes de ce pavillon étaient hermétiquement fermées, à l'exception de deux qui, poussées seulement l'une contre l'autre, laissaient entrer, comme à travers les meurtrières d'une tour, deux rayons de lumière suffisant à peine à éclairer l'intérieur.

Un grand feu était allumé dans l'âtre, et deux candélabres brûlaient sur la cheminée.

Weber fit entrer celui à qui il servait de guide dans une espèce d'antichambre; puis, ouvrant la porte du kiosque, après y avoir gratté doucement.

— Monsieur le comte Riquetti de Mirabeau, annonça-t-il.

Et il s'effaça pour laisser passer le comte devant lui.

S'il eût écouté au moment où le comte passait, il eût bien certainement entendu battre le cœur dans cette large poitrine.

A l'annonce de la présence du comte, une femme se leva de l'angle le plus éloigné du kiosque, et, avec une sorte d'hésitation, de terreur même, elle fit quelques pas au-devant de lui.

Cette femme, c'était la reine.

Elle aussi, son cœur battait violemment; elle avait sous les yeux cet homme haï, décrié, fatal; cet homme qu'on accusait d'avoir fait les 5 et 6 octobre; cet homme vers lequel on s'était tourné un instant, mais qui avait été repoussé par les gens même de la cour, et qui, depuis, avait fait sentir la nécessité de traiter de nouveau avec lui par deux coups de foudre, par deux magnifiques colères qui avaient monté jusqu'au sublime.

La première était son apostrophe au clergé;

La seconde, le discours où il avait expliqué comment les représentants du peuple, de députés de bailliages, s'étaient fait assemblée nationale.

Mirabeau s'approcha avec une grâce et une courtoisie que la reine fut étonnée de reconnaître en lui au premier coup d'œil, et que cette énergique organisation semblait exclure.

Ces quelques pas faits, il salua respectueusement et attendit.

La reine rompit la première le silence, et, d'une voix dont elle ne pouvait tempérer l'émotion :

— Monsieur de Mirabeau, dit-elle, monsieur Gilbert nous a assurés autrefois de votre disposition à vous rallier à nous.

Mirabeau s'inclina en signe d'assentiment.

La reine continua.

— Alors, une première ouverture vous fut faite, à laquelle vous répondîtes par un projet de ministère.

Mirabeau s'inclina une seconde fois.

— Ce n'est pas notre faute, monsieur le comte, si ce premier projet ne put réussir. — Je le crois, Madame, répondit Mirabeau, et de la part de Votre Majesté surtout... mais c'est la faute de gens qui se disent dévoués aux intérêts de la monarchie. — Que voulez-vous, monsieur le comte, c'est un des malheurs de notre position... Les rois ne peuvent pas plus choisir leurs amis que leurs ennemis; ils sont quelquefois forcés d'accepter des dévouements funestes. Nous sommes entourés d'hommes qui veulent nous sauver, et qui nous perdent; leur motion qui écarte de la prochaine législature les membres de l'Assemblée actuelle en est un exemple contre vous. Voulez-vous que je vous en cite un contre moi? Croiriez-vous qu'un de mes plus fidèles, un homme qui, j'en suis sûre, se ferait tuer pour nous, sans nous rien dire à l'avance de ce projet, a conduit à notre dîner public la veuve et les enfants de monsieur de Favras, vêtus de deuil tous trois. Mon premier mouvement, en les apercevant, était de me lever, d'aller à eux, de faire placer les enfants de cet homme, mort si courageusement pour nous, car, moi, monsieur le comte, je ne suis pas de ceux qui renient leurs amis, de faire placer les enfants de cet homme entre le roi et moi. Tous les yeux étaient fixés sur nous; on attendait ce que nous allions faire. Je me retournai... Savez-vous qui j'avais derrière moi, à quatre pas de mon fauteuil? Santerre, l'homme du faubourg! Je suis retombée sur mon fauteuil, pleurant de rage, et n'osant même jeter les yeux sur cette veuve et ces orphelins!... Les royalistes me blâmeront de n'avoir pas tout bravé pour donner une marque d'intérêt à cette malheureuse famille; les révolutionnaires seront furieux en songeant qu'ils m'étaient présentés avec ma permission. Oh! Monsieur, Monsieur, continua la reine en secouant la tête, il faut bien périr, quand on est attaqué par des hommes de génie, et défendu par des gens fort estimables sans doute, mais qui n'ont aucune idée de notre position!

Et la reine porta avec un soupir son mouchoir à ses yeux.

— Madame, dit Mirabeau, touché de cette grande infortune qui ne se cachait pas de lui, et qui, soit par le calcul habile de la reine, soit par la faiblesse de la femme, lui montrait ses angoisses et lui laissait voir ses larmes, quand vous parlez des hommes qui vous attaquent, vous ne voulez point parler de moi, je l'espère. J'ai professé les principes monarchiques lorsque je ne voyais dans la cour que sa faiblesse, et que je ne connaissais ni l'âme ni la pensée de l'auguste fille de Marie-Thérèse; j'ai combattu pour les droits du trône lorsque je n'inspirais que de la méfiance, et que toutes mes démarches, empoisonnées par la malignité, paraissaient autant de piéges ; j'ai servi le roi lorsque je savais bien que je ne devais attendre de ce roi, juste mais trompé, ni bienfait ni récompense ; que ferai-je donc maintenant, Madame, lorsque la confiance relève mon courage, et que la reconnaissance que m'inspire l'accueil de Votre Majesté, fait de mes principes un devoir? Il est tard, je le sais, Madame, bien tard, continua Mirabeau en secouant la tête à son tour. Peut-être la monarchie, en venant me proposer de la sauver, ne me propose-t-elle, en réalité, que de me perdre avec elle ; si j'eusse réfléchi, peut-être eussé-je choisi, pour accepter la faveur de cette audience, un autre moment que celui où Sa Majesté vient de livrer à l'Assemblée le fameux livre rouge, c'est-à-dire l'honneur de ses amis... — Oh! Monsieur, s'écria la reine, croyez-vous donc le roi complice de cette trahison, et en êtes-vous à ignorer comment les choses se sont passées? Le livre rouge, exigé du roi, n'avait été livré par lui qu'à la condition que le comité le garderait secret ; le comité l'a fait imprimer ; c'est un manque de parole du comité envers le roi, et non une trahison du roi envers ses amis. — Hélas ! Madame, vous savez quelle cause a porté le comité à cette publication, que je désapprouve comme homme d'honneur, que je renie comme député? Au moment même où le roi jurait amour à la constitution, il avait un agent en permanence à Turin, au milieu des ennemis mortels de cette constitution ; à l'heure où il parlait de réformes pécuniaires, et paraissait accepter celles que l'Assemblée lui proposait, à Trèves existait, soldée par lui, habillée par lui, sa grande et petite écuries sous les ordres du prince de Lambesc, l'ennemi mortel des Parisiens, dont le peuple demande tous les jours la pendaison en effigie. On paie au comte d'Artois, au prince de Condé, à tous les émigrés, des pensions énormes, et cela sans égard à un décret rendu, il y a deux mois, et qui supprime les pensions. Il est vrai que le roi a oublié de sanctionner ce décret. Que voulez-vous, Madame, on a cherché, pendant ces deux mois, l'emploi de soixante millions, et on ne l'a pas trouvé ; le roi, prié, supplié de dire où avait passé cet argent, a refusé de répondre ; le comité s'est cru dégagé de sa promesse, et a fait imprimer le livre rouge... Pourquoi le roi livre-t-il des armes que l'on peut si cruellement tourner contre lui ? — Ainsi, Monsieur, s'écria la reine, si vous étiez admis à l'honneur de conseiller le roi, vous ne lui conseilleriez donc pas les faiblesses avec lesquelles on le sert... oh ! oui, disons-le, avec lesquelles on le déshonore ? — Si j'étais admis à l'honneur de conseiller le roi, Madame, reprit Mirabeau, je serais près de lui le défenseur du pouvoir monarchique réglé par les lois, et l'apôtre de la liberté garantie par le pouvoir monarchique. Cette liberté, Madame, elle a trois ennemis, le clergé, la noblesse et les parlements. Le clergé n'est plus de ce siècle, et il a été tué par la motion de monsieur de Talleyrand; la noblesse est de tous les siècles; je crois donc qu'il faut compter avec elle, car, sans noblesse, pas de monarchie; mais il faut la contenir, et cela n'est possible qu'en coalitionnant le peuple avec l'autorité royale. Or, l'autorité royale ne se coalitionnera jamais de bonne foi avec le peuple, tant que les parlements subsisteront, car ils conservent au roi, ainsi qu'à la noblesse, la fatale espérance de leur rendre l'ancien ordre de choses. Donc, après l'annihilation du clergé, la destruction des parlements! Raviver le pouvoir exécutif, régénérer l'autorité royale, et la concilier avec la liberté, voilà toute ma politique, Madame; si c'est celle du roi, qu'il l'adopte; si ce n'est pas la sienne, qu'il la repousse. — Monsieur, Monsieur, dit la reine, frappée des clartés que répandait à la fois sur le passé, le présent et l'avenir le rayonnement de cette vaste intelligence, j'ignore si cette politique serait celle du roi; mais, ce que je sais, c'est que, si j'avais quelque puissance, ce serait la mienne. Ainsi donc, vos moyens pour arriver à ce but, monsieur le comte, faites-les-moi connaître; je vous écoute, je ne dirai pas avec attention, avec intérêt, je dirai avec reconnaissance.

Mirabeau jeta un regard rapide sur la reine, regard d'aigle qui sondait l'abîme de son cœur, et il vit que, si elle n'était pas convaincue, elle était au moins entraînée.

Ce triomphe sur une femme aussi supérieure que Marie-Antoinette caressait de la façon la plus douce la vanité de Mirabeau.

— Madame, dit-il, nous avons perdu Paris ou à peu près, mais il nous reste encore, en province, de grandes foules dispersées dont nous pouvons faire des faisceaux. Voilà pourquoi mon avis, Madame, est que le roi quitte Paris, non pas la France; qu'il se retire à Rouen au milieu de l'armée; que, de là, il publie des ordonnances plus populaires que les décrets de l'Assemblée. Dès lors, point de guerre civile, puisque le roi se fait plus révolutionnaire que la révolution. — Mais cette révolution, qu'elle nous précède ou qu'elle nous suive, ne vous épouvante-t-elle pas? demanda la reine. — Hélas! Madame, je crois savoir mieux que personne qu'il y a une part à lui faire, un gâteau à lui jeter; je l'ai déjà dit à la reine, c'est une entreprise au-dessus des forces humaines que de vouloir rétablir la monarchie sur les antiques bases que cette révolution a détruites. A cette révolution, tout le monde, en France, a concouru, depuis le roi jusqu'au dernier de ses sujets, soit par intention, action ou omission. Ce n'est donc point cette antique monarchie que j'ai la prétention de défendre, Madame, mais je songe à la modifier, à la régénérer, à établir enfin une forme de gouvernement plus ou moins semblable à celle qui a conduit l'Angleterre à l'apogée de sa puissance et de sa gloire. Après avoir entrevu, à ce que m'a dit monsieur Gilbert du moins, la prison et l'échafaud de Charles I*er*, le roi ne se contenterait-il donc plus du trône de Guillaume III ou de Georges I*er*? — Oh! monsieur le comte, dit la reine, à qui un mot venait de rappeler par un frissonnement mortel la vision du château de Taverney et le dessin de l'instrument de mort inventé par monsieur Guillotin; oh! monsieur le comte, rendez-nous cette monarchie-là, et vous verrez si nous sommes des ingrats comme on nous en accuse! — Eh bien! s'écria à son tour Mirabeau, c'est ce que je ferai, Madame; que le roi me soutienne, que la reine m'encourage, et je dépose ici, à vos pieds, mon serment de gentilhomme que je tiendrai la promesse que je fais à Votre Majesté, ou que je mourrai à la peine. — Comte, comte, dit Marie-Antoinette, n'oubliez pas que c'est plus qu'une femme qui vient d'entendre votre serment, c'est une dynastie de cinq siècles, c'est soixante-dix rois de France, qui, de Pharamond à Louis XV, dorment dans leurs tombeaux, et qui seront détrônés avec nous si notre trône tombe. — Je connais l'engagement que je prends, Madame; il est immense, je le sais, mais il n'est pas plus grand que ma volonté, plus fort que mon dévouement. Que je sois sûr de la sympathie de ma reine et de la confiance de mon roi, et j'entreprendrai l'œuvre. — S'il ne vous faut que cela, monsieur de Mirabeau, je vous engage l'une et l'autre.

Et elle salua Mirabeau avec ce sourire de sirène qui lui gagnait tous les cœurs.

Mirabeau comprit que l'audience était finie.

L'orgueil de l'homme politique était satisfait, mais il manquait quelque chose à la vanité du gentilhomme.

— Madame, dit-il avec une courtoisie respectueuse et hardie, lorsque votre auguste mère, l'impératrice Marie-Thérèse, admettait un de ses sujets à l'honneur de sa présence, jamais elle ne le congédiait sans lui donner sa main à baiser...

Et il demeura debout et attendant.

La reine regarda ce lion enchaîné qui ne demandait pas mieux que de se coucher à ses pieds; puis, avec le sourire du triomphe sur les lèvres, elle étendit lentement sa belle main, froide comme l'albâtre, presque transparente comme lui.

Mirabeau s'inclina, posa ses lèvres sur cette main, et, relevant la tête avec fierté :

— Madame, dit-il, par ce baiser, la monarchie est sauvée!

Et il sortit tout ému, tout joyeux, croyant lui-même, pauvre homme de génie! à l'accomplissement de la prophétie qu'il venait de faire.

XLIX

RETOUR A LA FERME

Tandis que Marie-Antoinette rouvre à l'espérance son cœur tout endolori, et oublie un instant les souffrances de la femme en s'occupant du salut de la reine; tandis que Mirabeau, comme l'athlète Alcidamas, rêve de soutenir à lui seul la voûte de la monarchie près de s'écrouler, et qui menace de l'écraser en s'écroulant, ramenons le lecteur, fatigué de tant de politique, vers des personnages plus humbles et des horizons plus frais.

Nous avons vu quelles craintes, soufflées par Pitou au cœur de Billot pendant le second voyage du Lafayette d'Haramont dans la capitale, rappelait le fermier à la ferme, ou plutôt le père près de sa fille.

Ces inquiétudes n'étaient point exagérées.

Le retour avait lieu le surlendemain de la fameuse nuit où s'était passé le triple événement de la fuite de Sébastien Gilbert, du départ du vicomte Isidore de Charny, et de l'évanouissement de Catherine sur le chemin de Villers-Cotterets à Pisseleux.

Dans un autre chapitre de ce livre, nous avons raconté comment Pitou, après avoir rapporté Catherine à la ferme, après avoir appris d'elle, au milieu des larmes et des sanglots, que l'accident qui venait de la frapper avait été causé par le départ d'Isidore, était revenu à Haramont écrasé sous le poids de cet aveu, et, en rentrant chez lui, avait trouvé la lettre de Sébastien, et était immédiatement parti pour Paris.

A Paris, nous l'avons vu attendant le docteur Gilbert et Sébastien avec une telle inquiétude, qu'il n'avait pas même songé à parler à Billot de l'événement de la ferme. Ce n'est que lorsqu'il avait été rassuré sur le sort de Sébastien, en voyant revenir celui-ci rue Saint-Honoré avec son père; ce n'est que lorsqu'il avait appris, de la bouche même de l'enfant, les détails de son voyage et comme quoi, ayant rencontré le vicomte Isidore, il avait été amené en croupe à Paris, qu'il s'était souvenu de Catherine, de la ferme et de la mère Billot, et qu'il avait parlé de la mauvaise récolte, des pluies continuelles et de l'évanouissement de Catherine.

Nous avons dit que c'était cet évanouissement qui avait tout particulièrement frappé Billot, et l'avait déterminé à demander à Gilbert un congé que celui-ci lui avait accordé.

Tout le long du chemin, Billot avait interrogé Pitou sur cet évanouissement ; car il aimait bien sa ferme, le digne fermier ; il aimait bien sa femme, le bon mari ; mais ce qu'il aimait par-dessus toutes choses, c'était sa fille Catherine.

Et cependant, grâce à ses invariables idées d'honneur, à ses invincibles principes de probité, cet amour, dans l'occasion, l'eût rendu juge aussi inflexible qu'il était tendre père.

Interrogé par lui, Pitou répondait.

Il avait trouvé Catherine en travers du chemin, muette, immobile, inanimée ; il l'avait crue morte ; il l'avait, désespéré, soulevée dans ses bras, posée sur ses genoux ; puis, bientôt il s'était aperçu qu'elle respirait encore et l'avait emportée tout courant à la ferme, où il l'avait, avec l'aide de la mère Billot, couchée sur son lit.

Là, tandis que la mère Billot se lamentait, il lui avait brutalement jeté de l'eau au visage. Cette fraîcheur avait fait rouvrir les yeux à Catherine, ce que voyant, ajoutait Pitou, il avait jugé que sa présence n'était plus nécessaire à la ferme et s'était retiré chez lui.

Le reste, c'est-à-dire tout ce qui avait rapport à Sébastien, le père Billot en avait entendu le récit une fois, et ce récit lui avait suffi.

Il en résultait que, revenant sans cesse à Catherine, Billot s'épuisait sans cesse en conjectures sur l'accident qui lui était arrivé, et sur les causes probables de cet accident.

Ces conjectures se traduisaient en questions adressées à Pitou, questions auxquelles Pitou répondait diplomatiquement : Je ne sais pas.

Et il y avait du mérite à Pitou à répondre : Je ne sais pas ; car Catherine, on se le rappelle, avait eu la cruelle franchise de lui tout avouer, et, par conséquent, Pitou *savait*.

Il savait que, le cœur brisé par l'adieu d'Isidore, Catherine s'était évanouie à la place où il l'avait trouvée.

Mais voilà ce que, pour tout l'or du monde, il n'eût jamais dit au fermier.

C'est que, par comparaison, il s'était laissé prendre d'une grande pitié pour Catherine.

Pitou aimait Catherine, il l'admirait surtout ; nous avons vu, en temps et lieu, la somme de douleurs que cette admiration et cet amour mal appréciés avaient amené de souffrances dans le cœur et de transports dans l'esprit de Pitou.

Mais ces transports, si exaltés qu'ils fussent, ces douleurs, si aigres qu'il les eût ressenties, tout en causant à Pitou des serrements d'estomac qui avaient été parfois jusqu'à reculer d'une heure et même de deux heures son déjeuner et son dîner, ces transports et ces douleurs, disons-nous, n'avaient jamais été jusqu'à la défaillance et l'évanouissement.

Donc, Pitou se posait ce dilemme plein de raison, qu'avec son habitude de logique il divisait en trois parties.

« Si mademoiselle Catherine aime monsieur Isidore à s'évanouir quand il la quitte, elle aime donc monsieur Isidore plus que je ne l'aime, elle, mademoiselle Catherine, puisque je ne me suis jamais évanoui en la quittant. »

Puis, de cette première partie, il passait à la seconde et se disait :

« Si elle l'aime plus que je ne l'aime, elle doit donc plus souffrir encore que je n'ai souffert ; en ce cas, elle souffre beaucoup ! »

D'où il passait à la troisième partie de son dilemme, c'est-à-dire à la conclusion, conclusion d'autant plus logique que, comme toute bonne conclusion, elle se rattachait à l'exorde.

« Et, en effet, elle souffre plus que je ne souffre, puisqu'elle s'évanouit et que je ne m'évanouis pas. »

De là cette grande pitié qui rendait Pitou muet vis-à-vis de Billot à l'endroit de Catherine, mutisme qui augmentait les inquiétudes de Billot, lesquelles, au fur et à mesure qu'elles augmentaient, se traduisaient plus clairement par les coups de fouet que le digne fermier appliquait sans relâche et à tour de bras sur les reins du cheval qu'il avait pris en location à Dammartin ; si bien qu'à quatre heures de l'après-midi, le cheval, la carriole et les deux voyageurs qu'elle contenait s'arrêtèrent devant la porte de la ferme, où les aboiements des chiens signalèrent bientôt leur présence.

A peine la voiture fut-elle arrêtée que Billot sauta à terre et entra rapidement dans la ferme.

Mais un obstacle auquel il ne s'attendait pas se dressa sur le seuil de la chambre à coucher de sa fille.

C'était le docteur Raynal, dont nous avons déjà eu, ce nous semble, l'occasion de prononcer le nom dans le cours de cette histoire, lequel déclara que, dans l'état où se trouvait Catherine, toute émotion, non-seulement était dangereuse, mais encore pourrait être mortelle. C'était un nouveau coup qui frappait Billot.

Il savait le fait de l'évanouissement ; mais, du moment où Pitou avait vu Catherine rouvrir les yeux et revenir à elle, il n'avait plus été préoccupé, si l'on peut s'exprimer ainsi, que des causes et des suites morales de l'événement.

Et voilà que le malheur voulait qu'outre les causes et les suites morales, il y eut encore un résultat physique.

Ce résultat physique était une fièvre cérébrale qui s'était déclarée la veille au matin, et qui menaçait de s'élever au plus haut degré d'intensité.

Le docteur Raynal était occupé à combattre cette fièvre cérébrale par tous les moyens qu'employaient en pareil cas les adeptes de l'ancienne médecine, c'est-à-dire par les saignées et les sinapismes.

Mais ce traitement, si actif qu'il fût, n'avait fait jusque-là que côtoyer, pour ainsi dire, la maladie; la lutte venait de s'engager à peine entre le mal et le remède : depuis le matin, Catherine était en proie à un violent délire.

Et, sans doute, dans ce délire, la jeune fille disait d'étranges choses; car, sous prétexte de lui épargner des émotions, le docteur Raynal avait déjà éloigné d'elle sa mère, comme il tentait en ce moment d'éloigner son père.

Le mère Billot était assise sur un escabeau dans les profondeurs de l'immense cheminée; elle avait la tête enfoncée entre ses mains, et semblait étrangère à tout ce qui se passait autour d'elle.

Cependant, insensible au bruit de la voiture, aux aboiements des chiens, à l'entrée de Billot dans la cuisine, elle se ranima quand la voix de celui-ci, discutant avec le docteur, alla chercher sa raison, noyée au fond de sa sombre rêverie.

Elle leva la tête, ouvrit les yeux, fixa son regard hébété sur Billot, et s'écria :

— Eh! notre homme!

Et, se levant, elle alla, toute trébuchante et les bras étendus, se jeter contre la poitrine de Billot.

Celui-ci la regarda d'un air effaré, comme s'il la reconnaissait à peine.

— Eh! demanda-t-il, la sueur de l'angoisse au front, que se passe-t-il donc ici? — Il se passe, dit le docteur Raynal, que votre fille a ce que nous appelons une meningite aiguë, et que, lorsqu'on a cela, de même qu'il ne faut prendre que certaines choses, il ne faut voir que certaines personnes. — Mais, demanda le père Billot, est-ce que c'est dangereux, cette maladie-là? est-ce que l'on en meurt? — On meurt de toutes les maladies, quand on est mal soigné, mon cher monsieur Billot; mais laissez-moi soigner votre fille à ma façon, et elle n'en mourra pas. — Bien vrai, docteur? — Je réponds d'elle... mais il faut que, d'ici à deux ou trois jours, il n'y ait que moi et les personnes que j'indiquerai qui puissent entrer dans sa chambre.

Billot poussa un soupir; on le crut vaincu; mais, tentant un dernier effort :

— Ne puis-je du moins la voir? demanda-t-il du ton dont un enfant eût demandé une dernière grâce. — Et, si vous la voyez, si vous l'embrassez, me laisserez-vous trois jours tranquille, et sans rien demander de plus? — Je vous le jure, docteur! — Eh bien! venez.

Il ouvrit la porte de la chambre de Catherine, et le père Billot put voir la jeune fille le front ceint d'un bandeau trempé dans de l'eau glacée, l'œil égaré, le visage ardent de fièvre.

Elle prononçait des paroles entrecoupées, et, quand Billot posa ses lèvres pâlies et tremblantes sur son front humide, il lui sembla, au milieu de ces paroles incohérentes, saisir le nom d'Isidore.

Sur le seuil de la porte de la cuisine se groupaient la mère Billot, les mains jointes; Pitou se soulevant sur la pointe de ses longs pieds pour regarder par-dessus l'épaule de la fermière; et deux ou trois journaliers qui, se trouvant là, étaient curieux de voir par eux-mêmes comment allait leur jeune maîtresse.

Fidèle à sa promesse, le père Billot se retira lorsqu'il eut embrassé son enfant; seulement, il se retira le sourcil froncé, le regard sombre, et en murmurant :

— Allons, allons, je vois bien qu'en effet il était temps que je revinsse...

Et il rentra dans la cuisine, où sa femme le suivit machinalement, et où Pitou allait les suivre, quand le docteur le tira par le bas de sa veste et lui dit :

— Ne quitte pas la ferme; j'ai à te parler.

Pitou se retourna tout étonné, et il allait s'enquérir auprès du docteur à quelle chose il pouvait lui être bon; mais celui-ci posa mystérieusement et en silence le doigt sur sa bouche.

Pitou demeura donc debout dans la cuisine à l'endroit même où il était, simulant d'une façon plus grotesque que poétique ces dieux antiques qui, les pieds pris dans la pierre, marquaient aux particuliers la limite de leurs champs.

Au bout de cinq minutes, la porte de la chambre de Catherine se rouvrit, et l'on entendit la voix du docteur appelant Pitou.

— Hein? fit celui-ci, tiré du plus profond du rêve où il paraissait plongé; que me voulez-vous, monsieur Raynal? — Viens aider madame Clément à tenir Catherine, pendant que je vais la saigner une troisième fois. — Une troisième fois! murmura la mère Billot; il va saigner mon enfant pour la troisième fois! Oh! mon Dieu! mon Dieu! — Femme, femme, murmura Billot d'une voix sévère, tout cela ne serait point arrivé, si vous aviez mieux veillé sur votre enfant!

Et il rentra dans sa chambre, dont il était absent depuis trois mois, tandis que Pitou, élevé au rang d'élève de chirurgie par le docteur Raynal, entrait dans celle de Catherine.

L

PITOU GARDE-MALADE

Pitou était fort étonné d'être bon à quelque chose au docteur Raynal; mais il eût été bien plus étonné encore si celui-ci lui eût dit que c'était plutôt un secours moral qu'un secours physique qu'il attendait de lui auprès de la malade.

En effet, le docteur avait remarqué que, dans son délire, Catherine accolait presque toujours le nom de Pitou à celui d'Isidore; c'étaient, on s'en souviendra, les deux dernières figures qui avaient dû rester dans l'esprit de la jeune fille : Isidore, quand elle avait fermé les yeux; Pitou, quand elle les avait rouverts.

Cependant, comme la malade ne prononçait pas ces deux noms avec le même accent, et que le docteur Raynal, non moins observateur que son illustre homonyme l'auteur de l'*Histoire philosophique de l'Inde*, s'était promptement dit à lui-même qu'entre ces deux noms, *Isidore de Charny* et *Ange Pitou*, prononcés avec un accent différent, mais cependant expressif, par une jeune fille, le nom d'Ange Pitou devait être celui de l'ami, et le nom d'Isidore de Charny celui de l'amant, non-seulement il n'avait vu aucun inconvénient, mais encore il avait vu un avantage à introduire près de la malade un ami avec lequel elle pût parler de son amant.

Car, pour le docteur Raynal, et quoique nous ne veuillions rien lui ôter de sa perspicacité, nous nous hâterons de dire que c'était chose facile; car, pour le docteur Raynal tout était aussi clair que le jour, et il n'avait eu, comme dans les causes où les médecins font de la médecine légale, qu'à grouper les faits pour que la vérité tout entière apparût à ses yeux.

Tout le monde savait à Villers-Cotterets que, dans la nuit du 5 au 6 octobre, Georges de Charny avait été tué à Versailles, et que, dans la soirée du lendemain, son frère Isidore, mandé par le comte de Charny, était parti pour Paris.

Or, Pitou avait trouvé Catherine évanouie sur le chemin de Boursonne; il l'avait rapportée sans connaissance à la ferme; à la suite de cet événement, la jeune fille avait été prise de la fièvre cérébrale; cette fièvre cérébrale avait amené le délire; dans ce délire, elle s'efforçait de retenir un fugitif, et ce fugitif, elle l'appelait Isidore.

On voit donc que c'était chose facile au docteur de deviner le secret de la maladie de Catherine, qui n'était autre que le secret de son cœur.

Dans cette conjoncture, le docteur s'était fait ce raisonnement :

Le premier besoin d'un malade pris par le cerveau est le calme.

Qui peut amener le calme dans le cœur de Catherine? c'est d'apprendre ce qu'est devenu son amant.

A qui peut-elle demander des nouvelles de son amant? à celui qui peut en savoir.

Et quel est celui qui peut en savoir? Pitou, qui arrive de Paris.

Le raisonnement était à la fois simple et logique; aussi le docteur l'avait-il fait sans aucun effort.

Cependant, ce fut bien à l'office d'aide-chirurgien qu'il occupa d'abord Pitou. Seulement, pour cet office, il eût parfaitement pu se passer de lui, attendu que c'était, non pas une saignée à faire, mais simplement l'ancienne à rouvrir.

Le docteur tira doucement le bras de Catherine hors du lit, enleva le tampon qui comprimait la cicatrice, écarta les chairs mal jointes avec les deux pouces, et le sang jaillit.

En voyant ce sang, pour lequel il eût avec joie donné le sien, Pitou sentit les forces lui manquer.

Il alla s'asseoir dans le fauteuil de madame Clément, les mains sur les yeux, sanglotant, et à chaque sanglot tirant du fond de son cœur ces mots :

— Oh! mademoiselle Catherine!... pauvre mademoiselle Catherine!...

Et, à chacun de ces mots, il se disait mentalement à lui-même, par ce double travail de l'esprit qui opère à la fois sur le présent et sur le passé :

— Oh! bien certainement qu'elle aime monsieur Isidore plus que je ne l'aime elle-même! bien certainement qu'elle souffre plus que je n'ai jamais souffert, puisqu'on est obligé de la saigner parce qu'elle a la fièvre cérébrale et le délire, deux choses fort désagréables à avoir, et que je n'ai jamais eues.

Et, tout en tirant deux palettes de sang à Catherine, le docteur Raynal, qui ne perdait pas de vue Pitou, se félicitait d'avoir si bien deviné que la malade avait en lui un ami dévoué.

Comme l'avait pensé le docteur, cette petite émission de sang calma la fièvre; les artères des tempes battirent plus doucement; la poitrine se dégagea; la respiration, qui était sifflante, redevint douce et égale; le pouls tomba de cent dix pulsations à quatre-vingt-cinq, et tout indiqua pour Catherine une nuit assez tranquille.

Le docteur Raynal respira donc à son tour. Il fit à madame Clément les recommandations nécessaires, et, entre autres, cette recommandation étrange de dormir deux ou trois heures, tandis que Pitou veillerait à sa place; et, faisant signe à Pitou de le suivre, il rentra dans la cuisine.

Pitou suivit le docteur, qui trouva la mère Billot ensevelie dans l'ombre du manteau de la cheminée.

La pauvre femme était tellement abasourdie, qu'à peine put-elle comprendre ce que lui disait le docteur.

C'étaient cependant de bonnes paroles pour le cœur d'une mère.

— Allons, allons, du courage, mère Billot! dit le docteur; cela va aussi bien que cela peut aller.

La bonne femme sembla revenir de l'autre monde.

— Oh! cher monsieur Raynal, est-ce bien vrai ce que vous dites là? — Oui... la nuit ne sera pas mauvaise... Ne vous inquiétez pas, pourtant, si vous entendiez encore quelques cris dans la chambre de votre fille, et surtout n'y entrez pas. — Mon Dieu! mon Dieu! dit la mère Billot avec un accent de profonde tristesse, c'est bien triste qu'une mère ne puisse pas entrer dans la chambre de sa fille. — Que voulez-vous, dit le docteur, c'est ma prescription absolue... ni vous, ni monsieur Billot. — Mais qui donc va avoir soin de ma pauvre enfant? — Soyez tranquille, vous avez pour cela madame Clément et Pitou. — Comment, Pitou? — Oui, j'ai reconnu en lui tout à l'heure d'admirables dispositions pour la médecine. Je l'emmène à Villers-Cotterets, où je vais faire préparer une potion par le pharmacien; Pitou rapportera la potion; madame Clément la fera prendre à la malade cuillerée par cuillerée, et s'il survenait quelque accident, Pitou, qui veillera Catherine avec madame Clément, prendrait ses longues jambes à son cou, et serait chez moi en dix minutes... N'est-ce pas, Pitou? — En cinq, monsieur Raynal, dit Pitou avec une confiance en lui-même qui ne devait laisser aucun doute dans l'esprit de ses auditeurs. — Vous voyez, madame Billot, dit le docteur Raynal. — Eh bien! soit, dit la mère Billot, cela ira ainsi; seulement, dites un mot de votre espoir au pauvre père. — Où est-il? demanda le docteur. — Ici, dans la chambre à côté. — Inutile, dit une voix du seuil de la porte, j'ai tout entendu.

Et en effet, les trois interlocuteurs, qui se retournèrent en tressaillant à cette réponse inattendue, virent le fermier pâle et debout dans l'encadrement sombre.

Puis, comme si c'eût été tout ce qu'il avait à écouter et à dire, Billot rentra chez lui, ne faisant aucune observation sur les arrangements pris pour la nuit par le docteur Raynal.

Pitou tint parole; au bout d'un quart d'heure, il était de retour avec la potion calmante ornée de son étiquette, et assurée par le cachet de maître Pacquenaud, docteur pharmacien de père en fils à Villers-Cotterets.

Le messager traversa la cuisine et entra dans la chambre de Catherine, non-seulement sans empêchement aucun, mais encore sans autre allocution faite de la part de personne que ces mots qui lui furent adressés par madame Billot :

— Ah! c'est toi, Pitou?

Et sans aucune autre réponse de lui que celle-ci :

— Oui, mam' Billot.

Catherine dormait, comme l'avait prévu le docteur Raynal, d'un sommeil assez calme; auprès d'elle, étendue dans un grand fauteuil, et les pieds sur les chenets, se tenait la garde-malade, en proie à cet état de somnolence particulier à cette honorable classe de la société qui, n'ayant pas le droit de dormir tout à fait, ni la force de rester bien éveillée, semble, comme ces âmes à qui il est défendu de descendre jusqu'aux Champs-Élysées et qui ne peuvent remonter jusqu'au jour, errer éternellement sur les limites de la veille et du sommeil.

Elle reçut, dans cet état de somnambulisme habituel, le flacon des mains de Pitou, le déboucha, le posa sur la table de nuit, et plaça tout auprès la cuiller d'argent, afin que la malade attendît le moins longtemps possible à l'heure du besoin.

Puis elle alla s'étendre sur son fauteuil.

Quant à Pitou, il s'assit sur le rebord de la fenêtre pour voir Catherine tout à son aise.

Le sentiment de miséricorde qui l'avait pris en songeant à Catherine n'avait pas, comme on le comprend bien, diminué en la voyant. Maintenant qu'il lui était permis, pour ainsi dire, de toucher le mal du doigt et de juger quel terrible ravage pouvait faire cette chose abstraite qu'on appelle l'amour, il était plus que jamais disposé à sacrifier son amour, à lui, qui lui paraissait de si facile composition auprès de cet amour exigeant, fiévreux, terrible, dont lui semblait atteinte la jeune fille.

Ces pensées le mettaient insensiblement dans la disposition d'esprit où il avait besoin d'être pour favoriser le plan du docteur Raynal.

En effet, le brave homme avait pensé que le remède dont avait surtout besoin Catherine était ce topique que l'on appelle un confident.

Ce n'était peut-être pas un grand médecin, mais c'était, à coup sûr, comme nous l'avons dit, un grand observateur que le docteur Raynal.

Une heure environ après la rentrée de Pitou, Catherine s'agita, poussa un soupir et ouvrit les yeux.

Il faut rendre cette justice à madame Clément, qu'au premier mouvement qu'avait fait la malade, elle était debout près d'elle, balbutiant :

— Me voilà, mademoiselle Catherine, que désirez-vous? — J'ai soif, murmura la malade revenant à la vie par une douleur physique, et au sentiment par un besoin matériel.

Madame Clément versa dans la cuiller quelques gouttes du calmant apporté par Pitou, introduisit la cuiller entre les lèvres sèches et les dents serrées de Catherine, qui machinalement avala la liqueur adoucissante.

Puis Catherine retomba la tête sur son oreiller, et madame Clément, satisfaite de la conviction d'un devoir rempli, alla s'étendre de nouveau sur son fauteuil.

Pitou poussa un soupir : il croyait que Catherine ne l'avait pas même vu.

Pitou se trompait : quand il avait aidé madame Clément à la soulever, en buvant les quelques gouttes du breuvage, en se laissant tomber sur son oreiller, Catherine avait entr'ouvert les yeux, et, de ce regard morbide qui avait glissé entre ses paupières, elle avait cru apercevoir Pitou.

Mais, dans le délire de la fièvre qui la tenait depuis trois jours, elle avait vu tant de fantômes qui n'avaient fait qu'apparaître et s'évanouir, qu'elle traita le Pitou réel comme un Pitou fantastique.

Le soupir que venait de pousser le pauvre garçon n'était donc pas tout à fait exagéré.

Cependant, l'apparition de cet ancien ami, pour lequel Catherine avait été parfois si injuste, avait fait sur la malade une impression plus profonde que les précédentes, et, quoiqu'elle restât les yeux fermés, il lui semblait, avec un esprit, du reste, plus calme et moins fiévreux, voir devant elle le brave voyageur que le fil si souvent brisé de ses idées lui représentait comme étant près de son père à Paris.

Il en résulta que, tourmentée de l'idée que, cette fois, Pitou était une réalité et non une évocation de la fièvre, elle rouvrit timidement les yeux et chercha si celui qu'elle avait vu était toujours à la même place.

Il va sans dire qu'il n'avait pas bougé.

En voyant les yeux de Catherine se rouvrir et s'arrêter sur lui, le visage de Pitou s'était illuminé; en voyant ces yeux se reprendre à la vie et à l'intelligence, Pitou étendit les bras.

— Pitou! murmura la malade. — Mademoiselle Catherine! s'écria Pitou. — Hein! fit madame Clément en se retournant.

Catherine jeta un regard inquiet sur la garde-malade et laissa retomber, avec un soupir, sa tête sur l'oreiller.

Pitou devina que la présence de madame Clément gênait Catherine.

Il alla à elle.

— Madame Clément, lui dit-il tout bas, ne vous privez pas de dormir; vous savez bien que monsieur Raynal m'a fait rester pour veiller made-

PITOU GARDE-MALADE.

moiselle Catherine, et afin que vous pussiez prendre un instant de repos pendant ce temps-là. — Ah! oui, c'est vrai, dit madame Clément.

Et, en effet, comme si elle n'eût attendu que cette permission, la pauvre femme s'affaissa dans son fauteuil, poussa un soupir à son tour, et après un instant de silence indiqua, par un ronflement timide d'abord, mais qui, s'enhardissant de plus en plus, finit, au bout de quelques minutes, par dominer entièrement la situation, qu'elle entrait à pleines voiles dans le pays enchanté du sommeil, qu'elle ne parcourait ordinairement qu'en rêve.

Catherine avait suivi le mouvement de Pitou avec un certain étonnement, et, avec l'acuité de sens particulière aux malades, elle n'avait pas perdu un mot de ce que Pitou avait dit à madame Clément.

Pitou demeura un instant près de la garde-malade, comme pour s'assurer que son sommeil était bien réel; puis, lorsqu'il n'eut plus aucun doute à cet égard, il s'approcha de Catherine, et secouant la tête et laissant tomber ses bras :

— Ah! mademoiselle Catherine, dit-il, je savais bien que vous l'aimiez, mais je ne savais pas que vous l'aimiez tant que cela!

LI

PITOU CONFIDENT

Pitou prononça ces paroles de telle façon, que Catherine y put voir tout à la fois l'expression d'une grande douleur et la preuve d'une grande bonté.

Ces deux sentiments émanés en même temps du cœur du brave garçon qui la regardait d'un œil si triste touchèrent la malade à un degré égal.

Tant qu'Isidore avait habité Boursonne, tant qu'elle avait senti son amant à trois quarts de lieue d'elle, tant qu'elle avait été heureuse, enfin, Catherine, sauf quelques petites contrariétés soulevées par la persistance de Pitou à l'accompagner dans ses courses, sauf quelques légères inquiétudes causées par certains paragraphes des lettres de son père, Catherine, disons-nous, avait enfoui son amour en elle-même, comme un trésor dont elle se fût bien gardée de laisser tomber la moindre obole dans un autre cœur que le sien; mais Isidore parti; mais Catherine esseulée; mais le malheur se substituant à la félicité, la pauvre enfant cherchait en vain un courage égal à son égoïsme, et elle comprenait qu'il y aurait pour elle un grand soulagement à rencontrer quelqu'un avec qui elle pût parler du beau gentilhomme qui venait de la quitter, sans avoir rien pu lui dire de positif sur l'époque de son retour.

Or, elle ne pouvait parler d'Isidore ni à madame Clément, ni au docteur Raynal, ni à sa mère, et elle souffrait vivement d'être condamnée à ce silence, quand tout à coup, au moment où elle s'en doutait le moins, la Providence mettait devant ses yeux, qu'elle venait de rouvrir à la vie et à la raison, un ami dont elle avait pu douter un instant lorsqu'il s'était tu, mais dont elle ne pouvait plus douter aux premières paroles qu'il prononçait.

Aussi, à ces mots de compassion si péniblement échappés au cœur du neveu de la tante Angélique, Catherine répondit-elle sans chercher le moins du monde à cacher ses sentiments :

— Ah! monsieur Pitou, je suis bien malheureuse, allez!

Dès lors, la digue était rompue d'un côté, et le courant établi de l'autre.

— En tous cas, mademoiselle Catherine, continua Pitou, quoique ça ne me fasse pas grand plaisir de parler de monsieur Isidore, si ça doit vous être agréable, à vous, je puis vous donner de ses nouvelles. — Toi? demanda Catherine. — Oui, moi, dit Pitou. — Tu l'as donc vu? — Non, mademoiselle Catherine; mais je sais qu'il est arrivé en bonne santé à Paris.

Catherine fit un effort, se souleva sur son coude, et regardant Pitou :

— Et comment savez-vous cela? demanda-t-elle le regard tout brillant d'amour.

Ce regard fit pousser un gros soupir à Pitou; mais il n'en répondit pas moins avec sa conscience ordinaire :

— Je sais cela, Mademoiselle, par mon jeune ami, Sébastien Gilbert, que monsieur Isidore a rencontré de nuit un peu au-dessus de Fontaine-Eau-Claire, et qu'il a amené en croupe à Paris. — Ainsi, demanda vivement Catherine, il est à Paris? — C'est-à-dire, objecta Pitou, il ne doit plus y être à présent. — Et où doit-il être? fit languissamment la jeune fille. — Je ne sais pas... Ce que je sais seulement, c'est qu'il devait partir en mission pour l'Espagne ou pour l'Italie.

Catherine, à ce mot *partir*, laissa retomber sa tête sur son oreiller avec un soupir qui fut bientôt suivi d'abondantes larmes.

— Mademoiselle, dit Pitou, à qui cette douleur de Catherine brisait le cœur, si vous tenez absolument à savoir où il est, je puis m'en informer.

— A qui? demanda Catherine. — A monsieur le docteur Gilbert, qui l'avait quitté aux Tuileries... ou bien encore, si vous aimez mieux, ajouta Pitou en voyant que Catherine secouait la tête en signe de remerciement négatif, je puis retourner à Paris et prendre des renseignements... Oh! mon Dieu! ce sera bien vite fait; c'est l'affaire de vingt-quatre heures.

Catherine étendit sa main fiévreuse et la présenta à Pitou, qui, ne devinant pas la faveur qui lui était accordée, ne se permit pas de la toucher.

— Eh bien! monsieur Pitou, lui demanda Catherine en souriant, est-ce que vous avez peur d'attraper ma fièvre? — Oh! excusez, mademoiselle Catherine, dit Pitou pressant la main moite et humide de la jeune fille entre ses deux grosses mains, c'est que je ne comprenais pas, voyez-vous... Ainsi, vous acceptez? — Non, au contraire, Pitou, je te remercie... c'est inutile; il est impossible que je ne reçoive pas une lettre de lui demain matin. — Une lettre de lui? dit vivement Pitou; puis il s'arrêta comme regardant autour de lui avec inquiétude. — Eh bien! oui, une lettre de lui, dit Catherine, cherchant elle-même du regard la cause qui pouvait troubler ainsi l'âme placide de son interlocuteur. — Une lettre de lui!... Ah! diable! répéta Pitou en se mordant les ongles comme fait un homme embarrassé. — Mais, sans doute, une lettre de lui... Que trouvez-vous d'étonnant à ce qu'il m'écrive? reprit Catherine, vous qui savez tout... ou, ajouta-t-elle à voix basse, à peu près tout. — Je ne trouve pas étonnant qu'il vous écrive... S'il m'était permis de vous écrire, Dieu sait que je vous écrirais bien aussi, moi, et de longues lettres même!... Mais j'ai peur... — Peur de quoi, mon ami? — Que la lettre de monsieur Isidore ne tombe entre les mains de votre père. — De mon père?

Pitou fit de la tête un triple signe qui voulait dire trois fois : Oui.

— Comment, de mon père? demanda Catherine de plus en plus étonnée; mon père n'est-il pas à Paris? — Votre père est à Pisseleux, mademoiselle Catherine, à la ferme, ici, dans la chambre à côté... Seulement, monsieur Raynal lui a défendu d'entrer dans votre chambre, à cause du délire, a-t-il dit, et je crois qu'il a bien fait. — Et pourquoi a-t-il bien fait? — Mais parce que monsieur Billot ne me paraît pas tendre à l'endroit de monsieur Isidore, et que, pour une fois que vous avez prononcé son nom et qu'il l'a entendu, il a fait une rude grimace, je vous en réponds! — Oh! mon Dieu! mon Dieu! murmura Catherine toute frissonnante, que me dites-vous là, monsieur Pitou? — La vérité... Je l'ai même entendu grommeler entre ses dents : « C'est bien, c'est bien, on ne dira rien tant qu'elle sera malade; mais après on verra! » — Monsieur Pitou! dit Catherine en saisissant cette fois la main de Pitou avec un geste si véhément, que ce fut au brave garçon de tressaillir à son tour. — Mademoiselle Catherine! répondit-il. — Vous avez raison, il ne faut pas que ces lettres tombent entre les mains de mon père... il me tuerait! — Vous voyez bien! vous voyez bien! dit Pitou. C'est qu'il n'entend pas raison sur la bagatelle, le père Billot! — Mais comment faire? — Dam! indiquez-moi cela, Mademoiselle. — Il y a bien un moyen... — Alors, dit Pitou, s'il y a un moyen, il faut l'employer. — Mais je n'ose, dit Catherine... — Comment, vous n'osez? — Je n'ose vous dire ce qu'il vous faudrait faire. — Quoi! le moyen dépend de moi et vous n'osez pas me le dire? — Dam! monsieur Pitou. — Ah! fit Pitou, ce n'est pas bien, mademoiselle Catherine, et je n'aurais pas cru que vous eussiez manqué de confiance en moi. — Je ne manque pas de confiance en toi, mon cher Pitou, dit Catherine. — Ah! à la bonne heure! répondit Pitou, doucement caressé par la familiarité croissante de Catherine. Mais?... — Mais ce sera bien de la peine pour toi, mon ami. — Oh! si ce n'est que de la peine pour moi, dit Pitou, il ne faut pas vous embarrasser de cela, mademoiselle Catherine. — Tu consens donc d'avance à faire ce que je te demanderai? — Bien certainement... Dam! cependant, à moins que ce ne soit impossible... — C'est très-facile, au contraire. — Eh bien! si c'est très-facile, dites. — Eh bien! il faudrait aller chez la mère Colombe. — La marchande de sucre d'orge? — Oui, qui est en même temps factrice de la poste aux lettres. — Ah! je comprends... et je lui dirai de ne remettre vos lettres qu'à vous? — Tu lui diras de ne remettre mes lettres qu'à toi, Pitou. — A moi? dit Pitou. Ah! oui... je n'avais pas compris d'abord.

Et il poussa un troisième ou quatrième soupir.

— C'est ce qu'il y a de plus sûr, tu conçois bien, Pitou... à moins que tu ne veuilles pas me rendre ce service... — Moi, vous refuser, mademoiselle Catherine? oh! par exemple! — Merci, alors, merci. — J'irai... j'irai bien certainement, à partir de demain. — C'est trop tard, demain, mon cher Pitou; il faudrait y aller à partir d'aujourd'hui. — Eh bien! Mademoiselle, soit, à partir d'aujourd'hui, à partir de ce matin, à partir de tout de suite. — Que tu es un brave garçon, Pitou, dit Catherine, et que je t'aime! — Oh! mademoiselle Catherine, dit Pitou, ne me dites pas de ces choses-là, vous me feriez passer dans le feu! — Regarde l'heure qu'il est, Pitou, dit Catherine.

Pitou s'approcha de la montre de la jeune fille, qui était pendue à la cheminée.

— Cinq heures et demie du matin, Mademoiselle, dit-il. — Eh bien! fit Catherine, mon bon ami Pitou... — Eh bien! Mademoiselle? — Il serait peut-être temps... — Que j'allasse chez la mère Colombe? A vos ordres, Mademoiselle; mais il faudrait prendre un peu de la potion; le docteur avait recommandé une cuillerée toutes les demi-heures. — Ah! mon cher Pitou, dit Catherine se versant une cuillerée du breuvage pharmaceutique, et regardant Pitou avec des yeux qui lui firent fondre le cœur, ce que tu fais pour moi vaut mieux que tous les breuvages du monde. — C'est donc cela que le docteur Raynal disait que j'avais de si grandes dispositions à être élève en médecine! — Mais où diras-tu que tu vas, Pitou, pour qu'on ne se doute de rien à la ferme? — Oh! quant à cela, soyez tranquille!

Et Pitou prit son chapeau.

— Faut-il que je réveille madame Clément? demanda-t-il. — Oh! c'est inutile; laisse-la dormir, pauvre femme... Je n'ai maintenant besoin de rien... que... — Que... que de quoi? demanda Pitou.

Catherine sourit.

— Ah! oui, j'y suis, murmura le messager d'amour, que de la lettre de monsieur Isidore.

Puis, après un instant de silence :

— Eh bien! soyez tranquille, si elle y est, vous l'aurez, et, si elle n'y est pas... — Si elle n'y est pas? demanda anxieusement Catherine. — Si elle n'y est pas, pour que vous me regardiez encore comme vous me regardiez tout à l'heure, pour que vous me souriiez encore comme vous venez de me sourire, pour que vous m'appeliez encore votre cher Pitou et votre bon ami; si elle n'y est pas, eh bien! j'irai la chercher à Paris! — Bon et excellent cœur! murmura Catherine en suivant des yeux Pitou, qui sortait.

Puis, épuisée de cette longue conversation, elle retomba la tête sur son oreiller.

Au bout de dix minutes, il eût été impossible à la jeune fille de se dire à elle-même si ce qui venait de se passer était une réalité amenée par le retour de sa raison ou un rêve enfanté par le délire; mais ce dont elle était sûre, c'est qu'une fraîcheur vivifiante et douce se répandait de son cœur aux extrémités les plus éloignées de ses membres fiévreux et endoloris.

Au moment où Pitou traversa la cuisine, la mère Billot leva la tête.

La mère Billot ne s'était pas couchée et n'avait pas dormi depuis trois jours; depuis trois jours, elle n'avait pas quitté cet escabeau enterré sous le manteau de la cheminée, d'où ses yeux pouvaient, à défaut de sa fille, près de laquelle il lui était défendu de pénétrer, voir au moins la porte de la chambre de sa fille.

— Eh bien? demanda-t-elle. — Eh bien! mère Billot, cela va mieux, dit Pitou. — Où vas-tu, alors? — Je vais à Villers-Cotterets. — Et qu'y vas-tu faire?

Pitou hésita un instant; Pitou n'était pas l'homme de l'à-propos.

— Ce que je vais y faire? répéta-t-il pour gagner du temps. — Oui, dit la voix du père Billot, ma femme te demande ce que tu vas y faire? — Je vais prévenir le docteur Raynal. — Le docteur Raynal t'avait dit de ne le prévenir que s'il y avait du nouveau. — Eh bien! dit Pitou, puisque mademoiselle Catherine va mieux, il me semble que c'est du nouveau.

Soit que le père Billot trouvât la réponse de Pitou péremptoire, soit qu'il ne voulût pas se montrer trop difficile pour un homme qui, au bout du compte, lui apportait une bonne nouvelle, il ne fit pas d'autre objection au départ de Pitou.

Pitou passa donc, tandis que le père Billot rentrait dans sa chambre, et que la mère Billot laissait retomber sa tête sur sa poitrine.

Pitou arriva à Villers-Cotterets à six heures moins un quart du matin.

Il réveilla scrupuleusement le docteur Raynal pour lui dire que Catherine allait mieux, et lui demander ce qu'il y avait à faire.

Le docteur l'interrogea sur sa nuit de garde, et, au grand étonnement de Pitou, qui cependant mit dans ses réponses toute la circonspection possible, le brave garçon s'aperçut bientôt que le docteur savait ce qui s'était passé entre lui et Catherine aussi couramment à peu près que s'il eût, dans quelque coin de la chambre, derrière les rideaux de la fenêtre ou du lit, assisté à sa conversation avec la jeune fille.

Le docteur Raynal promit de passer dans la journée à la ferme, recommanda, pour toute ordonnance, que l'on servît à Catherine *toujours du même tonneau*, et congédia Pitou, lequel réfléchit fort longtemps à ces paroles énigmatiques, et finit par comprendre que le docteur lui recommandait de continuer à parler à la jeune fille du vicomte Isidore de Charny.

Puis, de chez le docteur, il alla chez la mère Colombe. La factrice demeurait au bout de la rue de l'Ormet, c'est-à-dire à l'autre extrémité de la ville.

Il arriva comme elle ouvrait sa porte.

La mère Colombe était une grande amie de la tante Angélique; mais cette amitié pour la tante ne l'empêchait point d'apprécier le neveu.

En entrant dans la boutique de la mère Colombe, pleine de pain d'épices et de sucre d'orge, Pitou comprit pour la première fois que, s'il voulait réussir dans sa négociation et se faire livrer par la factrice les lettres de mademoiselle Catherine, il fallait employer, sinon la corruption, au moins la séduction.

Il acheta deux bouts de sucre d'orge et un pavé de pain d'épices.

Puis cette acquisition faite et payée, il hasarda sa demande.

Il y avait des difficultés graves :

Les lettres ne devaient être remises qu'aux personnes à qui elles étaient adressées, ou tout au moins à des fondés de pouvoir porteurs de procurations écrites.

La mère Colombe ne doutait pas de la parole de Pitou ; mais elle exigeait une procuration écrite.

Pitou vit qu'il fallait faire un sacrifice.

Il promit d'apporter, le lendemain, le reçu de la lettre, s'il y avait une lettre; plus une autorisation de recevoir pour Catherine les lettres à venir.

Promesse qu'il accompagna d'un second achat de sucre d'orge et de pain d'épices.

Le moyen de rien refuser à la main qui étrenne, et surtout qui étrenne d'une manière si libérale!

La mère Colombe ne fit plus que de faibles objections, et finit par autoriser Pitou à la suivre à la poste, où elle lui remettrait la lettre de Catherine, si une lettre était arrivée pour elle.

Pitou la suivit en mangeant ses deux pavés de pain d'épices, et en suçant ses quatre bâtons de sucre d'orge.

Jamais, au grand jamais, il ne s'était permis une pareille débauche; mais, on le sait, grâce aux libéralités du docteur Gilbert, Pitou était riche.

En traversant la grande place, il monta sur les barreaux de la fontaine, appliqua sa bouche à l'un des quatre jets qui s'en échappaient à cette époque, et, pendant cinq minutes, absorba le cours d'eau tout entier sans en laisser tomber une goutte. En descendant de la fontaine, il jeta les yeux autour de lui, et aperçut une espèce de théâtre dressé au milieu de la place.

Alors, il se rappela qu'au moment de son départ pour Paris, il était fort question de se réunir à Villers-Cotterets afin d'y poser les bases d'une fédération entre le chef-lieu de canton et les villages environnants.

Les divers événements privés qui s'étaient succédé autour de lui, lui avaient fait oublier cet événement politique, qui n'était point, cependant, sans une certaine importance.

Il pensa alors aux vingt-cinq louis que lui avait donnés, au moment du départ, le docteur Gilbert, pour l'aider à mettre sur le meilleur pied possible la garde nationale d'Haramont.

Et il redressa la tête avec orgueil en songeant à la splendide figure que feraient, grâce à ces vingt-cinq louis, les trente-trois hommes qu'il avait sous ses ordres.

Cela l'aida à digérer les deux pavés de pain d'épices et les quatre morceaux de sucre d'orge, qui, joints à la pinte d'eau qu'il avait avalée, eussent bien pu, malgré la chaleur des sucs gastriques dont la nature l'avait pourvu, lui peser sur l'estomac, s'il eût été privé de cet excellent digestif qu'on nomme l'amour-propre satisfait.

LII

PITOU GÉOGRAPHE

Pendant que Pitou buvait, pendant que Pitou digérait, pendant que Pitou réfléchissait, la mère Colombe avait gagné du chemin sur lui et était entrée à la poste.

Mais Pitou ne s'était point inquiété de cela. La poste était située en face de ce que l'on appelle la rue Neuve, espèce de ruelle qui donne sur la portion du parc où est située l'allée des Soupirs, de langoureuse mémoire.

En quinze emjambées il aurait rejoint la mère Colombe.

Il exécuta ses quinze enjambées et arriva sur le seuil de la poste juste comme la mère Colombe sortait, son paquet de lettres à la main.

Au milieu de toutes ces lettres il y en avait une pliée, enfermée dans une élégante enveloppe et coquettement cachetée d'un sceau de cire.

Cette lettre était à l'adresse de Catherine Billot.

Il était évident que c'était là la lettre que Catherine attendait.

Selon les conventions arrêtées, la lettre fut remise par la factrice à l'acheteur de sucre d'orge, lequel partit à l'instant même pour Pisseleux, joyeux et triste à la fois :

Joyeux du bonheur qu'il allait rapporter à Catherine.

Triste de ce que ce bonheur venait à la jeune fille d'une source dont il trouvait l'eau si amère à ses lèvres.

Mais, malgré cette amertume, le messager était d'une si excellente nature, que, pour porter plus vite cette lettre maudite, il passa insensiblement du pas au trot, et du trot au galop.

A cinquante pas de la ferme il s'arrêta tout à coup, songeant avec raison que, s'il arrivait ainsi tout haletant et tout couvert de sueur, il pourrait bien inspirer de la défiance au père Billot, lequel paraissait engagé dans la voie étroite et épineuse du soupçon.

Il résolut donc, au risque d'être en retard d'une minute ou deux, d'accomplir d'un pas plus posé le bout de chemin qui lui restait à faire, et, dans ce but, il marchait avec la gravité d'un de ces confidents de tragédie auxquels la confiance de Catherine venait de l'assimiler, lorsqu'en passant devant la chambre de la jeune malade, il s'aperçut que la garde, sans doute pour donner un peu d'air frais à cette chambre, avait entr'ouvert la fenêtre.

Pitou introduisit son nez d'abord, et un œil ensuite dans l'entre-bâillement; il ne pouvait pas davantage à cause de l'espagnolette.

Mais cela lui suffit, à lui, pour voir Catherine éveillée et l'attendant, et cela suffit à Catherine pour voir Pitou mystérieux et faisant des signes.

— Une lettre? balbutia la jeune fille, une lettre? — Chut! dit Pitou, et, regardant autour de lui avec l'œil d'un braconnier qui veut dépister tous les gardes d'une capitainerie, il lança, se voyant parfaitement isolé, sa lettre par l'entre-bâillement, et cela avec tant d'adresse, qu'elle tomba juste dans l'espèce de récipient que celle à qui elle était adressée lui avait ménagé sous son oreiller.

Puis, sans attendre un remerciement qui ne pouvait pas lui manquer, il se rejeta en arrière et poursuivit son chemin vers la porte de la ferme, sur le seuil de laquelle il trouva Billot.

Sans l'espèce de courbe que faisait le mur, le fermier eût vu ce qui venait de se passer, et Dieu sait, avec la disposition d'esprit dans laquelle il paraissait être, ce qui fût arrivé de cette certitude substituée au simple soupçon!

L'honnête Pitou ne s'attendait pas à se trouver face à face avec le fermier; et il sentit que, malgré lui, il rougissait jusqu'aux oreilles.

— Oh! monsieur Billot, dit-il, vrai, vous m'avez fait peur! — Peur, à toi, Pitou? à un capitaine de la garde nationale, à un vainqueur de la Bastille, peur?... — Que voulez-vous, dit Pitou, il y a des moments comme cela! Dam! quand on n'est pas prévenu... — Oui, dit Billot, et quand on s'attend à rencontrer la fille et qu'on rencontre le père, n'est-ce pas?... — Oh! monsieur Billot, pour ça non, dit Pitou, je ne m'attendais pas à rencontrer mademoiselle Catherine... Oh! non!... quoiqu'elle aille toujours de mieux en mieux, à ce que j'espère, elle est encore trop malade pour se lever! — N'as-tu donc rien à lui dire? demanda Billot. — A qui? — A Catherine. — Si fait, j'ai à lui rapporter que monsieur Raynal a dit que c'était bien et qu'il viendrait dans la journée... Mais un autre peut lui conter cela aussi bien que moi. — D'ailleurs, toi, tu dois avoir faim, n'est-ce pas? — Faim? dit Pitou; heu!... — Comment! tu n'as pas faim? s'écria le fermier.

Pitou vit qu'il avait lâché une bêtise. Pitou n'ayant pas faim à huit heures du matin, c'était un dérangement dans l'équilibre de la nature!

— Certainement que j'ai faim, dit-il. — Eh bien! entre et mange... les journaliers sont en train de déjeuner, et ils ont dû te garder une place.

Pitou entra; Billot le suivit des yeux, quoique la bonhomie du brave garçon eût presque détourné ses soupçons. Il le vit s'asseoir au haut bout de la table, et attaquer sa miche et son assiette de lard comme s'il n'avait pas eu deux pavés de pain d'épices, quatre bâtons de sucre d'orge et une pinte d'eau sur l'estomac.

Il est vrai que, selon toute probabilité, l'estomac de Pitou était déjà redevenu libre.

Pitou ne savait pas faire beaucoup de choses à la fois, mais il faisait bien ce qu'il faisait. Chargé par Catherine d'une commission, il l'avait bien faite; invité par Billot à déjeuner, il déjeunait bien.

Billot continuait à l'observer; mais, voyant qu'il ne détournait pas les yeux de son assiette, voyant que sa préoccupation s'arrêtait à la bouteille de cidre qu'il avait devant lui, remarquant que pas une seule fois son regard n'avait cherché la porte de Catherine, il finit par croire que le petit voyage de Pitou à Villers-Cotterets n'avait pas d'autre but que celui qu'il avait accusé.

Vers la fin du déjeuner de Pitou, la porte de Catherine s'ouvrit, et madame Clément sortit et s'avança dans la cuisine avec l'humble sourire de la garde-malade sur les lèvres. Elle venait à son tour chercher sa tasse de café.

Il va sans dire qu'à six heures du matin, c'est-à-dire un quart d'heure après le départ de Pitou, elle avait fait sa première apparition pour réclamer son petit verre d'eau-de-vie, la seule chose qui la soutînt, disait-elle, quand elle avait veillé toute une nuit.

A sa vue madame Billot alla à elle et monsieur Billot rentra.

Tous deux s'informèrent de la santé de Catherine.

— Cela va toujours bien, répondit madame Clément; cependant, je crois que, dans ce moment-ci, mademoiselle Catherine a un peu de délire. — Comment cela, du délire? répondit le père Billot; ça lui a donc repris? — Oh! mon Dieu, ma pauvre enfant! murmura la fermière.

Pitou leva la tête et écouta.

— Oui, reprit madame Clément; elle parle d'une ville nommée Turin, d'un pays nommé la Sardaigne, et elle appelle monsieur Pitou pour qu'il lui dise ce que c'est que ce pays et cette ville. — Me voilà, dit Pitou en avalant le reste de sa canette de cidre et en essuyant sa bouche avec sa manche.

Le regard du père Billot l'arrêta.

— Toutefois, dit-il, si monsieur Billot juge à propos que je donne à mademoiselle Catherine les explications qu'elle désire. — Pourquoi pas? dit la mère Billot; puisqu'elle te demande, la pauvre enfant, vas-y, mon garçon, d'autant plus que monsieur Raynal a dit que tu étais un bon élève en médecine. — Dam! fit naïvement Pitou, demandez à madame Clément comme nous avons soigné mademoiselle Catherine cette nuit. Madame Clément n'a pas dormi un instant, la digne femme, ni moi non plus.

C'était une grande adresse de la part de Pitou d'attaquer le point délicat à l'endroit de la garde-malade ; comme elle avait fait un excellent somme de minuit à six heures du matin, déclarer qu'elle n'avait pas dormi un seul instant, c'était s'en faire une amie, plus qu'une amie, une complice!

— C'est bien, dit le père Billot, puisque Catherine te demande, va auprès d'elle... Peut-être un moment viendra-t-il où elle nous demandera aussi, sa mère et moi.

Pitou sentait instinctivement qu'il y avait un orage en l'air, et, comme le berger dans les champs, quoique prêt à affronter cet orage, s'il le fallait, il n'en cherchait pas moins d'avance un abri pour cacher sa tête.

Cet abri, c'était Haramont.

A Haramont, il était roi... que dis-je, roi? il était plus que roi ; il était commandant de la garde nationale ; il était Lafayette!

D'ailleurs, il avait des devoirs qui l'appelaient à Haramont.

Aussi, se promettait-il bien, ses mesures prises avec Catherine, de retourner promptement à Haramont.

Ce fut en arrêtant ce projet dans son esprit, qu'avec la permission verbale de monsieur Billot et la permission mentale de madame Billot, il entra dans la chambre de la malade.

Catherine l'attendait impatiemment. A l'ardeur de ses yeux, au coloris de ses joues, on pouvait croire, comme l'avait dit madame Clément, qu'elle était sous l'empire de la fièvre.

A peine Pitou eut-il refermé la porte de la chambre de Catherine, que celle-ci, le reconnaissant à son pas, et l'attendant d'ailleurs depuis une heure et demie à peu près, se retourna vivement de son côté et lui tendit les deux mains.

— Ah! c'est toi, Pitou, dit la jeune fille ; comme tu as tardé! — Ce n'est pas ma faute, Mademoiselle, dit Pitou ; c'est votre père qui m'a retenu. — Mon père? — Lui-même... Oh! il faut qu'il se doute de quelque chose... Et puis, moi, d'ailleurs, ajouta Pitou avec un soupir, je ne me suis pas pressé ; je savais que vous aviez ce que vous désiriez avoir...
— Oui, Pitou, oui, dit la jeune fille en baissant les yeux, oui, et je te remercie.

Puis elle ajouta à voix basse :

— Tu es bien bon, Pitou, et je t'aime bien! — Vous êtes bien bonne vous-même, mademoiselle Catherine, répondit Pitou près de pleurer.

Car, il sentait que toute cette amitié pour lui n'était qu'un reflet de son amour pour un autre, et, au fond du cœur, si modeste que fût le brave garçon, il était humilié de n'être que la lune de Charny.

Aussi ajouta-t-il vivement :

— Je suis venu vous déranger, mademoiselle Catherine, parce qu'on m'a dit que vous désiriez savoir quelque chose.

Catherine porta la main à son cœur ; elle y cherchait la lettre d'Isidore pour y puiser sans doute le courage de questionner Pitou.

Enfin, faisant un effort :

— Pitou, demanda-t-elle, toi qui es si savant, peux-tu me dire ce que c'est que la Sardaigne ?

Pitou évoqua tous ses souvenirs en géographie.

— Attendez donc, attendez donc, Mademoiselle, dit-il, je dois savoir cela... Au nombre des choses que monsieur l'abbé Fortier avait la prétention de nous enseigner était la géographie... Attendez donc... la Sardaigne... je vais y être... Ah ! si je retrouvais le premier mot, je vous dirais tout ! — Oh ! cherche, Pitou, cherche ! dit Catherine en joignant les mains. — Parbleu ! dit Pitou, c'est bien ce que je fais aussi... La Sardaigne... la Sardaigne... Ah ! m'y voilà !

Catherine respira.

— La Sardaigne, reprit Pitou, la *Sardinia* des Romains, l'une des trois grandes îles de la Méditerranée, au sud de la Corse, dont la sépare le détroit de Bonifacio, fait partie des États sardes, qui en tirent leur nom, et qu'on appelle royaume de Sardaigne ; elle a soixante lieues du nord au sud, seize de l'est à l'ouest ; elle est peuplée de cinq cent quarante mille habitants ; capitale Cagliari. Voilà ce que c'est que la Sardaigne, mademoiselle Catherine. — Oh ! mon Dieu ! dit la jeune fille, que vous êtes heureux de savoir tant de choses, monsieur Pitou ! — Le fait est, dit Pitou, assez satisfait dans son amour-propre, s'il était blessé dans son amour, le fait est que j'ai une bonne mémoire. — Et maintenant, hasarda Catherine, mais avec moins de timidité, maintenant que vous m'avez dit ce que c'est que la Sardaigne, voulez-vous me dire ce que c'est que Turin ? — Turin ? répéta Pitou ; certainement, mademoiselle Catherine, que je ne demande pas mieux que de vous le dire... si je me le rappelle, toutefois. — Oh ! tâchez de vous le rappeler... c'est le plus important, monsieur Pitou. — Dam ! si c'est le plus important, dit Pitou, il faudra bien... D'ailleurs ; si je ne me le rappelle pas, je ferai des recherches. — C'est... c'est... insista Catherine, c'est que j'aimerais mieux le savoir tout de suite... Cherchez, mon cher Pitou, cherchez !

Et Catherine prononça ces paroles d'une voix si caressante, qu'elles firent courir un frisson par tout le corps de Pitou.

— Ah ! je cherche, Mademoiselle, dit-il, je cherche.

Catherine le couvait des yeux.

Pitou renversa sa tête en arrière, comme pour interroger le plafond.

— Turin, dit-il, Turin... dam ! Mademoiselle, c'est plus difficile que la Sardaigne... La Sardaigne est une grande île de la Méditerranée, et il n'y a que trois grandes îles dans la Méditerranée : la Sardaigne, qui appartient au roi de Piémont; la Corse, qui appartient au roi de France, et la Sicile, qui appartient au roi de Naples... tandis que Turin, c'est une simple capitale. — Comment avez-vous dit pour la Sardaigne, mon cher Pitou? — J'ai dit : La Sardaigne qui appartient au roi de Piémont; et je ne crois pas me tromper, Mademoiselle. — C'est cela justement, mon cher Pitou! Isidore dit, dans sa lettre, qu'il va à Turin en Piémont. — Ah! fit Pitou, je comprends, maintenant! Bon! bon! bon! c'est à Turin que monsieur Isidore a été envoyé par le roi, et c'est pour savoir où va monsieur Isidore que vous m'interrogez? — Pourquoi serait-ce donc, répondit la jeune fille, si ce n'était pour lui? Que m'importent, à moi, la Sardaigne, le Piémont, Turin! Tant qu'il n'y a pas été, j'ai ignoré ce que c'était que cette île et cette capitale, et je m'en inquiétais peu... Mais il est parti pour Turin, comprends-tu, mon cher Pitou, et je veux savoir ce que c'est que Turin.

Pitou poussa un gros soupir, secoua la tête; mais il n'en fit pas moins tous ses efforts pour satisfaire Catherine.

— Turin, dit-il, attendez... capitale du Piémont... Turin, Turin... j'y suis!... Turin, *Bodincomagus, Taurasia, Colonia Julia, Augusta Torinorum,* chez les anciens; aujourd'hui, capitale du Piémont et des États sardes, située sur le Pô et la Doire; une des plus belles villes de l'Europe. Population : cent vingt-cinq mille habitants; roi régnant, Charles-Emmanuel. Voilà ce que c'est que Turin, mademoiselle Catherine. — Et à quelle distance Turin est-il de Pisseleux, monsieur Pitou? Vous qui savez tout, vous devez savoir cela. — Ah! dam, fit Pitou, je vous dirai bien à quelle distance Turin est de Paris; mais de Pisseleux, c'est plus difficile. — Eh bien! dites d'abord de Paris, Pitou, et nous ajouterons les dix-huit lieues qu'il y a de Pisseleux à Paris. — Tiens, c'est ma foi vrai, dit Pitou.

Et, continuant sa nomenclature :

— Distance de Paris, dit-il, deux cent six lieues; de Rome, cent quarante; de Constantinople... — Je n'ai besoin que de Paris, mon cher Pitou... Deux cent six lieues et dix-huit, deux cent vingt-quatre... Ainsi, il est à deux cent vingt-quatre lieues de moi! Il y a trois jours, il était là, à trois quarts de lieue, à mes côtés, et aujourd'hui, aujourd'hui, ajouta Catherine en fondant en larmes et en se tordant les bras, aujourd'hui, il est à deux cent vingt-quatre lieues de moi!... — Oh! pas encore, hasarda timidement Pitou; il n'est parti que d'avant-hier; il n'est encore qu'à moitié chemin, et à peine, à peine! — Où est-il alors? — Ah! quant à cela, je n'en sais rien, répondit Pitou. L'abbé Fortier nous apprenait ce que c'était que les royaumes et les capitales, mais il ne nous disait rien des chemins qui y conduisent. — Ainsi, voilà tout ce que tu sais, mon cher Pitou?— Oh! mon Dieu, oui, dit le géographe, humilié de toucher si vite aux limites de sa science, si ce n'est que Turin est un repaire d'aristocrates. — Que veut dire cela? — Cela veut dire, Mademoiselle, que c'est à Turin que sont réunis tous les princes, toutes les princesses, tous les émigrés : monsieur le comte d'Artois, monsieur le prince de Condé, madame de Polignac, un tas de brigands, enfin, qui conspirent contre la nation, et à qui on coupera la tête un jour, il faut l'espérer, avec une machine très-ingénieuse qu'est en train d'inventer monsieur Guillotin. — Oh! monsieur Pitou! — Quoi donc, Mademoiselle? — Voilà que vous redevenez féroce, comme à votre premier retour de Paris. — Féroce, moi! dit Pitou. Ah! c'est vrai... oui, oui, oui... Monsieur Isidore est un de ces aristocrates-là, et vous avez peur pour lui.

Puis, avec un de ces gros soupirs que nous avons déjà signalés plus d'une fois :

— N'en parlons plus, ajouta Pitou. Parlons de vous, mademoiselle Catherine, et de la façon dont je puis vous être agréable. — Mon cher Pitou, dit Catherine, la lettre que j'ai reçue ce matin n'est probablement pas la seule que je recevrai. — Et vous désirez que j'aille chercher les autres comme celle-ci. — Pitou, puisque tu as commencé d'être si bon... — Autant vaut que je continue, n'est-ce pas? — Oui. — Je ne demande pas mieux, moi. — Tu comprends bien que, surveillée par mon père comme je le serai, je ne pourrai aller à la ville. — Ah! mais c'est qu'il faut vous dire qu'il me surveille un peu aussi, moi, le père Billot... j'ai vu cela à son œil. — Oui, mais vous, Pitou, il ne peut pas vous suivre à Haramont, et nous pouvons convenir d'un endroit où vous déposerez les lettres. — Oh! très-bien, répondit Pitou, comme, par exemple, le gros saule creux qui est près de l'endroit où je vous ai trouvée évanouie. — Justement, dit Catherine, c'est à portée de la ferme et, en même temps, hors de vue des fenêtres. C'est donc convenu qu'on les mettra là? — Oui, mademoiselle Catherine. — Seulement, vous aurez soin qu'on ne vous voie pas! — Demandez aux gardes de la garderie de Longpré, de Taille-Fontaine et de Montaigu s'ils m'ont jamais vu, et, cependant, je leur en ai soufflé des douzaines de lapins!... Mais, vous, mademoiselle Catherine, comment ferez-vous pour les aller chercher ces fameuses lettres? — Moi?... Oh! moi, dit Catherine avec un sourire plein d'espérance et de volonté, moi, je vais tâcher de guérir bien vite.

Pitou poussa le plus gros des soupirs qu'il eût encore poussés.

En ce moment, la porte s'ouvrit, et le docteur Raynal parut.

LIII

PITOU CAPITAINE D'HABILLEMENT

Cette visite de monsieur Raynal venait à propos pour faciliter la sortie de Pitou.

Le docteur s'approcha de la malade, non sans s'apercevoir du notable changement qui s'était opéré en elle depuis la veille.

Catherine sourit à monsieur Raynal et lui tendit le bras.

— Oh! dit le docteur, si ce n'était pour le plaisir de toucher votre jolie main, ma chère Catherine, je ne consulterais même pas votre pouls... Je parie que nous ne dépassons pas soixante-quinze battements à la minute.
— C'est vrai que je vais beaucoup mieux, docteur, et que vos ordonnances ont fait merveille. — Mes ordonnances?... hum, hum! fit le docteur, je ne demande pas mieux, vous comprenez, mon enfant, que d'avoir tous les honneurs de la convalescence; mais il faut bien, si vaniteux que je sois, que je laisse une part de cet honneur à mon élève Pitou.

Puis, levant les yeux au ciel :

— O nature! nature! dit-il, puissante Cérès! mystérieuse Isis! que de secrets tu gardes encore à ceux qui sauront t'interroger!

Et, se tournant vers la porte :

— Allons, allons, dit-il, entrez, père au visage sombre, mère à l'œil inquiet, entrez... et venez voir la chère malade; elle n'a, pour guérir tout à fait, plus besoin que de votre amour et de vos caresses.

A la voix du docteur, le père et la mère Billot accoururent; le père Billot, avec un reste de soupçon dans la physionomie; la mère Billot, avec une figure radieuse.

Pendant qu'ils faisaient leur entrée, Pitou, après avoir répondu au dernier coup d'œil que lui lançait Catherine, Pitou faisait sa sortie.

Laissons Catherine, que la lettre d'Isidore appuyée sur son cœur dispense désormais d'application de glace sur la tête et de moutarde aux pieds; laissons Catherine, disons-nous, revenir, sous les caresses de ses dignes parents, à l'espérance et à la vie, et suivons Pitou, qui venait simplement et naïvement d'accomplir une des actions les plus difficiles imposées par le christianisme aux âmes chrétiennes : l'abnégation de soi-même et le dévouement à son prochain.

Dire que le brave garçon quittait Catherine avec un cœur joyeux, ce serait trop dire; nous nous contenterons donc d'affirmer qu'il la quittait avec un cœur satisfait : quoiqu'il ne se fût pas rendu compte à lui-même de la grandeur de l'action qu'il venait d'accomplir, il sentait bien, aux félicitations de cette voix intérieure que chacun porte en soi, qu'il avait fait une bonne et sainte chose; non pas peut-être au point de vue de la morale, qui, bien certainement, réprouvait cette liaison de Catherine avec le vicomte de Charny, c'est-à-dire d'une paysanne avec un grand seigneur, mais au point de vue de l'humanité.

Or, à l'époque dont nous parlons, l'humanité était un des mots à la mode, et Pitou, qui plus d'une fois avait prononcé le mot sans savoir ce qu'il voulait dire, Pitou venait de le mettre en pratique sans trop savoir ce qu'il avait fait.

Ce qu'il avait fait, c'était une chose qu'il eût dû faire par habileté, s'il ne l'eût pas faite par bonté d'âme.

De rival de monsieur de Charny, situation impossible à maintenir pour lui, Pitou, de rival de monsieur de Charny, il était devenu le confident de Catherine.

Aussi Catherine, au lieu de le rudoyer, au lieu de le brutaliser, au lieu de le mettre à la porte, comme elle avait fait au retour de son premier voyage de Paris, Catherine l'avait-elle choyé, tutoyé, caressé.

Confident, il avait obtenu ce que, rival, il n'avait jamais rêvé.

Sans compter ce qu'il obtiendrait encore, au fur et à mesure que les événements rendraient sa participation de plus en plus nécessaire à la vie intime et aux sentiments secrets de la belle paysanne.

Afin de se ménager cet avenir d'amicales tendresses, Pitou commença par porter à madame Colombe une autorisation presque illisible donnée à lui, Pitou, par Catherine, de recevoir pour elle et en son nom toutes les lettres qui arriveraient pour elle et à son nom.

A cette autorisation écrite, Pitou joignait une promesse verbale de Catherine, qui s'engageait, à la Saint-Martin prochaine, de donner aux journaliers de Pisseleux une collation tout en pain d'épices et en sucre d'orge.

Moyennant cette autorisation et cette promesse, qui mettaient à la fois à couvert la conscience et les intérêts de la mère Colombe, celle-ci s'engagea à prendre tous les matins à la poste et à tenir à la disposition de Pitou les lettres qui pourraient arriver pour Catherine.

Ce point réglé, Pitou n'ayant plus rien à faire à la ville, comme on appelait pompeusement Villers-Cotterets, Pitou s'achemina vers le village.

La rentrée de Pitou à Haramont fut un événement.

Son départ précipité pour la capitale n'avait point été sans soulever un grand nombre de commentaires, et, après ce qui était arrivé à propos de l'ordre envoyé de Paris par un aide de camp du général Lafayette de s'emparer des fusils en dépôt chez l'abbé Fortier, les Haramontois n'avaient plus fait de doute sur l'importance politique de Pitou. Les uns disaient qu'il avait été appelé à Paris par le docteur Gilbert, les autres par le général Lafayette ; les autres enfin, il est vrai de dire que c'était le plus petit nombre, les autres enfin par le roi !

Quoique Pitou ignorât les bruits qui s'étaient répandus en son absence, bruits tout en faveur de son importance personnelle, il n'en rentrait pas moins dans son pays natal avec un air si digne, que chacun fut émerveillé de cette dignité.

C'est que, pour être vus à leur véritable distance, les hommes doivent être vus sur le terrain qui leur est propre. Écolier dans la cour de l'abbé Fortier, journalier à la ferme de monsieur Billot, Pitou était homme, citoyen, capitaine à Haramont.

Sans compter qu'en cette qualité de capitaine, outre cinq ou six louis lui appartenant en propre, il rapportait, on se le rappelle, vingt-cinq louis offerts généreusement par le docteur Gilbert en vue de l'équipement et de l'habillement de la garde nationale d'Haramont.

Aussi, à peine rentré chez lui, et comme le tambour venait lui faire sa visite, Pitou ordonna-t-il à celui-ci d'annoncer pour le lendemain dimanche, à midi, une revue officielle avec armes et bagages, sur la grande place d'Haramont.

Dès lors, on ne douta plus que Pitou n'eût une communication à faire à la garde nationale d'Haramont de la part du gouvernement.

Beaucoup vinrent causer avec Pitou pour tâcher d'apprendre avant les autres quelque chose de ce grand secret; mais Pitou garda à l'endroit des affaires publiques un majestueux silence.

Le soir, Pitou, que les affaires publiques ne distrayaient pas plus de ses affaires privées que ses affaires privées ne le distrayaient des affaires publiques, le soir, Pitou alla tendre ses collets, présenter ses compliments au père Clouïs, ce qui ne l'empêcha point d'être à sept heures du matin chez maître Dulauroy, tailleur, après avoir déposé dans son domicile d'Haramont trois lapins et un lièvre, et s'être informé à la mère Colombe s'il y avait des lettres pour Catherine.

Il n'y en avait pas, et Pitou en fut presque affligé en songeant au chagrin qu'en ressentirait la pauvre convalescente.

La visite de Pitou à monsieur Dulauroy avait pour but de savoir si celui-ci consentirait l'habillement à forfait de la garde nationale d'Haramont, et quel prix il demanderait pour cela.

Maître Dulauroy fit sur la taille des individus les questions usitées en pareille occurrence, questions auxquelles Pitou répondit en lui mettant sous les yeux l'état nominatif des trente-trois hommes, officiers, sous-officiers et soldats, composant l'effectif de la garde civique haramontoise.

Comme tous ces hommes étaient connus de maître Dulauroy, on supputa grosseur et taille, et, plume et crayon à la main, le tailleur déclara qu'il ne pouvait pas fournir trente-trois habits et trente-trois culottes convenablement conditionnés à moins de trente-trois louis.

Et encore Pitou ne devait-il pas exiger pour ce prix du drap entièrement neuf.

Pitou se récria et prétendit qu'il tenait de la bouche même de monsieur de Lafayette que celui-ci avait fait habiller les trois millions d'hommes qui composaient la garde civique de France à raison de vingt livres l'homme, ce qui faisait soixante-quinze millions pour le tout.

Maître Dulauroy répondit que, sur un chiffre pareil, perdît-on dans le détail, il y avait moyen de se retirer sur le tout; mais que lui, ce qu'il pouvait faire, et son dernier mot était dit, c'était d'habiller la garde civique d'Haramont à vingt-deux francs l'homme, et encore, vu les avances nécessaires, ne pouvait-il entreprendre l'affaire qu'au comptant.

Pitou tira une poignée d'or de sa poche, et déclara que là ne serait point l'empêchement, mais qu'il était limité dans son prix, et que si maître Dulauroy refusait de confectionner les trente-trois habits et les trente-trois culottes pour vingt-cinq louis, il allait en faire l'offre à maître Bligny, confrère et rival de maître Dulauroy, auquel il avait donné la préférence en sa qualité d'ami de la tante Angélique.

Pitou, en effet, n'était point fâché que la tante Angélique apprît par voie détournée que lui, Pitou, remuait l'or à la pelle, et il ne doutait pas que, le même soir, le tailleur ne lui rapportât ce qu'il avait vu, c'est-à-dire que Pitou était riche comme feu Crésus.

La menace de porter ailleurs une commande de cette importance fit son effet, et maître Dulauroy en passa par où voulut Pitou, lequel exigea en outre que son costume, en drap neuf, peu lui importait que ce fût en drap fin; il l'aimait même mieux gros que fin, lui fût fourni, épaulettes comprises, par-dessus le marché.

Ce fut l'objet d'un nouveau débat non moins long et non moins ardent que le premier, mais sur lequel Pitou triompha encore, grâce à cette terrible menace d'obtenir de maître Bligny ce qu'il ne pouvait obtenir de maître Dulauroy.

Le résultat de toute la discussion fut l'engagement pris par maître Dulauroy de fournir, pour le samedi suivant, trente et un habits et trente et une culottes de soldat, deux habits et deux culottes de sergent et de lieutenant, et un habit et une culotte de capitaine, l'habit orné de ses épaulettes.

Faute d'exactitude dans la livraison, la commande restait pour le compte du tailleur retardataire, la cérémonie de la fédération de Villers-Cotterets et des villages qui relevaient de ce chef-lieu de canton devant avoir lieu le dimanche, lendemain de ce samedi.

Cette condition fut acceptée comme les autres.

A neuf heures du matin, cette grande affaire était terminée.

A neuf heures et demie, Pitou était rentré à Haramont, tout orgueilleux d'avance de la surprise qu'il ménageait à ses concitoyens.

A onze heures, le tambour battait le rappel.

A midi, la garde nationale, sous les armes, manœuvrait avec sa précision ordinaire sur la place publique du village.

Après une heure de manœuvres qui valurent à cette brave garde nationale les éloges de son chef et les bravos des femmes, des enfants et des vieillards, qui regardaient ce touchant spectacle avec le plus grand intérêt, Pitou appela près de lui le sergent Claude Tellier et le lieutenant Désiré Maniquet, et leur ordonna de réunir leurs hommes et de les inviter de sa part à lui, Pitou, de la part du docteur Gilbert, de la part du général Lafayette, et enfin de la part du roi, à passer chez maître Dulauroy, tailleur à Villers-Cotterets, qui avait une communication importante à leur faire.

Le tambour battit à l'ordre; le sergent et le lieutenant, aussi ignorants que ceux auxquels ils s'adressaient, transmirent à leurs hommes les paroles textuelles de leur capitaine; puis le cri: Rompez les rangs! se fit entendre, prononcé par la voix sonore de Pitou.

Cinq minutes après, les trente et un soldats de la garde civique d'Haramont, plus le sergent Claude Tellier et le lieutenant Désiré Maniquet, couraient comme des dératés sur la route de Villers-Cotterets.

Le soir, les deux ménétriers d'Haramont donnaient une sérénade au capitaine; l'air était sillonné de pétards, de fusées et de chandelles romaines, et quelques voix, légèrement avinées il est vrai, criaient par intervalles:

— Vive Ange Pitou, le père du peuple!

LIV

OU L'ABBÉ FORTIER DONNE UNE NOUVELLE PREUVE DE SON ESPRIT CONTRE-RÉVOLUTIONNAIRE

Le dimanche suivant, les habitants de Villers-Cotterets furent réveillés par le tambour, battant avec acharnement le rappel dès cinq heures du matin.

Rien n'est plus impertinent, à mon avis, que cette façon de réveiller une population dont la majorité presque toujours, il faut le dire, préférerait achever tranquillement sa nuit, et compléter les sept heures de sommeil dont, suivant l'hygiène populaire, tout homme a besoin pour se conserver dispos et bien portant.

Mais à toutes les époques de révolution il en est ainsi, et, quand on entre dans une de ces périodes d'agitation et de progrès, il faut mettre philosophiquement le sommeil au nombre des sacrifices à faire à la patrie.

Satisfaits ou non satisfaits, patriotes ou aristocrates, les habitants de Villers-Cotterets furent donc réveillés, le dimanche 18 octobre 1790, à cinq heures du matin.

La cérémonie ne devait cependant avoir lieu qu'à dix heures ; mais ce n'était pas trop de cinq heures pour achever tout ce qui restait à faire.

Un grand théâtre dressé depuis plus de dix jours s'élevait sur le milieu de la place ; mais ce théâtre, dont la construction rapide attestait le zèle des ouvriers menuisiers, n'était pour ainsi dire que le squelette du monument.

Le monument était un autel à la patrie sur lequel l'abbé Fortier avait été invité, depuis plus de quinze jours, à venir dire la messe le dimanche 18 octobre, au lieu de la dire dans son église.

Or, pour rendre le monument digne de sa double destination religieuse et sociale, il fallait mettre à contribution toutes les richesses de la commune.

Et, hâtons-nous de le dire, chacun avait généreusement offert ses richesses pour cette grande solennité : celui-ci un tapis, celui-là une nappe d'autel ; l'un des rideaux de soie, l'autre un tableau de sainteté.

Mais, comme la stabilité n'est point, au mois d'octobre, une des qualités du temps, et que le baromètre marquant le beau fixe est un cas rare sous le signe du Scorpion, personne ne s'était exposé à faire son offrande d'avance, et chacun avait attendu le jour de la fête pour y apporter son tribut.

Le soleil se leva à six heures et demie, selon son habitude à cette époque de l'année, annonçant, par la limpidité et la chaleur de ses rayons, une de ces belles journées d'automne qui peuvent entrer en comparaison avec les plus belles journées de printemps.

Aussi, dès neuf heures du matin, l'autel de la patrie fut-il revêtu d'un magnifique tapis d'Aubusson, couvert d'une nappe toute garnie de dentelles, surmonté d'un tableau représentant le prêche de saint Jean dans le désert, et abrité par un dais de velours à crépines d'or d'où pendaient de magnifiques rideaux de brocard.

Les objets nécessaires à la célébration de la messe devaient naturellement être fournis par l'église; on ne s'en inquiéta donc point.

En outre, chaque citoyen, comme au jour de la Fête-Dieu, avait tendu le devant de sa porte ou la façade de sa maison avec des draps ornés de rameaux de lierre ou des tapisseries représentant soit des fleurs, soit des personnages.

Toutes les jeunes filles de Villers-Cotterets et des environs, vêtues de blanc, la taille serrée par une ceinture tricolore, et tenant à la main une branche de feuillage, devaient entourer l'autel de la patrie.

Enfin, la messe dite, les hommes devaient faire serment à la constitution.

La garde nationale de Villers-Cotterets, sous les armes à partir de huit heures du matin, attendait les gardes civiques des différents villages, fraternisant avec elles au fur et à mesure de leur arrivée.

Il va sans dire que, parmi toutes ces milices patriotiques, celle qui était attendue avec le plus d'impatience était la garde civique d'Haramont.

Le bruit s'était répandu que, grâce à l'influence de Pitou, et par une largesse toute royale, les trente-trois hommes qui la composaient, plus leur capitaine, Ange Pitou, seraient revêtus d'habits d'uniforme.

Les magasins de maître Dulauroy n'avaient pas désempli de la semaine : il y avait eu affluence de curieux dedans et dehors, pour voir les dix ouvriers travaillant à cette gigantesque commande, qui, de mémoire d'homme, n'avait pas eu sa pareille à Villers-Cotterets.

Le dernier uniforme, celui du capitaine, car Pitou avait exigé qu'on ne songeât à lui qu'après avoir servi les autres, le dernier uniforme avait été, selon les conventions, livré le samedi soir à onze heures cinquante-neuf minutes.

Selon les conventions aussi, Pitou avait alors compté, rubis sur l'ongle, les vingt-cinq louis à monsieur Dulauroy.

Tout cela avait donc fait grand bruit au chef-lieu du canton, et il n'était pas étonnant qu'au jour dit la garde nationale d'Haramont fût impatiemment attendue.

A neuf heures précises, le bruit d'un tambour et d'un fifre retentit à l'extrémité de la rue de Largny ; on entendit de grands cris de joie et d'admiration, et l'on aperçut de loin Pitou, monté sur son cheval blanc, ou plutôt sur le cheval blanc de son lieutenant Désiré Maniquet.

La garde nationale d'Haramont, ce qui n'arrive pas d'ordinaire pour les choses dont on s'est longtemps entretenu, la garde nationale d'Haramont ne parut pas au-dessous de sa réputation !

On se rappelle le triomphe qu'avaient obtenu les Haramontois lorsqu'ils n'avaient pour tout uniforme que trente-trois chapeaux pareils, et Pitou lorsqu'il n'avait pour marque distinctive de son grade qu'un casque et un sabre de simple dragon.

Que l'on s'imagine donc quelle tournure martiale devaient avoir les trente-trois hommes de Pitou, revêtus d'habits et de culottes d'uniforme, et quel air coquet devait affecter leur chef avec son petit chapeau sur l'oreille, son hausse-col sur la poitrine, ses *pattes de chat* sur les épaules et son épée à la main. Il n'y eut qu'un cri d'admiration de l'extrémité de la rue de Largny à la place de la Fontaine.

La tante Angélique ne voulait pas à toute force reconnaître son neveu ; elle faillit se faire écraser par le cheval blanc de Maniquet en allant regarder Pitou sous le nez.

Pitou fit avec son épée un majestueux salut, et, de manière à être entendu à vingt pas à la ronde, il prononça pour toute vengeance ces paroles :

— Bonjour, madame Angélique !

La vieille fille écrasée sous cette respectueuse appellation, fit trois pas en arrière en levant les bras au ciel, et en disant :

— Oh ! le malheureux ! les honneurs lui ont tourné la tête ; il ne reconnaît plus sa tante !

Pitou passa majestueusement sans répondre à l'apostrophe, et alla prendre, au pied de l'autel de la patrie, la place d'honneur qui avait été assignée à la garde nationale d'Haramont, comme à la seule troupe qui eût un uniforme complet.

Arrivé là, Pitou mit pied à terre, et donna son cheval à garder à un gamin qui reçut, pour cette tâche, six blancs du magnifique capitaine.

Le fait fut rapporté, cinq minutes après, à la tante Angélique, qui s'écria :

— Mais le malheureux, il est donc millionnaire !

Puis, elle ajouta tout bas :

— J'ai été bien mal inspirée de me brouiller avec lui... Les tantes héritent des neveux.

PITOU, COMMANDANT DE LA GARDE NATIONALE D'HARAMONT.

Pitou n'entendit ni l'exclamation ni la réflexion ; Pitou était tout simplement en extase.

Au milieu des jeunes filles ceintes d'un ruban tricolore, et tenant à la main un rameau de verdure, il avait reconnu Catherine.

Catherine, pâle encore de la maladie à peine vaincue, mais plus belle de sa pâleur qu'une autre l'eût été du plus frais coloris de la santé.

Catherine, pâle mais heureuse ; le matin même, grâce aux soins de Pitou, elle avait trouvé une lettre dans le saule creux.

Nous l'avons dit, pauvre Pitou, il trouvait du temps pour tout faire.

Le matin, à sept heures, il avait trouvé le temps d'être chez la mère Colombe ; à sept heures un quart, il avait trouvé celui de déposer la lettre dans le saule creux, et, à huit heures, celui de se trouver revêtu de son uniforme à la tête de ses trente-trois hommes.

Il n'avait pas revu Catherine depuis le jour où il l'avait quittée sur son lit à la ferme, et, nous le répétons, il la voyait si belle et si heureuse, qu'il était en extase devant elle.

Elle lui fit signe de venir à elle.

Pitou regarda autour de lui pour voir si c'était bien à lui-même que le signe s'adressait.

Catherine sourit et renouvela son invitation.

Il n'y avait pas à s'y tromper.

Pitou mit son épée au fourreau, prit galamment son chapeau par la corne, et s'avança la tête découverte vers la jeune fille.

Pour monsieur de Lafayette, Pitou eût simplement porté la main à son chapeau.

— Ah ! monsieur Pitou, lui dit Catherine, je ne vous reconnaissais pas... mon Dieu ! comme vous avez bonne mine sous votre uniforme !

Puis, tout bas :

— Merci ! merci, mon cher Pitou ! ajouta-t-elle ; oh ! que vous êtes donc bon, et que je vous aime !

Et elle prit la main du capitaine de la garde nationale, qu'elle serra entre les siennes.

Un éblouissement passa sur les yeux de Pitou ; son chapeau s'échappa de la main qui était restée libre et tomba à terre, et peut-être le pauvre amoureux allait-il tomber lui-même près de son chapeau, quand un grand bruit accompagné de rumeurs menaçantes retentit du côté de la rue de Soissons.

Quelle que fût la cause de ce bruit, Pitou profita de l'incident pour sortir d'embarras. Il dégagea sa main des mains de Catherine, ramassa son chapeau, et courut se mettre, en criant : Aux armes ! à la tête de ses trente-trois hommes.

Disons ce qui causait ce grand bruit et ces rumeurs menaçantes.

On sait que l'abbé Fortier avait été désigné pour célébrer la messe de la fédération sur l'autel de la patrie, et que les vases sacrés et les autres ornements du culte, comme croix, bannières, chandeliers, devaient être transportés, de l'église, sur le nouvel autel dressé au milieu de la place.

C'était le maire, monsieur de Longpré, qui avait donné les ordres relatifs à cette partie de la cérémonie.

Monsieur de Longpré, on se le rappelle, avait déjà eu affaire à l'abbé Fortier, lorsque Pitou, l'arrêté de monsieur de Lafayette à la main, avait requis la force armée pour s'emparer des armes détenues par l'abbé Fortier.

Or, monsieur de Longpré connaissait, comme tout le monde, le caractère de l'abbé Fortier ; il le savait volontaire jusqu'à l'entêtement, irritable jusqu'à la violence.

Il se doutait bien que l'abbé Fortier n'avait pas gardé un souvenir bien tendre de son intervention dans toute l'affaire des fusils.

Aussi s'était-il contenté, au lieu de faire une visite à l'abbé Fortier, et de traiter la chose d'autorité civile à autorité religieuse, aussi s'était-il contenté, disons-nous, d'envoyer au digne serviteur de Dieu le programme de la fête, dans lequel il était dit :

Art. iv. — « La messe sera dite sur l'autel de la patrie par monsieur l'abbé Fortier. Elle commencera à dix heures du matin.

Art. v. — Les vases sacrés et autres ornements du culte seront, par les soins de monsieur l'abbé Fortier, transportés de l'église de Villers-Cotterets sur l'autel de la patrie. »

Le secrétaire de la mairie en personne avait remis le programme chez l'abbé Fortier, lequel l'avait parcouru d'un air goguenard, et, d'un ton en tout point pareil à son air, avait répondu :

— C'est bien.

A neuf heures, nous l'avons dit, l'autel de la patrie était entièrement paré de son tapis, de ses rideaux, de sa nappe et de son tableau représentant saint Jean prêchant dans le désert.

Il ne manquait plus que les chandeliers, le tabernacle, la croix et les autres objets nécessaires au service divin.

A neuf heures et demie ces différents objets n'étaient point encore apportés.

Le maire s'inquiéta.

Il envoya son secrétaire à l'église, afin de s'enquérir si l'on s'occupait du transport des vases sacrés.

Le secrétaire revint en disant qu'il avait trouvé l'église fermée à double tour.

Alors, il reçut l'ordre de courir jusque chez le bedeau; le bedeau devait naturellement être l'homme chargé de ce transport.

Il trouva le bedeau la jambe étendue sur un tabouret et faisant des grimaces de possédé.

Le malheureux porte-baleine s'était donné une entorse!

Le secrétaire reçut alors l'ordre de courir chez les chantres.

Tous deux avaient le corps dérangé; pour se remettre, l'un avait pris un vomitif, l'autre un purgatif; les deux médicaments opéraient d'une façon miraculeuse, et les deux malades espéraient être parfaitement remis le lendemain.

Le maire commença à soupçonner une conspiration; il envoya son secrétaire chez l'abbé Fortier.

L'abbé Fortier avait été pris, le matin même, d'une attaque de goutte, et sa sœur tremblait que sa goutte ne lui remontât dans l'estomac.

Dès lors, pour monsieur de Longpré, il n'y eut plus de doute: non-seulement l'abbé Fortier ne voulait pas dire la messe sur l'autel de la patrie; mais, en mettant hors de service le bedeau et les chantres; mais, en fermant à double tour la porte de l'église, il empêchait qu'un autre prêtre, s'il s'en trouvait un là par hasard, ne dît la messe à sa place.

La situation était grave.

A cette époque on ne croyait pas encore que l'autorité civile, dans les grandes circonstances, pût se séparer de l'autorité religieuse, et qu'une fête quelconque pût aller sans messe.

Quelques années plus tard on tomba dans l'excès contraire.

D'ailleurs, tous ces voyages du secrétaire ne s'étaient pas exécutés, aller et retour, sans que celui-ci commît quelques indiscrétions à l'endroit de l'entorse du bedeau, du vomitif du premier chantre, du purgatif du second et de la goutte de l'abbé.

Une sourde rumeur commençait à courir dans la population.

On ne parlait de rien de moins que d'enfoncer les portes de l'église pour y prendre les vases sacrés et les ornements du culte, et de traîner de force l'abbé Fortier à l'autel de la patrie.

Monsieur de Longpré, homme essentiellement conciliateur, calma ces premiers mouvements d'effervescence, et offrit d'aller en ambassadeur trouver l'abbé Fortier.

En conséquence, il s'achemina vers la rue de Soissons et frappa à la porte du digne abbé, aussi soigneusement verrouillée que celle de l'église.

Mais il eut beau frapper, la porte resta close.

Monsieur de Longpré crut, alors, qu'il était nécessaire de requérir l'intervention de la force armée.

Il donna l'ordre de prévenir le maréchal des logis et le brigadier de la gendarmerie.

Tous deux étaient sur la grande place; ils accoururent à l'appel du maire.

Un immense concours de population les suivait.

Comme on n'avait ni baliste ni catapulte pour enfoncer la porte, on envoya tout simplement chercher un serrurier.

Mais, au moment où le serrurier mettait le crochet dans la serrure, la porte s'ouvrit et l'abbé Fortier parut sur le seuil.

Non point tel que Coligny, demandant à ses assassins : « Mes frères, que me voulez-vous? »

Mais tel que Calchas, l'œil en feu et *le poil hérissé*, comme dit Racine dans *Iphigénie*.

— Arrière! cria-t-il en levant sa main avec un geste menaçant, arrière, hérétiques, impies, huguenots, relaps! Arrière, amalécites, sodomistes, gomorrhéens, débarrassez le seuil de l'homme du Seigneur!...

Il y eut un grand murmure dans la foule, murmure qui n'était pas, il faut le dire, en faveur de l'abbé Fortier.

— Pardon, dit monsieur de Longpré avec sa voix douce et à laquelle il avait donné l'accent le plus persuasif possible, pardon, monsieur l'abbé, nous désirons savoir seulement si vous voulez ou si vous ne voulez pas dire la messe sur l'autel de la patrie. — Si je veux dire la messe sur l'autel de la patrie? s'écria l'abbé entrant dans une de ces saintes colères auxquelles il était si enclin; si je veux sanctionner la révolte, la rébellion, l'ingratitude? si je veux demander à Dieu de maudire la vertu et de bénir le péché? Vous ne l'avez pas espéré, monsieur le maire!... Vous voulez savoir si oui ou non je dirai votre messe sacrilége? Eh bien! non, non, non! je ne la dirai pas! — C'est bien, monsieur l'abbé, répondit le maire, vous êtes libre, et l'on ne peut pas vous forcer. — Ah! c'est bien heureux, que je sois libre, dit l'abbé; c'est bien heureux qu'on ne puisse pas me forcer... en vérité, vous êtes trop bon, monsieur le maire.

Et, avec un ricanement des plus insolents, il commença de repousser la porte au nez des autorités.

La porte allait présenter, comme on dit en langage vulgaire, son visage de bois à l'assemblée tout abasourdie, quand un homme s'élança hors de la foule, et, d'un puissant effort, rouvrit le battant aux trois quarts fermé, et manqua de jeter l'abbé à la renverse, si vigoureux qu'il fût.

Cet homme, c'était Billot; Billot, pâle de colère, le front plissé, les dents grinçantes.

Billot, on se le rappelle, était un philosophe ; en cette qualité, il détestait les prêtres, qu'il appelait des calotins et des fainéants.

Il se fit un silence profond ; on comprit qu'il allait se passer quelque chose de terrible entre ces deux hommes.

Et cependant, Billot qui venait, pour repousser la porte, de déployer une si grande violence, Billot débuta d'une voix calme, presque douce.

— Pardon, monsieur le maire, demanda-t-il à son tour, comment avez-vous dit cela ?... Vous avez dit, répétez donc, je vous prie, vous avez dit que, si monsieur l'abbé ne voulait pas célébrer l'office, on ne pouvait pas le forcer à le faire ? — Oui, en effet, balbutia le pauvre monsieur de Longpré, oui, je crois bien avoir dit cela. — Ah ! c'est qu'alors, vous avez avancé une grande erreur, monsieur le maire, et, dans le temps où nous sommes, il est important que les erreurs ne se propagent pas. — Arrière, sacrilége ! arrière, impie ! arrière, relaps ! arrière, hérétique ! cria l'abbé en s'adressant à Billot. — Oh ! dit Billot, monsieur l'abbé, taisons-nous ou cela finira mal, c'est moi qui vous en avertis... Je ne vous insulte pas, je discute ; monsieur le maire croit qu'on ne peut pas vous forcer à dire la messe ; moi, je prétends qu'on peut vous y forcer. — Ah ! manichéen ! s'écria l'abbé ; ah ! parpaillot ! — Silence ! dit Billot ; je le dis et je le prouve. — Silence ! cria tout le monde, silence ! — Vous entendez, monsieur l'abbé, dit Billot avec le même calme, tout le monde est de mon avis. Je ne prêche pas aussi bien que vous ; mais il paraît que je dis des choses plus intéressantes, puisque l'on m'écoute.

L'abbé avait bien envie de répliquer par quelque nouvel anathème, mais cette voix puissante de la multitude lui imposait malgré lui.

— Parle, parle, fit-il d'un air railleur ; nous allons voir ce que tu vas dire. — Vous allez voir, en effet, monsieur l'abbé, dit Billot. — Va donc, je t'écoute. — Et vous faites bien.

Puis, jetant un regard de côté sur l'abbé, comme pour s'assurer que celui-ci allait se taire tandis qu'il parlerait :

— Je dis donc, continua Billot, une chose bien simple, c'est que quiconque reçoit un salaire est obligé, en échange de ce salaire, de faire le métier pour lequel il est payé. — Ah ! dit l'abbé, je te vois venir... — Mes amis, dit Billot, avec la même douceur de voix et en s'adressant aux deux ou trois cents spectateurs de cette scène, que préférez-vous, entendre les injures de monsieur l'abbé ou écouter mes raisonnements ? — Parlez, monsieur Billot, parlez, nous écoutons... silence, l'abbé ! silence !

Billot, cette fois se contenta de regarder l'abbé, et continua.

— Je disais donc que quiconque touche un salaire est obligé de faire le métier pour lequel il est payé. Par exemple, voici monsieur le secrétaire de la mairie; il est payé pour faire les écritures de monsieur le maire, pour porter les messages, pour rendre les réponses de ceux auxquels ces messages sont adressés; monsieur le maire l'a envoyé chez vous, monsieur l'abbé, pour vous porter le programme de la fête; eh bien! il ne lui serait pas venu dans l'idée de dire : Monsieur le maire, je ne veux pas porter le programme de la fête à monsieur Fortier. N'est-ce pas, monsieur le secrétaire, que cela ne vous serait pas venu dans l'idée? — Non, monsieur Billot, répondit naïvement le secrétaire, ma foi, non! — Vous entendez, monsieur l'abbé? dit Billot. — Blasphémateur! s'écria l'abbé. — Silence! dirent les assistants.

Billot poursuivit.

— Voici monsieur le maréchal des logis de la gendarmerie, qui est payé pour mettre le bon ordre là où le bon ordre est ou peut être troublé; quand monsieur le maire a pensé tout à l'heure que le bon ordre pouvait être troublé par vous, monsieur l'abbé, et qu'il lui a fait dire de venir à son aide, monsieur le maréchal des logis n'a pas eu l'idée de lui dire : Monsieur le maire, rétablissez l'ordre comme vous l'entendrez, mais rétablissez-le sans moi. Vous n'avez pas eu l'idée de lui dire cela, n'est-ce pas, monsieur le maréchal des logis? — Ma foi, non! c'était mon devoir de venir, dit simplement le maréchal des logis, et je suis venu. — Vous entendez, monsieur l'abbé? dit Billot. — L'abbé grinça des dents. — Attendez, fit Billot, voici un brave homme de serrurier; son état, comme l'indique son nom, est de fabriquer et d'ouvrir ou de fermer les serrures. Tout à l'heure, monsieur le maire l'a envoyé chercher pour qu'il vînt ouvrir votre porte; il ne lui a pas pris l'idée un instant de répondre à monsieur le maire : Je ne veux pas ouvrir la porte de monsieur Fortier. N'est-ce pas, Priard, que cette idée-là ne t'est pas venue? — Ma foi, non! dit le serrurier; j'ai pris mes crochets, et je suis venu. Que chacun fasse son métier, et les vaches seront bien gardées.

— Vous entendez, monsieur l'abbé? dit Billot.

L'abbé voulut interrompre, mais Billot l'arrêta d'un geste.

— Eh bien donc, continua-t-il, d'où vient, dites-moi cela, que vous, qui êtes élu pour donner l'exemple, quand tout le monde fait son devoir ici, vous seul, entendez-vous bien, vous seul ne le fassiez pas? — Bravo, Billot! bravo! crièrent d'une seule voix les assistants. — Non-seulement vous seul ne le faites pas, répéta Billot; mais encore vous seul donnez l'exemple du désordre et du mal. — Oh! dit l'abbé Fortier, comprenant qu'il fallait se défendre, l'Église est indépendante, l'Église n'obéit à personne, l'Église ne relève que d'elle-même! — Eh! voilà justement le mal, dit Billot, c'est que vous faites un pouvoir dans le pays, un corps dans l'État! Vous êtes Français ou étrangers, vous êtes citoyens ou vous ne l'êtes pas; si vous n'êtes pas citoyens, si vous n'êtes pas Français, si vous êtes Prussiens, Anglais ou Autrichiens, si c'est monsieur Pitt, monsieur Cobourg ou monsieur de Kaunitz qui vous paie, obéissez à monsieur Pitt, à monsieur Cobourg ou à monsieur de Kaunitz; mais si vous êtes Français, si vous êtes citoyens, si c'est la nation qui vous paie, obéissez à la nation! — Oui, oui, crièrent trois cents voix. — Et, alors, dit Billot le sourcil froncé, l'œil plein d'éclairs, et allongeant sa main puissante jusque sur l'épaule de l'abbé, et, alors, au nom de la nation, prêtre! je te somme de remplir ta mission de paix, et d'appeler les faveurs du ciel, les largesses de la Providence, la miséricorde du Seigneur sur tes concitoyens et sur ta patrie!... Viens! viens! — Bravo, Billot! vive Billot! crièrent toutes les voix. A l'autel, à l'autel, le prêtre!

Et, encouragé par ces acclamations, de son bras vigoureux le fermier tira hors de la voûte protectrice de sa grande porte le premier prêtre peut-être qui, en France, eût donné aussi ouvertement le signal de la contre-révolution.

L'abbé Fortier comprit qu'il n'y avait pas de résistance possible.

— Eh bien! oui, dit-il, le martyre! j'appelle le martyre! j'invoque le martyre! je demande le martyre!

Et il entonna à pleine voix le *Libera nos, Domine.*

C'était ce cortége étrange qui s'avançait vers la grande place à travers les cris et les clameurs dont le bruit était venu frapper Pitou au moment où il était tout prêt de s'évanouir sous les remerciements, les tendres paroles et la pression de main de Catherine.

LV

LA DÉCLARATION DES DROITS DE L'HOMME

Pitou, à qui ce bruit avait rappelé celui des émeutes parisiennes qu'il avait entendu plus d'une fois, croyant voir s'approcher quelque bande d'assassins, croyant qu'il allait avoir à défendre quelque nouveau Flesselles, quelque nouveau Foulon, quelque nouveau Berthier, Pitou avait crié : « Aux armes! » et avait été se mettre à la tête de ses trente-trois hommes.

Alors, la foule s'était ouverte, et il avait vu s'avancer l'abbé Fortier, traîné par Billot, et auquel il ne manquait qu'une palme pour ressembler aux anciens chrétiens que l'on menait au cirque.

Un mouvement naturel le poussa à la défense de son ancien professeur, dont il ignorait encore le crime.

— Oh! monsieur Billot! s'écria-t-il en s'élançant au-devant du fermier. — Oh! mon père! s'écria Catherine avec un mouvement si identiquement pareil, qu'on l'eût cru réglé par un habile metteur en scène.

Mais il ne fallut qu'un regard de Billot pour arrêter Pitou d'un côté et Catherine d'un autre. Il y avait de l'aigle et du lion dans cet homme, qui représentait l'incarnation du peuple.

Arrivé au pied de l'estrade préparée, il lâcha de lui-même l'abbé Fortier, et la lui montrant du doigt :

— Tiens, dit-il, le voilà cet autel de la patrie sur lequel tu dédaignes d'officier, et dont à mon tour, moi, Billot, je te déclare indigne d'être le desservant; pour gravir ses marches sacrées, il faut se sentir le cœur plein de trois sentiments : le désir de la liberté, le dévouement à la patrie, l'amour de l'humanité. Prêtre, désires-tu l'affranchissement du monde? prêtre, es-tu dévoué à ton pays? prêtre, aimes-tu ton prochain plus que toi-même? Alors, monte hardiment à cet autel et invoque Dieu; mais, si tu ne te sens pas le premier entre nous tous comme citoyen, cède la place au plus digne, et retire-toi, disparais, va-t-en!

— Oh! malheureux! dit l'abbé en se retirant et en menaçant Billot du doigt, tu ne sais pas à qui tu déclares la guerre! — Si fait, je le sais, dit Billot; je déclare la guerre aux loups, aux renards et aux serpents; à tout ce qui pique, à tout ce qui mord, à tout ce qui déchire dans les ténèbres. Eh bien! soit, ajouta-t-il en frappant, avec un geste plein de puissance, sa large poitrine de ses deux mains, déchirez, mordez, piquez... il y a de quoi!

Il se fit un moment de silence pendant lequel toute cette foule s'ouvrit pour laisser échapper le prêtre, et, s'étant refermée, demeura immobile et en admiration devant cette vigoureuse nature s'offrant comme une cible aux coups du pouvoir terrible qui, à cette époque, tenait encore la moitié du monde étouffé entre ses bras, et que l'on appelait le clergé.

Il n'y avait plus de maire, plus d'adjoint, plus de conseil municipal; il n'y avait plus que Billot.

Monsieur de Longpré s'approcha de lui.

— Mais, avec tout cela, monsieur Billot, lui dit-il, nous n'avons plus de prêtre? — Eh bien! après? demanda Billot. — N'ayant plus de curé, nous n'avons plus de messe! — Le grand malheur! dit Billot qui, depuis sa première communion, n'avait mis que deux fois le pied à l'église : le jour de son mariage et le jour du baptême de sa fille. — Je ne dis pas que ce soit un grand malheur, dit le maire, qui tenait, et pour cause, à ne pas contrarier Billot; mais qu'allons-nous mettre à la place de la messe?

— A la place de la messe? s'écria Billot, sous l'élan d'une véritable inspiration, je vais vous le dire. Montez avec moi à l'autel de la patrie, monsieur le maire; monte avec moi, Pitou; vous à ma droite, toi à ma gauche; c'est cela!... Ce que nous allons mettre à la place de la messe, écoutez bien tous, dit Billot, c'est la *Déclaration des Droits de l'Homme*, c'est le *Credo* de la liberté, c'est l'Évangile de l'avenir!

Toutes les mains battirent simultanément; tous ces hommes, libres de la veille, ou plutôt déchaînés à peine, tous ces hommes étaient avides de connaître les droits qui venaient de leur être reconquis, et dont ils n'avaient pas joui encore.

Ils avaient bien autrement soif de cette parole-là que de celle que l'abbé Fortier appelait la parole céleste.

Placé entre le maire, qui représentait la force légale, et Pitou, qui représentait la force armée, Billot étendit la main; il récita la fameuse *Déclaration des Droits de l'Homme* au milieu du plus profond silence.

Quand Billot eut terminé son récit, étendant les deux mains, il réunit sur sa poitrine, dans un embrassement fraternel, l'écharpe du maire et les épaulettes du capitaine; quoique ce maire fût celui d'une petite ville, quoique ce capitaine fût le chef d'une poignée de paysans, comme, malgré l'infimité de ceux qui le représentaient, ce principe n'en était pas moins grand, toutes les bouches répétèrent le cri de : « Vive la nation! » et tous les bras s'ouvrant, se refermèrent, pour une étreinte générale, dans la sublime fusion de tous les cœurs en un seul cœur, dans la gravitation de tous les intérêts particuliers vers le dévouement commun.

C'était une de ces scènes dont Gilbert avait parlé à la reine, et que la reine n'avait pas comprises.

Billot descendit de l'autel de la patrie au milieu des cris de joie et des acclamations de la population toute entière.

La musique de Villers-Cotterets, réunie aux musiques des villages voisins, commença aussitôt l'air des réunions fraternelles, l'air des noces et des baptêmes :

Où peut-on être mieux qu'au sein de sa famille?

A partir de cette heure, les haines de religion étaient éteintes, les préjugés de provinces anéantis; à partir de cette heure, ce qui se fera un jour pour le monde se faisait pour la France; la géographie était tuée, plus de montagnes, plus de fleuves, plus d'obstacles entre les hommes : une langue! une patrie! un cœur!

Et, sur cet air naïf avec lequel la famille avait autrefois accueilli Henri IV, et avec lequel aujourd'hui un peuple saluait la liberté, une immense farandole commença qui, se déployant à l'instant même comme une chaîne sans fin, roula ses anneaux vivants du centre de la place jusqu'à l'extrémité des rues qui y aboutissaient.

Puis on dressa des tables devant les portes; pauvre ou riche, chacun apporta son plat, son pot de cidre, sa choppe de bière, sa bouteille de vin ou sa cruche d'eau, et toute une population prit sa part de cette grande agape en bénissant Dieu. Six mille citoyens communièrent à la même table, sainte table de la fraternité!

Billot fut le héros de la journée.

Il en partagea généreusement les honneurs avec le maire et Pitou.

Inutile de dire que, dans la farandole, Pitou trouva moyen de donner la main à Catherine.

Inutile de dire qu'à table, Pitou trouva moyen d'être placé près de Catherine.

Mais elle était triste, la pauvre enfant! Sa joie du matin avait disparu comme disparaît un frais et riant rayon de l'aurore sous les vapeurs orageuses du midi.

Dans sa lutte avec l'abbé Fortier, dans sa déclaration des droits de l'homme, son père avait jeté le défi au clergé et à la noblesse; défi d'autant plus terrible qu'il venait de plus bas.

Elle avait pensé à Isidore, qui n'était plus rien, rien que ce qu'était tout autre homme.

Ce n'était pas le titre, ce n'était pas le rang, ce n'était pas la richesse qu'elle regrettait en lui, elle eût aimé Isidore simple paysan; mais il lui semblait qu'on était violent, injuste, brutal envers ce jeune homme; il lui semblait, enfin, que son père, en lui arrachant ses titres et ses priviléges, au lieu de le rapprocher d'elle un jour, devait l'en éloigner à tout jamais.

Quant à la messe, personne n'en parla plus. On pardonna presque à l'abbé Fortier sa sortie contre-révolutionnaire; seulement il s'aperçut le lendemain, à sa classe presque vide, du coup que le refus d'officier sur l'autel de la patrie avait porté à sa popularité près des parents patriotes de Villers-Cotterets.

LVI

SOUS LA FENÊTRE

La cérémonie que nous venons de raconter, et qui, par des fédérations partielles, avait pour but de relier entre elles toutes les communes de France, n'était que le prélude de la grande fédération qui devait avoir lieu à Paris le 14 juillet 1790.

Dans ces fédérations partielles, les communes jetaient d'avance les yeux sur les députés qu'elles enverraient à la fédération générale.

Le rôle qu'avaient joué, dans cette journée du dimanche 18 octobre, Billot et Pitou les désignait naturellement aux suffrages de leurs concitoyens, quand le grand jour de la fédération générale serait arrivé.

Mais, en attendant ce grand jour, tout était rentré dans les conditions de la vie ordinaire, dont chacun venait de sortir momentanément par la secousse qu'avait donnée aux calmes habitudes provinciales ce mémorable événement.

Quand nous parlons des calmes habitudes provinciales, nous ne voulons pas dire qu'en province moins qu'ailleurs la vie ait son cours égayé par les joies ou assombri par les douleurs; il n'y a pas de ruisseau, si petit qu'il soit, depuis celui qui murmure sous l'herbe du verger d'un pauvre paysan jusqu'au fleuve majestueux qui descend des Alpes comme d'un trône pour aller se jeter dans la mer comme un conquérant, qui n'ait sur la rive, humble ou orgueilleuse, semée de pâquerettes ou brodée de villes, ses intervalles d'ombre et de soleil.

Et, si nous en doutions, après le palais des Tuileries, où nous avons introduit nos lecteurs, la ferme du père Billot, où nous venons de les ramener, pourrait nous en donner un exemple.

Non point qu'à la surface tout ne parût calme et presque souriant; en effet, le matin, vers cinq heures, la grande porte donnant du côté de la plaine où s'étend la forêt, l'été comme un vert rideau, l'hiver comme un crêpe sombre, la grande porte s'ouvrait; le semeur en sortait à pied, son sac de froment mêlé de cendres sur l'épaule; le laboureur à cheval, allant chercher dans les champs la charrue dételée au bout du sillon de la veille; la vachère, conduisant son troupeau mugissant guidé par le taureau, majestueux dominateur suivi de ses vaches et de ses génisses, parmi lesquelles marche la vache favorite, que l'on reconnaît à sa clochette sonore ; enfin, derrière eux tous, monté sur son vigoureux hongre normand trottant l'amble, venait Billot, le maître, l'âme, la vie de tout ce monde en miniature, de tout ce peuple en abrégé.

Un observateur désintéressé n'eût point remarqué sa sortie, et, dans cet œil recouvert d'un sourcil sombre et interrogeant les environs, dans cette oreille attentive à tous les bruits, dans ce cercle décrit autour de la ferme, et pendant la durée duquel son regard, comme celui d'un chasseur qui relève une piste et qui trace une enceinte, ne quittait pas un instant la terre, un spectateur indifférent n'eût vu que l'acte d'un propriétaire s'assurant que la journée sera belle, et que, pendant la nuit, loups pour ses bergeries, sangliers pour ses pommes de terre, lapins pour ses trèfles, ne sont point sortis de la forêt, asile dans lequel peut seul les atteindre encore le plomb princier du duc d'Orléans et de ses gardes.

Mais, pour quelqu'un qui eût su ce qui se passait au fond de l'âme du brave fermier, chacun de ses gestes ou de ses pas eût pris un caractère plus grave.

Ce qu'il regardait à travers l'obscurité, c'est si quelque rôdeur ne se rapprochait pas ou ne s'éloignait pas furtivement de la ferme.

Ce qu'il écoutait dans le silence, c'est si quelque appel mystérieux ne correspondait point, de la chambre de Catherine, aux bouquets de saule bordant la route ou aux fossés séparant la forêt de la plaine.

Ce qu'il demandait à la terre, interrogée si vivement par son regard, c'est si elle n'avait point gardé l'empreinte d'un pas dont la légèreté ou la petitesse eût dénoncé l'aristocratie.

Quant à Catherine, nous l'avons dit, quoique le visage de Billot se fût un peu adouci pour elle, elle ne continuait pas moins à sentir, comme une gardienne effarée, passer autour d'elle à chaque instant la défiance paternelle ; il en résultait que, pendant ses longues nuits d'hiver solitaires et anxieuses, elle en était à se demander si elle préférait qu'Isidore revînt à Boursonne, ou demeurât éloigné d'elle.

Pour la mère Billot, elle avait repris sa vie végétative ; son mari était de retour, sa fille avait recouvré la santé, elle ne regardait point au delà de cet horizon borné, et il eût fallu un œil autrement exercé que le sien pour aller chercher, au fond du cœur de son mari, le soupçon ; au fond du cœur de sa fille, l'angoisse.

Pitou, après avoir savouré, avec un orgueil mélangé de tristesse, son triomphe de capitaine, était retombé dans son état habituel, c'est-à-dire dans une douce et bienveillante mélancolie. Suivant sa régularité ordinaire, il faisait le matin sa visite à la mère Colombe ; s'il n'y avait point de lettre pour Catherine, il revenait tristement à Haramont, car il songeait que, de la journée, Catherine, ne recevant point de lettres d'Isidore, n'aurait pas occasion de penser à celui qui les apportait; s'il y avait une lettre, au contraire, il la déposait religieusement dans le creux du saule, et revenait souvent plus triste encore que les jours où il n'y en avait pas, en songeant, cette fois, que Catherine ne pensait à lui que par ricochet, et parce que le beau gentilhomme que la *Déclaration des Droits de l'Homme* avait bien pu priver de son titre, mais n'avait pu priver de sa grâce et de son élégance, était le fil conducteur grâce auquel il percevait la sensation presque douloureuse du souvenir.

Cependant, comme il est facile de le comprendre, Pitou n'était point un messager purement passif, et, s'il était muet, il n'était pas aveugle. A la suite de son interrogatoire sur Turin et sur la Sardaigne, qui lui avait révélé le but du voyage d'Isidore, il avait reconnu, au timbre des lettres, que le jeune gentilhomme était dans la capitale du Piémont; puis, un jour, le timbre des lettres avait porté le mot *Lyon* au lieu du mot *Turin*, et, enfin, deux jours après, et c'était le 25 décembre, une lettre était arrivée portant le mot *Paris*, au lieu du mot *Lyon*.

Alors, sans avoir besoin d'un grand effort de perspicacité, Pitou avait compris que le vicomte Isidore de Charny avait quitté l'Italie et était rentré en France.

Maintenant, une fois à Paris, il était évident qu'il ne tarderait pas à quitter Paris pour Boursonne.

Le cœur de Pitou se serra; sa résolution de dévouement était prise, mais son cœur n'était point pour cela insensible aux différentes émotions qui venaient l'assaillir.

Aussi, le jour où arriva cette lettre datée de Paris, Pitou, pour se faire un prétexte, résolut-il d'aller placer ses collets sur la garderie de la Bruyère-aux-Loups, où nous l'avons vu fructueusement opérer au commencement de cet ouvrage.

Or, la ferme de Pisseleux était juste située sur la route d'Haramont à cette partie de la forêt qu'on appelle la Bruyère-aux-Loups.

Il n'y avait donc rien d'étonnant à ce que Pitou s'y arrêtât en passant.

Il choisit pour s'y arrêter l'heure où Billot faisait aux champs sa course de l'après-dinée.

Selon son habitude, Pitou, coupant à travers plaines, allait d'Haramont à la grande route de Villers-Cotterets, de la grande route à la ferme de Noue, et de la ferme de Noue, par les ravins, à celle de Pisseleux. Puis il contournait les murs de la ferme, longeait les bergeries et les étables, et finissait par se trouver en face de la porte d'entrée, de l'autre côté de laquelle s'élevaient les bâtiments d'habitation.

Cette fois encore il suivit sa route accoutumée.

Arrivé à la porte de la ferme, il regarda autour de lui, comme eût pu faire Billot, et il aperçut Catherine à la fenêtre.

Catherine semblait attendre ; son œil vague, sans se fixer sur aucun point, parcourait toute l'étendue de forêt comprise entre le chemin de Villers-Cotterets à la Ferté-Milon et celui de Villers-Cotterets à Boursonne.

Pitou ne cherchait point à surprendre Catherine ; il s'arrangea de manière à se trouver dans le rayon parcouru par son œil, et, en le rencontrant, l'œil de la jeune fille s'arrêta sur lui.

Elle lui sourit. Pitou pour Catherine n'était plus qu'un ami, ou plutôt, Pitou était pour elle devenu plus qu'un ami.

Pitou était son confident.

— C'est vous, mon cher Pitou ? dit la jeune fille ; quel bon vent vous amène de notre côté ?

Pitou montra ses collets roulés autour de son poing.

— J'ai eu l'idée de vous faire manger une couple de lapins bien tendres et bien parfumés, mademoiselle Catherine ; et, comme les meilleurs sont ceux de la Bruyère-aux-Loups, à cause du serpolet qui y pousse à foison, je suis parti longtemps à l'avance afin de vous voir en passant, et de vous demander en même temps des nouvelles de votre santé.

Catherine commença par sourire à cette attention de Pitou ; puis, après avoir répondu à la première partie de son discours par un sourire, répondant à la seconde par la parole :

— Des nouvelles de ma santé ? vous êtes bien bon, cher monsieur Pitou ; grâce aux soins que vous avez eus de moi quand j'étais malade, et que vous avez continué de me rendre depuis ma convalescence, je suis à peu près guérie. — A peu près guérie, reprit Pitou avec un soupir ; je voudrais bien que vous le fussiez tout à fait.

Catherine rougit, poussa un soupir à son tour, prit la main de Pitou, comme si elle allait lui dire quelque chose d'important ; mais, se ravisant sans doute, elle lâcha la main qu'elle tenait, fit quelques pas à travers sa chambre, comme si elle cherchait son mouchoir, et, l'ayant trouvé, elle le passa sur son front couvert de sueur, quoiqu'on fût aux jours les plus froids de l'année.

Aucun de ses mouvements n'échappa au regard investigateur de Pitou.

— Vous avez quelque chose à me dire, mademoiselle Catherine ? demanda-t-il. — Moi ?.. non, rien ; vous vous trompez, mon cher Pitou, répondit la jeune fille d'une voix altérée.

Pitou fit un effort.

— C'est que, voyez-vous, dit-il, mademoiselle Catherine, si vous aviez besoin de moi, il ne faudrait pas vous gêner.

Catherine réfléchit ou plutôt hésita un instant.

— Mon cher Pitou, dit-elle, vous m'avez prouvé que, dans l'occasion, je pouvais compter sur vous, et je vous en suis bien reconnaissante ; mais, une seconde fois, je vous remercie.

Puis elle ajouta à voix basse :

— Il est même inutile que vous passiez cette semaine à la poste ; de quelques jours je ne recevrai pas de lettres.

Pitou fut près de répondre qu'il s'en doutait ; mais peut-être voulut-il voir jusqu'où irait la confiance de la jeune fille envers lui.

Elle se borna à la recommandation que nous venons de dire, et qui avait tout simplement pour but de ne point faire faire tous les matins à Pitou une course inutile.

Cependant, aux yeux de Pitou, la recommandation avait une plus haute portée.

Ce n'était point pour Isidore une raison de ne pas écrire que d'être revenu à Paris.

Si Isidore n'écrivait plus à Catherine, c'est qu'il comptait la voir.

Qui disait à Pitou que cette lettre datée de Paris, et qu'il avait déposée, le matin même, dans le saule creux, n'annonçait pas à Catherine l'arrivée prochaine de son amant? Qui lui disait que ce regard perdu dans l'espace lorsqu'il était apparu, et que sa présence avait ramené sur lui-même, ne cherchait pas, à la lisière de la forêt, quelque signe qui indiquât à la jeune fille que son amant était arrivé?

Pitou attendit pour donner tout le temps à Catherine de débattre avec elle-même si elle avait quelque confidence à lui faire ; puis, voyant qu'elle gardait obstinément le silence :

— Mademoiselle Catherine, dit-il, avez-vous remarqué le changement qui se fait chez monsieur Billot?

La jeune fille tressaillit.

— Ah! dit-elle, répondant à une interrogation par une autre interrogation, avez-vous donc remarqué quelque chose, vous? — Mademoiselle Catherine, dit Pitou en branlant la tête, il y aura bien sûr un moment, quand cela? je n'en sais rien! où celui qui est cause de ce changement passera un mauvais quart d'heure ; c'est moi qui vous dis cela, entendez-vous?

Catherine pâlit.

Mais, n'en regardant pas moins fixement Pitou :

— Pourquoi dites-vous *celui* et non pas *celle*? demanda la jeune fille? C'est peut-être une femme et non un homme, qui aura à souffrir de cette colère cachée... — Ah! mademoiselle Catherine, dit Pitou, vous m'effrayez! Avez-vous donc quelque chose à craindre? — Mon ami, dit tristement Catherine, j'ai à craindre ce qu'une pauvre fille qui a oublié sa condition, et qui aime au-dessus d'elle, peut craindre d'un père irrité. — Mademoiselle, dit Pitou, hasardant un conseil, il me semble qu'à votre place...

Il s'arrêta.

— Il vous semble qu'à ma place? répéta Catherine. — Eh bien! il me semble qu'à votre place... Ah! mais non, dit-il; vous avez failli mourir pour une simple absence qu'il a faite; s'il vous fallait renoncer à lui, ce serait pour en mourir tout à fait, et je ne veux pas que vous mouriez... Dussé-je vous voir malade et triste, j'aime encore mieux vous voir ainsi que là-bas... au bout du Pleux... Ah! mademoiselle Catherine, c'est bien malheureux, tout cela! — Chut! dit Catherine, parlons d'autre chose ou ne parlons pas du tout, voici mon père!

Pitou se retourna dans la direction du regard lancé par Catherine, et vit en effet le fermier qui s'avançait au grand trot de son cheval.

En apercevant un homme près de la fenêtre de Catherine, Billot s'arrêta; puis, sans doute reconnaissant celui à qui il avait affaire, il continua son chemin.

Pitou fit quelques pas au-devant de lui, souriant à sa venue, et tenant son chapeau à la main.

— Ah! ah! c'est toi, Pitou? dit Billot. Viens-tu nous demander à dîner, mon garçon? — Non, monsieur Billot, dit Pitou, je ne me permettrais pas cela; mais...

En ce moment il lui sembla qu'un regard de Catherine l'encourageait.

— Mais quoi? reprit Billot. — Mais... si vous m'invitiez, j'accepterais. — Eh bien! dit le fermier, je t'invite. — Alors, répondit Pitou, j'accepte.

Le fermier donna un coup d'éperon à son cheval, et rentra sous la voûte de la porte cochère.

Pitou se retourna vers Catherine.

— Était-ce cela que vous vouliez me dire? demanda-t-il. — Oui... il est plus sombre encore aujourd'hui que les autres jours!

Puis, elle ajouta tout bas :

— Oh! mon Dieu! est-ce qu'il saurait?... — Quoi? Mademoiselle, demanda Pitou, qui, si bas qu'eût parlé Catherine, avait entendu. — Rien, dit Catherine en se retirant dans sa chambre et en fermant sa fenêtre. Entrez!

LVII

LE PÈRE CLOUIS REPARAIT SUR LA SCÈNE

Catherine ne s'était pas trompée : malgré l'accueil affable qu'il avait fait à Pitou, son père paraissait plus sombre que jamais. Il donna une poignée de main à Pitou, et Pitou sentit cette main froide et humide. Sa fille, comme d'habitude, lui présenta ses joues pâles et frissonnantes ; mais il se contenta d'effleurer son front avec ses lèvres ; quant à la mère Billot, elle se leva, par un mouvement qui lui était naturel lorsqu'elle voyait entrer son mari, et qui tenait à la fois du sentiment de son infériorité et du respect qu'elle lui portait ; mais le fermier ne fit pas même attention à elle.

— Le dîner est-il prêt? demanda-t-il. — Oui, notre homme, répondit la mère Billot. — Alors, à table ! dit-il ; j'ai encore beaucoup de choses à faire avant ce soir.

On passa dans la petite salle à manger de famille ; cette salle à manger donnait sur la cour, et personne ne pouvait, venant du dehors, entrer dans la cuisine sans passer devant la fenêtre par laquelle cette petite pièce recevait le jour.

Un couvert fut ajouté pour Pitou, que l'on plaça entre les deux femmes, le dos tourné à la fenêtre.

Si préoccupé que fût Pitou, il y avait chez lui un organe sur lequel la préoccupation n'influait jamais : c'était l'estomac. Il en résulta donc que Billot, malgré la perspicacité de son regard, ne put voir au premier service autre chose dans son convive que la satisfaction qu'il éprouvait à l'aspect d'une excellente soupe aux choux, et du plat de bœuf et de lard qui la suivit.

Il était évident, néanmoins, que Billot désirait savoir si c'était le hasard ou un dessein prémédité qui avait amené Pitou à la ferme.

Aussi, au moment où l'on enlevait le bœuf et le lard pour apporter un quartier d'agneau rôti, plat auquel Pitou regardait faire son entrée avec une joie visible, le fermier démasqua-t-il tout à coup ses batteries, et, s'adressant directement à Pitou :

— Et, maintenant, mon cher Pitou, lui demanda-t-il, maintenant que tu vois que tu es toujours le bienvenu à la ferme, peut-on savoir ce qui t'attire aujourd'hui dans nos parages?

Pitou sourit, jeta un coup d'œil autour de lui, comme pour s'assurer qu'il n'y avait là ni regards indiscrets ni oreilles dangereuses, et, relevant de sa main gauche la manche droite de sa veste :

— Voilà, père Billot, dit-il en montrant une vingtaine de collets en fils d'archal roulés comme un bracelet autour de son poignet. — Ah! ah! dit le père Billot, tu as donc dépeuplé les garderies de Longpré et de Taille-Fontaine, que tu te rabats par ici ? — Ce n'est pas cela, monsieur Billot, dit naïvement Pitou ; mais, depuis le temps que j'ai affaire à ces gueux de lapins-là, je crois qu'ils reconnaissent mes collets, et qu'ils se détournent... J'ai donc décidé que je viendrais dire deux mots, cette nuit, à ceux du père Lajeunesse, qui sont moins malins et plus délicats, mangeant de la bruyère et du serpolet. — Peste ! dit le fermier, je ne te savais pas si friand, maître Pitou! — Oh! ce n'est pas pour moi que je suis friand, dit Pitou ; c'est pour mademoiselle Catherine... Je me suis dit : comme elle vient d'être malade, elle a besoin de viande fine. — Oui, reprit Billot interrompant Pitou, tu as raison, car tu vois qu'elle n'a pas encore d'appétit.

Et il montra du doigt l'assiette blanche de Catherine, qui, après avoir mangé quelques cuillerées de soupe, n'avait touché ni au bœuf ni au lard.

— Je n'ai pas d'appétit, mon père, dit Catherine rougissant d'être interpellée ainsi, parce que j'ai mangé une grande tasse de lait avec du pain, avant que monsieur Pitou passât près de ma fenêtre et que je l'appelasse. — Je ne cherche point la cause pour laquelle tu as ou tu n'as pas d'appétit, dit Billot ; je constate un fait, voilà tout.

Puis, à travers la fenêtre, jetant les yeux sur la cour :

— Ah! dit-il en se levant, voilà quelqu'un pour moi.

Pitou sentit le pied de Catherine s'appuyer vivement sur le sien ; il se retourna de son côté, la vit pâle comme la mort, et lui indiquant des yeux la fenêtre donnant sur la cour.

Son regard suivit la direction du regard de Catherine, et il reconnut son vieil ami le père Clouïs, lequel passait devant la fenêtre le fusil à deux coups de Billot sur l'épaule.

Le fusil du fermier se distinguait des autres en ce que sa sous-garde et ses capucines étaient d'argent.

— Ah! dit Pitou, qui ne voyait dans tout cela rien de bien effrayant, tiens, c'est le père Clouïs... il rapporte votre fusil, monsieur Billot? — Oui, dit Billot en se rasseyant, et il dînera avec nous, s'il n'a pas dîné. Femme, ajouta-t-il, ouvre la porte au père Clouïs.

La mère Billot se leva et alla ouvrir la porte, tandis que Pitou, les yeux fixés sur Catherine, se demandait quoi de terrible, dans ce qui se passait, pouvait occasionner sa pâleur.

Le père Clouïs entra : il tenait de la même main, sur son épaule, le fusil du fermier et un lièvre qu'il avait évidemment tué avec ce fusil.

On se rappelle que le père Clouïs avait reçu de monsieur le duc d'Orléans la permission de tuer, un jour, un lapin, et, un autre jour, un lièvre.

C'était apparemment le jour au lièvre.

Il porta sa seconde main, celle qui n'était pas occupée, à une espèce de bonnet de fourrure qu'il portait habituellement et auquel il ne restait plus guère que la peau, tout éraflé qu'il était journellement par les fourrés dans lesquels passait le père Clouïs, à peu près aussi insensible aux épines qu'un sanglier l'est à son tiéran.

— Monsieur Billot et la compagnie, dit-il, j'ai l'honneur de vous saluer. — Bonjour, papa Clouïs, répondit Billot ; allons, vous êtes homme de parole... merci. — Oh ! ce qui est convenu est convenu, monsieur Billot. Vous m'avez rencontré ce matin, et vous m'avez dit comme cela : Père Clouïs, vous qui êtes un fin tireur, assortissez-moi donc une douzaine de balles au calibre de mon fusil, vous me rendrez service ; à quoi je vous ai répondu : Pour quand vous faut-il ça, monsieur Billot ? Vous m'avez dit : Pour ce soir, sans faute ; alors, j'ai dit : C'est bon, vous l'aurez ; et le voilà ! — Merci, père Clouïs, dit Billot ; vous allez dîner avec nous, n'est-ce pas ? — Oh ! vous êtes bien honnête, monsieur Billot ; je n'ai besoin de rien.

Le père Clouïs croyait que la civilité exigeait, quand on lui offrait un siége, qu'il dît qu'il n'était pas fatigué, et quand on l'invitait à dîner, qu'il répondît qu'il n'avait pas faim.

Billot connaissait cela.

— N'importe, dit-il, mettez-vous toujours à table ; il y a à boire et à manger, et, si vous ne mangez pas, vous boirez.

Pendant ce temps, la mère Billot, avec la régularité et presque le silence d'un automate, avait posé sur la table une assiette, un couvert et une serviette.

Puis elle approcha une chaise.

— Dam ! puisque vous le voulez absolument, dit le père Clouïs.

Et il alla porter le fusil dans un coin, posa son lièvre sur le rebord du buffet, et vint s'asseoir à table.

Il se trouvait placé juste en face de Catherine, qui le regardait avec terreur.

Le visage doux et placide du vieux garde semblait si peu fait pour inspirer ce sentiment, que Pitou ne pouvait se rendre compte des émotions que trahissait, non-seulement le visage de Catherine, mais encore le tremblement nerveux qui agitait tout son corps.

Cependant, Billot avait rempli le verre et l'assiette de son convive, lequel, quoiqu'il eût déclaré n'avoir besoin de rien, attaqua bravement l'un et l'autre.

— Ah! voilà un joli vin, monsieur Billot! fit-il, comme pour rendre hommage à la vérité, et un aimable agneau! Il paraît que vous êtes de l'avis du proverbe qui dit : « Il faut manger les agneaux jeunes, et boire le vin vieux? »

Personne ne répondit à la plaisanterie du père Clouïs, lequel, voyant que la conversation tombait, et se croyant, en sa qualité de convive, obligé de la soutenir, continua :

— Je me suis donc dit comme cela : Ma foi, c'est aujourd'hui le tour des lièvres, autant que je tue mon lièvre du côté de la forêt que d'un autre ; je vais donc aller tuer mon lièvre sur la garderie du père Lajeunesse... je verrai en même temps comment un fusil monté en argent porte la balle. J'ai donc fondu treize balles au lieu de douze... Ma foi, il la porte bien, la balle, votre fusil ! — Oui, je sais cela, répondit Billot, c'est une bonne arme ! — Tiens, douze balles! observa Pitou ; il y a donc un prix au fusil quelque part, monsieur Billot? — Non, répondit Billot. — Ah! c'est que je le connais, continua Pitou, *le monté en argent*, comme on l'appelle dans les environs ; je lui en ai vu faire des siennes à la fête de Boursonne, il y a deux ans ! Tenez, c'est là qu'il a gagné le couvert d'argent avec lequel vous mangez, madame Billot, et la timbale dans laquelle vous buvez, mademoiselle Catherine... Oh! mais, s'écria Pitou effrayé, qu'avez-vous donc, Mademoiselle? — Moi?... rien ! dit Catherine en rouvrant ses yeux à moitié fermés, et en se redressant sur sa chaise, contre le dos de laquelle elle s'était laissé aller à moitié évanouie. — Catherine ? qu'est-ce que tu veux qu'elle ait ? dit Billot en haussant les épaules. — Justement, continua Clouïs, il faut vous dire que dans la vieille ferraille, chez le père Montagnon l'armurier, j'ai retrouvé un moule... Ah! c'est que c'est rare, un moule comme il vous en faut un ! ces diables de petits canons de Leclerc, ils sont presque tous du calibre de vingt-quatre, ce qui ne les empêche pas de porter Dieu sait où ! J'ai donc retrouvé un moule juste du calibre de votre fusil, un plus petit même ; mais cela ne fait rien, au contraire ; vous enveloppez la balle dans une peau graissée... Est-ce pour tirer à la course ou à coup posé? — Je n'en sais rien encore, répondit Billot ; tout ce que je puis dire, c'est que c'est pour aller à l'affût. — Ah! oui, je comprends, dit le père Clouïs, les sangliers de monsieur le duc d'Orléans, ils sont friands de vos parmentières, et vous vous êtes dit : Autant dans le saloir, autant qui n'en mangent plus !

Il se fit un silence qui n'était troublé que par la respiration haletante de

Catherine. Les yeux de Pitou allaient du garde à Billot, et de Billot à sa fille.

Il cherchait à comprendre, et n'y arrivait pas.

Quant à la mère Billot, il était inutile de demander aucun éclaircissement à son visage, elle ne comprenait rien de ce qu'on disait, à bien plus forte raison de ce qu'on voulait dire.

— Ah! c'est que, continua le père Clouïs poursuivant sa pensée, c'est que si les balles sont pour les sangliers, elles sont peut-être un peu trop petites, voyez-vous; ça a la peau dure, ces messieurs-là, sans compter que ça revient sur le chasseur... J'en ai vu, des sangliers, qui avaient cinq, six, huit balles entre cuir et chair, et des balles de munition encore! de seize à la livre! et qui ne s'en portaient que mieux... — Ce n'est pas pour les sangliers, dit Billot.

Pitou ne put résister à sa curiosité.

— Pardon, monsieur Billot, dit-il; mais, si ce n'est pas pour tirer au prix, si ce n'est pas pour tirer sur les sangliers, pour tirer sur quoi est-ce donc alors? — Pour tirer sur un loup, dit Billot. — Oh! bien, si c'est pour tirer sur un loup, voilà votre affaire, dit le père Clouïs prenant les douze balles dans sa poche, et les transvasant dans une assiette où elles tombèrent en cliquetant; quant à la treizième, elle est dans le ventre du lièvre... Ah! je ne sais pas comment il porte le plomb, mais il porte joliment la balle, votre fusil!

Si Pitou eût regardé Catherine, il eût vu qu'elle était près de s'évanouir.

Mais, tout à ce que disait le père Clouïs, il ne regardait pas la jeune fille.

Aussi, lorsqu'il entendit le garde dire que la treizième balle était dans le ventre du lièvre, il ne put y résister, et se leva pour aller vérifier le fait.

— C'est, ma foi, vrai? dit-il en fourrant son petit doigt dans le trou de la balle; c'est affaire à vous, père Clouïs... Regardez donc, monsieur Billot; vous tirez bien, vous; mais vous ne tuez pas encore les lièvres comme cela, à balle franche. — Ah! dit Billot, peu importe! Du moment que l'animal sur lequel je tirerai est vingt fois gros comme un lièvre, j'espère que je ne le manquerai pas! — Le fait est, dit Pitou, qu'un loup... Mais vous parlez de loups, il y en a donc dans le canton? c'est étonnant, avant la neige! — Oui, c'est étonnant, mais c'est comme cela, cependant. — Vous êtes sûr, monsieur Billot? — Très-sûr! répondit le fermier en regardant à la fois Pitou et Catherine, ce qui était facile, puisqu'ils étaient placés l'un près de l'autre; le berger en a vu un ce matin. — Où cela? demanda naïvement Pitou. — Sur la route de Paris à Boursonne, près du taillis d'Yvors. — Ah! fit Pitou, regardant à son tour Billot et Catherine. — Oui, continua Billot avec la même tranquillité; on l'avait déjà remarqué l'année dernière, et l'on m'avait prévenu... Quelque temps on l'a cru parti pour ne plus revenir; mais... — Mais? demanda Pitou. — Mais il paraît qu'il est revenu, dit Billot, et qu'il s'apprête à tourner encore autour de la ferme... Voilà pourquoi j'ai dit au père Clouïs de me nettoyer mon fusil, et de me couler des balles.

C'était tout ce que pouvait supporter Catherine; elle poussa une espèce de cri étouffé, se leva, et, toute trébuchante, se dirigea vers la porte.

Pitou, moitié naïf, moitié inquiet, se leva aussi, et, voyant Catherine chanceler, s'élança pour la soutenir.

Billot jeta un regard terrible du côté de la porte; mais l'honnête visage de Pitou manifestait une trop grande expression d'étonnement pour qu'il pût soupçonner son propriétaire de complicité avec Catherine.

Sans s'inquiéter davantage ni de Pitou ni de sa fille. il poursuivit donc:

— Ainsi vous dites, père Clouïs, que, pour assurer le coup, il sera bon d'envelopper les balles dans un morceau de peau graissée?

Pitou entendit encore cette question; mais il n'entendit pas la réponse, car, arrivé en ce moment dans la cuisine, où il venait de rejoindre Catherine, il sentit la jeune fille s'affaisser entre ses bras.

— Mais qu'avez-vous donc, mon Dieu! qu'avez-vous donc? demanda-t-il tout effrayé. — Oh! dit Catherine, vous ne comprenez donc pas?... Il sait qu'Isidore est arrivé ce matin à Boursonne, et il veut l'assassiner s'il approche de la ferme!

En ce moment, la porte de la salle à manger s'ouvrit, et Billot parut sur le seuil.

— Mon cher Pitou, dit-il d'une voix si dure qu'elle n'admettait pas de réplique, si tu es venu en réalité pour les lapins du père Lajeunesse, je crois qu'il est temps que tu ailles tendre tes collets... Tu comprends, plus tard, tu n'y verrais plus. — Oui, monsieur Billot, dit humblement Pitou en jetant un double regard sur Catherine et sur Billot; j'étais venu pour cela, pas pour autre chose, je vous le jure. — Eh bien! alors? — Eh bien! alors, j'y vais, monsieur Billot.

Et il sortit par la porte de la cour, tandis que Catherine éplorée rentrait dans sa chambre, dont elle poussait le verrou derrière elle.

— Oui, murmura Billot, oui, enferme-toi, malheureuse! peu m'importe, car ce n'est pas de ce côté-ci que je me mettrai à l'affût.

LVIII

LE JEU DE BARRES

Pitou sortit de la ferme tout abasourdi. Seulement, aux paroles de Catherine, il avait vu jour dans tout ce qui avait été obscurité pour lui jusque-là, et le jour l'avait aveuglé.

Pitou savait ce qu'il avait voulu savoir et même davantage.

Il savait que le vicomte Isidore de Charny était arrivé le matin à Boursonne, et que, s'il se hasardait à venir voir Catherine à la ferme, il courrait risque de recevoir un coup de fusil.

Car, il n'y avait plus de doute à garder, les paroles de Billot, paraboliques d'abord, s'étaient éclaircies aux seuls mots prononcés par Catherine. Ce loup qu'on avait vu, l'année dernière, rôder autour de la bergerie, que l'on croyait parti pour toujours, et que l'on avait revu le matin même près du taillis d'Yvors, sur la route de Paris à Boursonne, c'était le vicomte Isidore de Charny.

C'était à son intention que le fusil avait été nettoyé, c'était pour lui que les balles avaient été fondues.

Comme on le voit, cela devenait grave.

Pitou, qui avait quelquefois, et lorsque l'occasion l'exigeait, la force du lion, avait presque toujours la prudence du serpent. En contravention, depuis le jour où il avait atteint l'âge de raison, à l'endroit des gardes-champêtres, sous le nez desquels il allait dévaster les vergers fermés de haies ou les arbres fruitiers en plein champ; en contravention à l'endroit des gardes forestiers, sur les talons desquels il allait tendre ses gluaux et ses collets, il avait pris une habitude de réflexion profonde et de décision rapide, qui, dans tous les cas dangereux où il s'était trouvé, lui avait permis de se tirer d'affaire aux meilleures conditions possibles; cette fois donc, comme les autres, appelant à son secours la décision rapide, il se décida immédiatement à gagner le bois, situé à quatre-vingt pas de la ferme environ.

Le bois est un couvert, et, sous ce couvert où il est facile de demeurer inaperçu, on peut réfléchir à son aise.

Dans cette occasion, Pitou, comme on le voit, avait interverti l'ordre ordinaire des choses, en mettant la décision rapide avant la réflexion profonde.

Mais Pitou, avec son intelligence instinctive, avait été au plus pressé, et, le plus pressé pour lui, c'était d'avoir un couvert.

Il s'avança donc vers la forêt d'un air aussi dégagé que si sa tête n'eût point porté un monde de pensées, et il atteignit le bois ayant eu la force de ne pas jeter un regard derrière lui.

Il est vrai que, lorsqu'il eût calculé qu'il était hors de vue de la ferme, il se baissa, comme pour boucler le sous-pied de sa guêtre, et, la tête entre ses deux jambes, il interrogea l'horizon.

L'horizon était libre et ne paraissait, pour le moment, offrir aucun danger.

Ce que voyant Pitou, il reprit la ligne verticale, et d'un bond se trouva dans la forêt.

La forêt, c'était le domaine de Pitou.

Là, il était chez lui; là, il était libre; là, il était roi!

Roi comme l'écureuil, dont il avait l'agilité; comme le renard, dont il avait les ruses; comme le loup, dont il avait les yeux qui voient pendant la nuit.

Mais à cette heure il n'avait besoin ni de l'agilité de l'écureuil, ni des ruses du renard, ni des yeux nyctalopes du loup.

Il s'agissait tout simplement pour Pitou de couper en diagonale la portion de bois dans laquelle il s'était enfoncé, et de revenir à cet endroit de la lisière de la forêt qui s'étendait dans toute la longueur de la ferme.

A soixante ou soixante-dix pas de distance, Pitou verrait tout ce qui se passerait; avec soixante ou soixante-dix pas de distance, Pitou défiait tout être, quel qu'il fût, obligé de se servir, pour se mouvoir et attaquer, de ses pieds et de ses mains.

Il va sans dire qu'il défiait bien autrement un cavalier, quel que fût ce cavalier: il n'eût pu faire cent pas dans la forêt par les chemins où l'eût conduit Pitou.

Aussi, en forêt, Pitou n'avait pas de comparaison assez dédaigneuse pour dire combien il méprisait un cavalier.

Pitou se coucha tout de son long dans une cépée, appuya son cou sur deux arbres jumeaux se séparant à leur tige, et réfléchit profondément.

Il réfléchit qu'il était de son devoir d'empêcher, autant qu'il serait en lui, le père Billot de mettre à exécution la terrible vengeance qu'il méditait.

Le premier moyen qui se présenta à l'esprit de Pitou fut de courir à Boursonne, et de prévenir monsieur Isidore du danger qui l'attendait, s'il se hasardait du côté de la ferme.

Mais, presque aussitôt, il réfléchit à deux choses :

La première, c'est qu'il n'avait pas reçu de Catherine mission de faire cela.

La seconde, c'est que le danger pourrait bien ne pas arrêter monsieur Isidore.

Puis, quelle certitude avait Pitou que le vicomte, dont l'intention était sans doute de se cacher, viendrait par la route frayée aux voitures, et non par quelques-uns de ces petits sentiers que suivent pour raccourcir le chemin les bûcherons et les ouvriers des bois?

D'ailleurs, en allant à la recherche d'Isidore, Pitou abandonnait Catherine, et Pitou qui, à tout prendre, eût été fâché qu'il arrivât malheur au vicomte, eût été désespéré qu'il arrivât malheur à Catherine!

Ce qui lui parut le plus sage, ce fut donc d'attendre où il était, et de prendre, selon ce qui surviendrait, conseil des circonstances.

En attendant, ses yeux se braquèrent sur la ferme, fixes et brillants comme ceux d'un chat-tigre qui guette sa proie.

Le premier mouvement qui s'y opéra fut la sortie du père Clouïs.

Pitou le vit prendre congé de Billot sous la porte cochère, puis longer le mur en clopinant, et disparaître dans la direction de Villers-Cotterets, qu'il devait traverser ou contourner pour se rendre à sa hutte, distante d'une lieue et demie à peu près de Pisseleux.

Au moment où il sortit, le crépuscule commençait à tomber.

Comme le père Clouïs n'était qu'un personnage fort secondaire, une espèce de comparse dans le drame qui se jouait, Pitou n'attacha à lui qu'une attention médiocre, et l'ayant, pour l'acquit de sa conscience, suivi du regard jusqu'au moment où il disparut à l'angle du mur, il ramena ses yeux sur le centre du bâtiment, c'est-à-dire là où s'ouvraient la porte cochère et les fenêtres.

Au bout d'un instant, une des fenêtres s'éclaira : c'était celle de la chambre de Billot.

De l'endroit où était Pitou, le regard plongeait parfaitement dans la chambre; Pitou put donc voir Billot, rentré chez lui, charger son fusil avec toutes les précautions recommandées par le père Clouïs.

Pendant ce temps, la nuit achevait de tomber.

Billot, son fusil une fois chargé, éteignit sa lumière et tira les deux volets de sa fenêtre, mais de façon à les garder entre-bâillés, pour que, sans doute, son regard pût observer les alentours.

De la fenêtre de Billot, située au premier, nous croyons l'avoir déjà dit, on ne voyait pas, à cause d'un coude formé par les murs de la ferme, la fenêtre de la chambre de Catherine, située au rez-de-chaussée; mais on découvrait entièrement le chemin de Boursonne et tout le cercle de la forêt qui s'arrondit de la montagne de La Ferté-Milon à ce que l'on appelle les taillis d'Yvors.

Tout en ne voyant pas la fenêtre de Catherine, en supposant que Catherine sortît par cette fenêtre et essayât de gagner le bois, Billot pouvait donc l'apercevoir du moment où elle entrerait dans le rayon embrassé par son regard.

Seulement, comme la nuit allait de plus en plus s'épaississant, Billot verrait une femme, pourrait se douter que cette femme est Catherine, mais ne pourrait pas la reconnaître d'une manière certaine pour être Catherine.

Nous faisons d'avance toutes ces remarques parce que c'étaient celles que se faisait Pitou.

Pitou ne doutait point que, la nuit tout à fait venue, Catherine ne tentât une sortie afin de prévenir Isidore.

Sans perdre entièrement de vue la fenêtre de Billot, ce fut donc sur celle de Catherine que ses yeux se fixèrent plus particulièrement.

Pitou ne se trompait pas : lorsque la nuit eut atteint un degré d'obscurité qui parut suffisant à la jeune fille, Pitou, pour lequel, nous l'avons dit, il n'y avait pas d'obscurité, vit s'ouvrir lentement le volet de Catherine, puis celle-ci enjamber l'appui de la fenêtre, repousser le volet, et se glisser tout le long de la muraille.

Il n'y avait pas de danger pour la jeune fille d'être vue tant qu'elle suivrait cette ligne, et, en supposant qu'elle eût eu affaire à Villers-Cotterets, elle eût pu y arriver inaperçue; mais si, au contraire, elle avait affaire du côté de Boursonne, il lui fallait absolument entrer dans le rayon que le regard embrassait de la fenêtre de son père.

Arrivée au bout du mur, elle hésita pendant quelques secondes, de sorte que Pitou eut un instant l'espérance que c'était à Villers-Cotterets, et non à Boursonne, qu'elle allait; mais tout à coup cette hésitation cessa, et, se courbant pour se dérober autant qu'elle pouvait aux yeux, elle traversa le chemin et se jeta dans une petite sente rejoignant la forêt par une courbe qui se continuait sous le bois et allait tomber, à un quart de lieue à peu près, dans le chemin de Boursonne. Cette sente aboutissait à un petit carrefour appelé le carrefour de Bourg-Fontaine.

Une fois Catherine dans la sente, le chemin qu'elle allait suivre et l'intention qui la conduisait étaient si clairs pour Pitou, qu'il ne s'occupa plus d'elle; mais seulement de ces volets entr'ouverts par lesquels, comme à travers la meurtrière d'une citadelle, le regard plongeait d'une extrémité à l'autre du bois.

Tout ce rayon embrassé par le regard de Billot était, à part un berger dressant son parc, parfaitement solitaire.

Il en résulta que, dès que Catherine entra dans ce rayon, quoique son mantelet noir la rendît à peu près invisible, elle ne put cependant échapper au regard perçant du fermier.

Pitou vit les volets s'entre-bâiller, la tête de Billot passer par l'entre-bâillement, et demeurer un instant fixe et immobile, comme s'il eût douté, dans ces ténèbres, du témoignage de ses yeux; mais les chiens du berger ayant couru dans la direction de cette ombre, et, après avoir donné quelques coups de gueule, étant revenus vers leur maître, Billot ne douta plus que cette ombre ne fût Catherine.

Les chiens, en s'approchant d'elle, l'avaient reconnue, et avaient cessé d'aboyer en la reconnaissant.

Il va sans dire que tout cela se traduisait, pour Pitou, aussi clairement que s'il eût été d'avance au courant des divers incidents de ce drame.

Il s'attendait donc à voir se refermer les volets de la chambre de Billot, et à voir s'ouvrir la porte cochère.

En effet, au bout de quelques secondes, la porte s'ouvrit, et comme Catherine atteignait la lisière du bois, Billot, son fusil sur l'épaule, franchissait le seuil de la porte, et s'avançait à grands pas vers la forêt, suivant ce chemin de Boursonne où devait aboutir, après un demi-quart de lieue, la sente suivie par Catherine.

Il n'y avait pas un instant à perdre, pour que, dans dix minutes, la jeune fille ne se trouvât point en face de son père.

Ce fut ce que comprit Pitou.

Il se releva, bondit à travers les taillis comme un chevreuil effarouché, et, coupant diagonalement la forêt dans le sens inverse de sa première course, il se trouva au bord du sentier au moment où l'on entendait déjà les pas pressés et la respiration haletante de la jeune fille.

Pitou s'arrêta caché derrière le tronc d'un chêne.

Au bout de dix secondes, Catherine passait à la portée de la main de ce chêne.

Pitou se démasqua, barra le chemin à la jeune fille et se nomma du même coup.

Il avait jugé nécessaire cette unité d'une triple action pour ne pas trop épouvanter Catherine.

En effet, elle ne jeta qu'un faible cri, et, s'arrêtant toute tremblante, moins de l'émotion présente que de l'émotion passée :

— Vous, monsieur Pitou, ici!... Que me voulez-vous? dit-elle. — Pas un pas de plus, au nom du ciel, Mademoiselle! dit Pitou en joignant les mains. — Et pourquoi cela? — Parce que votre père sait que vous êtes sortie, parce qu'il suit la route de Boursonne avec son fusil, parce qu'il vous attend au carrefour du Bourg-Fontaine! — Mais lui, lui! dit Catherine presque égarée, il ne sera donc pas prévenu?

Et elle fit un mouvement pour continuer son chemin.

— Le sera-t-il davantage, dit Pitou, lorsque votre père vous aura barré la route? — Que faire? — Venez, mademoiselle Catherine, rentrez dans votre chambre; je me mettrai en embuscade aux environs de votre fenêtre, et lorsque je verrai monsieur Isidore, je le préviendrai. — Vous ferez cela, cher monsieur Pitou? — Pour vous, je ferai tout, mademoiselle Catherine... Ah! c'est que je vous aime bien, moi, allez.

Catherine lui serra les mains.

Puis, au bout d'une seconde de réflexion :

— Oui, vous avez raison, dit-elle, ramenez-moi.

Et comme les jambes commençaient à lui manquer, elle passa son bras sous celui de Pitou, qui lui fit reprendre, lui marchant, elle courant, le chemin de la ferme.

Dix minutes après, Catherine rentrait chez elle sans avoir été vue, et refermait sa fenêtre derrière elle, tandis que Pitou lui montrait le groupe de saules dans lequel il allait veiller et attendre.

LIX

L'AFFUT AU LOUP

Ce groupe de saules placé sur une petite hauteur, à vingt ou vingt-cinq pas de la fenêtre de Catherine, dominait une espèce de fossé ou passait, encaissé à la profondeur de sept ou huit pieds, un filet d'eau courante.

Ce ruisseau, qui tournait comme le chemin, était ombragé de place en place de saules pareils à ceux qui formaient le groupe dont nous avons parlé, c'est-à-dire d'arbres semblables, la nuit surtout, à ces nains qui portent sur un petit corps une grosse tête ébouriffée

C'était dans le dernier de ces arbres creusés par le temps que Pitou apportait tous les matins les lettres de Catherine, et que Catherine allait les prendre, quand elle avait vu son père s'éloigner et disparaître par une direction opposée.

Au reste, Pitou de son côté et Catherine du sien avaient toujours usé de tant de précautions, que ce n'était point par là que la mèche avait été éventée; c'était par un pur hasard qui avait, le matin même, placé le berger de la ferme sur le chemin d'Isidore. Le berger avait annoncé, comme une nouvelle sans importance le retour du vicomte; ce retour caché, qui avait eu lieu à cinq heures du matin, avait paru plus que suspect à Billot. Depuis son retour de Paris, depuis la maladie de Catherine, depuis la recommandation que lui avait faite le docteur Raynal de ne pas entrer dans la chambre de la malade tant qu'elle aurait le délire, il avait été convaincu que le vicomte de Charny était l'amant de sa fille; et, comme il ne voyait au bout de cette liaison que le déshonneur, puisque monsieur le vicomte de Charny n'épouserait point Catherine, il avait résolu d'ôter à ce déshonneur ce qu'il avait de honteux en le faisant sanglant.

De là tous ces détails que nous avons racontés, et qui, insignifiants aux regards non prévenus, avaient pris une si terrible importance aux yeux de Catherine, et, après l'explication donnée par Catherine, aux yeux de Pitou.

On a vu que Catherine, tout en devinant le projet de son père, n'avait tenté de s'y opposer qu'en prévenant Isidore, démarche dans laquelle heureusement Pitou l'avait arrêtée, puisque, au lieu d'Isidore, c'eût été son père qu'elle eût rencontré dans le chemin.

Elle connaissait trop le caractère terrible du fermier pour rien essayer à l'aide de prières et de supplications; c'eût été hâter l'orage, voilà tout, provoquer la foudre au lieu de la détourner.

Empêcher un choc entre son amant et son père, c'était tout ce qu'elle ambitionnait.

Oh! comme elle eût ardemment désiré en ce moment que cette absence dont elle avait cru mourir se fût prolongée! comme elle eût béni la voix qui fût venue lui dire : Il est parti... cette même voix eût-elle ajouté : Pour jamais!

Pitou avait compris tout cela aussi bien que Catherine; voilà pourquoi il s'était offert à la jeune fille comme intermédiaire. Soit que le vicomte vînt à pied, soit qu'il vînt à cheval, il espérait l'entendre ou le voir à temps, s'élancer au-devant de lui, en deux mots le mettre au courant de la situation, et le déterminer à fuir en lui promettant des nouvelles de Catherine pour le lendemain.

Pitou se tenait donc collé à son saule comme s'il eut fait partie de la famille végétale au milieu de laquelle il se trouvait, appliquant tout ce que ses sens avaient d'habitude de la nuit, des plaines et des bois, pour distinguer une ombre ou percevoir un son.

Tout à coup, il lui sembla entendre derrière lui, venant de la forêt, le bruit du pas heurté d'un homme qui marche dans les sillons; comme ce pas lui parut trop lourd pour être celui du jeune et élégant vicomte, il tourna lentement et d'une façon presque insensible autour de son saule, et, à trente par de lui, il aperçut le fermier son fusil sur l'épaule.

Il avait attendu, comme le prévoyait Pitou, au carrefour de Bourg-Fontaine; mais, ne voyant déboucher personne par la sente, il avait cru s'être trompé, et il revenait se mettre à l'affût, ainsi qu'il l'avait dit lui-même, en face de la fenêtre de Catherine, convaincu que c'était par cette fenêtre que le vicomte de Charny tenterait de s'introduire chez elle.

Malheureusement le hasard voulait qu'il eût choisi pour son embuscade le même groupe de saules où venait de se blottir Pitou.

Pitou devina l'intention du fermier. Il n'y avait pas à lui disputer la place; il se laissa couler le long du talus, et disparut dans le fossé, la tête cachée sous les racines saillantes du saule contre lequel Billot vint s'appuyer.

Mais, il faut le dire à l'honneur de l'admirable nature de notre héros, c'était moins son danger personnel qui le préoccupait que le désespoir de manquer, malgré lui, de parole à Catherine.

Si monsieur de Charny venait, et qu'il arrivât malheur à monsieur de Charny, que penserait-elle de Pitou?

Qu'il l'avait trahie, peut-être!

Pitou eût préféré la mort à cette idée que Catherine pouvait penser qu'il l'avait trahie.

Mais il n'y avait rien à faire qu'à rester où il était, et surtout à y rester immobile; le moindre mouvement l'eût dénoncé...

Un quart d'heure s'écoula sans que rien vînt troubler le silence de la nuit. Un dernier espoir restait à Pitou, c'est que, si par bonheur le vicomte venait tard, Billot s'impatienterait d'attendre, douterait de sa venue, et rentrerait chez lui.

Mais tout à coup Pitou, qui, par sa position, avait l'oreille appuyée contre la terre, crut entendre le galop d'un cheval: ce cheval, si c'en était un, devait venir par la petite sente qui aboutissait au bois.

Bientôt, il n'y eut plus de doute que ce fût un cheval; il traversa le chemin à soixante pas à peu près du groupe de saules; on entendit les pieds de l'animal retentir sur le cailloutis, et, l'un de ses fers ayant heurté un pavé, en tira quelques étincelles.

Pitou vit le fermier s'incliner au-dessus de sa tête pour tâcher de distinguer dans l'obscurité.

Mais la nuit était si noire, que l'œil de Pitou lui-même, tout habile qu'il était à percer les ténèbres, ne vit qu'une espèce d'ombre bondissant par-dessus le chemin, et disparaissant à l'angle de la muraille de la ferme.

Pitou ne douta pas un instant que ce ne fût Isidore; mais il espéra

L'AFUT.

que le vicomte avait, pour pénétrer dans la ferme, une autre entrée que celle de la fenêtre.

Billot le craignit, car il murmura quelque chose comme un blasphème.

Puis il se fit dix minutes d'un silence effrayant.

Au bout de ces dix minutes, Pitou, grâce à l'acuité de sa vue, distingua une forme humaine à l'extrémité de la muraille.

Le cavalier avait attaché son cheval à quelque arbre et revenait à pied.

La nuit était si obscure, que Pitou espéra que Billot ne verrait pas cette espèce d'ombre ou la verrait trop tard.

Il se trompait : Billot la vit, car Pitou entendit par deux fois, au-dessus de sa tête, le bruit sec que fait en s'armant le chien d'un fusil.

L'homme qui se glissait entre la muraille entendit sans doute aussi, de son côté, ce bruit auquel ne se trompe pas l'oreille d'un chasseur, car il s'arrêta, essayant de percer l'obscurité du regard, mais c'était chose impossible.

Pendant cette halte d'une seconde, Pitou vit se lever au-dessus du fossé le canon du fusil; mais, sans doute, à cette distance le fermier n'était-il pas sûr de son coup, ou peut-être craignait-il de commettre quelque erreur, car le canon, qui s'était levé avec rapidité, s'abaissa lentement.

L'ombre reprit son mouvement, et continua de se glisser contre la muraille.

Elle s'approchait visiblement de la fenêtre de Catherine.

Cette fois, c'était Pitou qui entendait battre le cœur de Billot.

Pitou se demandait ce qu'il pouvait faire, par quel cri il pouvait avertir le malheureux jeune homme, par quel moyen il pouvait le sauver.

Mais rien ne se présentait à son esprit, et, de désespoir, il s'enfonçait les mains dans les cheveux!

Il vit se lever le canon du fusil une seconde fois; mais, une seconde fois, le canon s'abaissa.

La victime était encore trop éloignée.

Il s'écoula une demi-minute à peu près pendant laquelle le jeune homme fit les vingt pas qui le séparait encore de la fenêtre.

Arrivé à la fenêtre, il frappa doucement trois coups, à intervalles égaux.

Cette fois, il n'y avait plus de doute : c'était bien un amant, et cet amant venait bien pour Catherine.

Aussi, une troisième fois, le canon du fusil se leva, tandis que, de son côté, Catherine, reconnaissant le signal habituel, entr'ouvrait sa fenêtre.

Pitou, haletant, sentit en quelque sorte se détendre le ressort du fusil ;

le bruit de la pierre contre la batterie se fit entendre, une lueur pareille à celle d'un éclair illumina le chemin ; mais aucune explosion ne suivit cette lueur.

L'amorce seule avait brûlé.

Le jeune gentilhomme vit le danger qu'il venait de courir, et fit un mouvement pour marcher droit sur le feu ; mais Catherine étendit le bras, et l'attirant à elle :

— Malheureux ! dit-elle à voix basse, c'est mon père !... il sait tout... viens !

Et, avec une force surhumaine, elle l'aida à franchir la fenêtre, dont elle tira le volet derrière lui.

Il restait au fermier un second coup à tirer ; mais les deux jeunes gens étaient tellement enlacés l'un à l'autre, que, sans doute, en tirant sur Isidore, il craignait de tuer sa fille.

— Oh ! murmura-t-il, il faudra bien qu'il sorte, et, en sortant, je ne le manquerai pas !

En même temps, avec l'épinglette de sa poudrière, il débouchait la lumière du fusil, et amorçait de nouveau, pour que ne se renouvelât point l'espèce de miracle auquel Isidore devait la vie.

Pendant cinq minutes, tout bruit resta suspendu, même celui de la respiration de Pitou et du fermier, même celui du battement de leurs cœurs.

Tout à coup, au milieu du silence, les aboiements des chiens à l'attache retentirent dans la cour de la ferme.

Billot frappa du pied, écouta un instant encore, et, frappant du pied de nouveau :

— Ah ! dit-il, elle le fait fuir par le verger... c'est contre lui que les chiens aboient !

Et, bondissant par-dessus la tête de Pitou, il retomba de l'autre côté du fossé, et, malgré la nuit, grâce à la connaissance qu'il avait des localités, il disparut avec la rapidité de l'éclair à l'angle de la muraille.

Il espérait arriver de l'autre côté de la ferme en même temps qu'Isidore.

Pitou comprit la manœuvre. Avec l'intelligence de l'homme de la nature, il s'élança à son tour hors du fossé, traversa le chemin en ligne directe, alla droit à la fenêtre de Catherine, tira à lui le contrevent, qui s'ouvrit, entra dans la chambre vide, gagna la cuisine, éclairée par une lampe, s'engagea dans le passage qui conduisait au verger, et, arrivé là, grâce à cette faculté qu'il avait de distinguer dans les ténèbres, il vit deux ombres : l'une qui enjambait la muraille, et l'autre qui, au pied de cette muraille, se tenait debout et les bras tendus.

Mais, avant de s'élancer de l'autre côté du mur, le jeune homme, se retournant une dernière fois :

— Au revoir, Catherine, dit-il ; n'oublie pas que tu es à moi ! — Oh ! oui, oui, répondit la jeune fille ; mais, pars ! pars ! — Oh ! oui, partez, partez, monsieur Isidore ! cria Pitou, partez !

On entendit le bruit que fit le jeune homme en tombant à terre, puis le hennissement de son cheval, qui le reconnut ; puis les élans rapides de l'animal, poussé sans doute par l'éperon ; puis un premier coup de feu, puis un second.

Au premier, Catherine jeta un cri, et fit un mouvement comme pour s'élancer au secours d'Isidore ; au second, elle poussa un soupir, et, la force lui manquant, elle tomba entre les bras de Pitou.

Celui-ci, le cou tendu, prêta l'oreille pour savoir si le cheval continuait sa course avec la même rapidité qu'avant le coup de feu, et, ayant entendu le galop de l'animal qui s'éloignait sans se ralentir :

— Bon ! dit-il sentencieusement, il y a de l'espoir... on ne vise pas aussi bien la nuit que le jour, et la main n'est pas aussi sûre quand on tire sur un homme que quand on tire sur un loup ou sur un sanglier.

Et, soulevant Catherine, il voulut l'emporter dans ses bras.

Mais, celle-ci, par un puissant effort de volonté, rappelant toutes ses forces, se laissa glisser jusqu'à terre, et, arrêtant Pitou par le bras :

— Où me mènes-tu ? demanda-t-elle. — Mais, Mademoiselle, dit Pitou tout étonné, je vous reconduis à votre chambre. — Pitou, fit Catherine, as-tu un endroit où me cacher ? — Oh ! quant à cela, oui, Mademoiselle, dit Pitou ; et, si je n'en ai pas, j'en trouverai. — Alors, dit Chatherine, emmène-moi. — Mais la ferme ? — Dans cinq minutes, je l'espère, j'en serai sortie pour n'y plus rentrer ! — Mais votre père ? — Tout est rompu entre moi et l'homme qui a voulu tuer mon amant ! — Mais, cependant, Mademoiselle... hasarda Pitou. — Ah ! refuses-tu de m'accompagner, Pitou ? demanda Catherine en abandonnant le bras du jeune homme. — Non, mademoiselle Catherine, Dieu m'en garde ! — Eh bien ! alors, suis-moi.

Et Catherine, marchant la première, passa du verger dans le potager.

A l'extrémité du potager était une petite porte donnant sur la plaine de Noue.

Catherine l'ouvrit sans hésitation, prit la clé, referma la porte à double tour derrière elle et Pitou, et jeta la clé dans un puits adossé à la muraille.

Puis, d'un pas ferme, à travers terres, elle s'éloigna appuyée au bras de Pitou, et tous deux disparurent bientôt dans la vallée qui s'étend du village de Pisseleux à la ferme de Noue.

Nul ne les vit partir, et Dieu seul sut où Catherine trouva le refuge que lui avait promis Pitou.

LX

OU L'ORAGE A PASSÉ

Il en est des orages humains comme des ouragans célestes ; le ciel se couvre, l'éclair luit, le tonnerre gronde, la terre semble vacillante sur son axe ; il y a un moment de paroxysme terrible où l'on croit à l'anéantissement des hommes et des choses, où chacun tremble, frémit, lève les mains au Seigneur, comme vers la seule bonté, comme vers l'unique miséricorde ; puis, peu à peu le calme se fait, la nuit se dissipe, le jour revient, le soleil renaît, les fleurs se rouvrent, les arbres se redressent, les hommes vont à leurs affaires, à leurs plaisirs, à leurs amours, la vie rit et chante sur le bord des chemins et au seuil des portes, et l'on ne s'inquiète pas du désert partiel qui s'est fait là où le tonnerre est tombé.

Il en fut de même pour la ferme : toute la nuit, il y eut sans doute un orage terrible dans le cœur de cet homme qui avait résolu et mis à exécution son projet de vengeance ; quand il s'aperçut de la fuite de sa fille, quand il chercha en vain dans l'ombre la trace de ses pas, lorsqu'il l'appela d'abord avec la voix de la colère, puis avec celle de la supplication, puis avec celle du désespoir, et qu'à aucune de ces voix elle ne répondit, il se brisa certainement quelque chose de vital dans cette puissante organisation ; mais, enfin, quand à cet orage de cris et de menaces, qui avait son éclair et sa foudre, comme un orage céleste, eut succédé le silence de l'épuisement ; quand les chiens, n'ayant plus de causes de trouble, eurent cessé de hurler ; quand une pluie mêlée de grêle eut effacé une trace de sang qui, pareille à une ceinture à moitié dénouée, entourait tout un côté de la ferme ; quand le temps, cet insensible et muet témoin de tout ce qui s'accomplit ici-bas, eut secoué dans l'air sur les ailes frissonnantes du bronze les dernières heures de la nuit, les choses reprirent leur cours habituel : la porte cochère cria sur ses gonds rouillés ; les journaliers en sortirent, les uns pour aller à la semence, les autres pour aller à la herse, les autres pour aller à la charrue ; puis Billot parut à son tour croisant la plaine dans tous les sens ; puis, enfin, le jour vint, le reste du village s'éveilla, et quelques-uns qui avaient moins bien dormi que les autres dirent, d'un air moitié curieux et moitié insouciant :

LA FERME DE PISSELEUX.

TYP. J. CLAYE.

— Les chiens du père Billot ont rudement hurlé cette nuit, et l'on a entendu deux coups de fusil derrière la ferme.

Ce fut tout.

Ah! si, nous nous trompons.

Lorsque le père Billot rentra, comme d'habitude, à neuf heures, pour déjeuner, sa femme lui demanda :

— Dis donc, notre homme, où est Catherine, sais-tu ? — Catherine, répondit le fermier avec un effort, l'air de la ferme lui était mauvais, et elle est partie pour aller en Sologne chez sa tante. — Ah ! fit la mère Billot, et y restera-t-elle longtemps chez sa tante? — Tant qu'elle n'ira pas mieux, répondit le fermier.

La mère Billot poussa un soupir, et éloigna d'elle sa tasse de café au lait.

Le fermier, de son côté, voulut faire un effort pour manger ; mais, à la troisième bouchée, comme si cette nourriture l'étouffait, il prit la bouteille de bourgogne par le goulot, la vida d'un trait.

Puis, d'une voix rauque :

— On n'a pas dessellé mon cheval, j'espère? demanda-t-il. — Non, monsieur Billot, répondit la voix timide d'un enfant qui venait, la main tendue, chercher son déjeuner tous les matins à la ferme. — Bien.

Et le fermier, écartant brusquement le pauvre petit, monta sur son cheval, et le poussa dans les champs, tandis que sa femme, en essuyant deux larmes, allait, sous le manteau de la cheminée, reprendre sa place habituelle.

Et, moins cet oiseau chanteur, moins cette fleur riante qui, sous les traits d'une jeune fille, égaie et embaume les vieilles murailles, la ferme se retrouva aller, dès le lendemain, comme elle avait été la veille.

De son côté, Pitou vit se lever le jour dans sa maison d'Haramont, et ceux qui entrèrent chez lui à six heures du matin le trouvèrent éclairé par une chandelle qui paraissait brûler depuis longtemps, si l'on devait en croire sa mèche élancée, et mettant au net, pour l'envoyer à Gilbert, avec toutes pièces à l'appui, un compte de l'emploi qui avait été fait des vingt-cinq louis qu'il avait donnés pour l'habillement et l'équipement de la garde nationale d'Haramont.

Il est vrai qu'un bûcheron dit l'avoir vu, vers minuit, portant quelque chose de lourd, et qui avait l'air d'une femme entre ses bras, et descendant les rampes qui conduisaient à l'ermitage du père Clouïs; mais ce n'était qu'une probabilité, attendu que le père Lajeunesse l'avait vu courant à toutes jambes, vers une heure du matin, sur la route de Boursonne; tandis que Maniquet, qui demeurait tout au bout du village du côté de Longpré, prétendit qu'à deux heures ou deux heures et demie, il

l'avait vu passer devant sa porte, et lui avait crié : Bonsoir, Pitou!
politesse à laquelle Pitou aurait répondu en criant de son côté : Bonsoir, Maniquet!

Il n'y avait donc point à douter que Maniquet n'eût vu Pitou à deux heures ou deux heures et demie.

Mais, pour que le bûcheron eût vu Pitou aux environs de la Pierre-Clouïse, portant entre ses bras, et à minuit, quelque chose de lourd et ressemblant à une femme;

Pour que le père Lajeunesse eût vu Pitou courant à toutes jambes, vers une heure du matin, sur la route de Boursonne;

Pour que Maniquet eût dit bonsoir à Pitou, passant devant sa porte à deux heures ou deux heures et demie du matin;

Il eût fallu que Pitou, que nous avons perdu de vue avec Catherine, vers dix heures et demie et onze heures du soir, dans les ravins qui séparent le village de Pisseleux de la ferme de Noue, eût été, de là, à la Pierre-Clouïse, c'est-à-dire eût fait une lieue et demie à peu près; puis fût revenu de la Pierre-Clouïse à Boursonne, c'est-à-dire eût fait deux autres lieues; puis fût revenu de Boursonne à la Pierre-Clouïse; puis, enfin, fût allé de la Pierre-Clouïse chez lui; ce qui supposerait que, pour mettre Catherine en sûreté d'abord, pour aller prendre des nouvelles du vicomte ensuite, et, après, donner des nouvelles du vicomte à Catherine, il aurait fait, entre onze heures du soir et deux heures et demie du matin, quelque chose comme huit ou neuf lieues; or, la supposition ne serait pas admissible même pour un de ces coureurs princiers auxquels les gens du peuple prétendaient autrefois qu'on avait enlevé la rate : mais ce tour de force n'eût, à tout prendre, que médiocrement étonné ceux qui avaient été une seule fois à même d'apprécier les facultés locomotives de Pitou.

Toutefois, comme Pitou ne dit à personne les secrets de cette nuit où il avait paru doué du don d'ubiquité, il en résulta qu'à part Désiré Maniquet, au bonsoir duquel il avait répondu, ni le bûcheron ni le père Lajeunesse n'eussent osé affirmer sous la foi du serment que c'était bien Pitou en personne, et non une ombre, un spectre, un fantôme ayant pris la ressemblance de Pitou, qu'ils avaient vu dans les fonds de la Pierre-Clouïse, et sur la route de Boursonne.

Tant il y a qu'à six heures du matin, le lendemain, comme Billot montait à cheval pour visiter ses champs, Pitou était vu relevant, sans apparence de fatigue ni d'inquiétude, les comptes du tailleur Dulauroy, auxquels il adjoignait, comme pièces probantes, les reçus de ses trente-trois hommes.

Il y avait encore une autre personne de notre connaissance qui avait assez mal dormi cette nuit-là.

C'était le docteur Raynal.

A une heure du matin, il avait été réveillé par le laquais du vicomte de Charny, qui tirait sa sonnette à toute volée.

Il avait été ouvrir lui-même, comme c'était l'habitude, quand retentissait la sonnette de nuit.

Le laquais du vicomte le venait chercher pour un accident grave arrivé à son maître.

Il tenait en main un second cheval tout sellé, afin que le docteur Raynal ne fût point retardé d'un seul instant.

Le docteur s'habilla en un tour de main, enfourcha le cheval, et partit au galop, précédé du laquais, marchant devant lui comme un courrier.

Quel était l'accident, il le saurait en arrivant au château ; seulement, il était invité à prendre ses instruments de chirurgie.

L'accident était une blessure au flanc gauche et une égratignure à l'épaule droite, faites par deux balles qui paraissaient du même calibre, c'est-à-dire du calibre vingt-quatre.

Mais de détails sur l'événement, le vicomte n'en voulait donner aucun.

L'une des deux blessures, celle du flanc, était sérieuse, mais, cependant, ne présentait nul danger : la balle avait traversé les chairs sans attaquer d'organe important.

Quant à l'autre blessure, ce n'était point la peine de s'en occuper.

Le pansement fait, le jeune homme donna vingt-cinq louis au docteur pour qu'il gardât le silence.

— Si vous voulez que je garde le silence, il faut me payer ma visite au prix ordinaire, répondit le brave docteur, c'est-à-dire une pistole.

Et, prenant un louis, il rendit sur ce louis quatorze livres au vicomte, lequel insista inutilement pour lui faire accepter davantage ; il n'y eut pas moyen.

Seulement, le docteur Raynal annonça qu'il croyait trois visites nécessaires, et qu'en conséquence il reviendrait le surlendemain et le surlendemain de ce surlendemain.

A sa seconde visite, le docteur trouva son malade debout ; à l'aide d'une ceinture qui lui maintenait l'appareil contre la blessure, il avait pu, dès le lendemain, monter à cheval comme si rien ne lui fût arrivé, de sorte que tout le monde, excepté son laquais de confiance, ignorait l'accident.

A la troisième visite, le docteur Raynal trouva son malade parti, ce qui fit que, pour cette visite sans résultat, il ne voulut accepter qu'une demi-pistole.

Le docteur Raynal était un de ces rares médecins qui sont dignes d'avoir dans leur salon la fameuse gravure représentant *Hippocrate refusant les présents d'Artaxercès.*

LXI

LA GRANDE TRAHISON DE MONSIEUR DE MIRABEAU

On se rappelle ces dernières paroles de Mirabeau à la reine au moment où, le quittant, à Saint-Cloud, elle lui donna sa main à baiser :

— Par ce baiser, Madame, la monarchie est sauvée!

Cette promesse, faite par Prométhée à Junon près d'être détrônée, il s'agissait de la réaliser.

Mirabeau avait commencé la lutte confiant dans sa force, ne songeant pas qu'après trois imprudences et trois complots avortés, on le conviait à une lutte impossible.

Peut-être Mirabeau, et c'eût été plus prudent, eût-il combattu quelque temps encore sous l'abri du masque; mais, le surlendemain du jour où il avait été reçu par la reine, en se rendant à l'Assemblée, il vit des groupes, et entendit des cris.

Il s'approcha de ces groupes, et s'informa de la cause de ces cris.

On se passait de petites brochures.

Puis, de temps en temps, une voix criait :

— *La Grande Trahison de monsieur de Mirabeau! la Grande Trahison de monsieur de Mirabeau!* — Ah! ah! dit-il en tirant de sa poche une pièce de monnaie, il me semble que cela me regarde. Mon ami, continua-t-il, s'adressant au colporteur qui distribuait la brochure, et qui en avait plusieurs milliers dans des paniers qu'un âne portait tranquillement là où il lui plaisait de transporter sa boutique, combien *la Grande Trahison de monsieur de Mirabeau?*

Le colporteur regarda Mirabeau en face.

— Monsieur le comte, dit-il, je la donne pour rien.

Puis plus bas il ajouta :

— Et la brochure est tirée à cent mille!

Mirabeau s'éloigna pensif.

Cette brochure tirée à cent mille!

Cette brochure qu'on donnait pour rien!

Ce colporteur qui le connaissait!

Mais, sans doute, la brochure était-elle une de ces publications stu-

LA GRANDE CONSPIRATION DE MIRABEAU.

pides ou haineuses, comme il en paraissait par milliers à cette époque.

L'excès de la haine ou l'excès de l'ineptie lui ôtait tout son danger, lui enlevait toute sa valeur.

Mirabeau jeta les yeux sur la première page et pâlit.

La première page contenait la nomenclature des dettes de Mirabeau, et, chose étrange! cette nomenclature était exacte.

Deux cent huit mille francs!

Au-dessous de cette nomenclature était la date du jour où cette somme avait été payée aux différents créanciers de Mirabeau par l'aumônier de la reine, monsieur de Fontanges.

Puis venait le chiffre de la somme que la cour lui payait par mois : six mille francs!

Puis, enfin, le récit de son entrevue avec la reine.

C'était à n'y rien comprendre : le pamphlétaire anonyme ne s'était pas trompé d'un mot.

Quel ennemi terrible, mystérieux, plein de secrets inouïs, le poursuivait ainsi, ou plutôt poursuivait en lui la monarchie?

Ce colporteur qui lui avait parlé, qui l'avait reconnu, qui l'avait appelé *monsieur le comte*, il semblait à Mirabeau que sa figure ne lui était pas étrangère.

Il revint sur ses pas.

L'âne était toujours là, avec ses paniers aux trois quarts vides; mais le premier colporteur avait disparu : un autre avait pris sa place.

Celui-là était tout à fait inconnu à Mirabeau.

Il n'en poursuivait pas sa distribution avec moins d'acharnement.

Le hasard fit qu'au moment de cette distribution, le docteur Gilbert, qui assistait presque tous les jours aux débats de l'Assemblée, surtout lorsque ces débats avaient quelque importance, passa sur la place où stationnait le colporteur.

Peut-être n'allait-il point, préoccupé et rêveur, s'arrêter à ce bruit et à ces groupes; mais, avec son audace habituelle, Mirabeau alla droit à lui, le prit par le bras, et le conduisit en face du distributeur de brochures.

Celui-ci fit pour Gilbert ce qu'il faisait pour les autres, c'est-à-dire qu'il étendit la main vers lui en disant :

Citoyen, *la Grande Trahison de monsieur de Mirabeau!*

Mais, à la vue de Gilbert, sa langue et son bras s'arrêtèrent comme paralysés.

Gilbert le regarda à son tour, laissa tomber avec dégoût la brochure, et s'éloigna en disant :

— Vilain métier que celui que vous faites-là, monsieur Beausire!

Et, prenant le bras de Mirabeau, il continua sa route vers l'Assemblée, qui avait quitté l'Archevêché pour le Manége.

— Connaissez-vous donc cet homme? demanda Mirabeau à Gilbert. — Je le connais comme on connaît ces gens-là, dit Gilbert; c'est un ancien exempt, un joueur, un escroc. Il s'est fait calomniateur, ne sachant plus que faire! — Ah! murmura Mirabeau en mettant la main sur la place où avait été son cœur, et où il n'y avait plus qu'un portefeuille contenant l'argent du château; s'il calomniait!

Et, sombre, le grand orateur continua son chemin.

— Comment, dit Gilbert, seriez-vous si peu philosophe que de vous laisser abattre pour une pareille attaque? — Moi? s'écria Mirabeau; ah! docteur, vous ne me connaissez pas!... Ah! ils disent que je suis vendu, quand ils devraient simplement dire que je suis payé! Eh bien! demain, j'achète un hôtel; demain, je prends voiture, chevaux, domestiques; demain, j'ai un cuisinier et je tiens table ouverte... Abattu, moi? Eh! que m'importe la popularité d'hier et l'impopularité d'aujourd'hui? Est-ce que je n'ai pas l'avenir?... Non, docteur; ce qui m'abat, c'est une promesse donnée que je ne pourrai probablement pas tenir; ce sont les fautes, je dirai mieux, les trahisons de la cour à mon égard. J'ai vu la reine, n'est-ce pas? elle paraissait pleine de confiance en moi; un instant, j'ai rêvé, rêvé insensé, avec une pareille femme! un instant, j'ai rêvé, non pas d'être ministre d'un roi, comme Richelieu, mais le ministre, disons mieux, l'amant d'une reine, comme Mazarin, et la politique du monde ne s'en fût pas plus mal trouvée! Eh bien! que faisait-elle? le même jour, en me quittant, j'en ai la preuve, elle écrivait à son agent en Allemagne, à monsieur de Flaschlauden : « Dites à mon frère Léopold que je suis son conseil, que je me sers de monsieur de Mirabeau, mais qu'il n'y a rien de sérieux dans mes rapports avec lui. » — Vous êtes sûr, dit Gilbert. — Sûr! matériellement sûr! Ce n'est pas tout : aujourd'hui, vous savez de quoi il va être question à la Chambre? — Je sais qu'il va être question de guerre, mais je suis mal renseigné sur la cause de cette guerre. — Oh! mon Dieu! dit Mirabeau, c'est bien simple. L'Europe entière, scindée en deux parties, Autriche et Russie d'un côté, Angleterre et Prusse de l'autre, gravissent vers une même haine, la haine de la révolution. Pour la Russie et pour l'Autriche, la manifestation n'est pas difficile; c'est celle de leur opinion propre ; mais, à la libérale Angleterre, à la philosophique Prusse, il faut du temps pour se décider, pour passer d'un pôle à l'autre, s'abjurer, se renier, avouer qu'elles sont ce qu'elles sont, des ennemies de la liberté.. L'Angleterre, pour sa part, a vu le Brabant tendre la main à la France ; cela a hâté sa décision. Notre révolution, mon cher docteur, est vivace, contagieuse ; c'est plus qu'une révolution nationale, c'est une révolution humaine. L'Irlandais Burke, un élève des jésuites de Saint-Omer, ennemi acharné de monsieur Pitt, vient de lancer contre la France un manifeste qui lui a été payé en bel et bon or par monsieur Pitt... L'Angleterre ne fait pas la guerre à la France; non, elle n'ose pas encore; mais elle abandonne la Belgique à l'empereur Léopold, et elle va au bout du monde chercher querelle à notre alliée l'Espagne. Or, Louis XVI a fait savoir hier à l'Assemblée qu'il armait quatorze vaisseaux. Là-dessus, grande discussion aujourd'hui à l'Assemblée. À qui appartient l'initiative de la guerre? voilà la question. Le roi a déjà perdu l'intérieur; le roi a déjà perdu la justice; s'il perd encore la guerre, que lui restera-t-il? D'un autre côté, abordons franchement ici, de vous à moi, mon cher docteur, le point qu'on n'ose pas aborder à la Chambre; d'un autre côté, le roi est suspect; la révolution ne s'est faite jusqu'à présent, et j'y ai plus contribué que personne, je m'en vante! la révolution ne s'est faite qu'en brisant l'épée dans la main du roi. De tous les pouvoirs, le plus dangereux à lui laisser, c'est assurément la guerre; eh bien! moi, fidèle à la promesse faite, je vais demander qu'on lui laisse ce pouvoir; je vais risquer ma popularité, ma vie peut-être en soutenant cette demande; je vais faire adopter un décret qui rendra le roi victorieux, triomphant. Or, que fait le roi à cette heure? il fait chercher par le garde des sceaux, aux archives du parlement, les vieilles formules de protestation contre les états généraux, sans doute pour rédiger une protestation secrète contre l'Assemblée. Ah! voilà le malheur, mon cher Gilbert, on fait trop de choses secrètes et pas assez de choses franches, publiques, à visage découvert! Et voilà pourquoi je veux, moi, Mirabeau, entendez-vous? voilà pourquoi je veux qu'on sache que je suis au roi et à la reine, puisque j'y suis. Vous me disiez que cette infamie dirigée contre moi me troublait; non pas, docteur, elle me sert : il me faut, à moi, ce qu'il faut aux orages pour éclater, des nuages sombres et des vents contraires. Venez, venez, docteur, et vous allez voir une belle séance, je vous en réponds!

Mirabeau ne mentait pas, et dès son entrée au Manége, il eut à faire preuve de courage; chacun lui criait au nez : Trahison! et l'un lui montrait une corde, l'autre un pistolet.

Mirabeau haussa les épaules et passa, comme Jean Bart, écartant avec les coudes ceux qui se trouvaient sur son chemin.

Les vociférations le suivirent jusque dans la salle, et semblèrent y éveiller des vociférations nouvelles. A peine parut-il, que cent voix s'écrièrent : Ah! le voilà, le traître! l'orateur renégat! l'homme vendu!

Barnave était à la tribune; il parlait contre Mirabeau; Mirabeau le regarda fixement.

— Eh bien! oui, dit Barnave, c'est toi qu'on appelle traître, et c'est contre toi que je parle! — Alors, répondit Mirabeau, si c'est contre moi que tu parles, je puis aller faire un tour aux Tuileries, et j'aurai le temps de revenir avant que tu aies fini!

Et, effectivement, la tête haute, l'œil menaçant, il sortit au milieu des huées, des imprécations, des menaces, gagna la terrasse des Feuillants et descendit dans les Tuileries.

Au tiers à peu près de la grande allée, une jeune femme tenant à la main une branche de verveine dont elle respirait le parfum, réunissait un cercle autour d'elle.

Une place était libre à sa gauche, Mirabeau prit une chaise et vint s'asseoir à ses côtés.

La moitié de ceux qui l'entouraient se levèrent et partirent.

Mirabeau les regarda s'éloigner en souriant.

La jeune femme lui tendit la main.

— Ah! baronne, dit-il, vous n'avez donc pas peur de gagner la peste? — Mon cher comte, répondit la jeune femme, on assure que vous penchez de notre côté... je vous attire à nous.

Mirabeau s'assit et causa trois quarts d'heure avec la jeune femme, qui n'était autre qu'Anne-Louise-Germaine Necker, baronne de Staël.

Puis, au bout de trois quarts d'heure, tirant sa montre:

— Ah! dit-il, baronne, je vous demande pardon... Barnave parlait contre moi; il y avait une heure qu'il parlait quand je suis sorti de l'Assemblée; il y a près de trois quarts d'heure que j'ai le bonheur de causer avec vous; il y a donc tantôt deux heures que mon accusateur parle; son discours doit tirer à sa fin, il faut que je lui réponde. — Allez, dit la baronne, répondez, et bon courage! — Donnez-moi cette branche de verveine, baronne, dit Mirabeau, elle me servira de talisman. — La verveine, prenez-y garde, mon cher comte, est l'arbre des libations funèbres. — Donnez toujours... il est bon d'être couronné comme un martyr, quand on descend dans le cirque. — Le fait est, dit madame de Staël, qu'il est difficile d'être plus bête que l'Assemblée nationale d'hier. — Ah! baronne, répondit Mirabeau, pourquoi dater?...

Et prenant de ses mains la branche de verveine qu'elle lui offrait, sans doute en récompense de ce mot, Mirabeau salua galamment, monta l'escalier qui conduisait à la terrasse des Feuillants, et regagna l'Assemblée.

Barnave descendait de la tribune au milieu des acclamations de toute la salle. Il venait de prononcer un de ces discours filandreux qui vont bien à tous les partis.

A peine vit-on Mirabeau à la tribune, qu'un tonnerre de cris et d'imprécations éclata contre lui.

Mais lui, levant sa main puissante, attendit, et profitant d'un de ces intervalles de silence comme il y en a dans les orages et dans les émeutes :

— Je savais bien, cria-t-il, qu'il n'y avait pas loin de la roche Tarpéienne au Capitole !

Telle est la majesté du génie, que ce mot imposa silence aux plus acharnés.

Du moment où Mirabeau avait conquis le silence, c'était victoire à demi gagnée. Il demanda que l'initiative de la guerre fût donnée au roi ; c'était demander trop, on refusa. Alors, la lutte s'établit sur les amendements ; la charge principale avait été repoussée ; il fallait reconquérir le terrain par des charges partielles.

Il remonta cinq fois à la tribune. Barnave avait parlé deux heures ; pendant trois heures, à plusieurs reprises, Mirabeau parla. Enfin il obtint ceci :

Que le roi avait le droit de *faire les préparatifs*, de *diriger les forces* comme il voulait ; qu'il *proposait la guerre* à l'Assemblée, laquelle ne décidait rien qui ne fût *sanctionné* par le roi.

Que n'eût-il pas obtenu sans cette petite brochure distribuée gratis par ce colporteur inconnu d'abord, et ensuite par monsieur de Beausire, et qui, ainsi que nous l'avons dit, était intitulée : *Grande Trahison de monsieur de Mirabeau !*

Au sortir de la séance, Mirabeau faillit être mis en pièces.

En échange, Barnave fut porté en triomphe par le peuple.

Pauvre Barnave ! le jour n'est pas loin où tu entendras crier à ton tour :

— Grande trahison de monsieur Barnave !...

LXII

L'ÉLIXIR DE VIE

Mirabeau sortit de l'Assemblée, l'œil fier et la tête haute ; tant qu'il se trouvait en face du danger, le rude athlète ne pensait qu'au danger et non à ses forces.

Il en était de lui comme du maréchal de Saxe à la bataille de Fontenoy : exténué, malade, toute la journée il resta à cheval, plus ferme que le plus vaillant gendarme de son armée ; mais, quand l'armée anglaise fut rompue, quand la dernière fumée du dernier coup de canon salua la fuite des Anglais, il se laissa glisser mourant sur le champ de bataille qu'il venait de conquérir.

Il en fut de même de Mirabeau.

En rentrant chez lui, il se coucha à terre sur des coussins, au milieu des fleurs.

Mirabeau avait deux passions, les femmes et les fleurs.

Depuis le commencement de la session, d'ailleurs, sa santé s'altérait visiblement. Quoique né avec un tempérament vigoureux, il avait tant souffert, au physique et au moral, de ses persécutions et de ses emprisonnements, qu'il n'était jamais dans un état de santé parfaite.

Tant que l'homme est jeune, tous ses organes, soumis à sa volonté, prêts à obéir au premier commandement que leur communique le cerveau, agissent en quelque sorte simultanément et sans opposition aucune au désir qui les meut; mais, au fur et à mesure que l'homme avancé en âge, chaque organe, comme un domestique qui obéit encore, mais qu'un long service a gâté, chaque organe fait, si l'on peut dire, ses observations, et ce n'est plus sans fatigue et sans lutte que l'on parvient à en avoir raison.

Mirabeau en était à cet âge de la vie. Pour que ses organes continuassent de le servir avec la promptitude à laquelle il était accoutumé, il lui fallait se fâcher, et la colère seule avait raison de ses serviteurs lassés et endoloris.

Cette fois, il sentait en lui quelque chose de plus grave que d'habitude, et il ne résistait que faiblement à son laquais qui parlait d'aller chercher un médecin, lorsque le docteur Gilbert sonna et fut introduit près de lui.

Mirabeau tendit la main au docteur et l'attira sur les coussins où il était couché au milieu des feuilles et des fleurs.

— Eh bien! mon cher comte, lui dit Gilbert, je n'ai pas voulu rentrer chez moi sans vous féliciter. Vous m'aviez promis une victoire, vous avez remporté mieux que cela : vous avez remporté un triomphe! — Oui, mais vous le voyez, c'est un triomphe, c'est une victoire dans le genre de celle de Pyrrhus... Encore une victoire comme celle-là, docteur, et je suis perdu!

Gilbert regarda Mirabeau.

— En effet, dit-il, vous êtes malade.

Mirabeau haussa les épaules.

— C'est-à-dire qu'au métier que je fais, un autre que moi serait déjà mort cent fois, dit-il. J'ai deux secrétaires : ils sont tous les deux sur les dents, Pellinc surtout, qui est chargé de recopier les brouillons de mon infâme écriture, et duquel je ne puis pas me passer, parce que lui seul peut me lire et me comprendre ; Pellinc est au lit depuis trois jours! Docteur, indiquez-moi donc, je ne dirai pas quelque chose qui me fasse vivre, mais quelque chose qui me donne de la force tant que je vivrai.

— Que voulez-vous, dit Gilbert, après avoir tâté le pouls du malade, il n'y a pas de conseils à donner à une organisation comme la vôtre. Conseillez donc le repos à un homme qui puise sa force surtout dans le mouvement; la tempérance à un génie qui grandit au milieu des excès! Que je vous dise d'enlever de votre chambre ces fleurs et ces plantes, qui dégagent de l'oxigène le jour, et du carbone la nuit; vous vous êtes fait une nécessité des fleurs, et vous souffririez plus de leur absence que vous ne souffrez de leur présence. Que je vous dise de traiter les femmes comme les fleurs, et de les éloigner, la nuit surtout; vous me répondrez que vous aimez mieux mourir... Vivez donc, mon cher comte, avec les conditions de votre vie; seulement, ayez autour de vous des fleurs sans parfum, et, s'il est possible, des amours sans passion. — Oh! sous ce dernier rapport, mon cher docteur, dit Mirabeau, vous êtes admirablement servi! Les amours à passion m'ont trop mal réussi pour que je recommence : trois ans de prison, une condamnation à mort, et le suicide de la femme que j'aimais, se tuant pour un autre que moi, m'ont guéri de ces sortes d'amour. Un instant, je vous l'ai dit, j'avais rêvé quelque chose de grand; j'avais rêvé l'alliance d'Élisabeth et de d'Essex, d'Anne d'Autriche et de Mazarin, de Catherine et de Potemkin; mais c'était un rêve! Que voulez-vous, je ne l'ai pas revue, cette femme pour laquelle je lutte, et je ne la reverrai probablement jamais... Tenez, Gilbert, il n'y a pas de plus grand supplice que de sentir que l'on porte en soi des projets immenses, la prospérité d'un royaume, le triomphe de ses amis, l'anéantissement de ses ennemis, et que, par un mauvais vouloir du hasard, par un caprice de la fatalité, tout cela vous échappe!... Oh! les folies de ma jeunesse, comme ils me les font expier! comme ils les expieront eux-mêmes!... Mais, enfin, pourquoi se défient-ils de moi? À part deux ou trois occasions dans lesquelles ils m'ont poussé à bout, et où il fallut que je frappasse, pour leur donner la mesure de mes coups, n'ai-je pas été complètement à eux, à eux depuis le commencement jusqu'à la fin?... N'ai-je pas été pour le *veto* absolu, quand monsieur Necker se contentait, lui, du *veto* suspensif? N'ai-je pas été contre cette nuit du 4 août, à laquelle je n'ai point pris part, et qui a dépouillé la noblesse de ses priviléges? N'ai-je pas protesté contre la Déclaration des droits de l'homme, non point que je pensasse à en rien retrancher, mais parce que je croyais que le jour de leur proclamation n'était pas encore venu? Aujourd'hui, aujourd'hui enfin, ne les ai-je pas servis au delà de ce qu'ils pouvaient espérer? n'ai-je pas obtenu, aux dépens de mon honneur, de ma popularité, de ma vie, plus qu'un homme, fût-il ministre, fût-il prince, ne pouvait obtenir pour eux?... Et quand je pense, réfléchissez bien à ce que je vais vous dire, grand philosophe, car la chute de la monarchie est peut-être dans ce fait, et quand je pense que, moi, qui dois regarder comme une grande faveur, si grande, qu'elle ne m'a été accordée qu'une seule fois, de voir la reine; quand je pense que, si mon père n'était pas mort la veille de la prise de la Bastille; que, si la décence ne m'eût point empêché de me montrer le surlendemain de cette mort, le jour où Lafayette a été nommé général de la garde nationale, et Bailly maire, c'était moi qui étais nommé maire à la place de Bailly!... Alors, les choses changeaient : le roi se trouvait immédiatement dans la nécessité d'entrer en rapport avec moi; je lui inspirais d'autres idées que celles qu'il a sur la direction à donner à une ville qui renferme la révolution dans son sein : je conquerais sa confiance; je l'amenais, avant que le mal fût aussi profondément invétéré, à des mesures décisives de conservation; au lieu que, simple député, homme suspect, jalousé, craint, haï, on m'a écarté du roi, calomnié près de la reine. Croyez-vous une chose, docteur? en m'apercevant à Saint-Cloud, elle a pâli... Eh! c'est tout simple : ne lui a-t-on pas fait accroire que c'est moi qui ai fait les 5 et 6 octobre! Eh bien! pendant cette année, j'aurais fait tout ce qu'on m'a empêché de faire, tandis qu'aujourd'hui... ah! aujourd'hui, pour la santé de la monarchie comme pour la mienne, j'ai bien peur qu'il ne soit trop tard!

Et Mirabeau, avec une profonde impression de douleur répandue sur toute sa physionomie, saisit à pleine main la chair de sa poitrine au-dessous de son estomac.

— Vous souffrez, comte? demanda Gilbert. — Comme un damné!... Il y a des jours où, ma parole d'honneur! ce qu'on fait pour mon moral avec la calomnie, je crois qu'on le fait au physique avec l'arsenic... Croyez-vous au poison des Borgia? à l'*aqua tofana* de Pérouse, et à la poudre de succession de La Voisin, docteur? demanda en souriant Mirabeau. — Non, mais je crois à cette lame ardente qui brûle le fourreau, à cette lampe dont la flamme dilatée fait éclater le verre.

Gilbert tira de sa poche un petit flacon de cristal contenant deux fois plein un dé à coudre d'une liqueur verdâtre.

— Tenez, comte, lui dit-il, nous allons faire un essai. — Lequel? dit Mirabeau regardant le flacon avec curiosité. — Un de mes amis que je voudrais voir le vôtre, et qui est fort instruit dans toutes les sciences naturelles, et même, à ce qu'il prétend, dans les sciences occultes, m'a donné la recette de ce breuvage comme un antidote souverain, comme une panacée universelle, presque comme un élixir de vie. Souvent, quand j'ai été pris de ces sombres pensées qui conduisent nos voisins d'Angleterre à la mélancolie, au spleen, et même à la mort, j'ai bu quelques gouttes de cette liqueur, et, je dois vous le dire, toujours l'effet en a été salutaire et prompt... Voulez-vous y goûter à votre tour? — De votre main, cher docteur, je recevrais tout, même la ciguë; à plus forte raison l'élixir de vie... Y a-t-il une préparation, ou cela doit-il se boire pur? — Non, car cette liqueur possède, en réalité, une grande puissance. Dites à votre laquais de vous apporter quelques gouttes d'eau-de-vie ou d'esprit de vin dans une cuiller. — Diable! de l'esprit de vin ou de l'eau-de-vie pour adoucir votre boisson! Mais c'est donc du feu liquide? Je ne savais pas qu'un homme en eût bu depuis que Prométhée en avait versé à l'aïeul du genre humain... Seulement, je vous préviens que je doute que mon domestique trouve, dans toute la maison, six gouttes d'eau-de-vie; je ne suis point comme Pitt, et ce n'est pas là que je vais chercher mon éloquence.

Le laquais revint, cependant, quelques secondes après avec une cuiller contenant les cinq ou six gouttes d'eau-de-vie demandées.

Gilbert ajouta à cette eau-de-vie une quantité égale de la liqueur que renfermait le flacon. A l'instant même, les deux liqueurs combinées prirent la couleur de l'absinthe, et Mirabeau, prenant la cuiller, avala ce qu'elle contenait.

— Morbleu! docteur, dit-il à Gilbert, vous avez bien fait de me prévenir que cette drogue était vigoureuse : il me semble littéralement avoir avalé un éclair!

Gilbert sourit, et parut attendre avec confiance.

Mirabeau demeura un instant comme consumé par ces quelques gouttes de flamme, la tête abaissée sur sa poitrine, la main appuyée sur son estomac; mais tout à coup, relevant la tête :

— Oh! docteur, dit-il, c'est vraiment l'élixir de vie que vous m'avez fait boire là!

Puis, se levant la respiration bruyante, le front haut et les bras étendus:

— Croule maintenant la monarchie! dit-il, je me sens de force à la soutenir!

Gilbert sourit.

— Vous vous sentez donc mieux? demanda-t-il. — Docteur, dit Mirabeau, enseignez-moi où se vend ce breuvage; et dussé-je payer chaque goutte d'un diamant égal en grosseur, dussé-je renoncer à tout autre luxe pour ce luxe de force et de vie, je vous réponds que, moi aussi, j'aurai cette flamme liquide, et qu'alors... alors, je me regarderai comme invincible! — Comte, dit Gilbert, faites-moi la promesse de ne prendre de ce breuvage que deux fois la semaine, de ne vous adresser qu'à moi pour renouveler votre provision, et ce flacon est à vous. — Donnez, dit Mirabeau, et je vous promets tout ce que vous voudrez. — Voici, dit Gilbert. Mais, maintenant, ce n'est pas tout : vous allez avoir chevaux et voitures, m'avez-vous dit? — Oui. — Eh bien! vivez à la campagne. Ces fleurs, qui vicient l'air de votre chambre, épurent l'air d'un jardin. La course que vous ferez tous les jours pour venir à Paris et pour retourner à la campagne vous sera une course salutaire. Choisissez, s'il est possible, une résidence située sur une hauteur, dans un bois ou près d'une rivière, Bellevue, Saint-Germain ou Argenteuil. — Argenteuil? reprit Mirabeau, justement j'ai envoyé mon domestique y chercher une maison de campagne. Teisch, ne m'avez-vous pas dit que vous aviez trouvé là-bas quelque chose qui me convenait? — Oui, monsieur le comte, répondit le domestique, qui avait assisté à la cure que venait d'opérer Gilbert; oui, une maison charmante dont m'avait parlé un nommé Fritz, mon compatriote; il l'avait habitée, à ce qu'il paraît, avec son maître, qui est un banquier étranger. Elle est vacante, et monsieur le comte peut la prendre quand il voudra. — Où est située cette maison? — Hors d'Argenteuil... On l'appelle le château du Marais. — Oh! je connais cela, dit Mirabeau. Très-bien, Teisch. Quand mon père me chassait de chez lui avec sa malédiction et quelques coups de canne... Vous savez, docteur, que mon père habitait Argenteuil? — Oui. — Eh bien! dis-je, quand il me chassait de chez lui, il m'est arrivé souvent d'aller me promener à l'extérieur des murs de cette belle habitation, et de me dire comme Horace, je crois, pardon si la citation est fausse : *O rus, quando te aspiciam!* — Alors, mon cher comte, le moment est venu de réaliser votre rêve; partez, visitez le château du Marais, transportez-y votre domicile : le plus tôt ne sera que le mieux.

Mirabeau réfléchit un instant, et, se tournant vers Gilbert :

— Voyons, dit-il, cher docteur, il est de votre devoir de veiller sur le malade que vous venez de ressusciter; il n'est que cinq heures du soir, nous sommes dans les longs jours de l'année, il fait beau : montons en voiture et allons à Argenteuil. — Soit, dit Gilbert, allons à Argenteuil. Quand on a entrepris la cure d'une santé aussi précieuse que la vôtre, mon cher comte, il faut tout étudier. Allons étudier votre future maison de campagne.

LXIII

AU-DESSOUS DE QUATRE DEGRÉS, IL N'Y A PLUS DE PARENTS

Mirabeau n'avait point encore de maison montée, et par conséquent point de voiture à lui. Le domestique alla chercher une voiture de place.

A cette époque, c'était presque un voyage que d'aller à Argenteuil, où l'on va aujourd'hui en onze minutes, et où, dans dix ans peut-être, on ira en onze secondes !

Pourquoi Mirabeau avait-il choisi Argenteuil? C'est que quelques souvenirs de sa vie, comme il venait de le dire au docteur, se rattachaient à cette petite ville, et que l'homme éprouve un si grand besoin de doubler cette courte période d'existence qui lui a été donnée, qu'il s'accroche tant qu'il peut au passé, pour être moins rapidement entraîné vers l'avenir.

C'était à Argenteuil que son père, le marquis de Mirabeau, était mort, le 11 juillet 1789, comme devait mourir un vrai gentilhomme qui ne voulait pas assister à la prise de la Bastille.

Aussi, au bout du pont d'Argenteuil, Mirabeau fit-il arrêter la voiture.

— Sommes-nous arrivés? demanda le docteur. — Oui et non.... Nous ne sommes point encore arrivés au château du Marais, qui est situé à un quart de lieue au delà d'Argenteuil ; mais ce que nous faisons aujourd'hui, cher docteur, j'ai oublié de vous le dire, ce n'est point une simple visite, c'est un pèlerinage, et un pèlerinage en trois stations. — Un pèlerinage ! dit Gilbert en souriant, et à quel saint? — A saint Riquetti, mon cher docteur ; c'est un saint que vous ne connaissez pas, un saint que les hommes ont canonisé. A la vérité, je doute fort que le bon Dieu ait ratifié la canonisation ; mais il n'en est pas moins certain que c'est ici qu'est trépassé saint Riquetti, marquis de Mirabeau, ami des hommes, mis à mort par les débordements et les débauches de son indigne fils, Honoré-Gabriel-Victor Riquetti de Mirabeau ! — Ah ! c'est vrai, fit le docteur, c'est à Argenteuil qu'est mort votre père. Pardonnez-moi d'avoir oublié cela, mon cher comte ; mon excuse est dans ceci : j'arrivais d'Amérique, quand j'ai été arrêté sur la route du Havre à Paris dans les premiers jours de juillet, et je me trouvais à la Bastille lors de cette mort. J'en suis sorti le 14 juillet avec les sept autres qu'elle renfermait, et, si grand que fût cet événement privé, il s'est, sinon de fait au moins de détails, perdu dans les immenses événements qu'a vu éclore le même mois. Et où demeurait votre père?

Au moment même où Gilbert faisait cette question, Mirabeau s'arrêtait devant la grille d'une maison située sur le quai, en face de la rivière, dont elle était séparée par une pelouse de trois cents pas environ et par un rideau d'arbres.

En voyant s'arrêter un homme devant cette grille, un énorme chien de la race des Pyrénées s'élança en grondant, passa sa tête à travers les barreaux de la grille et essaya d'attraper quelque lopin de la chair de Mirabeau ou quelque lambeau de ses habits.

— Pardieu ! docteur, dit-il en se reculant pour échapper aux dents blanches et menaçantes du molosse, rien n'est changé, et l'on me reçoit ici comme du vivant de mon père.

Cependant un jeune homme parut sur le perron, fit taire le chien, le rappela à lui, et s'avança vers les deux étrangers.

— Pardon, Messieurs, dit-il, les maîtres ne sont pour rien dans la réception que vous fait le chien. Beaucoup de personnes s'arrêtent devant cette maison, qui a été habitée par monsieur le marquis de Mirabeau, et comme le pauvre Cartouche ne peut comprendre l'intérêt historique qui s'attache à la demeure de ses humbles maîtres, il gronde éternellement. A la niche, Cartouche!

Le jeune homme fit un geste de menace, et le chien alla, tout grondant encore, se cacher dans sa niche, par l'ouverture de laquelle passèrent bientôt ses deux pattes de devant, sur lesquelles il allongea son museau aux dents aiguës, à la langue sanglante, aux yeux de feu.

Pendant ce temps, Mirabeau et Gilbert échangèrent un regard.

— Messieurs, continua le jeune homme, il n'y a plus maintenant derrière cette grille qu'un hôte prêt à l'ouvrir et à vous recevoir, si la curiosité ne se bornait pas chez vous à regarder l'extérieur.

Gilbert poussa Mirabeau du coude, en signe qu'il visiterait volontiers l'intérieur de la maison.

Mirabeau le comprit; d'ailleurs, son désir s'accordait avec celui de Gilbert.

— Monsieur, dit-il, vous avez lu au fond de notre pensée; nous savions que cette maison avait été habitée par *l'Ami des hommes*, et nous étions curieux de la visiter. — Et votre curiosité redoublera, Messieurs, dit le jeune homme, quand vous saurez que deux ou trois fois, pendant le séjour qu'y fit le père, elle fut honorée de la visite de son illustre fils, qui, s'il faut en croire la tradition, n'y fut pas toujours reçu comme il méritait de l'être, et comme nous l'y recevrions s'il lui prenait l'envie qui vous prend, Messieurs, et à laquelle je m'empresse de souscrire.

Et, en s'inclinant, le jeune homme ouvrit la porte aux deux visiteurs, repoussa la grille, et marcha devant eux.

Mais Cartouche ne parut pas disposé à les laisser jouir ainsi de l'hospitalité qui leur était offerte; il s'élança de nouveau hors de sa niche avec d'horribles aboiements.

Le jeune homme se jeta entre le chien et celui de ses hôtes contre lequel l'animal paraissait plus particulièrement acharné.

Mais Mirabeau écarta le jeune homme de la main.

— Monsieur, dit-il, les chiens et les hommes ont fort aboyé contre moi; les hommes m'ont mordu quelquefois, les chiens jamais. D'ailleurs, on prétend que le regard humain est tout-puissant sur les animaux, laissez-m'en, je vous prie, faire l'expérience. — Monsieur, dit le jeune homme, Cartouche est méchant, je vous en préviens. — Laissez, laissez, Monsieur, répondit Mirabeau ; j'ai affaire tous les jours à de plus méchantes bêtes que lui, et, aujourd'hui encore, j'ai eu raison de toute une meute. — Oui, mais à cette meute-là, dit Gilbert, vous pouvez parler, et personne ne nie la puissance de votre parole. — Docteur, je croyais que vous étiez un adepte du magnétisme ? — Sans doute... Eh bien ? — Eh bien ! vous devez, en ce cas, reconnaître la puissance du regard... Laissez-moi magnétiser Cartouche.

Mirabeau parlait là cette langue hasardeuse si bien comprise des organisations supérieures.

— Faites, dit Gilbert. — Oh ! Monsieur, répéta le jeune homme, ne vous exposez point ! — Par grâce, dit Mirabeau.

Le jeune homme s'inclina en signe de consentement, et s'écarta à gauche, tandis que Gilbert s'écartait à droite, comme font les témoins d'un duel quand l'adversaire va tirer sur leur filleul.

D'ailleurs le jeune homme, monté sur les deux ou trois marches du perron, s'apprêtait à arrêter Cartouche, si la parole ou le regard de l'inconnu étaient insuffisants.

Le chien tourna la tête à droite et à gauche, comme pour examiner si celui à qui il paraissait avoir voué une haine implacable était bien isolé de tout secours ; puis, le voyant seul et sans armes, il rampa lentement hors de sa niche, plus serpent que quadrupède, et, tout à coup, il s'élança, et, du premier bond, franchit le tiers de la distance qui le séparait de son antagoniste.

Alors, Mirabeau croisa les bras, et, avec cette puissance de regard qui faisait de lui le Jupiter tonnant de la tribune, il fixa ses yeux sur l'animal.

En même temps, tout ce que ce corps si vigoureux pouvait contenir d'électricité sembla remonter à son front ; ses cheveux se hérissèrent comme fait la crinière d'un lion, et si, au lieu d'être à cette heure de la journée où le soleil décline déjà, mais éclaire encore, on eût été aux premières heures de la nuit, sans doute de chacun de ses cheveux on eût vu jaillir une étincelle.

Le chien s'arrêta court, et le regarda.

Mirabeau se baissa, prit une poignée de sable, et la lui jeta à la face.

Le chien rugit et fit un autre bond qui le rapprocha de trois ou quatre pas de son adversaire ; mais alors ce fût celui-ci qui marcha sur le chien.

L'animal resta un instant immobile comme le chien de granit du chasseur Céphale ; mais, inquiété par la marche progressive de Mirabeau, il parut hésiter entre la colère et la crainte, menaça des dents et des yeux, tout en pliant sur ses pattes de derrière. Enfin, Mirabeau leva le bras avec le geste dominateur qui lui avait si souvent réussi à la tribune, quand il jetait à ses ennemis le sarcasme, l'injure ou l'ironie, et le chien, vaincu, tremblant de tous ses membres, recula regardant derrière lui si la retraite lui était ouverte, et, tournant sur lui-même, il rentra précipitamment dans sa niche.

Mirabeau redressa la tête, fier et joyeux comme un vainqueur des jeux isthmiques.

— Ah! docteur, dit-il, monsieur Mirabeau le père avait bien raison de dire que les chiens étaient des candidats à l'humanité : vous voyez celui-ci insolent, lâche, et vous l'allez voir servile comme un homme.

Et en même temps il laissa pendre sa main le long de sa cuisse, et avec le ton du commandement :

— Ici, Cartouche, dit-il, ici!

Le chien hésita; mais, sur un geste d'impatience, il sortit pour la seconde fois la tête de sa niche, rampa de nouveau les yeux fixés sur les yeux de Mirabeau, franchit ainsi tout l'intervalle qui le séparait de son vainqueur, et, arrivé à ses pieds, leva lentement et timidement la tête, et du bout de sa langue haletante toucha le bout de ses doigts.

— C'est bien, dit Mirabeau, à la niche!

Il fit un geste, et le chien alla se coucher.

Puis se retournant vers Gilbert, tandis que le jeune homme était resté sur le perron frissonnant de crainte et muet d'étonnement :

— Savez-vous, mon cher docteur, dit-il, à quoi je pensais en faisant la folie dont vous venez d'être témoin ? — Non, mais dites... car vous ne l'avez pas faite par simple bravade, n'est-ce pas ? — Je pensais à la fameuse nuit du 5 au 6 octobre... Docteur, docteur, je donnerais la moitié des jours qui me restent à vivre pour que le roi Louis XVI eût vu ce chien s'élancer sur moi, rentrer dans sa niche, et venir me lécher la main.

Puis au jeune homme :

— Vous me pardonnerez, n'est-ce pas, Monsieur, d'avoir humilié Cartouche?... Allons voir la maison de *l'Ami des hommes*, puisque vous voulez bien me la montrer.

Le jeune homme s'effaça pour laisser passer Mirabeau, qui, au reste, semblait n'avoir pas besoin de guide, et connaître la maison aussi bien que qui que ce fût.

Sans s'arrêter au rez-de-chaussée, il monta vivement l'escalier, garni d'une rampe de fer assez artistement travaillée en disant :

— Par ici, docteur, par ici!

En effet, avec cet entraînement qui lui était ordinaire, avec cette habitude de domination qui était dans son tempérament, de spectateur,

Mirabeau venait de se faire acteur; de simple visiteur, maître de la maison.
Gilbert le suivit.

Pendant ce temps, le jeune homme appelait son père, bon bourgeois de cinquante à cinquante-cinq ans, et ses sœurs, jeunes filles de quinze à dix-huit, pour leur dire quel hôte étrange il venait de recevoir.

Tandis qu'il leur racontait l'histoire de la soumission de Cartouche, Mirabeau montrait à Gilbert le cabinet de travail, la chambre à coucher et le salon du marquis de Mirabeau.

Et, comme chaque pièce visitée éveillait en lui un souvenir, Mirabeau racontait anecdotes sur anecdotes avec ce charme et cet entrain qui lui étaient particuliers.

Le propriétaire et sa famille écoutaient ce cicerone qui leur faisait l'histoire de leur propre maison, ouvrant, pour voir et pour entendre, de grands yeux et de grandes oreilles.

L'appartement du haut visité, et comme sept heures sonnaient à l'église d'Argenteuil, Mirabeau craignit sans doute de manquer de temps pour ce qui lui restait à faire, et pressa Gilbert de descendre, lui donnant l'exemple en enjambant rapidement les quatre premières marches.

— Monsieur, dit alors le propriétaire de la maison, vous qui savez tant d'histoires sur le marquis de Mirabeau et sur son illustre fils, il me semble que vous auriez, si vous le vouliez bien, à raconter sur ces quatre premières marches une histoire qui ne serait pas la moins curieuse de vos histoires.

Mirabeau s'arrêta et sourit.

— En effet, dit-il; mais celle-là, je comptais la passer sous silence.
— Et pourquoi cela, comte? demanda le docteur. — Ma foi, vous allez en juger. En sortant du donjon de Vincennes, où il était resté dix-huit mois, Mirabeau, qui avait le double de l'âge de l'enfant prodigue, et qui ne s'apercevait pas le moins du monde que l'on s'apprêtât à tuer le veau gras en réjouissance de son retour, eut l'idée de venir réclamer sa légitime. Il y avait deux motifs pour que Mirabeau fût mal reçu dans la maison paternelle : d'abord, il sortait de Vincennes malgré le marquis; ensuite, il entrait dans la maison pour demander de l'argent; il en résulta que le marquis, occupé à mettre la dernière main à une œuvre philanthropique, se leva en apercevant son fils, saisit sa canne aux premières paroles qu'il prononça, et s'élança sur lui dès qu'il eut entendu le mot *argent*. Le comte connaissait son père, et, cependant, il espérait que ses trente-sept ans le sauveraient de la correction dont il était menacé; le comte reconnut son erreur en sentant les coups de canne pleuvoir sur ses épaules. — Comment! des coups de canne? — Oui, de vrais, de bons coups de canne, non pas comme ceux qu'on donne et qu'on reçoit à la

Comédie-Française, dans les pièces de Molière, mais des coups de canne réels, à fendre la tête et à casser les bras. — Et que fit le comte de Mirabeau? demanda Gilbert. — Parbleu! il fit ce que fit Horace à son premier combat, il prit la fuite. Malheureusement il n'avait point, comme Horace, un bouclier, car, au lieu de le jeter, ainsi que le fit le chantre de Lydie, il s'en fût servi pour parer les coups; mais, n'en ayant pas, il dégringola les quatre premières marches de cet escalier, à peu près comme je viens de le faire, plus vite encore peut-être; arrivé là, il se retourna et levant la canne à son tour : « Halte-là, Monsieur! dit-il à son père; au-dessous de quatre degrés il n'y a plus de parents! » C'était un calembourg assez mauvais, mais qui, cependant, arrêta le bonhomme mieux que n'eût fait la meilleure raison. « Ah! dit-il, quel malheur que le bailli soit mort, je lui aurais écrit celle-là! » Mirabeau, continua le narrateur, était trop bon stratégiste pour ne pas profiter de l'occasion qui lui était offerte de faire retraite. Il descendit le reste des degrés presque aussi rapidement qu'il avait descendu les premières marches, et, à sa grande douleur, il n'est jamais rentré dans la maison... C'est un grand coquin, n'est-ce pas, docteur, que le comte de Mirabeau? — Oh! Monsieur, dit le jeune homme s'approchant de Mirabeau les mains jointes et comme s'il demandait pardon à son hôte d'être d'un avis si opposé au sien, dites un bien grand homme!

Mirabeau regarda le jeune homme en face.

— Ah! ah! fit-il, il y a donc des gens qui pensent cela du comte de Mirabeau? — Oui, Monsieur, dit le jeune homme, et, au risque de vous déplaire, moi tout le premier... — Oh! reprit Mirabeau en riant, il ne faut pas dire cela tout haut dans cette maison, jeune homme, ou les murs s'écrouleront sur votre tête!

Puis, saluant respectueusement le vieillard et courtoisement les deux jeunes filles, il traversa le jardin en envoyant de la main un signe d'amitié à Cartouche, qui le lui rendit par une espèce de grognement où un reste de révolte se mêlait à la soumission.

Gilbert suivit Mirabeau, qui ordonna au cocher d'entrer dans la ville et de s'arrêter devant l'église.

Seulement, à l'angle de la première rue, il fit faire halte à la voiture, et tirant une carte de sa poche :

— Teisch, dit-il à son domestique, remettez de ma part cette carte au jeune homme qui n'est pas de mon avis sur monsieur de Mirabeau.

Puis, avec un soupir :

— Oh! docteur, dit-il, en voilà un qui n'a pas encore lu *la Grande Trahison de monsieur de Mirabeau!*

Teisch revint.

Il était suivi du jeune homme.

— Oh! monsieur le comte, dit celui-ci avec un accent d'admiration auquel il n'y avait pas à se tromper, accordez-moi ce que vous avez accordé à Cartouche, l'honneur de baiser votre main.

Mirabeau ouvrit ses deux bras et serra le jeune homme sur sa poitrine.

— Monsieur le comte, dit celui-ci, je me nomme Marnais; si jamais vous avez besoin de quelqu'un qui meure pour vous, souvenez-vous de moi.

Les larmes vinrent aux yeux de Mirabeau.

— Docteur, dit-il, voilà les hommes qui nous succèderont. Je crois qu'ils valent mieux que nous, parole d'honneur.

LXIV

UNE FEMME QUI RESSEMBLE A LA REINE

La voiture s'arrêta à la porte de l'église d'Argenteuil.

— Je vous ai dit que je n'étais jamais revenu à Argenteuil depuis le jour où mon père m'avait chassé de chez lui à coups de canne; je me trompais : j'y suis revenu le jour où j'ai conduit son corps dans cette église.

Et Mirabeau descendit de voiture, prit son chapeau à la main, et, la tête nue, d'un pas lent et solennel, entra dans l'église.

Il y avait chez cet homme étrange tant de sentiments opposés, qu'il avait parfois des velléités de religion, à l'époque où tous étaient philosophes, et où quelques-uns poussaient la philosophie jusqu'à l'athéisme.

Gilbert le suivit à quelques pas. Il vit Mirabeau traverser toute l'église, et, tout près de l'autel de la Vierge, aller s'adosser à une colonne massive dont le chapiteau romain semblait porter écrite la date du XIIe siècle.

Sa tête s'inclina, ses yeux se fixèrent sur une dalle noire formant le centre de la chapelle.

Le docteur chercha à se rendre compte de ce qui absorbait ainsi la pensée de Mirabeau; ses yeux suivirent la direction des siens, et s'arrêtèrent sur l'inscription que voici :

« Icy repose

« Françoise de Castellane, marquise de Mirabeau; modèle de piété et
« de vertu, heureuse épouse, mère heureuse; née en Dauphiné, en 1685,

« morte à Paris en 1769; déposée à Saint-Sulpice, puis transportée icy,
« pour être réunie sous la même tombe avec son digne fils, Victor de
« Riquetti, marquis de Mirabeau, surnommé *l'Ami des hommes*, né à
« Pertuis en Provence, le 4 octobre 1715, mort à Argenteuil le 11 juil-
« let 1789.

« *Priez Dieu pour leurs âmes.* »

La religion de la mort est si puissante, que le docteur Gilbert plia un instant la tête, et chercha dans sa mémoire s'il ne lui restait pas une prière quelconque, pour obéir à l'invitation qu'adressait à tout chrétien la pierre sépulcrale qu'il avait devant les yeux.

Mais, si jamais Gilbert avait, dans son enfance, ce qui est chose douteuse, su parler la langue de l'humilité et de la foi, le doute, cette gangrène du dernier siècle, était venu effacer jusqu'à la dernière ligne de ce livre vivant, et la philosophie avait inscrit à leur place ses sophismes et, ses paradoxes.

Se trouvant le cœur sec et la bouche muette, il releva les yeux et vit deux larmes rouler sur cette face puissante de Mirabeau, labourée par les passions comme l'est le sol d'un volcan par la lave.

Ces deux larmes de Mirabeau émurent étrangement Gilbert ; il alla à lui et lui serra la main.

Mirabeau comprit.

Des larmes versées en souvenir de ce père qui avait emprisonné, torturé, martyrisé Mirabeau, eussent été des larmes incompréhensibles ou banales.

Il s'empressa donc d'exposer à Gilbert la véritable cause de cette sensibilité.

— C'était une digne femme, dit-il, que cette Françoise de Castellane, mère de mon père; quand tout le monde me trouvait hideux, elle seule se contentait de me trouver laid ; quand tout le monde me haïssait, elle m'aimait presque; mais ce qu'elle aimait par-dessus toute chose, c'était son fils. Aussi, vous le voyez, mon cher Gilbert, je les ai réunis... Moi, à qui me réunira-t-on? quels os dormiront près des miens? Je n'ai pas même un chien qui m'aime !

Et il rit douloureusement.

— Monsieur, dit une voix empreinte de cet accent rêche et plein de reproche qui n'appartient qu'aux dévots, on ne rit pas dans une église.

Mirabeau tourna son visage ruisselant de larmes du côté où venait la voix, et aperçut un prêtre.

— Monsieur, dit-il avec douceur, êtes-vous le prêtre desservant cette chapelle ? — Oui; que lui voulez-vous ? — Avez-vous beaucoup de pauvres dans votre paroisse? — Plus que de gens disposés à leur faire l'aumône. — Vous connaissez quelques cœurs charitables cependant quelques esprits philanthropiques?

Le prêtre se mit à rire.

— Monsieur, observa Mirabeau, je croyais que vous m'aviez fait l'honneur de me dire qu'on ne riait point dans les églises. — Monsieur, dit le prêtre blessé, auriez-vous la prétention de me donner une leçon? — Non, Monsieur, mais celle de vous prouver que ces gens qui croient de leur devoir de venir au secours de leurs frères ne sont point aussi rares que vous le pensez. Ainsi, Monsieur, je vais, selon toute probabilité, habiter le château du Marais; eh bien! tout ouvrier manquant d'ouvrage y trouvera du travail et un bon salaire; tout vieillard ayant faim y trouvera du pain; tout homme malade, quels que soient son opinion politique et ses principes religieux, y trouvera du secours; et, à partir d'aujourd'hui, monsieur le curé, je vous offre dans ce but un crédit de mille francs par mois.

Et, déchirant une feuille de ses tablettes, il écrivit au crayon sur cette feuille :

« Bon pour la somme de douze mille francs dont monsieur le curé d'Argenteuil pourra disposer sur moi, à raison de mille francs par mois, qui seront employés par lui en bonnes œuvres, à partir du jour de mon installation au château du Marais.

« Fait en l'église d'Argenteuil, et signé sur l'autel de la Vierge.

« Mirabeau aîné. »

En effet, Mirabeau avait écrit cette lettre de change et l'avait signée sur l'autel de la Vierge.

La lettre de change écrite et signée, il la remit au curé, stupéfait avant d'avoir lu la signature, plus stupéfait encore après l'avoir lue.

Puis il sortit de l'église en faisant au docteur Gilbert signe de le suivre.

On remonta en voiture.

Si peu que Mirabeau fût resté à Argenteuil, il y laissait derrière lui, sur son passage, deux souvenirs qui devaient aller grandissant dans la postérité.

Le propre de certaines organisations, c'est de faire jaillir un événement de tout endroit où elles posent le pied.

C'est Cadmus semant des soldats sur le sol de Thèbes; c'est Hercule éparpillant ses douze travaux sur la face du monde.

Aujourd'hui encore, et cependant Mirabeau est mort depuis soixante ans, aujourd'hui encore, faites à Argenteuil, aux mêmes lieux où les fit Mirabeau, les deux stations que nous avons indiquées, et, à moins que la maison ne soit inhabitée ou l'église déserte, vous trouverez quelqu'un qui vous racontera dans tous ses détails et comme si l'événement était d'hier ce que nous venons de vous raconter.

La voiture suivit la grande rue jusqu'à son extrémité; puis elle quitta Argenteuil et roula sur la route de Besons. Elle n'eut pas fait cent pas sur cette route, que Mirabeau aperçut à sa droite les arbres touffus d'un parc, séparés par les toits ardoisés du château et de ses dépendances.

C'était le Marais.

A droite de la route que suivait la voiture, avant d'arriver au chemin qui aboutit de cette route à la grille du château, s'élevait une pauvre chaumière.

Devant le seuil de cette chaumière une femme était assise sur un escabeau de bois, tenant dans ses bras un enfant maigre, hâve, dévoré par la fièvre.

La mère, tout en berçant ce demi-cadavre, levait les yeux au ciel et pleurait.

Elle s'adressait à celui auquel on s'adresse quand on n'attend plus rien des hommes.

Mirabeau fixait de loin les yeux sur ce triste spectacle.

— Docteur, dit-il à Gilbert, je suis superstitieux comme un ancien. Si cet enfant meurt, je ne prends pas le château du Marais... Voyez, cela vous regarde.

Et il arrêta sa voiture en face de la chaumière.

— Docteur, reprit-il, comme je n'ai plus que vingt minutes de jour pour visiter le château, je vous laisse ici. Vous viendrez me rejoindre, et vous me direz si vous espérez sauver l'enfant.

Puis, à la mère :

— Bonne femme, ajouta-t-il, voici Monsieur, qui est un grand médecin, remerciez la Providence qui vous l'envoie : il va essayer de guérir votre enfant.

La femme ne savait si c'était un rêve. Elle se leva, portant son enfant entre ses bras, et balbutiant des remerciements.

Gilbert descendit.

La voiture continua sa route. Cinq minutes après, Teisch sonnait à la grille du château.

On fut quelque temps sans voir paraître personne ; enfin, un homme qu'à son costume il était facile de reconnaître pour le jardinier, vint ouvrir.

Mirabeau s'informa d'abord de l'état dans lequel était le château.

Le château était fort habitable, à ce que disait le jardinier du moins, et à ce que même il apparaissait à la première vue.

Il faisait partie du domaine de l'abbaye de Saint-Denis comme chef-lieu du prieuré d'Argenteuil, et il était en vente par suite des décrets rendus sur les biens du clergé.

Mirabeau, nous l'avons dit, le connaissait déjà; mais il n'avait jamais eu l'occasion de l'examiner aussi attentivement qu'il lui était donné de le faire en cette circonstance.

La grille ouverte, il se trouvait dans une première cour à peu près carrée. A droite était un pavillon habité par le jardinier; à gauche, un second pavillon, qu'à la coquetterie avec laquelle il était décoré, même extérieurement, on pouvait douter un instant être le frère du premier.

C'était son frère, cependant; mais, du pavillon roturier, la parure avait fait une demeure presque aristocratique. De gigantesques rosiers couverts de fleurs le vêtissaient d'une robe diaprée, tandis qu'une ceinture de vignes lui ceignait toute la taille d'un cordon vert; chacune des fenêtres était fermée par un rideau d'œillets, d'héliotropes, de fluchsias, dont les branches épaisses, dont les fleurs écloses empêchaient à la fois le soleil et le regard de pénétrer dans l'appartement; un petit jardin tout de lis, tout de cactus, tout de narcisses; un véritable tapis, qu'on eût dit de loin brodé par la main de Pénélope, attenait à la maison, et s'étendait dans toute la longueur de cette première cour, faisant pendant à un gigantesque saule flora et à de magnifiques ormes plantés du côté opposé.

Nous avons déjà dit la passion de Mirabeau pour les fleurs. En voyant ce pavillon perdu dans les roses, ce charmant jardin qui semblait faire partie de la petite maison de Flore, il jeta un cri de joie.

— Oh! dit-il au jardinier, ce pavillon est-il à louer ou à vendre, mon ami? — Sans doute, Monsieur, répondit celui-ci, puisqu'il appartient au château, et que le château est à vendre ou à louer. Seulement, il est habité dans ce moment-ci; mais, comme il n'y a pas de bail, si Monsieur s'arrangeait du chateau, on pourrait renvoyer la personne qui habite là. — Ah! dit Mirabeau, et quelle est cette personne? — Une dame. — Jeune? — De trente à trente-cinq ans. — Belle? — Très-belle! — Bien! dit Mirabeau, nous verrons... Une belle voisine ne gâte rien. Faites-moi voir le château, mon ami.

Le jardinier marcha devant Mirabeau, traversa un pont qui séparait la première cour de la seconde, et sous lequel passait une espèce de petite rivière.

Là, le jardinier s'arrêta.

— Si Monsieur, dit-il, ne voulait pas déranger la dame du pavillon, ce serait d'autant plus facile que cette petite rivière isole complétement la portion du parc attenante au pavillon du reste du jardin; elle serait chez elle, et Monsieur serait chez lui.

— Bon, bon, dit Mirabeau, voyons le château.

Et il monta lestement les cinq marches du perron.

Le jardinier ouvrit la porte principale.

Cette porte donnait sur un vestibule en stuc, avec niches portant statues et colonnes portant vases, selon la mode du temps.

Une porte, placée au fond de ce vestibule, en face de la porte d'entrée, faisait une sortie sur le jardin.

A droite du vestibule étaient la salle du billard et la salle à manger.

A gauche, deux salons, un grand et un petit.

Cette première disposition plaisait assez à Mirabeau, qui, d'ailleurs, paraissait distrait et impatient.

On monta au premier.

Le premier se composait d'un grand salon merveilleusement disposé pour faire un cabinet de travail, et de trois ou quatre chambres à coucher de maître. Fenêtres de salon et de chambres à coucher étaient fermées.

Mirabeau alla de lui-même à l'une des fenêtres et l'ouvrit.

Le jardinier voulut ouvrir les autres.

Mais Mirabeau lui fit un signe de la main : le jardinier s'arrêta.

Juste au-dessous de la fenêtre que venait d'ouvrir Mirabeau, au pied d'un immense saule pleureur, une femme lisait, à demi couchée, tandis qu'un enfant de cinq ou six ans jouait, à quelques pas d'elle, sur les pelouses et dans les massifs de fleurs.

Mirabeau comprit que c'était la dame du pavillon.

Il était impossible d'être plus gracieusement et plus élégamment mise que cette femme ne l'était, avec son petit peignoir de mousseline garni de dentelle couvrant une veste de taffetas blanc ruchée de rubans roses et blancs, avec sa jupe de mousseline blanche à volants ruchés rose et blanc comme la veste, avec son corsage de taffetas rose à nœuds de la même couleur, et son coqueluchon tout rempli de dentelles retombantes comme un voile, et à travers lesquelles, comme à travers une vapeur, on pouvait distinguer son visage.

Des mains fines, longues, aux ongles aristocratiques ; des pieds d'enfant, jouant dans deux petites pantoufles de taffetas blanc à nœuds roses, complétaient cet harmonieux et séduisant ensemble.

L'enfant, tout vêtu de satin blanc, portait, singulier mélange, assez commun du reste à cette époque, un petit chapeau à la Henri IV avec une de ces ceintures tricolores qu'on appelait une ceinture à la nation.

Telle était, au surplus, le costume que portait le jeune dauphin la dernière fois qu'il avait paru avec sa mère sur le balcon des Tuileries.

Le signe fait par Mirabeau avait pour but de ne pas déranger la belle liseuse.

UNE FEMME QUI RESSEMBLE A LA REINE.

C'était bien la femme du pavillon aux fleurs ; c'était bien la reine des lis, des cactus et des narcisses ; c'était bien, enfin, cette voisine que Mirabeau, l'homme aux sens toujours aspirants vers les voluptés, eût choisie si le hasard ne la lui avait pas amenée.

Pendant quelque temps, il dévora des yeux la charmante créature, immobile comme une statue, ignorante qu'elle était du regard ardent qui l'enveloppait ; mais, soit hasard, soit courant magnétique, ses yeux se détachèrent du livre et se tournèrent du côté de la fenêtre.

Elle aperçut Mirabeau, jeta un petit cri de surprise, se leva, appela son fils, s'éloigna le tenant par la main, non sans retourner la tête deux ou trois fois, et disparut avec l'enfant entre les arbres, dans les intervalles desquels Mirabeau suivit les différentes réapparitions de son éclatant costume, dont la blancheur luttait contre les premières ombres de la nuit.

Au cri de surprise jeté par l'inconnue, Mirabeau répondit par un cri d'étonnement.

Cette femme avait, non-seulement la démarche royale, mais encore, autant que le voile de dentelle dont son visage était à demi couvert permettait d'en juger, les traits de Marie-Antoinette.

L'enfant ajoutait à la ressemblance : il était juste de l'âge du second fils de la reine; de la reine, dont la démarche, dont le visage, dont les moindres mouvements étaient restés si présents, non-seulement au souvenir, mais, nous dirons plus, au cœur de Mirabeau depuis l'entrevue de Saint-Cloud, qu'il eût reconnu la reine partout où il l'eût rencontrée, fût-elle entourée de ce nuage divin dont Virgile enveloppe Vénus lorsqu'elle apparaît à son fils sur le rivage de Carthage.

Quelle étrange merveille amenait donc dans le parc de la maison qu'allait louer Mirabeau une femme mystérieuse qui, si elle n'était pas la reine, était au moins son vivant portrait?

En ce moment, Mirabeau sentit qu'une main s'appuyait sur son épaule.

Mirabeau se retourna en tressaillant.

LXV

OU L'INFLUENCE DE LA DAME INCONNUE COMMENCE A SE FAIRE SENTIR

Celui qui lui posait la main sur l'épaule, c'était le docteur Gilbert.

— Ah! dit Mirabeau, c'est vous, cher docteur... Eh bien? — Eh bien!

dit Gilbert, j'ai vu l'enfant. — Et vous espérez le sauver? — Jamais un médecin ne doit perdre l'espoir, fût-il en face de la mort même. — Diable! fit Mirabeau, cela veut dire que la maladie est grave! — Plus que grave, mon cher comte; elle est mortelle. — Quelle est donc cette maladie? — Je ne demande pas mieux que d'entrer dans quelques détails à ce sujet, attendu que ces détails ne seront pas sans intérêt pour un homme qui aurait pris, sans savoir à quoi il s'expose, la résolution d'habiter ce château. — Hein! fit Mirabeau; allez-vous me dire que l'on y risque la peste? — Non, mais je vais vous dire comment le pauvre enfant a attrapé la fièvre dont, selon toute probabilité, il sera mort dans huit jours. Sa mère coupait le foin du château avec le jardinier, et, pour être plus libre, elle avait posé l'enfant à quelques pas de ces fossés d'eau dormante qui ceignent le parc. La bonne femme, qui n'a aucune idée du double mouvement de la terre, avait couché la petite créature à l'ombre, sans se douter qu'au bout d'une heure l'ombre aurait fait place au soleil; quand elle est venue chercher son enfant, attirée qu'elle était par ses cris, elle l'a trouvé doublement atteint : atteint par l'insolation trop continue qui avait frappé sur son jeune cerveau, atteint par l'absorption des effluves marécageuses qui avaient déterminé ce genre d'empoisonnement nommé l'empoisonnement *paludien*. — Excusez-moi, docteur, dit Mirabeau, mais je ne vous comprends pas bien. — Voyons, n'avez-vous pas entendu parler des fièvres des Marais-Pontins? Ne connaissez-vous pas, de réputation du moins, les miasmes délétères qui s'exhalent des maremmes toscanes? N'avez-vous pas lu, dans le poëte florentin, la mort de Pia dei Tolomeï? — Si fait, docteur, je sais tout cela, mais en homme du monde et en poëte, non en chimiste et en médecin. Cabanis m'a dit quelque chose de pareil la dernière fois que je l'ai vu, à propos de la salle du Manége, où nous sommes fort mal; il prétendait même que, si je n'en sortais pas trois fois par séance pour respirer l'air des Tuileries, je mourrais empoisonné. — Et Cabanis avait raison. — Voulez-vous m'expliquer cela, docteur, vous me ferez plaisir. — Sérieusement? — Oui, je sais assez bien mon grec et mon latin; j'ai, pendant les quatre ou cinq ans de prison que j'ai faits à différentes époques, grâce aux susceptibilités sociales de mon père, assez bien étudié l'antiquité; j'ai même fait, dans mes moments perdus, sur les mœurs de la susdite antiquité, un livre obscène qui ne manque pas d'une certaine science; mais j'ignore complétement comment on peut être empoisonné dans la salle de l'Assemblée nationale, à moins qu'on n'y soit mordu par l'abbé Maury, ou qu'on n'y lise la feuille de monsieur Marat. — Alors, je vais vous le dire. Peut-être l'explication sera-t-elle assez obscure pour un homme qui a la modestie de s'avouer peu fort en physique et ignorant en chimie; cependant, je vais tâcher d'être le plus clair possible. — Parlez, docteur; jamais vous n'aurez trouvé auditeur plus curieux d'apprendre. — L'architecte qui a construit la salle du Manége, et par malheur, mon cher comte, les architectes sont, comme vous, d'assez mauvais chimistes, l'architecte qui a construit la salle du Manége n'a pas eu l'idée de faire des cheminées pour l'évacuation de l'air corrompu, ni des tuyaux inférieurs pour sa rénovation. Il en résulte que les onze cents bouches qui, enfermées dans cette salle, aspirent de l'oxigène, rendent en place des vapeurs carboniques; ce qui fait qu'au bout d'une heure de séance, surtout l'hiver, quand les fenêtres sont fermées et les poêles échauffés, l'air n'est plus respirable. — Voilà justement le travail dont je voudrais me rendre compte, ne fût-ce que pour en faire part à Bailly. — Rien de plus simple que cette explication : l'air pur, l'air tel qu'il est destiné à être absorbé par nos poumons, l'air tel qu'on le respire dans une habitation à mi-côte tournée vers le levant, avec un cours d'eau à sa proximité, c'est-à-dire dans les meilleures conditions où l'air puisse être respiré, se compose de soixante-dix-sept parties d'oxigène, de vingt-une parties d'azote, et de deux parties de ce qu'on appelle vapeur d'eau. — Très-bien ; je comprends jusque-là, et je note vos chiffres. — Eh bien! écoutez ceci : le sang veineux est apporté noir et chargé de carbone dans les poumons, où il doit être revivifié par le contact de l'air extérieur, c'est-à-dire de l'oxigène que l'action respiratoire va emprunter à l'air libre. Ici se produit un double phénomène que nous désignons sous le nom d'hématose. L'oxigène, mis en contact avec le sang, se combine avec lui ; de noir qu'il était, le fait rouge et lui donne ainsi l'élément de vie qui doit être dans toute l'économie; en même temps, le carbone qui se combinait avec une partie de l'oxigène passe à l'état d'acide carbonique ou d'oxide de carbone, et est exhalé au dehors mêlé d'une certaine quantité de vapeur d'eau, dans l'acte de l'expiration. Eh bien! cet air pur absorbé par l'inspiration, cet air vicié rendu par l'expiration, forment, dans une salle fermée, une atmosphère qui, non-seulement cesse d'être dans des conditions respirables, mais qui encore peut arriver à produire un véritable empoisonnement. — De sorte qu'à votre avis, docteur, je suis déjà à moitié empoisonné? — Parfaitement... Vos douleurs d'entrailles ne viennent pas d'une autre cause que celle-là; bien entendu que je joins aux empoisonnements de la salle du Manége ceux de la salle de l'Archevêché, ceux du donjon de Vincennes, ceux du fort de Joux, et ceux du château d'If. Ne vous rappelez-vous pas que madame de Bellegarde disait qu'il y avait, au château de Vincennes, une chambre qui valait son pesant d'arsenic? — De sorte, mon cher docteur, que le pauvre enfant est tout à fait ce que je ne suis qu'à moitié; c'est-à-dire empoisonné? — Oui, cher comte, et l'empoisonnement a amené chez lui une fièvre pernicieuse dont le siége est dans le cerveau et dans les meninges; cette fièvre a produit une maladie que l'on appelle simplement fièvre cérébrale, et que je baptiserai, moi, d'un nom nouveau, que j'appellerai, si vous le voulez bien, une hydrocéphale aiguë; de là des convulsions, de là la face tuméfiée, de là les lèvres violettes, de là le trismus prononcé de la mâchoire, de là le renversement en arrière du globe oculaire, de là la respiration haletante, le frémissement du pouls substitué aux battements, de là, enfin, la sueur visqueuse qui couvre tout son corps. — Peste! mon cher docteur, savez-vous que c'est à donner le frisson, cette énumération que vous me faites-là? En vérité, quand j'entends parler un médecin en mots techniques, c'est comme lorsque je lis un papier timbré en termes de chicane, il me semble toujours que ce qui m'attend de plus doux est la mort... Et qu'avez-vous ordonné au pauvre petit? — Le traitement le plus énergique, et je me hâte de vous dire qu'un ou deux louis enveloppés dans l'ordonnance ont mis la mère à même de le suivre; ainsi les réfrigérants sur la tête, les excitants aux extrémités, l'émétique en vomitif, le quinquina en décoction. — En vérité! et tout cela n'y fera rien? — Tout cela, sans l'aide de la nature, n'y fera pas grand'chose. Pour l'acquit de ma conscience, j'ai ordonné ce traitement*; son bon ange, si le pauvre enfant en a un, fera le reste. — Hum! fit Mirabeau... — Vous comprenez, n'est-ce pas? dit Gilbert. — Votre théorie de l'empoisonnement par l'oxide de carbone? A peu près. — Non, ce n'est pas cela; je veux dire que vous comprenez que l'air du château du Marais ne vous convient pas. — Vous croyez, docteur? — J'en suis sûr. — Ce serait bien fâcheux; car le château me convient fort, à moi. — Je vous reconnais bien là, éternel ennemi de vous-même! je vous recommande une hauteur, vous prenez un terrain plat; je vous recommande un cours d'eau, vous choisissez une eau stagnante. — Mais quel parc! mais regardez donc ces arbres-là! docteur! — Dormez une seule nuit la fenêtre ouverte, comte, ou promenez-vous, passé onze heures du soir, à l'ombre de ces beaux arbres, et vous m'en direz des nouvelles le lendemain! — C'est-à-dire qu'au lieu d'être empoisonné à moitié, comme je le suis, le lendemain je serai empoisonné tout à fait? — M'avez-vous demandé la vérité? — Oui, et vous me la dites, n'est-ce pas? — Oh! dans toute sa crudité... Je vous connais, mon cher comte; vous venez ici pour fuir le monde, le monde viendra vous y chercher. Chacun traîne sa chaîne après soi, ou de fer, ou d'or, ou de fleurs. Votre chaîne, à vous, c'est le plaisir la nuit, et le

---

* En 1790, on ne connaissait pas encore la sulfate de quinine, et l'on n'appliquait pas encore les sangsues derrière l'oreille. L'ordonnance du docteur Gilbert était donc aussi complète que le permettait l'état de la science à la fin du XVIIIe siècle.

jour l'étude. Tant que vous avez été jeune, la volupté vous a reposé du travail; mais le travail a usé vos jours, la volupté a fatigué vos nuits. Vous me le dites vous-même avec votre langage toujours si expressif et si coloré : vous vous sentez passer de l'été à l'automne. Eh bien! mon cher comte, qu'à la suite d'un excès de plaisir la nuit, qu'à la suite d'un excès de travail le jour, je sois obligé de vous saigner, eh bien! dans ce moment de déperdition de force, songez-y, vous serez plus apte que jamais à absorber cet air vicié la nuit par les grands arbres du parc, cet air vicié le jour par les miasmes paludiens de cette eau dormante. Alors, que voulez-vous, vous serez deux contre moi, tous deux plus forts que moi, vous et la nature; il faudra bien que je succombe. — Ainsi vous croyez, mon cher docteur, que c'est par les entrailles que je périrai? Diable! vous me faites de la peine en me disant cela : c'est long et douloureux, les maladies d'entrailles; j'aimerais mieux quelque bonne apoplexie foudroyante ou quelque anévrisme... Vous ne pourriez pas m'arranger cela? —Oh! mon cher comte, dit Gilbert, ne me demandez rien sous ce rapport; ce que vous désirez est fait ou se fera. A mon avis, vos entrailles ne sont que secondaires, et c'est le cœur qui joue et qui jouera le premier rôle; malheureusement les maladies de cœur, chez les hommes de votre âge, sont nombreuses et variées, et n'entraînent pas toutes la mort instantanée. Règle générale, mon cher comte, écoutez bien ceci, ce n'est écrit nulle part, mais je vous le dis, moi, observateur philosophe bien plus que médecin; les maladies aiguës de l'homme suivent un ordre presque absolu : chez les enfants, c'est le cerveau qui se prend; chez l'adolescent, c'est la poitrine; chez l'adulte, ce sont les viscères inférieurs; chez le vieillard enfin, c'est le cerveau et le cœur, c'est-à-dire ce qui a beaucoup pensé et beaucoup souffert. Ainsi, quand la science aura dit son dernier mot; quand la création toute entière, interrogée par l'homme, aura livré son dernier secret; quand toute maladie aura trouvé son remède; quand l'homme, à part quelques exceptions, comme les animaux qui l'entourent, ne mourra plus que de vieillesse, les deux seuls organes attaquables chez lui seront le cerveau et le cœur, et encore la mort par le cerveau aura-t-elle pour principe la maladie du cœur. — Mordieu! mon cher docteur, dit Mirabeau, vous n'avez pas idée comme vous m'intéressez. Tenez, on dirait que mon cœur sait que vous parlez de lui; voyez comme il bat!

Mirabeau prit la main de Gilbert et la posa sur son cœur.

— Eh bien! dit le docteur, voilà qui vient à l'appui de ce que je vous expliquais. Comment voulez-vous qu'un organe qui participe à toutes vos émotions, qui précipite ses battements ou qui les arrête pour suivre une simple conversation pathologique, comment voulez-vous que, chez vous surtout, cet organe ne soit pas affecté? Vous avez vécu par le cœur, vous mourrez par le cœur. Comprenez donc ceci : il n'y a pas une affection morale vive, il n'y a pas une affection physique aiguë qui ne donne à l'homme une sorte de fièvre; il n'y a pas de fièvre qui ne produise une accélération plus ou moins grande dans les battements du cœur; eh bien! dans ce travail, qui est une peine et une fatigue, puisqu'il s'accomplit en dehors de l'ordre normal, le cœur s'use, le cœur s'altère. De là, chez les vieillards, l'hypertrophie du cœur, c'est-à-dire son trop grand développement; de là, l'anévrisme, c'est-à-dire son amincissement. L'anévrisme conduit aux déchirements du cœur, la seule mort qui soit instantanée; l'hypertrophie, aux apoplexies cérébrales, mort plus lente parfois, mais où l'intelligence est tuée, et où, par conséquent, la véritable douleur n'existe plus, puisqu'il n'y a pas de douleur sans le sentiment, qui juge et mesure cette douleur. Eh bien! vous, vous figurez-vous que vous aurez aimé, que vous aurez été heureux, que vous aurez souffert, que vous aurez eu des moments de joie et des heures de désespoir comme nul autre n'en aura eu avant vous; que vous aurez atteint à des triomphes inconnus, que vous serez descendu à des déceptions inouïes, que votre cœur vous aura renvoyé, pendant quarante ans, le sang en cataractes brûlantes ou précipitées du centre aux extrémités; que vous aurez pensé, travaillé, parlé des journées entières; que vous aurez bu, ri, aimé des nuits complètes, et que votre cœur, dont vous avez usé, abusé, ne manquera pas tout à coup? Allons donc, mon cher ami, le cœur est comme une bourse : si bien garnie qu'elle soit, à force de lui emprunter, on la met à sec. Mais, en vous montrant le mauvais côté de la position, laissez-moi vous développer le bon. Il faut du temps au cœur pour s'user; n'agissez plus sur le vôtre comme vous le faites; ne lui demandez pas plus de travail qu'il n'en peut produire; ne lui donnez pas plus d'émotions qu'il n'en peut supporter; mettez-vous dans des conditions qui n'amènent point de désordres graves dans les trois fonctions principales de la vie : la respiration, qui a son siége dans les poumons; la circulation qui a son siége dans le cœur; la digestion, qui a son siége dans les intestins, et vous pouvez vivre vingt ans, trente ans encore, et vous pouvez ne mourir que de vieillesse; tandis que si, au contraire, vous voulez marcher au suicide, oh! mon Dieu! rien de plus facile pour vous! vous retarderez ou hâterez votre mort à volonté. Figurez-vous que vous conduisez de ces chevaux fougueux qui vous entraînent, vous, leur guide; contraignez-les de marcher au pas, et ils accompliront en un long temps un long voyage; laissez-les prendre le galop, et, comme ceux du soleil, ils parcourront en un jour et une nuit tout l'orbe du ciel. — Oui, dit Mirabeau, mais, pendant ce jour, ils échauffent et ils éclairent, ce qui est bien quelque chose... Venez, docteur, il se fait tard; je réfléchirai à tout cela. — Réfléchissez à tout, dit le docteur; mais, pour commencement d'obéissance aux ordres de la faculté, promettez-moi d'abord de ne pas louer ce château. Vous en trouverez autour de Paris dix, vingt, cinquante, qui vous offriront les mêmes avantages que celui-ci.

Peut-être Mirabeau, cédant à la voix de la raison, allait-il promettre; mais tout à coup, au milieu des premières ombres du soir, il lui sembla voir apparaître derrière un rideau de fleurs la tête de la femme à la jupe de taffetas blanc et aux volants roses; cette femme, Mirabeau le crut du moins, lui souriait; mais il n'eut pas le temps de s'en assurer, car, au moment où Gilbert, devinant qu'il se passait quelque chose de nouveau chez son malade, cherchait des yeux pour se rendre compte à lui-même du tressaillement nerveux de ce bras sur lequel il était appuyé, la tête se retira précipitamment, et l'on ne vit plus à la fenêtre du pavillon que les branches légèrement agitées des rosiers, des héliotropes et des œillets.

— Eh bien! fit Gilbert, vous ne répondez pas? — Mon cher docteur, dit Mirabeau, vous vous rappelez ce que j'ai dit à la reine, lorsque, en me quittant, elle me donna sa main à baiser : Madame, par ce baiser, la monarchie est *sauvée?* — Oui. — Eh bien! j'ai pris là un lourd engagement, docteur, surtout si l'on m'abandonne comme on le fait. Cependant, cet engagement, je n'y veux pas manquer. Ne méprisons pas le suicide dont vous parliez, docteur; ce suicide sera peut-être le seul moyen de me tirer honorablement d'affaire !...

Le surlendemain, Mirabeau avait, par bail emphythéotique, acheté le château du Marais.

LXVI

LE CHAMP DE MARS

Nous avons déjà essayé de faire comprendre à nos lecteurs par quel nœud indissoluble de fédération la France tout entière venait de se lier, et quel effet cette fédération individuelle, précédant la fédération générale, avait produit sur l'Europe.

C'est que l'Europe comprenait qu'un jour, quand cela? l'époque était cachée dans les nuages de l'immense avenir; c'est que l'Europe, disons-nous, comprenait qu'un jour elle ne formerait, elle aussi, qu'une immense fédération de citoyens, qu'une colossale société de frères.

Mirabeau avait poussé à cette grande fédération. Aux craintes que lui avait fait exprimer le roi, il avait répondu que, s'il y avait quelque salut pour la royauté en France, c'était, non point à Paris, mais dans la province qu'il le fallait chercher.

D'ailleurs, il ressortirait de cette réunion d'hommes venus de tous les coins de la France un grand avantage, c'est que le roi verrait son peuple et que le peuple verrait son roi. Quand la population tout entière de la France, représentée par trois cent mille fédérés, bourgeois, magistrats, militaires, viendraient crier : Vive la nation! au Champ de Mars, et unir leurs mains sur les ruines de la Bastille, quelques courtisans aveugles ou intéressés à aveugler le roi ne lui diraient plus que Paris, mené par une poignée de factieux, demandait une liberté qu'était loin de réclamer le reste de la France. Non, Mirabeau comptait sur l'esprit judicieux du roi; non, Mirabeau comptait sur l'esprit de royauté, encore si vivant à cette époque au fond du cœur des Français, et il augurait que, de ce contact inusité, inconnu, inouï, d'un monarque avec son peuple, résulterait une alliance sacrée qu'aucune intrigue ne saurait plus rompre.

Les hommes de génie sont parfois atteints de ces niaiseries sublimes qui font que les derniers goujats politiques de l'avenir ont le droit de rire au nez de leur mémoire.

Déjà une fédération préparatoire avait eu lieu d'elle-même, pour ainsi dire, dans les plaines de Lyon. La France, qui marchait instinctivement à l'unité, avait cru trouver le mot de cette unité dans les campagnes du Rhône; mais, là, elle s'était aperçue que Lyon pouvait bien fiancer la France au génie de la Liberté, mais qu'il fallait Paris pour la marier.

Quand cette proposition d'une fédération générale fut apportée à l'Assemblée par le maire et par la commune de Paris, qui ne pouvaient plus résister aux demandes des autres villes, il se fit un grand mouvement parmi les auditeurs. Cette réunion innombrable d'hommes conduite à Paris, ce centre éternel d'agitation, était désapprouvée à la fois par les deux partis qui séparaient la chambre, par les royalistes et les jacobins.

C'était, disaient les royalistes, risquer un gigantesque 14 juillet, non plus contre la Bastille, mais contre la royauté.

Que deviendrait le roi au milieu de cette effroyable mêlée de passions diverses, de cet épouvantable conflit d'opinions différentes?

D'un autre côté, les jacobins, qui n'ignoraient pas quelle influence Louis XVI conservait sur les masses, ne redoutaient pas moins cette réunion que leurs ennemis.

Aux yeux des jacobins, une telle réunion allait amortir l'esprit public, endormir les défiances, réveiller les vieilles idolâtries; enfin, royaliser la France.

Mais il n'y avait pas moyen de s'opposer à ce mouvement, qui n'avait pas eu son pareil depuis que l'Europe tout entière s'était soulevée, au xi⁰ siècle, pour délivrer le tombeau du Christ.

Et qu'on ne s'étonne pas, ces deux mouvements ne sont pas aussi étrangers l'un à l'autre qu'on le pourrait croire : le premier arbre de la liberté avait été planté sur le Calvaire.

Seulement, l'Assemblée fit ce qu'elle put pour rendre la réunion moins considérable qu'on ne la sentait venir. On traîna la discussion en longueur; de sorte qu'il devait se passer, pour ceux qui viendraient de l'extrémité du royaume, ce qui, à la fédération de Lyon, s'était passé pour les députés de la Corse; ils avaient eu beau se presser, ils n'étaient arrivés que le lendemain.

En outre, les dépenses furent mises à la charge des localités; or, il y avait des provinces si pauvres, et l'on savait cela, qu'on ne supposait point qu'en faisant les plus grands efforts elles pussent subvenir aux frais de la moitié du chemin de leurs députés, ou plutôt du quart de la route qu'ils avaient à faire, puisqu'il leur fallait, non-seulement aller à Paris, mais encore en revenir.

Mais on avait compté sans l'enthousiasme public; on avait compté sans la cotisation, dans laquelle les riches donnèrent deux fois, une fois pour eux, une fois pour les pauvres; on avait compté sans l'hospitalité, criant le long des chemins : Français! ouvrez vos portes, voilà des frères qui vous arrivent du bout de la France!

Et ce dernier cri surtout n'avait pas trouvé une oreille sourde, pas une porte rebelle.

Plus d'étrangers, plus d'inconnus; partout des Français, des parents, des frères; à nous, les pèlerins de la grande fête! Venez, gardes nationaux! venez, soldats! venez, marins! Entrez, vous trouverez des pères et des mères, des épouses, dont les fils et les époux trouvent ailleurs l'hospitalité que nous vous offrons!

Pour celui qui eût pu, comme le Christ, être transporté, non pas sur la plus haute montagne de la terre, mais seulement sur la plus haute montagne de France, c'eût été un splendide spectacle que de voir ces trois cent mille citoyens marchant vers Paris, tous ces rayons de l'étoile refluant vers le centre.

Et par qui étaient guidés tous ces pèlerins de la liberté? Par des vieillards, par de pauvres soldats de la guerre de Sept-Ans, par des sous-officiers de Fontenoy, par des officiers de fortune à qui il avait fallu toute une vie de labeur, de courage et de dévouement pour arriver à l'épaulette de lieutenant ou aux deux épaulettes de capitaine; pauvres mineurs qui avaient été obligés d'user avec leur front la voûte de granit de l'ancien régime militaire! Par des marins, qui avaient conquis l'Inde avec Bussy et Dupleix, et qui l'avaient perdue avec Lally-Tollendal ; ruines vivantes brisées par le canon des champs de bataille, usées au flux et au reflux de la mer ! Pendant les derniers jours, des hommes de quatre-vingts ans firent des étapes de dix et douze lieues pour arriver à temps, et ils arrivèrent.

Au moment de se coucher pour toujours, et de s'endormir du sommeil de l'éternité, ils avaient retrouvé les forces de la jeunesse.

C'est que la patrie leur avait fait signe, les appelant à elle d'une main, et, de l'autre, leur montrant l'avenir de leurs enfants.

L'espérance marchait devant eux.

Puis ils chantaient un seul et unique chant, que les pèlerins vinssent du nord ou du midi, de l'orient ou de l'occident, de l'Alsace ou de la Belgique, de la Provence ou de la Normandie. Qui leur avait appris ce chant, rimé lourdement, pesamment, comme ces anciens cantiques qui guidaient les croisés à travers les mers de l'Archipel et les plaines de l'Asie Mineure ? Nul ne le sait ! l'ange de la rénovation, qui secouait en passant ses ailes au-dessus de la France !

Ce chant, c'était le fameux *Ça ira !* non pas celui de 93 ; 93 a tout interverti, tout changé : le rire en larmes, la sueur en sang !

Non, cette France tout entière, s'arrachant à elle-même pour venir apporter à Paris le serment universel, elle ne chantait point des paroles de menace, elle ne disait point :

« Ah ! ça ira, ça ira, ça ira,
Les aristocrat's à la lanterne !
Ah ! ça ira, ça ira, ça ira,
Les aristocrat's on les pendra ! »

Non, son chant, à elle, ce n'était point un chant de mort, c'était un chant de vie ; ce n'était point l'hymne du désespoir, c'était le cantique de l'espérance.

Elle chantait, sur un autre air, les paroles suivantes :

« Le peuple en ce jour sans cesse répète :
Ah ! ça ira, ça ira, ça ira,
Suivant les maximes de l'Evangile.
Ah ! ça ira, ça ira, ça ira,
Du législateur tout s'accomplira :
Celui qui s'élève, on l'abaissera ;
Celui qui s'abaisse, on l'élèvera ! »

Il fallait un cirque gigantesque pour recevoir, province et Paris, cinq cent mille âmes ; il fallait un amphithéâtre colossal pour étager un million de spectateurs :

Pour le premier, on choisit le Champ de Mars ;
Pour le second, les hauteurs de Passy et de Chaillot.

Seulement, le Champ de Mars présentait une surface plane ; il fallait en faire un vaste bassin ; il fallait le creuser, et en amonceler les terres tout autour pour former des élévations.

Quinze mille ouvriers, de ces hommes qui se plaignent éternellement tout haut de chercher en vain de l'ouvrage, et qui, tout bas, prient Dieu de n'en pas trouver ; quinze mille ouvriers furent lancés avec bêches, pioches et hoyaux par la ville de Paris, pour transformer cette plaine en un vallon bordé d'un large amphithéâtre ; mais, à ces quinze mille ouvriers, trois semaines seulement restaient pour accomplir cette œuvre de Titans, et, au bout de deux jours de travail, on s'aperçut qu'il leur faudrait trois mois !

Peut-être, d'ailleurs, étaient-ils plus chèrement payés pour ne rien faire qu'ils ne l'étaient pour travailler.

Alors, se produisit une espèce de miracle auquel on put juger de l'enthousiasme parisien. Le labeur immense que ne pouvaient pas ou ne voulaient pas exécuter quelques milliers d'ouvriers fainéants, la population tout entière l'entreprit. Le jour même où le bruit se répandit que le Champ de Mars ne serait pas prêt pour le 14 juillet, cent mille hommes se levèrent et dirent, avec cette certitude qui accompagne la volonté d'un peuple ou la volonté d'un Dieu : Il le sera !

Des députés allèrent trouver le maire de Paris au nom de ces cent mille travailleurs, et il fut convenu avec eux que, pour ne pas nuire aux travaux de la journée, on leur donnerait la nuit.

Le même soir, à sept heures, un coup de canon fut tiré, qui annonçait que, la besogne du jour étant finie, l'œuvre nocturne allait commencer.

Et au coup de canon, par ses quatre faces, du côté de Grenelle, du côté de la rivière, du côté du Gros-Caillou, et du côté de Paris, le Champ de Mars fut envahi.

Chacun apportait son instrument, hoyau, bêche, pelle ou brouette.

D'autres roulaient des tonneaux pleins de vin, accompagnés de violons, de guitares, de tambours et de fifres.

Tous les âges, tous les sexes, tous les états étaient confondus. Citoyens, soldats, abbés, moines, belles dames, dames de la halle, sœurs de charité, actrices, tout cela maniait la pioche, roulait la brouette ou menait le tombereau. Les enfants marchaient devant, portant des torches, les orchestres suivaient, jouant de toutes sortes d'instruments, et planant sur tout ce bruit, sur tout ce vacarme, sur tous ces instruments, s'élevait le *Ça ira !* chœur immense chanté par cent mille bouches, et auquel répondaient trois cent mille voix venant de tous les points de la France.

Au nombre des travailleurs les plus acharnés, on en remarquait deux arrivés des premiers et en uniforme : l'un était un homme de quarante ans, aux membres robustes et trapus, mais à la figure sombre.

Lui ne chantait pas et parlait à peine.

L'autre était un jeune homme de vingt ans, à la figure ouverte et souriante, aux grands yeux bleus, aux dents blanches, aux cheveux blonds; d'aplomb sur ses grands pieds et sur ses gros genoux, il soulevait de ses larges mains des fardeaux immenses, roulait charrette et tombereau sans jamais s'arrêter, sans jamais se reposer, chantant toujours, veillant du coin de l'œil sur son compagnon, lui disant une bonne parole à laquelle celui-ci ne répondait pas, lui portant un verre de vin qu'il repoussait, revenant à sa place en levant tristement les épaules, et se remettant à travailler comme dix et à chanter comme vingt.

Ces deux hommes, c'étaient deux députés du nouveau département de l'Aisne qui, éloignés de dix-huit lieues seulement de Paris, et ayant entendu dire que l'on manquait de bras, étaient accourus en toute hâte pour offrir, l'un son silencieux travail, l'autre sa bruyante et joyeuse coopération.

Ces deux hommes, c'étaient Billot et Pitou.

Disons ce qui se passait à Villers-Cotterets pendant la troisième nuit de leur arrivée à Paris, c'est-à-dire pendant la nuit du 5 au 6 juillet, au moment juste où nous venons de les reconnaître s'escrimant de leur mieux au milieu des travailleurs.

LXVII

OU L'ON VOIT CE QU'ÉTAIT DEVENUE CATHERINE, MAIS OU L'ON IGNORE CE QU'ELLE DEVIENDRA

Pendant cette nuit du 5 au 6 juillet, vers onze heures du soir, le docteur Raynal, qui venait de se coucher dans l'espérance, si souvent déçue chez les chirurgiens et les médecins, de dormir sa grasse nuit, le docteur Raynal, disons-nous, fut réveillé par trois coups vigoureux frappés à sa porte.

C'était, on le sait, l'habitude du bon docteur, quand on frappait ou quand on sonnait la nuit, d'aller ouvrir lui-même, afin d'être plus vite en contact avec les gens qui pouvaient avoir besoin de lui.

Cette fois, comme les autres, il sauta à bas de son lit, passa sa robe le chambre, chaussa ses pantoufles, et descendit aussi rapidement que possible son étroit escalier.

Quelque diligence qu'il eût faite, sans doute il paraissait trop lent encore au visiteur, car celui-ci s'était remis à frapper, mais cette fois sans nombre et sans mesure, lorsque tout à coup la porte s'ouvrit.

Le docteur Raynal reconnut ce même laquais qui l'était venu chercher une certaine nuit pour le conduire près du vicomte Isidore de Charny.

— Oh! oh! dit le docteur à cette vue, encore vous, mon ami!... ce n'est point un mot de reproche, entendez-vous bien; mais, si votre maître était blessé de nouveau, il faudrait qu'il y prît garde : il ne fait pas bon aller ainsi aux endroits où il pleut des balles. — Non, Monsieur, répondit le laquais, ce n'est pas pour mon maître, ce n'est pas pour une blessure; c'est pour quelque chose qui n'est pas moins pressé... Achevez votre toilette, voici un cheval, et l'on vous attend.

Le docteur ne demandait jamais plus de cinq minutes pour sa toilette. Cette fois-ci, jugeant au son de voix du laquais et surtout à la façon dont il avait frappé que sa présence était urgente, il n'en mit que quatre.

— Me voici! dit-il, reparaissant presque aussitôt qu'il avait disparu.

Le laquais, sans mettre pied à terre, tint la bride du cheval au docteur Raynal, qui se trouva immédiatement en selle, et qui, au lieu de tourner à gauche en sortant de chez lui, comme il avait fait la première fois, tourna à droite, suivant le laquais, qui lui indiquait le chemin.

C'était donc du côté opposé à Boursonne qu'on le conduisait cette fois.

Il traversa le parc, s'enfonça dans la forêt, laissant Haramont à sa gauche, et se trouva bientôt dans une partie du bois si accidentée, qu'il était difficile d'aller plus loin à cheval.

Tout à coup, un homme caché derrière un arbre se démasqua en faisant un mouvement.

— Est-ce vous, docteur? demanda-t-il.

Le docteur, qui avait arrêté son cheval, ignorant les intentions du nouveau venu, reconnut à ces mots le vicomte Isidore de Charny.

— Oui, dit-il, c'est moi... Où diable me faites-vous donc mener, monsieur le vicomte? — Vous allez voir, dit Isidore; mais descendez de cheval, je vous prie, et suivez-moi.

Le docteur descendit; il commençait à tout comprendre.

— Ah! ah! dit-il, il s'agit d'un accouchement, je parie?

Isidore lui saisit la main.

— Oui, docteur, et par conséquent vous me promettez de garder le silence, n'est-ce pas?

Le docteur haussa les épaules en homme qui voulait dire : Eh! mon Dieu! soyez donc tranquille; j'en ai vu bien d'autres.

— Alors, venez par ici, dit Isidore répondant à sa pensée.

Et, au milieu des houx, sur les feuilles sèches et criantes, perdus sous l'obscurité des hêtres gigantesques, à travers le feuillage frémissant desquels on apercevait de temps en temps le scintillement d'une étoile, tous deux descendirent dans les profondeurs où nous avons dit que le pas des chevaux ne pouvait pénétrer.

Au bout de quelques instants, le docteur aperçut le haut de la Pierre-Clouïse.

— Oh! oh! dit-il, serait-ce dans la hutte du bonhomme Clouïs que nous allons? — Pas tout à fait, dit Isidore, mais bien près...

Et, faisant le tour de l'immense rocher, il conduisit le docteur devant la porte d'une petite bâtisse en briques adossée à la hutte du vieux garde; si bien que l'on aurait pu croire, et que l'on croyait effectivement dans les environs, que le bonhomme, pour plus grande commodité, avait ajouté cette annexe à son logement.

Il est vrai que, à part même Catherine gisante sur le lit, on eût été détrompé par le premier coup d'œil jeté dans l'intérieur de cette petite chambre.

Un joli papier tendu sur la muraille, des rideaux d'étoffe pareille à ce papier pendants aux deux fenêtres; entre ces deux fenêtres, une glace élégante; au-dessous de cette glace, une toilette garnie de tous ses ustensiles en porcelaine; deux chaises, deux fauteuils, un petit canapé et une petite bibliothèque; tel était l'intérieur presque confortable, comme on dirait aujourd'hui, qui s'offrait à la vue en entrant dans cette petite chambre.

Mais le regard du bon docteur ne s'arrêta sur rien de tout cela. Il avait vu la femme étendue sur le lit, il allait droit à la souffrance.

En apercevant le docteur, Catherine avait caché son visage entre ses deux mains, qui ne pouvaient contenir ses sanglots ni cacher ses larmes.

Isidore s'approcha d'elle et prononça son nom; elle se jeta dans ses bras.

— Docteur, dit le jeune homme, je vous confie la vie et l'honneur de celle qui n'est aujourd'hui que ma maîtresse, mais qui, je l'espère, sera un jour ma femme.

— Oh! que tu es bon, mon cher Isidore, de me dire de pareilles choses, quand tu sais bien qu'il est impossible qu'une pauvre fille comme moi soit jamais vicomtesse de Charny; mais je ne t'en remercie pas moins... Tu sais que je vais avoir besoin de forces, et tu veux m'en donner; sois tranquille, j'aurai du courage! Et le premier, le plus grand que je puisse avoir, c'est de me montrer à vous à visage découvert, cher docteur, et de vous offrir la main.

Et elle tendit la main au docteur Raynal.

Une douleur plus violente qu'aucune de celles qu'avait encore éprouvées Catherine crispa sa main au moment même où celle du docteur Raynal la toucha.

Celui-ci fit du regard un signe à Isidore, qui comprit que le moment était venu.

Le jeune homme s'agenouilla devant le lit de la patiente.

— Catherine, mon enfant chéri, lui dit-il, sans doute je devrais rester là, près de toi, à te soutenir et à t'encourager; mais, j'en ai peur, la force me manquerait... Cependant, si tu le désires...

Catherine passa son bras autour du cou d'Isidore.

— Va, dit-elle, va... Je te remercie de tant m'aimer, que tu ne puisses pas me voir souffrir.

Isidore appuya ses lèvres contre celles de la pauvre enfant, serra encore une fois la main du docteur Raynal, et s'élança hors de la chambre.

Pendant deux heures, il erra comme ces ombres dont parle Dante, qui ne peuvent s'arrêter pour prendre un instant de repos, et qui, si elles s'arrêtent, sont relancées par un démon qui les pique de son trident de fer. A chaque instant, après un cercle plus ou moins grand, il revenait à cette porte derrière laquelle s'accomplissait le douloureux mystère de l'enfantement; mais presque aussitôt un cri poussé par Catherine, en pénétrant jusqu'à lui, le frappait comme le trident de fer du damné, et le forçait de reprendre sa course errante, s'éloignant sans cesse du but où elle revenait sans cesse.

Enfin, il s'entendit appeler, au milieu de la nuit, par la voix du docteur, et par une voix plus douce et plus faible. En deux bonds il fut à la porte, ouverte cette fois, et sur le seuil de laquelle le docteur l'attendait, élevant un enfant entre ses bras.

— Hélas! hélas! Isidore, dit Catherine, maintenant, je suis doublement à toi : à toi comme maîtresse, à toi comme mère!

Huit jours après, à la même heure, dans la nuit du 13 au 14 juillet, la porte se rouvrait; deux hommes portaient dans une litière une femme et un enfant, qu'un jeune homme escortait à cheval, en recommandant aux porteurs les plus grandes précautions; arrivé à la grande route d'Haramont à Villers-Cotterets, le cortége trouva une bonne berline attelée de trois chevaux, dans laquelle montèrent la mère et l'enfant.

Le jeune homme donna alors quelques ordres à son domestique, mit pied à terre, lui jeta aux mains la bride de son cheval, et monta à son tour dans la voiture, qui, sans s'arrêter à Villers-Cotterets et sans le traverser, longea seulement le parc depuis la Faisanderie jusqu'au bout de la rue de Largny, et, arrivée là, prit au grand trot la route de Paris.

Avant de partir, le jeune homme avait laissé une bourse d'or à l'intention du père Clouïs, et la jeune femme une lettre à l'adresse de Pitou.

Le docteur Raynal avait répondu que, vu la prompte convalescence de la malade et la bonne constitution de l'enfant, qui était un garçon, le voyage de Villers-Cotterets à Paris pouvait, dans une bonne voiture, se faire sans aucun accident.

C'était en vertu de cette assurance qu'Isidore s'était décidé à ce voyage, rendu nécessaire d'ailleurs par le prochain retour de Billot et de Pitou.

Dieu qui, jusqu'à un certain moment, veille parfois sur ceux que plus tard il semble abandonner, avait permis que l'accouchement eût lieu en l'absence de Billot, qui, d'ailleurs, ignorait la retraite de sa fille, et de Pitou, qui, dans son innocence, n'avait pas même soupçonné la grossesse de Catherine.

Vers cinq heures du matin, la voiture arrivait à la porte Saint-Denis; mais elle ne pouvait traverser les boulevards, à cause de l'encombrement occasionné par la fête du jour.

Catherine hasarda sa tête hors de la portière; mais elle la rentra à l'instant même en poussant un cri et en se cachant dans la poitrine d'Isidore.

Les deux premières personnes qu'elle venait de reconnaître parmi les fédérés étaient Billot et Pitou!

LXVII

LE 14 JUILLET 1790

Ce travail qui d'une plaine immense devait faire une immense vallée entre deux collines, avait en effet, grâce à la coopération de Paris tout entier, été achevé dans la soirée du 13 juillet.

Beaucoup des travailleurs, afin d'être sûrs d'y avoir leur place le lendemain, y avaient couché, comme des vainqueurs couchent sur le champ de bataille.

Billot et Pitou étaient allés rejoindre les fédérés et avaient pris piace au milieu d'eux sur le boulevard. Le hasard fit, comme nous l'avons vu, que la place assignée aux députés du département de l'Aisne était justement celle où alla se heurter la voiture qui amenait à Paris Catherine et son enfant.

Et, en effet, cette ligne, composée de fédérés seulement, s'étendait de la Bastille au boulevard Bonne-Nouvelle.

Chacun avait fait de son mieux pour recevoir ces hôtes bien-aimés. Quand on sut que les Bretons, ces aînés de la liberté, arrivaient, les vainqueurs de la Bastille allèrent au-devant d'eux jusqu'à Saint-Cyr, et les gardèrent comme leurs hôtes.

Il y eut, alors, des élans étranges de désintéressement et de patriotisme.

Les aubergistes se réunirent, et, d'un commun accord, au lieu d'augmenter leurs prix, les abaissèrent. Voilà pour le désintéressement.

Les journalistes, ces âpres joûteurs de tous les jours, qui se font une guerre incessante avec ces passions qui aigrissent en général les haines au lieu de les éteindre, qui écartent les cœurs au lieu de les rapprocher; les journalistes, deux du moins : Loustalot et Camille Desmoulins, proposèrent un pacte fédératif entre les écrivains; ils renonceraient à toute concurrence, à toute jalousie, ils promettraient de ne ressentir désormais d'autre émulation que celle du bien public. Voilà pour le patriotisme.

Malheureusement la proposition de ce pacte n'eut pas d'écho dans la presse, et y resta, pour le présent comme pour l'avenir, à titre de sublime utopie.

L'Assemblée avait reçu, de son côté, une portion de la secousse électrique qui remuait la France comme un tremblement de terre. Quelques jours auparavant elle avait, sur la proposition de messieurs de Montmorency et de Lafayette, aboli la noblesse héréditaire, défendue par l'abbé Maury, fils d'un savetier de village.

Dès le mois de février, l'Assemblée avait commencé par abolir l'hérédité du mal; elle avait décidé, à propos de la pendaison des frères Agasse, condamnés pour faux billets de commerce, que l'échafaud ne flétrirait plus ni les enfants ni les parents du coupable.

En outre, le jour même où l'Assemblée abolissait la transmission du privilége, comme elle avait aboli la transmission du mal, un Allemand, un homme des bords du Rhin, qui avait échangé ses prénoms de Jean-Baptiste contre celui d'Anacharsis, Anacharsis Clootz, baron prussien, né à Clèves, s'était présenté à sa barre comme député du genre humain; il conduisait derrière lui une vingtaine d'hommes de toutes les nations dans leurs costumes nationaux, tous proscrits et venant demander au nom des peuples, les seuls souverains légitimes, leur place à la fédération.

Une place avait été assignée à *l'orateur du genre humain*.

D'un autre côté, l'influence de Mirabeau se faisait sentir tous les jours. Grâce à ce puissant champion, la cour conquérait des partisans, non-seulement dans les rangs de la droite, mais encore dans ceux de la gauche. L'Assemblée avait voté, nous dirons presque d'enthousiasme, vingt-quatre millions de liste civile pour le roi, et un douaire de quatre millions pour la reine.

C'était largement rendre à tous deux les deux cent huit mille francs de dettes qu'ils avaient payé pour l'éloquent tribun, et les six mille livres de rente qu'ils lui faisaient par mois.

Du reste, Mirabeau ne paraissait pas s'être trompé non plus sur l'esprit des provinces : ceux des fédérés qui furent vus par Louis XVI apportaient à Paris l'enthousiasme pour l'Assemblée nationale; mais, en même temps, la religion pour la royauté. Ils levaient leur chapeau devant monsieur Bailly, en criant : Vive la nation! mais ils s'agenouillaient devant Louis XVI, et déposaient leurs épées à ses pieds, en criant : Vive le roi!

Malheureusement, le roi, peu poétique, peu chevaleresque, répondait mal à tous ces élans de cœur.

Malheureusement, la reine, trop fière, trop Lorraine, si l'on peut dire, n'estimait point comme ils le méritaient ces témoignages venant du cœur.

Puis, la pauvre femme! elle avait quelque chose de sombre au fond de la pensée, quelque chose de pareil à un de ces points obscurs qui tachent la face du soleil.

Ce quelque chose de sombre, cette tache qui rongeait son cœur, c'était l'absence de Charny; de Charny, qui certes eût pu revenir, et qui restait près de monsieur de Bouillé.

Enfin, le 14 juillet était venu impassiblement et à son heure, amenant avec lui ces grands et ces petits événements qui font à la fois l'histoire des humbles et des puissants, du peuple et de la royauté.

Comme si ce dédaigneux 14 juillet n'eût pas su qu'il venait pour éclairer un spectacle inouï, splendide, il vint le front voilé de nuages, soufflant le vent et la pluie.

Mais une des qualités du peuple français est de rire de tout, même de la pluie les jours de fête.

Les gardes nationaux parisiens et les fédérés provinciaux, entassés sur les boulevards depuis cinq heures du matin, trempés de pluie, mourants de faim, riaient et chantaient.

Il est vrai que la population parisienne, qui ne pouvait pas les garantir de la pluie, eut au moins l'idée de les guérir de la faim.

De toutes les fenêtres on commença à leur descendre, avec des cordes, des pains, des jambons et des bouteilles de vin.

Il en fut de même dans toutes les rues par où ils passèrent.

Pendant leur marche, cent cinquante mille personnes prenaient place sur les tertres du Champ de Mars, et cent cinquante mille autres se tenaient debout derrière elles.

Quant aux amphithéâtres de Chaillot et de Passy, ils étaient chargés de spectateurs dont il était impossible de savoir le nombre.

Magnifique cirque! gigantesque amphithéâtre! splendide arène! où eut lieu la fédération de la France. Quelle joie, quelle confiance dans cette foule, dans celle qui attendait assise ou debout, comme dans celle qui, passant le pont de bois bâti devant Chaillot, entrait dans le Champ de Mars par l'Arc de Triomphe.

A mesure que se succédaient les bataillons de fédérés, de grands cris d'enthousiasme, et peut-être un peu d'étonnement à la vue qui frappait leurs yeux, de grands cris poussés par le cœur s'échappaient de toutes les bouches.

Et, en effet, jamais pareil spectacle n'avait ébloui l'œil de l'homme.

Le Champ de Mars transformé comme par enchantement; une plaine changée, en moins d'un mois, en une vallée d'une lieue de tour!

Sur les talus quadrangulaires de cette vallée, trois cent mille personnes assises ou debout!

Au milieu, l'autel de la patrie, auquel on monte par quatre escaliers correspondant aux quatre faces de l'obélisque qui le surmonte.

A chaque angle du monument, d'immenses cassolettes brûlant cet encens que l'Assemblée nationale a décidé qu'on ne brûlerait plus que pour Dieu.

Sur chacune de ses grandes faces, des inscriptions annonçant au monde que le peuple français est libre, et conviant les autres nations à la liberté...

O grande joie de nos pères, à cette vue tu fus si vive, si profonde, si réelle, que les tressaillements en sont venus jusqu'à nous!

Et, cependant, le ciel était parlant comme un augure antique.

Ce jour-là, on n'entendait que deux voix, la voix de la Foi, à laquelle répondait celle de l'Espérance.

Devant les bâtiments de l'École militaire, des galeries étaient dressées.

Ces galeries couvertes de draperies et surmontées de drapeaux aux trois couleurs étaient réservées pour la reine, pour la cour et pour l'Assemblée nationale.

Deux trônes pareils et s'élevant à trois pieds de distance l'un de l'autre, étaient destinés au roi et au président de l'Assemblée.

Le roi, nommé, *pour ce jour seulement*, chef suprême et absolu des gardes nationales de France, avait transmis son commandement à monsieur de Lafayette.

Lafayette était donc, ce jour-là, généralissime-connétable de six millions d'hommes armés.

Sa fortune était pressée d'arriver au faîte ; plus grande que lui, elle ne pouvait tarder à décliner et à s'éteindre.

Ce jour, elle fut à son apogée ; mais, comme ces apparitions nocturnes et fantastiques qui dépassent peu à peu toutes proportions humaines, elle n'avait grandi démesurément que pour se dissoudre en vapeur, s'évanouir et disparaître.

Mais, pendant la fédération, tout était réel, et tout avait la puissance de la réalité :

Peuple qui devait donner sa démission, roi dont la tête devait tomber, généralissime que les quatre pieds de son cheval blanc devaient mener à l'exil.

Et cependant, sous cette pluie hivernale, sous ces raffales tempêtueuses, à la lueur de ces rares rayons, non pas même du soleil, mais de jour, filtrant à travers la voûte sombre des nuages, les fédérés entraient dans l'immense cirque par les trois ouvertures de l'Arc de Triomphe ; puis, après leur avant-garde, pour ainsi dire, vingt-cinq mille hommes environ se développant sur deux lignes circulaires pour embrasser les contours du cirque, venaient les électeurs de Paris ; ensuite, les représentants de la commune ; enfin, l'Assemblée nationale.

Tous ces corps, qui avaient leurs places retenues dans les galeries adossées à l'École militaire, suivaient une ligne droite s'ouvrant seulement, comme le flot devant un rocher, pour côtoyer l'autel de la patrie ; se réunissant au delà comme ils avaient été réunis en deçà, et touchant déjà de la tête les galeries, tandis que la queue, immense serpent, étendait son dernier repli jusqu'à l'Arc de Triomphe.

Derrière les électeurs, les représentants de la commune et l'Assemblée nationale, venait le reste du cortége : fédérés, députations militaires, gardes nationaux.

Chaque département portant sa bannière distinctive, mais reliée, enveloppée, nationalisée, par cette grande ceinture de bannières tricolores qui disait aux yeux et aux cœurs ces deux mots, les seuls avec lesquels les peuples, ces ouvriers de Dieu, font les grandes choses : *Patrie ! Unité !*

En même temps que le président de l'Assemblée nationale montait à son fauteuil, le roi montait au sien, et la reine prenait place dans sa tribune.

Hélas! pauvre reine! sa cour était mesquine; ses meilleures amies avaient eu peur et l'avaient quittée. Peut-être, si l'on eût su que, grâce à Mirabeau, le roi avait obtenu vingt-cinq millions de liste civile, et la reine quatre millions de douaire, peut-être quelques-unes seraient-elles revenues; mais on l'ignorait.

Quant à celui qu'elle cherchait inutilement des yeux, Marie-Antoinette savait que, celui-là, ce n'était ni l'or ni la puissance qui l'attiraient près d'elle.

A son défaut, ses yeux au moins voulurent s'arrêter sur un ami fidèle et dévoué.

Elle demanda où était monsieur Isidore de Charny et pourquoi, la royauté ayant si peu de partisans au milieu d'une si grande foule, ses défenseurs n'étaient pas à leur poste autour du roi ou aux pieds de la reine.

Nul ne savait où était Isidore de Charny, et celui qui lui eût répondu qu'à cette heure il conduisait une petite paysanne, sa maîtresse, dans une modeste maison bâtie sur le versant de la montagne de Bellevue, lui eût fait certainement hausser les épaules de pitié, s'il ne lui eût pas serré le cœur de jalousie.

Qui sait, en effet, si l'héritière des Césars n'eût pas donné trône et couronne, n'eût pas consenti à être une paysanne obscure, fille d'un obscur fermier, pour être aimée encore d'Olivier comme Catherine était aimée d'Isidore?

Sans doute c'étaient toutes ces pensées qu'elle roulait dans son esprit, lorsque Mirabeau, saisissant un de ses regards douteux, moitié rayon du ciel, moitié éclair d'orage, ne put s'empêcher de dire tout haut :

— Mais à quoi pense-t-elle donc, la magicienne?

Si Cagliostro eût été à portée d'entendre ces paroles, peut-être eût-il pu lui répondre : Elle pense à la fatale machine que je lui ai fait voir au château de Taverney dans une carafe, et qu'elle a reconnue un soir aux Tuileries dans une apparition. Et il se serait trompé, le grand prophète qui se trompait si rarement.

Elle pensait à Charny absent et à l'amour éteint.

Et cela, au bruit de cinq cents tambours et de deux mille instruments de musique que l'on entendait à peine parmi les cris de : Vive le roi! vive la loi! vive la nation!

Tout à coup un grand silence se fit.

Le roi était assis comme le président de l'Assemblée nationale.

Deux cents prêtres vêtus d'aubes blanches s'avançaient vers l'autel précédés de l'évêque d'Autun, monsieur de Talleyrand, le patron de tous les prêteurs de serment passés, présents et futurs.

Il monta les marches de l'autel de son pied boiteux, le Méphistophélès attendant le Faust qui devait apparaître au 13 vendémiaire.

Une messe dite par l'évêque d'Autun! nous avions oublié cela au nombre des mauvais présages.

Ce fut à ce moment que l'orage redoubla; on eût dit que le ciel protestait contre ce faux prêtre qui allait profaner le saint sacrifice de la messe, donner pour tabernacle au Seigneur une poitrine que devaient souiller tant de parjures à venir.

Les bannières des départements et les drapeaux tricolores rapprochés de l'autel, lui faisaient une ceinture flottante dont le vent du sud-ouest déroulait et agitait violemment les mille couleurs.

La messe achevée, monsieur de Talleyrand descendit quelques marches, et bénit le drapeau national et les bannières des quatre-vingt-trois départements. Puis commença la cérémonie sainte du serment.

Lafayette jurait le premier au nom des gardes nationales du royaume.

Le président de l'Assemblée nationale jurait le second, au nom de la France.

Le roi jurait le troisième, en son propre nom.

Lafayette descendit de cheval, traversa l'espace qui le séparait de l'autel, en monta les degrés, tira son épée, en appuya la pointe sur le livre des Évangiles, et, d'une voix ferme et assurée :

— Nous jurons, dit-il, d'être à jamais fidèles à la nation, à la loi, au roi!... de maintenir de tout notre pouvoir la constitution décrétée par l'Assemblée nationale et acceptée par le roi... de protéger, conformément aux lois, la sûreté des personnes et des propriétés, la circulation des grains et subsistances dans l'intérieur du royaume, la perception des contributions publiques, sous quelque forme qu'elles existent... de demeurer unis à tous les Français par les liens indissolubles de la fraternité!

Il s'était fait un grand silence pendant ce serment.

A peine fut-il achevé, que cent pièces de canon s'enflammèrent à la fois et donnèrent le signal aux départements voisins.

Alors, de toute ville fortifiée partit un immense éclair suivi de ce tonnerre menaçant inventé par les hommes, et qui, si la supériorité se mesure au désastre, a depuis longtemps vaincu celui de Dieu.

Comme les cercles produits par une pierre jetée au milieu d'un lac, et qui vont s'élargissant jusqu'à ce qu'ils atteignent le bord, chaque cercle de flamme, chaque grondement de tonnerre, s'élargit ainsi marchant du centre à la circonférence, de Paris à la frontière, du cœur de la France a l'étranger.

Puis le président de l'Assemblée nationale se leva à son tour, et, tous les députés debout autour de lui, il dit :

— Je jure d'être fidèle à la nation, à la loi, au roi, et de maintenir de tout mon pouvoir la constitution décrétée par l'Assemblée nationale et acceptée par le roi!

Et à peine avait-il achevé que la même flamme brilla, que la même foudre retentit et roula d'échos en échos vers toutes les extrémités de la France.

C'était le tour du roi.

Il se leva.

— Moi, roi des Français, dit Louis XVI, je jure d'employer tout le pouvoir qui m'est délégué par la loi constitutionnelle de l'État à maintenir la constitution décrétée par l'Assemblée nationale et acceptée par moi, et à faire exécuter les lois!

Les cent pièces de canon éclatèrent comme elles avaient fait pour Lafayette et pour le président de l'Assemblée, et l'artillerie des départements alla porter, une troisième fois, ce menaçant avis aux rois de l'Europe : Prenez garde, la France est debout! Prenez garde, la France veut être libre! et, comme cet ambassadeur romain qui portait dans un pli de son manteau la paix ou la guerre, elle est prête à secouer son manteau sur le monde!

LXIX

ICI L'ON DANSE

Il y eut une heure d'immense joie dans toute cette multitude.

Mirabeau en oublia un instant la reine; Billot en oublia un instant Catherine.

Le roi se retira au milieu des acclamations universelles.

L'Assemblée regagna la salle de ses séances accompagnée du même cortège.

Quant au drapeau donné par la ville de Paris aux vétérans de l'armée, il fut, dit *l'Histoire de la Révolution* par deux amis de la liberté, il fut décrété qu'il resterait suspendu aux voûtes de l'Assemblée comme un monument pour les législateurs à venir, de l'heureuse époque qu'on venait de célébrer, et *comme un emblème propre à rappeler aux troupes qu'elles sont soumises aux deux pouvoirs et qu'elles ne peuvent le déployer sans leur intervention mutuelle.*

La nuit vint. La fête du matin avait été au Champ de Mars; la fête du soir fut à la Bastille.

Quatre-vingt-trois arbres, autant qu'il y avait de départements, représentèrent, couverts de leurs feuilles, les huit tours de la forteresse, sur les fondements desquelles ils étaient plantés ; des cordons de lumière couraient d'arbre en arbre ; au milieu s'élevait un mât gigantesque portant un drapeau sur lequel on lisait le mot LIBERTÉ ; près des fossés, dans une tombe laissée ouverte à dessein, étaient enterrés les fers, les chaînes, les grilles de la Bastille, et ce fameux bas-relief de l'horloge, représentant des esclaves enchaînés. En outre, on avait laissé béants, en les éclairant d'une façon lugubre, ces cachots qui avaient absorbé tant de larmes et étouffé tant de gémissements ; enfin, lorsqu'attiré par la musique qui retentissait au milieu du feuillage on pénétrait jusqu'à l'endroit où était autrefois la cour intérieure, on y trouvait une salle de bal ardemment éclairée, au-dessus de l'entrée de laquelle on lisait ces mots, qui n'étaient que la réalisation de la prédiction de Cagliostro :

ICI L'ON DANSE.

A l'une des mille tables dressées autour de la Bastille, et sous cet ombrage improvisé qui représentait la forteresse presqu'aussi exactement que les petites pierres taillées de monsieur l'architecte Palloy, deux hommes réparaient leurs forces épuisées par toute une journée de marches, de contre-marches et de manœuvres.

Ils avaient devant eux un énorme saucisson, un pain de quatre livres et deux bouteilles de vin.

— Ah ! par ma foi, dit en vidant son verre d'un seul trait le plus jeune des deux hommes, qui portait le costume de capitaine de la garde nationale, tandis que l'autre, plus âgé du double au moins, portait celui de fédéré, par ma foi, c'est une bonne chose de manger quand on a faim, et de boire quand on a soif !

Puis, après une pause :

— Mais vous n'avez donc ni soif ni faim, vous, père Billot ? demanda-t-il. — J'ai mangé et j'ai bu, répondit celui-ci ; et je n'ai plus ni soif ni faim, que d'une chose.... — De laquelle ? — Je te dirai cela, ami Pitou, quand l'heure de me mettre à table sera venue...

Pitou ne vit point malice dans la réponse de Billot. Billot avait peu bu et peu mangé, malgré la fatigue de la journée et *la faim qu'il faisait,* comme disait Pitou ; mais, depuis son départ de Villers-Cotterets pour Paris, et pendant les jours ou plutôt les cinq nuits de travail au Champ de Mars, Billot avait également très-peu bu et très-peu mangé.

Pitou savait que certaines indispositions, sans être autrement dangereuses, enlevaient momentanément l'appétit aux organisations les plus robustes, et, à chaque fois qu'il avait remarqué combien peu mangeait

Billot, il lui avait demandé, comme il venait de le faire, pourquoi il ne mangeait pas, demande à laquelle Billot avait répondu qu'il n'avait pas faim, réponse qui avait suffi à Pitou.

Seulement, il y avait une chose qui contrariait Pitou; ce n'était pas la sobriété d'estomac de Billot : chacun est libre de manger peu ou prou; d'ailleurs, moins Billot mangeait, plus il en restait à Pitou; c'était la sobriété de paroles du fermier.

Quand Pitou mangeait en compagnie, Pitou aimait à parler; il avait remarqué que, sans que la parole nuisît à la déglutition, elle aidait à la digestion, et cette remarque avait jeté de si profondes racines dans son esprit que, quand Pitou mangeait seul, il chantait.

A moins que Pitou ne fût triste.

Mais Pitou n'avait aucun motif pour être triste, au contraire.

Sa vie d'Haramont, depuis un certain temps, était redevenue fort agréable. Pitou, on l'a vu, aimait ou plutôt adorait Catherine, et j'invite le lecteur à prendre le mot à la lettre. Or, que faut-il à l'Italien ou à l'Espagnol qui adore la madone? Voir la madone, s'agenouiller devant la madone, prier la madone!

Que faisait Pitou?

Dès que la nuit était venue, il partait pour la Pierre-Clouïse, il voyait Catherine, il s'agenouillait devant Catherine, il priait Catherine!

Et la jeune fille, reconnaissante de l'immense service que lui avait rendu Pitou, le laissait faire; elle avait les yeux ailleurs, plus loin, plus haut.

Seulement, de temps en temps il y avait un petit sentiment de jalousie chez le brave garçon, quand il apportait de la poste une lettre d'Isidore pour Catherine, ou quand il portait à la poste une lettre de Catherine pour Isidore.

Mais, à tout prendre, cette situation était incomparablement meilleure que celle qui lui avait été faite à la ferme à son retour de Paris, lorsque Catherine, reconnaissant dans Pitou un démagogue, un ennemi des nobles et des aristocrates, l'avait mis à la porte en lui disant qu'il n'y avait pas d'ouvrage à la ferme pour lui.

Pitou, qui ignorait la grossesse de Catherine, ne faisait donc aucun doute que cette situation ne dût durer éternellement.

Aussi avait-il quitté Haramont avec grand regret, mais forcé par son grade supérieur de donner l'exemple du zèle, et avait-il pris congé de Catherine en la recommandant au père Clouïs, et en promettant de revenir le plus tôt possible.

Pitou n'avait donc rien laissé derrière lui qui pût le rendre triste.

A Paris, Pitou n'avait été se heurter contre aucun événement qui pût faire naître ce sentiment dans son cœur.

Il avait trouvé le docteur Gilbert, auquel il avait rendu compte de l'emploi de ses vingt-cinq louis, et rapporté les remerciements et les vœux des trente-trois gardes nationaux qu'à l'aide de ces vingt-cinq louis il avait vêtus ; et le docteur Gilbert lui en avait donné vingt-cinq autres pour être appliqués, non plus, cette fois, aux besoins exclusifs de la garde nationale, mais en même temps aux siens propres.

Pitou avait accepté simplement et naïvemement les vingt-cinq louis.

Puisque monsieur Gilbert, qui était un dieu pour lui, donnait, il n'y avait pas de mal à recevoir.

Quand Dieu donnait la pluie ou le soleil, il n'était jamais venu à l'idée de Pitou de prendre un parapluie ou un parasol pour repousser les dons de Dieu.

Non, il avait accepté l'un et l'autre, et, comme les fleurs, comme les plantes, comme les arbres, il s'en était toujours bien trouvé.

En outre, après avoir réfléchi un instant, Gilbert avait relevé sa belle tête pensive et lui avait dit :

— Je crois, mon cher Pitou, que Billot a beaucoup de choses à me raconter ; ne voudrais-tu pas, pendant que je causerai avec Billot, faire une visite à Sébastien ? — Oh ! si fait, monsieur Gilbert, s'écria Pitou en frappant ses deux mains l'une contre l'autre comme un enfant ; j'en avais grande envie à part moi, mais je n'osais pas vous en demander la permission.

Gilbert réfléchit encore un instant.

Puis, prenant une plume, il écrivit quelques mots qu'il plia en lettre et qu'il adressa à son fils.

— Tiens, dit-il, prends une voiture et va trouver Sébastien ; probablement, d'après ce que je lui écris, aura-t-il une visite à faire ; tu le conduiras où il doit aller, n'est-ce pas, mon cher Pitou, et tu l'attendras à la porte ? Peut-être te fera-t-il attendre une heure, peut-être davantage ; mais je connais ta complaisance : tu te diras que tu me rends un service, et tu ne t'ennuieras pas. — Oh ! non, soyez tranquille, dit Pitou, je ne m'ennuie jamais, monsieur Gilbert. D'ailleurs je prendrai, en passant devant un boulanger, un bon morceau de pain, et, si je m'ennuie dans la voiture, je mangerai. — Bon moyen ! avait répondu Gilbert : seulement, Pitou, ceci soit dit comme hygiène, avait-il ajouté en souriant, il ne faut pas manger du pain sec, et il est bon de boire en mangeant. — Alors, avait repris Pitou, j'achèterai, en outre du morceau de pain, un morceau de fromage de cochon et une bouteille de vin. — Bravo ! s'était écrié Gilbert.

Et sur cet encouragement Pitou était descendu, avait pris un fiacre, s'était fait conduire au collége Saint-Louis, avait demandé Sébastien, qui se promenait dans le jardin réservé, l'avait pris dans ses bras comme Hercule fait de Télèphe, et l'avait embrassé tout à son aise ; puis, en le reposant à terre, lui avait remis la lettre de son père.

Sébastien avait d'abord baisé la lettre avec ce doux respect et ce tendre amour qu'il avait pour son père ; puis, après un instant de réflexion :

— Pitou, demanda-t-il, mon père ne t'a-t-il point dit que tu devais me conduire quelque part ? — Si cela te convenait d'y aller... — Oui, oui, dit vivement l'enfant, oui, cela me convient, et tu diras à mon père que j'ai accepté avec empressement. — Bon ! dit Pitou, il paraît que c'est un endroit où tu t'amuses ? — C'est un endroit où je n'ai été qu'une fois, Pitou ; mais je suis bien heureux d'y retourner ! — En ce cas, dit Pitou, il n'y a qu'à prévenir l'abbé Bérardier que tu sors... Nous avons un fiacre à la porte, et je t'emmène. — Eh bien ! pour ne pas perdre de temps, mon cher Pitou, dit le jeune homme, porte toi-même à l'abbé ce petit mot de mon père... Je fais un peu de toilette, et je te rejoins dans la cour.

Pitou porta son petit mot au directeur des études, prit un *exeat*, et descendit dans la cour.

L'entrevue avec l'abbé Bérardier avait amené une certaine satisfaction d'amour-propre chez Pitou ; il s'était fait reconnaître pour ce pauvre paysan coiffé d'un casque, armé d'un sabre et légèrement privé de culotte, qui, le jour même de la prise de la Bastille, il y avait un an, avait fait émeute dans le collége à la fois par les armes qu'il avait et par le vêtement qui lui manquait. Aujourd'hui, il s'y présentait avec le chapeau à trois cornes, l'habit bleu, le revers blanc, la culotte courte, les épaulettes de capitaine sur l'épaule ; aujourd'hui, il s'y présentait avec cette confiance en soi-même que donne la considération dont vous entourent vos concitoyens ; aujourd'hui, il s'y présentait comme député à la confédération, il avait donc droit à toutes sortes d'égards.

Aussi, l'abbé Bérardier eut-il pour Pitou toutes sortes d'égards.

Presque en même temps que Pitou descendait l'escalier du directeur des études, Sébastien, qui avait chambre à part, descendait l'escalier de sa chambre.

Ce n'était plus un enfant que Sébastien ; c'était un charmant jeune homme de seize à dix-sept ans, dont les beaux cheveux châtains encadraient le visage, et dont les yeux bleus lançaient ces premières flammes juvéniles dorées comme les rayons du jour naissant.

— Me voici, dit-il tout joyeux à Pitou ; partons !

Pitou le regarda avec une si grande joie, mêlée d'un si grand étonnement, que Sébastien fut obligé de répéter une seconde fois son invitation.

A cette seconde fois, Pitou suivit le jeune homme.

Arrivés à la grille :

— Ah çà! dit Pitou à Sébastien, tu sais que j'ignore où nous allons; c'est donc à toi de donner l'adresse. — Sois tranquille! dit Sébastien.

Et, s'adressant au cocher :

— Rue Coq-Héron, numéro 9, dit-il, à la première porte cochère en entrant par la rue Coquillière.

Cette adresse ne disait absolument rien à Pitou; aussi Pitou monta-t-il dans la voiture derrière Sébastien sans faire aucune observation.

— Mais, mon cher Pitou, dit Sébastien, si la personne chez laquelle je vais est chez elle, probablement y resterai-je une heure et peut-être davantage. — Ne t'inquiète pas de cela, Sébastien, dit Pitou en ouvrant sa grande bouche pour rire joyeusement, le cas est prévu... Eh! cocher, arrêtez!

En effet, on passait devant un boulanger; le cocher s'arrêta; Pitou descendit, acheta un pain de deux livres, et remonta dans le fiacre.

Un peu plus loin, Pitou arrêta le cocher une seconde fois.

C'était devant un cabaret.

Pitou descendit, acheta une bouteille de vin, et reprit sa place près de Sébastien.

Enfin, Pitou arrêta le cocher une troisième fois.

C'était devant un charcutier.

Pitou descendit et acheta un quart de fromage de cochon.

— Là! maintenant, dit-il, allez sans vous arrêter rue Coq-Héron; j'ai tout ce qu'il me faut. — Bon! dit Sébastien, je comprends ton affaire à présent, et je suis tout à fait tranquille.

La voiture roula jusqu'à la rue Coq-Héron, et ne s'arrêta qu'au numéro 9.

À mesure qu'il approchait de cette maison, Sébastien paraissait pris d'une agitation fébrile qui allait croissant. Il se tenait debout dans le fiacre, passait la tête par la portière et criait au cocher, sans que cette invitation, il faut le dire en l'honneur du cocher et de ses deux rosses, fît faire un pas plus vite au fiacre :

— Allez donc, cocher! mais allez donc!

Cependant, comme il faut que chaque chose atteigne son but, le ruisseau la rivière, la rivière le fleuve, le fleuve l'océan, le fiacre atteignit la rue Coq-Héron, et s'arrêta, comme nous l'avons dit, au numéro 9.

Aussitôt, sans attendre l'aide du cocher, Sébastien ouvrit la portière, embrassa une dernière fois Pitou, sauta à terre, sonna vivement à la porte qui s'ouvrit, demanda au concierge madame la comtesse de Charny, et avant qu'on lui eût répondu s'élança vers le pavillon.

Le concierge, qui vit un charmant enfant beau et bien mis, n'essaya

PITOU RAMENANT SÉBASTIEN A SA MÈRE.

pas même de l'arrêter, et comme la comtesse était chez elle, il se contenta de refermer la porte, après s'être assuré que personne ne suivait l'enfant et ne désirait entrer avec lui.

Au bout de cinq minutes, pendant que Pitou entamait de son couteau le quart de fromage de cochon, tenait entre ses genoux la bouteille débouchée, et mordait à belles dents le pain tendre à la croûte croquante, la portière du fiacre s'ouvrit, et le concierge, son bonnet à la main, adressa à Pitou ces paroles, qu'il lui fit répéter deux fois :

— Madame la comtesse de Charny prie monsieur le capitaine Pitou de lui faire l'honneur d'entrer chez elle, au lieu d'attendre monsieur Sébastien dans le fiacre.

Pitou, nous l'avons dit, se fit répéter ces paroles deux fois; mais comme à la seconde il n'y avait pas moyen de s'y méprendre, force lui fut, avec un soupir, d'avaler sa bouchée, de restituer au papier qui l'enveloppait la partie du fromage de cochon qu'il avait déjà séparée du tout, et d'accoter proprement sa bouteille dans l'angle du fiacre, afin que le vin ne s'en échappât point.

Puis, tout étourdi de l'aventure, il suivit le concierge.

Mais son étourdissement redoubla quand il se vit attendu dans l'antichambre par une belle dame qui serrait Sébastien sur sa poitrine, et, lui tendant la main, dit à lui Pitou :

— Monsieur Pitou, vous venez de me faire une joie si grande et si inespérée, en m'amenant Sébastien, que j'ai voulu vous remercier moi-même.

Pitou regardait, Pitou balbutiait : mais Pitou laissait la main de la belle dame étendue vers lui.

— Prends cette main et baise-la, Pitou, dit Sébastien, ma mère le permet. — Ta mère? dit Pitou.

Sébastien fit de la tête un signe d'affirmation.

— Oui, sa mère! dit Andrée le regard rayonnant de joie; sa mère, à laquelle vous l'avez ramené après neuf mois d'absence! sa mère, qui ne l'avait vu qu'une fois, et qui, dans l'espérance que vous le lui ramènerez encore, ne veut pas avoir de secrets pour vous, quoique ce secret dût être sa perte, s'il était connu.

Chaque fois qu'on s'adressait au cœur ou à la loyauté de Pitou, on était bien sûr que le brave garçon perdait à l'instant même tout trouble et toute hésitation.

— Oh! Madame, s'écria-t-il en saisissant la main que lui tendait la comtesse de Charny et en la baisant, soyez tranquille, votre secret est là.

Et, se relevant, il posa avec une certaine dignité sa main sur son cœur.

— Maintenant, monsieur Pitou, poursuivit la comtesse, mon fils m'a dit que vous n'aviez pas déjeuné... Entrez dans la salle à manger, et pendant que je causerai avec Sébastien, vous voudrez bien accorder ce bonheur à une mère, n'est-ce pas? on vous servira et vous réparerez le temps perdu.

Et, saluant Pitou d'un de ces regards qu'elle n'avait jamais eus pour les plus riches seigneurs de la cour de Louis XV ou de Louis XVI, elle entraîna Sébastien à travers le salon jusque dans sa chambre à coucher, laissant Pitou, assez étourdi encore, attendre dans la salle à manger l'effet de la promesse qui venait de lui être faite.

Au bout de quelques instants, cette promesse était remplie : deux côtelettes, un poulet froid et un pot de confitures étaient dressés sur la table près d'une bouteille de vin de Bordeaux, d'un verre à pied de cristal de Venise fin comme de la mousseline, et d'une pile d'assiettes de porcelaine de Chine.

Malgré l'élégance du service, nous n'oserions dire que Pitou ne regretta point son pain de deux livres, son fromage de cochon et sa bouteille de vin au cachet vert.

Comme il entamait son poulet, après avoir absorbé ses deux côtelettes, la porte de la salle à manger s'ouvrit, et un jeune gentilhomme parut, s'apprêtant à traverser cette salle pour gagner le salon.

Pitou leva la tête, le jeune gentilhomme baissa les yeux; tous deux se reconnurent en même temps, et, en même temps, poussèrent ce double cri de reconnaissance :

— Monsieur le vicomte de Charny! — Ange Pitou!

Pitou se leva; son cœur battait violemment : la vue du jeune homme lui rappelait les émotions les plus violentes qu'il eût jamais éprouvées.

Quant à Isidore, la vue de Pitou ne lui rappelait absolument rien, que les obligations que Catherine lui avait dit avoir au brave garçon.

Il ignorait, et n'avait pas même l'idée de supposer cet amour profond de Pitou pour Catherine, amour dans lequel Pitou avait eu la force de puiser son dévouement.

En conséquence, il vint droit à Pitou, dans lequel, malgré son uniforme et sa double épaulette, l'habitude lui faisait voir le paysan d'Haramont, le colleteur de la Bruyère-aux-Loups, le garçon de ferme de Billot.

— Ah! c'est vous, monsieur Pitou, dit-il, enchanté de vous rencontrer pour vous faire tous mes remerciements sur les services que vous nous avez rendus. — Monsieur le vicomte, dit Pitou d'une voix assez ferme, quoiqu'il sentît tout son corps frissonner, ces services, je les ai rendus en vue de mademoiselle Catherine, et à elle seule. — Oui, jusqu'au moment où vous avez su que je l'aimais... Depuis ce moment, je dois donc prendre ma part de ces services, et comme, tant pour recevoir mes lettres que pour faire bâtir cette petite maison de la Pierre-Clouïse, vous avez dû dépenser quelque chose...

Et Isidore porta la main à sa poche, comme pour interroger par une démonstration la conscience de Pitou.

Mais celui-ci l'arrêta.

— Monsieur, dit-il, avec cette dignité qu'on était parfois étonné de trouver en lui, je rends des services quand je puis, mais je ne les fais pas payer... D'ailleurs, je vous le répète, ces services, je les ai rendus à mademoiselle Catherine... Mademoiselle Catherine est mon amie; si elle croit me devoir quelque chose, elle règlera cette dette avec moi. Mais vous, Monsieur, vous ne me devez rien, car j'ai tout fait pour mademoiselle Catherine, et rien pour vous.... vous n'avez donc rien à m'offrir.

Ces paroles, et surtout le ton dont elles étaient dites, frappèrent Isidore. Peut-être fut-ce alors seulement qu'il s'aperçut que celui qui les prononçait était vêtu d'un habit d'uniforme et portait des épaulettes de capitaine.

— Si fait, monsieur Pitou, insista Isidore en inclinant légèrement la tête, je vous dois quelque chose, et j'ai quelque chose à vous offrir : je vous dois mes remercîments, et j'ai à vous offrir ma main. J'espère que vous me ferez le plaisir d'accepter les uns, et l'honneur de toucher l'autre.

Il y avait une telle grandeur de façons dans la réponse d'Isidore et dans le geste qui l'accompagnait, que Pitou, vaincu, étendit la main, et, du bout des doigts, toucha les doigts d'Isidore.

En ce moment, la comtesse de Charny parut sur le seuil de la porte du salon.

— Monsieur le vicomte, dit-elle, vous m'avez fait demander... me voici.

Isidore salua Pitou et se rendit à l'invitation de la comtesse en passant au salon.

Seulement, comme il fallait repousser la porte du salon, sans doute pour se trouver seul avec la comtesse, Andrée retint cette porte, qui demeura entre-bâillée.

L'intention de la comtesse était visiblement que cela fût ainsi.

Pitou put entendre ce qui se disait dans le salon.

Il remarqua que la porte du salon parallèle à la sienne, et qui était celle de la chambre à coucher, était ouverte aussi, de sorte que, bien qu'il fût invisible, Sébastien pourrait entendre ce qui allait se dire entre la comtesse et le vicomte comme il pourrait l'entendre lui-même.

— Vous m'avez fait demander, Monsieur, dit la comtesse à son beau-frère. Puis-je savoir ce qui me vaut la bonne fortune de votre visite ? — Madame, dit Isidore, j'ai reçu hier des nouvelles d'Olivier. Comme il l'avait fait dans les autres lettres que j'ai reçues de lui, il me charge de remettre ses souvenirs à vos pieds ; il ne sait encore l'époque de son retour, et serait heureux, me dit-il, d'avoir de vos nouvelles, soit que vous veuilliez bien me remettre une lettre pour lui, soit que simplement vous me chargiez de vos compliments. — Monsieur, dit la comtesse, je n'ai pas pu répondre jusqu'aujourd'hui à la lettre que monsieur de Charny m'a écrite en partant, puisque j'ignore où il est ; mais je profiterai volontiers de votre entremise pour lui présenter les devoirs d'une femme soumise et respectueuse. Demain donc, si vous voulez faire prendre une lettre pour monsieur de Charny, je tiendrai cette lettre prête, et à son intention. — Écrivez toujours la lettre, Madame, dit Isidore ; seulement, au lieu de la venir prendre demain, je la viendrai prendre dans cinq ou six jours... J'ai à faire un voyage d'absolue nécessité ; le temps qu'il durera précisément, je l'ignore ; mais, à peine de retour, je viendrai vous présenter mes hommages, et prendre vos commissions.

Et Isidore salua la comtesse, qui lui rendit son salut, et sans doute lui indiqua une autre sortie, car, pour se retirer, il ne traversa point la salle à manger, où Pitou, après avoir eu raison du poulet, comme il avait eu raison des deux côtelettes, commençait à attaquer le pot de confitures.

Le pot de confitures était achevé depuis longtemps, et net comme le verre dans lequel Pitou venait de boire les dernières gouttes de sa bouteille de vin de Bordeaux, lorsque la comtesse reparut ramenant Sébastien.

Il eût été difficile de reconnaître la sévère mademoiselle de Taverney ou la grave comtesse de Charny, dans la jeune mère aux yeux resplendissants de joie, à la bouche éclairée d'un ineffable sourire, qui reparaissait appuyée sur son enfant ; ses joues pâles avaient pris, sous des larmes d'une douceur inconnue et versées pour la première fois, une teinte rosée qui étonnait Andrée elle-même, que l'amour maternel, c'est-à-dire la moitié de l'existence de la femme, venait de faire rentrer en elle pendant ces deux heures passées avec son enfant.

Elle couvrit encore une fois de baisers le visage de Sébastien, puis elle le remit à Pitou en serrant la rude main du brave garçon entre ses deux mains blanches, qui semblaient du marbre réchauffé et amolli.

Sébastien, de son côté, embrassait Andrée avec cette ardeur qu'il mettait à tout ce qu'il faisait, et qu'avait pu seule, à l'endroit de sa mère, refroidir pour un instant cette imprudente exclamation qu'Andrée n'avait pu retenir lorsqu'il lui avait parlé de Gilbert.

Mais pendant sa solitude au collége Saint-Louis, pendant ses promenades dans le jardin réservé, le doux fantôme maternel avait reparu, et l'amour était rentré peu à peu au cœur de l'enfant ; de sorte que, lorsqu'était arrivée à Sébastien cette lettre qui lui permettait d'aller, sous la conduite de Pitou, passer une heure ou deux avec sa mère, cette lettre avait comblé les plus secrets et les plus tendres désirs de l'enfant.

C'était une délicatesse de Gilbert qui avait tant retardé cette entrevue : il comprenait que, conduisant lui-même Sébastien chez Andrée, il lui enlevait par sa présence la moitié du bonheur qu'elle avait à voir son fils, et en l'y faisant conduire par un autre que Pitou, ce bon cœur et cette âme naïve, il compromettait un secret qui n'était pas le sien.

Pitou prit congé de la comtesse de Charny sans faire une question, sans jeter un regard de curiosité sur ce qui l'entourait, et traînant Sébastien qui, à moitié tourné en arrière, échangeait des baisers avec sa mère, il regagna le fiacre, où il retrouva son pain, son fromage de cochon enveloppé de papier et sa bouteille de vin accotée dans son coin.

Pas plus en cela que dans son départ de Villers-Cotterets, il n'y avait rien encore qui pût attrister Pitou.

Dès le soir, Pitou avait été travailler au Champ de Mars; il y était retourné le lendemain et les jours suivants; il y avait reçu force compliments de Maillard, qui l'avait reconnu, et de monsieur Bailly, à qui il s'était fait reconnaître; il avait retrouvé là messieurs Élie et Hullin, vainqueurs de la Bastille comme lui, et il avait vu sans envie la médaille qu'ils portaient à leur boutonnière, et à laquelle lui et Billot avaient autant de droits que qui que ce fût au monde. Enfin, le fameux jour venu, il avait été dès le matin prendre son rang avec Billot à la porte Saint-Denis; il avait, au bout de trois cordes différentes, décroché un jambon, un pain et une bouteille de vin; il était arrivé à la hauteur de l'autel de la patrie, où il avait dansé une farandole, tenant d'une main une actrice de l'Opéra, et de l'autre une bernardine. A l'entrée du roi, il était allé reprendre son rang, et il avait eu la satisfaction de se voir présenter par Lafayette, ce qui était un grand honneur pour lui, Pitou; puis, les serments prêtés, les coups de canon tirés, les fanfares jetées dans les airs quand Lafayette avait passé avec son cheval blanc entre les rangs de ses chers camarades, il avait eu la joie d'être reconnu par lui et d'avoir part à une de ces trente ou quarante mille poignées de main que le général avait distribuées dans la journée. Après quoi, il avait quitté le Champ de Mars avec Billot, s'était arrêté à regarder les jeux, les illuminations et les feux d'artifice des Champs Élysées; puis avait suivi les boulevards; puis, pour ne rien perdre des divertissements de ce grand jour, au lieu d'aller se coucher comme tel autre à qui les jambes eussent rentré dans le corps après une pareille fatigue, lui, qui ne savait pas ce que c'était que d'être fatigué, il était venu à la Bastille, où il avait trouvé, dans la tour du coin, une table inoccupée sur laquelle il avait fait apporter, comme nous l'avons dit, deux livres de pain, deux bouteilles de vin et un saucisson.

Pour un homme qui ignorait qu'en annonçant à madame de Charny une absence de sept ou huit jours, c'était à Villers-Cotterets qu'Isidore allait passer ces sept ou huit jours ; pour un homme qui ignorait que, six jours auparavant, Catherine était accouchée d'un garçon, qu'elle avait quitté la petite maison de la Pierre-Clouïse dans la nuit, qu'elle était arrivée le matin à Paris avec Isidore et qu'elle avait poussé un cri et s'était rejetée dans la voiture en l'apercevant, lui et Billot, à la porte Saint-Denis, il n'y avait rien de bien triste, au contraire, dans ce travail au Champ de Mars, dans cette rencontre de monsieur Maillard, de monsieur Bailly, de monsieur Élie et de monsieur Hullin ; dans cette farandole dansée entre une actrice de l'Opéra et une bernardine, dans cette reconnaissance de Lafayette, dans cette poignée de main qu'il avait eu l'honneur de recevoir de lui ; enfin, dans ces illuminations, ces feux d'artifice, cette Bastille factice, et cette table chargée d'un pain, d'un saucisson et de deux bouteilles de vin.

La seule chose qui eût pu attrister Pitou, dans tout cela, c'était la tristesse de Billot.

LXX

LE RENDEZ-VOUS

Aussi, comme on l'a vu au commencement du chapitre précédent, Pitou résolut-il, autant pour se tenir en gaieté lui-même que pour dissiper la tristesse de Billot, aussi, disons-nous, Pitou résolut-il de lui adresser la parole.

— Dites-donc, père Billot, entama Pitou après un moment de silence pendant lequel il semblait avoir fait provision de paroles, comme un tirailleur, avant de commencer le feu, fait provision de cartouches, qui diable aurait pu deviner, il y a juste un an et deux jours, quand mademoiselle Catherine me donnait un louis et coupait les cordes qui me liaient les mains... avec ce couteau-là, tenez... qui est-ce qui se serait douté qu'en un an et deux jours il arriverait tant d'événements ? — Personne, répondit Billot, sans que Pitou eût remarqué quel regard terrible avait lancé l'œil du fermier quand lui, Pitou, avait prononcé le nom de Catherine.

Pitou attendit, pour savoir si Billot n'ajouterait pas quelques mots au mot solitaire qu'il venait de répondre, en échange d'une phrase assez longue, et qui lui paraissait passablement bien tournée.

Mais, voyant que Billot gardait le silence, Pitou, comme ce tirailleur dont nous parlions à l'instant même, rechargea son arme, et, tirant une seconde fois :

— Dites donc, père Billot, continua-t-il, qui est-ce qui nous aurait dit, quand vous couriez après moi dans la plaine d'Ermenonville ; quand vous avez manqué crever Cadet, et me faire crever, moi ; quand vous m'avez rejoint ; quand vous vous êtes nommé ; quand vous m'avez fait monter en croupe ; quand vous avez changé de cheval à Dammartin, pour être plus vite à Paris ; quand nous sommes arrivés à Paris pour voir brûler les barrières ; quand nous avons été bousculés dans le faubourg de La Villette par les Kaiserlitz ; quand nous avons rencontré une procession qui criait : Vive monsieur Necker! et vive le duc d'Orléans! quand vous avez eu l'honneur de porter un des bâtons de la civière sur laquelle étaient les bustes de ces deux grands hommes, tandis que j'essayais de sauver la vie à Margot ; quand Royal-Allemand a tiré sur nous place Vendôme, et que le buste de monsieur Necker vous est tombé sur la tête ; quand nous nous sommes sauvés par la rue Saint-Honoré en criant : Aux armes! on assassine nos frères! qui est-ce qui nous aurait dit que nous prendrions la Bastille ? — Personne, répondit le fermier aussi laconiquement que la première fois. — Diable! fit Pitou à part lui, après avoir attendu un instant, il paraît que c'est un parti pris... Voyons, faisons feu une troisième fois.

Puis, tout haut :

— Dites donc, père Billot, reprit-il, qui donc aurait cru, quand nous eûmes pris la Bastille, qu'un an, jour pour jour, après cette prise, je serais capitaine ; que vous seriez fédéré, et que nous souperions tous les deux, moi surtout, dans une Bastille de feuillage qui serait plantée juste à l'endroit où l'autre était bâtie ?... hein! qui donc aurait cru cela ? — Personne, répéta Billot d'un air plus sombre encore que les deux premières fois.

Pitou reconnut qu'il n'y avait pas moyen de faire parler le fermier ; mais il s'en consola en pensant qu'il n'avait nullement aliéné le droit de parler tout seul.

Il continua donc, laissant à Billot le droit de répondre, si cela lui faisait plaisir.

— Quand je pense qu'il y a juste un an que nous sommes entrés à l'hôtel de ville ; que vous avez pris monsieur de Flesselles... pauvre monsieur de Flesselles! où est-il? où est la Bastille!... que vous avez pris monsieur de Flesselles au collet ; que vous lui avez fait donner la poudre, pendant que je montais la garde à la porte, et, en outre de la poudre, un petit billet pour monsieur de Launay ; qu'après la poudre distribuée, nous avons quitté monsieur Marat, qui allait aux Invalides, pour venir, nous, à la Bastille; qu'à la Bastille nous avons trouvé monsieur Gonchon, le Mirabeau du peuple, comme ils l'appelaient... Savez-vous ce qu'il est devenu, monsieur Gonchon, père Billot?... hein! savez-vous ce qu'il est devenu?

Billot se contenta, cette fois, de secouer négativement la tête.

— Vous ne savez pas? continua Pitou; ni moi non plus... peut-être aussi ce qu'est devenue la Bastille, ce qu'est devenu monsieur de Flesselles... ce que nous deviendrons tous? ajouta philosophiquement Pitou; *pulvis es et in pulverem reverteris!*... Quand je pense que c'est par la porte qui était là, et qui n'y est plus, que vous êtes entré, après avoir fait écrire par monsieur Maillard la fameuse note sur la cassette, que je devais lire au peuple, si vous ne reparaissiez pas! Quand je pense que c'est là où sont ces fers et ces chaînes; dans ce grand trou qui ressemble à une fosse, que vous avez rencontré monsieur de Launay... Pauvre monsieur de Launay! je le vois encore avec son habit gris de lin, son chapeau à trois cornes, son ruban rouge et sa canne à épée... Encore un qui est allé rejoindre monsieur de Flessellès!... Quand je pense que ce monsieur de Launay vous a fait voir la Bastille de fond en comble, vous l'a fait étudier, vous l'a fait mesurer... des murs de trente pieds d'épaisseur à la base, et de quinze pieds au sommet!... que vous êtes monté avec lui sur les tours, et que même vous l'avez menacé, s'il n'était pas sage, de vous jeter du haut en bas des tours avec lui; quand je pense qu'en descendant, il vous a fait voir cette pièce de canon qui, dix minutes plus tard, m'aurait envoyé où est ce pauvre monsieur de Flesselles, et où est ce pauvre monsieur de Launay lui-même, si je n'avais pas trouvé un angle où me ranger!... Quand je pense, enfin, qu'en venant de voir tout cela, vous avez dit, comme s'il s'agissait d'escalader un grenier à foin, un pigeonnier ou un moulin à vent : Amis! prenons la Bastille! et que nous l'avons prise, cette fameuse Bastille; si bien prise, qu'aujourd'hui, nous voilà assis à l'endroit où elle était, mangeant du saucisson et buvant du vin de Bourgogne à la place même de la tour qu'on appelait *troisième Berthaudière*, et où était monsieur le docteur Gilbert... quelle singulière chose! et quand je pense à tout ce tapage, à tous ces cris, à toutes ces rumeurs, à tout ce bruit... Tiens! fit Pitou, à propos de bruit, qu'est-ce que celui-là, dites donc, père Billot?... Il se passe quelque chose ou il passe quelqu'un... tout le monde court, tout le monde se lève... venez donc, père Billot, venez donc!

Pitou souleva Billot en lui passant sa main sous le bras; et tous deux, Pitou avec curiosité, Billot avec insouciance, se portèrent du côté d'où venait ce bruit.

Ce bruit était causé par un homme qui avait le privilége rare de faire partout du bruit sur son passage.

Au milieu de ces rumeurs, on entendait les cris de : Vive Mirabeau! poussés par ces poitrines vigoureuses qui sont les dernières à changer d'opinion sur les hommes qu'elles ont une fois adoptés.

C'était en effet Mirabeau, qui, une femme au bras, était venu visiter la nouvelle Bastille, et qui, ayant été reconnu, occasionnait toute cette rumeur.

La femme était voilée.

Un autre que Mirabeau eût été effrayé de tout ce tumulte qu'il traînait après lui, et surtout d'entendre, sous cette grande voix qui le glorifiait, quelques cris de sourde menace, de ces cris, enfin, qui suivaient le char du triomphateur romain en lui disant : César! n'oublie pas que tu es mortel!

Mais lui, l'homme des orages, qui, pareil à l'oiseau des tempêtes, semblait n'être bien qu'au milieu du tonnerre et des éclairs, lui traversait tout ce tumulte le visage souriant, l'œil calme et le geste dominateur, tenant à son bras cette femme inconnue qui frissonnait au souffle de sa terrible popularité.

Sans doute, comme Sémélé, l'imprudente avait voulu voir Jupiter, et voilà que la foudre était tout près de la consumer!

— Ah! monsieur de Mirabeau! dit Pitou; tiens, c'est là monsieur de Mirabeau? le Mirabeau des nobles?... Vous rappelez-vous, père Billot, que c'est ici, à peu près, que nous avons vu monsieur Gonchon, le Mirabeau du peuple, et que je vous ai dit : Je ne sais pas comment est le Mirabeau des nobles, mais je trouve celui du peuple assez laid! Eh bien! savez-vous, aujourd'hui que je les ai vus tous les deux, je les trouve aussi laids l'un que l'autre... Mais ça n'empêche pas, n'en rendons pas moins hommage au grand homme.

Et Pitou monta sur une chaise, et de la chaise sur une table, mettant son tricorne au bout de son épée, et criant : Vive monsieur de Mirabeau!

Billot ne laissa échapper aucun signe de sympathie ou d'antipathie; il croisa simplement ses deux bras sur sa robuste poitrine, et murmura d'une voix sombre :

— On dit qu'il trahit le peuple! — Bah! dit Pitou, on a dit cela de tous les grands hommes de l'antiquité, depuis Aristote jusqu'à Cicéron.

Et, d'une voix plus pleine et plus sonore que la première fois :

— Vive Mirabeau! cria-t-il, tandis que l'illustre orateur disparaissait entraînant avec lui ce tourbillon d'hommes, de rumeurs et de cris. C'est égal, dit Pitou en sautant à bas de sa table, je suis bien aise d'avoir vu monsieur de Mirabeau... Allons finir notre seconde bouteille, et achever notre saucisson, père Billot.

Et il entraînait le fermier vers la table où, en effet, les attendaient les restes du repas absorbé à peu près par Pitou seul, lorsqu'ils s'aperçurent qu'une troisième chaise avait été approchée de leur table, et qu'un homme qui semblait les attendre était assis sur cette chaise.

Pitou regarda Billot qui regardait l'inconnu.

Il est vrai que le jour était un jour de fraternité, et permettait, par conséquent, une certaine familiarité entre concitoyens; mais, aux yeux de Pitou, qui n'avait pas bu sa seconde bouteille et n'avait pas achevé son saucisson, c'était une familiarité presque aussi grande que celle du joueur inconnu près du chevalier de Grammont.

Et encore celui qu'Hamilton appelle *la petite citrouille* demandait-il pardon au chevalier de Grammont de « la familiarité grande, » tandis que l'inconnu ne demandait pardon de rien, ni à Billot ni à Pitou, et les regardait, au contraire, avec un certain air railleur qui semblait lui être naturel.

Sans doute Billot n'était pas d'humeur à supporter ce regard sans explication, car il s'avança rapidement vers l'inconnu; mais, avant que le fermier eût ouvert la bouche ou risqué un geste, l'inconnu avait fait un signe maçonnique auquel Billot avait répondu.

Ces deux hommes ne se connaissaient pas, c'est vrai, mais ils étaient frères.

Au reste, l'inconnu était vêtu, comme Billot, d'un costume de fédéré. Seulement, à certains changements dans ce costume, le fermier reconnut que celui qui le portait avait dû, dans la journée même, faire partie de ce petit groupe d'étrangers qui suivait Anacharsis Clootz, et qui avait représenté à la fête la députation du genre humain.

Ce signe fait par l'inconnu et rendu par Billot, Billot et Pitou reprirent leur place.

Billot inclina même la tête en manière de salut, tandis que Pitou souriait gracieusement.

Cependant, comme tous deux semblaient interroger l'inconnu du regard, ce fut lui qui prit le premier la parole.

— Vous ne me connaissez pas, frères, dit-il, et pourtant, moi, je vous connais tous deux.

Billot regarda fixement l'étranger, et Pitou, plus expansif, s'écria :

— Bah! vraiment, vous nous connaissez? — Je te connais, capitaine Pitou, dit l'étranger; je te connais, fermier Billot. — Ça y est! dit Pitou.

— Pourquoi cet air sombre, Billot? demanda l'étranger; est-ce parce que, vainqueur de la Bastille, où tu es entré le premier, on a oublié de te pendre à la boutonnière la médaille du 14 juillet et de te rendre aujourd'hui les honneurs qu'on a rendus à messieurs Maillard, Élie et Hullin?

Billot sourit d'un air de mépris.

— Si tu me connais, frère, dit-il, tu dois savoir qu'une pareille misère ne saurait attrister un cœur comme le mien. — Alors, serait-ce parce que, dans la générosité de ton âme, tu as tenté vainement de t'opposer aux meurtres de Launay, de Foulon et de Berthier. — J'ai fait ce que j'ai pu, et dans la mesure de mes forces, pour que ces crimes ne fussent point commis, dit Billot; j'ai revu plus d'une fois, dans mes rêves, ceux qui ont été victimes de ces crimes, et pas un d'eux n'a eu l'idée de m'accuser. — Est-ce parce que, après le 6 octobre, en revenant à ta ferme, tu as trouvé les granges vides et les terres en friche? — Je suis riche, dit Billot, peu m'importe une récolte perdue! — Alors, dit l'inconnu en regardant Billot en face, c'est donc parce que ta fille Catherine...
— Silence! dit le fermier en saisissant le bras de l'inconnu, ne parlons pas de cela! — Pourquoi pas, dit l'inconnu, si je t'en parle pour t'aider dans ta vengeance? — Alors, dit Billot, pâlissant et souriant à la fois, alors, c'est autre chose... parlons-en!

Pitou ne pensait plus ni à boire ni à manger; il regardait l'inconnu comme il eût regardé un magicien.

— Et, dit l'étranger avec un sourire, ta vengeance, comment entend-elle se venger, dis? est-ce mesquinement, en essayant de tuer un individu, comme tu as voulu le faire?

Billot pâlit à devenir livide; Pitou sentit un frisson lui courir par tout le corps.

— Est-ce en poursuivant tout une caste? — C'est en poursuivant tout une caste, dit Billot, car le crime de l'un est le crime de tous, et monsieur Gilbert, à qui je me suis plaint, m'a dit : Pauvre Billot! ce qui t'arrive, à toi, est déjà arrivé à cent mille pères! que feraient donc les jeunes nobles, s'ils n'enlevaient pas les filles du peuple, et les vieux, s'ils ne mangeaient pas l'argent du roi? — Ah! il t'a dit cela, Gilbert? — Vous le connaissez?

L'inconnu sourit.

— Je connais tous les hommes, dit-il, comme je te connais, toi, Billot, le fermier de Pisseleux; comme je connais Pitou, le capitaine de la garde nationale d'Haramont; comme je connais le vicomte Isidore de Charny, seigneur de Boursonne; comme je connais Catherine... — Je t'ai déjà dit de ne pas prononcer ce nom-là, frère. — Et pourquoi cela? — Parce qu'il n'y a plus de Catherine. — Qu'est-elle donc devenue? — Elle est morte! — Mais non, elle n'est pas morte, père Billot, s'écria Pitou, puisque...

Et, sans doute, il allait ajouter : Puisque je sais où elle est, moi, et que je la vois tous les jours ; quand Billot répéta d'une voix qui n'admettait pas de réplique :

— Elle est morte !

Pitou s'inclina ; il avait compris.

Catherine, vivante pour les autres peut-être, était morte pour son père.

— Ah! ah! fit l'inconnu, si j'étais Diogène, j'éteindrais ma lanterne; je crois que j'ai rencontré un homme.

Puis, se levant et offrant son bras à Billot :

— Frère, dit-il, viens faire un tour avec moi, tandis que ce brave garçon achèvera sa bouteille de vin et son saucisson. — Volontiers, dit Billot, car je commence à comprendre ce que tu viens m'offrir.

Et, prenant le bras de l'inconnu :

— Attends-moi, dit-il à Pitou, je reviens. — Dites donc, père Billot, fit Pitou, si vous êtes longtemps, je vais m'ennuyer, moi ; il ne me reste plus qu'un demi-verre de vin, une bribe de saucisson, et une lèche de pain. — C'est bien, mon brave Pitou, dit l'inconnu, on connaît la mesure de ton appétit, et l'on va t'envoyer de quoi te faire prendre patience en nous attendant.

En effet, à peine l'inconnu et Billot avaient-ils disparu à l'angle d'une des murailles de verdure, qu'un nouveau saucisson, un second pain et une troisième bouteille de vin ornaient la table de Pitou.

Pitou ne comprenait rien à ce qui venait de se passer ; il était à la fois fort étonné et fort inquiet.

Mais l'étonnement et l'inquiétude, comme toutes les émotions en général, creusaient l'estomac de Pitou.

Pitou éprouva donc, tant il était étonné et surtout inquiet, un irrésistible besoin de faire honneur aux provisions qu'on venait de lui apporter, et il s'abandonnait à ce besoin avec l'ardeur que nous lui connaissons, quand Billot reparut seul, et revint silencieusement, quoique le front éclairé d'une lueur qui ressemblait à de la joie, reprendre sa place à table en face de Pitou.

— Eh bien ! demanda celui-ci au fermier, qu'y a-t-il de nouveau, père Billot ? — Il y a de nouveau que tu repartiras seul demain, Pitou. — Et vous donc ? demanda le capitaine de la garde nationale. — Moi ? dit Billot ; moi, je reste !

LXXI

LA LOGE DE LA RUE PLASTRIÈRE

Si nos lecteurs veulent, huit jours étant écoulés depuis les événements que nous venons de leur raconter, si nos lecteurs veulent, disons-nous, retrouver quelques-uns des principaux personnages de notre histoire, personnages qui, non-seulement ont joué un rôle dans le passé, mais qui encore sont destinés à jouer un rôle dans l'avenir, il faut qu'ils se placent avec nous près de cette fontaine de la rue Plastrière, où nous avons vu Gilbert, enfant et hôte de Rousseau, venir tremper son pain dur. Une fois là, nous surveillerons et suivrons un homme qui ne peut point tarder à passer, et que nous reconnaîtrons, non plus à son costume de fédéré, costume qui, après le départ des cent mille députés envoyés par la France, ne saurait être porté sans attirer sur celui qui le porte une plus grande somme d'attention que ne le désire notre personnage, mais au costume simple, quoique cossu, d'un riche fermier des environs de Paris.

Je n'ai pas besoin de dire maintenant au lecteur que ce personnage n'est autre que Billot, lequel suit la rue Saint-Honoré, longe les grilles du Palais-Royal, auquel le récent retour du duc d'Orléans, exilé pendant plus de huit mois à Londres, vient de rendre toute sa splendeur nocturne, prend à sa gauche la rue de Grenelle, et s'engage sans hésitation dans la rue Plastrière.

Cependant, arrivé juste en face de la fontaine où nous l'attendons, il s'arrête, il hésite; non pas que le cœur lui fasse défaut; ceux qui le connaissent savent parfaitement que si le brave fermier avait décidé d'aller en enfer il irait sans pâlir; mais, sans doute, parce que les renseignements lui manquent.

Et, en effet, il n'est pas difficile de voir, pour nous surtout qui avons intérêt à épier ses démarches, il n'est pas difficile de voir qu'il examine et étudie chaque porte en homme qui ne veut pas commettre d'erreur.

Cependant, malgré cet examen, il est arrivé aux deux tiers de la rue à peu près sans avoir trouvé ce qu'il cherche; mais, là, le passage est encombré par les citoyens qui s'arrêtent autour d'un groupe de musiciens du milieu duquel s'élève une voix d'homme chantant des chansons de circonstance sur les événements; ce qui probablement ne suffirait pas à exciter une aussi grande curiosité, si un ou deux couplets de chaque chanson n'étaient pas destinés à relever les autres par des épigrammes sur les individus.

Il y en a une, en autres, intitulée *le Manége,* qui fait pousser des cris de joie à la foule. Comme l'Assemblée nationale siége sur l'ancien emplacement du Manége, non-seulement les différentes couleurs de l'Assemblée ont pris les nuances de la race chevaline, les noirs et les blancs, les alezans et les bais, mais encore les individus ont pris les noms des chevaux : Mirabeau s'appelle *le Pétulant;* le comte de Clermont-Tonnerre, *l'Ombrageux;* l'abbé Maury, *la Cabreuse;* Thouret, *le Foudroyant;* Bailly, *l'Heureux.*

Billot s'arrête un instant à écouter ces attaques, plus vertes que spirituelles, puis il se glisse à droite contre la muraille, et disparaît dans les groupes.

Sans doute, au milieu de cette foule, il a trouvé ce qu'il cherchait; car, après avoir disparu d'un côté du groupe, il ne reparaît point de l'autre.

Voyons donc, en y pénétrant à la suite de Billot, ce que cache ce groupe.

Une porte basse surmontée de trois lettres, trois initiales tracées à la craie rouge, et qui, sans doute symbole de réunion pour cette nuit, seront effacées le lendemain matin.

Ces trois lettres sont un L, un P et un D.

Cette porte basse semble une allée de cave; on descend quelques marches, puis on suit un corridor sombre.

Sans doute ce second renseignement confirmait le premier, car, après avoir regardé avec attention les trois lettres, signe de reconnaissance insuffisant pour Billot, qui, on se le rappelle, ne savait pas lire, le fermier avait descendu les marches en les comptant au fur et à mesure qu'il les descendait, et, arrivé à la huitième, il s'était hardiment engagé dans l'allée.

Au bout de cette allée tremblait une pâle lumière; devant cette lueur, un homme assis lisait ou faisait semblant de lire une gazette. Au bruit des pas de Billot, cet homme se leva, et, un doigt appuyé sur la poitrine, il attendit.

Billot présenta le même doigt replié et l'appuya comme un cadenas sur sa bouche.

C'était probablement le signe de passe attendu par le mystérieux concierge, car celui-ci poussa, à sa droite, une porte parfaitement invisible quand elle était fermée, et fit voir à Billot un escalier à marches raides et étroites qui plongeait sous la terre.

Billot entra. La porte se referma derrière lui, rapide, mais silencieuse.

Le fermier, cette fois, compta dix-sept marches, et arrivé à la dix-septième, malgré le mutisme auquel il semblait s'être condamné, il se dit à lui-même et à demi voix :

— Bon! j'y suis.

Une tapisserie flottait à quelques pas de là devant une porte; Billot alla droit à cette tapisserie, la souleva et se trouva dans une grande salle circulaire et souterraine où étaient déjà réunies une cinquantaine de personnes.

Cette salle, nos lecteurs y sont déjà descendus, il y a quinze ou seize ans, sur les pas de Rousseau.

Comme au temps de Rousseau, les murailles en étaient tapissées de toiles rouges et blanches sur lesquelles s'entrelaçaient le compas, l'équerre et le niveau.

Une seule lampe pendue à la voûte jetait une lueur blafarde qui portait sur le milieu du cercle et y répandait une certaine lumière, mais qui était insuffisante à éclairer ceux qui, désirant n'être pas reconnus, se tenaient à la circonférence.

Une estrade sur laquelle on montait par quatre degrés attendait les orateurs ou les récipiendaires, et, sur cette estrade, dans sa partie la plus rapprochée du mur, un bureau solitaire et un fauteuil vide attendaient le président.

En quelques minutes, la salle se remplit à n'y pouvoir plus circuler; c'étaient des hommes de tous les états et de toutes les conditions, depuis le paysan jusqu'au prince, qui arrivaient un à un, ainsi qu'était arrivé Billot, et qui, sans se connaître ou se connaissant, prenaient leur place au hasard ou selon leurs sympathies.

Chacun de ces hommes portait sous son habit ou sa houppelande, soit le tablier maçonnique, s'il était simplement maçon, soit l'écharpe des illuminés, s'il était à la fois maçon et illuminé, c'est-à-dire affilié aux grands mystères.

Trois hommes seulement ne portaient pas ce dernier signe, et n'avaient que le tablier maçonnique.

L'un était Billot; l'autre un jeune homme de vingt-deux ans à peine; le troisième, enfin, un homme de quarante-deux ans à peu près, qui, par ses manières, paraissait appartenir aux plus hautes classes de la société.

Quelques secondes après que ce dernier fut entré à son tour, sans qu'il eût été fait pour son arrivée plus de bruit que pour l'arrivée du plus simple des membres de l'association, une porte masquée s'ouvrit, et le président parut, portant à la fois les insignes du Grand-Orient et ceux de Grand-Cophte.

Billot poussa un faible cri d'étonnement : ce président, devant lequel s'inclinaient toutes les têtes, n'était autre que son fédéré de la place de la Bastille.

Il monta lentement l'estrade, et, se tournant vers l'assemblée :

— Frères, dit-il, nous avons deux choses à faire aujourd'hui. Moi, j'ai à recevoir trois nouveaux adeptes; j'ai à vous rendre compte de mon œuvre depuis le jour où je l'ai entreprise jusqu'aujourd'hui; car l'œuvre devenant d'heure en heure plus difficile, il faut que vous sachiez, vous, si je suis toujours digne de votre confiance, et que je sache, moi, si je continue de la mériter. C'est en recevant de vous la lumière, et en vous la renvoyant, que je puis marcher dans la voie sombre et terrible où je suis engagé. Donc, que les chefs de l'ordre restent seuls dans cette salle, pour que nous procédions à la réception ou au rejet de trois nouveaux membres qui se présentent devant vous. Puis, ces membres admis ou rejetés, tout le monde rentrera en séance, depuis le premier jusqu'au dernier, car c'est en présence de tous, et non pas seulement en présence du cercle suprême, que je veux exposer ma conduite, et recevoir le blâme ou demander le remerciement.

A ces mots, une porte opposée à celle qui s'était déjà démasquée s'ouvrit. On aperçut de vastes profondeurs voûtées pareilles aux cryptes d'une ancienne basilique, et la foule s'écoula silencieuse, et telle qu'une procession de spectres sous des arcades à peine éclairées de place en place par des lampes de cuivre dont la lumière était tout juste suffisante pour rendre, comme l'a dit le poëte, les ténèbres visibles.

Trois hommes seulement restèrent. C'étaient les trois récipiendaires.

Le hasard faisait qu'ils étaient appuyés à la muraille à des distances à peu près égales les uns des autres.

Ils se regardèrent tous trois avec étonnement, car, seulement alors, ils apprenaient qu'ils étaient les trois héros de la séance.

En ce moment, la porte par laquelle le président était entré se rouvrit; six hommes masqués entrèrent à leur tour, et vinrent se placer debout, trois à la droite, trois à la gauche du fauteuil.

— Que les numéros 2 et 3 disparaissent un instant, dit le président. Nuls que les chefs suprêmes ne doivent connaître les secrets de la réception ou du refus d'un frère maçon dans l'ordre des illuminés.

Le jeune homme et l'homme à la mine aristocratique se retirèrent, regagnant le corridor par lequel ils étaient entrés.

Billot resta seul.

— Approche, lui dit le président, après un instant de silence qui avait pour but de donner aux deux autres profanes le temps de s'éloigner.

Billot s'approcha.

— Où as-tu reçu la lumière, lui demanda le président. — Dans la loge des *Amis de la vérité*, de Soissons. — Quel âge as-tu? — Sept ans. Et Billot fit un signe indiquant qu'il occupait dans l'ordre maçonnique le rang de maître. — Quel était ton nom parmi les profanes? — François Billot. — Quel est ton nom parmi les élus? — Force. — Pourquoi désires-tu monter un degré et être reçu parmi nous? — Parce qu'on m'a dit que ce degré était un pas de plus vers la lumière universelle. — As-tu des parrains? — Je n'ai personne, que celui qui est venu au-devant de moi de lui-même et le premier, pour m'offrir de me faire recevoir.

Et Billot regarda fixement le président.

— Avec quel sentiment marcheras-tu dans la voie que tu veux te faire ouvrir? — Avec la haine des puissants, avec l'amour de l'égalité. — Qui nous répondra de cet amour de l'égalité et de cette haine des puissants? — La parole d'un homme qui n'a jamais manqué à sa parole. — Qui t'a inspiré cet amour de l'égalité? — La condition inférieure dans laquelle je suis né. — Qui t'a inspiré cette haine des puissants? — C'est mon secret; ce secret, tu le sais. Pourquoi veux-tu me faire répéter tout haut ce que j'hésite à me dire à moi-même tout bas? — Marcheras-tu, t'engages-tu, dans la mesure de ta force et de ton pouvoir, à faire marcher tout ce qui t'entoure dans cette voie d'égalité? — Oui. — Dans la mesure de ta force et de ton pouvoir, renverseras-tu tout obstacle qui s'opposerait à la liberté de la France et à l'émancipation du monde? — Oui. — Es-tu libre de tout engagement antérieur, ou, cet engagement pris, s'il était contraire aux promesses que tu viens de faire, es-tu prêt à le rompre? — Oui.

Le président se retourna vers les six chefs masqués :

— Frères, reprit-il, cet homme dit vrai; c'est moi qui l'ai invité à être des nôtres. Une grande douleur le lie à notre cause par la fraternité de la haine. Il a déjà beaucoup fait pour la révolution, et peut beaucoup faire encore. Je me déclare son parrain, et je réponds de lui dans le passé, dans le présent et dans l'avenir. — Qu'il soit reçu, dirent unanimement les six voix. — Tu entends, dit le président. Es-tu prêt à faire le serment? — Dicte-le, dit Billot, et je le répéterai.

Le président leva la main, et d'une voix lente et solennelle :

— Au nom du Fils crucifié, dit-il, jure de briser les liens charnels qui t'attachent encore à père, mère, frères, sœurs, femme, parents, amis, maîtresse, roi, bienfaiteurs, et à tout être quelconque auquel tu auras promis foi, obéissance, gratitude ou service.

Billot répéta d'une voix plus ferme peut-être que ne l'était la voix du président, les mêmes paroles qu'il avait dites:

— Au nom du Fils crucifié, je jure, dit-il, de briser les liens charnels qui m'attachent encore à père, mère, frères, sœurs, femme, parents, amis, maîtresse, roi, bienfaiteurs, et à tout être quelconque auquel j'ai promis foi, obéissance, gratitude ou service. — Bien, dit le président; à partir de cette heure, tu es affranchi du prétendu serment fait à la patrie et aux lois. Jure donc de révéler au nouveau chef que tu reconnais ce que tu auras vu ou fait, lu ou entendu, appris ou deviné, et même de rechercher ou d'épier ce qui ne s'offrirait pas à tes yeux. — Je le jure, répéta Billot. — Jure, continua le président, d'honorer et respecter le poison, le fer et le feu comme des moyens prompts, sûrs et nécessaires pour purger le globe, par la mort, de ceux qui cherchent à avilir la vérité ou à l'arracher de nos mains. — Je le jure, répéta Billot. — Jure de fuir Naples, de fuir Rome, de fuir l'Espagne, de fuir toute terre maudite; jure de fuir la tentation de rien révéler de ce que tu pourras voir et entendre dans nos assemblées; car le tonnerre n'est pas plus prompt à frapper que ne le sera à t'atteindre, en quelque lieu que tu sois, le couteau invisible et inévitable. — Je le jure, répéta Billot. — Et maintenant, dit le président, vis au nom du Père, du Fils et du Saint-Esprit.

Un frère caché dans l'ombre ouvrit la porte de la crypte dans laquelle se promenaient, en attendant que la triple réception fût finie, les frères inférieurs de l'ordre. Le président fit un signe à Billot, qui s'inclina et alla rejoindre les hommes auxquels le serment terrible prononcé par lui venait de l'associer.

— Le numéro 2, dit le président à haute voix lorsque la porte se fut refermée derrière le nouvel adepte.

La portière masquant la porte du corridor se souleva lentement, et le jeune homme vêtu de noir entra.

Il laissa retomber la portière derrière lui et s'arrêta sur le seuil, attendant que la parole lui fût adressée.

— Approche, dit le président.

Le jeune homme s'approcha.

Nous l'avons déjà dit, c'était un jeune homme de vingt à vingt-deux ans à peine, qui, grâce à sa peau blanche et fine, eût pu passer pour une femme. L'énorme cravate serrée qu'il portait seul, à cette époque, pouvait faire croire que l'éclat et la transparence de cette peau n'avait pas pour cause la pureté du sang, mais, tout au contraire, quelque maladie secrète ou cachée; malgré sa grande taille et cette haute cravate, le cou relativement paraissait court; le front était bas, et la partie supérieure de la tête semblait déprimée. Il en résultait que les cheveux, sans être plus longs qu'on ne les portait d'habitude sur le front, touchaient presque aux yeux, et, derrière la tête, descendaient jusqu'aux épaules. Il y avait en outre dans toute sa personne une raideur automatique qui semblait faire de ce jeune homme, à peine au seuil de la vie, un envoyé d'un autre monde, un député du tombeau.

Le président le regarda un instant avec une certaine attention, avant de commencer l'interrogatoire.

Mais ce regard, mêlé d'étonnement et de curiosité, ne put faire baisser l'œil fixe du jeune homme.

Il attendit.

— Où as-tu reçu la lumière? lui demanda le président. — Dans la loge des *Humanitaires*, de Laon. — Quel âge as-tu? — Cinq ans.

Et le récipiendaire fit un signe indiquant qu'il était compagnon dans la franc-maçonnerie.

— Quel était ton nom parmi les profanes? — Antoine Saint-Just. — Quel est ton nom parmi les élus? — Humilité. — Pourquoi désires-tu monter un degré, et être reçu parmi nous? — Parce qu'il est de l'essence de l'homme d'aspirer aux hauteurs, et que, sur les hauteurs, l'air est plus pur et la lumière plus brillante. — As-tu un modèle? — Le philosophe de Genève, l'homme de la nature, l'immortel Rousseau. — As-tu des parrains? — Oui. — Combien? — Deux. — Quels sont-ils? — Robespierre aîné et Robespierre jeune. — Avec quel sentiment marches-tu dans la voie que tu veux te faire ouvrir? — Avec la foi. — Où cette voie doit-elle mener la France et le monde? — La France? à la liberté! le monde? à l'affranchissement! — Que donnerais-tu pour que la France et le monde arrivassent à ce but? — Ma vie... c'est la seule chose que je possède, ayant déjà donné mon bien. — Ainsi tu marcheras, et tu t'engages, dans la mesure de ta force et de ton pouvoir, à faire marcher tout ce qui t'entoure dans cette voie de liberté et d'affranchissement? — Je marcherai et ferai marcher tout ce qui m'entourera dans cette voie. — Ainsi, dans la mesure de ta force et de ton pouvoir, tu renverserais tout obstacle que tu rencontrerais sur ton chemin. — Je le renverserais. — Es-tu libre de tout engagement, ou, si quelque engagement était pris par toi qui fût contraire aux promesses que tu viens de faire, le romprais-tu? — Je suis libre.

Le président se retourna vers les six hommes masqués.

— Frères, dit-il, vous avez entendu? — Oui, répondirent à la fois les six membres du cercle supérieur. — A-t-il dit la vérité? — Oui, répondirent-ils encore. — Êtes-vous d'avis qu'il soit reçu? — Oui, dirent-ils une dernière fois. — Es-tu prêt à faire le serment? demanda le président. — Je suis prêt, répondit Saint-Just.

Alors, mot pour mot, le président répéta dans sa triple période le même serment qui avait déjà été dicté à Billot.

Et, à chaque pause du président, Saint-Just, de sa voix ferme et stridente, répondit :

— Je le jure!

Le serment prêté, la même porte s'ouvrit sous la main du frère invisible, et, du même pas raide et automatique qu'il était entré, Saint-Just se retira, ne laissant évidemment en arrière ni un doute ni un regret.

Le président attendit que la porte de la crypte eût eu le temps de se refermer, et, d'une voix haute :

— Le numéro 3, dit-il.

La tapisserie se souleva une seconde fois, et le troisième adepte apparut.

Celui-là, nous l'avons dit, était un homme de quarante à quarante-deux ans, haut en couleur, presque bourgeonné, respirant par toute sa personne, malgré ces signes de vulgarité, un air aristocratique auquel se mêlait je ne sais quel parfum d'anglomanie visible au premier coup d'œil.

Son costume, quoique élégant, avait un peu de cette sévérité que l'on commençait à adopter en France, et dont la véritable source était dans les relations que nous venions d'avoir avec l'Amérique.

Son pas, sans être chancelant, n'était ni ferme comme celui de Billot, ni raide comme celui de Saint-Just.

Seulement, dans son pas, ainsi que dans toute sa personne, on reconnaissait une certaine hésitation qui semblait lui être naturelle.

— Approche, dit le président.

L'adepte obéit.

— Où as-tu reçu la lumière ? — Dans la loge des *Hommes libres*, de Paris. — Quel âge as-tu ? — Je n'ai plus d'âge.

Et le récipiendiaire fit un signe maçonnique indiquant qu'il était revêtu de la dignité de Rose-Croix.

— Quel était ton nom parmi les profanes? — Louis-Philippe-Joseph, duc d'Orléans. — Quel est ton nom parmi les élus? — Égalité. — Pourquoi désires-tu être reçu parmi nous? — Parce qu'ayant toujours vécu parmi les grands, je désire, enfin, vivre parmi les hommes; parce qu'ayant toujours vécu parmi des ennemis, je désire, enfin, vivre parmi des frères. — As-tu des parrains? — J'en ai deux. — Comment les nommes-tu? — L'un, le dégoût; l'autre, la haine. — Avec quel désir marches-tu dans la voie que tu veux te faire ouvrir? — Avec le désir de me venger. — De qui? — De celui qui m'a méconnu, de celle qui m'a humilié. — Pour arriver à ce résultat, que donnerais-tu? — Ma fortune! plus que ma fortune, ma vie! plus que ma vie, mon honneur! — Es-tu libre de tout engagement, ou, si quelque engagement était pris par toi qui fût contraire aux promesses que tu viens de faire, le romprais-tu?

— Depuis hier, tous mes engagements sont brisés. — Frères, vous avez entendu? dit le président en se retournant vers les hommes masqués.— Oui. — Vous connaissez celui qui se présente pour accomplir l'œuvre avec nous? — Oui. — Et, le connaissant, vous êtes d'avis de le recevoir dans nos rangs? — Oui, mais qu'il jure. — Connais-tu le serment qu'il te reste à prononcer? dit le président au prince. — Non; mais dites-le-moi, et, quel qu'il soit, je le répéterai. — Il est terrible... pour toi surtout. — Pas plus terrible que les outrages que j'ai reçus. — Si terrible, qu'après que tu l'auras entendu, nous te déclarons libre de te retirer, si tu doutes, au moment venu, le tenir dans toute sa rigidité. — Dites-le.

Le président fixa sur le récipiendaire son regard perçant; puis, comme s'il eut voulu le préparer peu à peu à la sanglante promesse, il intervertit l'ordre des paragraphes, et, commençant par le second, au lieu de commencer par le premier:

— Jure, dit-il, d'honorer le fer, le poison et le feu comme des moyens sûrs, prompts et nécessaires pour purger le globe, par la mort, de ceux qui cherchent à avilir la vérité ou à l'arracher de nos mains. — Je le jure! dit le prince d'une voix ferme. — Jure, continua le président, de briser les liens charnels qui t'attachent encore à père, mère, frères, sœurs, femme, parents, amis, maîtresse, roi, bienfaiteurs et à tout être quelconque à qui tu aurais promis foi, obéissance, gratitude ou service.

Le duc demeura un instant muet, et l'on put voir une sueur glacée perler sur son front.

— Je te l'avais bien dit! fit le président.

Mais, au lieu de répondre simplement: je le jure, ainsi qu'il l'avait fait à l'autre paragraphe, le duc, comme s'il eut voulu s'interdire tout moyen de revenir sur ses pas, répéta d'une voix sombre:

— Je jure de briser les liens charnels qui m'attachent encore à père, mère, frères, sœurs, femme, parents, amis, maîtresse, roi, bienfaiteurs et à tout être quelconque à qui j'aurais promis foi, obéissance, gratitude ou service.

Le président se retourna du côté des hommes masqués, qui se regardèrent entre eux, et l'on vit briller comme des éclairs leurs regards à travers les ouvertures de leurs masques. Puis, s'adressant au prince:

— Louis-Philippe-Joseph duc d'Orléans, dit-il, à partir de ce moment, tu es affranchi du prétendu serment fait à la patrie et aux lois. Seulement, n'oublie pas une chose: c'est que, si tu nous trahissais, le tonnerre n'est pas plus prompt à frapper que ne le serait à t'atteindre, en quelque lieu que tu fusses caché, le couteau invisible et inévitable... Maintenant, vis au nom du Père, du Fils et du Saint-Esprit!

Et, de la main, le président montra au prince la porte de la crypte, qui s'ouvrait devant lui.

Celui-ci, comme un homme qui vient de soulever un fardeau excédant la mesure de ses forces, passa sa main sur son front, respira bruyamment en faisant un effort pour arracher ses pieds de la terre.

— Ah! s'écria-t-il en s'élançant dans la crypte, je me vengerai donc!...

LXXII

COMPTE-RENDU

Restés seuls, les six hommes masqués et le président échangèrent quelques paroles à voix basse.

Puis, tout haut :

— Que tout le monde soit introduit, dit Cagliostro, je suis prêt à rendre les comptes que j'ai promis.

Aussitôt la porte s'ouvrit; les membres de l'association, qui se promenaient deux à deux ou causaient par groupes dans la crypte, furent introduits et encombrèrent de nouveau la salle habituelle de leurs séances.

A peine la porte fut-elle refermée derrière le dernier affilié, que Cagliostro, étendant la main, comme un homme qui sait la valeur du temps et qui ne veut pas en perdre une seconde, dit à voix haute :

— Frères, quelques-uns de vous assistaient peut-être à une réunion qui avait lieu, il y a juste vingt ans, à cinq milles des bords du Rhin, à deux milles du village de Danenfels, dans une des grottes du Mont-Tonnerre. Si quelques-uns de vous y assistaient, que ces vénérables soutiens de la grande cause que nous avons embrassée lèvent la main et disent : J'y étais!

Cinq ou six mains se levèrent dans la foule et s'agitèrent au-dessus des têtes.

En même temps cinq ou six voix répétèrent comme l'avait demandé le président :

— J'y étais! — Bien; c'est tout ce qu'il faut, dit l'orateur. Les autres sont morts, ou, dispersés sur la surface du globe, travaillent à l'œuvre commune, œuvre sainte, puisqu'elle est l'œuvre de l'humanité tout entière. Il y a vingt ans, cette œuvre que nous allons suivre dans ses diverses périodes était à peine commencée; alors, le jour qui nous éclaire était à peine à son orient, et les plus fermes regards ne voyaient l'avenir qu'à travers le nuage que l'œil des élus seul peut percer. A cette réunion, j'expliquai par quel miracle la mort, qui n'est autre chose pour l'homme que l'oubli des temps révolus et des événements passés, n'existait pas pour moi, ou plutôt m'avait, depuis vingt siècles, couché trente-deux fois dans la tombe, sans que les différents corps, héritiers éphémères de mon âme immortelle, aient subi cet oubli qui, comme je vous l'ai dit, est la seule véritable mort... J'ai donc pu suivre à travers les siècles le développement de la parole du Christ, et voir les peuples passer lentement, mais sûrement, de l'esclavage au servage, et du servage à cet état d'aspiration qui précède la liberté. Comme des étoiles de la nuit qui se hâtent, et qui, avant que le soleil soit couché, brillent déjà au ciel, nous avons vu successivement différents petits peuples de notre Europe essayer de la liberté. Rome, Venise, Florence, la Suisse, Gênes, Pize, Lucques, Arezzo, ces villes du midi, où les fleurs s'ouvrent plus vite, où les fruits mûrissent plus tôt, firent, les unes après les autres, des essais de républiques dont deux ou trois ont survécu au temps, et bravent encore aujourd'hui la ligue des rois. Mais toutes ces républiques étaient et sont entachées du péché originel : les unes sont aristocratiques, les autres oligarchiques, les autres despotiques. Gênes, par exemple, une de celles qui survivent, est marquise; ses habitants, simples citoyens chez elle, sont tous nobles au delà de ses murailles. Seule, la Suisse a quelques institutions démocratiques; mais ses imperceptibles cantons, perdus au milieu de leurs montagnes, ne sont d'aucun exemple ni d'aucun secours au genre humain. Ce n'était donc pas cela qu'il nous fallait : il nous fallait un grand pays qui ne reçût pas l'impulsion, mais qui la donnât; un rouage immense auquel s'engrenât l'Europe; une planète qui, en s'enflammant, pût éclairer le monde!...

Un murmure approbateur parcourut l'assemblée. Cagliostro reprit d'un air inspiré :

— J'interrogeai Dieu, le créateur de toutes choses, le moteur de tout mouvement, la source de tout progrès, et je vis que, du doigt, il me montrait la France... En effet, la France, catholique depuis le deuxième siècle, nationale depuis le onzième, militaire depuis le seizième; la France, que le Seigneur lui-même a appelée sa fille aînée, sans doute pour avoir le droit, aux grandes heures des dévouements, de la mettre sur la croix de l'humanité, comme il a fait du Christ; en effet, la France, après avoir usé toutes les formes du gouvernement monarchique : féodalité, seigneurie et aristocratie, nous parut la plus apte à subir et à rendre notre influence; guidés par le rayon céleste, comme l'étaient les Israélites par la colonne de feu, nous décidâmes que la France serait la première libre! Jetez les yeux sur la France d'il y a vingt ans, et vous verrez qu'il y avait une grande audace ou plutôt une foi sublime à entreprendre une pareille œuvre. La France d'il y a vingt ans était encore, entre les mains débiles de Louis XV, la France de Louis XIV, c'est-à-dire un grand royaume aristocratique où tous les droits étaient aux nobles, tous les priviléges aux riches. A la tête de cet État était un homme qui représentait à la fois ce qu'il y a de plus élevé et de plus bas, de plus grand et de plus petit, Dieu et le peuple ; cet homme pouvait, d'un mot, vous faire riche ou pauvre, heureux ou malheureux, libre ou captif, vivant ou mort ; cet homme avait trois petits-fils, trois jeunes princes appelés à lui succéder : le hasard faisait que celui qui avait été désigné par la nature pour son successeur, l'eût aussi été par la voix publique, s'il y avait eu une voix publique à cette heure-là. On le disait bon, juste, intègre, désintéressé, instruit, presque philosophe. Afin d'anéantir à tout jamais ces guerres désastreuses qu'avait allumées en Europe la fatale succession de Charles II, on venait de lui choisir pour femme la fille de Marie-Thérèse. Les deux grandes nations qui sont le véritable contrepoids de l'Europe, la France au bord de l'océan Atlantique, l'Autriche au bord de la mer Noire, allaient être indissolublement unies ; cela avait été ainsi calculé par Marie-Thérèse, la première tête politique de l'Europe. C'était donc en ce moment où la France, appuyée sur l'Autriche, sur l'Italie et sur l'Espagne, allait entrer dans un règne nouveau, que nous choisîmes, non pas la France pour en faire le premier des royaumes, mais les Français pour en faire le premier des peuples... Seulement, on se demanda qui entrerait dans cet antre du lion ; quel Thésée chrétien, guidé par la lumière de la foi, parcourrait les détours de l'immense labyrinthe, et affronterait le minotaure royal. Je répondis : Moi ! Puis, comme quelques esprits ardents, quelques organisations inquiètes s'informaient combien il me faudrait de temps pour accomplir la première période de mon œuvre, que je venais de diviser en trois périodes, je demandai vingt ans !... On se récria ! Comprenez-vous bien ? Les hommes étaient esclaves ou serfs depuis vingt siècles, et l'on se récria quand je demandai vingt ans pour faire les hommes libres !...

Cagliostro promena un instant son regard sur l'assemblée, où ses dernières paroles venaient de provoquer des sourires ironiques.

Puis il continua :

— Enfin, j'obtins ces vingt années... Je donnai à nos frères la fameuse devise : *Lilia pedibus destrue !* et je me mis à l'œuvre en invitant chacun à en faire autant.

J'entrai dans la France à l'ombre des arcs de triomphe ; les lauriers et les roses faisaient une route de fleurs et de feuillages depuis Strasbourg jusqu'à Paris. Chacun criait : Vive la dauphine ! vive la future reine !

L'espérance tout entière du royaume était suspendue à la fécondité de l'hymen sauveur. Maintenant, je ne veux pas me donner la gloire des initiatives ni le mérite des événements. Dieu était avec moi ; il a permis que je visse la main divine qui tenait les rênes de son char de feu. Dieu soit loué!... J'ai écarté les pierres du chemin ; j'ai jeté un pont sur les fleuves ; j'ai comblé les précipices, et le char a roulé, voilà tout ! Or, frères, voyez ce qui s'est accompli depuis vingt ans :

Les parlements cassés ;

La reine, sept ans stérile, mettant au jour, au bout de sept ans, des enfants contestés ; attaquée comme mère à la naissance du dauphin, déshonorée comme femme à l'affaire du collier ;

Le roi, sacré sous le titre de *Louis le Désiré,* mis à l'œuvre de la royauté, impuissant en politique comme en amour ; poussé, d'utopies en utopies, jusqu'à la banqueroute ; de ministre en ministre, jusqu'à monsieur de Calonne ;

L'assemblée des notables réunie, et décrétant les états généraux ;

Les états généraux, nommés par le suffrage universel, se déclarant Assemblée nationale ;

La noblesse et le clergé vaincus par le tiers ;

La Bastille prise ;

Les troupes étrangères chassées de Paris et de Versailles ;

La nuit du 4 août montrant à l'aristocatie le néant de la noblesse ;

Les 5 et 6 octobre montrant au roi et à la reine le néant de la royauté ;

Le 14 juillet 1790 montrant au monde l'unité de la France ;

Les princes dépopularisés par l'émigration ;

Monsieur dépopularisé par le procès de Favras ;

Enfin, la constitution jurée sur l'autel de la patrie ; le président de l'Assemblée nationale assis sur un trône pareil à celui du roi ; la loi et la nation assises au-dessus d'eux ; l'Europe attentive, qui se penche sur nous, qui se tait et qui attend ; tout ce qui n'applaudit pas qui tremble !

Frères, la France est-elle bien ce que j'avais dit qu'elle serait, c'est-à-dire la roue à laquelle va s'engrener l'Europe, le soleil auquel va s'éclairer le monde ? — Oui ! oui ! crièrent toutes les voix. — Maintenant, frères, continua Cagliostro, croyez-vous l'œuvre assez avancée pour qu'on puisse l'abandonner à elle-même ? croyez-vous que, la constitution jurée, on puisse se fier au serment royal ? — Non ! non ! crièrent toutes les voix. — Alors, dit Cagliostro, c'est la seconde période révolutionnaire de la grande œuvre démocratique qu'il faut entreprendre. A vos yeux, comme aux miens, je m'en aperçois avec joie, la fédération de 1790 n'est pas un but ; ce n'est qu'une halte. Soit ; la halte est faite, le repos est pris ;

la cour s'est remise à son œuvre de contre-révolution ; ceignons nos reins à notre tour et remettons-nous en chemin. Sans doute, pour les cœurs timorés, il y aura bien des heures d'inquiétude, bien des moments de défaillance ; souvent le rayon qui nous éclaire paraîtra s'éteindre, la main qui nous guide semblera nous abandonner ; plus d'une fois, pendant cette longue période qu'il nous reste à accomplir, la partie semblera compromise, perdue même, par quelque accident imprévu, par quelque événement fortuit ; tout semblera nous donner tort : les circonstances défavorables, le triomphe de nos ennemis, l'ingratitude de nos concitoyens ; beaucoup, et des plus consciencieux peut-être, arriveront à se demander à eux-mêmes, après tant de fatigues réelles et tant d'impuissance apparente, s'ils n'ont pas fait fausse route, et s'ils ne sont point engagés dans la mauvaise voie. Non, frères, non, je vous le dis à cette heure, et que mes paroles sonnent éternellement à votre oreille, dans la victoire comme une fanfare de triomphe, dans la défaite comme un tocsin d'alarme ! non, les peuples conducteurs ont leur mission sainte qu'ils doivent providentiellement, fatalement accomplir. Le Seigneur, qui les guide, a ses voies mystérieuses ne se révélant à nos yeux que dans la splendeur de leur accomplissement. Souvent une nuée le dérobe à nos regards, et on le croit absent ; souvent une idée recule et semble battre en retraite, quand au contraire, comme ces anciens chevaliers des tournois du moyen âge, elle prend du champ pour remettre sa lance en arrêt, et s'élancer de nouveau sur son adversaire, rafraîchie et plus ardente. Frères, frères, le but où nous tendons, c'est le phare allumé sur la haute montagne ; vingt fois, pendant la route, les accidents du terrain nous le font perdre de vue, et on le croit éteint. Alors, les faibles murmurent, se plaignent, s'arrêtent, disant : Nous n'avons plus rien qui nous guide ; nous marchons dans la nuit ; restons où nous sommes ! A quoi bon nous égarer ? Les forts continuent, souriants et confiants, et bientôt le phare reparaît pour s'évanouir et reparaître encore, et, à chaque fois, plus visible et plus brillant, car il est plus rapproché. Et c'est ainsi qu'en luttant, en persévérant, en croyant surtout, arriveront les élus du monde au pied du phare sauveur dont la lumière doit un jour éclairer, non-seulement la France, mais encore tous les peuples !... Jurons donc, frères, jurons, pour nous et pour nos descendants, car parfois l'idée ou le principe éternel usent à leur service plusieurs générations ; jurons donc, pour nous et pour nos descendants, de ne nous arrêter que lorsque nous aurons établi par toute la terre cette sainte devise du Christ dont nous avons déjà, ou à peu près, conquis la première partie : Liberté ! Égalité ! Fraternité !

Ces paroles de Cagliostro furent suivies d'une éclatante approbation ; mais, au milieu des cris et des bravos, tombant sur l'enthousiasme général comme ces gouttes d'eau glacée qui, de la voûte d'un rocher humide, tombent sur un front en sueur, se firent entendre ces paroles, prononcées d'une voix aigre et tranchante :

— Oui, jurons ; mais, auparavant, explique-nous comment tu comprends ces trois mots, afin que nous, tes simples apôtres, nous puissions les expliquer après toi.

Un regard perçant de Cagliostro sillonna la foule, et alla éclairer, comme le rayon d'un miroir, le pâle visage du député d'Arras.

— Soit, dit-il ; écoute donc, Maximilien.

Puis, haussant à la fois la main et la voix pour s'adresser à la foule, il improvisa le panégyrique de la Liberté, de l'Égalité et de la Fraternité avec un lyrisme qui provoqua des tonnerres d'applaudissements.

LXXIII

LES FEMMES ET LES FLEURS

Quelques mois après les événements que nous venons de raconter, vers la fin de mars 1791, une voiture suivant rapidement le chemin d'Argenteuil à Bezons, faisant un détour à un demi-quart de lieue de la ville, s'avançait vers le château du Marais dont la grille s'ouvrait devant elle, et s'arrêtait au fond de la seconde cour, près de la première marche du perron.

L'horloge placée au fronton du bâtiment marquait huit heures du matin.

Un vieux domestique qui semblait attendre impatiemment l'arrivée de la voiture se précipita vers la portière, qu'il ouvrit, et un homme entièrement vêtu de noir s'élança sur les degrés.

— Ah ! monsieur Gilbert, dit le valet de chambre, vous voici, enfin !
— Qu'y a-t-il donc, mon pauvre Teisch ? demanda le docteur. — Hélas ! Monsieur, vous allez voir, dit le domestique.

Et, marchant devant le docteur, il lui fit traverser la salle de billard, dont les lampes, allumées sans doute à une heure avancée de la nuit, brûlaient encore ; puis la salle à manger, dont la table, couverte de fleurs, de bouteilles débouchées, de fruits et de pâtisseries, attestait un souper qui s'était prolongé au delà des heures habituelles.

Gilbert jeta sur cette scène de désordre, qui lui prouvait combien peu ses prescriptions avaient été suivies, un regard douloureux ; puis, haussant les épaules avec un soupir, il s'engagea dans l'escalier qui conduisait à la chambre de Mirabeau, située au premier.

— Monsieur le comte, dit le domestique en pénétrant le premier dans cette chambre, voici le docteur Gilbert. — Comment, le docteur! dit Mirabeau, on a été le chercher pour une pareille niaiserie? — Niaiserie! murmura le pauvre Teisch. Jugez-en vous-même, Monsieur. — Oh! docteur, dit Mirabeau en se soulevant sur son lit, croyez que je suis aux regrets que, sans me consulter, on vous ait dérangé ainsi... — D'abord, mon cher comte, ce n'est jamais me déranger que me susciter une occasion de vous voir. Vous savez que je n'exerce que pour quelques amis, et, à ceux-là, je leur appartiens tout entier. Voyons, qu'est-il arrivé? et surtout pas de secrets pour la faculté... Teisch, tirez les rideaux et ouvrez les fenêtres.

Cet ordre exécuté, le jour envahit la chambre de Mirabeau, jusque-là dans la pénombre, et le docteur put voir le changement qui s'était fait dans toute la personne du célèbre orateur, depuis un mois à peu près qu'il ne l'avait rencontré.

— Ah! ah! fit-il malgré lui. — Oui, dit Mirabeau, je suis changé, n'est-ce pas? Je vais vous dire d'où cela vient.

Gilbert sourit tristement; mais, comme un médecin intelligent tire toujours parti de ce que lui dit son malade, dût-il lui dire un mensonge, il le laissa faire.

— Vous savez, continua Mirabeau, quelle question on débattait hier? — Oui, celle des mines. — C'est une question encore mal connue, peu ou point approfondie. Les intérêts des propriétaires et du gouvernement ne sont pas assez distincts. D'ailleurs, le comte de Lamark, mon ami intime, était très-intéressé dans la question : la moitié de sa fortune en dépendait. Sa bourse, cher docteur, a toujours été la mienne; il faut être reconnaissant; j'ai parlé ou plutôt j'ai chargé cinq fois. A la dernière charge, j'ai mis les ennemis en déroute, mais je suis resté sur le carreau. Cependant, en rentrant, j'ai voulu célébrer la victoire jusqu'à trois heures du matin... A trois heures du matin, on s'est couché; à cinq, j'ai été pris par des douleurs d'entrailles; j'ai crié comme un imbécile; Teisch a eu peur comme un poltron, et il vous a envoyé chercher. Maintenant, vous êtes aussi savant que moi. Voici le pouls, voici la langue... Je souffre comme un damné; tirez-moi de là, si vous pouvez; quant à moi, je vous déclare que je ne m'en mêle pas!

Gilbert était un trop habile médecin pour ne pas voir, sans le secours de la langue ou du pouls, la gravité de la situation de Mirabeau. Le malade était près de suffoquer, respirait avec peine, avait le visage gonflé par l'arrêt du sang dans les poumons; il se plaignait de froid aux extrémités, et, de temps en temps, la violence de la douleur lui arrachait, soit un soupir, soit un cri.

Le docteur voulut cependant confirmer son opinion, déjà presque arrêtée par l'examen du pouls.

Le pouls était convulsif et intermittent.

— Allons! dit Gilbert, ce ne sera rien pour cette fois-ci. mon cher comte, mais il était temps!

Et il tira sa trousse de sa poche avec cette rapidité et ce calme qui sont les signes distinctifs du véritable génie.

— Ah! ah! dit Mirabeau, vous allez me saigner? — A l'instant même. — Au bras droit ou au bras gauche? — Ni à l'un ni à l'autre... vous n'avez déjà les poumons que trop engorgés. Je vais vous saigner au pied, tandis que Teisch va aller chercher à Argenteuil de la moutarde et des cantharides, pour que nous vous appliquions des sinapismes... Prenez ma voiture, Teisch. — Diable! fit Mirabeau, il paraît que, comme vous le disiez, docteur, il était temps?

Gilbert, sans lui répondre, procéda à l'instant même à l'opération, et bientôt un sang noir et épais, après avoir hésité un instant à sortir, jaillit du pied du malade.

Le soulagement fut instantané.

— Ah! morbleu! dit Mirabeau respirant plus à l'aise, décidément vous êtes un grand homme, docteur! — Et vous un grand fou, comte! de risquer ainsi une vie si précieuse à vos amis et à la France pour quelques heures de faux plaisir.

Mirabeau sourit avec mélancolie, presque ironiquement.

— Bah! mon cher docteur, dit-il, vous vous exagérez le cas que mes amis et la France font de moi! — En vérité, dit en riant Gilbert, les grands hommes se plaignent toujours de l'ingratitude des autres, et ce sont eux, en réalité, qui sont ingrats! Soyez malade sérieusement, et demain vous aurez tout Paris sous vos fenêtres; mourez après-demain, et vous aurez toute la France à votre convoi. — Savez-vous que c'est très-consolant, ce que vous me dites-là, répondit en riant Mirabeau. — C'est justement parce que vous pouvez voir l'un sans risquer l'autre, que je vous dis cela, et, en vérité, vous avez besoin d'une grande démonstration qui vous remonte le moral. Laissez-moi vous ramener à Paris dans deux heures, comte; laissez-moi dire au commissionnaire du premier coin de rue que vous êtes malade, et vous verrez! — Vous croyez que je puis être transporté à Paris? — Aujourd'hui même, oui... Qu'éprouvez-vous? — Je respire plus librement; ma tête se dégage; le brouillard que j'avais devant les yeux disparaît; je souffre toujours des entrailles. — Oh! cela regarde les sinapismes, mon cher comte; la saignée a fait son œuvre; c'est au tour des sinapismes à faire la leur... Eh! tenez, justement voici Teisch.

En effet, Teisch entra au moment même avec les ingrédients demandés. Un quart d'heure après, le mieux prédit par le docteur était produit.

— Maintenant, dit Gilbert, je vous laisse une heure de repos, et je vous emmène. — Docteur, dit Mirabeau en riant, voulez-vous me permettre de ne partir que ce soir, et de vous donner rendez-vous dans mon hôtel de la Chaussée-d'Antin, à onze heures?

Gilbert regarda Mirabeau; le malade comprit que son médecin avait deviné la cause de ce retard.

— Que voulez-vous, dit Mirabeau, j'ai une visite à recevoir... — Mon cher comte, répondit Gilbert, j'ai vu bien des fleurs sur la table de la salle à manger; ce n'était pas seulement un souper d'amis que vous avez donné hier? — Vous savez que je ne saurais me passer de fleurs; c'est ma folie. — Oui, mais les fleurs ne vont pas seules, comte. — Dam! si les fleurs me sont nécessaires, il faut bien que je subisse les *conséquences* de cette nécessité. — Comte, comte, vous vous tuerez, dit Gilbert. — Avouez, docteur, que ce sera du moins un charmant suicide. — Comte, je ne vous quitte pas de la journée. — Docteur, j'ai donné ma parole; vous ne voudriez pas m'y faire manquer! — Vous serez ce soir à Paris? — Je vous ai dit que je vous attendrais à onze heures dans mon petit hôtel de la rue de la Chaussée-d'Antin. L'avez-vous vu déjà? — Pas encore. — C'est une acquisition que j'ai faite de Julie, la femme de Talma... En vérité, je me sens tout à fait bien, docteur! — C'est-à-dire que vous me chassez? — Oh! par exemple! — Au reste, vous faites bien; je suis de quartier aux Tuileries. — Ah! ah! vous verrez la reine, dit Mirabeau en s'assombrissant. — Probablement... Avez-vous quelque message pour elle?

Mirabeau sourit amèrement.

— Je ne prendrais point pareille liberté, docteur; ne lui dites pas même que vous m'avez vu. — Pourquoi cela? — Parce qu'elle vous demanderait si j'ai sauvé la monarchie, comme je lui ai promis de le faire, et vous seriez obligé de lui répondre que non... Du reste, ajouta Mirabeau avec un rire nerveux, il y a bien autant de sa faute que de la mienne!

— Vous ne voulez pas que je lui dise que votre excès de travail, que votre lutte à la tribune vous tuent?

Mirabeau réfléchit un instant.

— Oui répondit-il, dites-lui cela... Faites-moi même, si vous le voulez, plus malade que je ne suis. — Pourquoi? — Pour rien... par curiosité... pour me rendre compte de quelque chose. — Soit. — Vous me promettez cela, docteur? — Je vous le promets. — Et vous me répéterez ce qu'elle aura dit? — Ses propres paroles. — Bien... Adieu, docteur! mille fois merci!

Et il tendit la main à Gilbert.

Gilbert regarda fixement Mirabeau, que ce regard parut embarrasser.

— A propos, dit le malade, avant de vous en aller, que prescrivez-vous? — Oh! dit Gilbert, des boissons chaudes et purement délayantes : chicorée ou bourrache; diète absolue, et surtout... — Surtout? — Pas de garde-malade qui ait moins de cinquante ans, vous entendez, comte! — Docteur, dit Mirabeau en riant, plutôt que de manquer à votre ordonnance, j'en prendrais deux de vingt-cinq ans!

A la porte, Gilbert rencontra Teisch.

Le pauvre garçon avait les larmes aux yeux.

— Oh! Monsieur, dit-il, pourquoi vous en allez-vous? — Je m'en vais parce qu'on me chasse, mon cher Teisch, dit Gilbert en riant. — Et tout cela pour cette femme, murmura le vieillard; et tout cela parce que cette femme ressemble à la reine!... Un homme qui a tant de génie, à ce que l'on dit... Mon Dieu! faut-il être bête!

Et, sur cette conclusion, il ouvrit la portière à Gilbert, qui remonta en voiture tout préoccupé, et se demandant tout bas :

— Que veut-il dire avec cette femme qui ressemble à la reine?

Un instant, il arrêta le bras de Teisch pour l'interroger; mais, tout bas encore :

— Eh bien! qu'allais-je faire? dit-il. C'est le secret de monsieur de Mirabeau, et non le mien... Cocher, à Paris!

LXXIV

CE QUE LE ROI AVAIT DIT, CE QU'AVAIT DIT LA REINE

Gilbert s'acquitta scrupuleusement de la double promesse faite à Mirabeau.

En rentrant dans Paris, il rencontra Camille Desmoulins, la gazette vivante, le journal incarné du temps.

Il lui annonça la maladie de Mirabeau qu'il fit plus grande, avec intention, non pas qu'elle ne pouvait devenir si Mirabeau faisait quelque nouvelle imprudence, mais qu'elle n'était en ce moment.

Puis il alla aux Tuileries, et annonça cette nouvelle au roi.

Le roi se contenta de dire :

— Ah! ah! pauvre comte! Et a-t-il perdu l'appétit? — Oui, sire, répondit Gilbert. — Alors, c'est grave? dit le roi.

Et il parla d'autre chose.

Gilbert, en sortant de chez le roi, entra chez la reine et lui répéta ce qu'il avait dit au roi.

Le front hautain de la fille de Marie-Thérèse se plissa.

— Pourquoi, dit-elle, cette maladie ne l'a-t-elle point pris le matin du jour où il a fait son beau discours sur le drapeau tricolore?

Puis, comme si elle se repentait d'avoir laissé échapper devant Gilbert l'expression de sa haine pour ce signe de la nationalité française :

— N'importe, dit-elle, ce serait bien malheureux pour la France et pour nous si cette indisposition faisait des progrès. — Je croyais avoir eu l'honneur de dire à la reine, reprit Gilbert, que c'était plus qu'une indisposition, que c'était une maladie. — Dont vous vous rendrez maître, docteur, dit la reine. — J'y ferai mon possible, madame; mais je n'en réponds pas. — Docteur, dit la reine, je compte sur vous, vous entendez bien, pour me donner des nouvelles de monsieur de Mirabeau.

Et elle parla d'autre chose.

Le soir, à l'heure dite, Gilbert montait l'escalier du petit hôtel de Mirabeau.

Mirabeau l'attendait couché sur une chaise longue; mais, comme on l'avait fait demeurer quelques instants au salon, sous prétexte de prévenir le comte de sa présence, il jeta, en entrant, un regard autour de lui, et ses yeux s'arrêtèrent sur une écharpe de cachemire oubliée sur un fauteuil.

Mais, soit pour détourner l'attention de Gilbert, soit qu'il attachât une grande importance à la question qui devait suivre les premières paroles échangées entre lui et le docteur :

— Ah! dit Mirabeau, c'est vous... J'ai appris que vous avez déjà tenu une partie de votre promesse : Paris sait que je suis malade, et le pauvre Teisch n'a pas, depuis deux heures, été dix minutes sans donner de mes nouvelles à mes amis qui viennent voir si je vais mieux, et peut-être à mes ennemis qui viennent voir si je vais plus mal. Voilà pour la première partie : maintenant avez-vous été aussi fidèle à la seconde? — Que voulez-vous dire, demanda Gilbert en souriant. — Vous le savez bien.

Gilbert haussa les épaules en signe de négation.

— Avez-vous été aux Tuileries? — Oui. — Avez-vous vu le roi? — Oui. — Avez-vous vu la reine? — Oui. — Et vous leur avez annoncé qu'ils seraient bientôt débarrassés de moi? — Je leur ai annoncé que vous étiez malade, du moins. — Et qu'ont-ils dit? — Le roi a demandé si vous aviez perdu l'appétit. — Et, sur votre réponse affirmative?... — Il vous a plaint très-sincèrement. — Bon roi ! le jour de sa mort, il dira à ses amis, comme Léonidas : « Je soupe ce soir chez Pluton ! » Mais la reine?... — La reine vous a plaint et s'est informée de vous avec intérêt. — En quels termes, docteur, dit Mirabeau, qui attachait évidemment une grande valeur à la réponse qu'allait lui faire Gilbert. — Mais en très-bons termes, dit le docteur. — Vous m'avez donné votre parole de me répéter textuellement ce qu'elle vous aurait dit. — Oh ! je ne saurais me rappeler mot pour mot. — Docteur, vous n'en avez pas oublié une syllabe. — Je vous jure... — Docteur, j'ai votre parole : voulez-vous que je vous traite d'homme sans foi? — Vous êtes exigeant, comte ! — Voilà comme je suis. — Vous voulez absolument que je vous répète les paroles de la reine? — Mot pour mot. — Eh bien ! elle a dit que cette maladie aurait dû vous prendre le matin du jour où vous avez défendu à la tribune le drapeau tricolore.

Gilbert voulait juger de l'influence que la reine avait sur Mirabeau.

Celui-ci bondit sur sa chaise longue, comme s'il eut été mis en contact avec une pile de Volta.

— Ingratitude des rois ! murmura-t-il. Ce discours a suffi pour lui faire oublier la liste civile de vingt-quatre millions du roi, et son douaire de quatre millions, à elle; mais elle ne sait donc pas, cette femme, elle ignore donc, cette reine, qu'il s'agissait de reconquérir d'un seul coup ma popularité perdue pour elle? Mais elle ne se souvient donc plus que j'ai proposé l'ajournement de la réunion d'Avignon à la France pour soutenir les scrupules religieux du roi; faute ! Elle ne se souvient donc plus que, pendant ma présidence aux Jacobins, présidence de trois mois qui m'a pris dix ans de ma vie, j'ai défendu la loi de la garde nationale, restreinte aux citoyens actifs; faute ! Elle ne se souvient donc plus que, dans la discussion à l'Assemblée du projet de loi sur le serment des prêtres, j'ai demandé qu'on restreignît le serment aux prêtres confesseurs; faute ! Oh ! ces fautes, ces fautes, je les ai bien payées, continua Mirabeau, et, cependant, ce ne sont point ces fautes qui m'ont fait tomber; car il y a des époques étranges, singulières, anormales, où l'on ne tombe point par les fautes que l'on commet. Un jour, pour eux encore, j'ai défendu une question de justice, d'humanité : on attaquait la fuite des tantes du roi; on proposait une loi contre l'émigration : Si vous faites une loi contre les émigrants, me suis-je écrié, je jure de n'y obéir jamais ! Et le projet de loi a été rejeté à l'unanimité. Eh bien ! ce que n'avaient pu faire mes échecs, mon triomphe l'a fait. On m'a appelé dictateur; on m'a lancé à la tribune par la voie de la colère, la pire des routes que puisse prendre un orateur. Je triomphai une seconde fois, mais en attaquant les Jacobins; alors, les

Jacobins jurèrent ma mort, les niais! Duport, Lameth, Barnave, ils ne voient pas qu'en me tuant, ils donnent la dictature de leur tripot à Robespierre! Moi qu'ils eussent dû garder comme la prunelle de leurs yeux, ils m'ont écrasé sous leur stupide majorité; ils ont fait couler sur mon visage la sueur de sang; ils m'ont fait boire le calice d'amertume jusqu'à la lie; ils m'ont couronné d'épines, mis le roseau entre les mains, crucifié enfin! heureux d'avoir subi cette passion, comme le Christ, pour une question d'humanité. Le drapeau tricolore! ils ne voient donc pas que c'est leur seul refuge; que, s'ils voulaient venir loyalement, publiquement s'asseoir à son ombre, cette ombre les sauverait encore peut-être. Mais, la reine, elle ne veut pas être sauvée : elle veut être vengée; elle ne goûte aucune idée raisonnable; le moyen que je propose comme le seul efficace est celui qu'elle repousse le plus : être modéré! être juste! et, autant que possible, avoir toujours raison! J'ai voulu sauver deux choses à la fois, la royauté et la liberté; lutte ingrate dans laquelle je combats seul, abandonné, contre quoi? Si c'était contre des hommes, ce ne serait rien; contre des tigres, ce ne serait rien; contre des lions, ce ne serait rien... Non, c'est contre un élément, contre la mer, contre le flot qui monte, contre la marée qui grandit! Hier, j'en avais jusqu'à la cheville; aujourd'hui, j'en ai jusqu'au genou; demain, j'en aurai jusqu'à la ceinture; après demain, par-dessus la tête!... Aussi, tenez, docteur, il faut que je sois franc avec vous : le chagrin m'a pris d'abord, puis le dégoût. J'avais rêvé le rôle d'arbitre entre la révolution et la monarchie; je croyais prendre ascendant sur la reine comme homme, et, comme homme, un beau jour qu'elle se serait aventurée imprudemment dans le fleuve et aurait perdu pied, me jeter à l'eau et la sauver; mais non, on n'a jamais voulu s'aider sérieusement de moi, docteur : on a voulu me compromettre, me dépopulariser, me perdre, m'annihiler, me rendre impuissant au mal comme au bien. Aussi, maintenant, ce que j'ai de mieux à faire, docteur, je vais vous le dire, c'est de mourir à temps; c'est surtout de me coucher artistement comme l'athlète antique; c'est de tendre la gorge avec grâce; c'est de rendre le dernier soupir convenablement.

Et Mirabeau se laissa retomber sur sa chaise longue, dont il mordit l'oreiller à pleines dents.

Gilbert savait ce qu'il voulait savoir, c'est-à-dire où étaient la vie et la mort de Mirabeau.

— Comte, demanda-t-il, que diriez-vous si, demain, le roi envoyait prendre de vos nouvelles?

Le malade fit un mouvement des épaules qui voulait dire : Cela me serait bien égal!

— Le roi... ou la reine? ajouta Gilbert. — Hein? fit Mirabeau en se redressant. — Je dis le roi ou la reine, répéta Gilbert.

Mirabeau se souleva sur ses deux poings comme un lion accroupi, et essaya de lire jusqu'au fond du cœur de Gilbert.

— Elle ne le fera pas! dit-il. — Mais, enfin, si elle le faisait?... — Vous croyez, dit Mirabeau, qu'elle descendrait jusque-là? — Je ne crois rien; je suppose, je présume. — Soit, dit Mirabeau; j'attendrai jusqu'à demain au soir. — Que voulez-vous dire? — Prenez les mots dans le sens qu'ils ont, docteur, et ne voyez pas en eux autre chose que ce qu'ils veulent dire... J'attendrai jusqu'à demain au soir. — Et demain au soir? — Eh bien! demain au soir, si elle a envoyé, docteur; si, par exemple, monsieur Weber est venu, vous avez raison, et c'est moi qui ai tort... Mais, si au contraire il n'est pas venu, oh! alors, c'est vous qui avez tort, docteur, et c'est moi qui ai raison. — Soit. A demain au soir... Jusque-là, mon cher Démosthènes, du calme, du repos, de la tranquillité! — Je ne quitterai pas ma chaise longue. — Et cette écharpe?

Gilbert montra du doigt l'objet qui, le premier, avait frappé ses yeux en entrant dans la chambre.

Mirabeau sourit.

— Parole d'honneur! dit-il. — Bon! dit Gilbert; tâchez de passer une nuit paisible et je réponds de vous.

Et il sortit.

A la porte, Teisch l'attendait.

— Eh bien! mon brave Teisch, ton maître va mieux, dit le docteur.

Le vieux serviteur secoua tristement la tête.

— Comment, reprit Gilbert, tu doutes de ma parole? — Je doute de tout, monsieur le docteur, tant que son mauvais génie sera près de lui.

Et il poussa un soupir en éclairant Gilbert dans l'étroit escalier.

A l'angle d'un des paliers, Gilbert vit comme une ombre voilée qui l'attendait.

Cette ombre, en l'apercevant, jeta un léger cri, et disparut derrière une porte entr'ouverte pour lui faciliter cette retraite, qui ressemblait à une fuite.

— Quelle est cette femme? demanda Gilbert. — C'est elle! répondit Teisch. — Qui, elle? — La femme qui ressemble à la reine.

Gilbert, pour la seconde fois, parut frappé de la même idée en entendant la même phrase; il fit deux pas en avant, comme s'il eut voulu poursuivre le fantôme; mais il s'arrêta en murmurant :

— Impossible!

Et il continua son chemin, laissant le vieux domestique désespéré qu'un homme aussi savant que l'était le docteur n'entreprît point d'adjurer le démon qu'il tenait, dans sa conviction la plus profonde, pour un envoyé de l'enfer.

Mirabeau passa une assez bonne nuit. Le lendemain, de bonne heure, il appela Teisch, et fit ouvrir sa fenêtre pour respirer l'air du matin.

La seule chose qui inquiétât le vieux serviteur, c'était l'impatience fébrile à laquelle le malade paraissait en proie.

Quand, interrogé par son maître, il avait répondu qu'il était huit heures à peine, Mirabeau n'avait pas voulu le croire, et s'était fait apporter sa montre pour s'en assurer.

Cette montre, il l'avait posée sur sa table, à côté de son lit.

— Teisch, dit-il au vieux domestique, vous prendrez en bas la place de Jean, qui fera aujourd'hui le service près de moi. — Oh! mon Dieu! dit Teisch, aurais-je eu le malheur de mécontenter monsieur le comte? — Au contraire, mon bon Teisch, dit Mirabeau attendri, c'est parce que je ne me fie qu'à toi que je te place aujourd'hui à la porte... A chaque personne qui viendra demander de mes nouvelles, tu diras que je vais mieux, mais que je ne reçois pas encore... Seulement, si l'on vient de la part de la... Mirabeau s'arrêta et se reprit : seulement, si l'on vient du château, si l'on envoie des Tuileries, tu feras monter le messager; tu entends bien? Sous quelque prétexte que ce soit, tu ne le laisseras pas en aller sans que je le voie, sans que je lui parle... Tu vois bien, mon bon Teisch, qu'en t'éloignant de moi, je t'élève à l'emploi de confident.

Teisch prit la main de Mirabeau, et la baisa.

— Oh! monsieur le comte, dit-il, si seulement vous vouliez vivre!

Et il sortit.

— Parbleu, dit Mirabeau en le regardant s'éloigner, voilà justement le difficile!

A dix heures, Mirabeau se leva et s'habilla avec une sorte de coquetterie. Jean le coiffa et le rasa, puis il lui approcha un fauteuil de la fenêtre.

De cette fenêtre, il pouvait voir dans la rue.

A chaque coup de marteau, à chaque vibration de la sonnette, on eût pu voir de la maison d'en face son visage anxieux apparaître derrière le rideau soulevé, son regard perçant plonger jusque dans la rue, puis le rideau retomber pour se relever de nouveau à la prochaine vibration de la sonnette ou au prochain coup de marteau.

A deux heures, Teisch monta suivi d'un laquais. Le cœur de Mirabeau battit violemment : le laquais était sans livrée.

La première idée qui lui passa par l'esprit, c'est que cette espèce de grison venait de la part de la reine, et était ainsi vêtu pour ne point compromettre celle qui l'envoyait,

Mirabeau se trompait.

— De la part de monsieur le docteur Gilbert, dit Teisch. — Ah! fit Mirabeau en pâlissant comme s'il eut eu vingt-cinq ans, et qu'attendant un messager de madame de Monnier, il eut vu arriver un coureur de son oncle le bailli. — Monsieur, dit Teisch, comme ce garçon venait de la part de monsieur le docteur Gilbert, et qu'il est porteur d'une lettre pour vous, j'ai cru pouvoir faire en sa faveur une exception à la consigne. — Et tu as bien fait, dit le comte.

Puis, au laquais :

— La lettre? demanda-t-il.

Celui-ci la tenait à la main et la présenta au comte.

Mirabeau l'ouvrit : elle ne contenait que ces quelques mots :

« Donnez-moi de vos nouvelles. Je serai chez vous à onze heures du soir. J'espère que le premier mot que vous me direz, c'est que j'avais raison et que vous aviez tort. »

— Tu diras à ton maître que tu m'as trouvé debout, et que je l'attends ce soir, dit Mirabeau au laquais.

Puis, à Teisch :

— Que ce garçon s'en aille content, dit-il.

Teisch fit signe qu'il comprenait, et emmena le grison.

Les heures se succédèrent; la sonnette ne cessait de vibrer, le marteau de retentir; Paris tout entier s'inscrivait chez Mirabeau. Il y avait dans la rue des groupes d'hommes du peuple qui, ayant appris la nouvelle, non pas telle qu'elle était, mais telle que les journaux l'avaient dite, ne voulaient pas croire aux bulletins rassurants de Teisch, et forçaient les voitures de prendre à droite et à gauche de la rue, pour que le bruit des roues ne fatiguât point l'illustre malade.

Vers les cinq heures, Teisch jugea à propos de faire une seconde apparition dans la chambre de Mirabeau, afin de lui annoncer cette nouvelle.

— Ah! dit Mirabeau en le voyant, mon pauvre Teisch, j'avais cru que tu avais quelque chose de mieux à m'apprendre. — Quelque chose de mieux? dit Teisch étonné; je ne croyais pas que je pusse annoncer à monsieur le comte quelque chose de mieux qu'une pareille preuve d'amour.

— Tu as raison, Teisch, dit Mirabeau, et je suis un ingrat.

Aussi, quand Teisch eut refermé la porte, Mirabeau ouvrit-il la fenêtre.

Il s'avança sur le balcon, et fit, de la main, un signe de remerciement aux braves gens qui s'étaient établis les gardiens de son repos.

Ceux-ci le reconnurent, et les cris de : Vive Mirabeau! retentirent d'un bout à l'autre de la rue de la Chaussée-d'Antin.

A quoi pensait Mirabeau, pendant qu'on lui rendait cet hommage inattendu, qui, en toute autre circonstance, eût fait bondir son cœur de joie?

Il pensait à cette femme hautaine qui ne s'inquiétait point de lui, et son œil allait chercher, au delà des groupes pressés aux alentours de sa maison, s'il n'apercevait pas quelque laquais en livrée bleue venant du côté des boulevards.

Il rentra dans sa chambre, le cœur serré; l'ombre commençait à venir; il n'avait rien vu.

La soirée s'écoula comme la journée. L'impatience de Mirabeau s'était changée en une sombre amertume; son cœur, sans espérance, n'allait plus au-devant de la sonnette et du marteau; non, il attendait, le visage empreint d'une sombre amertume, cette preuve d'intérêt qui lui était presque promise, et qui n'arrivait pas.

A onze heures, la porte s'ouvrit, et Teisch annonça le docteur Gilbert.

Celui-ci entrait souriant; il fut effrayé de l'expression du visage de Mirabeau.

Ce visage était le miroir fidèle des bouleversements de son cœur.

Gilbert se douta de tout.

— N'est-on pas venu? demanda-t-il. — D'où cela? dit Mirabeau. — Vous savez bien ce que je veux dire. — Moi, non, sur mon honneur! — Du château... de sa part.. au nom de la reine?... — Pas le moins du monde, mon cher docteur; il n'est venu personne. — Impossible! fit Gilbert.

Mirabeau haussa les épaules.

— Naïf homme de bien! lui dit-il.

Puis, saisissant la main de Gilbert avec un mouvement convulsif :

— Voulez-vous que je vous dise ce que vous avez fait aujourd'hui, docteur? demanda-t-il. — Moi? dit le docteur; j'ai fait à peu près ce que je fais tous les jours. — Non, car tous les jours vous n'allez pas au château, et, aujourd'hui, vous y avez été; non, car tous les jours vous ne voyez pas la reine, et, aujourd'hui, vous l'avez vue; non, car tous les jours vous ne vous permettez pas de lui donner des conseils, et, aujourd'hui, vous lui en avez donné un! — Allons donc! dit Gilbert. — Tenez, cher docteur, je vois ce qui s'est passé, et j'entends ce qui s'est dit comme si j'avais été là. — Eh bien! voyons, monsieur l'homme à la double vue, que s'est-il passé? que s'est-il dit? — Vous vous êtes présenté aux Tuileries aujourd'hui à une heure; vous avez demandé à parler à la reine; vous lui avez parlé; vous lui avez dit que mon état empirait; qu'il serait bon à elle comme reine, bien à elle comme femme, d'envoyer demander des nouvelles de ma santé, sinon par sollicitude, au moins par calcul. Elle a discuté avec vous; elle a paru convaincue que vous aviez raison; elle vous a congédié en disant qu'elle allait envoyer chez moi ; vous vous en êtes allé heureux et satisfait, comptant sur la parole royale... et elle, elle est restée hautaine et amère, riant de votre crédulité, qui ignore qu'une parole royale n'engage à rien... Voyons, foi d'honnête homme, dit Mirabeau en regardant Gilbert en face, est-ce cela, docteur ? — En vérité, dit Gilbert, vous eussiez été là, mon cher comte, que vous n'eussiez pas mieux vu ni mieux entendu. — Les maladroits ! dit Mirabeau avec amertume, quand je vous disais qu'ils ne savaient rien faire à propos... La livrée du roi entrant chez moi aujourd'hui au milieu de cette foule qui criait : Vive Mirabeau ! devant ma porte et sous mes fenêtres, leur redonnait pour un an de popularité !

Et Mirabeau, secouant la tête, porta vivement la main à ses yeux.

Gilbert étonné le vit essuyer une larme.

— Qu'avez-vous donc, comte ? lui demanda-t-il. — Moi ?... rien ! dit Mirabeau. Avez-vous des nouvelles de l'Assemblée nationale, des Cordeliers ou des Jacobins ? Robespierre a-t-il distillé quelque nouveau discours, ou Marat vomi quelque nouveau pamphlet ? — Y a-t-il longtemps que vous avez mangé ? demanda Gilbert. — Pas depuis deux heures de l'après-midi. — En ce cas, vous allez vous mettre au bain, mon cher comte. — Tiens, en effet, c'est une excellente idée que vous avez là, docteur... Jean ! un bain ! — Ici, monsieur le comte ? — Non, non, à côté, dans le cabinet de toilette.

Dix minutes après, Mirabeau était au bain, et, comme d'habitude, Teisch reconduisait Gilbert.

Mirabeau se souleva de sa baignoire pour suivre des yeux le docteur ; puis, lorsqu'il l'eut perdu de vue, il tendit l'oreille pour écouter le bruit de ses pas ; puis il resta immobile jusqu'à ce qu'il eût entendu s'ouvrir et se refermer la porte de l'hôtel.

Alors, sonnant violemment :

— Jean, dit-il, faites dresser une table dans ma chambre, et allez demander de ma part à Oliva si elle veut me faire la grâce de souper avec moi.

Et, comme le laquais sortait pour lui obéir :

— Des fleurs surtout ! des fleurs ! cria Mirabeau ; j'adore les fleurs !...

A quatre heures du matin, le docteur Gilbert fut réveillé par un violent coup de sonnette.

— Ah ! dit-il en sautant à bas de son lit ; je suis sûr que monsieur de Mirabeau est plus mal !

Le docteur ne se trompait pas : Mirabeau, après s'être fait servir à souper, après avoir fait couvrir la table de fleurs, avait renvoyé Jean, et ordonné à Teisch d'aller se coucher.

Puis il avait fermé toutes les portes, excepté celle qui donnait chez la femme inconnue que le vieux domestique appelait son mauvais génie.

Mais les deux serviteurs ne s'étaient point couchés; Jean, seulement, quoique le plus jeune, s'était endormi sur un fauteuil dans l'antichambre.

Teisch avait veillé.

A quatre heures moins un quart, un violent coup de sonnette avait retenti; tous deux s'étaient précipités vers la chambre à coucher de Mirabeau.

Les portes en étaient fermées.

Alors, ils eurent l'idée de faire le tour par l'appartement de la femme inconnue, et purent pénétrer ainsi jusqu'à la chambre à coucher.

Mirabeau renversé, à demi évanoui, retenait cette femme entre ses bras, sans doute pour qu'elle ne pût pas appeler du secours, et elle, épouvantée, sonnait avec la sonnette de la table, n'ayant pu aller jusqu'au cordon de sonnette de la cheminée.

En apercevant les deux domestiques, elle avait appelé autant à son secours qu'au secours de Mirabeau; dans ses convulsions, Mirabeau l'étouffait.

On eût dit la mort déguisée et essayant de l'entraîner dans le tombeau.

Grâce aux efforts réunis des deux domestiques, les bras du moribond s'étaient écartés; Mirabeau était retombé sur son siège, et elle, tout éplorée, était rentrée dans son appartement.

Jean avait alors couru chercher le docteur Gilbert, tandis que Teisch essayait de donner les premiers soins à son maître.

Gilbert ne prit ni le temps de faire atteler, ni celui de faire approcher une voiture, de la rue Saint-Honoré à la Chaussée-d'Antin la course n'était pas longue; il suivit Jean, et, dix minutes après, il était arrivé à l'hôtel de Mirabeau.

Teisch attendait dans le vestibule du bas.

— Eh bien! mon ami, qu'y a-t-il encore? demanda Gilbert. — Ah! Monsieur, dit le vieux serviteur, cette femme! toujours cette femme!... et puis ces maudites fleurs!... Vous allez voir! vous allez voir!

En ce moment, on entendit quelque chose comme un sanglot, Gilbert monta précipitamment; comme il arrivait aux dernières marches de l'escalier, une porte voisine de la porte de Mirabeau s'ouvrit, et une femme enveloppée d'un peignoir blanc apparut tout à coup, et vint tomber aux pieds du docteur.

— Oh! Gilbert! Gilbert! dit-elle en lui jetant ses deux mains sur la poitrine, au nom du ciel, sauvez-le! — Nicole! s'écria Gilbert, Nicole!... Oh! malheureuse, c'était donc vous?... — Sauvez-le! sauvez-le! dit Nicole.

Gilbert resta un instant comme abîmé dans une idée terrible.

— Oh! murmura-t-il, Beausire vendant des pamphlets contre lui... Nicole sa maîtresse... Il est bien véritablement perdu, car il y a du Cagliostro là-dessous!

Et il s'élança dans l'appartement de Mirabeau, comprenant bien qu'il n'y avait pas un instant à perdre.

LXXV

VIVE MIRABEAU

Mirabeau était sur son lit; il avait repris connaissance. Les débris du souper, les plats, les fleurs étaient là, témoins aussi accusateurs que le sont, au fond d'un vase, les restes du poison près du lit d'un suicidé.

Gilbert s'avança vivement vers lui et respira en le voyant.

— Ah! ah! dit-il, il n'est pas encore aussi mal que je le craignais!

Mirabeau sourit.

— Vous croyez, docteur? dit-il.

Et il secoua la tête en homme qui pense connaître son état au moins aussi bien que le docteur, qui parfois veut se tromper lui-même, afin de mieux tromper les autres.

Cette fois Gilbert ne s'arrêta point aux diagnostics extérieurs; il tâta le pouls : le pouls était vif et élevé; il regarda la langue : la langue était pâteuse et amère; il s'enquit de l'état de la tête : la tête était lourde et douloureuse; un commencement de froid se faisait sentir aux extrémités inférieures.

Tout à coup les spasmes que le malade avait éprouvés deux jours auparavant reparurent, se jetant tour à tour sur les omoplates, sur les clavicules et sur le diaphragme; le pouls qui, ainsi que nous l'avons dit, était vif et élevé, devint intermittent et convulsif.

Gilbert ordonna les mêmes révulsifs qui avaient amené un premier mieux.

Par malheur, soit que le malade n'eût point la force de supporter le douloureux remède, soit qu'il ne voulût point être guéri, au bout d'un quart d'heure il se plaignit de douleurs si vives sur toutes les régions sinapisées, qu'il fallut lui enlever les sinapismes.

Dès lors le mieux qui s'était manifesté pendant cette opération disparut.

Notre intention n'est point de suivre dans toutes leurs variations les phases de la terrible maladie. Seulement, dès le matin de ce jour, le bruit s'en répandit dans la ville, et, cette fois, plus sérieusement que la veille.

Il y avait eu rechute, disait-on, et cette rechute menaçait de mort.

C'est alors qu'il fut réellement permis de juger de la place gigantesque que peut occuper un homme au milieu d'une nation! Paris tout entier fut ému comme au jour où une calamité générale menace à la fois les individus et la population. Toute la journée, comme cela avait déjà eu lieu la veille, la rue fut barrée et gardée par des hommes du peuple, afin que le bruit des voitures ne parvînt pas jusqu'au malade; d'heure en heure, les groupes rassemblés sous les fenêtres demandaient des nouvelles : des bulletins étaient remis qui, à l'instant même, circulaient de la rue de la Chaussée-d'Antin aux extrémités de Paris; la porte était assiégée par une foule de citoyens de tous les états, de toutes les opinions, comme si chaque parti, si opposé qu'il fût aux autres, eût eu quelque chose à perdre en perdant Mirabeau. Pendant ce temps, les amis, les parents et les connaissances particulières du grand orateur remplissaient les cours, les vestibules et l'appartement du bas, sans que lui-même eût l'idée de cet encombrement.

Au reste, peu de paroles avaient été échangées entre Mirabeau et le docteur Gilbert.

— Décidément vous voulez donc mourir? avait dit le docteur. — A quoi bon vivre? avait répondu Mirabeau.

Et Gilbert s'étant rappelé les engagements pris par Mirabeau envers la reine et les ingratitudes de celle-ci, Gilbert n'avait pas insisté autrement, se promettant à lui-même de faire jusqu'au bout son devoir de médecin, mais sachant d'avance qu'il n'était pas un dieu, pour lutter contre l'impossible.

Le soir de ce premier jour de la rechute, la société des Jacobins envoya, pour s'informer de la santé de son ex-président, une députation à la tête de laquelle était Barnave; on avait voulu adjoindre à Barnave les deux Lameth, mais ceux-ci avaient refusé.

Lorsque Mirabeau fut instruit de cette circonstance :

— Ah! ah! dit-il, je savais bien que c'étaient des lâches, mais je ne savais pas que ce fussent des imbéciles!

Pendant vingt-quatre heures, le docteur Gilbert ne quitta pas un instant Mirabeau. Le mercredi soir, vers onze heures, il était assez bien pour que Gilbert consentît à passer dans une chambre voisine, afin d'y prendre quelques heures de repos.

Avant de se coucher, le docteur ordonna qu'à la moindre réapparition des accidents on vînt l'avertir à l'instant même.

Au point du jour il se réveilla; personne n'avait troublé son sommeil, et, cependant, il se leva inquiet : il lui semblait impossible qu'un mieux se fût soutenu ainsi sans un accident quelconque.

En effet, en descendant, Teisch annonça au docteur avec des larmes plein les yeux et plein la voix que Mirabeau était au plus mal; mais qu'il avait défendu, quelque souffrance qu'il eût éprouvée, qu'on réveillât le docteur Gilbert.

Et pourtant le malade avait dû cruellement souffrir : le pouls avait repris le caractère le plus effrayant; les douleurs s'étaient développées avec férocité; enfin, les étouffements et les spasmes étaient revenus. Plusieurs fois, et Teisch avait attribué cela à un commencement de délire, le malade avait prononcé le nom de la reine.

— Les ingrats! avait-il dit; ils n'ont pas même fait demander de mes nouvelles!

Puis, comme se parlant à lui-même :

— Je m'étonne bien, avait-il ajouté, ce qu'elle dira quand elle apprendra, demain ou après-demain, que je suis mort!

Gilbert pensa que tout allait dépendre de la crise qui se préparait; aussi, se disposant à lutter vigoureusement contre la maladie, il ordonna une application de sangsues à la poitrine; mais, comme si elles eussent été complices du moribond, les sangsues mordirent mal; on les remplaça par une seconde saignée au pied et par des pillules de musc.

L'accès dura huit heures. Pendant huit heures, comme un habile duelliste, Gilbert fit, pour ainsi dire, assaut avec la mort, parant chaque coup qu'elle portait, allant au-devant de quelques-uns, mais touché aussi quelquefois par elle. Enfin, au bout de huit heures, la fièvre tomba, la mort battit en retraite; mais, comme un tigre qui fuit pour revenir, elle imprima sa griffe terrible sur le visage du malade.

Gilbert demeura debout et les bras croisés devant ce lit où venait de s'accomplir la terrible lutte. Il était trop avant dans les secrets de l'art, non-seulement pour conserver quelque espoir, mais même pour douter encore.

Mirabeau était perdu! et, dans le cadavre étendu devant ses yeux, malgré un reste d'existence, il lui était impossible de voir Mirabeau vivant.

A partir de ce moment, chose étrange! le malade et Gilbert, d'un commun accord et comme frappés d'une même idée, parlèrent de Mirabeau ainsi que d'un homme qui avait été, mais qui avait cessé d'être.

A partir de ce moment aussi, la physionomie de Mirabeau prit ce caractère de solennité qui appartient essentiellement à l'agonie des grands hommes : sa voix devint lente, grave, presque prophétique; il y eut dès lors dans sa parole quelque chose de plus sévère, de plus profond, de plus vaste; dans ses sentiments, quelque chose de plus affectueux, de plus abandonné, de plus sublime.

On lui annonça qu'un jeune homme, qui ne l'avait vu qu'une fois et qui ne voulait pas dire qui il était, insistait pour entrer.

Il se retourna du côté de Gilbert comme pour lui demander la permission de recevoir ce jeune homme.

Gilbert le comprit.

— Faites entrer, dit-il à Teisch.

Teisch ouvrit la porte : un jeune homme de dix-neuf à vingt ans parut sur le seuil, s'avança lentement, s'agenouilla devant le lit de Mirabeau, prit sa main et la baisa en éclatant en sanglots.

Mirabeau semblait chercher dans sa mémoire un vague souvenir.

— Ah! dit-il tout à coup, je vous reconnais, vous êtes le jeune homme d'Argenteuil. — Mon Dieu! soyez béni! dit le jeune homme, voilà tout ce que je vous demandais!

Et se levant en appuyant ses deux mains sur ses yeux, il sortit.

Quelques secondes après, Teisch entra tenant à la main un billet que le jeune homme avait écrit dans l'antichambre.

Il contenait ces simples paroles :

« En baisant la main de monsieur de Mirabeau à Argenteuil, je lui ai dit que j'étais prêt à mourir pour lui.

« Je viens acquitter ma parole.

« J'ai lu hier, dans un journal anglais, que la transfusion du sang avait, dans un cas pareil à celui où se trouve l'illustre malade, été exécutée avec succès à Londres.

« Si, pour sauver monsieur de Mirabeau, la transfusion du sang était jugée utile, j'offre le mien. Il est jeune et pur.

« MARNAIS. »

En lisant ces quelques lignes, Mirabeau ne put retenir ses larmes.

Il ordonna qu'on fît rentrer le jeune homme; mais, voulant sans doute échapper à cette reconnaissance si bien méritée, celui-ci était parti en laissant sa double adresse à Paris et à Argenteuil.

Quelques instants après, Mirabeau consentit à recevoir tout le monde: messieurs de Lamark et Frochot, ses amis; madame Du Saillant, sa sœur; madame d'Aragon, sa nièce.

Seulement il refusa de voir un autre médecin que Gilbert, et comme celui-ci insistait :

— Non, docteur, dit-il, vous avez eu tous les inconvénients de ma maladie, si vous me guérissez, il faut que vous ayez tout le mérite de la guérison.

De temps en temps il voulait savoir qui avait pris de ses nouvelles, et, quoiqu'il ne demandât point : la reine a-t-elle envoyé du château? Gilbert devinait, au soupir que poussait le moribond quand il arrivait à la fin de la liste, que le seul nom qu'il eût désiré y trouver était justement celui qui ne s'y trouvait pas.

Alors, sans parler du roi ni de la reine, Mirabeau n'était pas encore assez mourant pour en arriver là, il se lançait avec une éloquence admirable dans la politique générale, et particulièrement dans celle qu'il eût suivie vis-à-vis de l'Angleterre, s'il eût été ministre.

C'était avec Pitt surtout qu'il se fût trouvé heureux de lutter corps à corps.

— Oh! ce Pitt! s'écria-t-il une fois, c'est le ministre des préparatifs... Il gouverne avec ce dont il menace plutôt qu'avec ce qu'il fait!... *Si j'eusse vécu*, je lui eusse donné du chagrin.

De temps en temps, une clameur montait jusqu'aux fenêtres; c'était un triste cri de : Vive Mirabeau! poussé par le peuple; cri qui semblait une prière, et plutôt une crainte qu'une espérance.

Alors Mirabeau écoutait et faisait ouvrir la fenêtre pour que ce bruit rémunérateur de tant de souffrances endurées arrivât jusqu'à lui; pendant quelques secondes, il demeurait les mains et les oreilles tendues, aspirant à lui et comme absorbant en lui toute cette rumeur.

Puis il murmurait :

— Oh! bon peuple! peuple calomnié, injurié, méprisé comme moi! Il est juste que ce soient *eux* qui m'oublient et toi qui me récompenses!

La nuit arriva. Gilbert ne voulut point quitter le malade; il fit approcher du lit la chaise longue et se coucha dessus.

Mirabeau le laissa faire : depuis qu'il était sûr de mourir, il semblait ne plus craindre son médecin.

Dès que le jour parut, il fit ouvrir les fenêtres.

— Mon cher docteur, dit-il à Gilbert, c'est aujourd'hui que je mourrai. Quand on en est où je suis, on n'a plus qu'à se parfumer et à se couronner de fleurs, afin d'entrer le plus agréablement possible dans le sommeil dont on ne se réveille plus!... Ai-je la permission de faire ce que je voudrai?

Gilbert lui fit signe qu'il était parfaitement le maître.

Alors il appela ses deux domestiques.

— Jean, dit-il, ayez-moi les plus belles fleurs que vous pourrez trouver, tandis que Teisch va se charger, lui, de me faire le plus beau possible.

Jean sembla demander des yeux permission à Gilbert, qui, de la tête, lui fit signe que oui.

Il sortit.

Quant à Teisch, qui avait été fort malade la veille, il commença à raser et à friser son maître.

— A propos, lui dit Mirabeau, tu étais malade hier, mon pauvre Teisch; comment vas-tu aujourd'hui ? — Oh! très-bien, mon cher maître, répondit l'honnête serviteur, et je vous souhaite d'être à ma place. — Eh bien! répondit Mirabeau en riant, pour peu que tu tiennes à la vie, je ne te souhaite pas d'être à la mienne!

En ce moment, un coup de canon retentit. D'où venait-il? on n'en sut jamais rien.

Mirabeau tressaillit.

— Oh! dit-il en se redressant, sont-ce déjà les funérailles d'Achille?

A peine Jean, vers lequel tout le monde s'était précipité à sa sortie de l'hôtel, afin d'avoir des nouvelles de l'illustre malade, eut-il dit qu'il allait chercher des fleurs, que des hommes coururent dans les rues en criant : Des fleurs pour monsieur de Mirabeau! et que toutes les portes s'ouvrirent, chacun offrant ce qu'il en avait, soit dans ses appartements, soit dans ses serres ; de sorte qu'en moins d'un quart d'heure l'hôtel fut encombré des fleurs les plus rares.

A neuf heures du matin, la chambre de Mirabeau était transformée en un véritable parterre.

En ce moment, Teisch venait de lui achever sa toilette.

— Mon cher docteur, dit Mirabeau, je vous demanderai un quart d'heure pour faire mes adieux à quelqu'un qui doit quitter l'hôtel avant moi. Si l'on voulait insulter cette personne, je vous la recommande.

Gilbert comprit.

— Bien, dit-il, je vais vous laisser. — Oui, mais vous attendrez dans la chambre à côté... Cette personne une fois sortie, vous ne me quitterez plus jusqu'à ma mort.

Gilbert fit un signe affirmatif.

— Donnez-moi votre parole, dit Mirabeau.

Gilbert la donna en balbutiant. Cet homme stoïque était tout étonné de se trouver des larmes, lui qui croyait, à force de philosophie, être arrivé à l'insensibilité. Puis il s'avança vers la porte.

Mirabeau l'arrêta.

— Avant de sortir, dit-il, ouvrez mon secrétaire, et donnez-moi une petite cassette qui s'y trouve.

Gilbert fit ce que désirait Mirabeau.

Cette cassette était lourde; Gilbert jugea qu'elle devait être pleine d'or.

Mirabeau lui fit signe de la poser sur une table de nuit, puis il lui tendit la main.

— Vous aurez la bonté de m'envoyer Jean, dit-il. Jean, vous entendez bien? pas Teisch... Il me fatigue d'appeler ou de sonner.

Gilbert sortit. Jean attendait dans l'antichambre voisine, et, par la même ouverture qui donnait sortie à Gilbert, il entra.

Derrière Jean, Gilbert entendit la porte se refermer au verrou.

La demi-heure qui suivit fut employée par Gilbert à donner des nouvelles du malade à tous ceux qui encombraient la maison.

Les nouvelles étaient désespérées; il ne cacha point à toute cette foule que Mirabeau ne passerait sans doute pas la journée.

Une voiture s'arrêta devant la porte de l'hôtel.

Un instant il eut l'idée que c'était une voiture de la cour qu'on avait, par considération, laissée approcher malgré la défense générale.

Il courut à la fenêtre. C'eût été une si douce consolation pour le mourant de savoir que la reine s'occupait de lui!

C'était une simple voiture de place que Jean venait d'aller chercher.

Il devina pour qui.

En effet, quelques minutes après, Jean sortit conduisant une femme voilée par une grande mante. Cette femme monta dans la voiture.

Devant cette voiture, sans s'inquiéter quelle était cette femme, la foule s'écarta respectueusement.

Jean rentra.

Un instant après, la porte de la chambre de Mirabeau se rouvrit, et l'on entendit la voix affaiblie du malade qui demandait le docteur.

Gilbert courut à lui.

— Tenez, dit Mirabeau, remettez cette cassette à sa place, mon cher docteur.

Puis, comme celui-ci semblait étonné de la trouver aussi lourde qu'auparavant.

— Oui, n'est-ce pas, dit Mirabeau, c'est curieux?... Où diable le désintéressement va-t-il se nicher!

En revenant près du lit, Gilbert trouva à terre un mouchoir brodé et tout garni de dentelles.

Il était trempé de larmes.

— Ah! dit-il à Mirabeau, elle n'a rien emporté; mais elle a laissé quelque chose.

Mirabeau prit le mouchoir, et, le sentant tout humide, il l'appliqua sur son front.

— Oh! murmura-t-il, il n'y a donc qu'*elle* qui n'a pas de cœur?...

Et il retomba sur son lit les yeux fermés; de sorte qu'on eût pu le croire évanoui ou mort sans le râle de sa poitrine qui indiquait qu'il était seulement en train de mourir.

LXXVI

FUIR! FUIR! FUIR!

En effet, à partir de ce moment, les quelques heures que vécut encore Mirabeau ne furent plus qu'une agonie.

Gilbert n'en tint pas moins la promesse donnée, et resta attaché à son lit jusqu'à la dernière minute.

D'ailleurs, si douloureux qu'il soit, c'est toujours un grand enseignement pour la médecine et le philosophe, que le spectacle de cette dernière lutte entre la matière et l'âme.

Plus le génie a été grand, plus il est curieux d'étudier comment ce génie soutient le combat contre la mort, qui doit finir par le dompter.

Puis, l'âme du docteur trouvait encore, à la vue de ce grand homme expirant, une autre source de réflexions sombres.

Pourquoi Mirabeau mourait-il, lui, l'homme au tempérament athlétique, à la constitution herculéenne?

N'était-ce point parce qu'il avait étendu la main pour soutenir cette monarchie qui allait croulant? N'était-ce point parce que s'était appuyée un instant à son bras cette femme de malheur qu'on appelait Marie-Antoinette?

Cagliostro ne lui avait-il pas prédit quelque chose de semblable à cette mort à l'endroit de Mirabeau? Et ces deux êtres étranges qu'il avait rencontrés, l'un tuant la réputation, l'autre tuant la santé du grand orateur de la France, devenu le soutien de la monarchie, n'étaient-ils pas pour lui, Gilbert, une preuve que toute chose faisant obstacle devait, comme la Bastille, s'écrouler devant cet homme, ou plutôt devant l'idée qu'il représentait.

Pendant que Gilbert était plongé au plus profond de ses pensées, Mirabeau fit un mouvement, et ouvrit les yeux.

Il rentrait dans la vie par la porte de la douleur.

Il essaya de parler : ce fut inutilement ; mais, loin de paraître affecté de ce nouvel accident, dès qu'il se fut bien assuré que sa langue était muette, il sourit et essaya de faire passer dans ses yeux le sentiment de reconnaissance qu'il éprouvait pour Gilbert et pour ceux dont les soins l'accompagnaient dans cette suprême et dernière étape dont le but était la mort.

Cependant, une idée unique semblait le préoccuper. Gilbert pouvait seul la deviner, et la devina.

Le malade ne pouvait apprécier la durée de l'évanouissement dont il venait de sortir. Avait-il duré une heure? avait-il duré un jour? Pendant cette heure ou pendant ce jour, la reine avait-elle envoyé demander de ses nouvelles?...

On fit monter le registre qui se trouvait en bas, et où chacun, soit qu'il vînt comme messager, soit qu'il vînt pour son propre compte, écrivait son nom.

Aucun nom connu pour être de l'intimité royale ne dénonça, de ce côté, même une sollicitude déguisée.

On fit venir Teisch et Jean; on les interrogea : personne, ni valet de chambre ni huissier n'était venu.

On vit alors Mirabeau tenter un effort suprême pour prononcer quelques paroles, un de ces efforts comme dut en faire le fils de Cyrus lorsque, voyant son père menacé de mort, il parvint à briser les liens qui enchaînaient sa langue, et à crier : « O femme! ne tue pas Cyrus! »

Il réussit.

— Oh! s'écria-t-il, ils ne savent donc pas que, moi mort, ils sont perdus?... J'emporte avec moi le deuil de la monarchie; et, sur ma tombe, les factieux s'en partageront les lambeaux!

Gilbert se précipita vers le malade; pour un habile médecin, il y a espoir tant qu'il y a vie. D'ailleurs, ne fût-ce que pour permettre à cette bouche éloquente de prononcer encore quelques mots, ne devait-il pas employer toutes les ressources de l'art?

Il prit une cuiller, y versa quelques gouttes de cette liqueur verdâtre dont une fois déjà il avait donné un flacon à Mirabeau, et, sans la mélanger cette fois avec de l'eau-de-vie, il l'approcha des lèvres du malade.

— Oh! cher docteur, dit celui-ci en souriant, si vous voulez que la liqueur de vie agisse sur moi, donnez-moi la cuiller pleine et le flacon entier. — Comment cela? demanda Gilbert en regardant fixement Mirabeau. — Croyez-vous, répondit celui-ci, que moi, l'abuseur de tout par excellence, j'ai eu ce trésor de vie entre les mains sans en abuser? Non pas; j'ai fait décomposer votre liqueur, mon cher Esculape; j'ai appris qu'elle se tirait de la racine du chanvre indien, et alors j'en ai eu, non-seulement par gouttes, mais encore par cuillerées; non-seulement pour vivre, mais encore pour rêver! — Malheureux! malheureux! murmura Gilbert, je m'étais bien douté que je vous versais du poison! — Doux poison, docteur! grâce auquel j'ai doublé, quatruplé, centuplé les dernières heures de mon existence; grâce auquel, en mourant à quarante-deux ans, j'aurai vécu la vie d'un centenaire; grâce auquel, enfin, j'ai possédé en rêve tout ce qui m'échappait en réalité : force, richesse, amour! Oh! docteur, docteur, ne vous repentez pas! mais, au contraire, félicitez-vous : Dieu ne m'avait donné que la vie réelle, vie triste, pauvre, décolorée, malheureuse, peu regrettable, et que l'homme devrait toujours être disposé à lui rendre comme un prêt usuraire... Docteur, je ne sais si je dois dire à Dieu merci de la vie ; mais je sais que je dois vous dire, à vous, merci de votre poison !... Emplissez donc la cuiller, et donnez-la-moi!

Le docteur fit ce que demandait Mirabeau, et lui présenta la liqueur, qu'il savoura avec délices.

Alors, après quelques secondes de silence :

— Ah! docteur, dit-il, comme si, à l'approche de l'éternité, la mort permettait que se soulevât pour lui le voile de l'avenir, bienheureux ceux qui mourront dans cette année 1794, ils n'auront vu de la révolution que sa face resplendissante et sereine. Jusqu'aujourd'hui, jamais révolution plus grande n'a moins coûté de sang ; c'est que, jusqu'aujourd'hui, elle se fait dans les esprits seulement, et que le moment va venir où elle se fera dans les faits et dans les choses. Peut-être croyez-vous qu'ils vont me regretter là-bas, aux Tuileries ; point : ma mort les débarrasse d'un engagement pris ; avec moi, il leur fallait gouverner d'une certaine façon ; je ne leur étais plus un soutien, je leur étais un obstacle. *Elle* s'excusait de moi à son frère : « Mirabeau croit qu'il me conseille, lui écrivait-elle, et il ne s'aperçoit pas que je l'amuse ! » Oh! voilà pourquoi j'aurais voulu que cette femme fût ma maîtresse, et non ma reine ! Quel beau rôle à jouer que celui d'un homme qui soutient d'une main la jeune liberté, et de l'autre la vieille monarchie ; qui les force à marcher du même pas et vers un seul but : le bonheur du peuple et le respect de la royauté! Peut-être est-ce possible! peut-être est-ce un rêve! mais, ce rêve, j'en ai la conviction, moi seul pouvais le réaliser... Ce qui me peine, docteur, ce n'est pas de mourir ; c'est de mourir incomplet ; c'est d'avoir entrepris une œuvre, et de comprendre que je ne puis mener cette œuvre à bout. Qui glorifiera mon idée, si mon idée est avortée, tronquée, décapitée? Ce que l'on saura de moi, docteur, c'est justement ce qu'il ne faudrait pas qu'on en sût : c'est ma vie déréglée, folle, vagabonde ; ce qu'on lira de moi, ce sont mes *Lettres à Sophie*, l'*Erotica biblion*, la *Monarchie prussienne*, des pamphlets et des livres obscènes ; ce qu'on me reprochera, c'est d'avoir pactisé avec la cour ; et l'on me reprochera cela parce que, de ce pacte, il ne sera rien sorti de ce qui devait en sortir, qu'un monstre auquel manquera la tête! Et, cependant, on me jugera, moi, mort à quarante-deux ans, comme si j'avais vécu une vie d'homme ; moi, disparu au milieu d'une tempête, comme si, au lieu d'être obligé de marcher sans cesse sur les flots, c'est-à-dire sur l'abîme, j'avais marché sur une grande route solidement pavée de lois, d'ordonnances et de règlements!... Docteur, à qui léguerai-je, non pas ma fortune dilapidée, peu importe cela! je n'ai pas d'enfants; mais à qui léguerai-je ma mémoire calomniée, ma mémoire, qui pouvait être un jour un héritage à faire honneur à la France, à l'Europe, au monde?... — Pourquoi aussi vous être tant hâté de mourir? répondit tristement Gilbert. — Oui, dit Mirabeau, il y a en effet des moments où je me demande cela à moi-même, comme vous me le demandez. Mais, écoutez bien ceci : je ne pouvais rien sans *elle*, et elle n'a pas voulu... Je m'étais engagé comme un sot, j'avais juré comme un imbécile, toujours soumis à ces ailes invisibles de mon cerveau qui emportait le cœur, tandis qu'*elle*, elle n'avait rien juré, elle n'était engagée à rien. Ainsi donc tout est pour le mieux, docteur, et, si vous voulez me promettre une chose, aucun regret ne troublera plus les quelques heures que j'ai encore à vivre. — Et que puis-je vous promettre, mon Dieu? — Eh bien! promettez-moi que, si mon passage de cette vie à l'autre était trop difficile, trop douloureux, promettez-moi, docteur, et c'est non-seulement d'un médecin, mais encore d'un homme, d'un philosophe, promettez-moi que vous y aiderez. — Pourquoi me faites-vous une pareille demande? — Ah! je vais vous le dire... c'est que, quoique je sente que la mort est là, je sens aussi qu'il me reste bien de la vie en moi; je ne meurs pas mort, cher docteur, je meurs vivant, et le dernier pas sera dur à franchir!

Le docteur inclina son visage sur celui de Mirabeau.

— Je vous ai promis de ne pas vous quitter, mon ami, dit-il. Si Dieu, et j'espère encore que cela n'est point, si Dieu a condamné votre vie, eh bien! au moment suprême, laissez à ma profonde tendresse pour vous le soin d'accomplir ce que j'aurai à faire... Si la mort est là, j'y serai aussi.

On eût dit que le malade n'attendait que cette promesse.

— Merci! murmura-t-il, et il retomba la tête sur son oreiller.

Cette fois, malgré cette espérance qu'il est du devoir d'un médecin d'infiltrer jusqu'à la dernière goutte dans l'esprit du malade, Gilbert ne douta plus; cette dose abondante de hachich que venait de prendre Mirabeau avait, pour un instant, comme les secousses de la pile voltaïque, rendu au malade, avec la parole, le jeu des muscles, cette vie de la pensée, si on peut dire cela, qui l'accompagne; mais, lorsqu'il cessa de parler, les muscles s'affaissèrent, cette vie de la pensée s'évanouit, et la mort, déjà empreinte sur son visage depuis la dernière crise, y reparut plus profondément gravée que jamais.

Pendant trois heures, sa main glacée resta entre les mains du docteur

Gilbert; pendant ces trois heures, c'est-à-dire de quatre à sept heures, l'agonie fut calme.

Si calme, que l'on put faire entrer tout le monde; on eût cru qu'il dormait.

Mais, vers huit heures, Gilbert sentit tressaillir dans les siennes sa main glacée; le tressaillement était si violent, qu'il ne s'y trompa point.

— Allons, dit-il, voici l'heure de la lutte; voici la vraie agonie qui commence!

Et, en effet, le front du moribond venait de se couvrir de sueur; son œil venait de se rouvrir et avait lancé un éclair.

Il fit un mouvement qui indiquait qu'il voulait boire.

On s'empressa aussitôt de lui offrir de l'eau, du vin, de l'orangeade; mais il secouait la tête.

Ce n'était point cela qu'il voulait.

Il fit signe qu'on lui apportât une plume, de l'encre et du papier.

On obéit, autant pour lui obéir qu'afin que pas une pensée de ce grand génie, même celle du délire, ne fût perdue.

Il prit la plume, et, d'une main ferme, traça ces deux mots : « Dormir... mourir... »

C'étaient les deux mots d'Hamlet.

Gilbert fit semblant de ne pas comprendre.

Mirabeau lâcha la plume, prit sa poitrine à pleine mains comme pour la briser, jeta quelques cris inarticulés, reprit la plume, et, faisant un effort surhumain pour commander à la douleur de s'abstenir un instant, il écrivit : « Les douleurs sont devenues poignantes, insupportables.... Doit-on laisser un ami sur la roue pendant des heures, pendant des jours peut-être, quand on peut lui épargner la torture avec quelques gouttes d'opium. »

Mais le docteur hésitait. Oui, comme il l'avait dit à Mirabeau, au moment suprême, il serait là en face de la mort; mais pour combattre la mort, et non pour la seconder.

Les douleurs devinrent de plus en plus violentes; le moribond se raidissait, se tordait les mains, mordait son oreiller.

Enfin, elles rompirent les liens de la paralysie.

— Oh! les médecins! les médecins! s'écria-t-il tout à coup. N'étiez-vous pas mon médecin et mon ami, Gilbert? ne m'aviez-vous pas promis de m'épargner les douleurs d'une pareille mort? Voulez-vous que j'emporte le regret de vous avoir donné ma confiance? Gilbert, j'en appelle à votre amitié, j'en appelle à votre honneur!

Et, avec un soupir, un gémissement, un cri de douleur, il retomba sur son oreiller.

DERNIERS MOMENTS DE MIRABEAU.

Gilbert, à son tour, poussa un soupir, et, tendant les mains à Mirabeau :

— C'est bien, dit-il, mon ami ; on va vous donner ce que vous demandez.

Et il prit la plume pour écrire une ordonnance qui n'était autre qu'une forte dose de sirop diacode dans de l'eau distillée.

Mais à peine avait-il écrit le dernier mot, que Mirabeau se dressa sur son lit, tendant la main et demandant la plume.

Gilbert se hâta de la lui donner.

Alors, sa main crispée par la mort se cramponna au papier, et, d'une écriture à peine lisible, il écrivit : « Fuir! fuir! fuir! »

Il voulut signer, mais il put tracer tout au plus les quatre premières lettres de son nom, et, étendant son bras convulsif vers Gilbert :

— Pour *elle!* murmura-t-il.

Et il retomba sur son oreiller, sans mouvement, sans regard, sans souffle.

Il était mort.

Gilbert s'approcha du lit, le regarda, lui tâta le pouls, lui mit la main sur le cœur ; puis, se retournant vers les spectateurs de cette scène suprême :

— Messieurs, dit-il, Mirabeau ne souffre plus.

Et, posant une dernière fois ses lèvres sur le front du mort, il prit le papier dont lui seul connaissait la destination, le plia religieusement, le mit sur sa poitrine, et sortit, ne pensant pas qu'il eût le droit de garder un instant de plus que le temps nécessaire pour aller de la Chaussée-d'Antin aux Tuileries la recommandation de l'illustre trépassé.

Quelques secondes après la sortie du docteur de la chambre mortuaire, une grande clameur s'éleva dans la rue.

C'était le bruit de la mort de Mirabeau qui commençait à se répandre.

Bientôt un sculpteur entra ; il était envoyé par Gilbert pour conserver à la postérité l'image du grand orateur au moment même où, dans sa lutte contre la mort, il venait de succomber.

Quelques minutes d'éternité avaient déjà rendu à ce masque la sérénité qu'une âme puissante reflète en quittant le corps sur la physionomie qu'elle a animé.

Mirabeau n'est pas mort! Mirabeau semble dormir d'un sommeil plein de vie et de songes riants!

LXXVII

LES FUNÉRAILLES

La douleur fut immense, universelle. En instant, elle se répandit du centre à la circonférence, de la rue de la Chaussée-d'Antin aux barrières de Paris. Il était huit heures et demie du matin.

Le peuple jeta une clameur terrible ; puis il se chargea de décréter le deuil. Il courut aux théâtres, dont il déchira les affiches et dont il ferma les portes.

Un bal avait lieu le soir même dans un hôtel de la rue de la Chaussée-d'Antin ; il envahit l'hôtel, dispersa les danseurs, et brisa les instruments des musiciens.

La perte qu'elle venait de faire fut annoncée à l'Assemblée par son président.

Aussitôt Barrère monta à la tribune et demanda que l'Assemblée déposât, dans le procès-verbal de ce jour funèbre, le témoignage des regrets qu'elle donnait à la perte de ce grand homme, et insista pour qu'il fût fait, au nom de la patrie, une invitation à tous les membres de l'Assemblée d'assister à ses funérailles.

Le lendemain, 3 avril, le département de Paris se présenta à l'Assemblée nationale, demanda et obtint que l'église Sainte-Geneviève fût érigée en Panthéon consacré à la sépulture des grands hommes, et que, le premier, Mirabeau y fût inhumé.

Consacrons ici ce magnifique décret de l'Assemblée. Il est bon que l'on retrouve, dans ces livres que les hommes politiques tiennent pour frivoles, parce qu'ils ont le tort d'apprendre l'histoire sous une forme un peu moins lourde que celle qu'emploient les historiens ; il est bon, disons-nous, qu'on rencontre le plus souvent possible et n'importe où, pourvu que ce soit à la portée des yeux, ces décrets d'autant plus grands qu'ils sont spontanément arrachés à l'admiration ou à la reconnaissance d'un peuple.

Voici ce décret dans toute sa pureté.

« L'Assemblée nationale décrète :

Art. 1er. — « Le nouvel édifice de Sainte-Geneviève sera destiné à recevoir les cendres des grands hommes, à dater de l'époque de la liberté française,

Art. II. — « Le Corps législatif décidera seul à quels hommes cet honneur sera décerné.

Art. III. — « Honoré Riquetti de Mirabeau est jugé digne de cet honneur.

Art. IV. — « La législature ne pourra pas, à l'avenir, décerner cet honneur à l'un de ses membres venant à décéder ; il ne pourra être déféré que par la législature suivante.

Art. V. — « Les exceptions qui pourront avoir lieu pour quelques grands hommes morts avant la révolution, ne pourront être faites que par le Corps législatif.

Art. VI. — « Le Directoire du département de Paris sera chargé de mettre promptement l'église Sainte-Geneviève en état de remplir sa nouvelle destination, et fera graver au-dessus du fronton :

AUX GRANDS HOMMES LA PATRIE RECONNAISSANTE.

Art. VII. — « En attendant que la nouvelle église Sainte-Geneviève soit achevée, le corps de Riquetti de Mirabeau sera déposé à côté des cendres de Descartes, dans le caveau de l'église Sainte-Geneviève[*]. »

---

[*] Le Panthéon fut, depuis, l'objet de différents décrets. Nous les citons sans commentaires les uns à côté des autres, ou plutôt les uns après les autres.

Décret du 20 février 1806 :
(Le titre Ier de ce décret consacre l'église de Saint-Denis à la sépulture des empereurs.)

TITRE II.

Art. VII. — « L'église Sainte-Geneviève sera terminée et rendue au culte, conformément à l'intention de son fondateur, sous l'invocation de Sainte-Geneviève, patronne de Paris.

Art. VIII. — « Elle conservera la destination qui lui avait été donnée par l'Assemblée constituante, et sera consacrée à la sépulture des *grands dignitaires, des grands officiers de l'empire et de la couronne, des sénateurs, des grands officiers de la Légion d'honneur*, et, en vertu de nos décrets spéciaux, des citoyens qui, dans la carrière des armes, de l'administration et des lettres, auront rendu d'éminents services à la patrie ; leurs corps embaumés seront inhumés dans l'église.

Art. IX. — « Les tombeaux déposés au Musée des monuments français seront transportés dans cette église pour y être rangés par ordre de siècles.

Art. X. — « Le chapitre métropolitain de Notre-Dame, augmenté de six membres, sera chargé de desservir l'église de Sainte-Geneviève. La garde de cette église sera spécialement confiée à un archiprêtre choisi parmi les chanoines.

Art. XI. — « Il y sera officié solennellement le 3 janvier, fête de sainte Geneviève ; le 15 août, fête de saint Napoléon, et anniversaire de la conclusion du concordat ; le jour des Morts, et le premier dimanche de décembre, anniversaire du couronnement et de la bataille d'Austerlitz, et toutes les fois qu'il y aura lieu à des inhumations en exécution du présent décret ; aucune autre fonction religieuse ne pourra être exercée dans ladite église qu'en vertu de notre approbation.

« *Signé* : NAPOLÉON.

« *Contresigné* : CHAMPAGNY. »

Le lendemain, à quatre heures de l'après-midi, l'Assemblée nationale tout entière quitta la salle du Manége pour se rendre à l'hôtel de Mirabeau. Elle y était attendue par le directeur du département, par tous les ministres, et par plus de cent mille personnes.

Mais, de ces cent mille personnes, pas une n'était spécialement venue de la part de la reine.

Le cortége se mit en marche.

Lafayette marchait en tête comme commandant général des gardes nationales du royaume;

Puis le président de l'Assemblée nationale, Tronchet, entouré royalement des douze huissiers de la chaîne;

Puis les ministres;

Puis l'Assemblée sans distinction de partis, Sieyès donnant le bras à Charles de Lameth;

Puis, après l'Assemblée, le club des Jacobins, comme une seconde Assemblée nationale; lui s'était signalé par sa douleur, probablement plus fastueuse que vraie : il avait décrété huit jours de deuil, et Robespierre,

---

Ordonnance du 12 décembre 1821 :

« Louis, par la grâce de Dieu, roi de France et de Navarre,

« A tous ceux qui ces présentes verront, salut :

« L'église que notre aïeul, le roi Louis XV, avait commencé de faire élever sous l'invocation de sainte Geneviève est heureusement terminée; si elle n'a pas encore reçu tous les ornements qui doivent compléter sa magnificence, elle est dans un état qui permet d'y célébrer le service divin; c'est pourquoi, afin de ne pas retarder d'avantage l'accomplissement des intentions de son fondateur, et de rétablir, conformément à ses vues et aux nôtres, le culte de la patronne dont notre bonne ville de Paris avait coutume d'implorer l'assistance dans tous ses besoins;

« Sur le rapport de notre ministre de l'intérieur, et notre conseil d'État entendu;

« Nous avons ordonné ce qui suit :

Art. Ier. — « La nouvelle église fondée par le roi Louis XV en l'honneur de sainte Geneviève, patronne de Paris, sera incessamment consacrée à l'exercice du culte divin sous l'invocation de cette sainte; à cet effet elle est mise à la disposition de l'archevêque de Paris, qui la fera provisoirement desservir par des ecclésiastiques qu'il désignera.

Art. II. — « Il sera ultérieurement statué sur le service régulier et perpétuel qui devra y être fait et sur la nature du service.

« *Signé* : Louis.

« *Contresigné* : Siméon, ministre de l'intérieur. »

Ordonnance du 26 août 1830.

« Louis-Philippe, etc.,

« Considérant qu'il est de la justice nationale et de l'honneur de la France que les grands hommes qui ont bien mérité de la patrie, en contribuant à son honneur et à sa gloire, reçoivent, après leur mort, un témoignage éclatant de l'estime et de la reconnaissance publiques;

« Considérant que, pour atteindre ce but, les lois qui avaient affecté le Panthéon à une semblable destination doivent être mises en vigueur;

« Nous avons ordonné et ordonnons ce qui suit :

trop pauvre pour faire la dépense d'un habit, en avait loué un, comme il avait déjà fait pour le deuil de Franklin ;

Puis la population de Paris tout entière, enfermée dans deux lignes de gardes nationales montant à plus de trente mille hommes.

Une musique funèbre dans laquelle on entendait pour la première fois deux instruments inconnus jusqu'alors, le trombone et le tam-tam, marquait le pas à cette foule immense.

Ce fut à huit heures seulement que l'on arriva à Saint-Eustache. L'éloge funèbre fut prononcé par Cerutti ; au dernier mot, dix mille gardes nationaux qui étaient dans l'église déchargèrent leurs fusils d'un seul coup ; l'assemblée, qui ne s'attendait pas à cette décharge, jeta un grand cri, la commotion avait été si violente, que pas un carreau n'était resté intact. On put croire un instant que la voûte du temple allait s'écrouler, et que l'église servirait de tombe au cercueil.

On se remit en marche aux flambeaux ; l'ombre était descendue, et non-seulement avait envahi les rues par lesquelles on devait passer, mais encore la plupart des cœurs de ceux qui passaient.

« Art. 1er. — « Le Panthéon sera rendu à sa destination primitive et légale ; l'inscription :

AUX GRANDS HOMMES LA PATRIE RECONNAISSANTE

sera rétablie sur le fronton. Les restes des grands hommes qui auront bien mérité de la patrie y seront déposés.

Art. II. — « Il sera pris des mesures pour déterminer à quelles conditions et dans quelles formes ce témoignage de la reconnaissance nationale sera décerné au nom de la patrie. Une commission sera immédiatement chargée de préparer un projet de loi à cet effet.

Art. III. — « Le décret du 20 février 1806 et l'ordonnance du 12 décembre 1821 sont rapportées.

« *Signé* : Louis-Philippe.
« *Contresigné* : Guizot. »

Décret du 6 décembre 1851.

« Le Président de la République,
« Vu la loi du 4-10 avril 1791 ;
« Vu le decret du 20 février 1806 ;
« Vu l'ordonnance du 12 décembre 1821 ;
« Vu l'ordonnance du 26 août 1830 ;
« Décrète :

Art. Ier. — « L'ancienne église de Sainte-Geneviève est rendue au culte, conformément à l'intention de son fondateur, sous l'invocation de sainte Geneviève, patronne de Paris. Il sera pris ultérieurement des mesures pour régler l'exercice permanent du culte catholique dans cette église.

Art. II. — « L'ordonnance du 24 août est rapportée.

Art. III. — « Le ministre de l'instruction publique et des cultes, et le ministre des travaux publics sont chargés, chacun en ce qui le concerne, de l'exécution du présent décret, qui sera inséré au Bulletin des lois.

« *Signé* : Louis-Napoléon Bonaparte.
« *Contresigné* : Fortoul. »

La mort de Mirabeau, c'était en effet une obscurité politique; Mirabeau mort, savait-on dans quelle voie on allait entrer? L'habile dompteur n'était plus là pour diriger ces fougueux coursiers qu'on appelle l'ambition et la haine; on sentait qu'il emportait avec lui quelque chose qui désormais manquerait à l'Assemblée : l'esprit de paix veillant même au milieu de la guerre, la bonté du cœur cachée sous la violence de l'esprit; tout le monde avait perdu à cette mort : les royalistes n'avaient plus d'aiguillon; les révolutionnaires plus de frein. Le char allait rouler plus rapide et la descente était encore longue... Qui pouvait dire vers quoi on roulait, et si c'était vers le triomphe ou vers l'abîme.

On n'atteignit le Panthéon qu'au milieu de la nuit.

Un seul homme avait manqué au cortége, Pétion.

Pourquoi Pétion s'était-il abstenu? Il le dit lui-même, le lendemain, à ceux de ses amis qui lui faisaient un reproche de son absence.

Il avait lu, disait-il, un plan de conspiration contre-révolutionnaire écrit de la main de Mirabeau.

Trois ans après, dans une sombre journée d'automne, non plus dans la salle du Manége, mais dans la salle des Tuileries, quand la Convention, après avoir tué le roi, après avoir tué la reine, après avoir tué les Girondins, après avoir tué les Cordeliers, après avoir tué les Jacobins, après avoir tué les Montagnards, après s'être tuée elle-même, n'eût plus rien de vivant à tuer, elle se mit à tuer les morts. Ce fut alors qu'avec une joie sauvage elle déclara qu'elle s'était trompée dans le jugement qu'elle avait rendu sur Mirabeau, et qu'à ses yeux le génie ne pouvait faire pardonner à la corruption.

Un nouveau décret fut rendu qui excluait Mirabeau du Panthéon.

Un huissier vint, et, sur le seuil du temple, il fit lecture du décret qui déclarait Mirabeau indigne de partager la sépulture de Voltaire, de Rousseau et de Descartes, et qui sommait le gardien de l'église de lui remettre le cadavre.

Ainsi, une voix plus terrible que celle qui doit être entendue dans la vallée de Josaphat criait avant l'heure : Panthéon, rends tes morts!

Le Panthéon obéit : le cadavre de Mirabeau fut remis à l'huissier, qui fit, il le dit lui-même, *conduire et déposer ledit cercueil dans le lieu ordinaire des sépultures*. Or, le lieu ordinaire des sépultures, c'était Clamart, le cimetière des suppliciés!

Et, sans doute, pour rendre encore plus terrible la punition qui l'allait chercher jusque dans la mort, ce fut nuitamment et sans cortége aucun que le cercueil fut inhumé, sans nul indice du lieu de l'inhumation, sans croix, sans pierre, sans inscription.

Seulement, plus tard, un vieux fossoyeur, interrogé par un de ces esprits curieux de savoir ce que les autres ignorent, conduisit un soir un homme à travers le cimetière désolé, et, s'arrêtant au milieu de l'enceinte et frappant du pied, lui dit :

— C'est ici!

Puis, comme le curieux insistait pour avoir une certitude :

— C'est ici, répéta-t-il, j'en réponds ; car j'ai aidé à le descendre dans la fosse, et même j'ai manqué d'y rouler, tant était lourd son maudit cercueil de plomb.

Cet homme, c'était Nodier. Un jour il me conduisit aussi à Clamart, frappa du pied au même endroit, et me dit à son tour :

— C'est ici!

Or, voilà plus de cinquante ans que les générations qui se sont succédé passent sur cette tombe inconnue de Mirabeau. N'est-ce pas une assez longue expiation pour un crime contestable, qui fut bien plus le crime des ennemis de Mirabeau que celui de Mirabeau lui-même, et ne sera-t-il pas temps, à la première occasion, de fouiller cette terre impure dans laquelle il repose, jusqu'à ce qu'on trouve ce cercueil de plomb qui pesait si fort aux bras du pauvre fossoyeur, et auquel on reconnaîtra le proscrit du Panthéon?

Peut-être Mirabeau ne mérite-t-il pas le Panthéon; mais, à coup sûr, beaucoup reposent et reposeront en terre chrétienne qui, plus que lui, méritent les gémonies.

France! entre les gémonies et le Panthéon, une tombe à Mirabeau, avec son nom pour toute épitaphe, avec son buste pour tout ornement, avec l'avenir pour tout juge!

LXXVIII

LE MESSAGER

Le matin même du 2 avril, une heure peut-être avant que Mirabeau rendît le dernier soupir, un officier supérieur de la marine, revêtu de son grand uniforme de capitaine de vaisseau, venant de la rue Saint-Honoré, s'acheminait vers les Tuileries par la rue Saint-Louis et la rue de l'Échelle.

A la hauteur de la cour des Écuries, il laissa cette cour à droite, enjamba les chaînes qui la séparaient de la cour intérieure, rendit son salut au factionnaire qui lui portait les armes, et se trouva dans la cour des Suisses.

Arrivé là, il prit, comme un homme à qui le chemin est familier, un petit escalier de service qui, par un long corridor tournant, communiquait au cabinet du roi.

En l'apercevant, le valet de chambre jeta un cri de surprise, presque de joie; mais lui, mettant un doigt sur sa bouche :

— Monsieur Hue, dit-il, le roi peut-il me recevoir en ce moment?
— Le roi est avec monsieur le général Lafayette, à qui il donne ses ordres pour la journée, répondit le valet de chambre; mais, dès que le général sera sorti... — Vous m'annoncerez, dit l'officier. — Oh! c'est inutile... Sans doute Sa Majesté vous attend; car, dès hier au soir, elle a donné ordre que vous fussiez introduit aussitôt votre arrivée.

En ce moment, on entendit retentir la sonnette dans le cabinet du roi.

— Eh! tenez, dit le valet de chambre, voilà le roi qui sonne probablement pour s'informer de vous. — Alors, entrez, monsieur Hue, et ne perdons pas de temps, si en effet le roi est libre de me recevoir.

Le valet de chambre ouvrit la porte, et presque aussitôt, preuve que le roi était seul, il annonça :

— Monsieur le comte de Charny. — Oh! qu'il entre! qu'il entre! dit le roi; depuis hier, je l'attends!

Charny s'avança vivement, et, avec un respectueux empressement, s'approchant du roi :

— Sire, dit-il, je suis en retard de quelques heures, à ce qu'il paraît; mais j'espère que, quand j'aurai dit à Sa Majesté les causes de ce retard, elle me le pardonnera. — Venez, venez, monsieur de Charny... Je vous attendais avec impatience, c'est vrai; mais, d'avance, je suis de votre avis : une cause importante a pu seule faire votre voyage moins rapide qu'il n'aurait dû être... Vous voici : soyez le bienvenu!

Et il tendit au comte une main que celui-ci baisa avec respect.

— Sire, continua Charny, qui voyait l'impatience du roi, j'ai reçu votre ordre avant-hier dans la nuit, et je suis parti hier matin à trois heures de Montmédy. — Comment êtes-vous venu? — En voiture de poste. — Cela m'explique ces quelques heures de retard, dit le roi en souriant. — Sire, dit Charny, j'eusse pu venir à franc étrier, c'est vrai, et, de cette façon, j'eusse été ici de dix à onze heures du soir, et même plus tôt en prenant la route directe; mais j'ai voulu me rendre compte des chances bonnes ou mauvaises de la route que Votre Majesté a choisie; j'ai voulu connaître les postes bien montées et les postes mal servies; j'ai voulu surtout savoir précisément combien de temps, à la minute, à la seconde, on mettait pour aller de Montmédy à Paris, et, par conséquent, de Paris à Montmédy. J'ai tout noté et suis en mesure, maintenant, de vous répondre sur tout. — Bravo, monsieur de Charny! dit le roi, vous êtes un admirable serviteur... seulement, laissez-moi commencer par vous dire où nous en sommes ici ; vous me direz ensuite où vous en êtes là-bas. — Oh! sire, dit Charny, si j'en juge par ce qui m'en est revenu, les choses vont fort mal. — A tel point que je suis prisonnier aux Tuileries, mon cher comte. Je le disais tout à l'heure à ce cher monsieur de Lafayette, mon geôlier, j'aimerais mieux être roi de Metz que roi de France... Mais, heureusement, vous voici! — Sa Majesté me faisait l'honneur de me dire qu'elle allait me mettre au courant de la situation. — Oui, c'est vrai, en deux mots... Vous avez appris la fuite de mes tantes ? — Comme tout le monde, sire ; mais sans aucun détail. — Oh! mon Dieu! c'est bien simple. Vous savez que l'Assemblée ne nous permet plus que des prêtres assermentés. Eh bien! les pauvres femmes se sont effrayées à l'approche de Pâques ; elles ont cru qu'il y avait risque de leur âme à se confesser à un prêtre constitutionnel, et, sur mon avis, je dois le dire, elles sont parties pour Rome. Nulle loi ne mettait obstacle à ce voyage, et l'on ne devait pas craindre que deux pauvres vieilles femmes fortifiassent beaucoup le parti des émigrés. C'est Narbonne qu'elles avaient chargé de ce départ ; mais je ne sais comment il s'y est pris, toute la mèche a été éventée, et une visite dans le genre de celle qui nous est arrivée à Versailles les 5 et 6 octobre leur est arrivée, à elles, à Bellevue, le soir même de leur départ. Heureusement, elles sortaient par une porte, tandis que toute cette canaille leur arrivait par l'autre... Comprenez-vous ? pas une voiture prête ! Trois devaient attendre tout attelées sous les remises ! Il leur a fallu aller jusqu'à Meudon à pied ; là, enfin, on a trouvé les voitures et l'on est parti. Trois heures après, rumeur immense dans tout Paris ! Ceux qui étaient venus pour empêcher cette fuite avaient trouvé le nid tout chaud, mais vide. Le lendemain, hurlements de toute la presse ! Marat crie qu'elles emportent des millions ; Desmoulins qu'elles enlèvent le dauphin... Rien de tout cela n'était vrai : les pauvres femmes avaient trois ou quatre cent mille francs dans leur bourse, et étaient bien assez embarrassées d'elles-mêmes, sans se charger d'un enfant qui ne pouvait que les faire reconnaître : et la preuve, c'est qu'elles furent reconnues sans lui, d'abord à Moret, qui les laissa passer ; puis à Arnay-le-Duc, qui les arrêta. Il m'a fallu écrire à l'Assemblée pour qu'elles pussent continuer leur route, et, malgré ma lettre, l'Assemblée a discuté toute la journée ; enfin, elles ont été autorisées à poursuivre leur voyage, mais à la condition que le comité présenterait une loi sur l'émigration. — Oui, dit Charny ; mais il me semblait que, sur un magnifique discours de monsieur de Mirabeau, l'Assemblée avait rejeté le projet de loi du comité ? — Sans doute, elle l'a rejeté ; mais, à côté de ce petit triomphe, m'attendait une grande humiliation. Quand on a vu le tapage que faisait le départ des pauvres filles, quelques amis dévoués, il m'en restait encore plus que je ne croyais, mon cher comte, quelques amis dévoués, une centaine de gentilshommes s'étaient précipités vers les Tuileries, et étaient venus m'offrir leur vie. Aussitôt le bruit se répand qu'une conspiration se dénoue et qu'on veut m'enlever. Lafayette, qu'on avait fait courir au faubourg Saint-Antoine sous le prétexte qu'on relevait la Bastille, furieux d'avoir été pris pour dupe, revient vers les Tuileries, y entre l'épée au poing, la baïonnette en avant, arrête nos pauvres amis, les désarme : on trouve sur les uns des pistolets, sur les autres des couteaux ; chacun avait pris ce qu'il avait trouvé à la portée de sa main. Bon ! la journée sera inscrite dans l'histoire sous un nouveau nom : elle s'appellera la journée des *Chevaliers du Poignard.* — Oh ! sire, sire, quels temps terribles que ceux où nous vivons ! dit Charny en secouant la tête. — Attendez donc... Tous les ans, nous allons à Saint-Cloud ; c'est chose convenue, arrêtée. Avant-hier, nous commandons les voitures, nous descendons, nous trouvons quinze cents personnes autour de ces voitures ! nous montons ; impossible d'avancer ; le peuple saute à la bride des chevaux, déclare que je veux fuir, mais que je ne fuirai pas... Après une heure de tentatives inutiles, il fallut rentrer. La reine pleurait de colère ! — Mais le général Lafayette n'était-il donc pas là pour faire respecter Votre Majesté ? — Lafayette ? Savez-vous ce qu'il faisait ?... Il faisait sonner le tocsin à Saint-Roch, et courait à l'hôtel de ville demander le drapeau rouge pour déclarer la patrie en danger... La patrie en danger, parce que le roi et la reine vont à Saint-Cloud ! Savez-vous qui lui a refusé le drapeau rouge, qui le lui a arraché des mains ? car il le tenait déjà ! Danton ! Aussi prétend-il que Danton m'est vendu ; que Danton a reçu cent mille francs de moi... Voilà où nous en sommes, mon cher comte ; sans compter Mirabeau qui se meurt, qui est peut-être mort même à cette heure. — Eh bien, alors, raison de plus pour se hâter, sire. — C'est ce que nous allons faire... Voyons, qu'avez-vous décidé là-bas avec Bouillé ? Le voilà fort, j'espère : l'affaire de Nancy a été une occasion pour moi d'augmenter son commandement, de mettre de nouvelles troupes sous ses ordres. — Oui, sire ; mais, par malheur, les arrangements du ministre de la guerre contrecarrent sans cesse les nôtres ; il vient de lui retirer le régiment de Saxe-hussard, et il lui refuse les régiments suisses ; c'est à grand'peine qu'il a conservé dans la forteresse de Montmédy le régiment de Bouillon-infanterie. — Alors, il doute donc maintenant ? — Non, sire ; ce sont quelques chances de moins, mais qu'importe ! dans de pareilles entreprises, il faut bien faire la part du feu ou du hasard, et nous avons toujours, si l'entreprise est bien conduite, quatre-vingt-dix chances sur cent. — Eh bien! puisqu'il en est ainsi, revenons à nous. — Sire, Votre Majesté est toujours bien décidée à suivre la route de Châlons, de Sainte-Menehould, de Clermont et de Stenay, quoique cette route ait vingt lieues au moins de plus que les autres, et qu'il n'y ait pas de poste à Varennes? — J'ai déjà dit à monsieur de Bouillé les motifs qui me faisaient préférer ce chemin. — Oui, sire, et il nous a transmis à ce sujet les ordres de Votre Majesté; c'est même d'après ces ordres que toute la route a été relevée par moi buisson par buisson, pierre à pierre... Le travail doit être entre les mains de Votre Majesté. — Et c'est un modèle de classé, mon cher comte; je connais maintenant la route comme si je l'avais faite moi-même. — Eh bien, sire, voici les renseignements que mon dernier voyage a ajoutés aux autres. — Parlez, monsieur de Charny, je vous écoute, et pour plus de clarté, voici la carte dressée par vous-même.

Et, en disant ces mots, le roi tira d'un carton une carte qu'il déploya sur la table. Cette carte était, non pas tracée, mais dessinée à la main, et, comme l'avait dit Charny, pas un arbre, pas une pierre n'y manquait; c'était l'œuvre de plus de huit mois de travail.

Charny et le roi se penchèrent sur cette carte.

— Sire, dit Charny, le véritable danger commencera pour Votre Majesté à Sainte-Menehould, et cessera à Stenay; c'est sur ces dix-huit lieues qu'il faut répartir nos détachements. — Ne pourrait-on les rapprocher davantage de Paris, monsieur de Charny, les faire venir jusqu'à Châlons, par exemple? — Sire, dit Charny, c'est difficile. Châlons est une ville trop forte pour que quarante, cinquante, cent hommes même, apportent quelque chose d'efficace au salut de Votre Majesté, si ce salut était menacé. Monsieur de Bouillé, d'ailleurs, ne répond de rien qu'à partir de Sainte-Menehould. Tout ce qu'il peut faire, et cela, m'a-t-il dit encore de le discuter avec Votre Majesté, c'est de placer son premier détachement à Pont-de-Sommevelle... Vous voyez, sire, ici... c'est-à-dire à la première poste après Châlons.

Et Charny montrait du doigt sur la carte l'endroit dont il était question.

— Soit, dit le roi; en dix ou douze heures on peut être à Châlons... En combien d'heures avez-vous fait vos quatre-vingt-dix lieues, vous? — Sire, en trente-six heures. — Mais dans une voiture légère, où vous étiez seul, avec un domestique? — Sire, j'ai perdu trois heures en route à examiner à quel endroit de Varennes on devait placer le relai, et si c'était en deçà de la ville, du côté de Sainte-Menehould, ou au delà, du côté de Dun. Cela revient donc à peu près au même : ces trois heures perdues compenseront le poids de la voiture. Mon avis est donc que le roi peut aller de Paris à Montmédy en trente-cinq ou trente-six heures. —

Et qu'avez-vous décidé pour le relai de Varennes? C'est le point important; il faut que nous soyons certains de n'y pas manquer de chevaux. — Oui, sire... et mon avis est que le relai doit être placé au delà de la ville, du côté de Dun. — Sur quoi appuyez-vous cet avis? — Sur la situation même de la ville, sire. — Expliquez-moi cette situation, comte. — Sire, la chose est facile, je suis passé cinq ou six fois à Varennes depuis mon départ de Paris, et, hier, j'y suis resté de midi à trois heures; Varennes est une petite ville de seize cents habitants à peu près, formée de deux quartiers bien distincts qu'on appelle la ville haute et la ville basse, séparés par la rivière d'Aire, et communiquant par un pont jeté sur cette rivière. Si Sa Majesté veut bien suivre sur la carte... là, sire, près de la forêt d'Argonne, sur la lisière, elle verra... — Oh! j'y suis, dit le roi, la route fait un coude énorme dans la forêt pour aller à Clermont. — C'est cela, sire. — Mais tout cela ne me dit point pourquoi vous placez le relai au delà de la ville, au lieu de le placer en deçà. — Attendez, sire... Le pont qui conduit d'un quartier à l'autre est dominé par une haute tour; cette tour, ancienne tour de péage, pose sur une voûte sombre, obscure, étroite; là, le moindre obstacle peut empêcher le passage... Mieux vaut donc, puisqu'il y a là un risque à courir, le courir avec des chevaux et des postillons lancés à fond de train, et venant de Clermont, que de relayer à cinq cents pas en deçà du pont, qui, si le roi était par hasard reconnu au relai, pourrait être gardé et défendu sur un simple signal, et par trois ou quatre hommes. — C'est juste, dit le roi; d'ailleurs, en cas d'hésitation, vous seriez là, comte. — Ce sera à la fois un devoir et un honneur pour moi, si toutefois le roi m'en juge digne.

Le roi tendit de nouveau la main à Charny.

— Ainsi, dit le roi, monsieur de Bouillé a déjà marqué les étapes, et choisi les hommes qu'il échelonnera sur ma route. — Sauf l'approbation de Votre Majesté, oui, sire. — Vous a-t-il remis quelque note à ce sujet?

Charny prit dans sa poche un papier plié, et le présenta en s'inclinant au roi.

Le roi le déplia, et lut :

« L'avis du marquis de Bouillé est que les détachements ne doivent pas aller au delà de Sainte-Menehould; si, cependant, le roi exigeait qu'ils vinssent jusqu'à Pont-de-Sommevelle, voici comment je propose à Sa Majesté de répartir les forces destinées à lui servir d'escorte :

« 1° A Pont-de-Sommevelle, quarante hussards du régiment de Lauzun, commandés par monsieur le duc de Choiseul, colonel, ayant sous ses ordres le sous-lieutenant Boudet;

« 2° A Sainte-Menehould, quarante dragons du régiment royal, commandés par monsieur le marquis Dandoins, capitaine;

« 3° A Clermont, cent dragons du régiment de Monsieur, et quarante du régiment royal, commandés par monsieur le comte Charles de Damas, colonel;

« 4° A Varennes, soixante hussards du régiment de Lauzun, commandés par messieurs de Rohrig, de Bouillé fils et de Raigecourt;

« 5° A Dun, cent hussards du régiment de Lauzun, commandés par monsieur Delson, capitaine;

« 6° A Mouzay, cinquante cavaliers de royal-allemand, commandés par monsieur Guntzer, capitaine;

« 7° Enfin, à Stenay, le régiment de royal-allemand, commandé par son lieutenant-colonel, monsieur le baron de Mandell. »

— Cela me paraît bien ainsi, dit le roi après avoir lu; mais, si ces détachements sont obligés de stationner un, deux ou trois jours dans ces villes ou dans ces villages, quel prétexte donnera-t-on? — Sire, le prétexte est tout trouvé: ils seront censés attendre un convoi d'argent envoyé par le ministère à l'armée du Nord. — Allons, dit le roi avec une satisfaction visible, tout est prévu.

Charny s'inclina.

— Et, à propos de ce convoi d'argent, dit le roi, savez-vous si monsieur de Bouillé a reçu le million que je lui ai envoyé? — Oui, sire... Seulement, Votre Majesté sait que ce million était en assignats, qui perdent vingt pour cent. — A-t-il pu les escompter à ce taux, du moins? — Sire, d'abord, un fidèle sujet de Votre Majesté a été assez heureux de pouvoir, à lui seul, en prendre pour cent mille écus... sans escompte, bien entendu.

Le roi regarda Charny.

— Et le reste, comte? demanda-t-il. — Le reste, répondit le comte de Charny, a été escompté par monsieur de Bouillé fils chez le banquier de son père, monsieur Perregaux, qui lui en a payé le montant en lettres de change sur messieurs Bethmann de Francfort, lesquels ont acceptés les lettres de change... Au moment venu, l'argent ne manquera donc pas. — Merci, monsieur le comte, dit Louis XVI; maintenant, vous avez à me faire connaître le nom de ce fidèle serviteur qui a compromis sa fortune peut-être pour donner ces cent mille écus à monsieur de Bouillé. — Sire, ce fidèle serviteur de Votre Majesté est fort riche, et, par conséquent, n'a eu aucun mérite à faire ce qu'il a fait. — N'importe, Monsieur, le roi désire savoir son nom. — Sire, répondit Charny en s'inclinant, la seule condition qu'il ait mise au prétendu service qu'il rendait à Votre Majesté, ç'a été de garder l'anonyme. — Cependant, dit le roi, vous le connaissez, vous? — Je le connais, sire. — Monsieur de Charny, dit alors le roi avec cette dignité pleine d'âme qu'il avait dans certains moments, voici une bague qui m'est bien précieuse; et il tira un simple anneau d'or de son doigt; je l'ai prise à la main de mon père expiré, en baisant cette main glacée par la mort; sa valeur est donc celle que j'y attache, elle n'en a pas d'autre. Mais, pour un cœur qui saura me comprendre, cette bague deviendra plus précieuse que le plus précieux diamant. Redites à ce fidèle serviteur ce que je viens de vous dire, monsieur de Charny, et donnez-lui cette bague de ma part.

Deux larmes s'échappèrent des yeux de Charny; sa poitrine se gonfla, et, haletant, il mit un genou en terre pour recevoir la bague des mains du roi.

En ce moment la porte s'ouvrit; le roi se retourna vivement, car cette porte s'ouvrant ainsi était une telle infraction aux règles de l'étiquette, qu'elle constituait une grande insulte, si elle n'était excusée par une grande nécessité.

C'était la reine.

La reine pâle et tenant un papier à la main.

Mais à la vue du comte à genoux, baisant la bague du roi et la passant à son doigt, elle laissa échapper le papier en poussant un cri d'étonnement.

Charny se releva et salua respectueusement la reine, qui balbutiait entre ses dents :

— Monsieur de Charny... monsieur de Charny... ici... chez le roi... aux Tuileries !...

Et qui, tout bas, ajoutait :

— Et je ne le savais pas!

Il y avait une telle douleur dans les yeux de la pauvre femme, que Charny, qui n'avait point entendu la fin de la phrase, mais qui l'avait devinée, fit deux pas vers elle.

— J'arrive à l'instant même, dit-il, et j'allais demander au roi la permission de vous présenter mes hommages.

Le sang reparut sur les joues de la reine. Il y avait longtemps qu'elle n'avait entendu la voix de Charny, et, dans cette voix, la douce intonation qu'il venait de donner à ses paroles.

Elle tendit alors les deux mains comme pour aller à lui; mais presque aussitôt elle en ramena une sur son cœur, qui, sans doute, battait trop violemment.

Charny vit tout, devina tout, quoique ces sensations, qu'il nous faut dix lignes pour transcrire et pour expliquer, se fussent produites pendant le temps qu'avait mis le roi à aller ramasser le papier qui était échappé des mains de la reine, et que le courant d'air causé par l'ouverture simultanée des fenêtres et de la porte avait fait voler jusqu'au fond du cabinet.

Le roi lut ce qui était écrit sur le papier, mais sans y rien comprendre.

— Que veulent dire ces trois mots : Fuir! fuir! fuir! et cette moitié de signature? demanda le roi. — Sire, répondit la reine, ils veulent dire que monsieur de Mirabeau est mort il y a dix minutes et que voilà le conseil qu'il nous donne en ce moment. — Madame, reprit le roi, le conseil sera suivi, car il est bon, et le moment est venu, cette fois, de le mettre à exécution.

Puis, se retournant vers Charny :

— Comte, poursuivit-il, vous pouvez suivre la reine chez elle et lui tout dire...

La reine se leva, regarda tour à tour le roi et Charny.

Puis, s'adressant à ce dernier :

— Venez, monsieur le comte, dit-elle.

Et elle sortit précipitamment, car il lui eût été impossible, si elle fût restée une minute de plus, de contenir tous les sentiments opposés que renfermait son cœur.

Charny s'inclina une dernière fois devant le roi et suivit Marie-Antoinette.

LXXIX

LA PROMESSE

La reine rentra chez elle et se laissa tomber sur un canapé en faisant signe à Charny de pousser la porte derrière lui.

Par bonheur le boudoir dans lequel elle entrait était solitaire, Gilbert ayant demandé à parler sans témoin à la reine, afin de lui dire ce qui venait de se passer, et de lui remettre la dernière recommandation de Mirabeau.

A peine assise, son cœur trop plein déborda et elle éclata en sanglots.

Ces sanglots étaient si énergiques et si vrais, qu'ils allèrent chercher jusqu'au fond du cœur de Charny les restes de son amour.

Nous disons les restes de son amour, car, lorsqu'une passion semblable à celle que nous avons vue naître et grandir a brûlé dans le cœur d'un homme, à moins d'une de ces choses terribles qui font succéder la haine à l'amour, elle ne s'y éteint jamais complétement.

Charny était dans cette position étrange que ceux qui se sont trouvés en position pareille peuvent seuls apprécier : il avait à la fois en lui un ancien et un nouvel amour.

Il aimait déjà Andrée de toute la flamme de son cœur.

Il aimait encore la reine de toute la pitié de son âme.

A chaque déchirement de ce pauvre amour, déchirement causé par l'égoïsme, c'est-à-dire par l'excès de cet amour, il l'avait pour ainsi dire senti saigner dans le cœur de la femme, et, à chaque fois, tout en comprenant cet égoïsme, comme tous ceux pour lesquels un amour passé devient un fardeau, il n'avait pas eu la force de l'excuser.

Et cependant toutes les fois que cette douleur si vraie éclatait devant lui sans récriminations et sans reproches, il mesurait la profondeur de cet amour; il se rappelait combien de préjugés humains, combien de devoirs sociaux cette femme avait méprisés pour lui, et, penché sur cet abîme, il ne pouvait s'empêcher d'y laisser tomber à son tour une larme de regret et une parole de consolation.

Mais, à travers les sanglots, le reproche perçait-il; mais, à travers les pleurs, les récriminations se faisaient-elles jour; à l'instant même il se rappelait les exigences de cet amour, cette volonté absolue, ce despotisme royal qui était sans cesse mêlé aux expressions de la tendresse, aux preuves de la passion; il se raidissait contre ces exigences, s'armait contre ce despotisme, entrait en lutte contre cette volonté, leur comparait la douce et inaltérable figure d'Andrée, et se prenait à préférer cette statue, toute de glace qu'il la croyait, à cette image de la passion toujours prête à lancer par les yeux les éclairs de son amour, de sa jalousie ou de son orgueil.

Cette fois la reine pleurait sans rien dire.

Il y avait plus de huit mois qu'elle n'avait vu Charny. Fidèle à la promesse qu'il avait faite au roi, le comte, pendant ce temps, ne s'était révélé à personne. La reine était donc restée ignorante de cette existence si intimement liée à la sienne, que, pendant deux ou trois ans, elle avait cru qu'on ne pourrait séparer l'une de l'autre qu'en les brisant toutes deux.

Et cependant, on l'a vu, Charny s'était séparé d'elle sans lui dire où il allait; seulement, et c'était sa seule consolation, elle le savait employé au service du roi; de sorte qu'elle se disait : en travaillant pour le roi, il travaille pour moi aussi; donc il est forcé de penser à moi, voulût-il m'oublier!

« Mais c'était une faible consolation que cette pensée qui revenait ainsi à elle par contre-coup, quand cette pensée lui avait si longtemps appartenu à elle seule. Aussi, en revoyant tout à coup Charny au moment où elle s'attendait le moins à le revoir; en le retrouvant là, chez le roi, à son retour, à peu près au même endroit où elle l'avait rencontré le jour de son départ, toutes les douleurs qui avaient bourrelé son âme, toutes les pensées qui avaient tourmenté son cœur, toutes les larmes qui avaient brûlé ses yeux pendant sa longue absence, venaient à la fois, ensemble, tumultueusement inonder ses joues, et emplir sa poitrine de toutes les angoisses qu'elle croyait évanouies, de toutes les douleurs qu'elle croyait passées.

Elle pleurait pour pleurer; ses larmes l'eussent étouffée si elles n'eussent pas jailli au dehors.

Elle pleurait sans prononcer une parole; était-ce de joie? était-ce de douleur? De l'une et l'autre peut-être : toute puissante émotion se résume par des larmes.

Aussi, sans rien dire, mais cependant avec plus d'amour que de respect, Charny s'approcha de la reine, détacha une des mains dont elle se couvrait le visage, et, appuyant ses lèvres sur cette main :

— Madame, dit-il, je suis heureux et fier de vous affirmer que, depuis le jour où j'ai pris congé de vous, je n'ai pas été une heure sans m'occuper de vous. — Oh! Charny, Charny, répondit la reine, il y eut un temps où vous vous fussiez peut-être moins occupé de moi, mais où vous y eussiez pensé davantage! — Madame, dit Charny, j'étais chargé par le roi d'une grave responsabilité... Cette responsabilité m'imposait le silence le plus absolu jusqu'au jour où ma mission serait remplie. Elle l'est aujourd'hui; seulement aujourd'hui je puis vous revoir, je puis vous parler, tandis que jusqu'aujourd'hui je ne pouvais pas même vous écrire! — C'est un bel exemple de loyauté que vous avez donné là, Olivier, dit mélancoliquement la reine, et je ne regrette qu'une chose, c'est que vous n'ayez pu le donner qu'aux dépens d'un autre sentiment. — Madame, dit Charny, permettez, puisque j'en ai reçu la permission du roi, que je vous instruise de ce que j'ai fait pour votre salut. — Oh! Charny, Charny, reprit la reine, n'avez-vous donc rien de plus pressé à me dire?

Et elle serra tendrement la main du comte, en le regardant de ce regard pour lequel autrefois il eût offert sa vie, qu'il était toujours prêt, sinon à offrir, du moins à sacrifier.

Et, tout en le regardant ainsi, elle le vit, non point en voyageur poudreux qui descend d'une chaise de poste, mais en courtisan plein d'élégance qui a soumis son dévouement à toutes les règles de l'étiquette.

Cette toilette si complète, dont la reine la plus exigeante aurait pu se contenter, inquiéta visiblement la femme.

— Quand donc êtes-vous arrivé? demanda-t-elle. — J'arrive, Madame, répondit Charny. — Et vous venez?... — De Montmédy. — Ainsi, vous avez traversé la moitié de la France? — J'ai fait quatre-vingt-dix lieues depuis hier matin. — A cheval?... en voiture?... — En chaise de poste.

— Comment, après ce long et fatigant voyage, excusez mes questions, Charny! êtes-vous aussi bien brossé, verni, peigné qu'un aide de camp du général Lafayette qui sortirait de l'état-major?... Les nouvelles que vous apportez étaient donc peu importantes? — Très-importantes, au contraire, Madame; mais j'ai pensé que si je débarquais dans la cour des Tuileries avec une chaise de poste couverte de boue et de poussière, j'éveillerais la curiosité. Le roi tout à l'heure encore me disait combien vous étiez étroitement gardés, et, en l'écoutant, je me félicitais de cette précaution que j'avais prise de venir à pied et avec mon uniforme, comme un simple officier qui revient faire sa cour après une semaine ou deux d'absence.

La reine serra convulsivement la main à Charny; on voyait qu'une dernière question lui restait à faire, et qu'elle avait d'autant plus de difficulté à la formuler, qu'elle lui paraissait plus importante.

Aussi prit-elle une autre forme d'interrogation.

— Ah! oui, dit-elle d'une voix étouffée, j'oubliais que vous avez un pied à terre à Paris.

Charny tressaillit. Seulement alors, il voyait le but de toutes ces questions.

— Moi, un pied à terre à Paris! dit-il, et où donc cela, Madame?

La reine fit un effort.

— Mais... rue Coq-Héron, dit-elle; n'est-ce pas là que demeure la comtesse!

Charny fut près de s'emporter, comme un cheval qu'on presse de l'éperon dans une plaie encore vive; mais il y avait dans la voix de la reine un tel sentiment d'hésitation, une telle expression de douleur, qu'il eut pitié de ce qu'elle devait souffrir, elle si hautaine, elle si puissante sur elle-même, pour laisser voir son émotion à ce point.

— Madame, dit-il avec un accent de profonde tristesse, tristesse qui peut-être n'était pas causée tout entière par la souffrance de la reine, je croyais avoir eu l'honneur de vous dire, avant mon départ, que la maison de madame de Charny n'était point la mienne; je suis descendu chez mon frère, le vicomte Isidore de Charny, et c'est chez lui que j'ai changé de costume.

La reine jeta un cri de joie, se laissa glisser sur ses genoux en portant à ses lèvres la main de Charny.

Mais, aussi rapide qu'elle, il la prit sous les deux bras, et, la relevant :

— Oh! Madame, s'écria-t-il, que faites-vous? — Je vous remercie,

Olivier! dit la reine avec une voix si douce, que Charny sentit les larmes lui venir aux yeux. — Vous me remerciez, dit-il; mon Dieu! et de quoi?..
— De quoi?... vous me demandez de quoi? s'écria la reine; mais de m'avoir donné le seul instant de joie complète que j'aie eu depuis votre départ... Mon Dieu! je le sais, c'est une chose folle et insensée, mais bien digne de pitié que la jalousie! Vous aussi, à une époque, vous avez été jaloux, Charny; aujourd'hui vous l'oubliez... Oh! les hommes, quand ils sont jaloux, ils sont bien heureux! ils peuvent se battre avec leurs rivaux! tuer ou être tués!... Mais les femmes, elles ne peuvent que pleurer... quoiqu'elles s'aperçoivent que leurs larmes sont inutiles, dangereuses; car nous savons bien que nos larmes, au lieu de rapprocher de nous celui pour lequel nous les versons, l'en écarte souvent davantage; mais c'est le vertige de l'amour; on voit l'abîme, et, au lieu de s'en éloigner, on s'y jette!... Merci encore une fois, Olivier! vous le voyez, me voilà joyeuse, et je ne pleure plus.

Et, en effet, la reine essaya de rire; mais comme si, à force de douleurs, elle eût désappris la joie, son rire eut un accent si triste et si douloureux, que le comte en tressaillit.

— Oh! mon Dieu! murmura-t-il, se peut-il donc que vous ayez tant souffert?

Marie-Antoinette joignit les mains.

— Soyez béni, Seigneur! dit-elle, car le jour où il comprendra ma douleur, il n'aura pas la force de ne plus m'aimer.

Charny se sentait entraîné sur une pente où, à un moment donné, il lui serait impossible de se retenir. Il fit un effort comme les patineurs qui, pour s'arrêter, se cambrent en arrière, au risque de briser la glace sur laquelle ils glissent.

— Madame, dit-il, ne me permettez-vous donc pas de recueillir le fruit de cette longue absence en vous expliquant ce que j'ai été assez heureux de faire pour vous? — Ah! Charny, répondit la reine, j'aimerais bien mieux ce que je vous disais tout à l'heure... Mais vous avez raison, il ne faut pas laisser oublier trop longtemps à la femme qu'elle est reine. Parlez, monsieur l'ambassadeur, la femme a obtenu tout ce qu'elle avait droit d'attendre : la reine vous écoute.

Alors Charny lui raconta tout : comment il avait été envoyé à monsieur de Bouillé; comment le comte Louis était venu à Paris; comment lui, Charny, avait, buisson à buisson, relevé la route par laquelle la reine devait fuir; comment, enfin, il était venu annoncer au roi qu'il n'y avait plus en quelque sorte que la partie matérielle du projet à mettre à exécution.

La reine écouta Charny avec une grande attention, et en même temps avec une profonde reconnaissance; il lui semblait impossible que le simple dévouement allât jusque-là : l'amour, et un amour ardent et inquiet, pouvait seul prévoir ces obstacles, et inventer les moyens qui devaient les combattre et les surmonter.

Elle le laissa donc dire d'un bout à l'autre; puis, quand il eut fini, le regardant avec une suprême expression de tendresse :

— Vous serez donc bien heureux de m'avoir sauvée, Charny? demanda-t-elle. — Oh! s'écria le comte, vous demandez cela, Madame! mais c'est le rêve de mon ambition, et, si j'y parviens, ce sera la gloire de ma vie. — J'aimerais mieux que ce fût tout simplement la récompense de votre amour, dit la reine avec mélancolie; mais n'importe!... Vous désirez ardemment, n'est-ce pas, que cette grande œuvre du salut du roi, de la reine et du dauphin de France s'accomplisse par vous? — Je n'attends que votre assentiment pour y dévouer mon existence. — Oui, et je le comprends, mon ami, dit la reine, ce dévouement doit être pur de tout sentiment étranger, de toute affection matérielle. Il est impossible que mon mari, mes enfants soient sauvés par une main qui n'oserait s'étendre vers eux pour les soutenir, s'ils glissaient dans cette route que nous allons parcourir ensemble... Je vous remets leur vie et la mienne, mon frère... mais à votre tour vous aurez pitié de moi, n'est-ce pas? — Pitié de vous, Madame? dit Charny. — Oui... Vous ne voudrez pas qu'en ces moments où j'aurai besoin de toute ma force, de tout mon courage, de toute ma présence d'esprit, une idée folle peut-être, mais, que voulez-vous, il y a des gens qui n'osent se hasarder dans la nuit, de peur de spectres que, le jour venu, ils reconnaissent ne pas exister! Vous ne voudrez pas que tout soit perdu peut-être faute d'une promesse faite, faute d'une parole donnée... Vous ne le voudrez pas!...

Charny interrompit la reine.

— Madame, dit-il, je veux le salut de Votre Majesté; je veux le bonheur de la France; je veux la gloire d'achever l'œuvre que j'ai commencée, et, je vous l'avoue, je suis désespéré de n'avoir qu'un si faible sacrifice à vous faire... Je vous jure de ne voir madame de Charny qu'avec la permission de Votre Majesté.

Et, saluant respectueusement et froidement la reine, il se retira sans que celle-ci, glacée par l'accent avec lequel il avait prononcé ces paroles, essayât de le retenir.

Mais à peine Charny eût-il refermé la porte derrière lui, que, se tordant les bras, elle s'écria douloureusement :

— Oh! que j'aimerais mieux que ce fût moi qu'il eût fait le serment de ne pas voir, et qu'il m'aimât comme il l'aime!

LXXX

DOUBLE VUE

Le 19 juin suivant, vers huit heures du matin, Gilbert se promenait à grands pas dans son logement de la rue Saint-Honoré, allant de temps en temps à la fenêtre, et se penchant en dehors comme un homme qui attend avec impatience quelqu'un qu'il ne voit point arriver.

Il tenait à la main un papier plié en quatre, avec des lettres et des cachets transparaissant de l'autre côté de la page où ils étaient imprimés.

C'était sans doute un papier de grande importance, car deux ou trois fois, pendant ces anxieuses minutes de l'attente, Gilbert le déplia, le lut, le déplia de nouveau, le relut et le replia, pour le rouvrir et le replier encore.

Enfin, le bruit d'une voiture s'arrêtant à la porte le fit courir de plus belle à la fenêtre; mais il était trop tard : celui qu'avait amené la voiture était déjà dans l'allée.

Cependant, Gilbert ne doutait apparemment pas de l'identité du personnage, car, poussant la porte de l'antichambre :

— Bastien, dit-il, ouvrez à monsieur le comte de Charny, que j'attends.

Et une dernière fois il déplia le papier, qu'il était en train de lire, lorsque Bastien, au lieu d'annoncer le comte de Charny, annonça :

— Monsieur le comte de Cagliostro.

Ce nom était, à cette heure, si loin de la pensée de Gilbert, qu'il tressaillit comme si un éclair lui annonçant la foudre venait de passer devant ses yeux.

Il replia vivement le papier, qu'il cacha dans la poche de côté de son habit.

— Monsieur le comte de Cagliostro? répéta-t-il, encore tout étourdi de l'annonce. — Eh, mon Dieu! oui, moi-même, mon cher Gilbert, dit le comte. Ce n'était pas moi que vous attendiez, je le sais bien; c'était monsieur de Charny... mais monsieur de Charny est occupé, je vous dirai à quoi tout à l'heure... de sorte qu'il ne pourra guère être ici que dans une demi-heure. Ce que voyant, ma foi, je me suis dit : puisque je me trouve dans le quartier, je vais monter un instant chez le docteur Gilbert. J'espère que, pour n'être pas attendu de vous, je n'en serai pas moins bien reçu. — Cher maître, dit Gilbert, vous savez qu'à toute heure du jour et de la nuit deux portes vous sont ouvertes ici : la porte de la maison, la porte du cœur. — Merci, Gilbert; un jour il me sera donné, à moi aussi peut-être, de vous prouver à quel point je vous aime. Ce jour venu, la preuve ne se fera pas attendre... Maintenant, causons. — Et de quoi? demanda Gilbert en souriant, car la présence de Cagliostro lui annonçait toujours quelque nouvel étonnement. — De quoi? répéta Cagliostro; eh bien! mais de la conversation à la mode... du prochain départ du roi.

Gilbert se sentit frissonner de la tête aux pieds; mais le sourire ne disparut pas un instant de ses lèvres, et, grâce à la force de sa volonté, s'il ne put empêcher la sueur de perler à la racine de ses cheveux, il empêcha du moins la pâleur d'apparaître sur ses joues.

— Et, comme nous en aurons pour quelque temps, attendu que la matière prête, continua Cagliostro, je m'assieds.

Et Cagliostro s'assit en effet.

Au reste, le premier mouvement de terreur passé, Gilbert réfléchit que, si c'était un hasard qui avait amené Cagliostro chez lui, c'était du moins un hasard providentiel; Cagliostro, n'ayant pas l'habitude d'avoir des secrets pour lui, allait sans doute lui raconter tout ce qu'il savait de ce départ du roi et de la reine dont il venait de lui dire un mot.

— Eh bien! ajouta Cagliostro, voyant que Gilbert attendait, c'est donc décidé pour demain? — Très-cher maître, dit Gilbert, vous savez que j'ai l'habitude de vous laisser dire jusqu'au bout; même lorsque vous errez, il y a toujours pour moi quelque chose à apprendre, non-seulement dans un discours, mais encore dans une parole de vous. — Et où me suis-je trompé jusqu'à présent, Gilbert? dit Cagliostro. Est-ce quand je vous ai prédit la mort de Favras, que j'ai, cependant, au moment décisif, fait, moi, tout ce que j'ai pu pour empêcher? Est-ce quand je vous ai prévenu que le roi lui-même intriguait contre Mirabeau, et que Mirabeau ne serait pas nommé ministre? Est-ce quand je vous ai dit que Robespierre relèverait l'échafaud de Charles Ier, et Bonaparte le trône de Charlemagne? Quant à cela, vous ne pouvez m'accuser d'erreur, car les temps ne sont point encore révolus, et, de ces choses, les unes appartiennent à la fin de ce siècle-ci, et les autres au commencement du siècle prochain. Or, aujourd'hui, mon cher Gilbert, vous savez mieux que personne que je dis la vérité en vous disant que le roi doit fuir pendant la nuit de demain, puisque vous êtes un des agents de cette fuite. — S'il en est ainsi, dit Gilbert, vous n'attendez pas de moi que je vous l'avoue, n'est-ce pas? — Eh! qu'ai-je besoin de votre aveu? Vous savez bien non-seulement que *je suis celui qui est*, mais encore que *je suis celui qui sait*. — Mais, si vous êtes celui qui sait, dit Gilbert, vous savez que la reine a dit hier à monsieur de Montmorin, à propos du refus que madame Élisabeth a fait d'assister dimanche à la Fête-Dieu : « Elle ne veut pas venir avec nous à Saint-Germain-l'Auxerrois ; elle m'afflige ! elle pourrait bien, cependant, faire au roi le sacrifice de ses opinions. » Or, si la reine va dimanche avec le roi à l'église Saint-Germain-l'Auxerrois, ils ne partent point cette nuit, ou ne partent pas pour un long voyage. — Oui, mais je sais aussi, répondit Cagliostro, qu'un grand philosophe a dit : « La parole a été donnée à l'homme pour déguiser sa pensée. » Or, Dieu n'est pas assez exclusif pour avoir fait à l'homme seul un don si précieux. — Mon cher maître, dit Gilbert, essayant toujours de demeurer sur le terrain de la plaisanterie, vous connaissez l'histoire de l'incrédule apôtre ? — Qui commença de croire lorsque le Christ lui eut montré ses pieds, ses mains et son côté. Eh bien ! mon cher Gilbert, la reine, qui est habituée à toutes ses aises, et qui ne veut pas être privée de ses habitudes pendant son voyage, quoiqu'il ne doive durer, si le calcul de monsieur de Charny est juste, que trente-quatre ou trente-cinq heures, la reine a commandé chez Desbrosses, rue Notre-Dame-des-Victoires, un charmant nécessaire tout en vermeil qui est censé destiné à sa sœur l'archiduchesse Christine, gouvernante des Pays-Bas. Le nécessaire, achevé hier matin seulement, a été porté hier soir aux Tuileries ; voilà pour les mains. On part dans une grande berline de voyage, spacieuse, commode, où l'on tient facilement six personnes ; elle a été commandée à Louis, le premier carrossier des Champs Élysées, par monsieur de Charny, qui est chez lui dans ce moment-ci, et qui lui compte cent vingt-cinq louis, c'est-à-dire la moitié de la somme convenue ; on l'a essayée hier en lui faisant courir la poste à quatre chevaux, et elle a parfaitement résisté ; aussi le rapport qu'en a fait monsieur Isidore de Charny a-t-il été excellent ; voilà pour les pieds. Enfin, monsieur de Montmorin, sans savoir ce qu'il signait, a signé ce matin un passe-port pour madame la baronne de Korff, ses deux enfants, ses deux femmes de chambre, son intendant et ses trois domestiques. Madame de Korff, c'est madame de Tourzel, gouvernante des enfants de France ; ses deux enfants, c'est madame Royale et monseigneur le dauphin ; ses deux femmes de chambre, c'est la reine et madame Élisabeth ; son intendant, c'est le roi ; enfin, ses trois domestiques, qui doivent, habillés en courriers, précéder et accompagner la voiture, c'est monsieur Isidore de Charny, monsieur de Malden et monsieur de Valory. Ce passe-port, c'est le papier que vous teniez quand je suis arrivé, que vous avez plié et caché dans votre poche en m'apercevant, et qui est conçu en ces termes :

De par le roi,

« Mandons de laisser passer madame la baronne de Korff, avec ses deux enfants, *une femme*, un valet de chambre et trois domestiques.

« Le ministre des affaires étrangères,

« Montmorin. »

Voilà pour le côté. Suis-je bien informé, mon cher Gilbert? — A part une petite contradiction entre vos paroles et la rédaction dudit passe-port... — Laquelle? — Vous dites que la reine et madame Élisabeth représentent les *deux* femmes de chambre de madame de Tourzel, et je vois sur le passe-port une seule femme de chambre. — Ah! voici... c'est qu'arrivée à Bondy, madame de Tourzel, qui croit faire le voyage jusqu'à Montmédy, sera priée de descendre; monsieur de Charny, qui est un homme dévoué et sur lequel on peut compter, montera à sa place, pour mettre le nez à la portière en cas de besoin, et tirer deux pistolets de sa poche, s'il le faut. La reine, alors, deviendra madame de Korff, et comme à part madame Royale, qui d'ailleurs fait partie des enfants, il n'y aura plus qu'une femme dans la voiture, madame Élisabeth, il était inutile de mettre sur le passe-port deux femmes de chambre. Maintenant, voulez-vous d'autres détails? Soit : les détails ne manquent pas, et je vous en donnerai. Le départ devait avoir lieu avant le 1er juin; monsieur de Bouillé y tenait beaucoup ; il a même, à ce sujet, écrit au roi une curieuse lettre dans laquelle il l'invite à se presser, attendu, dit-il, que les troupes *se corrompent* de jour en jour, et qu'il ne répond plus de rien, si on laisse prêter serment aux soldats... Or, ajouta Cagliostro avec son air goguenard, par ces mots, *se corrompent*, il est bien entendu qu'il faut comprendre que l'armée commence à reconnaître qu'ayant à choisir entre une monarchie qui, pendant trois siècles, a sacrifié le peuple à la noblesse, le soldat à l'officier, et une constitution qui proclame l'égalité devant la loi, qui fait des grades la récompense du mérite et du courage, cette ingrate armée penche pour la constitution... Mais la berline ni le nécessaire n'étaient achevés, et il a été impossible de partir le 1er; ce qui est un grand malheur, vu que, depuis le 1er, l'armée a pu se corrompre de plus en plus, et que les soldats ont prêté serment à la constitution. Sur quoi, le départ a été fixé au 8 ; mais monsieur de Bouillé a reçu trop tard la signification de cette date, et, à son tour, il a été obligé de répondre qu'il ne serait pas prêt. Alors la chose, d'un commun accord, a été remise au 12 ; on eût préféré le 11 ; mais une femme très-démocrate, de plus maîtresse de monsieur de Gouvion, aide de camp de monsieur de Lafayette, madame de Rochereul, si vous voulez savoir son nom, était de service près du dauphin, et l'on craignait qu'elle ne s'aperçût de quelque chose et qu'elle ne dénonçât, comme disait ce pauvre monsieur de Mirabeau, ce pot au feu caché que les rois font toujours bouillir dans quelque coin de leur palais. Le 12, le roi s'est aperçu qu'il n'avait plus que six jours à attendre pour toucher un quartier de sa liste civile ; six millions ! peste ! cela, vous en conviendrez, mon cher Gilbert, valait bien la peine d'attendre six jours ! En outre, Léopold, le grand temporisateur, le Fabius des rois, venait enfin de promettre que quinze mille Autrichiens occuperaient, le 15, les débouchés d'Arlon. Dam ! vous comprenez, ces bons rois, ce n'est pas la volonté qui leur manque ; mais, de leur côté, ils ont leurs petites affaires à terminer. L'Autriche venait de dévorer Liége et le Brabant, et était en train de digérer ville et province ; or, l'Autriche est comme les boas, quand elle digère, elle dort. Catherine était en train de battre ce petit roitelet de Gustave III, à qui elle a enfin accordé une trêve pour qu'il eût le temps d'aller recevoir, à Aix en Savoie, la reine de France à la descente de sa voiture. Pendant ce temps-là, elle rongera ce qu'elle pourra de la Turquie, et sucera les os de la Pologne : elle aime la moelle de lion, cette digne impératrice ! La Prusse philosophe et l'Angleterre philanthrope sont en train de changer de peau, afin que l'une puisse raisonnablement s'allonger sur les bords du Rhin, et l'autre dans la mer du Nord ; mais soyez tranquille : comme les chevaux de Diomède, les rois ont goûté de la chair humaine, et ils ne voudront plus manger autre chose, si toutefois nous ne les troublons pas dans ce délicieux festin ! Bref, le départ avait été remis au dimanche 19, à minuit ; puis, le 18 au matin, une nouvelle dépêche a été expédiée, remettant ce départ au lundi 20, à la même heure, c'est-à-dire à demain soir ; ce qui pourra bien avoir ses inconvénients, attendu que monsieur de Bouillé avait déjà envoyé ses ordres à tous ses détachements, et qu'il a fallu envoyer des contre-ordres... Prenez garde, mon cher Gilbert, prenez garde ! tout cela fatigue les soldats et donne à penser aux populations. — Comte, dit Gilbert, je ne ruserai pas avec vous : tout ce que vous venez de dire est vrai, et je ruserai d'autant moins que mon avis, à moi, n'était pas que le roi partît, ou plutôt que le roi quittât la France. Maintenant, avouez-le franchement, au point de vue du danger personnel, au point de vue du danger de la reine et de ses enfants, si le roi devrait rester comme roi, l'homme, l'époux, le père n'était-il pas autorisé à fuir ? — Eh bien ! voulez-vous que je vous dise une chose, mon cher Gilbert, c'est que ce n'est pas comme père, c'est que ce n'est pas comme époux, c'est que ce n'est pas comme homme que Louis XVI fuit ; c'est que ce n'est pas à cause des 5 et 6 octobre qu'il quitte la France. Non ; par son père, à tout prendre, il est Bourbon, et les Bourbons savent ce que c'est que de regarder le danger en face ; non ; il quitte la France à cause de cette constitution que vient de lui fabriquer, à l'instar des États-Unis, l'Assemblée nationale, sans réfléchir que le modèle qu'elle a suivi est taillé pour une république, et, appliqué à une monarchie, ne laisse pas au roi une suffisante quantité d'air respirable ; non ; il quitte la France à cause de cette fameuse affaire des Chevaliers du Poignard, dans laquelle votre ami Lafayette a agi irrévérencieusement avec la royauté et ses fidèles ; non ; il quitte la France à cause de cette fameuse affaire de Saint-Cloud, dans laquelle il a voulu constater sa liberté, et dans laquelle le peuple lui a prouvé qu'il était prisonnier ; non, voyez-vous, mon cher Gilbert, vous qui êtes honnêtement, franchement, loyalement royaliste constitutionnel ; vous qui croyez à cette douce et consolante utopie d'une monarchie tempérée par la liberté, il faut que vous sachiez une chose : c'est que les rois, à l'imitation de Dieu, dont ils se prétendent les représentants sur la terre, ont une religion, la religion de la royauté ; non-seulement leur personne, frottée d'huile à Reims, est sacro-sainte, mais encore leur palais est saint, leurs serviteurs sont saints ! Leur palais est un temple où il ne faut entrer qu'en priant ; leurs serviteurs sont des prêtres auxquels on ne doit parler qu'à genoux ; il ne faut pas toucher aux rois sous peine de mort ! il ne faut pas toucher à leurs serviteurs sous peine d'excommunication ! Or, le jour où l'on a empêché le roi de faire son voyage à Saint-Cloud, on a touché au roi ; le jour où l'on a expulsé des Tuileries les Chevaliers du Poignard, on a touché à ses serviteurs. C'est là ce que le roi n'a pu supporter ; voilà la véritable abomination de la désolation ; voilà pourquoi le roi, qui avait refusé de se laisser enlever par monsieur de Favras et de se sauver avec ses tantes, consent à fuir demain avec un passe-port de monsieur de Montmorin, qui ne sait pas pour qui il a signé ce passe-port, sous le nom de Durand et sous l'habit d'un domestique, tout en recommandant pourtant, les rois sont toujours rois par un bout, tout en recommandant de ne pas oublier de mettre dans les malles l'habit rouge brodé d'or qu'il portait à Cherbourg.

Pendant que Cagliostro parlait, Gilbert l'avait regardé fixement, essayant de deviner ce qu'il y avait au fond de la pensée de cet homme.

Mais c'était chose inutile : aucun regard humain n'avait la puissance de voir au delà de ce masque railleur dont le disciple d'Althotas avait coutume de couvrir son visage.

Gilbert prit donc le parti d'aborder franchement la question.

— Comte, observa-t-il, tout ce que vous venez de me dire est vrai, je le répète. Maintenant, dans quel but venez-vous me le dire ? Sous quel titre vous présentez-vous à moi ? Venez-vous comme un ennemi loyal qui prévient qu'il va combattre ? Venez-vous comme un ami qui s'offre à aider ? — Je viens d'abord, mon cher Gilbert, répondit affectueusement Cagliostro, comme vient le maître à l'élève, pour lui dire : Ami, tu fais fausse route en t'attachant à cette ruine qui tombe, à cet édifice qui croule, à ce principe qui meurt et qu'on appelle la monarchie. Les hommes comme toi ne sont pas les hommes du passé, ne sont pas même les hommes du présent, ce sont les hommes de l'avenir. Abandonne la chose à laquelle tu ne crois pas pour la chose à laquelle nous croyons ; ne t'éloigne pas de la réalité pour suivre l'ombre ; et, si tu ne te fais pas soldat actif de la révolution, regarde-la passer et ne tente pas de l'arrêter dans sa route. Mirabeau était un géant, et Mirabeau vient de succomber à l'œuvre ! — Comte, dit Gilbert, je répondrai à cela le jour où le roi, qui s'est fié à moi, sera en sûreté. Louis XVI m'a pris pour confident, pour auxiliaire, pour complice, si vous voulez, dans l'œuvre qu'il entreprend ; j'ai accepté cette mission, je l'accomplirai jusqu'au bout, le cœur ouvert, les yeux fermés. Je suis médecin, mon cher comte ; le salut matériel de mon malade avant tout ! Maintenant, vous, répondez-moi à votre tour. Dans vos mystérieux projets, dans vos sombres combinaisons, avez-vous besoin que cette fuite réussisse ou avorte ?... Si vous voulez qu'elle avorte, il est inutile de lutter ; dites : Ne partez pas ! et nous resterons, et nous courberons la tête, et nous attendrons le coup. — Frère ! dit Cagliostro, si, poussé par le Dieu qui m'a tracé ma route, il me fallait frapper un de ceux que ton cœur aime ou que ton génie protège, je resterais dans l'ombre, et je ne demanderais qu'une chose à cette puissance surhumaine à laquelle j'obéis : c'est qu'elle te laissât ignorer de quelle main est parti le coup. Non, si je ne viens pas en ami, je ne puis être l'ami des rois, moi qui ai été leur victime, je ne viens pas non plus en ennemi ; je viens, une balance à la main, te disant : J'ai pesé les destins de ce dernier Bourbon, et je ne crois pas que sa mort importe au salut de la cause ; or, Dieu me garde, moi qui, comme Pythagore, me reconnais à peine le droit de disposer de la vie du dernier insecte créé, de toucher imprudemment à celle de l'homme, ce roi de la création ! Il y a plus : non-seulement je viens te dire : Je resterai neutre ; mais encore j'ajoute : As-tu besoin de mon aide, je te l'offre !

Gilbert essaya une seconde fois de lire jusqu'au fond du cœur de Cagliostro.

— Bon ! dit celui-ci en reprenant son ton railleur, voilà que tu doutes !... Voyons, homme lettré, ne connais-tu pas cette histoire de la lance d'Achille, qui blessait et qui guérissait ? Cette lance, je la possède,

La femme qui a passé pour la reine dans les bosquets de Versailles, ne peut-elle pas passer pour la reine dans les appartements des Tuileries, ou sur quelque route opposée à celle que suivra la vraie fugitive?... Voyons, ce n'est point à mépriser ce que je vous offre là, mon cher Gilbert. — Soyez franc alors jusqu'au bout, comte, et dites-moi dans quel but vous me faites cette offre. — Mais, mon cher docteur, c'est bien simple : dans le but que le roi s'en aille, dans le but que le roi quitte la France, dans le but qu'il nous laisse proclamer la république! — La république? dit Gilbert étonné. — Pourquoi pas? dit Cagliostro. — Mais, mon cher comte, je regarde en France, autour de moi, du midi au nord, de l'orient à l'occident, et je ne vois pas un seul républicain... — D'abord, vous vous trompez... j'en vois trois : Pétion, Camille Desmoulins et votre serviteur; ceux-là vous pouvez les voir comme moi. Puis, je vois encore ceux que vous ne voyez pas, et que vous verrez quand il sera temps qu'ils paraissent. Alors, rapportez-vous-en à moi pour faire un coup de théâtre qui vous étonnera! Seulement, vous comprenez, je désire que, dans le changement à vue, il n'arrive pas d'accidents trop graves; les accidents retombent toujours sur le machiniste.

Gilbert réfléchit un instant.

Puis, tendant la main à Cagliostro :

— Comte, dit-il, s'il ne s'agissait que de moi, s'il ne s'agissait que de ma vie, s'il ne s'agissait que de mon honneur, de ma réputation, de ma mémoire, j'accepterais à l'instant même; mais il s'agit d'un royaume, d'un roi, d'une reine, d'une race, d'une monarchie, et je ne puis prendre sur moi de traiter pour eux. Restez neutre, mon cher comte, voilà tout ce que je vous demande.

Cagliostro sourit.

— Oui, je comprends, dit-il; l'homme du collier!... Eh bien! mon cher Gilbert, l'homme du collier va vous donner un conseil. — Silence! dit Gilbert; on sonne. — Qu'importe? vous savez bien que celui qui sonne est monsieur le comte de Charny; or, le conseil que j'ai à vous donner, lui aussi peut l'entendre et le mettre à profit... Entrez, monsieur le comte, entrez!

Charny, en effet, venait de paraître sur la porte. Voyant un étranger où il ne comptait rencontrer que Gilbert, il s'était arrêté inquiet et hésitant.

— Ce conseil, continua Cagliostro, le voici : défiez-vous des nécessaires trop riches, des voitures trop lourdes et des portraits trop ressemblants! Adieu, Gilbert; adieu, monsieur le comte; et, pour employer la formule de ceux à qui, comme à vous, je souhaite un bon voyage, Dieu vous ait en sa sainte et digne garde!...

Et le prophète, saluant amicalement Gilbert et courtoisement Charny, se retira suivi par le regard inquiet de l'un et l'œil interrogateur de l'autre.

— Qu'est-ce que cet homme, docteur? demanda Charny, lorsque le bruit des pas se fut éteint dans l'escalier. — Un de mes amis, dit Gilbert, un homme qui sait tout, mais qui vient de me donner sa parole de ne pas nous trahir. — Et vous le nommez?

Gilbert hésita un instant.

— Le baron Zannone, dit-il. — C'est singulier, reprit Charny, je ne connais pas ce nom, et cependant il me semble que je connais ce visage... Avez-vous le passe-port, docteur? — Le voici, comte.

Charny prit le passe-port, le déplia vivement, et, complétement absorbé par l'attention qu'il donnait à cette pièce importante, il paraissait avoir oublié, momentanément du moins, jusqu'au baron Zannone.

LXXXI

LA SOIRÉE DU 20 JUIN

Maintenant nous allons voir ce qui se passait, le 20 juin au soir, de neuf heures à minuit, sur divers points de la capitale.

Ce n'était pas sans raison que l'on s'était défié de madame de Rochereul. Bien que son service eût cessé le 11, elle avait trouvé, ayant conçu quelques doutes, moyen de revenir au château, et elle s'était aperçue que, quoique les écrins de la reine fussent toujours à leur place, les diamants n'y étaient plus. En effet, ils avaient été confiés par Marie-Antoinette à son coiffeur Léonard, lequel devait partir, dans la soirée du 20, quelques heures avant son auguste maîtresse avec monsieur de Choiseul, commandant les soldats du premier détachement posté à Pont-de-Sommevelle, chargé, en outre, du relai de Varennes, qu'il devait composer de six bons chevaux, et qui attendait chez lui, rue d'Artois, les ordres du roi et de la reine. C'était peut-être un peu indiscret d'embarrasser monsieur de Choiseul de maître Léonard, et un peu imprudent d'emmener avec soi un coiffeur; mais quel artiste eût entrepris de faire, à l'étranger, ces admirables coiffures qu'exécutait en se jouant Léonard? Que voulez-vous? quand on a un coiffeur homme de génie, on n'y renonce pas volontiers!

Il en résulta que la femme de chambre de monseigneur le dauphin, se doutant que le départ était fixé au lundi 20, à onze heures du soir, en avait donné avis, non-seulement à son amant monsieur de Gouvion, mais encore à monsieur Bailly.

Monsieur de Lafayette avait été trouver le roi pour s'expliquer franchement avec lui de cette dénonciation et avait haussé les épaules.

Monsieur Bailly avait mieux fait : pendant que Lafayette était devenu aveugle comme un astronome, lui, Bailly, était devenu courtois comme un chevalier; il avait envoyé à la reine la lettre même de madame de Rochereul.

Monsieur de Gouvion, influencé directement, avait seul conservé de plus intenses soupçons; prévenu par sa maîtresse, il avait, sous prétexte d'une petite réunion militaire, attiré chez lui une douzaine d'officiers de la garde nationale; il en avait placé cinq ou six en vedette à différentes portes, et lui-même, avec cinq chefs de bataillon, il s'était chargé de surveiller les portes de l'appartement de monsieur Villequier, plus spécialement désigné à son attention.

Vers la même heure, rue Coq-Héron, n° 9, dans un salon que nous connaissons, assise sur une causeuse où elle nous est déjà apparue, une jeune femme, belle, calme en apparence, mais profondément émue au fond du cœur, causait avec un jeune homme de vingt-trois à vingt-quatre ans, debout devant elle, vêtu d'une veste de courrier de couleur chamois, d'un pantalon de peau collant, chaussé d'une paire de bottes à retroussis, et armé d'un couteau de chasse.

Il tenait à la main un chapeau rond galonné.

La jeune femme paraissait insister; le jeune homme paraissait se défendre.

— Mais, encore une fois, vicomte, disait-elle, pourquoi, depuis deux mois et demi qu'il est de retour à Paris, pourquoi ne pas être venu lui-même? — Mon frère, Madame, depuis son retour, m'a chargé plusieurs fois d'avoir l'honneur de vous donner de ses nouvelles. — Je le sais, et je lui en suis bien reconnaissante, ainsi qu'à vous, vicomte; mais il me semble qu'au moment de partir, il eût pu lui-même me venir dire adieu. — Sans doute, Madame, la chose lui aura été impossible, car c'est moi qu'il a chargé de ce soin. — Et le voyage que vous entreprenez sera-t-il long? — Je l'ignore, Madame. — Je dis *vous*, vicomte, parce que, à votre costume, je dois penser que, vous aussi, vous êtes sur votre départ. — Selon toute probabilité, Madame, j'aurai quitté Paris ce soir à minuit. — Accompagnez-vous votre frère, ou suivez-vous une direction opposée à la sienne? — Je crois, Madame, que nous suivons le même chemin. — Lui direz-vous que vous m'avez vue? — Oui, Madame; car, à la sollicitude qu'il a mise à m'envoyer près de vous, aux recommandations réitérées qu'il m'a faites de ne pas le rejoindre sans vous avoir vue, il ne me pardonnerait pas d'avoir oublié une pareille mission.

La jeune femme passa la main sur ses yeux, poussa un soupir, et après avoir réfléchi un instant :

— Vicomte, dit-elle, vous êtes gentilhomme, vous allez comprendre toute la portée de la demande que je vous fais ; répondez-moi comme vous me répondriez si j'étais véritablement votre sœur ; répondez-moi comme vous répondriez à Dieu... Dans ce voyage qu'il entreprend, monsieur de Charny court-il quelque danger sérieux ? — Qui peut dire, Madame, répliqua Isidore essayant d'éluder la question, où est et où n'est pas le danger dans l'époque où nous vivons ? Le 5 octobre, au matin, notre pauvre frère Georges, interrogé s'il croyait courir quelque danger, eût bien certainement répondu que non... Le lendemain, il était couché, pâle, inanimé, en travers de la porte de la reine. Le danger, Madame, à l'époque où nous sommes, sort de terre, et l'on se trouve parfois face à face avec la mort, sans savoir d'où elle vient ni qui l'a appelée.

Andrée pâlit.

— Ainsi, dit-elle, il y a danger de mort, n'est-ce pas, vicomte ? — Je n'ai pas dit cela, Madame. — Non, mais vous le pensez. — Je pense, Madame, que, si vous avez quelque chose d'important à faire dire à mon frère, l'entreprise dans laquelle il se hasarde, ainsi que moi, est assez grave pour que, de vive voix ou par écrit, vous me chargiez de lui transmettre votre pensée, votre désir, votre recommandation. — C'est bien, vicomte, dit Andrée en se levant ; je vous demande cinq minutes.

Et, de ce pas lent et froid qui lui était habituel, la comtesse entra dans sa chambre, dont elle referma la porte derrière elle.

La comtesse sortie, le jeune homme regarda sa montre avec une certaine inquiétude.

— Neuf heures un quart ! murmura-t-il ; le roi nous attend à neuf heures et demie... Heureusement qu'il n'y a qu'un pas d'ici aux Tuileries.

Mais la comtesse n'usa pas même de la somme de temps qu'elle avait demandée.

Au bout de quelques secondes, elle rentra tenant à la main une lettre cachetée.

— Vicomte, dit-elle avec solennité, à votre honneur je confie ceci !

Isidore allongea la main pour prendre la lettre.

— Attendez, dit Andrée, et comprenez bien ce que je vais vous dire. Si votre frère, si monsieur le comte de Charny accomplit sans accident l'entreprise qu'il poursuit, il n'y a rien à lui dire autre chose que ce que je vous ai dit : sympathie pour sa loyauté, respect pour son dévouement, admiration pour son caractère !... S'il est blessé,... la voix d'Andrée s'altéra légèrement; s'il est blessé grièvement, vous lui demanderez de vouloir bien m'accorder la grâce de le rejoindre... et, s'il m'accorde cette grâce, vous m'enverrez un messager qui me dira sûrement où le trouver, car je partirai à l'instant même... S'il est blessé à mort... l'émotion fut près de couper la voix d'Andrée, vous lui remettrez cette lettre; s'il ne peut plus la lire lui-même, vous la lui lirez, car, avant qu'il meure, je veux qu'il sache ce que contient cette lettre... Votre foi de gentilhomme que vous ferez comme je le désire, vicomte?

Isidore, aussi ému que la comtesse, étendit la main.

— Sur l'honneur, Madame! dit-il. — Alors, prenez cette lettre, et allez, vicomte!

Isidore prit la lettre, baisa la main de la comtesse et sortit.

— Oh! s'écria Andrée en retombant sur son canapé, s'il meurt, je veux au moins qu'en mourant il sache que je l'aime!

Juste au même moment où Isidore quittait la comtesse et plaçait la lettre sur sa poitrine, à côté d'une autre lettre dont, à la lueur du réverbère allumé au coin de la rue Coquillière, il venait de lire l'adresse, deux hommes vêtus absolument du même costume que lui s'avançaient vers un lieu de réunion commun, c'est-à-dire vers ce boudoir de la reine où nous avons déjà introduit nos lecteurs par deux passages différents : l'un suivait la galerie du Louvre qui longe le quai, cette galerie, où est aujourd'hui le musée de peinture, et à l'extrémité de laquelle Weber l'attendait; l'autre montait par le petit escalier que nous avons vu prendre à Charny à son arrivée de Montmédy. En haut de cet escalier, de même que son compagnon était attendu au bout de la galerie du Louvre par Weber, le valet de chambre de la reine, celui-ci était attendu par François Hue, le valet de chambre du roi.

On les introduisit tous les deux, et presque en même temps, par deux portes différentes. Le premier introduit était monsieur de Valory.

Quelques secondes après, comme nous l'avons dit, une seconde porte s'ouvrit, et, avec un certain étonnement, monsieur de Valory vit entrer un autre lui-même; c'était monsieur de Malden.

Les deux officiers ne se connaissaient pas; cependant, présumant qu'ils étaient appelés tous deux pour une même cause, ils allèrent l'un à l'autre et se saluèrent.

En ce moment, une troisième porte s'ouvrit, et le vicomte de Charny parut. C'était le troisième courrier, aussi inconnu aux deux autres que les deux autres lui étaient inconnus à lui-même.

Isidore seul savait dans quel but ils étaient rassemblés, et quelle œuvre commune ils allaient accomplir.

Sans doute, il se disposait à répondre aux questions qui lui étaient adressées par ses deux futurs compagnons, quand la porte s'ouvrit de nouveau, et quand le roi parut.

— Messieurs, dit Louis XVI s'adressant à messieurs de Malden et de Valory, excusez-moi d'avoir disposé de vous sans votre permission ; mais je vous tenais pour les fidèles serviteurs de la royauté. Vous sortiez de mes gardes ; je vous ai invités à passer chez un tailleur dont je vous ai donné l'adresse, à vous y faire faire à chacun un costume de courrier, et à vous trouver ce soir aux Tuileries, à neuf heures et demie. Votre présence me prouve que, quelle qu'elle soit, vous voulez bien accepter la mission dont j'ai à vous charger.

Les deux anciens gardes du corps s'inclinèrent.

— Sire, dit monsieur de Valory, Votre Majesté sait qu'elle n'a pas besoin de consulter ses gentilshommes pour disposer de leur dévouement, de leur courage et de leur vie. — Sire, dit à son tour monsieur de Malden, mon collègue, en répondant pour lui, a répondu pour moi, et, je le présume, pour notre troisième compagnon. —Votre troisième compagnon, Messieurs, avec lequel je vous invite à faire connaissance, la connaissance étant bonne à faire, est monsieur le vicomte Isidore de Charny, dont l'un des frères a été tué en défendant, à Versailles, la porte de la reine. Nous sommes habitués aux dévouements des gens de sa famille, et ces dévouements nous sont maintenant choses si familières, que nous ne les en remercions même plus ! — D'après ce que dit le roi, reprit monsieur de Valory, le vicomte de Charny sait sans doute le motif qui nous rassemble, tandis que nous l'ignorons, sire, et avons hâte de l'apprendre. — Messieurs, reprit le roi, vous n'ignorez pas que je suis prisonnier : prisonnier du commandant de la garde nationale, prisonnier du président de l'Assemblée, prisonnier du maire de Paris, prisonnier du peuple, prisonnier de tout le monde, enfin... Eh bien ! Messieurs, j'ai compté sur vous pour m'aider à secouer cette humiliation, et à reprendre ma liberté. Mon sort, celui de la reine, celui de mes enfants est entre vos mains ; tout est prêt pour que nous puissions fuir ce soir. Chargez-vous seulement, vous, de nous sortir d'ici. — Sire, dirent les trois jeunes gens, ordonnez. — Nous ne pouvons sortir ensemble, comme vous comprenez bien, Messieurs... Notre rendez-vous commun est au coin de la rue Saint-Nicaise, où monsieur le comte de Charny nous attendra avec un remise. Vous, vicomte, vous vous chargerez de la reine, et vous répondrez au nom de Melchior ; vous, monsieur de Malden vous vous chargerez de madame Élisabeth et de madame Royale, et vous vous appellerez Jean ; vous, monsieur de Valory, vous vous chargerez de madame de Tourzel et du dauphin, et vous vous appellerez François. N'oubliez pas vos nouveaux noms, Messieurs, et attendez ici d'autres instructions.

Le roi présenta tour à tour sa main aux trois jeunes gens, et sortit laissant dans cette pièce trois hommes disposés à mourir pour lui.

Cependant, monsieur de Choiseul qui avait déclaré au roi la veille, de la part de monsieur de Bouillé, qu'il était impossible d'attendre plus tard que le 20, à minuit, et qui avait annoncé que, le 21, à quatre heures du matin, il partirait s'il n'avait pas de nouvelles, et ramènerait avec lui tous les détachements à Dun, à Stenay et à Montmédy; monsieur de Choiseul, ainsi que nous l'avons dit, était chez lui, rue d'Artois, où devait venir le chercher les derniers ordres de la cour; et, comme il était dix heures du soir, il commençait à désespérer, lorsque le seul de ses gens qu'il eût gardé, et qui le croyait sur le point de partir pour Metz, vint le prévenir qu'un homme demandait à lui parler de la part de la reine.

Il ordonna de faire monter.

Un homme entra avec un chapeau rond enfoncé sur les yeux, et enveloppé dans une énorme houppelande.

— C'est vous, Léonard! dit-il, je vous attendais avec impatience. — Si je vous ai fait attendre, monsieur le duc, ce n'est point ma faute; c'est celle de la reine, qui m'a prévenu, il y a dix minutes seulement, que j'eusse à venir chez vous. — Elle ne vous a rien dit autre chose? — Si fait, monsieur le duc; elle m'a chargé de prendre tous ses diamants, et de vous apporter cette lettre. — Donnez donc, fit le duc avec une légère impatience, que ne put lui faire entièrement contenir l'immense crédit dont jouissait l'important personnage qui lui remettait la dépêche royale.

La lettre était longue, pleine de recommandations. Elle annonçait que l'on partait à minuit; elle invitait le duc de Choiseul à partir à l'instant même, et elle lui faisait de nouveau la prière d'emmener Léonard, lequel, ajoutait la reine, avait reçu l'ordre de lui obéir comme à elle-même.

Et elle soulignait les huit mots suivants :

« Je lui renouvelle encore ici cet ordre. »

Le duc leva les yeux sur Léonard, qui attendait avec une inquiétude visible. Le coiffeur était grotesque sous son énorme chapeau et dans son immense houppelande.

— Voyons, dit le duc, rappelez bien tous vos souvenirs : que vous a dit la reine? — Je vais répéter mot pour mot ces paroles à monsieur le duc. — Allez, je vous écoute. — Elle m'a donc fait appeler il y a à peu près trois quarts d'heures, monsieur le duc. — Bon. — Elle m'a dit à voix basse... — Sa Majesté n'était donc pas seule? — Non, monsieur le duc; le roi était en train de causer dans l'embrasure d'une fenêtre avec madame Élisabeth; monsieur le dauphin et madame Royale jouaient ensemble; quant à la reine, elle était appuyée contre la cheminée. —

Continuez, Léonard, continuez. — La reine m'a donc dit à voix basse : « Léonard, je puis compter sur vous ? — Ah ! Madame, ai-je répondu ! disposez de moi ! Votre Majesté sait que je lui suis dévoué corps et âme. — Prenez ces diamants, et fourrez-les dans vos poches ; prenez cette lettre, et portez-la, rue d'Artois, au duc de Choiseul ; surtout ne la remettez qu'à lui... S'il n'est pas rentré, vous le trouverez chez la duchesse de Grammont. » Puis, comme je m'éloignais déjà pour obéir aux ordres de la reine, Sa Majesté me rappela : « Mettez un chapeau à grands bords et une large redingote afin de ne pas être reconnu, mon cher Léonard, a-t-elle ajouté ; et surtout obéissez à monsieur de Choiseul comme à moi-même. » Alors, je suis monté chez moi ; j'ai pris le chapeau et la redingote de mon frère, et me voilà. — Ainsi, dit monsieur de Choiseul, la reine vous a bien recommandé de m'obéir comme à elle-même ? — Ce sont les augustes paroles de Sa Majesté, monsieur le duc. — Je suis fort aise que vous vous rappeliez aussi bien cette recommandation verbale... En tout cas, voici la même recommandation écrite, et, comme il faut que je brûle cette lettre, lisez-la.

Et monsieur de Choiseul présenta le bas de la lettre qu'il venait de recevoir à Léonard, lequel lut à haute voix :

« J'ai donné à mon coiffeur Léonard l'ordre de vous obéir comme à moi-même ; *je lui renouvelle encore ici cet ordre.* »

— Vous comprenez, n'est-ce pas ? fit monsieur de Choiseul. — Oh ! monsieur, dit Léonard, croyez bien qu'il suffisait de l'ordre verbal de Sa Majesté. — N'importe, dit monsieur de Choiseul.

Et il brûla la lettre.

En ce moment, le domestique rentra et annonça que la voiture était prête.

— Venez, mon cher Léonard, dit le duc. — Comment, que je vienne ! Et les diamants ? — Vous les emportez avec vous. — Et où cela ? — Où je vous mène. — Mais où me menez-vous ? — A quelques lieues d'ici, où vous avez à remplir une mission toute particulière. — Monsieur le duc, impossible ! — Comment, impossible ! La reine ne vous a-t-elle pas dit de m'obéir comme à elle-même ? — C'est vrai ; mais comment faire ? J'ai laissé la clé à la porte de notre appartement ; quand mon frère va rentrer, il ne trouvera plus ni sa redingote ni son chapeau... Ne me voyant pas revenir, il ne saura pas où je suis... Et puis il y a madame de l'Aage, à qui j'ai promis de la coiffer ; à preuve, monsieur le duc, que mon cabriolet et mon domestique sont dans la cour des Tuileries. — Eh bien ! mon cher Léonard, dit monsieur de Choiseul en riant, que voulez-vous ? votre frère achètera un autre chapeau et une autre redingote ; vous coifferez madame de l'Aage un autre jour, et votre domestique, en ne vous voyant pas revenir, détellera votre cheval et le rentrera à l'écurie... Mais le nôtre est attelé, partons !

Et sans faire davantage attention aux plaintes et aux lamentations de Léonard, monsieur le duc de Choiseul fit monter dans son cabriolet le coiffeur désespéré, et lança son cheval au grand galop vers la barrière de la petite Villette.

Le duc de Choiseul n'avait pas encore dépassé les dernières maisons de la petite Villette, qu'un groupe de cinq personnes qui revenaient du club des Jacobins déboucha dans la rue Saint-Honoré, paraissant se diriger vers le Palais-Royal, et remarquant la profonde tranquillité de cette soirée.

Ces cinq personnes étaient : Camille Desmoulins, qui raconte lui-même le fait, Danton, Fréron, Chénier et Legendre.

Arrivé à la hauteur de la rue de l'Échelle, et jetant un coup d'œil sur les Tuileries.

— Ma foi, dit Camille Desmoulins, ne vous semble-t-il pas que Paris est plus que tranquille ce soir, que Paris est comme abandonné ? Pendant tout le chemin que nous venons de faire, nous n'avons rencontré qu'une seule patrouille. — C'est, répondit Fréron, que les mesures sont prises pour laisser le chemin libre au roi. — Comment, le chemin libre au roi? demanda Danton. — Sans doute, dit Fréron, c'est cette nuit qu'il part !

— Allons donc ! dit Legendre, quelle plaisanterie ! — C'est peut-être une plaisanterie, reprit Fréron ; mais on m'en prévient dans une lettre. — Tu as reçu une lettre qui te prévient de la fuite du roi ? dit Camille Desmoulins ; une lettre signée ? — Non, une lettre anonyme... Au reste, je l'ai sur moi ; la voici... lisez.

Les cinq patriotes s'approchèrent d'un remise qui stationnait à la hauteur de la rue Saint-Nicaise, et, à la lueur de sa lanterne, ils lurent les lignes suivantes :

« Le citoyen Fréron est prévenu que c'est ce soir que monsieur Capet, l'Autrichienne et ses deux louveteaux quittent Paris, et vont rejoindre monsieur de Bouillé, le massacreur de Nancy, qui les attend à la frontière. »

— Tiens, *monsieur Capet*, dit Camille Desmoulins, le nom est bon ! j'appellerai désormais Louis XVI *monsieur Capet*. — Et l'on n'aura qu'une chose à te reprocher, dit Chénier, c'est que Louis XVI est, non pas *Capet*, mais *Bourbon*. — Bah ! qui sait cela ? dit Desmoulins ; deux ou trois pédants comme toi... N'est-ce pas, Legendre, que Capet est un bon nom ? — En attendant, observa Danton, si la lettre disait la vérité, et si c'était vraiment cette nuit que toute la famille royale dût décamper !.. — Puisque nous sommes aux Tuileries, dit Camille, voyons-y.

Et les cinq patriotes s'amusèrent à faire le tour des Tuileries. En revenant vers la rue Saint-Nicaise, ils aperçurent Lafayette et tout son état-major qui entraient aux Tuileries.

— Ma foi, dit Danton, voici Blondinet qui vient assister au coucher de la famille royale... notre service est fini, le sien commence... Bonsoir, Messieurs! qui vient avec moi du côté de la rue du Paon? — Moi, dit Legendre.

Et le groupe se sépara en deux parties.

Danton et Legendre traversèrent le Carrousel, tandis que Chénier, Fréron et Camille Desmoulins disparurent à l'angle de la rue de Rohan et de la rue Saint-Honoré.

LXXXII

LE DÉPART

A onze heures du soir, en effet, au moment où mesdames de Tourzel et Brunier, après avoir déshabillé et couché madame Royale et le dauphin, les réveillaient et les habillaient de leurs costumes de voyage, à la grande honte du dauphin, qui voulait mettre ses habits de garçon et refusait obstinément des vêtements de fille, le roi, la reine et madame Élisabeth recevaient monsieur de Lafayette et messieurs de Gouvion et Romeuf, ses aides de camp.

Cette visite était des plus inquiétantes, surtout après les soupçons qu'on avait sur madame de Rochereul.

La reine et madame Élisabeth étaient allées, dans la soirée, faire une promenade au bois de Boulogne, et étaient rentrées à huit heures.

Monsieur de Lafayette demanda à la reine si la promenade avait été bonne; seulement, il ajouta qu'elle avait tort de rentrer si tard, et qu'il était à craindre que les brouillards du soir ne lui fissent mal.

— Les brouillards du soir, au mois de juin! dit la reine en riant; mais, en vérité, à moins que je n'en fasse faire exprès pour cacher notre fuite, je ne sais pas où j'en trouverais... Je dis pour cacher notre fuite, car je présume que le bruit court toujours que nous partons? — Le fait est, Madame, dit Lafayette, qu'on parle plus que jamais de ce départ, et que j'ai même reçu avis qu'il avait lieu ce soir. — Ah! dit la reine, je parie que c'est de monsieur de Gouvion que vous tenez cette belle nouvelle! — Et pourquoi de moi, Madame? demanda le jeune officier rougissant. — Mais parce que je crois que vous avez des intelligences au château... Tenez, voici monsieur Romeuf qui n'en a point, eh bien! je suis sûre qu'il répondrait de nous. — Et je n'aurais pas grand mérite, Madame, répondit le jeune aide de camp, puisque le roi a donné sa parole à l'Assemblée de ne pas quitter Paris.

Ce fut la reine qui rougit à son tour.

On parla d'autre chose.

A onze heures et demie monsieur de Lafayette et ses deux aides de camp prirent congé du roi et de la reine.

Cependant, monsieur de Gouvion, mal rassuré, regagna sa chambre du château; il y trouva ses amis en sentinelle, et, au lieu de les relever de faction, il leur recommanda de redoubler de surveillance.

Quant à monsieur de Lafayette, il allait à l'hôtel de ville tranquilliser Bailly sur les intentions du roi, si toutefois Bailly pouvait avoir quelques craintes.

Monsieur de Lafayette parti, le roi, la reine et madame Élisabeth appelèrent leur domesticité et se firent rendre les services de toilette qu'ils étaient accoutumés d'en recevoir; après quoi, à l'heure habituelle, ils congédièrent tout le monde.

La reine et madame Élisabeth s'habillèrent mutuellement; leurs robes étaient d'une grande simplicité; leurs chapeaux étaient à grands bords et dérobaient entièrement leurs visages.

Quand elles furent habillées, le roi entra; il était vêtu d'un habit gris, et portait une de ces petites perruques à boudins qu'on appelait perruques à la Rousseau; il portait, en outre, une culotte courte, des bas gris et des souliers à boucles.

Depuis huit jours le valet de chambre Hue, revêtu d'un costume absolument pareil, sortait par la porte de monsieur de Villequier, qui était émigré depuis six mois, et gagnait la place du Carrousel et la rue Saint-Nicaise. Cette précaution avait été prise pour que l'on s'habituât à voir un homme vêtu de cette façon passer tous les soirs, et que l'on ne fît pas attention au roi quand il passerait à son tour.

On alla tirer les trois courriers du boudoir de la reine, où ils avaient attendu que l'heure fût arrivée, et on les fit passer, par le salon, dans l'appartement de madame Royale, où celle-ci se trouvait avec le dauphin.

Cette chambre, dans la prévision de la fuite, avait été prise, le 11 juin, sur l'appartement de monsieur de Villequier.

Le roi s'était fait remettre les clés de cet appartement le 13.

Une fois chez monsieur de Villequier, il n'y avait plus grande difficulté à sortir du château. On savait l'appartement désert; on ignorait que le roi s'en fût fait remettre les clés, et, dans les circonstances ordinaires, on ne le gardait pas.

En outre, les sentinelles des cours, dès qu'onze heures étaient sonnées, avaient l'habitude de voir sortir beaucoup de monde à la fois.

C'étaient les personnes de service qui ne couchaient point au château et qui rentraient chez elles.

Là, on arrêta toutes les dispositions du voyage.

Monsieur Isidore de Charny, qui avait relevé le chemin avec son frère, et qui connaissait tous les endroits difficiles ou dangereux, courrait devant; il préviendrait les postillons, afin que les relais ne subissent jamais de retard.

Monsieur de Malden et monsieur de Valory, placés sur le siége, paieraient les postillons trente sous de guides; ordinairement on en donnait vingt-cinq; on augmentait de cinq sous, vu la lourdeur de la voiture.

Quand les postillons auraient très-bien marché, ils recevraient des pourboire plus considérables. Cependant, les guides ne devaient jamais être payées plus de quarante sous. Le roi seul payait un écu.

Monsieur le comte de Charny se tiendrait dans la voiture prêt à parer à tous les accidents; il serait très-bien armé, ainsi que les trois courriers; chacun d'eux devait trouver une paire de pistolets dans la voiture.

En payant trente sous de guides et en allant très-médiocrement, on avait calculé qu'on serait en treize heures à Châlons.

Toutes ces instructions avaient été arrêtées entre monsieur le comte de Charny et monsieur le duc de Choiseul.

Elles furent répétées plusieurs fois aux trois jeunes gens, afin que chacun se pénétrât bien de ses fonctions :

Le vicomte de Charny courait devant et commandait les chevaux.

Messieurs de Malden et de Valory, assis sur le siége de la voiture, les payaient.

Le comte de Charny, placé dans l'intérieur, passait sa tête par la portière, et, s'il y avait à parler, parlait.

Chacun promit de s'en tenir au programme; on souffla les bougies et l'on s'avança à tâtons dans l'appartement de monsieur de Villequier.

Minuit sonnait comme on passait de la chambre de madame Royale dans cet appartement. Le comte de Charny devait être à son poste depuis plus d'une heure.

A tâtons le roi trouva la porte.

Il allait mettre la clé dans la serrure, lorsque la reine l'arrêta.

— Chut! fit-elle.

On écouta.

On entendait des pas et des chuchotements dans le corridor.

Il se passait là quelque chose d'extraordinaire.

Madame de Tourzel, qui habitait le château, et dont la présence, à quelque heure que ce fût, dans les corridors, ne pouvait causer aucun étonnement, se chargea de tourner l'appartement et de voir d'où venaient ces bruits de pas et ces chuchotements.

On attendit sans faire un mouvement, chacun retenant sa respiration.

Plus le silence était grand, plus il était facile de reconnaître que le corridor était occupé par plusieurs personnes.

Madame de Tourzel revint; elle avait reconnu monsieur de Gouvion et vu plusieurs uniformes.

Il était impossible de sortir par l'appartement de monsieur de Villequier, à moins que cet appartement n'eût une autre issue que celle qu'on avait choisie d'abord.

Seulement on était sans lumière.

Une veilleuse brûlait dans la chambre de madame Royale; madame Élisabeth alla y rallumer la bougie qu'elle venait de souffler.

Puis, éclairée par cette bougie, la petite troupe des fugitifs se mit à chercher une issue.

Longtemps on crut la recherche inutile, et, dans cette recherche, on perdit plus d'un quart d'heure. Enfin, on trouva un petit escalier qui conduisait à une chambre isolée à l'entresol. Cette chambre était celle du laquais de monsieur de Villequier, et donnait, pour sa sortie, sur un corridor et un escalier de service.

La porte en était fermée à la clé.

Le roi essaya à la serrure toutes les clés du trousseau; aucune n'y allait.

Le vicomte de Charny tenta de repousser le pêne avec la pointe de son couteau de chasse, mais le pêne résista.

On avait une issue, et cependant on était tout aussi enfermé qu'auparavant.

Le roi prit la bougie des mains de madame Élisabeth, et, laissant tout le monde dans l'obscurité, regagna sa chambre à coucher, et par l'escalier secret monta jusqu'à la forge. Là, il prit un trousseau de crochets de formes différentes, quelquefois bizarres, et descendit.

Avant d'avoir rejoint le groupe qui l'attendait plein d'anxiété, il avait déjà fait son choix.

Le crochet choisi par le roi entra dans le trou de la serrure, grinça en tournant, mordit le pêne, le laissa échapper deux fois, mais à la troisième s'y accrocha si bien, qu'au bout de deux ou trois secondes ce fut au pêne de céder.

La pêne recula, la porte s'ouvrit, la respiration suspendue revint à tout le monde.

Louis XVI se retourna vers la reine d'un air triomphant.

— Hein, Madame? dit-il. — Oui, Monsieur, fit la reine en riant, c'est vrai... et je ne dis pas qu'il soit mauvais d'être serrurier ; je dis seulement qu'il est bon aussi parfois d'être roi.

Maintenant, il s'agissait de régler l'ordre de la sortie.

Madame Élisabeth sortit la première conduisant madame Royale.

A vingt pas, elle devait être suivie de madame de Tourzel, conduisant le dauphin.

Entre elles deux marchait monsieur de Malden, prêt à porter secours à l'un ou à l'autre groupe.

Ces premiers grains détachés du chapelet royal, ces pauvres enfants, dont l'amour regardait en arrière cherchant cet autre amour qui les suivait des yeux, descendirent tremblants et sur la pointe des pieds, entrèrent dans le cercle de lumière formé par le réverbère qui éclairait la porte du palais donnant sur la cour, et passèrent devant la sentinelle sans que la sentinelle parût s'occuper d'eux.

— Bon! dit madame Élisabeth, voici déjà un mauvais pas franchi!

En arrivant au guichet qui donnait sur le Carrousel, on trouva la sentinelle croisant dans sa marche la marche des fugitifs.

En les voyant venir, elle s'arrêta.

— Ma tante, dit madame Royale en serrant la main de mademoiselle Élisabeth, nous sommes perdues! cet homme nous reconnaît! — N'importe, mon enfant, dit madame Élisabeth, nous sommes bien autrement perdues encore, si nous reculons!

Elles continuèrent leur chemin.

Quand elles ne furent plus qu'à quatre pas de la sentinelle, la sentinelle tourna le dos, et elles purent passer.

Cet homme les avait-il reconnues en effet? savait-il quelles illustres fugitives il laissait passer? Les princesses en demeurèrent convaincues, et envoyèrent, en fuyant, mille bénédictions à ce sauveur inconnu.

De l'autre côté du guichet, elles aperçurent le visage inquiet de Charny.

Le comte était enveloppé dans un grand carrick bleu, et avait la tête couverte d'un chapeau rond en toile cirée.

— Ah! mon Dieu! murmura-t-il, vous voici donc enfin!... Et le roi, et la reine? — Ils nous suivent, répondit madame Élisabeth. — Venez, dit Charny.

Et il conduisit rapidement les fugitifs au remise qui stationnait rue Saint-Nicaise.

Un fiacre était venu se ranger côte à côte du remise comme pour l'espionner.

— Eh bien! camarade, dit le cocher du fiacre en voyant la recrue faite par le comte de Charny, il paraît que tu es chargé? — Comme tu vois, camarade, répondit Charny.

Puis, tout bas au garde du corps :

— Monsieur, dit-il, prenez ce fiacre, et allez droit à la porte Saint-Martin; vous n'aurez pas de peine à reconnaître la voiture qui nous attend.

Monsieur de Malden comprit, sauta dans le fiacre.

— Et toi aussi, dit-il, tu es chargé... A l'Opéra, vite!

L'Opéra était alors à la porte Saint-Martin.

Le cocher crut avoir affaire à un coureur allant rejoindre son maître au spectacle, et partit sans autre observation que ces mots qui indiquaient sur le prix de la course une réserve pécuniaire :

— Vous savez qu'il est minuit, notre maître? — Oui; va bien, et sois tranquille!

Comme à cette époque les laquais étaient parfois plus généreux que leurs maîtres, le cocher partit au grand trot, et sans observation aucune.

A peine avait-il tourné le coin de la rue de Rohan, que, par le même guichet qui avait donné passage à madame Royale, à madame Élisabeth, à madame de Tourzel et au dauphin, on vit venir d'un pas ordinaire, et comme un expéditionnaire qui sort de son bureau après une longue et laborieuse journée, un bonhomme en habit gris, la corne de son chapeau sur le nez, et les mains dans ses poches.

C'était le roi.

Il était suivi par monsieur de Valory.

Pendant le trajet, une des boucles des souliers s'était détachée; il avait continué son chemin sans vouloir y faire attention; monsieur de Valory l'avait ramassée.

Charny fit quelques pas au-devant de lui; il avait reconnu le roi, non pas à lui-même, mais à monsieur de Valory qui le suivait.

Il poussa un soupir de douleur, presque de honte.

— Venez, sire, venez, murmura-t-il.

Puis, tout bas à monsieur de Valory :

— Et la reine? — La reine nous suit avec monsieur votre frère. — Bien; prenez le chemin le plus court, et allez nous attendre à la porte Saint-Martin; moi, je prendrai le plus long. Le rendez-vous est autour de la voiture.

Monsieur de Valory s'élança dans la rue Saint-Nicaise, gagna la rue Saint-Honoré, puis la rue de Richelieu, puis la place des Victoires, puis la rue Bourbon-Villeneuve.

On attendit la reine.

Une demi-heure se passa.

Nous n'essaierons pas de peindre l'anxiété des fugitifs. Charny, sur qui pesait toute la responsabilité, était comme un fou.

Il voulait rentrer au château, s'enquérir, s'informer. Le roi le retint.

Le petit dauphin pleurait en appelant : Maman! maman!

Madame Royale, madame Élisabeth et madame de Tourzel n'arrivaient pas à le consoler.

La terreur redoubla lorsqu'on vit venir, accompagnée de flambeaux, la voiture du général Lafayette. Elle rentrait au Carrousel.

Voici ce qui était arrivé :

A la porte de la cour, le vicomte de Charny, qui donnait le bras à la reine, voulut tourner à gauche.

Mais la reine l'arrêta.

— Où donc allez-vous? dit-elle. — Au coin de la rue Saint-Nicaise, où nous attend mon frère, répondit Isidore. — La rue Saint-Nicaise est-elle au bord de l'eau? demanda la reine. — Non, Madame. — Eh bien! c'est au guichet du bord de l'eau que votre frère nous attend.

Isidore voulut insister : la reine paraissait si sûre de ce qu'elle disait, que le doute entra dans son esprit.

— Mon Dieu, Madame, dit-il, prenons bien garde... toute erreur nous serait mortelle. — Au bord de l'eau, répéta la reine; j'ai bien entendu : au bord de l'eau. — Allons donc au bord de l'eau, Madame; mais, si nous n'y trouvons pas la voiture, nous reviendrons à l'instant même rue Saint-Nicaise, n'est-ce pas? — Oui... mais allons!

Et la reine entraîna son cavalier à travers les trois cours, séparées à cette époque par une épaisse muraille, et qui ne communiquaient l'une avec l'autre qu'au moyen d'une étroite ouverture attenante au palais, ouverture barrée par une chaîne, gardée par une sentinelle.

La reine et Isidore franchirent l'une après l'autre ces trois ouvertures, et enjambèrent ces trois chaînes.

Pas une sentinelle n'eut l'idée de les arrêter.

Le moyen de croire, en effet, que cette jeune femme en habit de suivante de bonne maison, donnant le bras à un beau garçon à la livrée du prince de Condé, ou à peu près, enjambant si légèrement les lourdes chaînes, fût la reine de France?

On arriva au bord de l'eau.

Le quai était désert.

— Alors, c'est de l'autre côté, dit la reine.

Isidore voulait revenir.

Mais elle, comme prise d'un vertige :

— Non, non, dit-elle, c'est par ici.

Et elle entraîna Isidore vers le Pont-Royal.

Le pont traversé, on trouva le quai de la rive gauche tout aussi désert que celui de la rive droite.

— Voyons dans cette rue, dit la reine. Et elle força Isidore à faire une pointe dans la rue du Bac.

Au bout de cent pas, cependant, elle reconnut qu'elle devait se tromper, et s'arrêta haletante.

Les forces étaient près de lui manquer.

— Eh bien! Madame, dit Isidore, insistez-vous encore? — Non, dit la reine; maintenant, cela vous regarde : conduisez-moi où vous voudrez. — Madame, au nom du ciel, du courage! dit Isidore. — Oh! dit la reine, ce n'est point le courage, c'est la force qui me manque.

Puis, se renversant en arrière :

— Il me semble que je ne pourrai jamais retrouver mon haleine, dit-elle. Mon Dieu! mon Dieu!

Isidore savait que cette haleine qui manquait à la reine lui était aussi nécessaire, à cette heure, qu'elle l'est à la biche poursuivie par les chiens.

Il s'arrêta.

— Respirez, Madame, dit-il; nous avons le temps... Je vous réponds de mon frère : il attendra, s'il le faut, jusqu'au jour. Sa vie, comme la mienne, est à vous, Madame, et le sentiment qui est chez nous de l'amour et du respect est chez lui de l'adoration. — Merci! dit la reine, vous me faites du bien... je respire... allons!

Et, avec cette même fébrilité, elle reprit sa marche, repassant par le chemin qu'elle avait déjà pris, refaisant la route qu'elle avait déjà faite.

Seulement, au lieu de rentrer dans les Tuileries, Isidore lui fit prendre le guichet du Carrousel.

On traversa l'immense place, jusqu'à minuit couverte d'habitude de petites boutiques ambulantes et de fiacres en station.

Elle était à peu près déserte, presque sombre.

Cependant, on entendait comme un grand bruit de roues de voitures et de pas de chevaux.

On était arrivé au guichet de la rue de l'Échelle; il était évident que ces chevaux dont on entendait le pas, que cette voiture dont on entendait le bruit, allaient passer par ce guichet.

On apercevait déjà une lueur; sans doute celle des torches qui accompagnaient cette voiture.

Isidore voulut se rejeter en arrière; la reine l'entraîna en avant.

Isidore se précipita sous le guichet pour la protéger, juste au moment où la tête des chevaux des porteurs de torches apparaissait à l'entrée opposée.

Il la poussa dans l'enfoncement le plus sombre, et se plaça devant elle.

Mais l'enfoncement le plus sombre fut à l'instant même inondé par la lumière des porteurs de torches.

Au milieu d'eux, à demi couché dans sa voiture, revêtu de son élégant uniforme de général de la garde nationale, on apercevait le général Lafayette.

Au moment où cette voiture passait, Isidore sentit qu'un bras fort de volonté, sinon de puissance, l'écartait vivement.

Ce bras, c'était le bras gauche de la reine.

De la main droite, elle tenait une petite baguette de bambou à pomme d'or, comme en portaient les femmes à cette époque-là.

Elle en frappa les roues de la voiture en disant :

— Va, geôlier! je suis hors de ta prison! — Que faites-vous, Madame? dit Isidore, et à quoi vous exposez-vous? — Je me venge! répondit la reine. On peut bien risquer quelque chose pour cela.

Et, derrière le dernier porte-torche, elle s'élança radieuse comme une déesse, joyeuse comme un enfant!

LXXXIII

UNE QUESTION D'ÉTIQUETTE

La reine n'avait pas fait dix pas hors du guichet, qu'un homme enveloppé d'un carrick bleu, et le visage caché sous un chapeau de toile cirée, lui saisissait convulsivement le bras, et l'entraînait vers un remise stationnant au coin de la rue Saint-Nicaise.

Cet homme, c'était le comte de Charny.

Ce remise, c'était celui où, depuis plus d'une demi-heure, attendait toute la famille royale.

On croyait voir arriver la reine consternée, abattue, mourante; elle arrivait riante et joyeuse; les dangers courus, la fatigue essuyée, l'erreur commise, le temps perdu, la conséquence que ce retard pouvait avoir, le coup de badine qu'elle venait de donner à la voiture de Lafayette, et qu'elle semblait avoir donné à lui-même, lui avait fait oublier tout cela.

A dix pas du remise, un domestique tenait un cheval en main.

Charny ne fit qu'indiquer du doigt ce cheval à Isidore. Isidore sauta dessus et partit au galop.

Il allait d'avance à Bondy, afin d'y commander les chevaux.

La reine, le voyant partir, lui jeta quelques paroles de remerciement qu'il n'entendit pas.

— Allons, Madame, allons, dit Charny, avec une volonté mêlée de respect que les hommes véritablement forts savent si bien prendre dans les grandes occasions, il n'y a pas une seconde à perdre.

La reine entra dans le remise, où étaient déjà le roi, madame Élisabeth, madame Royale, le dauphin et madame de Tourzel, c'est-à-dire cinq personnes; elle s'assit au fond, prit le dauphin sur ses genoux; le roi s'assit près d'elle; madame Élisabeth, madame Royale et madame de Tourzel s'assirent sur le devant.

Charny referma la portière, monta sur le siége, et, pour dérouter les espions s'il en existait, il fit tourner les chevaux, remonta la rue Saint-Honoré, prit les boulevards à la Madeleine, et les suivit jusqu'à la porte Saint-Martin.

La voiture était là attendant sur un chemin extérieur conduisant à ce que l'on appelait la Voirie.

Ce chemin était désert.

Le comte de Charny sauta à bas de son siége, et ouvrit la portière du remise.

Celle de la grande voiture qui devait servir au voyage était déjà ouverte. Monsieur de Malden et monsieur de Valory se tenaient aux deux côtés du marchepied.

En un instant les cinq personnes qui occupaient le carrosse de remise furent sur le chemin.

Alors, le comte de Charny conduisit ce carrosse sur le bas-côté de la route, et le versa dans un fossé.

Puis, il revint à la grande voiture.

Le roi monta le premier, puis la reine, puis madame Élisabeth; après madame Élisabeth, les deux enfants; après les deux enfants, madame de Tourzel.

Monsieur de Malden monta derrière la voiture; monsieur de Valory s'établit près de Charny sur le siége.

La voiture était attelée de quatre chevaux. Un clappement de langue les fit partir au trot. Le conducteur les menait à grandes guides.

Le quart après une heure sonnait à l'église Saint-Laurent.

On mit une heure pour aller à Bondy.

Les chevaux, tout harnachés et prêts à être mis à la voiture, attendaient hors de l'écurie.

Isidore attendait près des chevaux.

De l'autre côté de la route stationnait aussi un cabriolet tout attelé de chevaux de poste.

Dans ce cabriolet étaient deux femmes de chambre appartenant au service du dauphin et de madame Royale.

Elles avaient cru trouver une voiture à louer à Bondy, et, n'en ayant pas trouvé, elles s'étaient arrangées avec le maître du cabriolet, lequel leur avait vendu sa voiture mille francs.

Celui-ci, content du marché et voulant voir sans doute ce que devenaient les personnes qui avaient eu la bêtise de lui donner mille francs d'un pareil bahut, attendait en buvant à l'hôtel même de la poste.

Il vit arriver la voiture du roi conduite par Charny. Charny descendit du siége, et s'approcha de la portière.

Sous son manteau de cocher, il avait son habit d'uniforme; dans le coffre du siége était son chapeau.

Il était convenu entre le roi, la reine et Charny, qu'à Bondy, Charny prendrait dans l'intérieur la place de madame de Tourzel, qui alors reviendrait seule à Paris.

Mais on avait, pour ce changement, oublié de consulter madame de Tourzel.

Le roi lui soumit la question.

Madame de Tourzel, outre son profond dévouement pour la famille royale, était, sur la question d'étiquette, le pendant de la vieille madame de Noailles.

— Sire, répondit-elle, ma charge est de veiller sur les enfants de France, et de ne pas les quitter d'un instant, à moins d'un ordre exprès de Votre Majesté, ordre qui n'aurait point de précédents; je ne les quitterai donc pas.

La reine frémit d'impatience. Une double raison lui faisait désirer d'avoir Charny dans la voiture.

— Chère madame de Tourzel, dit la reine, nous vous sommes aussi reconnaissants que possible; mais vous êtes souffrante... vous veniez par une exagération de dévouement... Restez à Bondy, et partout où nous serons venez nous rejoindre. — Madame, répondit madame de Tourzel, que le roi ordonne, je suis prête à descendre et à demeurer, s'il le faut, sur la grande route; mais un ordre du roi seul peut me faire, non-seulement manquer à mon devoir, mais encore renoncer à mon droit. — Sire, dit la reine, sire...

Mais le roi n'osait se prononcer dans cette grave question; il cherchait un biais, une porte de sortie, un échappatoire.

— Monsieur de Charny, dit-il, ne pouvez-vous donc rester sur le siége?
— Je puis tout ce que voudra le roi, dit monsieur de Charny; seulement j'y dois rester, ou avec mon uniforme d'officier, et avec cet uniforme d'officier on me voit depuis quatre mois sur la route et chacun me re-

connaîtra ; ou avec mon carrick et mon chapeau de cocher de remise, et le costume est un peu modeste pour une voiture aussi élégante. — Entrez dans la voiture, monsieur de Charny; entrez! dit la reine; je prendrai le dauphin sur mes genoux; madame Élisabeth prendra Marie-Thérèse sur les siens, et cela ira à merveille... Nous serons un peu serrés, voilà tout.

Charny attendit la décision du roi.

— Impossible, ma chère, dit le roi; songez que nous avons quatre-vingt-dix lieues à faire !

Madame de Tourzel se tenait debout, prête à obéir à l'ordre du roi, si le roi lui ordonnait de descendre ; mais le roi n'osait le faire, tant sont grands chez les gens de cour même les plus petits préjugés.

— Monsieur de Charny, dit le roi au comte, ne pouvez-vous prendre la place de monsieur votre frère, et courir devant nous pour commander les chevaux? — J'ai dit au roi que j'étais prêt à tout; seulement, je ferai observer au roi que d'habitude les chevaux sont commandés par des courriers, et non par un capitaine de vaisseau. Ce changement, qui étonnera les maîtres de poste, pourra amener de grands inconvénients. — C'est juste, dit le roi. — Oh! mon Dieu! mon Dieu! murmura la reine au comble de l'impatience.

Puis, se retournant vers Charny :

— Arrangez-vous comme vous voudrez, monsieur le comte, dit la reine ; mais je ne veux pas que vous nous quittiez. — C'est aussi mon désir, Madame, dit Charny, et je ne vois qu'un moyen pour cela. — Lequel? dites vite! fit la reine. — C'est qu'au lieu d'entrer dans la voiture, au lieu de monter sur le siége, au lieu de courir devant, je la suive en simple costume d'homme qui court la poste. Partez, Madame, et, avant que vous ayez fait dix lieues, je serai à cinquante pas de votre voiture. — Alors vous retournerez à Paris? — Sans doute, Madame ; mais, jusqu'à Châlons, Votre Majesté n'a rien à craindre, et, avant Châlons, je l'aurai rejointe. — Mais comment allez-vous retourner à Paris? — Sur le cheval avec lequel est venu mon frère, Madame ; c'est un excellent coureur ; il a eu le temps de souffler, et, en moins d'une demi-heure, je suis à Paris. — Alors? — Alors, Madame, je mettrai un costume convenable ; je prendrai un cheval à la poste, et je courrai à franc étrier jusqu'à ce que je vous aie rejoints. — N'y a-t-il pas d'autre moyen? dit Marie-Antoinette au désespoir. — Dam ! fit le roi, je n'en vois point... — Alors, dit Charny, ne perdons pas de temps... Allons, Jean et François, à votre poste! En avant, Melchior !... Postillons, à vos chevaux !

Madame de Tourzel triomphante se rassit, et la voiture partit au galop suivie par le cabriolet.

L'importance de la discussion avait fait oublier de distribuer au vicomte de Charny, à monsieur de Valory et à monsieur de Malden les pistolets tout chargés qui étaient dans la caisse de la voiture.

Que se passait-il à Paris, vers lequel le comte de Charny revenait à franc étrier ?

Un perruquier nommé Buseby, demeurant rue de Bourbon-Villeneuve, avait, dans la soirée, été visiter aux Tuileries un de ses amis qui y montait la garde ; cet ami avait fort entendu parler, par ses officiers, de la fuite qui devait avoir lieu la nuit même, à ce que ceux-ci assuraient. Il en parla donc au perruquier, qui ne sut plus chasser de sa pensée cette idée, que ce projet était réel, et que cette fuite royale dont on parlait depuis si longtemps s'exécuterait pendant la nuit même.

Rentré chez lui, il avait raconté à sa femme ce qu'il venait d'apprendre aux Tuileries ; mais celle-ci avait traité la chose de rêve ; ce doute de la perruquière avait influé sur le mari, lequel avait fini par se déshabiller et se coucher, sans donner une autre suite à ses soupçons.

Mais, une fois couché, il avait été repris par sa première préoccupation, et dès lors elle était devenue si forte, qu'il n'avait pas eu le courage d'y résister ; il s'était jeté à bas de son lit, s'était rhabillé, et avait couru chez un de ses amis nommé Hucher, lequel était à la fois boulanger et sapeur du bataillon des Théatins.

Là, il avait rapporté tout ce qu'on lui avait dit aux Tuileries, et avait d'une façon si vive communiqué ses craintes au boulanger, à l'endroit de la fuite de la famille royale, que celui-ci, non-seulement les avait partagées, mais, encore plus ardent que celui même de qui il les tenait, avait sauté à bas de son lit, et, sans prendre le temps de passer d'autre vêtement qu'un caleçon, était sorti dans la rue, puis, frappant aux portes, avait réveillé une trentaine de ses voisins.

Il était alors environ minuit un quart, et c'était quelques minutes après que la reine avait rencontré monsieur de Lafayette sous le guichet des Tuileries.

Les citoyens réveillés par le perruquier Buseby et le boulanger Hucher décidèrent que l'on se rendrait chez monsieur le général Lafayette, et qu'on le préviendrait de ce qui se passait.

Aussitôt prise, la résolution fut exécutée. Monsieur de Lafayette demeurait rue Saint-Honoré, hôtel de Noailles, près des Feuillants. Ils se mirent en route, et arrivèrent chez lui vers minuit et demi.

Le général, après avoir assisté au coucher du roi, après avoir été prévenir son ami Bailly que le roi était couché, après avoir fait une visite à monsieur Emmery, membre de l'Assemblée nationale, le général venait de rentrer chez lui, et s'apprêtait à se déshabiller.

En ce moment, on frappa à l'hôtel de Noailles. Monsieur de Lafayette envoya son valet de chambre aux informations.

Celui-ci rentra bientôt disant que c'était vingt-cinq ou trente citoyens qui voulaient parler à l'instant même au général pour affaires de la plus haute importance.

Dès cette époque, le général Lafayette avait l'habitude des réceptions à quelque heure que ce fût.

D'ailleurs, comme, au bout du compte, une affaire pour laquelle se dérangeaient vingt-cinq ou trente citoyens pouvait et même devait être une affaire importante, il ordonna que ceux qui désiraient lui parler fussent introduits.

Le général n'eut qu'à repasser son habit qu'il venait d'ôter, et il se trouva en costume de réception.

Alors les sieurs Buseby et Hucher, en leur nom et au nom de leurs compagnons, lui exposèrent leurs craintes, le sieur Buseby les appuyant sur ce qu'il avait entendu dire aux Tuileries, les autres sur ce qu'ils entendaient dire journellement de tous côtés.

Mais, de toutes ces craintes, le général ne fit que rire ; et, comme il était bon prince et fort causeur, il leur raconta d'où venaient tous ces bruits ; comment ils avaient été répandus par madame de Rochereul et monsieur de Gouvion ; comment lui, pour s'assurer de leur fausseté, avait vu se coucher le roi ; comment eux pourraient le voir se coucher, lui, Lafayette, s'ils restaient quelques minutes encore. Enfin, toute cette causerie ne paraissant point suffisante à les rassurer, monsieur de Lafayette leur dit qu'il répondait du roi et de la famille royale sur sa tête.

Il était impossible, après cela, de manifester un doute ; ils se contentèrent donc de demander à monsieur de Lafayette le mot d'ordre, afin qu'on n'inquiétât point leur retour. Monsieur de Lafayette ne vit pas de difficultés à leur faire ce plaisir, et leur donna le mot d'ordre.

Cependant, munis du mot d'ordre, ils résolurent de visiter la salle du Manége, pour savoir s'il n'y avait rien de nouveau de ce côté-là, et les cours du château, pour voir s'il ne s'y passait rien d'extraordinaire.

Ils revenaient le long de la rue Saint-Honoré, et allaient s'engager dans la rue de l'Échelle, lorsqu'un cavalier lancé au galop vint donner au milieu d'eux.

Comme en une pareille nuit tout était événement, ils croisèrent leurs fusils, criant au cavalier d'arrêter.

Le cavalier s'arrêta.

— Que voulez-vous ? demanda-t-il. — Nous voulons savoir où vous allez, dirent les gardes nationaux. — Je vais aux Tuileries. — Qu'allez-vous faire aux Tuileries? — Rendre compte au roi d'une mission dont il m'a chargé. — A cette heure-ci? — Sans doute, à cette heure-ci.

Un des plus malins fit signe aux autres de le laisser faire.

— Mais à cette heure-ci, répéta-t-il, le roi est couché. — Oui, répondit le cavalier, mais on le réveillera. — Si vous avez affaire au roi, reprit le même homme, vous devez avoir le mot d'ordre. — Ce ne serait pas une raison, observa le cavalier, attendu que je pourrais arriver de la frontière, au lieu d'arriver tout simplement de trois lieues d'ici, et être parti il y a un mois, au lieu d'être parti il y a deux heures. — C'est juste, dirent les gardes nationaux. — Alors, vous avez vu le roi il y a deux heures? continua l'interrogateur. — Oui. — Vous lui avez parlé? — Oui. — Qu'allait-il faire, il y a deux heures? — Il n'attendait que la sortie du général Lafayette pour se coucher. — De sorte que vous avez le mot d'ordre? — Sans doute; le général, sachant que je devais rentrer aux Tuileries vers une heure ou deux du matin, me l'avait donné afin que je n'éprouvasse point de retard. — Et ce mot d'ordre? — Paris et Poitiers. — Allons, dirent les gardes nationaux, c'est bien cela. Bon retour, camarade, et dites au roi que vous nous avez trouvés veillant à la porte du château, de peur qu'il ne se sauve!

Et ils s'écartèrent devant le cavalier.

— Je n'y manquerai pas, répondit celui-ci.

Et, piquant son cheval des deux, il s'élança sous le guichet des Tuileries, où il disparut.

— Si nous attendions qu'il sortît des Tuileries pour savoir s'il a vu le roi, dit un des gardes nationaux. — Mais, s'il loge aux Tuileries, dit un autre, nous attendrons donc jusqu'à demain? — C'est juste, dit le premier; et, ma foi, puisque le roi est couché, puisque monsieur de Lafayette se couche, allons nous coucher à notre tour, et Vive la nation!

Les vingt-cinq ou trente patriotes répétèrent en chœur le cri de Vive la nation! et allèrent se coucher, heureux et fiers d'avoir appris de la bouche même de Lafayette qu'il n'y avait point à craindre que le roi quittât Paris.

LXXXIV

LA ROUTE

Nous avons vu partir au grand trot de quatre vigoureux chevaux de poste la voiture qui emmenait le roi et sa famille. Suivons-les sur la route dans tous les détails du voyage, comme nous les avons suivis dans tous les détails de leur fuite. L'événement est si grand et a exercé une influence si fatale sur leur destinée, que le moindre accident de cette route nous semble digne de curiosité ou d'intérêt.

Le jour vint vers trois heures du matin; la voiture relayait à Meaux. Le roi eut faim, et l'on commença d'entamer les provisions; ces provisions étaient un morceau de veau froid, qu'avait fait placer, avec du pain et quatre bouteilles de vin de Champagne non mousseux, le comte de Charny dans la cantine de la voiture.

Comme on n'avait ni couteaux ni fourchettes, le roi appela Jean.

Jean, on se le rappelle, était le nom de voyage de monsieur de Malden. Monsieur de Malden s'approcha.

— Jean, dit le roi, prêtez-nous votre couteau de chasse, que je puisse découper ce veau.

Jean tira son couteau de chasse du fourreau, et le présenta au roi.

Pendant ce temps, la reine se penchait hors de la voiture et regardait en arrière, sans doute pour voir si Charny ne venait pas.

— Voulez-vous prendre quelque chose, monsieur de Malden? dit à demi voix le roi. — Non, sire, répondit monsieur de Malden aussi à voix basse, je n'ai encore besoin de rien. — Que ni vous ni vos compagnons ne se gênent, dit le roi.

Puis, se retournant vers la reine qui regardait toujours par la portière.

— A quoi pensez-vous donc, Madame? dit-il. — Moi? dit la reine en essayant de sourire, je pense à monsieur de Lafayette... Probablement qu'à cette heure-ci il n'est pas à son aise!

Puis, à monsieur de Valory, qui à son tour s'approchait de la portière :

— François, dit-elle, il me semble que tout va bien, et que nous serions déjà arrêtés si nous eussions dû l'être... On ne se sera point aperçu de notre départ. — C'est plus que probable, Madame, répondit monsieur de Valory, car je ne remarque nulle part ni mouvement ni suspicion... Allons, allons, courage, Madame! tout va bien! — En route! cria le postillon.

Messieurs de Malden et de Valory remontèrent sur leur siége, et la voiture continua son chemin.

Vers huit heures du matin, on arriva au bas d'une longue montée; il y avait, à droite et à gauche de cette montée, un joli bois où les oiseaux chantaient, et que les premiers rayons du soleil d'un des plus beaux jours de juin perçaient comme des flèches d'or.

Le postillon mit les chevaux au pas.

Les deux gardes sautèrent à bas du siége.

— Jean, dit le roi, faites arrêter la voiture, et ouvrez-nous la portière...

Je voudrais marcher, et je crois que les enfants et la reine ne seront pas fâchés non plus de faire cette petite traite à pied.

Monsieur de Malden fit un signe; le postillon arrêta. La portière s'ouvrit : le roi, la reine, madame Élisabeth et les deux enfants descendirent. Madame de Tourzel seule resta, étant trop souffrante pour descendre.

A l'instant même toute la petite colonie royale se répandit par le chemin : le dauphin se mit à courir après des papillons, madame Royale à cueillir des fleurs.

Madame Élisabeth prit le bras du roi; la reine marcha seule.

A voir cette famille éparpillée ainsi sur le chemin, ces beaux enfants jouant et courant, cette sœur appuyée au bras de son frère et lui souriant, cette belle femme pensive et regardant en arrière, tout cela éclairé par un beau et matinal soleil de juin projetant l'ombre transparente de la forêt jusqu'au milieu de la route, on eût dit une joyeuse famille regagnant son château pour y reprendre le cours de sa vie paisible et régulière, et non un roi et une reine de France fuyant un trône vers lequel on ne devait les ramener que pour les conduire jusqu'à l'échafaud.

Il est vrai qu'un incident devait bientôt apporter, dans ce calme et serein tableau, le trouble des différentes passions dormant au fond des cœurs des divers personnages de cette histoire.

Tout à coup la reine s'arrêta, comme si ses pieds eussent pris racine dans la terre.

Un cavalier apparaissait à un quart de lieue à peu près, enveloppé dans le nuage de poussière que soulevait le galop de son cheval.

Marie-Antoinette n'osa pas dire : C'est le comte de Charny!

Mais un cri s'échappa de sa poitrine.

— Ah! des nouvelles de Paris! dit-elle.

Tout le monde se retourna, excepté le dauphin; l'insoucieux enfant venait d'attraper le papillon après lequel il courait : peu lui importait les nouvelles de Paris!

Le roi, un peu myope, tira une petite lorgnette de sa poche.

— Eh! dit-il, c'est, je crois, monsieur de Charny. — Oui, sire, dit la reine, c'est lui. — Continuons, continuons de monter, dit le roi; il nous rejoindra toujours, et nous n'avons pas de temps à perdre.

La reine n'osa point dire que, sans doute, les nouvelles qu'apportait monsieur de Charny valaient la peine d'être attendues.

Au reste, c'était un retard de quelques secondes seulement : le cavalier arrivait de toute la vitesse de son cheval.

Lui-même, de son côté, et à mesure qu'il approchait, regardait avec une grande attention, et paraissait ne pas comprendre pourquoi la gigantesque voiture avait répandu ses voyageurs sur le grand chemin.

Enfin il les rejoignit au moment où la voiture atteignait le sommet de la montagne et faisait halte à ce sommet.

C'était bien monsieur de Charny, comme l'avaient deviné le cœur de la reine et les yeux du roi.

Il était vêtu d'une petite redingote verte à collet flottant, d'un chapeau à large ganse et à boucle d'acier, d'un gilet blanc, d'une culotte de peau collante et de grandes bottes militaires montant jusqu'au-dessus du genou.

Son teint, ordinairement d'un blanc mat, était animé par la course, et les étincelles de la flamme qui rougissait son visage jaillissaient de ses prunelles.

Il y avait quelque chose d'un vainqueur dans son souffle puissant et dans sa narine dilatée.

Jamais la reine ne l'avait vu si beau !

Elle poussa un profond soupir.

Lui, sauta à bas de son cheval et s'inclina devant le roi.

Puis, se retournant, il salua la reine.

Tout le monde se groupa autour de lui, excepté les deux gardes, qui demeurèrent éloignés par discrétion.

— Approchez, Messieurs, approchez, dit le roi ; les nouvelles que nous apporte monsieur de Charny regardent tout le monde. — D'abord, sire, tout va bien, dit Charny, et, à deux heures du matin encore, nul ne soupçonnait votre fuite.

Chacun respira.

Puis les questions se multiplièrent.

Charny raconta comment il était rentré à Paris ; comment il avait rencontré, rue de l'Échelle, la patrouille de patriotes ; comment il avait été interrogé par elle, et comment il l'avait laissée convaincue que le roi était couché et dormait.

Puis il dit comment, une fois dans l'intérieur des Tuileries, calmes comme aux jours ordinaires, il était monté à sa chambre, avait changé de costume, était redescendu par les corridors du roi, et s'était ainsi assuré que nul ne se doutait de la fuite de la famille royale ; pas même monsieur de Gouvion, qui, voyant que cette ligne de sentinelles qu'il avait établie autour des appartements du roi ne servait à rien, l'avait brisée, et avait renvoyé chez eux officiers et chefs de bataillon.

Alors monsieur de Charny avait repris son cheval, qu'il avait fait tenir dans la cour par un des domestiques de ville, et, pensant qu'il aurait grand'peine à se faire donner à pareille heure un bidet à la poste de Paris, il était reparti pour Bondy sur le même cheval ; ce malheureux cheval était arrivé à peu près fourbu, mais enfin il était arrivé ; c'était tout ce qu'il fallait.

Là, le comte avait pris un cheval frais, et il avait continué son chemin.

Du reste, rien d'inquiétant sur la route parcourue.

La reine trouva moyen de tendre la main à Charny; de si bonnes nouvelles apportées valaient bien une pareille faveur.

Charny baisa respectueusement la main de la reine.

On remonta en voiture; la voiture partit; Charny galopa à la portière.

A la prochaine poste, on trouva les chevaux préparés, moins le cheval de selle de Charny.

Isidore n'avait pu commander ce cheval de selle, ne sachant pas que son frère en eût besoin.

Il y eut donc un retard pour ce cheval de selle; la voiture repartit. Cinq minutes après, Charny était en selle.

D'ailleurs il était convenu qu'il suivrait la voiture, et non qu'il l'escorterait.

Seulement, il la suivait d'assez près pour que la reine, en passant sa tête par la portière, l'aperçut, et pour qu'à chaque relai il arrivât de manière à avoir le temps d'échanger quelques paroles avec les illustres voyageurs.

Charny venait de relayer à Montmirail; il croyait que la voiture avait un quart d'heure d'avance sur lui, quand tout à coup, au détour d'une rue, son cheval donne du nez contre la voiture arrêtée et contre les deux gardes, qui essaient de raccommoder un trait.

Le comte saute à bas de son cheval, passe la tête par la portière pour recommander au roi de se cacher, et à la reine de ne pas être inquiète. Puis il ouvre une espèce de coffre où sont placés d'avance tous les outils ou tous les objets qu'un accident quelconque rend nécessaires.

On y trouve une paire de traits; on en prend un par lequel on remplace le trait cassé.

Les deux gardes profitent de ce temps d'arrêt pour demander leurs armes; mais le roi s'oppose formellement à ce qu'on les leur remette. On lui objecte le cas où la voiture serait arrêtée; mais il répond que, dans aucun cas, il ne veut que le sang coule pour lui.

Enfin, le trait est raccommodé, le coffre refermé; les deux gardes remontent sur le siége, Charny se remet en selle, et la voiture part.

Seulement, on a perdu plus d'une demi-heure, et, cela, quand chaque minute perdue est une perte irréparable!

A deux heures, on arriva à Châlons.

— Si nous arrivons à Châlons sans être arrêtés, avait dit le roi, tout ira bien!

On était arrivé à Châlons sans être arrêté, et l'on relayait.

Le roi s'était montré un instant. Au milieu des groupes formés autour de la voiture, deux hommes l'avaient regardé avec une attention soutenue.

Tout à coup un de ces deux hommes s'éloigne et disparaît.

L'autre s'approche.

— Sire, dit-il à demi voix, ne vous montrez pas ainsi, ou vous vous perdrez !

Alors, s'adressant aux postillons :

— Allons donc, paresseux ! dit-il ; est-ce que c'est comme cela qu'on sert de braves voyageurs qui paient trente sous de guides?

Et il se mit lui-même à l'ouvrage aidant les postillons.

C'était le maître de poste.

Enfin, les chevaux sont attelés, les postillons en selle ; le premier postillon veut enlever ses chevaux.

Tous deux s'abattent.

Les chevaux se relèvent sous les coups de fouet ; on veut lancer la voiture, les deux chevaux du second postillon s'abattent à leur tour.

Le postillon est pris sous son cheval.

Charny, qui attend, s'élance, tire le postillon à lui, et le dégage de dessous son cheval, où il laisse ses bottes fortes.

— Oh ! Monsieur, s'écrie Charny s'adressant au maître de poste, dont il ignore le dévouement, quels chevaux nous avez-vous donnés là ! — Les meilleurs de l'écurie, répond celui-ci. Seulement, les chevaux sont tellement embarrassés dans les traits, que plus ils essaient de se relever, plus ils s'engagent.

Charny se jette sur les traits.

— Allons, dit-il, dételons et rattelons... nous aurons plus tôt fait !

Le maître de poste se remet à la besogne en pleurant de désespoir.

Pendant ce temps, l'homme qui s'est éloigné et qui a disparu court chez le maire ; il lui annonce qu'en ce moment le roi et toute la famille royale relaient à la poste, et il lui demande un ordre pour les arrêter.

Par bonheur, le maire est peu républicain ou ne se soucie pas de prendre sur lui une pareille responsabilité. Au lieu de s'assurer du fait, il demande à son tour toutes sortes d'explications, nie que la chose puisse être vraie, et enfin, poussé à bout, arrive à l'hôtel de la poste au moment où la voiture disparaît au tournant de la rue. On a perdu plus de vingt minutes !

L'alarme est dans la voiture royale : ces chevaux s'abattant les uns après les autres sans aucune raison de s'abattre rappellent à la reine ces bougies s'éteignant toutes seules.

Cependant, en sortant des portes de la ville, le roi, la reine et madame Élisabeth dirent ensemble :

— Nous sommes sauvés !

Mais, cent pas plus loin, un homme s'élance, passe sa tête par la portière, et crie aux illustres voyageurs :

— Vos mesures sont mal prises, vous serez arrêtés !

La reine pousse un cri; l'homme se jette de côté, et disparaît dans un petit bois.

Heureusement, on n'est [plus qu'à quatre lieues de Pont-de-Sommevelle, où l'on trouvera monsieur de Choiseul et ses quarante hussards.

Seulement, il est trois heures de l'après-midi, et l'on est en retard de près de quatre heures !...

LXXXV

FATALITÉ

On se rappelle monsieur le duc de Choiseul courant la poste avec Léonard, qui se désespère d'avoir laissée ouverte la porte de sa chambre, d'emporter le chapeau et la redingote de son frère, et de manquer à la promesse qu'il avait faite à madame de l'Aage de la coiffer.

Ce qui consolait le pauvre Léonard, c'est que monsieur de Choiseul lui avait positivement dit qu'il l'emmenait à deux ou trois lieues seulement, pour lui donner une commission particulière de la part de la reine, et qu'après il serait libre.

Aussi, en arrivant à Bondy, en sentant s'arrêter la voiture, il respira et fit ses dispositions pour descendre.

Mais monsieur de Choiseul l'arrêta en lui disant :

— Ce n'est point encore ici.

Les chevaux étaient commandés d'avance; en quelques secondes, ils furent attelés, et la voiture repartit comme un trait.

— Mais, Monsieur, dit le pauvre Léonard, où allons-nous donc? — Pourvu que vous soyez de retour demain matin, répondit monsieur de Choiseul, que vous importe le reste? — Le fait est, dit Léonard, que, pourvu que je sois aux Tuileries à dix heures pour coiffer la reine... — C'est tout ce qu'il vous faut, n'est-ce pas? — Sans doute... seulement, j'y serais plus tôt, qu'il n'y aurait pas de mal, attendu que je pourrais tranquilliser mon frère, et expliquer à madame de l'Aage que ce n'est pas ma faute si je lui ai manqué de parole. — Si ce n'est que cela, tranquillisez-vous, mon cher Léonard, tout ira pour le mieux, répondit monsieur de Choiseul.

Léonard n'avait aucune raison de croire que monsieur de Choiseul l'enlevât; aussi se tranquillisa-t-il, momentanément du moins.

Mais, à Claye, voyant qu'on mettait de nouveaux chevaux à la voiture, et qu'il n'était aucunement question de s'arrêter :

— Ah çà ! monsieur le duc, s'écria le malheureux, nous allons donc au bout du monde ? — Écoutez, Léonard, lui dit alors monsieur de Choiseul d'un air sérieux, ce n'est point dans une maison voisine de Paris que je vous mène; c'est à la frontière.

Léonard poussa un cri, appuya ses deux mains sur ses genoux, et regarda le duc d'un air terrifié.

— A la... à la... frontière? balbutia-t-il. — Oui, mon cher Léonard; je dois trouver là, à mon régiment, une lettre de la plus haute importance pour la reine. Ne pouvant la lui remettre moi-même, il me fallait quelqu'un de sûr pour la lui envoyer : je l'ai priée de m'indiquer ce quelqu'un; elle vous a choisi comme étant, par votre dévouement, le plus digne de sa confiance. — Oh! Monsieur, s'écria Léonard, sûrement que j'en suis digne, de la confiance de la reine ! mais comment reviendrais-je? je suis en escarpins, en bas de soie blancs, en culotte de soie ! je n'ai ni linge, ni argent !

Le brave garçon oubliait qu'il avait pour deux millions de diamants à la reine dans ses poches.

— Ne vous inquiétez pas, mon cher ami, lui dit monsieur de Choiseul; j'ai, dans ma voiture, bottes, habits, linge, argent, tout ce qui vous sera nécessaire enfin, et rien ne vous manquera. — Sans doute, monsieur le duc, avec vous, j'en suis bien sûr, rien ne me manquera... mais mon pauvre frère, dont j'ai pris le chapeau et la redingote... mais cette pauvre madame de l'Aage, qui n'est bien coiffée que par moi... mon Dieu! mon Dieu! comment tout cela finira-t-il? — Au mieux, mon cher Léonard ! je l'espère du moins, dit monsieur de Choiseul.

On allait comme le vent. Monsieur de Choiseul avait dit à son courrier de faire préparer deux lits et un souper à Montmirail, où il passerait le reste de la nuit.

En arrivant à Montmirail, les voyageurs trouvèrent les deux lits prêts, et le souper servi.

A part la redingote et le chapeau de son frère; à part la douleur d'avoir été forcé de manquer de parole à madame de l'Aage, Léonard était à peu près consolé. De temps en temps, il laissait même échapper quelque expression de contentement par laquelle il était facile de voir que son orgueil était flatté que la reine l'eût choisi pour une mission aussi importante que celle dont il paraissait être chargé.

Après le souper, les deux voyageurs se couchèrent, Monsieur de Choiseul ayant recommandé que sa voiture l'attendît tout attelée à quatre heures.

A quatre heures moins un quart, on devait venir frapper à sa porte pour le réveiller au cas où il dormirait.

A trois heures, monsieur de Choiseul n'avait pas encore fermé l'œil, quand de sa chambre, placée au-dessus de la porte d'entrée de la poste, il entend le roulement d'une voiture accompagné de ces coups de fouet avec lesquels les voyageurs ou les postillons annoncent leur arrivée.

Sauter à bas du lit et courir à la fenêtre fut pour monsieur de Choiseul l'affaire d'un instant.

Un cabriolet était arrêté à la porte; deux hommes en descendaient vêtus d'habits de gardes nationaux, et demandaient des chevaux avec instance.

Qu'était-ce que ces gardes nationaux? que voulaient-ils à trois heures du matin, et pourquoi cette insistance à demander des chevaux?

Monsieur de Choiseul appela son domestique, et lui ordonna de faire atteler. Puis il éveilla Léonard.

Les deux voyageurs s'étaient jetés sur leurs lits tout habillés, ils furent donc prêts en un instant.

Lorsqu'ils descendirent, les deux voitures étaient tout attelées.

Monsieur de Choiseul recommanda au postillon de laisser passer la voiture des deux gardes nationaux la première. Seulement, il devait la suivre de manière à ne pas la perdre de vue une minute.

Puis il examina les pistolets qu'il avait dans les poches de sa voiture, et en renouvela les amorces, ce qui donna quelques inquiétudes à Léonard.

On marcha ainsi pendant une lieue ou une lieue et demie; mais, entre Étoge et Chaintry, le cabriolet coupa par un chemin de traverse allant du côté de Jalons ou d'Épernay.

Les deux gardes nationaux auxquels monsieur de Choiseul croyait de mauvaises intentions, étaient deux braves citoyens qui revenaient de la Ferté et qui rentraient chez eux.

Tranquille sur ce point, M. de Choiseul continua sa route.

A dix heures, il traverse Châlons; à onze, il arrive à Pont-de-Sommevelle. Il s'informe; les hussards ne sont pas encore arrivés. Il s'arrête à la maison de poste, descend, demande une chambre, et revêt son uniforme.

Léonard regardait tous ces apprêts avec une vive inquiétude, et il les accompagnait de soupirs qui touchaient monsieur de Choiseul.

— Léonard, lui dit-il, il est temps de vous faire connaître la vérité.

— Comment, la vérité! s'écria Léonard, marchant de surprises en surprises; mais je ne la sais donc pas, la vérité? — Vous en savez une partie, et je vais vous apprendre le reste.

Léonard joignit les mains.

— Vous êtes dévoué à vos maîtres, n'est-ce pas, mon cher Léonard? — A la vie et à la mort, monsieur le duc! — Eh bien! dans deux heures ils seront ici. — Oh! mon Dieu! est-ce possible? s'écria le pauvre garçon.

— Oui, continua monsieur de Choiseul, ici... avec les enfants, avec madame Élisabeth... Vous savez quels dangers ils ont couru?

Léonard fit de la tête un signe affirmatif.

— Quels dangers ils courent encore?

Léonard leva les yeux au ciel.

— Eh bien! dans deux heures ils seront sauvés!

Léonard ne pouvait répondre, il pleurait à chaudes larmes.

Cependant, il parvint à balbutier :

— Dans deux heures... ici... Êtes-vous bien sûr? — Oui, dans deux heures... Ils ont dû partir des Tuileries à onze heures ou onze heures et demie du soir; ils ont dû être à midi à Châlons... Mettons une heure et demie pour faire les quatre lieues que nous venons de faire... Ils seront ici à deux heures au plus tard. Nous allons demander à dîner. J'attends un détachement de hussards que doit m'amener monsieur de Goguelat; nous ferons durer le dîner le plus longtemps possible... — Oh! monsieur, interrompit Léonard, je n'ai aucune faim! — N'importe! vous ferez un effort, et vous mangerez. — Oui, monsieur le duc. — Nous ferons donc durer le dîner le plus longtemps possible, afin d'avoir un prétexte de rester... Eh! tenez, voici les hussards qui arrivent.

En effet, on entendait, en même temps, et la trompette et le pas des chevaux.

En ce moment, monsieur de Goguelat entra dans la chambre, et remit à monsieur de Choiseul un paquet de la part de monsieur de Bouillé.

Ce paquet contenait six blancs-seings et un double de l'ordre formel donné par le roi à tous les officiers de l'armée, quels que fussent leur grade et leur ancienneté, d'obéir à monsieur de Choiseul.

Monsieur de Choiseul fit mettre les chevaux au piquet, distribua du pain et du vin aux hussards, et se mit à table de son côté.

Les nouvelles qu'apportait monsieur de Goguelat n'étaient pas bonnes. Partout sur son chemin il avait trouvé une grande effervescence; il y avait plus d'un an que ces bruits de départ du roi circulaient, non-seulement à Paris, mais encore en province, et les détachements de corps de différentes armes stationnant à Sainte-Menehould et à Varennes avaient fait naître des soupçons.

Il avait même entendu sonner le tocsin dans une commune voisine de la route.

Tout cela était bien fait pour couper l'appétit même à monsieur de

Choiseul. Aussi, après une heure passée à table, et comme l'horloge venait de sonner midi et demi, se leva-t-il, et, laissant la garde du détachement à monsieur Boudet, gagna-t-il la route, qui, placée à l'entrée de Pont-de-Sommevelle, sur une hauteur, permet d'embrasser plus d'une demi-lieue de chemin.

On ne voyait ni courrier ni voiture; mais il n'y avait encore là rien d'étonnant; on n'attendait pas, comme nous l'avons dit, car monsieur de Choiseul faisait la part des petits accidents, on n'attendait pas le courrier avant une heure ou une heure et demie, le roi avant une heure et demie ou deux heures.

Cependant, le temps s'écoulait, et rien ne paraissait sur la route, du moins rien qui ressemblât à ce qu'on attendait.

De cinq minutes en cinq minutes, monsieur de Choiseul tirait sa montre, et, à chaque fois qu'il tirait sa montre, Léonard disait:

— Ah! ils ne viendront pas!... Mes pauvres maîtres, mes pauvres maîtres! il leur sera arrivé malheur!

Et le pauvre garçon, par son désespoir, ajoutait encore aux inquiétudes de monsieur de Choiseul.

A deux heures et demie, à trois heures, à trois heures et demie, pas de courrier! pas de voiture! On se rappelle qu'à trois heures seulement le roi quittait Châlons.

Mais, pendant que monsieur de Choiseul attendait ainsi sur la route, la *fatalité* préparait à Pont-de-Sommevelle un événement qui devait avoir la plus grave influence sur tout le drame que nous racontons.

La fatalité, répétons le mot, avait fait que, juste quelque jours auparavant, les paysans d'une terre appartenant à madame d'Elbœuf, terre située près de Pont-de-Sommevelle, avaient refusé le payement des droits non-rachetables.

Alors, on les avait menacés d'exécution militaire; mais la fédération avait porté ses fruits, et les paysans des villages environnants avaient promis main-forte aux paysans de la terre de madame d'Elbœuf, si ces menaces se réalisaient.

En voyant arriver et stationner les hussards, les paysans crurent que ceux-ci venaient dans un but hostile.

Des courriers furent donc expédiés de Pont-de-Sommevelle aux villages voisins, et, vers trois heures, le tocsin commença de sonner dans toute la contrée.

En entendant ce bruit, monsieur de Choiseul rentra à Pont-de-Sommevelle; il trouva son sous-lieutenant monsieur Boudet fort inquiet.

Des menaces sourdes étaient faites aux hussards, qui étaient justement, à cette époque, un des corps les plus détestés de l'armée; les paysans les narguaient et venaient chanter jusque sous leur nez cette chanson improvisée :

> Les hussards sont des gueux ;
> Mais nous nous moquons d'eux !

En outre, d'autres personnes mieux informées ou plus perspicaces, commençaient à dire tout bas que les hussards étaient là, non pour exécuter les paysans de madame d'Elbœuf, mais pour attendre le roi et la reine.

Sur ces entrefaites, quatre heures sonnent sans amener ni courrier ni nouvelles.

Cependant, monsieur de Choiseul se décide à rester encore ; seulement, il fait remettre les chevaux de poste à sa voiture, se charge des diamants de Léonard, et expédie celui-ci à Varennes, en lui recommandant de dire, en passant à Sainte-Menehould, à monsieur Dandoins ; à Clermont, à monsieur de Damas ; et à Varennes, à monsieur de Bouillé fils, la situation où il se trouve.

Puis, pour calmer l'exaltation qui se manifeste autour de lui, il déclare que lui et ses hussards ne sont point là, comme on le croit, pour procéder contre les paysans de madame d'Elbœuf, mais qu'ils y sont pour attendre et escorter un trésor que le ministre de la guerre envoie à l'armée.

Mais ce mot *trésor*, qui présente un double sens, en calmant l'irritabilité sur un point, confirme les soupçons sur l'autre. Le roi et la reine aussi sont un *trésor*, et voilà bien certainement le trésor qu'attend monsieur de Choiseul.

Au bout d'un quart d'heure, monsieur de Choiseul et ses hussards sont tellement pressés et entourés, qu'il comprend ne pouvoir tenir plus longtemps, et que, si par malheur le roi et la reine arrivent en ce moment, il sera impuissant à les protéger, lui et ses quarante hussards.

Son ordre est de *faire en sorte que la voiture du roi continue sa marche sans obstacle.*

Au lieu d'être une protection, sa présence est devenue un obstacle.

Ce qu'il a de mieux à faire, même dans le cas où le roi arriverait, c'est donc de partir.

En effet, son départ rendra la liberté à la route.

Seulement, il faut un prétexte pour partir.

Le maître de poste est là au milieu de cinq ou six cents curieux dont il ne faut qu'un mot pour faire des ennemis.

Il regarde comme les autres, les bras croisés ; il est sous le nez de monsieur de Choiseul lui-même.

ISIDORE DE CHARNY A LA FUITE DE VARENNES.

— Monsieur, lui dit le duc, avez-vous connaissance de quelque envoi d'argent expédié ces jours-ci à Metz? — Ce matin même, répondit le maître de poste, la diligence y a porté cent mille écus ; elle était escortée de deux gendarmes. — En vérité? dit monsieur de Choiseul tout étourdi de la partialité avec laquelle le hasard le sert. — Parbleu ! dit un gendarme ; c'est si vrai, que c'est moi et Robin qui étions d'escorte. — Alors, dit monsieur de Choiseul se tournant tranquillement vers monsieur de Goguelat, le ministre aura préféré ce mode d'envoi, et, comme notre présence ici n'a plus de motif, je crois que nous pouvons nous retirer... Allons, hussards, bridez les chevaux.

Les hussards, assez inquiets, ne demandaient pas mieux que d'obéir à cet ordre. En un instant les chevaux furent bridés et les hussards à cheval.

Ils se rangèrent sur une ligne.

Monsieur de Choiseul passa sur le front de la ligne, jeta un regard du côté de Châlons, et, avec un soupir :

— Allons, hussards, dit-il, rompez quatre par quatre, et au pas.

Et il sortit de Pont-de-Sommevelle, trompette en tête, comme l'horloge sonnait cinq heures et demie. A deux cents pas du village, monsieur de Choiseul prit la traverse, afin d'éviter Sainte-Menehould, où l'on disait que régnait une grande agitation.

Juste en ce moment-là, Isidore de Charny, poussant des éperons et du fouet un cheval avec lequel il avait mis deux heures à faire quatre lieues, arrivait à la poste, relayait, s'informait en relayant si l'on n'avait pas vu un détachement de hussards, apprenait que ce détachement venait de partir au pas, il y avait un quart d'heure, par la route de Sainte-Menehould, commandait les chevaux, et, espérant rejoindre monsieur de Choiseul et l'arrêter dans sa retraite, partait au grand galop d'un cheval frais. Monsieur de Choiseul, on vient de le voir, avait quitté la route de Sainte-Menehould, et pris la traverse précisément à l'instant où le vicomte de Charny arrivait à la poste ; de sorte que le vicomte de Charny ne le rejoignit pas.

LXXXVI

FATALITÉ

Dix minutes après le départ d'Isidore de Charny, arriva la voiture du roi.

Comme l'avait prévu monsieur de Choiseul, le rassemblement était tout à fait dissipé.

Le comte de Charny, sachant qu'il devait y avoir un premier détachement de troupes à Pont-de-Sommevelle, n'avait point pensé qu'il fût urgent pour lui de rester en arrière : il galopait à la portière de la voiture, pressant les postillons, qui semblaient avoir reçu un mot d'ordre et faire exprès de marcher au petit trot.

En arrivant à Pont-de-Sommevelle, et en ne voyant ni les hussards ni monsieur de Choiseul, le roi sortit avec inquiétude sa tête de la voiture.

— Par grâce, sire, dit Charny, ne vous montrez pas! je vais m'informer...

Et il entra dans la maison de poste.

Cinq minutes après, il reparut; il venait de tout apprendre; il répéta tout au roi.

Le roi comprit que c'était pour lui laisser le passage libre que monsieur de Choiseul s'était retiré.

L'important était de gagner du chemin et d'arriver à Sainte-Menehould. Sans doute monsieur de Choiseul s'était replié sur Sainte-Menehould, et l'on trouverait réunis dans cette ville hussards et dragons.

Au moment du départ, Charny s'approcha de la portière :

— Qu'ordonne la reine? demanda-t-il; dois-je aller en avant? dois-je suivre derrière? — Ne me quittez pas, dit la reine.

Charny s'inclina sur son cheval et galopa près de la portière.

Cependant, Isidore courait devant, ne comprenant rien à cette solitude de la route, tracée dans une ligne si droite, que, sur certains points, on peut voir à la distance d'une lieue ou d'une lieue et demie devant soi.

Inquiet, il pressait son cheval, gagnant sur la voiture plus qu'il n'avait fait encore, et craignant que les habitants de Sainte-Menehould n'eussent pris ombrage des dragons de monsieur Dandoins, comme ceux de Pont-de-Sommevelle avaient pris ombrage des hussards de monsieur de Choiseul.

Il ne se trompait pas : la première chose qu'il aperçut à Sainte-Menehould, ce fut un grand nombre de gardes nationaux répandus dans les rues; c'étaient les premiers que l'on eût rencontrés depuis Paris.

La ville tout entière paraissait être en mouvement, et, dans le quartier opposé à celui par lequel entrait Isidore, le tambour battait.

Le vicomte se lança par les rues sans paraître s'inquiéter le moins du monde de tout ce mouvement; il traversa la grande place et s'arrêta à la poste.

En traversant la grande place, il remarqua une douzaine de dragons en bonnet de police, assis sur un banc.

A quelques pas d'eux, à une fenêtre du rez-de-chaussée, était le marquis Dandoins, en bonnet de police aussi et tenant une cravache à la main.

Isidore passa sans s'arrêter, et n'eut l'air de rien voir. Il présumait que monsieur Dandoins, sachant quel devait être le costume des courriers du roi, le reconnaîtrait, et par conséquent n'aurait pas besoin d'autre indice.

Un jeune homme de vingt-huit ans, aux cheveux coupés à la Titus, comme les patriotes les portaient à cette époque; aux favoris passant sous le cou et faisant le tour du visage, était sur la porte de la poste, vêtu d'une robe de chambre.

Isidore cherchait à qui s'adresser.

— Que désirez-vous, Monsieur? lui demanda le jeune homme aux favoris noirs. — Parler au maître de poste, dit Isidore. — Le maître de poste est absent pour le moment, Monsieur; mais je suis son fils, Jean-Baptiste Drouet... si je puis le remplacer, parlez.

Le jeune homme avait appuyé sur ces mots : Jean-Baptiste Drouet, comme s'il eut deviné que ces mots, ou plutôt ces noms, obtiendraient dans l'histoire une fatale célébrité.

— Je désire six chevaux de poste pour deux voitures qui me suivent.

Drouet fit un signe de tête qui voulait dire que le courrier allait obtenir ce qu'il désirait, et, passant de la maison dans la cour :

— Eh! postillon! cria-t-il, six chevaux pour deux voitures, et un bidet pour le courrier.

En ce moment, le marquis Dandoins entra vivement.

— Monsieur, dit-il en s'adressant à Isidore, vous précédez la voiture du roi, n'est-ce pas? — Oui, Monsieur, et je suis tout étonné de vous voir, vous et vos hommes, en bonnet de police. — Nous n'avons pas été prévenus, Monsieur... D'ailleurs, des démonstrations très-menaçantes se font autour de nous; on essaie de débaucher mes hommes... Que faut-il faire? — Mais, comme le roi va passer, surveiller la voiture, prendre conseil des circonstances, partir une demi-heure après la famille royale pour lui servir d'arrière-garde.

Puis, s'interrompant tout à coup :

— Silence! fit Isidore, on nous épie... peut-être nous a-t-on entendus... Allez à votre escadron, et faites votre possible pour maintenir vos hommes dans le devoir.

En effet, Drouet est sur la porte de la cuisine, dans laquelle a lieu cette conversation.

Monsieur Dandoins s'éloigne.

Au même moment, les coups de fouet retentissent; la voiture du roi arrive, traverse la place, s'arrête devant la poste.

Au bruit qu'elle fait, la population se groupe avec curiosité à l'entour.

Monsieur Dandoins, qui a à cœur d'expliquer au roi comment il le trouve, lui et ses hommes, au repos, au lieu de le trouver sous les armes, s'élance à sa portière, son bonnet de police à la main, et, avec toutes sortes de marques de respect, fait ses excuses au roi et à la famille royale.

Le roi, en lui répondant, montre à plusieurs reprises sa tête à la portière.

Isidore, le pied à l'étrier, est placé près de Drouet, qui regarde dans la voiture avec une attention profonde; il a été, l'année d'auparavant, à la fédération : il a vu le roi; il croit le reconnaître.

Le matin, il a reçu une somme considérable en assignats; il a examiné, les uns après les autres, ces assignats timbrés du portrait du roi, pour voir s'ils n'étaient pas faux, et ces timbres du roi, restés dans sa mémoire, semblent lui crier : Cet homme qui est devant toi, c'est le roi.

Il tire un assignat de sa poche, compare à l'original le portrait gravé sur l'original, et murmure :

— Décidément, c'est lui!...

Isidore passe de l'autre côté de la voiture; son frère couvre de son corps la portière, à laquelle s'accoude la reine.

— Le roi est reconnu, lui dit-il; presse le départ de la voiture, et regarde bien ce grand garçon brun... c'est le fils du maître de poste; c'est lui qui a reconnu le roi; il se nomme Jean-Baptiste Drouet. — Bien, dit Olivier, je veillerai... Pars !

Isidore s'élance au galop pour aller commander les chevaux à Clermont.

A peine est-il au bout de la ville, que, stimulés par les instances de messieurs de Malden et de Valory, et la promesse d'un écu de guides, les postillons enlèvent la voiture, qui part au grand trot.

Le comte n'a pas perdu de vue Drouet.

Drouet n'a pas bougé; seulement, il a parlé tout bas à un valet d'écurie.

Charny s'approche de lui.

— Monsieur, lui dit-il, n'avait-on pas commandé un cheval pour moi. — Si fait, Monsieur, répond Drouet; mais il n'y a plus de chevaux. — Comment! il n'y a plus de chevaux? dit le comte; mais qu'est-ce donc que ce cheval qu'on est en train de seller dans la cour? — C'est le mien. — Ne pouvez-vous me le céder, Monsieur? Je paierai ce qu'il faudra. — Impossible, Monsieur; il se fait tard, et j'ai une course que je ne puis remettre.

Insister, c'est donner des soupçons; essayer de prendre le cheval de force, c'est tout compromettre.

Charny, d'ailleurs, a trouvé un moyen qui concilie tout.

Il a vu monsieur Dandoins, qui a suivi des yeux la voiture royale jusqu'au tournant de la rue.

Monsieur Dandoins sent une main se poser sur son épaule.

Il se retourne.

— Chut! dit Olivier, c'est moi... le comte de Charny... Il n'y a plus de cheval pour moi à la poste; démontez un de vos dragons, et donnez-moi son cheval : il faut que je suive le roi et la reine; seul je sais où est le relai de monsieur de Choiseul, et, si je ne suis pas là, le roi reste à Varennes... — Comte, répond monsieur Dandoins, ce n'est pas le cheval d'un de mes hommes que je vous donnerai, c'est un des miens. — J'accepte... Le salut du roi et de la famille royale dépend du moindre accident : meilleur sera le cheval, meilleure sera la chance.

Et tous deux s'éloignent à travers les rues, se dirigeant vers le logement du marquis Dandoins.

Avant de s'éloigner, Charny a chargé un maréchal des logis d'observer tous les mouvements de Drouet.

Par malheur, la maison du marquis est à cinq cents pas de la place : lorsque les chevaux seront sellés, on aura perdu au moins un quart d'heure; nous disons les chevaux, car, de son côté, monsieur Dandoins va monter à cheval, et, selon l'ordre que lui a donné le roi, se replier derrière la voiture, et former arrière-garde.

Tout à coup, il semble à Charny qu'on entend de grands cris, et, mêlés à ces cris, les mots : Le roi!... la reine!...

Il s'élance hors de la maison en recommandant à monsieur Dandoins de lui faire conduire son cheval sur la place.

En effet, toute la ville est en tumulte. A peine messieurs Dandoins et de Charny eurent-ils quitté la place, que, comme si Drouet n'eût attendu que ce moment pour éclater :

— Cette voiture qui vient de passer, dit-il, c'est la voiture du roi... et le roi, la reine et les enfants de France sont dans cette voiture.

Et il s'est élancé à cheval.

Plusieurs de ses amis essaient de le retenir. Où va-t-il? Que veut-il faire? Quel est son projet? Il leur répond tout bas :

— Le colonel et le détachement de dragons étaient là... Pas moyen d'arrêter le roi sans une collision qui pouvait mal tourner pour nous! Ce que je n'ai point fait ici, je le ferai à Clermont... Retenez les dragons; voilà tout ce que je vous demande!

Et il part au galop sur la trace du roi.

C'est alors que le bruit se répand que le roi et la reine étaient dans la voiture qui vient de passer, et que les cris qui parviennent jusqu'à Charny se font entendre.

A cés cris, le maire et la municipalité sont accourus, le maire somme les dragons de rentrer à la caserne, attendu que huit heures viennent de sonner.

Charny a tout entendu; le roi est reconnu; Drouet est parti! il trépigne d'impatience.

En ce moment, monsieur Dandoins le rejoint.

— Les chevaux? les chevaux? lui demande Charny du plus loin qu'il l'aperçoit. — On les amène à l'instant, répond monsieur Dandoins. — Avez-vous fait mettre des pistolets dans les fontes du mien? — Oui. — Tout est-il en état? — Je les ai chargés moi-même. — Bon! Maintenant, tout dépend de la vitesse de votre cheval... Il faut que je rejoigne un homme qui a déjà près d'un quart d'heure d'avance sur moi, et que je le tue. — Comment! que vous le tuiez? — Oui; si je ne le tue pas, tout est perdu! — Mordieu! allons au-devant des chevaux, alors! — Ne vous occupez pas de moi; occupez-vous de vos dragons, que l'on embauche pour la révolte... Tenez, voyez-vous le maire qui les harangue?... Vous non plus, vous n'avez pas de temps à perdre... Allez! allez!

En ce moment, le domestique arrive avec les deux chevaux, Charny saute au hasard sur celui qui se trouve le plus près de lui, arrache la bride des mains du domestique, rassemble les rênes, pique des deux, et part ventre à terre sur les traces de Drouet, sans trop comprendre les dernières paroles que lui jette le marquis Dandoins.

Ces dernières paroles, que le vent vient d'emporter, ont cependant bien leur importance.

— Vous avez pris mon cheval à la place du vôtre, a crié monsieur Dandoins; de sorte que les pistolets ne sont pas chargés!

FIN DU TOME PREMIER.

TABLE DES MATIÈRES

Introduction. . . . . Pages.
I. — Le cabaret du pont de Sèvres 1
II. — Maître Gamain 4
III. — Cagliostro 9
IV. — La fatalité. 15
V. — Les Tuileries 22
VI. — Les quatre bougies. 31
VII. — La route de Paris 37
VIII. — L'apparition. 42
IX. — Le pavillon d'Andrée 49
X. — Mari et femme 54
XI. — La chambre à coucher. 61
XII. — Un chemin connu. 67
XIII. — Ce qu'était devenu Sébastien 72
XIV. — L'homme de la place Louis XV 78
XV. — Catherine. 84
XVI. — Trêve 89
XVII. — Le portrait de Charles Ier. 93
XVIII. — Mirabeau 99
XIX. — Favras. 106
XX. — Le roi s'occupe d'affaires de famille. 115
XXI. — Où le roi s'occupe d'affaires d'Etat. 122
XXII. — Chez la reine. 127
XXIII. — Horizons sombres. 135
XXIV. — Le boulanger François. 142
XXV. — Le parti qu'on peut tirer d'une tête coupée 147
XXVI. — Le Châtelet 153
XXVII. — Encore la maison de la rue Saint-Claude 161
XXVIII. — Le club des Jacobins. 167
XXIX. — Metz et Paris. 173
XXX. — La reine 183
XXXI. — Le roi. 187
XXXII. — D'anciennes connaissances. 191
XXXIII. — Où le lecteur aura la satisfaction de retrouver monsieur de Beausire tel qu'il l'a quitté. 197
XXXIV. — Œdipe et Loth. 205
XXXV. — Où Gamain prouve qu'il est véritablement maître sur maître, maître sur tous 213
XXXVII. — Où l'on parle de toute autre chose que de serrurerie 221
XXXVIII. — Où il est démontré qu'il y a véritablement un dieu pour les ivrognes. 227
XXXIX. — Ce que c'est que le hasard. 232
XL. — La machine de monsieur Guillotin 236
XLI. — Une soirée au pavillon de Flore. 247
254

TABLE DES MATIÈRES.

		Pages.
XLII.	Ce que la reine avait vu dans une carafe, vingt ans auparavant, au château de Taverney.	260
XLIII.	Le médecin du corps et le médecin de l'âme.	263
XLIV.	Monsieur désavoue Favras, et le roi prête serment à la constitution.	271
XLV.	Un gentilhomme	277
XLVI.	Où la prédiction de Cagliostro s'accomplit.	283
XLVII.	La place de Grève.	287
XLVIII.	La monarchie est sauvée.	296
XLIX.	Retour à la ferme.	303
L.	Pitou garde-malade.	308
LI.	Pitou confident.	313
LII.	Pitou géographe.	320
LIII.	Pitou capitaine d'habillement.	327
LIV.	Où l'abbé Fortier donne une nouvelle preuve de son esprit contre-révolutionnaire.	332
LV.	La déclaration des Droits de l'homme	341
LVI.	Sous la fenêtre	345
LVII.	Le père Clouïs reparaît sur la scène.	351
LVIII.	Le jeu de barres.	357
LIX.	L'affût au loup.	362
LX.	Où l'orage a passé.	368
LXI.	La Grande Trahison de monsieur de Mirabeau.	372
LXII.	L'élixir de vie.	377
LXIII.	Au-dessous de quatre degrés, il n'y a plus de parents.	382
LXIV.	Une femme qui ressemble à la reine.	389
LXV.	Où l'influence de la dame inconnue commence à se faire sentir.	395
LXVI.	Le Champ de Mars.	401
LXVII.	Où l'on voit ce qu'était devenue Catherine, mais où l'on ignore ce qu'elle deviendra.	406
LXVIII.	Le 14 juillet 1790.	410
LXIX.	Ici l'on danse.	417
LXX.	Le rendez-vous.	428
LXXI.	La loge de la rue Plastrière.	435
LXXII.	Compte-rendu.	444
LXXIII.	Les femmes et les fleurs.	449
LXXIV.	Ce que le roi avait dit, ce qu'avait dit la reine	453
LXXV.	Vive Mirabeau.	463
LXXVI.	Fuir! fuir! fuir!	470
LXXVII.	Les funérailles.	476
LXXVIII.	Le messager.	481
LXXIX.	La promesse.	489
LXXX.	Double vue.	495
LXXXI.	La soirée du 20 juin.	503
LXXXII.	Le départ.	511
LXXXIII.	Une question d'étiquette.	519
LXXXIV.	La route.	525
LXXXV.	Fatalité.	531
LXXXVI.	Fatalité.	537

FIN DE LA TABLE.

LAGNY. — Imprimerie de VIALAT.

www.ingramcontent.com/pod-product-compliance
Lightning Source LLC
Chambersburg PA
CBHW060402230426
43663CB00008B/1360